宿迁市财政志

《宿迁市财政志》编纂委员会　编

方志出版社
Publishing House of Local Records

图书在版编目（CIP）数据

宿迁市财政志 /《宿迁市财政志》编纂委员会编.—北京：方志出版社, 2022.12

ISBN 978-7-5144-5714-8

Ⅰ.①宿… Ⅱ.①宿… Ⅲ.①地方财政—财政史—宿迁 Ⅳ.①F812.9

中国版本图书馆CIP数据核字（2022）第256623号

责任编辑：陈菁
责任校对：刘玉霞
责任印制：梅中英
出 版 者：方志出版社
地　　址：北京市朝阳区潘家园东里 9 号（国家方志馆4层）
邮　　编：100021
网　　址：http://www.zgfzcb.cn
发　　行：方志出版社图书营销中心（010-67110500）
印　　刷：徐州绪权印刷有限公司
开　　本：889毫米 × 1194毫米 1/16
印　　张：33.5
字　　数：584千字
版　　次：2022年12月第1版
印　　次：2022年12月第1次印刷
定　　价：300.00元

《宿迁市财政志》编纂委员会

1996年8月，宿迁市筹建领导小组下设财贸办公室负责财政工作，代行财政局职能。图为市财政局（筹）筹建人员合影

1996年8月，市财政局（筹）办公地点（燕运南路“八大办”大楼）

1996年10月中旬，市财政局（筹）由“八大办”迁至宿迁建设银行办公楼

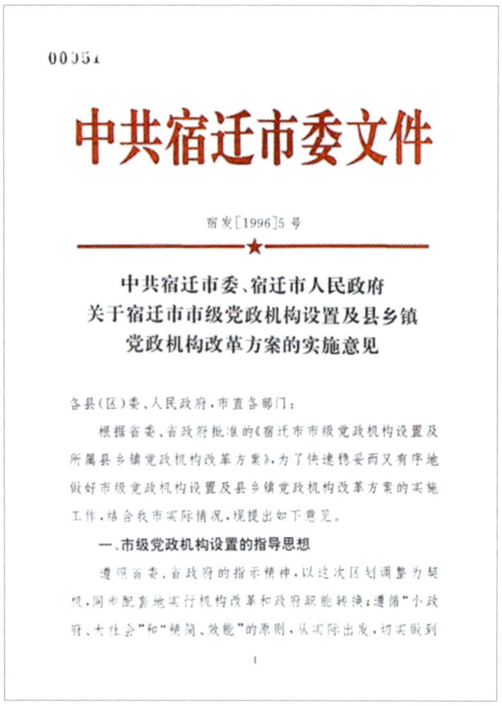

00051

中共宿迁市委文件

宿发[1996]5号

中共宿迁市委、宿迁市人民政府
关于宿迁市市级党政机构设置及县乡镇
党政机构改革方案的实施意见

各县(区)委、人民政府,市直各部门:

根据省委、省政府批准的《宿迁市市级党政机构设置及所属县乡镇党政机构改革方案》,为了快速稳妥而又有序地做好市级党政机构设置及县乡镇党政机构改革方案的实施工作,结合我市实际情况,现提出如下意见。

一、市级党政机构设置的指导思想

遵照省委、省政府的指示精神,以这次区划调整为契机,同步配套地实行机构改革和政府职能转换;遵循"小政府、大社会"和"精简、效能"的原则,从实际出发,切实做到

1

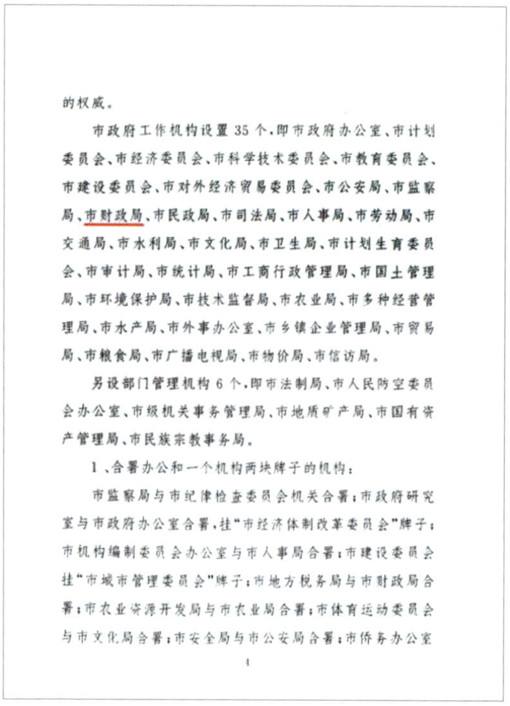

的权威。

市政府工作机构设置35个,即市政府办公室、市计划委员会、市经济委员会、市科学技术委员会、市教育委员会、市建设委员会、市对外经济贸易委员会、市公安局、市监察局、市财政局、市民政局、市司法局、市人事局、市劳动局、市交通局、市水利局、市文化局、市卫生局、市计划生育委员会、市审计局、市统计局、市工商行政管理局、市国土管理局、市环境保护局、市技术监督局、市农业局、市多种经营管理局、市水产局、市外事办公室、市乡镇企业管理局、市贸易局、市粮食局、市广播电视局、市物价局、市信访局。

另设部门管理机构6个,即市法制局、市人民防空委员会办公室、市级机关事务管理局、市地质矿产局、市国有资产管理局、市民族宗教事务局。

1、合署办公和一个机构两块牌子的机构:

市监察局与市纪律检查委员会机关合署;市政府研究室与市政府办公室合署,挂"市经济体制改革委员会"牌子;市机构编制委员会办公室与市人事局合署;市建设委员会挂"市城市管理委员会"牌子;市地方税务局与市财政局合署;市农业资源开发局与市农业局合署;市体育运动委员会与市文化局合署;市安全局与市公安局合署;市侨务办公室

1

1996年11月,市委印发《关于宿迁市市级党政机构设置及县乡镇党政机构改革方案的实施意见》,设置宿迁市财政局

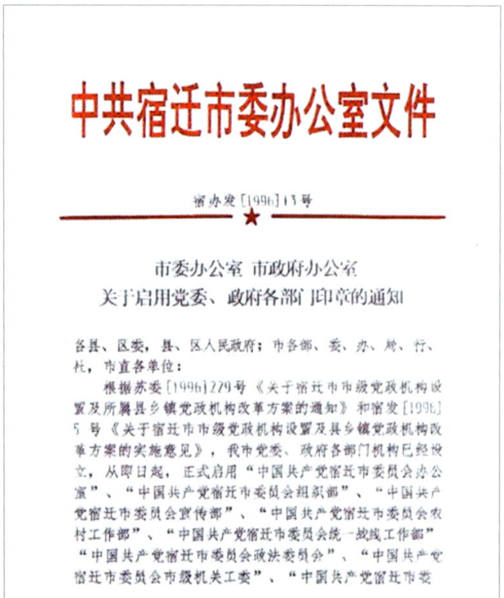

中共宿迁市委办公室文件

宿办发[1996]13号

市委办公室 市政府办公室
关于启用党委、政府各部门印章的通知

各县、区委,县、区人民政府;市各部、委、办、局、行、社,市直各单位:

根据苏委[1996]229号《关于宿迁市市级党政机构设置及所属县乡镇党政机构改革方案的通知》和宿发[1996]5号《关于宿迁市市级党政机构设置及县乡镇党政机构改革方案的实施意见》,我市党委、政府各部门机构已经设立,从即日起,正式启用"中国共产党宿迁市委员会办公室"、"中国共产党宿迁市委员会组织部"、"中国共产党宿迁市委员会宣传部"、"中国共产党宿迁市委员会农村工作部"、"中国共产党宿迁市委员会统一战线工作部""中国共产党宿迁市委员会政法委员会"、"中国共产党宿迁市委员会市级机关工委"、"中国共产党宿迁市委

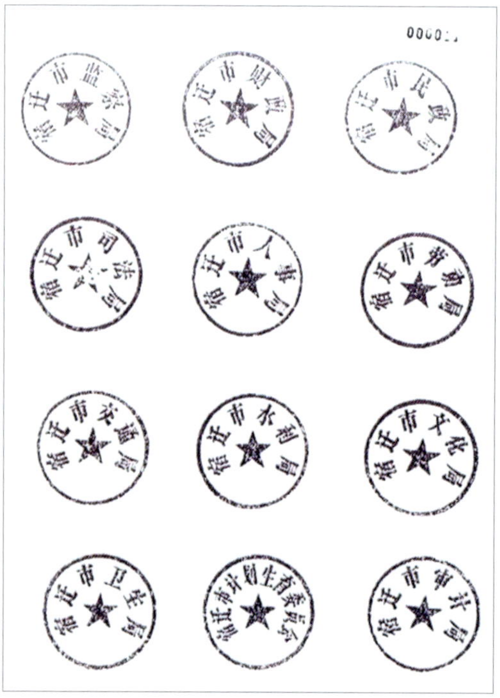

1996年11月8日,市委办公室 市政府办公室印发《关于启用党委、政府各部门印章的通知》,宿迁市财政局印章启用

1997年2月16日，市财政局办公地址从宿迁建设银行办公楼迁至县级宿迁市地税局办公楼

中国共产党宿迁市委员会

宿委[1997]73号

关于成立宿迁市财政局党组及
房民等同志任职的通知

市财政局：

经研究决定：

成立宿迁市财政局党组；

房民同志任宿迁市财政局党组书记；

侍鹏、曹秀明、刘须林三同志任宿迁市财政局党组成员。

中共宿迁市委员会
1997年3月28日

主题词：干部 任免 通知

抄 送：市人大、政府、政协党组，市委组织部，市人事局党组

中共宿迁市委办公室 1997年3月28日印发

（共印35份）

1997年3月28日，市委决定成立市财政局党组，任命房民为党组书记，侍鹏、曹秀明、刘须林为党组成员

1997年9月10—12日，江苏省发展资金管理工作研讨会在宿迁市召开。财政部预算司程丹松科长（前排左八）、江苏省财政厅预算处王正喜副处长（前排右八）以及其他各市财政局预算科（处）负责人参加会议。宿迁市委副书记、常务副市长佘义和（前排中）到会看望与会代表并合影留念

1997年10月18日，宿迁市注册会计师协会成立大会召开。协会聘请佘义和为顾问，房民为名誉会长。选举毛守旗任会长，刘须林、李朝阳、侍鹏任副会长。刘须林兼任秘书长。省财政厅副厅长张开辉、审计厅副厅长包汉良，省注会协会会长李松庆、秘书长朱耀庭，宿迁市委副书记、常务副市长佘义和，市民政局副局长王乃友到会并讲话。前排右起为：曹秀明、佘义和、张开辉、李松庆、包汉良、朱耀庭；后排右起为：侍鹏、刘须林、房民、毛守旗、李朝阳、王乃友

1998年4月8日，市委书记徐守盛（左一），市委副书记、市长佘义和（左二）在宿迁市财政局副局长曹秀明（右一）陪同下到宿迁国际饭店建设工地检查、指导工作

1998年9月21—23日，苏北片财政工作座谈会在宿迁召开，市委副书记、市长余义和到会并和与会代表合影留念

1998年10月15日，财政部预算司副司长余文修(右)、省财政厅预算处处长李荣荣(左)在佘义和市长(中)陪同下到宿迁视察指导工作

1999年7月26日，宿迁财政大厦落成

1999年7月26日，佘义和市长陪来宾参观财政大厦

1999年7月26日，市财政局领导班子成员曹秀明（左二）、刘须林（右二）、徐雷（右一）、章其波（左一）与省厅农税处处长、市财政局党组书记、局长房民（左三），市审计局局长毛守旗（右三）合影留念

宿迁财政大厦（1999年摄）

宿迁国际饭店落成之初全貌（2002年12月摄）

1999年10月14日，省财政厅副厅长张开辉（中）到宿迁调研财政工作

2000年7月26日，省财政厅副厅长张开辉（左三）到宿迁督导全国会计职称考试（宿迁考区）工作

2001 年 1 月 8 日，省财政厅厅长助理吴可立（中）到宿迁调研，宿迁市财政局局长曹秀明（右一）、副局长徐雷（左一）陪同调研

2001 年 3 月 14 日，省财政厅副厅长张开辉（左二）、原淮阴市财政局局长陆学秀（左一）、戴国祥（右二）到宿迁考察

2001 年 10 月 10 日，苏北五市财政局长座谈会在宿迁召开

2002 年 4 月 16 日，省财政厅厅长周桂根（左）在宿迁调研指导财政工作

2002年10月12日，省财政厅副厅长李小平(左四)带领相关处室负责同志莫小安(左一)、姚雪峰（左二）、钟月巧（右三）、谢桂芳（右一）到宿迁调研。时任市财政局局长曹秀明（左三）、副局长王云（右二）陪同调研

2002年12月28日，原财政厅厅长、时任省人大副秘书长施学道(左图左七)(右图右一)到宿迁调研财政工作

2004年3月30日，财政部行政政法司司长李林池（前排左一）一行到宿迁市检查政法补助专款项目建设情况，市政府主要领导、市财政局局长曹秀明（右一）等陪同检查

2005年1月26日，市财政局长曹秀明（左一）在全市财政工作会议上为获奖先进单位和个人颁奖

2006年7月15日，法国塞吉一蓬图瓦兹工业园区主席米谢尔·梅雷一行到宿迁市考察，在骆马湖参观时，米谢尔·梅雷（右）说："烟波浩渺的骆马湖、整洁干净的城市、景色优美的生态环境给我留下了美好的印象。"宿迁市政府副秘书长、财政局局长曹秀明（中）陪同参观

2007年12月4日，省财政厅厅长包国新（左四）到宿迁调研

2009年12月17日，财政部副部长李勇（右一）、省财政厅副厅长王正喜（左一）到宿迁调研农村金融情况

2010年5月19日，财政部原部长、中国注册会计师协会会长刘仲藜（前排左四）和中国注册会计师协会秘书长陈毓圭（前排左三）在江苏省财政厅党组副书记、副厅长、综改办主任江建平（前排右二）和省财政厅原厅长、省注册会计师协会会长施学道（前排右一）等陪同下到宿迁市检查指导工作

2010年10月22日，省财政厅厅长潘永和(左)到宿迁调研财政扶持高效农业发展情况

2010年11月20日，财政部国库司司长詹静涛（左五）莅宿考察

2012年12月31日，市委副书记、市长蓝绍敏（左二）到市财政局慰问干部职工

2016年12月30日，市委副书记、市长王天琦（右二）在常务副市长沈海斌（右三）陪同下到市财政局慰问干部职工

2019年8月20日，省财政厅厅长储永宏（前排左二）到宿迁调研财政运行情况及改善农民群众住房条件工作。省财政厅党组成员、副厅长倪国强（前排左一）随同调研，宿迁市委副书记、市长王昊（前排右二），宿迁市委副书记宋乐伟（前排右一），宿迁市财政局党组书记、局长叶锋（后排右一）陪同调研

2020年4月1日，市委副书记、市长王昊出席全市财税审计金融工作会议并讲话、颁奖

2022年2月10日，市委副书记、市长陈忠伟出席全市财税审计和金融工作会议并讲话

2022年6月15日，江苏省财政厅一级巡视员李建平（前排右一）带领调研组到宿迁，就财政信息化建设进行专题调研并召开座谈会。市财政局党组书记、局长王德鹏（后排右一）陪同调研，宿迁、徐州、连云港、淮安等地财政部门有关负责人参加座谈

2022年10月12日，省财政厅党组书记、厅长张乐夫（左三）莅宿调研，深入了解宿迁经济财政运行、基层“三保”支出保障、乡村振兴战略实施等工作。市财政局党组书记、局长王德鹏（左二）陪同调研

序

《宿迁市财政志》是宿迁市第一部财政专志。该志用厚重的笔调，较完整、系统地记述了宿迁市财政发展的史实。观点正确，内容翔实，结构严谨，分类科学，具有地方性、专业性和实用性的特点，作为一部资料性文献，不仅有“存史资政”的价值，同时也是鼓舞当代、教育后人不可多得的地情教材。值此付梓出版之际，谨表示祝贺！

中国是社会主义国家，《中华人民共和国宪法》和《中华人民共和国预算法》规定，地方各级政府是地方各级权力机关的执行机关，国家实行一级政府一级财政预算，采取“统一领导，分级管理”的办法。地方财政是国家财政不可分割的组成部分。在社会主义财政分配过程中，财政通过与国民经济各组成部分之间相互作用而表现出自己的功能，并获得一定的效果。然而，财政作用的发挥具有一定的历史客观性，这是由国家政治经济体制决定的。中华人民共和国成立以后，国家实行计划经济管理体制，一切以计划为主。在计划经济条件下，实行高度集权“统收统支”的财政体制，其收支管理均由财政包揽。

中共十一届三中全会以后，国家把工作重心转移到经济建设上来。在改革开放政策推动下，国家确立了社会主义市场经济体制，实施财政制度改革，从1994年开始，改过去的“分级包干”财政体制为“分税制”，明确划分中央与地方财政收支范围。在这一体制下，宿迁财政紧紧围绕市委、市政府中心工作，发展经济、培植财源、组织财力、保障民生，建设了一批与地级宿迁市功能相适应的社会公益事业和便民富民工程，推动了社会的全面发展和进步。

《宿迁市财政志》围绕宿迁市财政经济发展的现实情况，以史实为依据，查考历史文献资料，用翔实的史料记述了宿迁市财政机构沿革、财政体制演变、财政收支波动、财政管理制度变迁的概貌等。

宿迁市财政经济的发展，从缓慢到快速增长演变的历程，令人振奋。特别是1996年区划调整，地级宿迁市成立之后，全市经济社会超常规、跨越式发展，财政收入大幅度增长，取得了令人瞩目的成绩，让人耳目一新。

中华人民共和国成立之后，1950年宿迁辖区财政收入599.9万元，到1979年上升到6333.7万元。中华人民共和国成立初期的30年间，全市财政年收入在3000万元以下徘徊了23年，从3000万元至6000万元用了7年时间。这充分说明这一历史阶段，宿迁境内财政收入虽然呈现前慢后快的趋势，但总的增长速度是缓慢的。

改革开放之后，社会活力增强，经济发展加快，财政收入增长提速。1996年区划调整时，宿迁市财政收入已经达到7.68亿元，比1979年增长了12.1倍，仅用了17年时间。从此，宿迁市财政收入走上了快速增长的轨道。自1999年全市财政总收入突破10亿元关口之后，2009年又迈上了百亿元台阶，达到130.23亿元，比1999年增长11.8倍，其中一般预算收入63.07亿元，增长10.4倍。截至2020年，全市财政总收入达到895.62亿元，比2009年增长6.9倍，其中一般预算收入221.17亿元，增长3.5倍。

财政收入是财政支出的前提条件，但宿迁市毕竟是经济欠发达地区，在江苏省辖市中还处于落后的位次。长期以来，宿迁市经济社会的发展始终离不开上级党委政府的支持。地级宿迁市成立之后，虽然财政收入逐年成倍地增长，但宿迁财政总支出大于财政总收入格局没有变。1978年，宿迁财政总支出为7230.6万元，大于当年财政总收入897万元；1996年，全市财政总支出为8.08亿元，大于当年财政总收入0.37亿元；2020年，全市财政总支出1135.37亿元，大于当年财政总收入239.76亿元。这一经济现象充分说明，宿迁财政虽然获得了较大的发展，财政状况也发生了根本改善，但上级政府财政对我市的支持仍然很大，财政转移支付力度不减。

“以史为鉴，可以知兴替”。总结过去是为了更好地指导未来，历史上许多创新都是继承前人经验发扬光大的。前人留下编修志书的成果可以经世致用，更重要的是为后世留下真实的记录。《宿迁市财政志》立足当代，详今略古，贯通古今，客观地记述了宿迁市财政发展的历史状况，做到述而不论，把观点体现在内容上，寓褒贬于事实之中。志书的出版，必将对全市加快建设“强富美高”新宿迁，进一步推进财政改革与发展起到一定的借鉴作用。希望全市财政干部和广大财会人员能够认真研读，借鉴历史，古为今用，开创未来，把握经济发展规律，拓展开源节流之道，增强生财、聚财、用财之术，为宿迁经济社会全面、协调、健康、可持续发展作出财政人的贡献。

原宿迁市委副书记、市长

2022.12.1.

凡　例

一、《宿迁市财政志》以马克思列宁主义、毛泽东思想、邓小平理论、“三个代表”重要思想、科学发展观、习近平新时代中国特色社会主义思想为指导，坚持辩证唯物主义和历史唯物主义的立场、观点和方法。系统地、实事求是地记述宿迁市的财政历史和现状。力求思想性、科学性和资料性的统一，达到“资政、教化、存史”的目的。

二、记述范围。一般以1996年7月区划调整成立地级宿迁市现辖地域为准，记述全貌。时间上限因事而异，量事追溯，贯通古今，详今略古；下限原则上截至2020年底（个别地方除外）。

三、表现形式。采用述、记、志、图、表体裁，以志体为主。采用现代语文体，以记述体为主。大事记以编年体为主。记述层次为篇、章、节、目。“目”以“一、二……”数字表示，如有子目以“（一）（二）……”表示。

四、历史纪年。涉及中国古代部分，一般用朝代纪年，括注公元纪年，中华人民共和国成立后一律用公元纪年。志中的国民经济建设第 × 个五年规划，一般简写为“× 五规划”。

五、行政区划、党政机构、官职名称及地名等依当时名称。需用简称的，在首次出现时注明。朝代名称沿用历史正称，清代以前包括清代；“中华民国”简称民国；中国共产党领导下建立的民主政权，称根据地、解放区民主政府。

六、货币面值，中华人民共和国成立前依当时名称。中华人民共和国成立后使用的货币，至1955年3月1日施行货币改革前称旧币，改革后称新人民币，新旧币的折合比为新币1元等于旧币1万元。

七、物品计量单位。计量单位采用国家技术监督局1993年12月发布的《量和单位》系列国家标准。历史上使用的计量单位，如斗、石、里、尺、磅、担、文、两等，在引文时可照录。其换算关系为：1市顷=100市亩=6.6667公顷，1公顷=15市亩，1公斤=2市斤，1市斤=16两=500克（1959年6月25日国务院发布《关于统一计量制度的命令》，将1市斤=16市两改为十进制），一丈=10尺≈3.33米，1市石=10市斗=100升，1担=100斤=50公斤。考虑到社会使用习惯，全书中部分单位不统一换算。

八、数字用法、标点符号用法分别采用国家标准《出版物上数字用法》（GB/T 15835—2011）、《标点符号用法》（GB/T 15834—2011）。

九、本志所用中华人民共和国成立后的各项数据，以财政预、决算数为准，辅以有关统计资料。

十、入志资料来源，主要来源于有关档案、正史、旧志、年鉴、财政财务决算、制度汇编及有关报刊和专著。

目 录

概 述

据史料记载，宿迁境内的财政形式在奴隶社会已经出现。《史记·夏本纪》记述大禹治水时“左准绳，右规矩，载四时，以开九州”。其九州，即冀州、兖州、青州、徐州、扬州、荆州、豫州、梁州、雍州。相传，这是大禹治理洪水，明确划分的行政区域，也是史书记载中国最早的行政区域划分。当时，宿迁究竟属于哪一个州的管辖范围，历史资料记载不详。但从历史资料考证和地理位置分析，时宿迁地域属青州或徐州都有一定的道理。《尚书·禹贡》载：“禹别九州，随山浚川，任土作贡。”即禹公置的九州，都要向国家缴纳贡赋，并规定纳贡物品。《周礼》载：“青州……其译薮曰望诸，其川淮、泗，其浸沂、沭。”《尚书·禹贡》贡盐、细葛布、海产品、泰山谷、花麻、铅、松、怪石、野蚕丝等，亦用圆形竹筐包装上交；徐州贡惟土五色。泗滨浮磬，淮夷蠙珠暨鱼、玄纤缟等。从《周礼》的记载论证宿迁属青州，主要依据水系的自然状况。薮，《现代汉语词典》解释为生长着很多草的湖，今泗洪、泗阳沿边的洪泽湖在清康熙十九年(1680)形成湖之前有多个湖泊，杂草丛生。淮河，今泗洪境内属淮河下游。浸，《辞源》解释为“引以灌溉之水”。宿迁境内的古老湖泊硕项湖和桑墟湖都在沂沭水下游，晚近形成的骆马湖也是蓄泄沂沭之水。但从地理位置上分析，宿迁紧临徐州，属徐州地域范围又是可能的。不论当时宿迁属青州还是徐州管辖范围就财政形式而言，古代税赋是以实物为征收形式。上述两州向国家纳贡的内容，反映了奴隶制社会的宿迁财政形式是以农产品、水产品等为主的实物财政，亦属宿迁财政的初始阶段。

进入封建社会后，自秦汉起，除继续征收田赋、山泽、关市之税以外，由于田赋的“三十而税一”，其收入不敷各项支出的需要，便开始征课口赋、算赋以及不实际参加徭役者的更赋和奉养封名的户赋（上述称“人头税”）。曹魏时代开始征收户调。到唐初，开始实行“租庸调制”，即有田则有租（租：每丁每年解纳谷二石或稻三斛）、有家则有庸（庸：人民对封建国家应服的劳役）和有身则有调（调：对农村家庭手工业剩余产品的征课）。唐中叶实行“两税法”，将以人丁为征课标准改为以贫富资力为征课标准，揭开了对人课征的序幕。明朝的“一条鞭法”又将宋元以来遗留的或新增加的各种力役统统改为交纳代役丁银，而丁银额的确定又一律以田亩为计算基础，这样就为统丁银最后并入田赋开辟了道路。直到清初的“地丁银制度”，规定“盛世滋丁永不加赋”，然后再将固定的丁银实行“摊丁入亩”。这实际上是在原有按亩征课田赋的基础上再加一块“田赋”的份额。中国数千年的封建财政主要仰赖田赋收入，同时注重盐利及其他专卖品的经济收入，当进入半封建半殖民地阶段以后，又先后增加了印花税、所得税、遗产税、通行税、营业税、登录税等。

到了清朝，宿迁境内财政已从田赋为主发展到有一定份额的内河运输、盐业、榷酤（亦称榷酒酤、酒榷，泛指对酒及酒曲征税或垄断经营的措施）。清代前期酒税轻微，清末特设烟酒税捐，始成巨额专税等项税收，加上地方各种捐税，种类已在30种上下。顺治元年（1644）淮安府所属的清河、山阳、安东、桃源、盐城、阜宁六县征收的田赋米、麦8.01万石，丁银12.83万两，各项杂税白银3.79万两。道光九年（1829）田赋收入麦米8.23万石、白银13.28万两、丁银5.92万两、关税11万两。同治四年（1865）征收盐税37万两、漕税3.35万两。清朝的田赋，每年在夏历二月开征，五月截止，称上忙，上忙征收为夏税（麦或折色银）；下期八月接征，十一月末截止，称下忙，下忙征收为秋税（米或折色银）。上下两忙征收的地丁钱粮称忙银。清末民初，宿迁县在册粮亩计7480顷31亩4分4厘，计丁赋5091两3钱9分4厘、田赋21218两5钱8分2厘、杂办1418两1钱7分8厘。全年共征正税等银27728两1钱5分4厘、漕米5169石1斗2升6合5勺、麦230石7升1合5勺、米麦每石折征银2两4钱。进入民国后，每亩粮食作物，征收丁田赋共银3分6厘2毫1丝、漕米8合3勺3撮。上述为正税，尚有附税及带征各项捐费。带征之数，常超过正附税一倍至五六倍。

1948年，今宿迁域内全境解放，所属各县人民政府相继成立，财政机构应运而生。

中华人民共和国成立后，宿迁市的经济发展与全国、全省的经济发展形势相同，经历了恢复发展经济和社会主义对私改造阶段，经历了“大跃进”和“文化大革命”影响经济发展的曲折过程，经历了改革开放，解放思想，建立和发展社会主义市场经济使经济规模迅速扩大，经济水平日益提高，财政收入大幅度增长的历程。1949年，全市工业基础十分薄弱，规模很小，只有酿酒、机械、编织、纺织、建材等为数不多的私营手工业作坊。工业总产值仅863万元，虽然，洋河酒厂1949年即改为国营企业，但规模很小，当时只有职工41人，当年生产“洋河大曲”26吨，产值只有4.3万元。农业生产水平低下，只能靠天吃饭，1949年全市粮食总产量也只有3.47亿千克。全市财政收入仅有460.3万元。从1953年以后，全市工农业生产由恢复开始上升。1953年全市工业总产值1538万元，粮食总产量达到5.1亿千克，财政收入达到1123.4万元，分别是1949年的1.78倍、1.47倍和2.44倍。同年，中央提出，“要在一个相当长的时期内，逐步实现国家的社会主义工业化，并逐步实现国家对农业、对手工业和对资本主义工商业的社会主义改造”的过渡时期总路线，从1954年到1956年底短短三年时间，所有制结构发生了深刻变化，公有制经济迅速上升，非公有制经济直线下降。1957年，全市全部工业总产值0.37亿元，其中国有工业总产值0.25亿元，占全部工业总产值的67.57%。粮食总产量为6.68亿千克，财政收入0.14亿元，分别比1953年增长30.98%和24.62%。

1958年是执行第二个五年计划的第一年，受“大跃进”影响，各地大办工业，盲目“上马”一些工矿企业，在其后的几年里，加上严重的自然灾害，粮食三年连续减产，一批工厂“下马”，集市物价猛涨，国民经济比例严重失调，人民生活面临十分困难的局面。1961年中央召开八届九中全会，会议通过了“恢复与发展国民经济方针”，即“调整、巩固、充实、提高”八字方针。国家对盲目上马的工矿企业采取关、停、并、转的措施。在经济调整中，财政发挥了重要作用。中央决定改进财政体制，强调财政的集中统一，把国家财政基本集中在中央和大行政区，省、市、自治区三级，收回一部分重点企业事业单位收入，作为中央固定收入。随后分别于1962年3月至4月中央和国务院颁布了《关于切实加强银行工作的集中统一，严格控制货币发行的决定》和《严格控制财政管理的决定》，史称“银行财政双六条”。双六条的公布与执行，为完成国民经济调整时期的任务起到重要作用。1965年完成三年经济调整任务，工业经济产值明显提高。宿迁市时年实现全部工业总产值0.92亿元，其中，国有工业总产值0.79亿元，分别比1957年增长2.49倍和3.16倍。但粮食总产量比1957年减少1.495亿千克。财政收入0.24亿元，比1957年增长71.43%。1966—1976年，宿迁经济出现短时期混乱，但从整体上看，国民经济仍保持了较快的速度。

1978年，中共十一届三中全会召开，提出以经济建设为中心之后不久，中央就确定"调整、改革、整顿、提高"的八字方针，宿迁的经济结构得到进一步调整。1978年，宿迁市全部工业总产值6.94亿元，其中国有工业企业4.57亿元，分别是1965年的7.54倍和5.78倍。粮食总产量为13.31亿千克，财政收入为0.63亿元，分别是1965年的2.57倍和2.63倍。

中共十一届三中全会以后，随着国家经济体制改革不断深化，宿迁加快改革步伐，加大改革的力度。在改革大潮的推动下，以加快发展、扩大经济总量为第一要务，以增加收入、提高人民生活为根本出发点，以改革创新、放开搞活为主要动力，使宿迁经济进入新的发展时期。将建市前1979年与1996年这一时期主要经济指标进行比较，可明显看出宿迁经济在党的方针、路线、政策指引下，迈上新的台阶。

1979年，全市生产总产值只有12.24亿元，其中，第一产业7.72亿元，占63.1%；第二产业2.82亿元，占23%；第三产业1.7亿元，占13.9%。人均国内生产总值只有324元；社会消费品零售总额3.58亿元；全社会固定资产投资0.36亿元；财政收入0.62亿元；城乡居民储蓄存款余额只有0.13亿元；职工年平均工资469元；城镇居民人均可支配收入230元；农民人均纯收入53元。全部工业总产值6.94亿元（其中国有工业总产值5.05亿元）；粮食总量13.875亿千克。可以看出，全市经济总量小，产业结构中农业占主导地位，人民生活水平低，城乡居民特别是农村还不能完全解决吃饭问题。

1996年，全市生产总值124.88亿元，其中，第一产业59.63亿元，第二产业38.51亿元，第三产业26.74亿元，一、二、三产业比重分别为47.8%、30.8%、21.4%。社会消费品零售总额44.43亿元，全社会固定资产投资19.48亿元，财政总收入7.68亿元，城乡居民储蓄存款余额39.44亿元，职工年平均工资4350元，城镇居民人均可支配收入2946元，农民人均纯收入1993元，全部工业总产值126.19亿元（其中国有工业产值33.1亿元），粮食总产量30亿千克。分别是1979年的10.2倍、12.4倍、54.11倍、12.39倍、303.38倍、9.28倍、12.81倍、37.60倍、18.18倍和2.16倍。产业结构虽然仍保持一、二、三顺序未变，但内部结构发生较大的变化，第二产业占比保持上升态势，第三产业基本稳定。另外，1978年全市外贸收购额0.18亿元，宿迁各县无自营出口权。建立地级市后，实现了由间接出口向直接出口的历史性转变。1996年，全市进出口总额实现0.19亿美元。

1996年7月19日，国务院正式批准设立地级宿迁市。建市以来，全市广大干部群众与时俱进，务实苦干，奋力拼搏，以富民强市，全面建设小康社会总揽全局，紧紧抓住江苏省委、省政府“重点加大对宿迁市的扶持力度”的机遇，加快实施强农富民、工业突破、城镇带动、全面开放、科教兴市五大战略，全市经济建设和社会发展取得了令人瞩目的成绩。从主要经济指标分析，2011年与1996年（建市初，下同）比较，充分显示宿迁市十五年来，国民经济旺盛发展的势头和综合实力显著增强的发展成果。2011年，全市生产总值1304.81亿元（其中，第一产业209.72亿元，占16.07%；第二产业604.52亿元，占46.33%；第三产业490.57亿元，占37.6%），比建市初期增长9.4倍，其中，三次产业结构比例，由建市之初的47.8：30.8：21.4调整为16.1：46.3：37.6，呈现出二、三、一的次序，实现了宿迁二、三产业超一产的历史性转变，标志着宿迁经济开始进入工业化的新阶段。工业总产值493.22亿元，占全市生产总值的37.8%，比建市初期增长13.9倍。基础设施建设突飞猛进，带来城乡面貌巨大变化。全社会固定资产投资787.64亿元（统计口径有变化，2005年后为500万元规模以上项目投资），比建市初期增长39.4倍。城乡市场繁荣稳定，社会消费品零售总额336.26亿元，比建市初期增长6.6倍。财政收入迈向新的台阶，全市财政总收入实现276.24亿元。其中，公共财政预算收入120.98亿元，上划中央税收75.4亿元，政府性基金收入64.72亿元，缴库社保基金收入15.14亿元。财政总收入比建市初增长36倍，其中，公共财政预算收入年均递增26.8%，比建市初增长34.4倍；上划中央税收与1997年同口径比较，增长15.87倍。财政总收入在全国334个地级市中的排名上升至第74位。财政总收入占地区生产总值的比重，由1996年的6.15%，上升到2011年的21.17%，提升15个百分点，充分反映宿迁市经济质量提高，对国家和地方财政收入的贡献率加大。2011年，上划中央财政收入达到75亿元之多，这是建市之前无法想象的。实践证明，宿迁人民在改革开放推动下，解放思想，不畏艰辛，经济做大做强，不仅地方财政收入大幅度增长，对国家财政也作出了较大的贡献。财政收入总量增加，财政支出必然加大，充分体现了社会主义财政“量入为出”的基本原则，也是财政分配适应经济发展和社会需要的必然结果。2011年，财政总支出304.41亿元，比建市之初的7.55亿元增长39.32倍。也反映了宿迁人民在全面建设小康的道路上，面貌焕然一新，人民生活不断改善。2011年，城乡居民储蓄存款余额497.5亿元，比建市之初增长11.6倍；城镇居民人均可支配收入14972元，比建市之初增长4.1倍；农民人均纯收入8344元，比建市之初增长3.2倍；除工业经济长足发展外，粮食总产量达到36.86亿千克，比建市初期增长0.23倍；对外贸易实现进出口总额20.7亿美元，比2007年的3.08亿美元增长5.72倍，比建市之初增长108.95倍。对外贸易的发展，不仅促进宿迁产业结构调整，同时提高了宿迁经济发展质量。

2011—2020年，宿迁市的财政收入增长，可称得上跨越式、超常规的发展速度。2020年，全市财政总收入895.62亿元，比2011年增加收入619.38亿元，增长2.24倍。其中，一般预算收入、上划中央收入和基金收入，2020年分别实现221.17亿元、172.89亿元和501.56亿元，分别比2011年增加100.2亿元、97.48亿元和421.7亿元，分别增长2.24倍、1.29倍和5.28倍。基于财政收入快速增长，财政支出规模相应扩大。2020年，全市财政支出规模达到1135.37亿元，比2015年增加支出565.9亿元，增长99.4%。

回首历史，峥嵘岁月，在8524平方千米的宿迁大地上，留下了宿迁人民奋斗的足迹，饱含着宿迁人民辛劳的汗水。往事越千年，不堪回首，在封建、官僚统治下的旧中国，宿迁人民无不忍受着统治阶级的残酷剥削和欺压。经历沧桑巨变，宿迁大地旧貌换新颜。中华人民共和国成立之后，在中国共产党领导下，宿迁的历史从此翻开了新的一页，人民享受着翻身解放的喜悦，过上了美满幸福、安居乐业的生活。人民当家作主，自力更生，白手起家，艰苦创业，团结奋进，为建设新宿迁作出了应有贡献。特别是宿迁建立地级市之后，宿迁广大干群认真贯彻执行“强农富民，工业突破”战略，把一个落后的农业大市，逐步建设成新型的工业化城市。经济建设和社会事业突飞猛进，财政收入直线上升，财政支出的盘子越滚越大，得到了世人的认同、历史的认可。纵观中华人民共和国成立以来的宿迁财政工作，在党和国家的路线、方针、政策的指引下，结合地方实际，开拓创新，正确处理和摆正整体和局部的关系，充分发挥财政在国民经济中的职能作用，从而使宿迁财政走出低谷，迈向新的辉煌。

大事记

1996 年

7 月

19 日，国务院批复同意江苏省人民政府《关于调整淮阴市行政区划新组建地级宿迁市的请示》和《关于调整淮阴市行政区划新组建地级宿迁市有关问题的补充请示》，设立地级宿迁市。

8 月

12 日，市委转发省委《关于成立宿迁市筹建领导小组和领导小组成员的通知》，印发《关于市委常委、市筹建领导小组成员分工的通知》。市筹建领导小组下设财贸办公室负责财政工作，由市委常委佘义和分管。市财政局（筹）办公地址在“八大办”（黄运南路宿迁人民医院对面）。

9 月

16 日，江苏省中华会计函授学校常务副校长王宽亚在淮阴分校教务会议上，提出宿迁、淮阴两地中华会计函授业务脱钩意见。自此，宿迁中华会计函授业务独立开展。

10 月

中旬，市财政局（筹）办公地址由“八大办”迁至宿迁建设银行办公楼（黄运路80号）。

17日，宿迁市财政局根据市委书记徐守盛要求，开展财政专题调研活动。至31日，在《宿迁财政情况调查报告》中提出财政“九五”规划。

11月

7日，市一届人大常委会第二次会议任命房民为市财政局、地方税务局局长。

8日，根据市委办、市政府办通知，市财政局印章启用。

△省财政厅批准宿迁印刷厂为市财政票据定点印刷厂。

13日，市委组织部任命曹秀明为市财政局局长助理。

26日，全市第一次财税工作会议召开，市长刘学东到会讲话。

12月

4日，市政府决定从1997年1月1日起，对市级机关行政管理费实行包干。

5日，市政府在对原宿迁市（县级）企事业单位权属划分的基础上，确定宿豫县、宿城区财政体制。

18日，市机构编制委员会批准成立宿迁市控制社会集团购买力办公室，为正科级全民事业单位，人员编制2名。

28日，市政府批准市财政局职能配置内设机构和人员编制方案。市财政局设置办公室（与地方税务局办公室合并办公）、预算科（宿迁市控制社会集团购买力办公室、税政法制科）、工业交通科（外经科）、商贸科、行财科（社会保障科）、农业科（农业发展基金管理办公室）、会计科、财政监察科（宿迁市税收、财务、物价大检查办公室）、农业税收管理科、人事教育科等12个职能机构；局长1名、副局长2名，正、副科长（正、副主任）16名。

△市政府批准市国资局职能配置内设机构和人员编制方案。设置产权管理科（行政事业资源科、评价评估科）；行政编制6名，行政附属编制1名；领导职数为局长1名、副局长2名、科长2名。

1997年

1月

12日，宿迁市最大的利用外资项目——利用世界银行贷款加强灌溉农业项目通过省世界银行项目管理办公室审定。项目总投资2.65亿元，其中利用外资0.8亿元人民币，计划1998—2002年分5年实施，改造中低产田85万亩。

27日，市政府任命曹秀明为市财政局副局长。

31日，召开全市财政工作会议。市财政局局长、地税局局长房民作题为《齐心协力，扎实工作，努力完成1997年各项财政工作任务》的工作报告。市长刘学东，市委副书记、常务副市长佘义和到会讲话。

△市政府任命刘须林为市财政局副局长、市国有资产管理局局长。

2月

16日，市财政局办公地址从宿迁建设银行办公楼迁至区府广场地税局办公楼。

20日，市计划委员会批准立项建设宿迁财政大厦。

26日，市机构编制委员会批准成立宿迁会计师事务所（后更名为宿迁公信会计师事务所），正科级全民事业单位，人员编制8名，经费自收自支。

27日，市机构编制委员会批准成立江苏省中华会计函授学校宿迁分校，正科级全民事业单位，人员编制5名。

3月

1日，对全市国有工业企业对外投资情况进行清理，为期一个半月。

5日，市政府印发《宿迁市预算外资金管理暂行规定》《宿迁市预算外资金管理实施办法》。

25日，全市加强农村税收征管工作现场会在沭阳县钱集乡召开。市委副书记、常务副市长佘义和到会讲话。

28日，市委决定成立市财政局党组，任命房民为党组书记，侍鹏、曹秀明、刘须林为党组成员。

4月

2日，全市预算外资金管理工作动员大会召开，市委副书记、常务副市长佘义和到会讲话。

4日，市委通知成立预算外资金管理工作领导小组，市委副书记、常务副市长佘义和任组长，市纪委、宣传、财政、物价、审计、金融等部门负责人为成员。

14日，省苏亚审计事务所受省财政厅委托，对沭阳、泗洪两县粮食商业企业1996年的盈亏情况进行审计。

5月

8日，市财政安排2700万元用于启动新市区的市府路、人民路建设和新市区的征地拆迁工作。

14日，市政府印发《关于征收生猪技术改进费的通知》《关于继续征收防洪保安资金的通知》，分别对生猪技术改进费、防洪保安资金的征收范围、征收标准等作出明确规定并下达当年征收任务。

16日，财政补助1800万元用作市府苑小区一期工程建设的启动资金。

30日，召开全市财政、地税系统精神文明建设工作会议。市委副书记、常务副市长佘义和，市财政局、地税局局长房民讲话。

6月

5日，全市夏季农副产品收购暨粮食系统扭亏增盈工作会议召开，市委副书记、常务副市长佘义和到会讲话，要求财政部门建立健全粮食风险基金制度，并加强对粮食企业的财务管理。

12日，省财政厅批准成立宿迁公信会计师事务所。

19日，市政府印发《关于建立解决困难企业职工生活困难资金制度的通知》。

7月

16日，市政府印发《宿迁市市直行政事业单位国有资产管理办法（试行）》。

21日，市政府办公室印发《宿迁市行政事业单位经费支出管理暂行规定》。

30日，省财政厅确定泗阳县临河乡40万张细木工板生产线、宿豫县玖玖集团80台剑杆织机技改项目为省级农业产业化项目，共投入省级财政周转金400万元。

8月

18日，市财政支持的第一个市级农业产业化项目——市高科技农业示范园开工建设，先期投入财政资金330万元。

22日，市机构编制委员会批准成立宿迁市税务、财务、物价大检查办公室，为正科级全民事业单位，人员编制3名。

△市机构编制委员会批准宿迁公信会计师事务所人员编制由8名增至

15名。

△市机构编制委员会批准成立宿迁财政科研所，正科级全民事业单位，人员编制3名。

9月

3日，市人事局、市机构编制委员会办公室、市财政局联合发出《关于对乡镇财政所机构和人员编制有关问题的通知》，明确乡镇财政所为行政机构，使用行政编制，执行公务员制度，人员编制不少于5名，农税专项事业编制继续保留。12日，省财政厅以苏财农税文件转发，在全省推广。

18日，宿迁市党政机关办公楼开工，省财政拨款7600万元。

19日，市政府印发《宿迁市基本建设资金管理暂行办法》，对基本建设资金的管理、使用、监督等作出了统一规定。

24日，市政府决定成立宿迁市国有资产产权纠纷调处委员会，市委副书记、常务副市长佘义和任主任，市财政局副局长、国资局局长刘须林兼办公室主任。

10月

4日，财政部确定泗阳县8000亩青虾养殖项目为中央农业产业化项目，总投资567万元。

18日，宿迁市注册会计师协会成立大会召开。通过协会章程，选举产生第一届理事会、常务理事会，选举毛守旗为会长、刘须林为秘书长。

27日，市财政局会同市民政局制发《关于建立优抚对象抚恤标准自然增长机制的通知》，保障优抚对象的生活水平略高于当地群众平均生活水平。

28日，市机构编制委员会批准在市财政局增设社会保障财务管理科，局行政编制总数由35名增加到36名，科室领导职数由16名增加到18名。

△全市税收财务物价大检查动员大会在市区召开，市委副书记、常务副市长佘义和到会讲话。

31日，市机构编制委员会批准成立宿迁市产权交易中心，正科级全民事业单位，人员编制10名，经费财政定额补助。

△市机构编制委员会批准市控制社会集团购买力办公室人员编制由2名增加到6名。

11月

3日，省财政厅、农林厅确定沭阳县为1997年种子建设后备县，省级年投入资金120万元。

12月

3日，宿迁财政大厦打桩奠基，资金来源由财政部、省财政厅拨款。

19日，省国有资产管理局批准宿迁公信会计师事务所资产评估资格。

25日，市政府印发《宿迁市教育地方附加和人民教育基金征收管理暂行规定》，自1997年1月1日起执行。

1998年

1月

1日，宿迁公信会计师事务所完成筹建工作，正式对外执业。

24日，市机构编制委员会批准市国有资产管理局增加事业编制4名。市机构编制委员会批准成立宿迁市注册会计师协会，核定事业编制3名。

2月

12—13日，召开全市财政工作会议。市财政局长、地税局局长房民作工作报告。市长余义和到会讲话。

3月

3日，市委任命刘须林兼市纪委驻市财政局纪检组组长。

8日，全市会计管理工作会议在泗洪县召开，并提出全市会计基础工作规范化实施意见。

31日，宿迁市财政局在全省范围内率先出台《关于国有企业改组为股份合作制企业有关财会处理问题的意见》。

4月

1日，市财政局会同市民政局制发《宿迁市城乡居民最低生活保障财务管理试行办法》，规范城乡居民最低生活保障金的使用管理。

5月

16日，省财政补助1.3亿元用于宿迁武警、消防、军分区、市委党校、广电局、公安局、检察院、法院、司法局、安全局等十个省补建设单位的项目。

17日，市委书记徐守盛主持召开党政联席会议，听取全市计划外生育费和农村教育附加费专项调查情况汇报，作出在全市实施预算外资金“票款分离”的决定。

6月

5日，市政府印发《宿迁市市直行政事业单位公费医疗管理规定》。

7月

16日，市政府印发《宿迁市预算外资金“票款分离”实施办法(试行)》。

8月

9—16日，市财政局开展1995—1997年度“市级文明财政所”评比活动，评出十个市级文明财政所。

28日，市财政局印发《财政部门支持农业和农村经济发展的意见》。省财政厅于同年9月11日以苏财农文件转发，在全省推广。

9月

7—18日，对市直180多个单位实施预算外资金“票款分离”情况进行全面检查验收。

22—24日，江苏电视台到宿迁市采访预算外资金“票款分离”工作情况，并于11月4日在《江苏经济》栏目中作专题报道。

22日，审计署驻津特派办到宿对全市粮食清查审计工作进行抽查，并对沭阳、宿豫两县1992年4月1日至1998年5月31日粮食企业新增财务挂账情况进行重点抽查审计。

25日，市政府印发《宿迁市政府采购暂行办法》，市直政府采购工作正式启动。

10月

6日，在全市开展契税征管执法检查，此项活动历时一个月，查补税收392

万元。

15日，财政部预算司副司长俞文修、省财政厅预算处处长李荣荣到宿迁市调研指导财政工作，市长佘义和、市财政局局长房民陪同。

△省财政厅、农林厅确定宿豫县为1998年种子县，省级年投入110万元。

17日，全市乡镇预算外资金管理工作现场会在宿豫县耿车镇召开，组织观摩宿豫县耿车镇、晓店乡预算外资金“票款分离”管理年工作，并在全市乡级推行。

20日，在广西桂林召开的全国城市综合财政研究会上，宿迁市实施预算外资金“票款分离”做法作专题介绍。

21日，市财政局支持市畜禽良种繁育中心开工建设，先期投入财政资金250万元。

11月

10日，省招投标中心宿迁分中心成立，副市长谢波参加揭牌仪式并讲话。

△市机构编制委员会批准成立宿迁市政府采购中心、宿迁市会计管理中心，正科级全民事业单位，实行“一个机构、两块牌子”，人员编制共4名。

12月

24日，市政府印发《宿迁市市直机关事业单位会计管理暂行办法》，自1999年1月1日起执行。

28日，省财政厅确定宿迁市1997年实施的高科技农业示范园为苏北地区唯一的农业科技示范项目，并计划追加投资200万元。31日，市财政局挂钩帮扶的泗阳县里仁乡张郑村脱贫工作，打通村对外出口，新建6千米砂石路；实施改水工程，农民吃上自来水；集体经济收入4.8万元；人均纯收入2380元；草房率下降到1%。

△在省财政支持下，拨出专项补助资金，全市实现当年财政收支平衡，并提前一年消化历史形成的老赤字。

1999年

1月

6日，市财政局出台《关于贯彻〈宿迁市直机关事业单位会计管理暂行办法〉

有关具体问题的通知》，会计核算中心正式运行。

2月

9日，中共宿迁市委任命曹秀明为市财政局党组副书记；任命徐雷为市财政局党组成员。

9日，市政府任命徐雷为市财政局副局长。

26日，受市人民政府委托，市财政局局长房民在市一届四次人代会上作《关于宿迁市1998年财政预算执行情况和1999年财政预算（草案）的报告》。

3月

11日，市委组织部任命章其波为市财政局局长助理。

12日，中共宿迁市委任命章其波为市财政局党组成员。

31日，市政府发布《宿迁市人民政府关于依法征收契税的通告》。

4月

7日，全市开始全面清理整顿财政周转金。

9日，市政府副市长马军带领市财政、水利等部门负责人专程到省政府汇报水利建设配套资金问题，省政府姜道远副秘书长和省政府、水利厅等有关部门负责人听取汇报，并现场解决宿迁市配套资金300万元。

28日，宿迁市注册会计师协会一届二次理事会在市区召开。会长毛守旗，副会长刘须林、李朝阳、侍鹏等出席会议。会议增补部分理事会成员。

△市财政局建立建设项目概预（结）算竣工决算审查情况定期报告制度、财政基本建设支出预算管理制度、财政性基本建设资金效益分析报告三项财政基建财务管理制度。

5月

4日，宿迁市财政稽查办公室成立，撤销宿迁市财务、税收、物价大检查办公室。

7日，市政府在市财政局二楼会议室召开全市预算外资金管理工作总结表彰会议，全面总结全市预算外资金“票款分离”实施工作。

7月

1日，宿迁市城市信用社中心社和宿迁市钟吾城市信用社划归地方政府管理，由市财政局代管。

14日，省纪委副书记陈章浩到宿指导政府采购工作。

26日，市财政举行宿迁财政大厦落成庆典，市长佘义和，省政府办公厅、省财政厅办公室、农税处有关领导和省国资局局长陆振龙、市财政局局长房民及市财政局全体干部职工参加大楼的剪彩仪式。

29日，市财政局印发《宿迁市市直农口单位项目资金报核制管理办法（试行）》，在全省全文转发。

8月

13日，全省预算外资金收支两条线管理经验交流会在宿迁召开，省委常委、省政府常务副省长俞兴德到会讲话。

9月

4日，全市财政工作会议召开。市长佘义和到会讲话，市财政局副局长、党组副书记曹秀明作工作报告。

16日，市委、市政府印发《宿迁市市级罚没款“票款分离”实施办法（试行）》。

10月

20日，市政府召开市级罚没款“票款分离”实施动员大会，分管财贸副市长作动员讲话。至11月20日，市直32个执法单位罚没款“票款分离”工作均进入正常运行轨道。

11月

10日，省财政厅农发办主任王学林到宿迁座谈了解农发基金征管工作。

18日，市直经济开发区财政局成立。

19日，市委免去房民市财政局党组书记职务。

22日，省财政厅社会保障处处长黄晓平一行3人对宿迁市“两个确保”及区域卫生规划有关情况进行调研，副局长徐雷陪同调研。

12月

9日，一期投资5500万元的国债补助项目宿迁市城南污水处理厂开始建设。

22日，省委常委、常务副省长俞兴德，省财政厅厅长施学道等到宿迁检查指导财政工作，听取宿迁财政困难情况的汇报，并决定增加对宿迁的补助力度。市长余义和，市财政局副局长曹秀明、局长助理章其波参加会议。

30日，市预算外资金管理工作领导小组印发《宿迁市市直单位预算外资金和罚没收入管理工作考核办法（试行）》。

2000年

1月

27日，市政府召开全市农业综合开发工作会议，副市长马军到会讲话。

△市政府印发《宿迁市城镇职工医疗保险制度改革实施方案》。

2月

1日，市财政局直接参与的宿迁市宿蕲路红绿灯工程项目进行招投标。这是市财政局直接参加的首次城建设施招投标活动。

12日，市财政干部培训中心开工。

3月

17日，省财政厅农发办主任王学林到宿迁皂河灌区调研，副局长徐雷陪同调研。

22—23日，省财政厅农发办副主任庄其祥和省农业资源开发局有关人员一行到宿迁，对全市第4期（1997—1999年）农业综合开发项目进行检查、验收。

24日，市财政局与市国土局联合印发《关于实行契税预收保证金制度的通知》。

28日，市财政局联合市纪委、市监察局出台《关于印发〈宿迁市政府采购监督管理暂行规定〉的通知》。

5月

16日，省财政厅财监处领导到宿迁市对中介机构执业质量进行检查指导。

16日，由省纪委、省财政厅等部门组成的省国债检查组对宿迁市国债项目进行抽查。

18日，市农业税收征管工作被省财政厅评为一等奖。

26日，总投资1.79亿元的宿迁南环路及三号桥工程开工建设。该工程利用国债资金8000万元，是全市利用国债资金最大的建设项目。

6月

20—23日，市财政局举办三期《中华人民共和国会计法》宣传培训班，对全市600多名单位负责人和会计进行培训。

△市财政局会同市监察局、市人民银行等部门联合召开市直16个银行收费网点“票款分离”业务工作座谈会。会后印发《宿迁市银行收费网点“票款分离”业务操作规范意见》。

22日，省财政厅商贸处处长李恒山一行到宿迁，就财政粮食销售补贴政策运行效果以及粮食销售台账建立情况进行调研，副局长徐雷陪同调研。

29日，省财政厅农业处副处长李建平到宿迁，对市农业高科技示范园和沭阳县农业现代化示范园建设进行调研。

7月

7—12日，省财政厅、省水利厅联合对泗洪、泗阳两县实施的“九五”淮北重点地区中低产田改造项目进行检查验收。

10日，全市第一个农业现代化试验示范区——沭阳县沭城镇南关荡项目区实施方案获省财政厅批准，并一次性安排项目资金50万元。

14日，全省商贸财务工作会议在溧阳召开，宿迁市介绍粮食购销企业建立销售台账的经验和做法。

19日，市政府办公室转发市财政局等部门《关于完善宿迁市粮食风险基金补助办法的意见》。

25日，市长佘义和在市财政局三楼会议室召集市财政、国税、地税局负责人研究财税工作和两大酒厂（洋河、双沟）体制上划问题。

27日，市政府办公室转发市财政局等部门《关于社会保险费改由地方税务部门征收有关问题意见的通知》。

30日，全国会计知识大赛第一赛程宿迁赛区工作全面完成。全市共发放答题卡4500份，收回4260份，回收率达95%，共有107人获一等奖。

31日，根据省财政厅统一部署，全市会计人员普查工作顺利结束。经过普查，全市共有会计从业人员7676人，其中，持证在岗会计人员5767人，持证不在岗会计人员488人，无证在岗会计人员1421人。

8月

1日，在南通市召开的全省1—7月农业税收分析工作会议上，宿迁市9个乡镇、31个村推行农业税、农业特产税定时定点申报纳税制试点做法，得到省厅领导的充分肯定。

9日，市委任命曹秀明为市财政局党组书记。

11日，受市人民政府委托，曹秀明在市一届人大常委会第31次会议上作《关于宿迁市1999年市本级财政决算草案和2000年上半年财政预算执行情况的报告》。经市人大常委会第31次会议审议决定，曹秀明任市财政局局长。

16日，宿迁财政大厦顺利通过市建委等部门组织的竣工验收。

24日，市政府任命章其波为市财政局副局长。

△市政府办公室印发《关于切实做好违法用地清查和耕地占用税征收的通知》。

9月

6日，全国会计知识大赛宿迁赛区第二赛程决赛在宿迁师范礼堂举行。市委副书记、市长佘义和，市人大常委会副主任李大贤以及市财政、广电、司法等部门负责人到场。泗阳县代表队荣获一等奖，沭阳县代表队、市直代表队荣获二等奖。大赛选出4名优秀选手参加省级比赛。

12日，省财政厅转发宿迁市《关于切实做好违法用地清理和耕地占用税征收工作的通知》，并要求各地根据实际情况借鉴宿迁做法。

25日，由省财政厅、农林厅、南京农业大学组成的专家组到泗阳县，就该县建立马铃薯脱毒农业科技示范园进行项目论证。同意泗阳县通过可行性论证报告，并进入省级2000年农业示范园区项目，一定三年，每年省财政补助100万元，地方财政配套50万元。

10月

8日，市财政局、开发局联合对全市二期世界银行贷款加强灌溉农业项目实施情况进行检查。

10日，市政府印发《关于同意组建江苏双沟股份有限公司的批复》。

12日，全市清理整顿经济鉴证类社会中介机构工作会议在市财政局召开，各县、区分管县长，办公室副主任，财政、工商、人事分管局长，市直有关部门分管负责人参加会议，副市长范学恕到会讲话。至10月底，财政、审计、国税、地税、司法部门已经与其挂靠的中介机构脱钩。

13日，按照省制定的还款方案，各县欠省的财政周转金全部还清。

17日，市财政局联合市地税局出台《关于上划地方税务机构经费问题的通知》，确定全市地方税务机构经费上划的有关问题。

30日，经市政府批准出台《市政府关于调整泗阳县财政体制的决定》《市政府关于调整泗洪县财政体制的决定》。

11月

2日，国家农业开发办公室、审计署、省财政厅、省审计厅和省农业资源开发局联合对宿迁市利用世界银行贷款加强灌溉农业二期1999年项目的审计整改情况进行检查，并抽查宿豫、泗洪两县，对宿迁市的整改结果表示满意。

8日，以瑞丁格为团长的世界银行检查员一行8人，在国家农发办、省财政厅、省农业资源开发局等有关领导陪同下，对宿迁市利用世界银行贷款加强灌溉农业二期项目进行检查，并对宿豫县皂河灌区的SIDD等项目区实地进行检查。

17日，市财政局和市农业资源开发局联合对2001年度世界银行项目计划进行布置。该项目年度投资总额4440万元，改造中低产田15.6万亩。

22日，《市政府办公室转发市财政局人事局关于明确工资福利待遇等财务开支标准制定权限的意见的通知》，规范宿迁市机关事业单位工作人员福利待遇发放的管理。

△全省2000年度农业税收工作及决算布置会议在宿迁市召开，省财政厅农税处处长房民对宿迁市违法用地清理和耕地占用税征收工作开展执行情况进行表扬，并要求在全省财政农税部门推广宿迁的做法。

12月

1日，省财政厅外经处长倪道潜到宿迁调研外经工作。

5日，市财政局印发《关于重新确立市经济开发区财政体制的通知》。

6日，市财政干部培训中心正式定名为宿迁国际饭店，隶属市财政局。该饭店为全民所有制企业，独立核算，自负盈亏。

13日，市政府印发《市政府关于加强政府性专项资金管理的通知》，对市有关部门代收的20余项政府性专项资金的使用，由原来各单位自行支配改为财政部门集中统管、财政专户集中支付的办法。

2001年

1月

2日，受市人民政府委托，局长曹秀明在市一届人大常委会第34次会议上作《关于宿迁市2000年财政预算执行情况和2001年财政预算初步安排意见的报告》。

5日，全市农村税费改革工作会议在市财政局召开。市委副书记詹荫鸿作动员报告，市政府副市长马军就宿迁市如何做好农村税费改革工作提出要求。

14日，财政部教科文司司长张少春、副司长王立峰等一行到宿迁，就教育布局调整、薄弱学校改造、危房改造和教师工资发放等情况进行调研。

15日，省中华函校校长王宽亚、副校长吴继勇等到宿，就函校教学管理和招生工作进行调研，并实地考察宿豫函授站。

2月

1日，宿迁国际饭店建设工地被省建委评为2000年度省级文明工地。

21日，省财政厅厅长助理吴可立、农财处长蔡荣国到泗阳县财政局督查指导“三个代表”学教活动。

23日，市政府发出《关于调整宿迁市市级财政体制和解决财政特殊困难的请示》。

3月

27日，全市2001年度公务用车定点维修，通过公开招标。宿迁上海大众、友谊轿车维修中心、宿迁汽修厂、宿迁迅达修理厂、宿迁星源修理厂5家修理厂中标。

4月

10日，省财政厅厅长、省税改办主任周桂根一行5人到宿迁，调研农村税费改革工作进展情况。

23日，市政府任命王云同志为市财政局副局长。

24日，宿迁市农村税费改革方案顺利通过省税改办审批。

25—26日，国家开发项目办处长王海燕等一行到宿迁市检查验收世行二期农灌项目，泗洪县顺利通过国家级验收。

5月

19日，财政部综合司司长王保安、科长胡忠勇，国家税务总局陈有方，省财政厅副厅长江建平、综合处处长沈益峰，农业税收征收管理局局长王仲治到宿迁市沭阳县调研农村税费改革工作开展情况。

24日，市委办、市政府印发《宿迁市机关事业单位及村离任分流人员自办企业贷款贴息资金管理办法》。

6月

1日，省财政厅、省民政厅联合组成检查组，对宿迁市2001年全市重点优抚对象普查工作进行检查。

5日，省财政厅预算处副处长李圣华等一行代表省政府办公厅到宿迁，就确保中央统一规定的机关事业单位职工工资和津贴、补贴经费，县区教师工资专户的建立、运行和上级财政转移支付资金的使用等情况进行调查。

7月

5—6日，省财政厅农业处副处长李建平与省农机局、开发局、农林厅一行8人受省政府委托到宿，就农业和农村工作有关问题进行调研。

8日，省财政厅企业处处长尹国雄到苏玻集团调研工作。

28—29日，中国财政杂志社社长朱平壤、副主编何杰平，省财政厅科研所副所长徐雷在市财政局局长曹秀明的陪同下，到沭阳县对农村税费改革工作的进展情况进行调研。

8月

8日，省人大常委会副主任俞敬忠一行对宿迁农村税费改革工作进行调研，市委副书记吴洪彪汇报宿迁市税改情况，调研组还到沭阳县进行调研。

10日，省政协副主席段绪申一行7人对农村税费改革进行调研，市政府主要领导人汇报宿迁市农村税费改革和配套改革有关情况，沭阳县、宿豫县、泗阳县分别作书面汇报。

11—13日，省财政厅行政政法处处长李荣荣一行3人到宿，就教师工资县级统发问题进行调研。

22日，省财政厅会同省劳动和社会保障厅、省地方税务局在宿迁市召开徐州、淮安、连云港、宿迁四市社会保险费税务征收座谈会，省财政厅社会保障处处长宋义武到会，并对财政部门如何做好社会保险费税务征收工作提出具体要求。

24日，省政府办公厅、省财政厅、省农垦总公司到宿迁，就五里江农场、泗阳棉花原种场和青伊湖农场划归属地管理进行调研。

8月底，泗阳县众兴镇财政所所长徐渠先进事迹于中国共产党成立80周年前夕（2001年6月），以《青春闪光》为题，被选入《理财赞歌——财政战线共产党员风采》一书。该书被确定为财政部“十五”规划教材。

9月

17日，省财税金融专项整治工作检查组到宿迁，检查贯彻落实财政系统整顿和规范市场经济秩序工作情况。

25日，市级机关事业单位会计集中核算工作会议在市财政局召开。会议决定，自2001年10月1日起，除对市教育局等8个单位实行重点委派外，其他单位全部纳入会计核算中心管理。

10月

25—26日，全市教育布局调整和危房改造专项资金管理培训会议在市区召开。

29—31日，省财政厅、省体育局对宿迁市近2年的体育彩票发行、公益金的管理使用情况进行专项审计。

11月

1日，市财政局出台《宿迁市教育布局调整与危房改造专项资金专户会计核算办法》。

2日，市地税局广域网工程、IBM服务器等在网上向全国进行公开招标，共有24家企业参与竞标。中标单位为南京华铁弘达等4家，此次招投标活动是宿迁市政府采购中心成立以来规模和影响最大的一次。

8—12日，市财政局局长曹秀明在南京出席中国共产党江苏省第十次代表大会。

18日，以瑞丁格为团长的世界银行检查团到宿迁市对宿豫县皂河灌区SIDD项目进行检查，对宿迁市节水灌溉农业给予高度评价。省财政厅农发办副主任庄其祥陪同检查。

12月

28日，宿迁国际饭店建成并试营业。

2002年

1月

25日，省财政厅纪检组长徐阳升、财政监督检查局局长项林等一行到宿迁市检查财政监督工作。

2月

6日，全市财政工作会议召开。市财政局局长曹秀明作财政工作报告，市政府主要领导到会讲话。

22日，省审计厅到宿迁市调查审计农村税费改革转移支付资金及一般转移支付资金落实分配使用情况。

3月

5日，省审计厅外资处处长褚宗明一行4人对宿豫县2001年度世界银行贷款加强灌溉农业二期项目进行审计。

15日，全省财政教科文工作会议在宿迁国际饭店召开。省财政厅副厅长江建平要求各级财政要进一步健全农村义务教育经费的保障机制，确保农村中小学教师工资及时足额发放。同时，充分肯定宿迁市2001年教师工资发放工作。

△市政府印发《关于深化国有粮食购销企业改革实施意见》《关于建立市级地方粮食储备的意见》。理顺政府与企业的关系，推进国有资本从竞争性经营领域有序退出，增强政府对粮食的调控能力。

26日，国家税务总局农业税征收管理局副局长王淑华一行4人在省财政厅农税局局长王仲治陪同下，到泗洪县进行农业税任务与负担管理专题调研。

4月

4日，省财政厅农发办副主任杨小平一行到宿迁，调研农民增收、农民负担及农业投入问题。调研组实地调查宿豫县及泗阳县来安乡和新袁乡。

11日，财政部农业综合开发办公室及省财政厅、省农业资源综合开发局一行7人，对宿迁市2001年度利用世界银行贷款加强灌溉农业二期项目的实施情况进行检查，重点抽查宿豫县南蔡镇和仰化镇。

12—13日，全省财政科研工作会议在宿迁国际饭店召开，省财政厅科研所徐雷、张云天、管云涛三位副所长，各市财政科研所长、科研骨干参加会议。省财政厅副厅长江建平对财政科研工作提出要求。

15日，省财政厅行政政法处副处长莫小安到宿迁，督查机关事业单位职工工资发放情况。

16—17日，全省农村税费改革工作会议在宿迁国际饭店召开。省税改办主任、财政厅厅长周桂根，省财政厅副厅长黄晓平，省农林厅副厅长程健，省税改办副主任房民，宿迁市委主要领导参加会议，省财政厅厅长周桂根讲话。

△省委组织部、省财政厅、人事厅、编委、教委5部门调查组到宿迁调查财政供养人口情况。

5月

14日，在财政部国家开发办有关领导的陪同下，以瑞丁格先生为团长的世界银行检查团一行5人，对宿迁市利用世界银行贷款加强灌溉农业二期项目的实施情况进行检查。检查团对皂河灌区的SIDD项目给予高度评价，认为皂河灌区的SIDD运管模式非常成功，是当今中国最好的农业用水管理模式，也是世界上最先进的农业灌溉管理模式之一。

16日，省财政厅副厅长江建平带领省农村义务教育管理体制调研组到宿迁调研。

20日，省财政厅统计评价处处长张志良一行到宿迁考察统计评价工作，副局长王云陪同调研。

6月

3日，市政府印发《关于加强城区契税征管工作的通知》和《关于明确房屋契税税率执行标准的通知》。

10—11日，财政部社会保障司司长路和平、副司长韩传芝、处长何锦国、邸东辉博士在省财政厅副厅长黄晓平、社会保障处处长宋义武、副处长戴民辉、陈琪陪同下，到宿迁调研农村卫生改革工作。市委、市政府主要领导以及市委常委、副市长谢波，市政府秘书长田洪等领导先后陪同调研。

△省财政厅新闻采编站李豫平站长一行4人到宿迁，就宿迁财政增收节支和财政改革等情况采访市财政局局长曹秀明，并到泗洪、泗阳、宿豫三县调研。

11—12日，由省财政厅、外经贸厅联合召开的全省技术改造项目贷款贴息资金布置大会在宿迁国际饭店召开。省财政厅企业处处长尹国雄、省外经贸厅外贸处处长谢绍到会并就开展工作作部署。

21—22日，全省农垦学校教育职能剥离工作会议在宿迁国际饭店召开。全省部分市县财政局长、教育局长参加会议。省政府副秘书长姜道远到会讲话。

22日，省财政厅农税局局长王仲治到宿检查农业税夏征工作。

24日，全省财政系统新会计准则会计制度培训班在宿迁国际饭店举行，全省140名师资参加培训。

25日，山东省滨洲市税改办一行到宿迁，学习农村税费改革工作先进经验。

7月

4日，全省2002年上半年财政预算执行情况分析会议在宿迁国际饭店召开。省财政厅国库处处长陈志华、副处长谢桂芳主持会议并就财政国库工作提出具体要求。

10日，省财政厅农发办主任邵乾荣到宿迁就农业综合开发、世界银行贷款加强灌溉农业二期项目的实施情况、世界银行贷款加强灌溉农业一期项目第三类贷款还款等问题进行调研，实地察看宿豫县、沭阳县的项目实施情况，副局长王云陪同调研。

15日，省财政厅、省劳动和社会保障厅组成联合督查组，对宿迁市基本养老保险“五项任务”落实情况、省市县三级配套补助资金到位情况和各项基础管理工作进行督查。

8月

14日，省财政厅监督检查局农业专项资金检查组一行9人到宿迁，对2001年财政农业专项资金使用情况进行全面检查，主要包括省级财政安排的各项预算内、外农业专项资金及中央财政通过省财政下拨的资金。这次检查是省财政实施预算编制、执行、监督职能分离后组织的第一次专项检查。

15日，市编委同意市财政局成立市会计核算中心。该中心为正科级全额拨款事业单位，人员编制20名，领导职数3名。市会计管理中心同时撤销，并将市政府采购中心机构和4名编制移交市级机关事务管理局。

26日，省财政厅人事教育处处长李圣华一行到宿迁，考察省援宿干部王云综合情况。次日，对宿迁市上报全国财政系统先进集体——沭阳县财政局进行全面考察。

29日，省财政厅行政政法处处长王汉增到宿迁，检查泗阳县公办教师人员工资发放情况。

9月

16日，全省农业税秋征座谈会在宿迁国际饭店召开。

10月

24日，全省注册会计师行业业务、财务检查工作会议在宿迁国际饭店召开。省注册会计师协会副会长曹锡浩、秘书长张明达，市注册会计师协会会长、市审计局局长毛守旗，市注册会计师协会副会长、市财政局副局长刘须林出席会议。

27日，中国社科院院士陆振一在省农村税费改革办公室副主任房民的陪同下，赴泗洪县调研农村税费改革情况。

11月

1日，由省财政厅和省教育厅相关人员组成的农村中小学危房改造验收小组到泗洪县，验收农村中小学危房改造工作。

12日，省财政厅副厅长李小平、办公室副主任姚雪峰、预算处副处长钟月巧、国库处副处长谢桂芳、行政政法处副处长莫小安一行到宿迁调研财政改革工作。市政府主要领导、田洪秘书长，市财政局局长曹秀明、副局长章其波、王云陪同调研。

17日，市政府任命武倩为市财政局副局长。

12月

17日，市财政局举办财政与会计改革讲座。财政部科研所副所长王朝才、原副所长王世定分别专题讲授财政改革与会计改革。省财政厅科研所副所长徐雷，市、县财政局和市国税局、市地税局相关干部参加讲座。

28日，宿迁国际饭店正式开业暨四星级旅游饭店揭牌仪式在宿迁国际饭店举行。省财政厅原厅长、省人大副秘书长施学道，省旅游局副局长陈人羽，市领导沈成、甄邪兵参加庆典仪式。陈人羽与谢波为宿迁国际饭店揭牌。

2003年

1月

15—17日，省厅行政政法处副处长莫小安等一行3人到宿迁，督查2002年机关事业单位职工特别是中小学教师职工工资发放以及县乡财政体制调整、完善农村义务教育管理体制工作进展等情况。

20日，受市人民政府的委托，市财政局局长曹秀明向市二届人大一次会议报告2002年财政预算执行情况和2003年财政预算草案，并通过审议。

24日，市人大常委会第二届第一次会议任命曹秀明为宿迁市财政局局长。

24—27日，局领导带着全局干部职工捐资近2万元，购买粮油及生活用品分赴四县一区，到市财政局挂村帮扶点，对86户帮扶对象进行春节慰问。

28日，市政府任命曹秀明为市政府副秘书长，刘须林为市财政局助理调研员。

2月

12日，全市财政工作会议在宿迁国际饭店召开。市政府主要领导到会讲话。

3月

10日，省财政厅配合有关部门对宿迁市社会保险专项资金征收、管理、使用情况进行了检查，并重点抽查了市直和泗洪县。

15日，省税改办副主任、省财政厅农税局局长房民带领南京市江宁区经贸代表团到宿迁考察。副市长侍鹏，市政府副秘书长、市财政局局长曹秀明，市财政局副局长章其波等陪同考察并座谈。

21日，市政府任命韩锋任市交通投资有限公司总经理。

4月

10日，受市“非典”防治工作领导小组委托，市财政局领导班子成员分别带队到沭阳县华冲等10个乡镇就“非典”防治工作开展情况进行检查。

21—22日，市政府副秘书长、市财政局局长曹秀明带领市财政局有关处室负责人赴宿豫县、泗洪县财政局调研县乡财政体制调整等工作。

5月

自2003年5月开始，宿迁市停征农业特产税改征农业税。

6月

3日，市政府办公室印发《宿迁市市区土地使用权出让金管理暂行办法》。

16日，省厅教科文处处长倪道潜一行到宿迁市沭阳县调研农村义务教育管理体制调整情况，对沭阳县及时调整县乡财政体制，将农村中小学教职工工资上划到县级财政管理的做法表示满意。

17—20日，财政部驻江苏省财政监察专员办事处殷春华副处长一行到宿，对宿迁市“非典”防治资金安排、使用情况进行检查。

18日，省审计厅对宿迁市2002年财政收支预算、决算等情况进行审计。

20日，财政部部长金人庆一行在省委常委、常务副省长蒋定之，省财政厅厅长包国新陪同下到宿迁市考察调研。深入泗洪县农户家中与群众直接对话，详细了解了农业和农村经济发展状况以及农户家庭收入、农村税费改革等情况，考察了泗洪县工业园区以及城镇、交通等基础设施建设情况。市委主要领导人，市委常委、常务副市长谢波，副市长侍鹏，市政府副秘书长、市财政局局长曹秀明等陪同考察。

△省税改办处长孙国贵一行到宿检查农村税改工作。

26日，省税改办副主任、省农税局局长房民陪同中央电视台新闻中心记者到宿，采访沭阳县村级债务化解情况并录制专题片。

7月

13日，省财政厅农税局副局长储惠平到宿迁市检查农业受灾情况。

16日，省财政厅科教文处处长倪道潜到泗阳县调研县乡财政体制调整工作。

8月

5日，全省企业所得税税源调查布置会议在宿迁国际饭店召开。

17日，财政部社会保障司处长朱军、省财政厅社会保障处处长宋义武等一行到宿迁市检查灾情及生产自救工作情况。

20日，省财政厅农发办主任邵乾荣一行到宿迁市察看农发项目水毁工程损失情况，并先后到宿豫县、泗阳县有关乡镇具体了解受灾损失情况。

9月

1日，市财政局会同市审计局对全市2001年、2002年上级补助和本级提取的农业税灾歉减免资金专户管理及发放情况进行审计。

12日，省厅农业处调研员李恒山一行到泗洪、泗阳检查防汛、救灾资金。

10月

10日，财政部综合司处长魏维和农业司处长凡科军在省财政厅农税局局长房民、农业处副处长时向红陪同下，到泗洪县核实受灾对农业税征收的影响情况，并对四河乡、双沟镇等有关乡镇进行实地核实。副市长马军、市财政局助理调研员刘须林等陪同考察。

12日，由苏州大学商学院与宿迁市财政局联合举办的财政学专业研究生课程进修班开学典礼在市财政局二楼会议室隆重举行。苏州大学副校长陆少杰，苏州大学商学院财政系主任孙文基，宿迁市政府副秘书长、市财政局局长曹秀明，市财政局副局长薛誉华及部分任课教授和通过入学考试的55名学员参加了开学典礼。

16日，省财政厅副厅长黄晓平、社保处副处长陈琪和省委老干部局有关领导一行组成的检查组到宿迁市检查离休干部“两费”落实情况。

11月

11日，财政部国债项目调查组对宿迁市污水处理国债项目检查和调研。调查组对宿迁市国债项目的组织建设情况、财务管理和自筹资金到位率等方面给予肯定，并对项目建成后运行产生的效益和运行中存在的问题进行专题调研。

21日，苏北五市农发资金支出进度汇报会在宿迁国际饭店召开。省财政厅农发办副主任杨小平，徐、淮、盐、连、宿5市农财处长及部分县财政局分管负责人等近50余人参加会议，市财政局副局长章其波出席会议。

12月

27日，全市乡镇财政所长培训班在市区举办。市委副书记、常务副市长吴洪彪到会并就“关于做好今年农业税灾歉减免资金发放工作及村级三项资金管理”讲话，市政府副秘书长、市财政局局长曹秀明主持会议。

2004年

1月

6日，省财政厅社会保障处副处长陈琪一行3人，到宿迁市慰问下岗、失业及社会弱势群体。

12日，受市人民政府委托，曹秀明在市二届人大第二次会议上作《关于宿迁市2003年财政预算执行情况和2004年财政预算草案的报告》。

17日，全市财政工作会议在市财政局召开。市政府主要领导到会讲话。市政府副秘书长、市财政局局长曹秀明作题为《服务发展大局 维护社会稳定 努力开创宿迁财政工作新局面》的工作报告。

2月

25日，省财政厅社会保障处副处长戴民辉一行5人到宿，对宿迁市2003年度社会保险补贴和再就业培训补贴省补资金管理使用情况进行专项检查。

27日，市政府出台《宿迁市教育费附加、地方教育附加和地方教育基金征收使用管理办法》。

3月

24日，省政府批准宿迁市为省唯一免征农业税并享受省财政转移支付补助的试点市，为全市419万农民每年实际减负2.53亿元，沿袭几千年的农民缴纳农业税的历史在我市率先结束，较苏北其他市提前两年实现农民农业税零负担。

△全市调整农业税税率布置会在市财政局召开，各县区分管局长、农税局局长及农税专管员参加会议，市政府副秘书长、市财政局局长曹秀明到会讲话。

30日，财政部行政政法司司长李林池在省财政厅副厅长江建平陪同下到宿迁市调研，实地检查了2001—2003年政法补助专款项目大兴法庭、大兴派出所和卓圩派出所等单位，对项目实施情况表示满意。

4月

16日，全市农业税税率调整及免征方案通过省级审批。

26日，财政部农业司处长凡科军、水利部处长万群志到宿迁市泗阳县调查核实2003年分淮入沂行洪补偿损失情况。经过走访里仁、王集两乡镇受灾群众后认为，宿迁市2003年行洪损失登记工作做得细致翔实、公开透明、群众满意。分淮入沂行洪补偿涉及沭阳、泗阳两县，按国家补偿政策应获得补偿资金2633万元。这次调查经两部核实后，补偿方案报经国务院审批执行。

30日，省财政厅厅长包国新一行到宿，就宿迁市经济发展状况和财政运行情况进行调研，受到市委、市政府主要负责人热情接待。针对宿迁市在改革发展过程中遇到的阶段性困难，表示将继续在政策、资金方面向宿迁市倾斜，在财政转移支付等方面进一步加大支持力度，并初步确定市经济开发区标准厂房建设和宿迁学院建设资金补助方案。

5月

10日，全省粮食生产直接补贴工作会议在宿迁国际饭店召开，副省长黄莉新到会讲话。

10日，市编委批复同意成立市契税征收管理所。

19日，省财政厅社会保障处处长宋义武一行到挂钩帮扶点——宿豫区来龙镇敬老院开展挂钩帮扶活动。

28—31日，省财政厅与省高院、省检察院组成验收小组，对宿迁市2001—2003年政法补助专款项目完成情况进行检查验收。

6月

28日，省税改办副主任、财政厅农税局局长房民陪同江苏卫视记者一行到宿迁市泗洪县金锁镇就粮食直补资金发放情况进行采访。

28日，市契税征收管理所挂牌正式运作。

7月

13日，省财政厅社会保障处副处长陈琪带领省财政厅、省扶贫办等有关部门工作人员，到宿迁市检查1997—2002年农村草危房改造资金管理使用情况。

8月

10日，省财政厅黄晓平副厅长带领省厅社保处处长宋义武、副处长戴民辉等一行到宿调研农村低保工作实施情况。

18日，省财政厅厅长包国新带领办公室主任汪以力和预算处处长王正喜等一行到宿调研。在市政府主要领导陪同下，实地考察市经济开发区晨风、芬那丝等企业，并参观宿迁学院、张家港长江润发（宿豫）工业园、骆马湖现代生态农业示范区等地，详细了解宿迁市近年开放型经济的发展现状。

27日，省财政下达宿迁市2004年政法补助项目专款1069万元，并批复宿迁市2004—2006年政法补助项目规划。

9月

8日，省财政厅农业处处长李建平到沭阳调研村级扶贫、小额贷款发放情况及农民协会运行情况等。市政府副秘书长、市财政局局长曹秀明，市财政局副局长章其波等陪同调研。

10日，省纠风办对宿迁市整顿统一着装工作进行检查验收。此次整顿工作中，宿迁市共清理违规着装人员4024人，收缴各类标志5938套（件）。

14日，省财政厅机关作风建设征求意见座谈会在宿迁国际饭店召开。省厅纪检组长徐阳升、机关党委书记莫小安、监察室主任吴小明、办公室助理调研员秦国忠等参加调研座谈。市政府副秘书长、市财政局长曹秀明及苏北部分市、县财政局长参加座谈。

△财政部驻江苏省专员办潘文立处长一行到宿，对宿迁市中央补助地方国有企业下岗职工基本生活保障及再就业等专项资金管理使用情况进行专项检查，并实地检查了泗阳县及部分企业、单位。

10月

18日，市财政局、市民政局联合召开全市农村低保工作会议，决定从11月份开始，在泗洪县上塘镇和沭阳县耿圩镇试点实施农村最低生活保障制度。

11月

1日，国家税改办胡忠勇一行6人到宿迁市进行农村税费改革调研。

5日，市政府办公室印发《宿迁市2005年政府集中采购目录及采购限额标准和公开招标数额标准》。

10日，省财政厅社保处副处长陈琪陪同省政府调查组到宿迁市调研困难群众生产生活情况。

12月

17日，省财政厅社会保障处处长宋义武一行3人到宿迁市扶贫慰问。

22日，市政府任命何祖玉为市财政局副局长。

2005年

1月

8日，在市委二届五次全体（扩大）会议上，市财政局被市委、市政府表彰为2004年度目标管理先进单位、招商引资工作先进单位，曹秀明被评为招商引资工作先进个人。市财政局被评为“2004年度行风政行满意单位”，2005年行风、政风建设工作予以免评一年。

10日，苏北五市教育专题座谈会在市区召开，会议就如何实施义务教育阶段贫困生“两免一补”政策等问题进行座谈。省财政厅教科文处处长倪道潜，市政府副秘书长、市财政局局长曹秀明，市教育局局长孙其松等出席座谈会。

18日，全省财政社会保障工作会议在宿迁国际饭店召开。会议讨论《关于进一步加强新型农村合作医疗》等3个管理办法。省财政厅副厅长黄晓平，各市、有关县财政局分管局长等120名与会代表参加会议。

21日，市财政局召开保持共产党员先进性教育活动动员会议。会议由局长、党组书记曹秀明主持，局全体党员参会。

26日上午，全市财政工作暨党风廉政建设工作会议在市区召开。市政府主要领导到会讲话。市政府副秘书长、市财政局长曹秀明作工作报告。

2月

1日，市政府印发《宿迁市新型农村合作医疗管理暂行办法》。

2—3日，省财政厅党组成员、纪检组长徐阳升一行到宿迁市宿豫区曹集乡和泗阳县南刘集乡财政所慰问乡镇财政干部，并带来慰问金30万元。市财政局副局长章其波陪同慰问。

21日，市财政局、市民政局印发《宿迁市农村最低生活保障暂行办法》，确定2005年宿迁市农村最低生活保障线为每人每年800元。

△经市政府研究决定，从2005年1月起，宿迁市市区城市低保标准由现行的

每人每月130元提高到160元。

3月

1日，省财政厅副厅长江建平一行到沭阳县调研农村中小学“六有工程”实施情况。市财政局副局长章其波陪同调研。

5日，省财政厅教科文副处长徐洪林一行到泗洪县临淮镇调研农村中小学基础设施建设情况。市财政局副局长武倩陪同调研。

23日，省财政厅、省农业开发局下达宿迁市2005年全市土地治理项目投资计划6590万元。其中，中央财政资金3295万元，省财政投资3130万元，市财政配套165万元。项目建成后，可改造中低产田21万亩。

26日，国务院税改办副主任黄维健一行在省税改办房民副主任陪同下对沭阳县农村税费改革前后农村义务教育经费保障体制、管理体制等问题进行专题调研。市财政局副局长章其波等陪同考察。

29日，省财政厅政法处处长王汉增一行5人到宿，对宿迁市2005年一季度农村中小学教师及乡镇公务员省标补贴发放工作进行检查。实地察看农村中小学公教人员工资专户运行、了解义务教育管理体制落实及公用经费保障等情况。市领导沈成，市财政局领导曹秀明、章其波等陪同调研。

31日，省财政厅社保处副处长戴民辉一行到泗阳县三庄乡调研农村居民最低生活保障实施情况，并走访、慰问部分农村低保户。市财政局副局长武倩陪同调研。

4月

11日，市政府办转发市财政局等部门《关于由地方税务机关征缴残疾人就业保障金意见》的通知。

15日，市政府副秘书长，市财政局局长曹秀明带领相关处室负责人走进《政(行)风热线》栏目直播室，就群众提出农业税减免、种粮补贴、农机具补贴、农村合作医疗、契税征收等问题，进行现场解答。

18日，省财政厅农发办主任邵乾荣一行到宿迁市考核2004年农发工作，实地察看了泗洪县农发工作。市财政局副局长章其波陪同考核。

23日，省财政厅农业副处长黄中茂陪同财政部农业司吴振鹏处长考察宿迁市皂河灌区农民用水运行情况。市财政局副局长章其波陪同考察。

5月

8日，省财政厅厅长包国新在市委、市政府主要领导陪同下，考察市区和宿迁经济开发区，并实地检查指导开发区标准厂房建设工作。要求切实用好省里安排的专项建设资金，加快建设速度，确保工程质量。保证获得良好的经济效益。市财政局领导曹秀明、武倩陪同考察。

10日，省财政厅国库处处长陈志华、信息中心主任聂小军等一行到宿，调研“会计集中核算向国库集中支付转轨”工作，局领导曹秀明、章其波陪同调研。

6月

7日，省财政厅教科文处处长倪道潜一行到宿，就省政协九届三次会议27号《我省基础教育面临的主要问题及对策》提案到宿迁市召开座谈会，与提案人吴应宁委员及相关人员进行交流，市财政局领导曹秀明、武倩参加座谈。

20日，市财政局、市劳动和社会保障局、市人行出台《宿迁市下岗失业人员小额贷款担保基金管理试行办法》，有效解决下岗失业人员贷款难问题。

7月

8日，省财政厅社保处副处长戴民辉一行到宿迁市调研下岗失业人员就业、再就业工作。

25日，省财政厅企业处副处长朱忠迎一行到宿迁市泗阳县、宿豫区调研财源建设试点工作。局领导武倩陪同调研。

27日，省财政厅科教科文处处长倪道潜率省财政厅、省教育厅调研组到沭阳县、泗洪县就义务教育的基本情况、学校经费保障、困难学生资助等情况进行专题调研，并召开专题座谈会。市领导薛甫伦，市财政局领导曹秀明、章其波、武倩等参加座谈。

8月

1日，市财政局被市委、市政府评为2004年度双拥工作先进单位。

23日，市财政局领导曹秀明率领相关处室负责人再次走进“政风行风热线”直播室，接听群众热线电话，现场解答群众咨询、受理群众投诉，帮助群众解决实际问题。

26日，市政府办转发市计生委、市财政局《宿迁市农村部分计划生育家庭奖励扶助制度实施方案》的通知。

9月

23日，财政部科研所研究员杨照南到宿做财税改革学术报告。市财政局全体人员，市国税局、地税局、审计局，各县区财政局中层以上干部近200人参加报告会。

10月

24日，国务院税改办主任赵杰一行在省财政厅农税局局长房民等陪同下到宿豫区调研农村综合改革情况。市政府副秘书长、市财政局局长曹秀明陪同考察。

11月

17日，财政部教科文司司长丁学东一行在省财政厅副厅长江建平等陪同下到宿调研教育工作，并实地调研沭阳县实验中学，钱集镇初中及西营村小学等中、小学。市领导薛甫伦，财政局领导曹秀明、章其波及沭阳县领导陪同调研。

22日，财政部科研所副所长、研究员刘尚希在省财政厅科研所所长徐雷陪同下，到宿举办宏观经济形势与财税改革学术报告会，全市财税审系统130余人参加会议。

30日，省农林厅副厅长张辉钢带领省土地出让金用于农业开发检查组到宿迁市检查工作。市政府副秘书长倪锡林、局领导武倩陪同检查。市财政局被省委组织部、省劳动和社会保障厅、省民政厅、省总工会评为 “党员干部与特困职工家庭结对帮扶先进集体”。

12月

2日，市委、市政府免去章其波市财政局党组成员、副局长职务，调任宿豫区委常委、常务副区长。

12日，市委组织部任命于登才为市财政局局长助理、市土地资产储备投资中心财务总监。

19日，省财政厅社保处副处长戴民辉一行，分别到泗阳县和宿城区慰问贫困户，走访慰问部分敬老院和困难群众家庭。

25日，省财政厅教科文处副处长徐洪林一行到宿迁市宿豫区、宿城区就退休教师以前年度国标和省标工资发放进行调研。局领导曹秀明、武倩陪同调研。

26日，省财政厅经建处副处长王云一行到宿就粮食直补资金发放进行调研。市财政局领导曹秀明等陪同调研。

2006年

1月

1日，《中华人民共和国农业税条例》废止，标志着在中国延续了2600年的农业税从此退出历史舞台。

10日，全省财政工作会议上省政府表彰宿迁市为财政收入上台阶单位(第一名)，这是宿迁市首次获得这项殊荣。同时获奖的还有泗洪县和沭阳县。

20—23日，市政府副秘书长、市财政局局长曹秀明带领部分党员干部分别到局结对帮扶村、企业慰问贫困户、孤儿、特困职工，送去慰问金、棉被和职工捐献的衣物。共发放帮扶资金、生活用品等3.6万元。

26日，全市财政工作会议在国际饭店召开，市财政局局长曹秀明作财政工作报告。

2月

5日，在全市民主评议行风和2005年度目标管理总结表彰大会上，市财政局被市委、市政府评为“目标管理先进集体”“双拥工作先进单位”“挂村帮扶工作先进集体”“结对帮扶工作先进集体”。

2月15日，市政府办公室转发市外经贸局、市财政局关于《宿迁市境外招商专项资金管理办法》。文件对招商引资专项资金的规模、使用和管理等作出了规定。

2月25日， 省财政厅社保处副处长戴明辉及省民政厅有关领导在市财政、民政部门有关人员的陪同下，对宿迁市农村低保目标管理及资金补助落实等情况进行检查。

3月

3日，省财政厅教科文处副处长倪国强一行到宿，就沭阳县农村文化建设情况进行专题调研，市财政局领导武倩陪同调研。

14日，财政部表彰宿迁市财政局为全国财政信息工作先进单位。“宿迁市出台优惠政策助推服务业发展”等2条信息被评为2005年度全国财政系统好信息。

21日，省财政厅监督检查局调研员王学林一行到宿迁市核查市本级、泗阳县、泗洪县社会保险补贴和再就业培训补贴工作。

29日，国家开发银行江苏省分行副行长王武平一行到宿迁市就新一轮的合作进行调研，副市长汤建鸣、财政局领导曹秀明陪同调研。

4月

10日，市编委将市财政局内设的农业税征收管理局更名为“宿迁市基层财政管理局”，统计评价科更名为“绩效评价科”。

17日，全省财政系统老干部座谈会在宿迁国际饭店召开。省财政厅老干部处处长岳明一行带领财政系统离退休老干部、各市人教处处长等共90余人参加会议。市委主要领导到会表示祝贺。

24日，市财政局获省财政厅2005年度财政新闻宣传工作一等奖。

28日，省财政厅政府采购处带领无锡、淮安、徐州市财政局政府采购管理处负责人一行到宿检查、调研宿迁市政府采购监管工作。

30日，市政府办印发《关于成立宿迁市非税收入收缴管理制度改革工作领导小组的通知》。

5月

10日，市政府印发《关于实行非税收入收缴管理制度改革意见的通知》。

18日，财政部江苏专员办潘立文处长一行到宿迁市宿城区、宿豫区调查新型农村合作医疗运行情况。

22日，省财政厅信息中心主任聂小平一行到宿指导宿迁市财政信息中心机房改造、国库集中支付系统建设方案。

23日，省财政厅农发办主任邵乾荣一行到宿，实地调研泗洪县第六期农业综合开发项目资金管理情况。市财政局领导曹秀明陪同调研。

6月

2日，省税改办副主任、基层财政管理局房民一行就村级三项资金安排和财政涉农补贴“一折通”发放的准备工作到沭阳县调研。市财政局领导曹秀明、武倩，沭阳县领导张林等陪同调研。

7日，省财政厅王正喜副厅长到宿调研，先后参观考察市城建展览馆、开发区标准厂房、芬娜丝集团、娃哈哈集团、长江润发集团等。市财政局领导曹秀明，宿豫区领导王柏生、章其波等陪同检查。

7月

10日，省财政厅调研组一行5人莅临宿迁市就义务教育阶段学校公用经费支出水平及预算管理进行专题调研，并赴沭阳、泗阳县进行实地调查。副局长武倩陪同调研。

18日，苏北丘陵山区农业综合开发资金管理座谈会在宿迁国际饭店召开。会议汇报交流了各地丘陵山区农业综合开发工作进展情况，部署下一段工作。省财政厅农发办主任邵乾荣、副主任庄其祥参加会议。市财政局领导曹秀明参加会议。

26日，省财政厅社保处处长宋义武一行到宿迁市泗阳县和泗洪县调研农村低保和新型农村合作医疗工作开展情况。

8月

8日，财政部科研所贾康所长一行在省财政厅科研所李豫平所长、管云涛副所长陪同下到宿调研卫生、教育事业改革情况。局领导曹秀明陪同调研。

24日，省财政厅厅长包国新在副厅长王正喜，厅党组成员、办公室主任汪以力等陪同下到宿迁市，就经济社会发展情况以及乡镇机构改革工作情况进行调研。市领导叶辉，局领导曹秀明等陪同调研。

30日，省财政厅教科文处副处长倪国强到宿调研有线电视“进村入户”经费落实情况。副局长武倩陪同调研。

9月

14日，省财政厅党组成员、纪检组长徐阳升一行到宿迁市调研财政监督检查工作。市财政局领导曹秀明、于登才分别汇报宿迁市财政经济运行及财政监督检查情况。

10月

26日，江苏省第二十六届珠算技术比赛在宿迁国际饭店举行，来自全省14支代表队70名选手参加比赛。南京市代表队获得团体一等奖，宿迁市代表队获得技术进步奖。

11月

8日，局领导曹秀明作为宿迁市代表团成员，赴南京出席省第十一次党代会。

17日，市政府办公室转发市物价局、市监察局、市财政局《关于进一步加强行政事业性收费管理的若干意见》。

12月

1日，省财政厅综合处助理调研员王少祥、省教育厅基教处副处长徐泰到宿迁市泗阳县和泗洪县指导、调研青少年校外活动中心和体育场馆建设情况，于登才陪同调研。

7日，省财政厅科研所所长李豫平、新闻采编站副站长吴红萱等一行到宿迁市调研财政科研、新闻宣传工作。

9日，省财政厅行政政法处副处长胡建军到宿迁市调研司法公用经费保障情况，市财政局副局长武倩陪同调研。

13日，省财政厅经建处调研员冯晓明一行到泗洪县检查省级服务业务引导资金项目情况，于登才陪同检查。

2007年

1月

13日，受市人民政府委托，曹秀明局长向市二届人大五次会议报告2006年财政预算执行情况和2007年财政收支预算草案，并通过审议。

16日，省财政厅农业处处长李健平一行到宿迁市检查泗阳、泗洪两县财政支农“打包”资金管理使用情况。武倩副局长陪同检查。

18日，省财政厅经建处副处长谢功成到宿迁市，就农村环境综合整治工作进行调研。于登才陪同调研。

27日，省财政厅绩效评价处处长赵光一行到宿，对宿迁市财政绩效评价工作进行调研，并与同行的专家、教授一起对宿迁市义务教育财政支出绩效评价专家评审报告进行指导。曹秀明局长陪同调研。

2月

6日，省财政厅社保处副处长王保嘉一行3人，为泗阳县众兴镇敬老院和冷培成等5户困难户送去慰问金4.25万元。泗阳县县长赵深、副县长沈素青等陪同慰问。

11日，市委、市政府授予市财政局2006年度目标管理先进集体、高效外向农业工作先进单位、拥军优属先进单位、挂村扶贫工作先进集体、结对帮扶特困职工先进单位、城乡绿化工作（2001—2006年）先进单位等多项称号。

3月

20日，省财政厅社保处副处长戴民辉带领省财政厅、劳动保障厅、总工会组成的检查组到宿迁市检查困难和破产关闭国有集体企业退休人员参加基本医疗保险情况。

26日，省财政厅农发办主任邵乾荣带领省开发局和省农林厅有关人员一行到泗洪县，对2006年丘陵山区高效农业项目进行中期检查。市开发局局长徐乃生、市财政局副局长武倩陪同检查。

4月

8日，省农村有线电视进村入户工程奖励补助考核组到宿迁市，就宿迁市2006年度农村有线电视进村入户目标任务完成情况进行专项考核。市财政局副局长武倩陪同检查。

12日，省财政厅政府采购处处长吴小明带领南京、苏州、无锡、泰州等市财政局政府采购处负责人到宿调研政府采购工作。纪检组长卢静陪同调研。

17日，省审计厅、财政厅、教育厅组织的教育债务清理专题调研组一行到宿迁市泗洪县，就该县农村义务教育债务清理核实工作进行专题调研，并召开专题座谈会。市财政局副局长武倩陪同调研。

5月

22日，省财政厅在宿迁国际饭店召开苏北五市财政局行政政法处处长、人事局工资处处长座谈会，就规范津贴补贴工作进行研讨，对有关问题达成初步统一意见。市财政局局长助理于登才参加座谈。

24日，省财政厅农发办副主任欧国平一行对宿迁市2006年三期世界银行和英国赠款项目进行年度检查。检查组赴泗洪县和宿豫区实地检查项目工程的质量、财务报账及档案管理情况。

6月

5日，市政府办公室印发《宿迁市政府非税收入管理暂行办法》《宿迁市市级国有资产和国有资源有偿使用收入管理暂行办法》。

15日，受财政部委托，北京正通会计师事务所对宿迁市城南污水处理厂、泗洪污水处理厂、泗阳污水处理厂、宿豫污水处理厂4个项目进行检查和绩效追踪评价。

7月

4日，省财政厅农发办主任庄其祥一行到宿检查验收2006年农业综合开发项目。副局长武倩陪同调研。

17日，财政部驻江苏省专员办对市财政局2006年中央转移支付资金使用情况进行为期10天的核查。

19日，省财政厅税改办副主任房民、许明一行到泗洪县调研农民负担情况。市财政局领导曹秀明、武倩陪同调研。

31日，省财政厅教科文处副处长倪国强、副调研员周鳌梁到宿，就省政协代表提出的《关于建立宿迁科技发展专项资金》议案，与代表曹成、罗红进行座谈。

8月

23日，全省财源建设工作座谈会在宿豫区枫华丽致大酒店召开。会间，省财政厅企业处处长李建和与会人员考察箭鹿集团、秀强玻璃等财源建设扶持企业。市财政局领导曹秀明、武倩陪同调研。

9月

6日，省财政厅副厅长王正喜一行到宿迁市调研，常务副市长徐惠民、市财政局局长曹秀明陪同调研，并听取宿城区和沭阳县财政工作情况汇报。

14日，省财政厅行政政法处处长李圣华、副处长郑嵘到宿调研经济薄弱村任职大学生工作、生活安排情况。

10月

18—19日，全省农桥建设工作现场会及省管县农财业务培训会议在宿迁国际饭店召开。全省各市、县(市)财政局分管局长，农财处(科)长近200人参加会议。省财政厅副厅长黄晓平到会讲话。苏州、宿迁、江阴、丰县等8个县市财政局在会上作交流发言。

18—20日，省财政厅社保处副处长王保嘉等一行到宿迁市检查“关爱工程”实施情况，检查组实地察看市经济开发区三棵树乡、宿城区耿车镇等6个乡镇。

11月

6日，财政部经建司处长吴海军在省财政厅经济建设处副处长谢功成陪同下到宿迁市就生物质能源上网电价进行调研，市财政局局长助理于登才陪同调研。

9日，省税改办副主任许明一行莅临泗洪县检查2007年粮食直补工作，泗洪县刘仰刚副县长等陪同检查。

△省财政厅外经处副处长胡明宝一行莅临泗洪县调研农业保险、农村合作银行改革、农村合作基金会个人股金兑付等工作落实情况，局长助理于登才陪同调研。

30日，市财政局举办“送温暖献爱心”捐助活动，共收到捐款7900元，衣服、被等200余件套。

12月

4日，省财政厅厅长包国新带领厅党组成员、办公室主任汪以力，预算处处长王汉增，基层局局长、省综改办副主任房民，企业处处长李建，社保处处长戴民辉，农业处副处长林玲，经建处副处长谢功成，办公室副调研员王文虎等一行到宿调研。调研组一行先后到宿城区、市经济开发区、苏宿工业园区、湖滨新城开发区等地进行实地调研。市政府主要领导及常务副市长徐惠民，副市长、苏宿工业园区党工委书记、管委会主任沈小鹰，市财政局局长曹秀明，宿城区委书记杨明强等陪同调研。

2008年

1月

8日，华泰证券宿迁营业部开业，这是宿迁市建市以来设立的第一家证券公司。市领导徐惠民、局领导曹秀明出席开业仪式。

10日，受市人民政府委托，市政府副秘书长、市财政局局长曹秀明向市三届人大一次会议报告2007年财政预算执行情况和2008年财政收支预算草案，并通过审议。

16日，宿迁市被省政府授予“财政收入增收表彰单位”称号，同时受到表彰的还有沭阳县、泗阳县、泗洪县。

18日，市委任命曹秀明为宿豫区委书记、提名任区人大常委会主任。

24日，省财政厅社会保障处处长戴明辉一行到泗阳县看望特困户陈勇、沈彩霞以及众兴镇敬老院的老人们。泗阳县委副书记、常务副县长张彤等陪同慰问。

25日，任命章其波为市财政局局长、党组副书记。

2月

1日，局长章其波、纪检组长卢静分别带领有关处室负责人到宿城区耿车镇湖稍村、宿城区社会福利院、宿豫区井头乡敬老院慰问贫困农户、五保户，为他们带去慰问金和慰问品。

△市财政局获2007年度“目标管理先进集体奖”。

△市政府免去武倩市财政局副局长职务，任沭阳县副县长。

2日，市财政局在宿迁市争创全国双拥模范城活动中，受市委表彰立集体二等功。

3月

6日，省财政厅信息中心主任聂小军一行到宿迁市，调研市财政局视频会议室建设情况。

14日，广东省财政厅副厅长沈梅红一行在江苏省财政厅绩效评价处副处长丁一飞陪同下到宿迁市，就市财政支持经济发展和推动区域协调发展等方面开展调研。市财政局局长章其波陪同调研。

19日，省农村综合改革办公室副主任许明一行4人到宿迁市沭阳县、宿豫区调研村级公益事业“一事一议”筹资筹劳情况。市财政局局长助理于登才陪同调研。

21日，省财政厅农发办王云副主任一行5人到宿豫区调研农业开发参股经营项目实施情况。市财政局局长章其波陪同调研。

24日，省财政厅农发办副主任欧国平陪同世界银行官员李绍君一行到泗洪县检查英国赠款项目实施情况，世界银行检查员对项目实施给予了高度评价。

4月

2日，全省契税工作座谈会在宿迁市召开，各省辖市财政局基层局局长和契税所所长参加会议，各市部分县区契税所所长列席会议，省财政厅基层局局长房民到会讲话，市财政局局长章其波陪同会议。

15日，全省2007年财政企业决算会审会议在宿迁国际饭店召开。各省辖市财政局企业处负责人及报表编报人员、省财政厅企业处处长李建、调研员辛林元、市财政局领导章其波等参加会议。

18日，全省农业综合开发资金管理座谈会在宿豫区枫华丽致大酒店召开。省财政厅农发办主任庄其祥到会讲话，市财政局局长章其波到会致欢迎辞。

5月

8日，审计署驻南京特派员办事处审计组曹东一行到宿迁市，就支农专项资金使用管理情况进行普查审计，受到市主要领导的热情接待，财政局局长章其波向审计组汇报宿迁市支农资金使用情况。

16日，市财政局就汶川大地震举行赈灾捐款仪式，全体财政干部职工充分发扬一方有难、八方支援的精神，踊跃捐款捐物、积极奉献一片爱心，共筹集赈灾资金35300元。

23日，市财政局召开特殊党费捐赠仪式。60余名党员共为四川灾区捐款49745元。

27日，苏州市委副书记徐建明、苏州市财政局副局长陆文华、苏州大成置业发展有限公司董事长胡伟雄等一行8人到宿迁市考察，并重点就苏宿迁大成现代农业园建设项目进行考察、论证、落实。局领导章其波等陪同考察。

29日，在全省农村公益事业“一事一议”财政奖补试点工作会议上确定宿迁市宿豫区为省三个试点县区之一。

6月

12日，省财政厅外金处副处长张金一行到宿迁市调研古黄河生态园、古黄河现代农业园、中运河项目及洪泽湖湿地等旅游建设项目。

24日，省财政厅教科文处处长倪道潜、副处长徐洪林等到宿迁市沭阳县、泗洪县调查了解中等职业学校职教助学金发放情况。市财政局领导章其波陪同检查。

7月

3日，省财政厅副厅长黄小平陪同，财政部农业司水利处秦维明处长一行，对宿迁市水旱灾害分级管理和民办公助小型农田水利建设等进行调研，并实地查看中运河郑楼段、洋北段及罗圩乡民办公助小型农田水利项目。副市长田洪、市财政局局长章其波、市水务局局长葛书龙等陪同调研。

16日，省财政厅绩效评价处处长赵光和上海财经大学卫生政策与管理研究中心的专家教授等一行7人到宿迁市，就即将正式启动实施评价的全省城市社区卫生服务财政支出绩效评价项目进行调研。财政局领导章其波等陪同调研。

22日，省财政社保处处长戴民辉一行到宿迁市调研农村五保户供养经费落实情况。

26日，国务院发展研究中心郭焦锋研究员、省财政厅行政政法处副处长胡建军一行9人到宿迁市调研苏北地区典型市、县政法经费保障情况。纪检组长卢静陪同调研。

8月

5日，全省乡镇文化站建设现场会在宿迁市召开。省财政厅副厅长江建平出席现场会。

22日，宿迁市财政学会、会计学会、珠算协会在市区举行成立大会。省财政厅党组成员、纪检组长徐阳生，市委常委、常务副市长徐惠民到会讲话。

9月

5日，省农业资源开发局副局长黄非、省财政厅农发办副主任欧国平带领的2007年度故道黄河农业综合开发项目验收组到宿迁市开展验收工作，宿迁市故道黄河农业综合开发项目顺利通过省级验收。

24日，全省中央财政支持现代农业发展项目落实会在宿迁市区召开，省财政厅农业处处长李建平、副处长张建新等出席会议。财政局领导章其波、于登才出席会议。

25日，市政府印发《市政府关于调整市区财政管理体制的通知》，对市区的税收收入范围和入库级次予以重新调整。

26日，市政府、市政府办相继出台《市政府关于全市实施综合治税的意见》《市政府办关于成立宿迁市实施综合治税领导小组的通知》《市政府办关于印发宿迁市综合治税管理办法的通知》。

10月

24日，市委任命陈太东为市财政局党组成员。

29日，省财政厅副厅长黄晓平、社会保障处处长戴民辉等一行到宿迁市对促进就业工作、人力资源市场建设、信息网络联运情况以及地方就业资金的筹集使用情况进行调研。市财政局领导、市劳动和社会保障局局长苏耀西和有关部门负责人参加了调研座谈会。

△省厅党组成员、纪检组长徐阳升到市财政局检查纪检监察工作。市财政局领导章其波、卢静就本局纪检监察工作开展情况分别作汇报。

11月

5日，市政府任命陈太东为市财政局副局长。

10日，省纪委宣教室主任轩然一行在市纪委副书记刘晓光的陪同下，到市财政局视察指导廉政文化建设。市财政局领导章其波、卢静陪同检查。

21日，省财政厅教科文处处长倪道潜一行3人到宿迁市就教师工资待遇问题进行调研。市领导徐惠民，市政府秘书长吕德明、副秘书长朱乐先，财政局领导陈太东等陪同调研。

24日，省财政厅外金处检查组一行7人到宿迁市，对骆马湖生态示范区外商投资企业宿迁杰科化学有限公司进行财政检查。

12月16日，全省农村财会人员教育培训研讨会在宿迁市国际饭店召开，财政部财会教育中心处长韩粤，省财政厅教育中心主任张志良、会计处副处长吴若莹出席会议。市财政局领导章其波、陈太东参加研讨会。

29日，市委任命于登才为市财政局党组成员。

2009年

1月

15日，省财政厅黄晓平副厅长带领人教处调研员陈志华、基层局副局长等一行4人到宿迁，慰问宿城区龙河镇财政所及罗圩乡财政所，走访宿迁市儿童福利院和5个贫困户，局领导章其波、陈太东、于登才等陪同。

21日，市政府任命于登才为市财政局副局长。

3月

4日，省财政厅信息中心主任聂小军一行3人到宿迁市调研市财政机房建设情况。

11日，市财政局深入学习实践科学发展观动员大会在局二楼会议室召开，全体干部职工参加会议。章其波局长作动员讲话，市委检查指导组组长陈海红到会讲话。

△省人事厅、财政厅、教育厅组成的调研小组到宿迁市就开展义务教育学校实施绩效工资情况进行调研。副市长薛甫伦、市教育局局长孙其松、市人事局副局长苗娟等陪同调研。

20日，市政府主要领导到市财政局参加局党组中心组学习实践活动学习讨论会，对市财政局的学习实践活动和财政工作提出明确的要求。市政府秘书长郭金、检查指导组组长陈海洪陪同。市财政局领导班子成员及各处室负责人参加学习讨论会。

27日，全省农村教育“两项工程”现场推进会在泗洪县召开。省财政厅副厅长江建平、市财政局局长章其波等出席现场会。

4月

2—6日，受财政部委托，湖北省财政评审中心对宿迁市中央“三河三湖”专项资金使用情况进行专项核查。

12日，世界银行官员李群和国家项目办处长王兰英带领由世界银行检查员和专家组成的检查组一行11人，在省农业资源开发局副局长张学平、省财政厅农发办副主任欧国平的陪同下，对宿迁市宿豫区利用世界银行贷款加强灌溉农业三期及全球环境基金赠款“适应气候变化农业开发”项目实施情况进行检查。

5月

5—6日，省综改办对宿豫区2008年度“一事一议”财政以奖代补工作检查验收。

26—27日，由省财政厅和省农林厅组成的工作小组，对宿迁市2009年度粮食补贴工作检查验收。

6月

5日，市编委同意在市财政科研所挂“市财政信息中心”牌子，人员编制由3名增至5名，同时增加1名副科级领导职数。

11日，全市治理“小金库”工作布置会议在市区召开。各县（区）财政局、纪检等相关部门负责人，市直机关各部门、各单位分管负责人、财务负责人，市治理“小金库”工作领导小组成员及领导小组办公室全体成员参加会议。市财政局领导章其波、于登才参加会议。

15—19日，由省农业资源开发局、省财政厅有关人员组成的验收组对宿迁市沭阳、宿豫、泗洪等县区第七期国家农业资源综合开发项目实施情况进行检查验收。

16日，省纪委党风廉政室副主任包新平一行到宿迁市检查指导“小金库”专项治理工作。市财政局领导卢静、于登才陪同检查。

7月

7日，市政府任命史宇芳任市财政局副局长。

8月

19日，以省财政厅党组成员、纪检组长徐阳升为首的省治理“小金库”重点检查阶段工作督查组到宿迁市检查指导“小金库”专项治理工作。

9月

11日，省财政厅副厅长王汉增带领机关党委、国库处负责人一行到宿迁市，召开座谈会，征求市委、市政府、市直部门对省财政厅机关作风建设和服务管理等方面的意见、建议。

19日，全省政法经费保障工作座谈会苏北片分会在宿迁市召开，省财政厅行政政法处副处长胡建军以及苏北五市各财政局行政政法处处长，部分县市财政局分管局长、行财科科长出席会议。

12月

9日，市政府任命任江任市国丰资产经营管理有限公司总经理。

10日，市级机关工会任命李勇任市财政局工会主席。

2010年

1月

8日，市财政局局长章其波带领市局契税所、社保等处室负责人参加“政风行风热线”栏目，现场解答听众的咨询和提问。

25日，省政府办、省委组织部、省财政厅有关人员等一行到宿迁市检查2009年度因公出国（境）管理工作。

27日，省财政厅社保处副处长陈琪一行到宿豫区开展走访慰问送温暖活动。走访慰问曹集乡敬老院和5户城乡低保对象。宿豫区委书记曹秀明、市财政局副局长陈太东陪同慰问。

2月

1日，全市财政工作会议召开。市财政局局长章其波作财政工作报告。市委主要负责人到会并作重要讲话。市政府秘书长郭金主持会议。

3日，市政府任命赵锦任市基层财政管理局局长。

5日，省财政厅副厅长江建平带领省财政厅基层局、预算处负责人到泗洪县瑶沟乡、上塘镇调研农村农民居住区建设情况，市财政局局长章其波陪同调研。

12日，市财政局获2009年度目标管理先进单位、招商引资先进单位称号。同时，行政政法处在热点岗位行风评议中名列第一。

23日，市委任命章其波任市财政局党组书记。

3月

10日，省综改办副主任房民一行在市财政局副局长于登才陪同下到宿豫区调研农民集中居住社区建设进展情况，并召开座谈会。宿豫区委书记曹秀明、副区长叶锋参加座谈会。

17日，省财政厅信息中心副主任薛子成一行到宿，调研宿迁市信息化建设情况。市财政局领导陈太东陪同调研。

19日，省财政厅农发办副主任欧国平一行到宿迁市考察2009年度丘陵山区农业开发项目建设情况，市财政局副局长于登才陪同考察。

26日，市编委会同意宿迁市财政局成立宿迁市预算编审中心，为正科级全额拨款事业单位。

4月

2日，市编制、人事、地税、财政等部门在市财政局举行两税征管职能划转交接仪式，契税、耕地占用税征管职能自4月1日由财政部门划转到地税部门，全市共有53名财政干部职工划转到地税部门。市财政局领导章其波、卢静参加交接仪式。

20日，全省财政系统召开沈浩先进事迹报告电视电话会议，市、区财政局全体干部职工，以及各区乡镇财政所全体干部职工在市电信局三楼会议室收听收看沈浩同志先进事迹报告。

5月

10日，省财政厅、教育厅组成专家组对宿迁市校舍安全工程进展情况进行专题调研。市财政局副局长史宇芳陪同调研。

19日，财政部原部长、中国注册会计师协会会长刘仲藜和中国注册会计师协会秘书长陈毓圭，在省财政厅党组副书记、副厅长、综改办主任江建平和省财政厅原厅长、省注册会计师协会会长施学道等陪同下到宿迁市考察调研，受到市领导莫宗通、薛甫伦等热情接待。考察中，市领导详细介绍宿迁市建市以来经济社会取得的成果。刘仲藜一行先后参观市城建展览馆、翔盛集团、洋河酒厂等地。市财政局领导章其波、卢静陪同调研。

26日，省财政厅社保处处长戴明辉一行到宿迁市指导督查新农保工作。检查组一行走访顺河镇、村和农户，随后在宿豫区召开全市督查工作汇报会。市财政局领导章其波、陈太东陪同检查。

6月

19日，市财政局组织广大党员干部前往沈浩生前工作过的安徽凤阳小岗村，实地学习沈浩先进事迹。

23日，省财政厅副厅长黄晓平带领省深化医药卫生体制改革督查组一行，到宿迁市调研深化医药卫生体制改革工作，与市委副书记莫宗通、市政府副秘书长葛翔宇、市有关部门负责人、县级有关部门及医院代表进行座谈。市财政局领导陈太东陪同座谈。

7月

5—6日，全省财政系统党风廉政建设工作座谈会议在宿迁市国际饭店召开。省财政厅纪检组长徐阳生、省财政监察室全体人员、13个省辖市财政局纪检组长和宿迁市三县两区财政局纪检组长参加会议。宿迁市委常委、纪委书记王建国代表市委对前来参加全省财政系统党风廉政建设工作座谈会的同志表示热烈的欢迎，市财政局领导章其波、卢静参加座谈会。

8月

18日，省强农惠农资金专项清查工作汇报会在宿迁国际饭店召开，省重点检查组组长徐丰伟、副组长王芃、检查组其他成员以及市强农惠农领导小组人员等出席会议。市财政局副局长、领导小组办公室主任于登才向省检查组汇报宿迁惠农资金清查情况。

28日，宿迁市强农惠农资金重点检查情况通报会在泗洪县宏源国际大酒店召开。市政府副市长秦正宝，市财政局、市监察局和市审计局以及沭阳县、泗阳县和泗洪县政府分管领导、县财政局负责同志参加会议。会上，省强农惠农专项清查工作领导小组办公室赴宿迁市检查组通报对沭阳、泗阳、泗洪3县9项强农惠农资金使用管理重点检查的情况。

9月

14—18日，辽宁省财政厅评审中心受财政部委托，对宿迁市城镇污水管网补助资金项目进行核查。

26日，省财政厅国库处处长徐洪林带领省厅国库处、支付局、信息中心组成的检查组一行4人，对宿迁市财政资金安全管理工作进行专项检查。

10月

18日，宿迁市宿城区、宿豫区及沭阳县2003—2010年农村河道疏浚通过省级整体验收。

14日，省财政厅基层财政管理局副局长储惠平、省委组织部组织一处副调研员宋波一行3人到宿迁市检查村级组织运转经费来源及保障情况。市财政局副局长于登才陪同检查。

24日，财政部中华会计函授学校主任胡嵘、省财政厅函校校长吴若莹一行5

人到宿，对沭阳县开展农村财会人员财政支农政策培训工作进行专题调研。沭阳县副县长张彬、市财政局副局长史宇芳陪同调研。

11月

8日，省综改办副主任房民一行到宿迁市督查一事一议财政奖补工作开展情况。市财政局领导章其波、于登才陪同检查。

20日，财政部国库司司长詹静涛一行3人在省财政厅国库处处长徐洪林陪同下到宿实地考察市区经济社会发展情况，并对宿迁市经济、社会建设取得的成就予以肯定和高度评价。市财政局领导章其波、陈太东陪同考察。

2011年

1月

12日，省财政厅社保处副处长王保嘉一行在市财政局副局长陈太东陪同下，先后慰问泗洪县峰山乡敬老院和宿豫区新庄镇敬老院的老人们和部分特困群众，详细询问他们的生活情况，并送上慰问金。

27日，全市财政工作会议在市区召开。会议全面贯彻落实全省财政工作会议、市委三届七次全体（扩大）会议和市三届人大四次会议精神，总结回顾“十一五”期间和2010年财政工作，研究部署“十二五”规划和2011年财政任务。

2月

21—22日，江苏省农业综合开发资金决算布置暨培训会议（苏北片）在宿迁国际饭店召开。省厅农发办主任庄其祥、调研员王云一行6人及苏北各市、县农发办主任、报表经办人员参会。会后，庄其祥一行考察指导宿迁市中低产田改造项目、产业化经营财政补贴项目等方面工作，局领导史宇芳陪同调研考察。

23—26日，省综改办副主任房民带队到宿迁市检查验收2010年度一事一议财政奖补工作，市财政局领导章其波、于登才陪同。

3月

4日，省财政厅、省商务厅一行4人到宿迁市检查家电下乡和家电以旧换新工作。检查组听取宿迁市家电下乡和家电以旧换新工作情况汇报，现场查看沭阳县沭城镇财政所家电下乡工作的相关资料，并对同一农户购买多台家电下乡产品进行电话核实；对家电以旧换新销售企业五星电器是否违规提供旧家电进行明察暗访。

18—19日，省财政厅农发办副主任欧国平与省农开局滩涂处两位处长一行3人到宿迁市考察2011年度黄河故道农业综合开发项目的规划论证工作，市财政局史宇芳副局长、基层局局长赵锦陪同。考察宿城区优质杂果、优质稻米、优质稻麦生产基地项目及宿豫区高标准农田和甜玉米种植合作社项目，考察黄河故道泗阳李口项目区。

4月

7—9日，局领导章其波带领办公室、工贸处、国库处、预算处有关人员到南通、苏州两市学习考察财政内控机制建设、财政涉企专项管理以及政府资本管理平台建设情况。

28日，市财政系统李勇、张先军被推选为省级劳动先进工作者。

5月

6日，全市“小金库”专项治理工作布置会议在市区召开。市纪委常委、秘书长陈海洪到会讲话，市财政局纪检组长卢静对全市的治理工作提出要求。

12日，省财政厅社会保障处处长戴民辉率领调研组一行对宿迁市新农保运行一年的情况进行调研，市财政局领导陈太东陪同调研。

6月

2日，全省财政信息化建设工作座谈会在宿迁国际饭店召开。省财政厅信息中心主任聂小军、副主任巫军辉及各省辖市信息中心主任参加座谈会。局领导陈太东出席会议。

12—19日，江苏省财政厅2011年县（市）财政局业务骨干培训班在宿迁国际饭店举办，全省财政系统67名业务骨干和来自新疆克州财政系统10名业务骨干参加培训。市财政局纪检组长卢静致欢迎辞，省财政厅人教处处长李建平、省财政厅教育培训中心吴若莹先后到会讲话。

7月

21日，省民政厅纪检组长赵文化带领省治理“小金库”督导抽查组到宿开展督导抽查工作。省治理“小金库”督导抽查组采取听取汇报、座谈交流、查阅资料等方式对宿迁市2009年以来“小金库”治理情况进行督促检查、交流指导。市财政局领导章其波、卢静陪同检查。

10月

12日，省财政厅行政事业资产管理处处长王卫星一行到宿调研宿迁市行政事业资产管理工作情况，市财政局史宇芳副局长参加调研座谈。

11月

3日，宿迁市“小金库”治理工作汇报会在市财政局召开，市纪委常委、秘书长陈海洪，市纪委常委、市监察局副局长冯新亚，市纪委党风室负责人出席会议，市治理“小金库”办公室所有人员参加此次会议。

16日，全省小农水重点县建设政策调研座谈会在宿迁国际饭店召开。省财政厅农业处副处长杨小平以及部分市、县（区）财政局农业处（科）负责人参加会议。市财政局副局长于登才、基层局局长赵锦参加座谈会。

12月

1日，全省财政税政科处长座谈会在宿迁星辰国际酒店召开，各省辖市及部分县（市）税政机构负责人和相关同志参加座谈会。会上，省财政厅税政处处长乔翠聪回顾2011年全省税政工作，对2012年工作做部署。市财政局领导章其波、陈太东参加座谈会。

15日，全省2011年度企业财务会计决算、外商投资企业财务会计决算报表布置暨软件培训会在宿迁星辰国际酒店召开。省财政厅工贸处副处长刘建强、汤代忠及各市、县财政局经办人员参加会议。市财政局领导史宇芳致辞。

2012年

1月

12日，省财政厅副厅长徐宁带领综合处处长孙宏伟、基层局李俊霞副调研员慰问沭阳县湖东镇财政所、西圩镇财政所，对两个乡镇的“两基”建设给予肯定。

20日，在全市民主评议行政风和2011年目标管理总结表彰暨2012年目标责任签状大会上，市财政局再次荣获目标管理、招商引资、政行风建设先进单位。

2月

9日，市财政局局长章其波、副局长于登才带领基层局、办公室、经建处人员到宿豫区曹集乡调研，对结对共建“康居乡村”工作进行部署。

19日，全市财政工作会议召开。市长蓝绍敏出席并讲话。市财政局局长章其波作财政工作报告，纪检组长卢静作党风廉政建设报告。

21日，市财政局局长章其波带领基层局、社保处、经建处、教科文等处室负责人走进“政风行风热线”直播间，与广大的听众进行交流。

△21日下午，宿迁市治理“小金库”领导小组成员单位及县区相关单位在市财政局收听收看全省“小金库”治理工作总结交流电视电话会议。

23—25日，全省财政决算工作会议在宿迁市召开，省财政厅预算处和各市、县预算处（科）负责人及结算经办人员参加会议。

3月

6日，省财政厅徐宁副厅长一行在宿迁市召开财政工作座谈会，市财政局局长章其波陪同座谈，市、县（区）财政系统主要负责人和相关科室负责人参加座谈会。

14日，市人民政府任命王冬梅任市财政局副局长。

21日，省财政厅政府采购处副处长欧国平一行3人到宿迁市检查指导政府采购工作，市财政局副局长王冬梅陪同检查。

4月

9日，省财政厅刘捍东厅长在宿迁市泗洪县调研，市财政局局长章其波陪同调研。

26日，省财政厅绩效评价处处长林玲一行到宿迁市调研指导预算绩效管理工作，市财政局副局长王冬梅陪同调研。

26—27日，省财政厅法治财政考核验收组一行到宿迁市验收2011年度法治财政建设工作，市财政局副局长陈太东作汇报，省厅验收组详细查看165个考核点的有关资料，对宿迁市法治财政工作取得的进步给予较高评价。

5月

24日，全省财政监督检查业务培训班在宿迁市开班，来自全省的特邀财政监督检查员参加本次培训。

30日，市财政局与省财政厅签订协议，确定将宿迁市市级重点成长型企业扶持资金规模扩大2000万元，其中省财政厅追加安排1000万元，市财政配套安排1000万元。

6月

4日，日本特酷胶辊株式会社董事长西脇宏、上海豹驰集团程康英一行到宿迁考察，市财政局纪检组长卢静、副局长于登才全程陪同并详细介绍宿迁的投资环境。

20日，市财政局局长章其波带领经建处、社保处、农业处等处室负责人走进“政风行风热线”直播室，就经济社会发展等热点问题接受群众咨询、监督。

26日，市纪委任命高超任市财政局纪检组长。

7月

3日，省预算处副处长王国丰一行到宿调研财政收入可持续增长情况，市财政局副局长陈太东陪同调研。

4日，市财政局举办财政税收知识讲座，邀请省预算体制专家王国丰和税收政策专家郑一鸣，讲授财政体制的发展和营业税改增值税等税收政策。

9日，市财政局在全省财政工作会议上受到省厅表彰，财政总收入和公共财政预算收入双双实现“时间过半，任务超半”，市财政局局长章其波在会上作交流发言。

16日，市财政局召开会计师事务所执业质量检查进点会，省财政厅检查组组长范德勤在会上对本次检查作详细介绍，市财政局纪检组长高超参加会议并发言。

17—18日，省财政厅农业处处长项林一行到宿迁，就财政支持现代农业政策及新一轮脱贫奔小康工作进行实地考察调研。

19日，全省公共卫生服务专项资金检查进点会在宿迁市召开，省厅监督检查局局长赵保康，连云港市财政局检查组相关人员，宿迁市（县区）财政部门、卫生部门负责人及相关业务人员共32人参加会议。

8月

14日，市财政局牵头召开市“营改增”领导小组成员单位联席会议，市国税局、地税局、交通运输局、发改委、经信委分管领导及相关处室负责人参加会议，市财政局副局长陈太东、王冬梅参加会议。

23日，市财政局召开《宿迁市财政志》编纂工作推进会，财政局局长章其波出席并讲话，原市审计局局长毛守旗出席会议，各县（区）财政局分管负责人、各处室负责人参加会议，会议由财政局副局长陈太东主持。

24日，市财政局召开全市财政预算绩效管理工作培训会。各县区财政局绩效管理负责人，市直单位财务、业务人员和部分绩效评价专家共135人参加培训，市财政局副局长王冬梅作动员讲话。培训由省财政厅绩效管理处张绍光科长主讲。

9月

3日，2012年度“廉政文化月”活动仪式启动。市财政局局长章其波讲话，局领导班子及全体职工出席启动仪式。

5日，市财政局牵头召开市“营改增”试点工作领导小组成员单位联席会议。市财政局、市地税局、市交通运输局分管领导及相关处室负责人参加会议。

8—13日，市财政局局长章其波一行深入挂钩帮扶村——宿豫区黄墩镇李甸村，开展“三解三促三实现”活动。

10月

20—21日，市财政局举办“小企业会计准则”培训班，培训对象为市区小企业财务人员、代理记账机构的负责人和代理记账人员，参加培训人员达300多人。邀请宿迁学院何春燕进行演讲，并聘请市地税局负责税收征管同志，详细讲解小企业税收征管知识及《小企业会计准则》实施前后税收衔接问题。

24—26日，市财政局在江苏农民培训学院举办全市乡镇财政干部第三期暨法制财政第二期培训班，培训对象为各县区基层局及乡镇财政所工作人员，共计50人。市基层局局长赵锦参加开班仪式。

11月

8日，市财政局组织全体工作人员，收看党的十八大开幕盛况，聆听胡锦涛总书记向大会所作题为《坚定不移沿着中国特色社会主义道路前进 为全面建成小康社会而奋斗》的报告。

12日，市财政局、国税局、地税局召开第五次“营改增”试点工作联席会议，市财政局副局长陈太东、王冬梅，市国税、地税分管局长参加会议。会上，陈太东传达省“营改增”试点工作领导小组办公室《关于做好我省营业税改征增值税首次纳税申报等工作的通知》精神，全面部署“营改增”试点统计分析评估工作。

12月

5日，省综改办处长张淳一行到宿迁市，会审第二批经济薄弱村偿债兑付方案。各县区财政局分管局长、农工办分管主任及业务经办人员等28人参加会审会议。

12日，市委副书记、市长蓝绍敏到市财政局调研财政工作，市政府副秘书长朱长途陪同调研。市财政局领导班子全体成员及处室负责人参加调研。

25日，市财政局副局长陈太东一行到财政局结对共建单位沭阳县庙头镇实地调研，在庙头镇胡义茹书记陪同下先后查看综治服务大厅、派出所和庙头村级警务室，并与工作人员深入交谈。

28日，市财政局局长章其波向市人大代表、政协委员、市民代表、广大网民进行推进依法行政建设述政。常务副市长王益对市财政局推进法制财政建设给予高度评价。

31日，市委副书记、市长蓝绍敏到市财政局慰问干部职工，走访市财政局国丰投资公司、会计核算中心、国库支付中心、预算处、综合处等，与职工亲切交谈，了解职工工作生活情况。

2013年

1月

6日，为强化单位公用经费预算约束力度，宿迁建立单位经费开支主要负责人承诺、跟踪问责制度。

11日，市财政局行政服务中心窗口获便民方舟“十佳”窗口单位称号。

15日，市委副书记、市长蓝绍敏到市财政局专题调研2013年财政工作安排。

16日，市财政局组成6个评价小组，对市级现代农业发展资金、下岗失业人员社保补贴和再就业培训资金、环境保护专项资金等12个涵盖市级专项、政府工程的项目进行支出绩效评价。

22日，市财政局召开会议，传达全省法治财政标准化建设工作会议精神，部署2013年法治财政建设相关工作，局领导、各处室负责人参加会议。

31日，市财政局获市委、市政府“2012年度政(行)风建设工作先进单位”“2012年度市直目标管理先进集体奖”“2012年度招商引资先进单位”称号、会计核算中心被表彰为群众满意服务窗口。

2月

2日，召开全市财税工作会议。市委副书记、市长蓝绍敏总结2012年财税工作情况，部署2013年财税任务。

4日，市财政部门会同有关部门筹集资金2850.33万元，确保困难群体度过一个欢乐、祥和、喜庆的春节。

5日，市财政局获“2012年度全市政务信息工作先进单位”称号。

26日，市财政局、市教育局组织力量，对参加全省三十三届珠算大赛参赛选手进行封闭集中强化培训。

3月

1日，市财政法治财政标准化建设工作领导小组办公室工作人员赴徐州市财政局学习法治财政标准化建设。

7日，市财政局组织30余名党员干部职工参加义务植树活动。

13日，市财政局会同市审计局对市第一人民医院工程实施项目跟踪评审。

26日，省财政厅法规处副处长张捷飞一行到宿迁市考核法治财政标准化建设工作。

4月

1日，市财政局会同市农委对市区粮食直补和农资综合补贴工作进行专项检查。

7日，宿迁市在2012年度全省财政行政政法管理工作先进单位评比中获省辖市一等奖。

20日，巴西中国经济贸易促进会会长王奠兴一行8人到宿考察。

26日，市财政局开展2013年市级财政预算绩效目标集中评审，涉及17个主管部门、20个专项资金，资金规模近4亿元。

5月

3日，市财政局会同市民政局对2013年各县区乡镇公益性公墓建设情况进行检查验收。

15日，山东聊城财政学习考察组一行9人到宿迁市考察调研，市财政局副局长陈太东介绍宿迁市在财源建设、支持企业发展等方面的主要做法和创新举措。

28日，建华管桩集团董事长许景新、总裁王刚一行到宿投资考察，市财政局局长章其波陪同考察。

6月

2日，省财政厅、人社厅对全省社会保险基金决算评比情况进行通报，宿迁市获全省第一名。

3日，宿迁市2012年度注册会计师全国统一考试工作被财政厅考办评为一等奖。

6日，根据省厅要求，市财政局会同市农开局对全市2012年度农业综合开发工作进行市级全面验收。

18日，省财政厅综合处张骏副处长到宿迁市调研非税收入收缴改革工作。

7月

1日，市财政局被中共宿迁市委、宿迁市人民政府授予“2011—2012年度文明单位”称号。

2日，市财政会同市水务局赴沭阳验收2013年农村河道疏浚整治建设管理情况。

9日，市财政、市防指组织对新沂河六、七道沟闸下游护坡维修工程、育民闸下游护坡维修工程、尾水管道项王桥段防腐维修工程等防汛工程进行现场查看验收。

31日，省财政厅副厅长徐宁一行3人到宿迁市开展走基层、听民声、求良策活动。

△，财政部预算司副司长李承到宿迁调研，听取省、市两级财政对中央进行体制调整的建议。

8月

14日，市财政局获得2013年上半年重点部门政（行）风评议第一名，市财政局会计核算中心获得2013年上半年重点岗位政（行）风评议第一名。

9月

4日，市财政局召开全体工作人员会议，学习中纪委和中央党的群众路线教育实践活动领导小组《关于落实中央八项规定精神 坚决刹住中秋国庆期间公款送礼等不正之风的通知》及相关要求。

24日，由省财政厅、民政厅、审计厅相关领导组成的省政府督查组到宿迁市专项检查城乡低保政策落实情况。

10月

24日，宿迁市财政局获评2012年度及2013年上半年省级财政支农资金整合及改革创新先进单位。

31日，市财政局被省精神文明建设指导委员会授予 “2010—2012年度江苏省文明单位” 称号。

11月

2日，财政部税政司综合处处长李旭鸿到宿迁市参加“第四届中国贫困地区可持续发展战略论坛”，对宿迁市申报综合保税区工作进行指导与帮助。

25日，全省财政监督干部培训班在宿迁举办，省厅监督检查局局长王保嘉、副局长沈洪理及相关科室负责人出席开班典礼。

12月

2日，省厅科长陈杰到市财政局部署财政报表管理系统，并对相关业务处室进行培训。

10日，市财政局被省财政厅表彰为“2012年度法治财政建设先进单位”。

11日，省财政厅绩效管理处辛林元副处长一行到宿迁市调研预算绩效管理工作。

12日，市委副书记、代市长王天琦到市财政局调研2013年财政工作情况。

21日，市财政局领导班子召开以“加强党风廉政建设，贯彻落实中央八项规定和省委十项规定”为主题的民主生活会。

23日，市财政出台《关于实行经费事项承诺制度的通知》。

2014年

1月

27日，市财政局获市委、市政府“2013年度市直目标管理先进集体”“2013年度招商引资工作先进单位”“2013年度政（行）风建设工作先进单位”等称号，市财政局会计核算中心获“2013年度政（行）风建设工作群众满意服务岗位”称号。这是市财政局自2008年以来连续6年获此四项殊荣。市财政局局长章其波被市委、市政府授立三等功。

2月

24日，市财政局召开党的群众路线教育实践活动动员大会，市委常委、市纪委书记王建国和市委第十四督导组、市档案局局长史建亭组长及督查组成员参加会议，局党组书记、局长章其波作动员讲话。

27日，全市财税和审计工作会议召开，市长王天琦出席并讲话。

3月

1日，市财政局开展行政单位会计制度培训会议，来自全市行政单位的140多名财务人员参加此次培训。

28日，市财政局党组中心召开专题学习扩大会，局党组书记、局长章其波为全局党员干部上了一堂《密切党群干群关系，夯实党的执政基础——学习习近平同志关于坚持群众路线的重要讲话》的党课。

4月

9日，市财政局组织全体干部职工集中观看《大无大有——身边人眼中的周恩来》教育专题片。

22日，省财政厅副厅长宋义武一行到宿迁市财政局对口指导党的群众路线教育实践活动工作，市财政局局长章其波、纪检组长高超、副局长李勇以及相关处室的负责人参加座谈。

5月

7日，市财政局组织35岁以下青年干部观看保密警示教育片《警钟长鸣》。

15日，市财政局组织全体人员观看教育片《信仰》。

23日，由市财政局负责召集市人行、市金融办、市农办、市农委、民丰银行分管领导及相关处室负责人在局三楼会议室召开宿迁市农村金融改革座谈会，研究财政支持农村金融改革工作。

6月

5日，市财政局局长章其波赴新庄镇朱瓦村开展“三解三促”活动。

7月

8日，市财政局局长章其波带领经建处、社保处等处室负责人走进“政风行风热线”直播室，就群众关心的各种民生问题接受群众咨询。

14日，市财政局召开专题民主生活通报会，第十四督导组李军副组长、刘洪泗处长到会指导。

8月

19日，市财政局召开财政促进金融业创新发展专项引导资金项目申报布置会，各区财政局、民丰银行、部分担保公司、农村（科技）小额贷款公司项目负责人参会。

9月

24日，市委常委、市纪委书记王建国到市财政局听取市财政局党的群众路线教育实践活动第三环节“整改落实、建章立制”工作开展情况汇报。

10月

15日，市财政局局长章其波带领“五新”课题组成员深入江苏景宏新材料科技有限公司等企业开展“五新”大调研活动。

17日，市财政局章其波局长带领课题组成员到宿城区开展“五新”大调研活动。

18日，市财政局召开党的群众路线教育实践活动总结大会，局党组书记、局长章其波作总结报告，市委第十四督导组李军组长出席会议并讲话。

11月

7日，市财政局召开全体人员学习会议，学习市委书记魏国强在开发区及机关工委调研时的讲话。

22日，2014年全省财政干部教育培训管理者培训班在宿迁市开班。来自全省各地级市和部分县人事教育和财会教育的负责人参加教育培训。

12月

10日，宿迁市副市长沈海斌带领市落实党风廉政建设责任制考核组对市财政局2014年度党风廉政建设主体责任落实情况进行考核。

11日，宿迁市市长王天琦到市财政局调研指导财政工作。

2015年

1月

4日，市财政局召开全体人员会议，传达学习市委四届五次全体（扩大）会议精神。提出要以“四个狠抓、四个力争”贯彻落实会议精神。

27日，全市党的工作会议召开，市财政局获得2013—2014年度“十佳学习型党组织”称号。

2月

2日，全市领导干部大会召开，市财政局获市委、市政府“2014年度市级机关绩效管理优秀单位”“2014年度招商引资工作先进单位”“2014年度政（行）风建设工作先进单位”称号，市财政局会计核算中心获“2014年度政（行）风建设工作群众满意服务岗位”称号。

12日，召开全市财政、税务、审计工作会议，宿迁市市长王天琦到会讲话。

3月

30日，市财政局召开全市财政系统党风廉政建设工作会议。各县区财政局纪检组长、监察室主任，市财政局全体干部职工参加会议。

31日，市财政局召开“三服务三促进”工作推进会。党组成员、副局长李勇带领大家认真学习“三服务三促进”相关文件精神，重点对“两访两帮”和为企业办实事相关要求进行学习讨论。

4月

9日，市财政局局长章其波带领服务促进团深入市经开区阿卡斯电器开展帮办服务活动，详细了解企业发展运行情况及服务需求，帮助企业化解难题。

21日，省财政厅法治财政标准化督查组到宿迁考核法治财政标准化建设，对市财政局法治财政建设给予高度评价。

23日，市财政局邀请省财政厅预算处副处长郑一鸣到宿迁市进行深化财税体制改革与新《中华人民共和国预算法》专题讲座。市财政局机关全体工作人员、各辖区财政局的业务骨干参加讲座。

5月

12日，省财政厅和省住建厅对宿迁市公共租赁住房管理现状、棚户区改造管理现状及棚户区改造货币化安置等情况展开专题调研。市财政局、市住建局、市城投公司分别汇报相关情况。

19日，市财政局召开全体人员会议，传达学习全市“三严三实”专题教育部署会会议精神。局党组书记、局长章其波带领大家认真学习市委书记魏国强动员讲话精神和全市“三严三实”专题教育实施方案。

6月

16日，市财政局与市工商银行在南京市签订小微企业创业创新发展贷款业务合作协议。根据协议，2015年，省市财政将各出资1000万元，市工商银行出资8000万元，合计设立1亿元规模的小微企业创业创新发展融资基金。

7月

23日，市财政局组织全局干部职工观看《群众身边的好党员》，响应市委向“群众身边好党员”学习的号召。市财政局组织全体人员观看专题教育片《周恩来的家风家规》，推动全局党员干部践行“三严三实”。

24日，市财政局召开全体人员会议，传达学习市委工作会议精神。局长章其波带领大家认真学习书记魏国强、市长王天琦在市委工作会议上的讲话精神。

31日，市财政局举行“严以修身”专题第二次交流研讨，此次交流研讨的主题为“正己正心、常修为政之德”，重点围绕“做人要实”这一中心谈思想认识。局党组书记、局长章其波主持交流研讨会，并作重点发言。

8月

3日，市财政局会同市电子政务办公室、市经信委等单位召开会议，对市长王天琦关于乡镇信息化网络建设费用调研批示进行研究，会议听取市财政局拟定的关于宿迁市电子政务网络建设及经费管理情况的汇报，各参会单位代表针对汇报提出意见、建议。

7日，市财政局召开全体人员学习会，传达落实市政府四届七次（扩大）会议精神。局长章其波带领大家认真学习市长王天琦在市政府四届七次（扩大）会议上的讲话精神。

9月

1日，市财政局召开全局干部大会。市委副书记、市长王天琦，市委组织部常务副部长闫辉，市政府秘书长章其波等领导出席会议。市委组织部常务副部长闫辉宣读任免决定，叶锋任市财政局党组书记、局长。

9日，市财政局召开“严以律己”专题交流研讨会。局党组书记、局长叶锋主持会议并带头发言，局副处级干部以及部分职工代表参加会议。

18日，市财政局（国资委）召开全市国资系统反腐倡廉警示教育活动动员会。5家市属国有投资公司领导干部、部门负责人、全资及控股子公司主要负责人及市国资委全体干部职工共60多人参加会议。市财政局党组书记、局长叶锋主持会议并作动员讲话。

10月

11日，市财政局党组书记、局长叶锋带领局相关人员到挂钩帮扶村湖滨新区黄墩镇李甸村开展调研走访，研究帮扶方案。

22日，市财政局邀请农技专家到黄墩镇李甸村开展农业科技知识培训，帮助农民增收致富。

27日，市财政局举办国家农业综合开发产业化经营项目政策走进高新区——专题申报路演活动。来自宿豫高新区的60余户企业负责人、农业大户到场聆听，咨询有关政策。

11月

9日，市财政局召开会议，局党组书记、局长叶锋带领大家认真学习书记魏国强、市长王天琦在全市经济社会发展重大项目观摩现场会暨年度工作务虚会上的讲话精神。

12日，市财政局召开会议，组织学习《中华人民共和国反间谍法》，并在会上组织收看了微电影《微信陷阱》、动漫《反间谍风云》等电教片。

13日，市财政局召开“严以用权”专题第一次交流研讨会，局党组书记、局长叶锋主持会议并带头发言，局领导班子以及部分群众职工代表参加会议。

18日，全省财政决算工作会议在宿迁市召开。对2015年度财政总决算、部门决算工作进行部署。

12月

8日，市财政局举办市区财政总预算会计制度培训班，各区财政局国库科科长、经办人员及市区乡镇（街道）财政所总预算会计近60人参加培训。

10日，市人大常委会组织部分委员和市人大代表对预算编制情况进行视察。市财政局等相关部门主要负责人在座谈会上汇报预编编制工作开展情况。

14日，市财政局PPP中心举办生态科技化工园区污水处理厂（TOT）项目公开招标现场答疑会。会议由江苏省政府采购中心主持，化工园区污水处理厂作为业主方就各公司关注的问题作现场解答。

15日，市长王天琦带领调研组到市财政局，就2016年政府预算编制工作进行调研，市政府秘书长章其波陪同调研。市财政局党组书记、局长叶锋汇报财政工作开展情况。

2016年

1月

9日，市财政局召开“三严三实”专题民主生活会，市委第一督导组副组长王维华、赵锋参加会议。

15日，市财政局党组书记、局长叶锋带领基层局、经建处、社保处等处室负责人走进“政风行风热线”直播室。

2月

14日，全市2015年度目标管理总结表彰暨2016年度目标责任状签状大会召开。市财政局获得2015年度绩效管理先进单位、“三服务三促进”工作先进单位等8项荣誉。

3月

8日，省财政厅副厅长李建平一行到宿迁市就支持苏北发展召开专题调研座谈会。

4月

9日，市财政局党组书记、局长叶锋前往挂钩帮扶村——宿豫区新庄镇振友村开展调研走访。

16日，市财政局召开“两学一做”动员部署会，部署安排“两学一做”学习教育工作。

28日，市财政局党组书记、局长叶锋带领局帮办人员深入生态化工园区的阿尔法药业、翔盛粘胶等挂钩企业调研、走访和现场帮办。

5月

13日，市财政局举办“两学一做”学习教育专题党课，局党组书记、局长叶锋谈学党章心得体会。

6月

6日，市财政局召开市直行政事业单位国有资产清查工作会议。

16日，2016年中国宿迁PPP项目招商推介会召开，市财政局党组书记、局长叶锋对全市PPP项目做了重点推介。

25日，市财政局举行庆祝中国共产党建党95周年暨“优秀共产党员标兵”表彰会。

7月

1日，在第四届市级机关文化艺术节闭幕式暨“群众满意的机关服务品牌”颁奖晚会上，市财政局获四星级“群众满意的机关服务品牌”称号。

22日，省财政厅综改办处长许明一行3人到市财政局挂钩帮扶村调研指导村级集体经济发展项目。

8月

22—24日，中国财政科学院、北京师范大学4位专家组成专题调研小组，对宿迁市各县区财政以及部分企业进行深入调研。

25日，市财政局党组书记、局长叶锋深入挂钩帮扶村——振友村，实地查看“三来一加”项目分点建设情况。

9月

13日，市财政局组织党员志愿者走进贫困户，集中为贫困户讲解大病商业保险、疾病应急救助、家庭困难学生补助等惠民政策。

28日，市财政局联合市审计局召开全市“小金库”及招商引资奢侈浪费和高消费突出问题专项整治工作会议。

10月

8日，市人大常委会杨明强副主任带领市人大相关人员就人大代表建议办理情况到市财政局召开督办座谈会。

26日，市委常委、市纪委书记李桂琴一行到市财政局调研党风廉政文化建设情况，市财政局党组书记、局长叶锋，市纪委驻财政局纪检组长高超陪同调研。

11月

11日，市财政局、市科技局联合举办科技创新券政策培训，集中为企业讲解科技创新券政策要点及兑现流程等内容。

24日，市财政局组织干部职工收看全市领导干部会议，学习省第十三次党代会精神。市财政局会同市发改委、市科技局走进宿迁高新技术产业开发区举办省级战略性新兴产业及市科技创新券政策宣讲活动。

12月

23日，市财政局召开“挂村包户”述扶评议暨“三进三帮”活动动员会。

24日，市财政局党组书记、局长叶锋带领干部职工深入振友村开展“三进三帮”活动。

30日，市委副书记、市长王天琦一行慰问财政局干部职工。

2017年

1月

18日,市财政局召开2016年度专题民主生活会,市委第一督导组组长杨明强,督导组成员刘禹参加民主生活会。

21日,市财政局全体干部职工前往宿豫区新庄镇振友村,集中开展“三进三帮”2017就业创业“春风行动”活动。

2月

2日,市财政局党组书记、局长叶锋前往新庄镇振友村开展“三进三帮”活动。

8日,省财政厅召开全省财政系统党风廉政暨作风建设视频会议,市财政局设分会场,组织干部职工收听收看。

14日,全市财税审计工作会议召开。市委副书记、市长王天琦出席会议并讲话。

3月

3日,市财政局党组书记、局长叶锋带领相关处室负责人走进“政风行风热线”直播室。

8日,全市国企国资工作会议召开。市委常委、常务副市长沈海斌出席会议并讲话。

△全市财务管理大检查工作会议召开,市委副书记、市长王天琦出席会议并讲话。

13日,省财政厅综改办处长陈辉到宿调研农村综合改革工作。

4月

5日,市财政局召开深化法治财政标准化管理布置会。

10日,市政府党组成员、秘书长章其波主持召开全市财务管理大检查工作会。

5月

6日，市财政局召开挂钩企业负责人座谈会，开展集中问需活动。局党组书记、局长叶锋主持座谈会，局帮办人员参加会议。市财政局召开推进“两学一做”学习教育常态化制度化工作会议。

21日，市财政局党组书记、局长叶锋深入挂钩帮扶村、招商引资企业开展“三进三帮”走访活动。

6月

17日，市财政局全体干部职工到宿豫区新庄镇振友村，开展安全生产问题排查、“三夏”助收和问题化解跟踪等工作。

7月

1日，市财政局干部职工到宿豫区新庄镇振友村，开展“三进三帮”活动，走访慰问老党员。

12日，市财政局举行政府采购信息管理系统“网上商城”启动仪式，市政府秘书长章其波出席仪式。

8月

5日，市财政局举办江苏省会计领军人才宿迁企业财务管理义诊活动。

16日，省财政厅行政政法处处长朱从江到宿调研宿迁执法执勤用车管理工作。

20日，市财政局局长叶锋率队深入新庄镇振友村开展“三进三帮”大走访活动，了解挂钩村集中居住区建设、扶贫助学、农业产业结构调整等项目推进情况。

9月

8日，市财政局举办“我为生态经济示范区建设献计策”专题研讨会。

23日，市财政局党组书记、局长叶锋带领全体干部职工赴新庄镇振友村开展中秋节前送温暖、解难题、促发展活动。

10月

11日，市财政局召开宿迁市贯彻《江苏省财政监督条例》暨预决算省级公开平台操作培训会。

18日，市财政局全体党员干部集中收看中共十九大开幕盛况。

19日，江苏省农业信贷担保有限责任公司首家分公司在宿迁注册成立。

11月

2日，市委第六巡察组向市财政局党组反馈巡察情况。

9日，市财政局党组书记、局长叶锋带领全体党员干部赴淮安周恩来纪念馆和故居参观学习，接受革命传统教育。

11日，市财政局党组书记、局长叶锋带领干部职工深入振友村开展“三进三帮”大走访，向广大农户宣传中共十九大精神，讲解财政支农惠农政策。

12月

15日，市财政局召开巡察整改工作推进会，市委副书记、市长王天琦出席会议并讲话。

2018年

1月

20日，市财政局党组书记、局长叶锋带领相关人员到新庄镇振友村开展“走访再出发、温暖送到家”专题活动。

25日，市财政局召开2017年度民主生活会，市委第四督导组组长陈学平，督导组成员翟健、陈耿、王翊然全程参加民主生活会。

2月

24日，市财政局党组召开党风廉政建设专题会议。

27日，市财政局党组书记、局长叶锋带领相关处室负责人走进“政风行风热线”直播室。

3月

14日，省财政厅召开全省财政系统党风廉政建设视频会议。市财政局设分会场，局领导班子、中层干部收看会议。

△全市财政工作会议召开。

19日，财政部江苏专员办薛鑫堂副专员调研宿迁地方政府置换债券资金使用情况。

4月

2日，市财政局全体党员到宿北大战纪念馆，开展“缅怀革命先烈 争当时代先锋”清明祭扫主题教育。

23日，省财政厅政策法规处副处长胡群政到宿检查法治财政标准化工作。

24日，省财政厅政府采购管理处副调研员丁伯文调研宿迁政府采购管理交易系统建设情况。

5月

15日，市财政局召开政务公开工作部署会议。

16日，市财政局召开“扶贫资金监管不到位问题”专项整治工作动员部署会议。

6月

1日，市财政局举办第三期“解放思想大讨论”专题交流研讨。

2日，市财政局党组书记、局长叶锋带领全局干部职工到振友村开展“走基层、讲政策、调结构、助三夏”活动。

25—28日，省财政厅检查组到宿检查2014年省科技成果转化专项资金使用情况。

7月

2—4日，省财政厅绩效处副处长辛林元到宿开展水利工程维修养护与防汛抗旱绩效评价现场调研核查。

27日，市纪委派驻第十一纪检组组长、市财政局党组成员张卫东以学习《中国共产党纪律处分条例》为主题为全局党员干部上党课。

8月

17日，市财政局举办第九期“解放思想大讨论”专题交流研讨——“习近平新时代中国特色社会主义思想”。

27日，省财政厅、省扶贫办调研组调研宿迁扶贫项目资金绩效管理工作。

9月

13日，宿迁市产业发展基金合作协议签约仪式举行。市财政局局长叶锋与华融中财总经理吴君作为双方代表进行签约，副市长曹秀明、市投融资领导小组成员单位分管负责人见证签约。

10月

12日，宿迁市财政局党组书记、局长叶锋为全局干部职工作主题为“弘扬‘三真’精神 推动作风大提升”专题学习辅导。

17日，省财政厅国库处副处长秦霞一行到宿迁市调研指导国库集中支付工作。

11月

3日，市财政局党组书记、局长叶锋带领相关人员到市属各国有投资公司项目建设现场开展走访调研。

7—9日，全省财政系统金融业务培训班在宿迁举办。

20—22日，江苏省财政系统教科文业务培训班在宿迁举办。

12月

10—15日，市财政局、市教育局在东北财经大学举办“政府会计制度”培训班。

2019年

1月

3日，市财政局召开学习会，传达学习市委五届七次全会精神。

23日，宿迁市财政局召开2018年度民主生活会，市委第二督导组副组长张建华，督导组成员陈晓燕、洪雷参会。

2月

11日，在全市目标管理暨营商环境建设大会上，宿迁市财政局获“2018年度综合考核优秀单位”“服务实体经济发展先进单位”“中心城市重点工程建设先进单位”称号。

14日，宿迁市财政局获“2018年度招商引资工作先进单位”称号。

3月

1日，市财政局组织收看全省财政系统党风廉政建设工作视频会议。

15日，市财政局开展市直机关事业单位公务（商务）接待经费财务管理监督检查。

22日，市财政局召开落实省委巡视反馈意见整改工作推进会。

27日，2019年度全省珠算协会工作会议在宿迁召开。

4月

15日，宿迁市“小微创业贷”业务被省财政厅评为“先进单位”。宿迁市召开全市财税和审计工作会议，2018年度财务管理先进单位和先进个人分别受到表彰。

29日，2019年宿迁投资环境说明会在北京举办，由宿迁市财政局引进的军民融合项目在会上签约。

5月

9日，市农房办、市财政局、市农发行联合举办宿迁市改善农民群众住房条件项目建设融资洽谈会。省农发行副行长陈梦蒙、副市长章其波出席会议并讲话，市财政局局长叶锋主持会议。

6月

10日，由省财政厅带队的省检查组一行到宿迁市，就“一卡通”专项治理工作进行抽查，并召开进点会。

18—21日，宿迁市“PPP+产业发展基金”专题培训在北京国家会计学院举办，宿迁市直单位业务人员、全市财政部门对口业务人员及重点PPP项目负责人共60余人参加培训。

7月

19日，市投融资工作领导小组办公室组织召开产业发展基金项目申报组织工作座谈会。

8月

20日，江苏省财政厅党组书记、厅长储永宏一行到宿迁调研财政运行情况及改善农民群众住房条件工作。

9月

2日，市财政局副局长王冬梅一行到宿豫区就推进医养结合养老模式、医疗救助保险助力扶贫等提案进行会办。

4日，市财政局邀请部分人大代表、政协委员就推进农民集中居住、强化产业支撑、农房改善资金筹集等建议提案进行了座谈，并联合市文广旅局和宿城区相关部门，就2019年人大、政协两件提案开展联合办理。

7日，市财政局党组书记、局长叶锋深入挂钩帮扶村宿豫区新庄镇振友村开展“挂村包户”走访慰问活动。

18日，省财政厅综改办陈辉处长一行到宿迁市，调研省级农房专项资金调度使用管理情况。

21日，市财政局开展“强化宗旨意识　践行群众路线”专题学习。局党组书记、局长叶锋主持学习会。

10月

18日，市财政局党组书记、局长叶锋带领局扶贫办、党建办人员到挂钩帮扶村宿豫区新庄镇振友村，征求挂钩帮扶工作的意见和建议。市财政局举行战斗英雄孙明芝先进事迹报告会。孙明芝之子、市公安局党委副书记、常务副局长，二级巡视员孙维为全体财政干部宣讲。

21日，宿迁市召开全市“不忘初心、牢记使命”主题教育推进会。市财政局党组成员、副局长李勇在会上作交流发言

22日，市财政局四级调研员谢志强带领相关处室人员到挂钩帮办企业——江苏恒州玻纤有限公司走访调研，征集企业意见建议，帮助企业解决生产经营中遇到的难题。

25日，市财政局举行“不忘初心、牢记使命”主题教育专题党课。局党组书记、局长、一级调研员叶锋以“坚守初心 勇担使命 为‘六增六强’高质量发展提供有力财政支撑”为题，给全体党员上党课。

11月

1日，市财政局组织干部职工赴市监管中心接受警示教育，现场召开党风廉政建设会议。

13日，省财政厅会计处处长黄春育一行到宿迁市调研注册会计师行业党建工作。

29日，在市委常委、常务副市长史志军和众多嘉宾的共同见证下，宿迁财政专项资金云服务平台顺利上线。

12月

2日，市财政局党组中心组集体学习《中华人民共和国宪法》，开展 “宪法宣传周” 活动。

20日，市财政局组织开展全市代理记账行业服务质量提升活动，宿迁市代理记账行业协会98家成员单位负责人及业务骨干近200人参加活动。

26日，宿迁市五届人大常委会召开第20次会议，市财政局被表彰为“2019年度人大代表建议办理工作先进单位”。

2020年

1月

2日，市财政局召开全体干部职工大会，传达学习市委五届九次全会精神，对下一步学习贯彻工作进行部署安排。

16日，市财政局召开“不忘初心、牢记使命” 主题教育总结会。

2月

3日，市财政局召开局务会，传达市委常委会（扩大）会议精神，部署安排新型冠状病毒感染的肺炎疫情防控工作。

22日，市财政局组织“四帮四送” 工作队，深入挂钩联系重点企业、重点建设项目和局招商引资企业开展“四帮四送” 助企活动。

27日，市财政局三级调研员李勇一行到局招商引资企业——凯琳瑞巴黎都市项目，开展“四帮四送” 助企活动。

29日，市财政局党组书记、局长、一级调研员叶锋走访天园、信德、瑞元等会计师事务所，了解各会计师事务所新冠肺炎疫情防控工作、事务所复工情况等，为事务所送去消毒液、酒精、口罩等防疫物资。

3月

6日，全市财政工作会议召开。

10日，在2019年度全市高质量发展总结表彰暨营商环境建设大会上，宿迁市财政局获评“2019年度高质量发展综合考核优秀单位”“2019年度创新创优奖”。

11日，市财政局四级调研员王晓刚带领教科文处相关人员，到宿迁厦门路学校项目工地进行现场帮办，送上防疫物资并实地了解项目复工复产存在的困难，助力项目实施单位尽快复工复产。

20日，在召开的全市农村工作暨脱贫攻坚工作会议上，宿迁市财政局被市委、市政府表彰为2019年度全市脱贫攻坚工作“挂村包户先进单位”，局帮扶村宿豫区新庄镇振友社区获评“脱贫示范村居”。

26日，宿迁生态化工科技产业园的江苏阿尔法药业有限公司董事长石利平告诉记者，受疫情影响，企业今年复工复产困难重重，但挂钩联系企业的市财政局及时伸出援手，支持企业稳步回到了生产经营正轨。

28日，市财政局党组书记、局长、一级调研员叶锋一行到江苏鑫博高分子材料有限公司、江苏那米之家科技有限公司开展走访调研，实地了解企业主营业务、技术优势、改扩建进度、融资计划及新冠肺炎疫情对企业带来的影响等。

31日，市财政局获评“2019年度市级机关党建质量标准化管理先进单位”“2019年度市级机关‘双创一争’工作群众满意机关”“机关党建信息工作先进单位”。

4月

2日，市财政局召开专题会议，传达学习全市财税审计金融工作会议精神。

8日，市财政局、市农房办联合召开省级农房绩效评价布置会，对迎接省级农房绩效评价工作作出部署。

5月

25日，市财政局会同合作银行、平台开发公司赴宿豫区开展“财政风险补偿资金池政策县区行活动”。

28日，市财政局举办企业减税降费主题沙龙，帮助企业系统地把握减税降费政策，充分用好减税降费政策机遇，增强可持续发展后劲，实现更好发展。副市长曹秀明出席沙龙活动并讲话，叶锋局长主持沙龙活动，全市50余家规上企业、高新技术企业和部分小规模纳税人参加。

29日，宿迁市注册会计师协会为宿豫区新庄中心校的20名家庭贫困的学生送去一份爱心礼物。

6月

15日，省财政厅二级巡视员王保嘉一行到宿调研财政监督职能调整和工作开展情况。

20日，市财政局局长、党组书记、一级调研员、柴米河市级副河长叶锋赴沭阳县开展柴米河巡河工作。

22日，市财政局党组成员、副局长谢志强带领局扶贫办一行到挂钩帮扶社区——宿豫区新庄镇振友社区，开展“七一”慰问老党员活动。

30日下午，宿迁举行“疫战到底·礼赞先锋”先进事迹演讲会，市委书记、市人大常委会主任张爱军向一等奖获奖单位——市财政局颁奖。

7月

29日，市财政局党组书记、局长、一级调研员叶锋带领局“四帮四送”帮办小组，深入挂钩联系重点企业、局招商引资企业开展“四帮四送”助企活动。

8月

26日，市财政局赴宿迁国家高新技术产业开发区开展宿迁市市级科技项目及项目资金管理政策宣讲活动，着力解决企业在科技项目申报、项目资金管理中遇到的疑点、难点问题。

9月

10日，省农业发展信贷担保有限责任公司董事长张建新一行到宿迁市调研农业信贷担保工作开展情况。省财政厅绩效管理处处长赵学群带领省财政厅、省农业农村厅调研组一行到宿迁，调研宿迁市预算绩效管理工作暨省级农业生态保护与资源利用专项资金绩效情况。

14—18日，全市50余家“521工程”企业、高新技术企业财务总监汇聚财政部烟台财会培训中心，参加宿迁市“保市场主体暨企业减税降费”培训班。

23日，省财政厅农业农村处处长李海峰带领省退捕禁捕第一巡视组，到宿迁市开展长江流域重点水域退捕禁捕工作巡视。

10月

26日，市财政局邀请江苏新高律师事务所宗延军律师到宿举办市区财政系统《中华人民共和国民法典》专题讲座，市财政局全体干部职工，各区财政局税政法规业务、科室负责人参加活动。

28日，省财政厅基金管理处处长熊洁一行到宿迁市召开政府投资基金支持区域一体化发展研究座谈会。

11月

2日，市财政局在北京国家会计学院举办“宿迁市PPP+产业发展基金专题培训班”。

19日，市财政局党组书记、局长、一级调研员叶锋主持召开专题宣讲会，传达学习中共十九届五中全会精神，开展“学习新思想 实践在宿城”主题宣传教育活动。

12月

1日，宿迁市财政局获“全国文明单位”称号。

3日，由市重点办、市代建办、市审计局、市财政局共同开发的“宿迁市政府投资工程监管系统”上线运行。

11日，宿迁市首张医疗收费电子票据在泗洪县城西医院开出，标志着宿迁市医疗收费电子票据管理改革迈出关键一步，实现了患者就医挂号、就诊、交费、票据交付全流程闭环电子化管理。

16日，宿迁市举办财政风险补偿资金池签约仪式暨资金池政策宣传活动。市委常委、常务副市长史志军出席活动并致辞。

第一篇　财政机构

按现行制度规定，有一级政权就相应地建立一级财政，依法设置财政管理机构，具有规范性和统一性。

第一章　民国政府财政机构设置及宿迁地方财政管理机构更替

民国时期财政机构，设置中央、省、县三级。中央设立财政部，省设立财政厅，县设立财政（财务）科（局）。

民国27年（1938）11月，日军侵占宿迁县城，先成立伪复兴会，12月改为伪治安维持会。次年11月改为伪县公署，维持会会长改为县知事。伪县公署设立财务等4个科室。民国29年（1940），伪江北税务局在宿迁设立分局，勒收各项税款。

民国政府财政收支一向由各机关自行管理。国民党统治集团为加强本身财政力量，于1939年实行《公库法》。在中央政府设国库，地方政府分别设省库、市库和县库。规定国家全部岁入、岁出都由公库统一收支，国库事务由中央银行代理；地方各级公库事务由该上级政府公库主管机关核准的银行代理；在未设银行的地方，指定邮政机关代理。国民宿迁县政府在日军侵占宿城后便流亡，迁入北乡设苏北行署，不久便解体。因此，国民党颁发的《公库法》在宿迁境未见实施。

抗日战争胜利以后，国共双方于1946年1月10日达成了停战协定。同日，各党派举行政治协商会议，通过了和平解决国内问题的决议。然而，国民党在完成军事部署后，于6月20日，悍然撕毁停战协定和政协决议，大举进犯解放区。9月，今宿迁境各县先后被国民党军队占领，恢复国民政府统治，国民政府在各县政府重建财政科，内设财政科长、财政科指导员，会计主任、科员、事务员，书记员等职。民国36年（1947）1月1日，派耿悼云代理沭阳县政府财政科科长，徐绍洛代理宿迁县政府田粮科科长。民国37年（1948）3月，经调整，县政府财政科有科长1人，技士1人，科员1人，事务员2人；会计室主任1人，事务员2人，科员2人，指导员1人。1948年7月以后，宿迁全境解放，国民党政府遂解体，在宿迁境各县设立的财政机构便失去了作用。

第二章　根据地、解放区民主政府财政机构

第一节　民主政权及其财政机构

抗日战争和解放战争时期，在中国共产党领导下，开辟了抗日根据地和解放区。民主政权建立后，迅速成立财政机构，开展财经工作。民国27年（1938）春，新四军深入华中敌后，开展游击战争，开辟了华中革命根据地，各地陆续建立民主政权，相应成立财政机构，履行财政职能，为巩固民主政权服务。民国29年（1940），新四军一部在八路军配合下，开辟了皖东北革命根据地（即淮北区和苏北淮海区）。为适应对敌斗争的需要，各县原有的区划都被打乱，今宿迁境内的各县当时属淮北区和淮海区。

一、皖东北根据地抗日民主政权财政机构

民国27年（1938），日军侵占今宿迁大部分县城。为开展抗日救亡运动，同年7月，中共豫皖苏省委书记张爱萍受中共中央中原局书记刘少奇和新四军游击支队司令员彭雪枫的委托，带领豫皖苏支队进入皖东北，与国民政府安徽省第六行政区督察专员、泗县县长兼第六区抗日抗敌指挥部司令盛子瑾订立联合抗日七项协议。8月，中共在孙园乡张塘设立八路军、新四军驻皖东北办事处作为联络机关，张爱萍任主任，刘玉柱任副主任。由于日军企图掠夺淮北的人力物力，实行其以战养战、以华制华的毒辣政策，疯狂对淮北地区进行“扫荡”。而国民党情绪低落，意志消沉，消极抵抗，盛子瑾率部离皖东北而南去，只剩下中共张爱萍领导下的几个团以及一部分地方武装，坚持敌后抗战。民国29年（1940）2月28日，中共全面接管皖东北政权。于3月在青阳召开第一次各界代表大会，成立皖东北军政推进委员会，恢复专员公署及泗县县政府工作。9月15日，成立淮北苏皖边区行政公署，地址在孙园张塘村（今泗洪县孙园乡）。行政公署设立财政处，所辖各县成立财政科等财经机构，实行统一的预决算制度，与此同时，建立安徽省进出口货物检查总局第十一货物检查总处，处长周本厚。检查总处在青阳、临淮头设两个分处，并在朱湖、马公店、临淮、管镇、双沟镇、郑集设6个分派所。同时成立了

税务总局，负责各项税收工作，局长陈醒、梁绪修、石磊，总局垂直领导各分局。这是抗日战争时期设在今泗洪县境较早的财政机构。

同年10月，皖东北地区抗日民主政权，为加强基层领导，行政专署决定撤销泗县建制，分别成立泗东、泗南、泗宿、泗北、泗五灵凤5个联防办事处及半城直属区。各办事处及区设财务分局，配备3～5人，设分局局长1人，财经、财粮、会计各1人，税干2人。大的集镇单设税务机构，各乡镇设财粮助理1人（与乡长、指导员统称“三大员”，享受同等待遇），村设财粮委员。民国30年（1941）6月，将办事处撤并为县建制，成立泗南县、泗宿县政府。

淮北苏皖边区行政公署所辖苏皖两省16个县境，为适应对敌斗争需要进行行政区划调整，新区划为14个县的单位，各县均设立财政机构。民国33年（1944），各县设立的财政科改为财政局，辖财审科、粮食科、税务科和金库。

民国29年（1940）秋，八路军主力开辟淮海区。9月18日，淮海区抗日民主政权——淮海区专员公署（简称淮海专署）成立。淮海专署设立的财经机构有财经科、粮食科。民国31年（1942）3月，淮海专署改称淮海区行政公署，内设财经处、粮政处、税务局、贸易局等财经机构。8月，成立淮海区银行。同年秋，日伪等对淮海区进行大“扫荡”，根据地被分割缩小，财经工作也适应战时的需要，撤销行署粮政处，按战略小区分散成立4个财粮监理处。民国33年（1944）淮海区抗日斗争形势好转，行署财政机构逐步统一并充实加强，财经工作逐步走向正规化。同年6月，行署成立财粮处，由行署主任李一氓兼任处长；10月，为严密工商管理，发展经济，行署将各县税务局改组为工商行政管理局，行署设立工商行政管理总局。

民国34年（1945）7月，淮海、盐阜两个行政区合并为苏北行政区，淮海区行政公署改为苏北淮海分区专员公署，设财经处、财粮处、工商局等财经机构。同年11月1日，苏北、苏中、淮南、淮北四个解放区，统一行政机构，苏皖边区政府在清江市成立，所辖区域划分为八个行政区，其中淮海区为第六行政区，淮北路东地区为第七行政区。苏皖边区政府设财政厅、盐管局、货管局、华中银行等财经机构。民国35年（1946）下半年，国民党占领今宿迁境内，民主政权转入农村。同年12月起，各县先后成立财政管理委员会。

抗日战争和解放战争时期，中共领导下在苏皖边境建立起来的民主政权，以解放区为基础，打破国民政府统治时期的行政区域界线，划分为淮海区和淮北区。其所属县级民主政权机关基本都设立在农村。财政机构名称由各县民主政府确定。今宿迁境内原淮海区的辖县有泗沭县、沭阳县、宿迁县。

泗沭县抗日民主政府前身为民国28年（1939）8月成立的泗阳县抗日民主政府，次年11月改建泗沭县政府。县政府设财务科。抗战胜利后，泗沭县设财粮局。

沭阳县抗日民主政府成立于民国29年（1940）9月。县政府设财政（经）科。民国34年（1945）11月后，改称沭阳县政府，设财政（经）科、粮会科、税务局、货管局等财经机构。

自1938年11月，日军侵占宿迁县域以后，中共先后在宿迁县城周边农村及邻县部分地区，陆续建立宿迁县、宿北县、睢宿县、泗宿县和运河特区5个民主政权。民国29年（1940）10月，在叶海子（今新沂市邵店镇内）组建宿迁县政府机构，隶属于淮海区行署。同时组建宿迁县政府财粮科，次年2月成立县税务局。民国36年（1947）初，成立县财经局，设粮政、财务、货管、银行四课，县属区设财经分局。1948年底撤销财经局，改称财务科。民国38年（1949）5月，苏北淮阴地区行署调整区划，泗宿县的部分地区和宿北县的大部地区划归宿迁县，历史上属宿迁县管辖的归仁划归泗洪县，刘集划归沭阳县。是年7月，宿迁县成立县财政局，主管财政税务工作。

宿北县政府，先于民国31年（1942）4月18日在筛子成立宿北办事处，隶属于沭宿海中心县委和宿迁县委双重领导。民国32年（1943）9月15日，在宿北办事处的基础上于棋盘镇金李庄成立宿北县政府，设立财粮科。民国38年（1949）5月，撤销宿北县，其所辖的宿城、古城、运河区的大部地区归宿迁县。同时宿北县所设财政机构并入宿迁县。

睢宿县政府。先于民国31年（1942）12月，成立睢宿督导室；民国33年（1944）9月，改成睢宿联防办事处；民国34年（1945）1月，睢宿联防办事处改称睢宿县政府，设置财粮科，是年10月撤销睢宿县，财政机构并入睢宁县。

今宿迁境内原淮北区辖县有泗南、泗宿、淮泗、泗阳县。泗南县民主政府前身为泗南办事处，成立于民国29年（1940）10月。次年6月改为县政府，地址在今泗洪县南面，双沟镇北约距5千米的罗岗村。辖地为今泗洪县的南部和洪泽湖西岸沿边乡镇，以及今盱眙县西部的管镇、兴隆、铁佛、鲍集等地。办事处初设粮食科，改县政府之后，设财务科、税检局、粮食科、银号等财经机构。解放战争初期设税务局。民国36年（1947）6月，泗南县与洪泽湖西部分地区合并，第一次成立泗洪县，县政府设财经局。同年11月，恢复泗南县。民国38年（1949）4月，区划调整，撤销泗南县，泗南、泗宿县大部、泗阳县的2个区和洪泽湖管理局湖西的2个区合并，成立新的泗洪县，县政府设财审科、财粮局等财经机构。

泗宿县民主政府。民国29年（1940）10月，在宿迁西南部成立泗宿办事处。次年6月，泗宿办事处与泗北办事处合并，成立泗宿县政府。辖地大部分为今泗洪县青阳镇以北，宿迁西南以及宿城镇以北部分地区。办事处设税检分局。改建泗宿县以后，设置财务科、财粮科。民国34年（1945）8月18日，中共泗宿县委和县总队接管宿迁县城。9月4日，以宿迁县城及其近郊成立宿迁市（相当于县级以下机构，下同），隶属于泗宿县政府。民国35年（1946）8月26日，国民党军队占领宿迁县城，泗宿县政府及所属宿迁市机关先撤往淮北地区，后转移至淮海地区坚持斗争。民国36年（1947）初，人民解放战争由战略防御转入战略反攻。民国37年（1948）7月12日，中共泗宿县委和县总队第二次接管宿迁县城，设置财政机构，成立财经局。与此同时恢复宿迁市建制，隶属于江淮第二地委和泗宿县委双重领导。是年4月14日，宿迁市改为江淮第二行署所属直辖市（相当于县级）。次年4月，区划调整，撤销泗宿县，财政机构并入泗洪县。泗宿县管辖的苏圩、埠子、潘山、闸塘、杨圩等地划归宿迁县。同时撤销宿迁市，所辖宿城、古城等区并入宿迁县。

今泗阳县在抗日战争和解放战争时期，有多个县级民主政权机构在这片土地上组合，时分时合。县境北面大部与沭阳县部分地区合并组建泗沭县；县城东面与淮阴县部分地区组建淮泗县；西南方位部分地区与泗洪县北境及宿迁县部分地区组建泗宿县；沿运河区与宿迁县成立运河特区办事处（相当于县级）等民主政权。其政府财政机构，随着政府行政职能的需要而设置财经（粮）科。

为深入开展抗日救亡运动，民国27年（1938）2月底，泗阳县在城厢成立抗日同盟会。民国29年（1940）8月，建立泗阳县抗日民主政府，设财经科。次年8月，以皖东北泗县八区为中心成立（淮北）泗阳县民主政府，辖地为运河以南、成子湖以北、安河以东，县政府先后设立粮食科、税务科、财政科等财经机构。民国31年（1942）9月成立运河特区办事处，下设财政科，民国33年（1944）7月，苏北淮海专员公署撤销运河特区。解放战争时期，泗阳县政府先后设立财粮局、财务科、财政局。民国38年（1949）4月，泗阳县划归苏皖第六行政区专员公署管辖。5月，苏皖第六行政区专员公署改称苏北淮阴地区行署，并重划行政区域。泗阳县与泗沭县合并为泗阳县，恢复泗阳县建制，泗沭县财政机构合并给泗阳县财务局。区划后的泗阳县政府下设财经科，后改为财务科。

淮泗县民主政府。民国29年（1940）9月，析淮阴、泗阳两县部分地区成立淮泗办事处，次年8月改为淮泗县政府，先后设粮食科、财经科、税务科、财政局等财经机构。民国34年（1945）10月，淮泗县撤销。民国36年（1947）3月，淮泗县政府重建，设财政局。次年2月，淮泗县并入（淮北）泗阳县，淮泗县财经机构一并划归泗阳县。

第二节　民主政权财政机构职能职责及人事变动

抗日战争和解放战争时期，民主政权所设立的财政机构，是适应革命战争的需要建立起来的。财政工作职能与现在的财政职能不完全一样。当时财政工作任务主要是做好部队的后勤保障工作，确立“先部队，后地方；先前线，后后方”的指导原则，在保证前线军需的前提下，支持地方发展生产，从而确立“发展生产，保证供给”的财政工作总方针，具有鲜明的时代特征。

基于民主革命时期，处于战争动荡年代，民主政权机构大部建立在农村，财政机构名称并不统一，负责财经工作的人事变动较快，有的具体任离时间不详，很难搜集到完整的资料。

泗宿县财政机构历任领导一览表

表 1

机构名称	职　务	姓　名	任职时间（年、月）	备　注
财务科	科　长	陈昌华	1941—1942 年	
	科　长	杜卫民	1943 年	
财务局	局　长	张青梅	1944 年	1944 年财务科改为财政局，辖财、税、粮三科及金库
	科　长	杜卫民	1944 年夏	
	科　长	程介绍	1944—1946 年	
	科　长	詹　坦	1947—1949 年 4 月	
	副科长	李亭云	1947—1948 年	

泗南县财政机构历任领导一览表

表 2

机构名称	职　务	姓　名	任职时间（年、月）	备　注
财务科	科　长	宋养公	1941 年 10 月	
	科　长	周敬伦	1942 年 1—6 月	
	科　长	王玉璞	1942 年 7—12 月	
	科　长	陈子良	1943 年 1 月—1944 年 12 月	
财务局	局　长	陈子良	1945 年 1 月—1947 年	
	局　长	朱博文	1947 年 9 月—1947 年 12 月	
	副局长	王　石	1947 年 9 月—1947 年 12 月	
	局　长	杨　睿	1948 年 1 月—1949 年 4 月	
	副局长	李泰安	1948 年 5—10 月	

泗南县所属各区财务分局局长一览表

表 3

单　位	姓　名	职　务	单　位	姓　名	职　务
上郑区	张家声	局　长	石集区	朱继英	局　长
上郑区	王子卓	副局长	陈圩区	沈　波	局　长
魏营区	许润民	局　长	濉河区	宋殿行	局　长
管镇区	姬　璜	局　长	墩集区	周震球	局　长
鲍集区	唐　余	局　长			

泗阳县民主政权时期财政机构历任领导一览表

表 4

机构名称	职　务	姓　名	任职时间（年、月）	备　注
泗阳县政府财经科	科　长	王　沛	1940.12—1941.11	设置财务课、税务课、粮食课
	科　长	陈树梓	1941.8—1942.12	
泗阳县政府粮食科	科　长	张　京	1941.9—1942.3	
	科　长	朱青阳	1942.3—1942.9	
泗阳县政府财政（务）科	科　长	王行之	1943.7—1945.8	
	科　长	尹树锦	1943.9—1944.1	
	科　长	张继英	1944.1—1945.8	

续表 4

机构名称	职 务	姓 名	任职时间（年、月）	备 注
运河特区办事处财政科	科 长	李秉均	1942.9—1944.8	
	副科长	朱 芳	1943.10—1944.8	
淮泗县政府财政局	局 长	王文长	1943.3—1943.12	
	局 长	陈树梓	1944.1—1945.10	
	局 长	殷明甫	1947.3—1948.12	
泗沭县政府财粮局	局 长	徐慎行	1947.12—1949.2	主管财务课、税务课、粮政课、金库、粮库等
	副局长	王业选	1946.1—1946.6	
	副局长	王克荣	1947.11—1948.5	
	副局长	庄茂平	1949.3—1949.5	
泗阳县政府财务科	科 长	顾 贞	1948.1—1949.10	
	副科长	祖廷佐	1948.10—1949.5	
泗阳县政府财经（务）科	科 长	尹树锦	1945.8—1947.9	
	科 长	张成钧	1947.9—1948.1	
	科 长	陈 明	1948.1—1949.2	
	副科长	田一洪	1945.10—1946.11	

宿迁县民主政权时期财政机构历任领导一览表

表 5

机构名称	职 务	姓 名	任职时间（年、月）	备 注
宿迁县政府财粮科	科 长	何光启	1941.2—1943.3	李秉钧系运河特区办事处财政科科长
	科 长	张希尧	1943.3—1943.10	
	科 长	李秉钧	1942.9—1944.8	
	科 长	吴绍演	1944.10—1945.11	
	副科长	王永帮	1941.2—1943.10	
	副科长	王占志	1942.11—1943.2	

续表 5

机构名称	职　务	姓　名	任职时间（年、月）	备　注
宿迁县政府财粮局	局　长	吴绍演	1945.11—1946.12	
	副局长	荣根焕	1948.5—1948.11	
	局　长	荣根焕	1948.11—1949.6	
	副局长	刘守庭	1948.3—1949.6	
	副局长	吴运筹	1948.11—1949.3	
	副局长	董习仁	1949.1—	
宿迁县政府财经局	局　长	吴绍演	1947.2—1948.12	此栏正副局长任职时间均为同一时间段，正常情况下很少出现，是否有其他原因无考。本名录资料来源系根据《淮阴市财政志》记载
	副局长	贺一峰	1947.2—1948.12	
	副局长	周成元	1947.2—1948.12	
	副局长	陈绍凯	1947.2—1948.12	
	副局长	姜汉光	1947.2—1948.12	
	副局长	丁　恢	1947.2—1948.12	
	副局长	岳　超	1947.2—1948.12	

第三章　中华人民共和国成立后财政机构

中华人民共和国成立后，设立中央财政机构和地方财政机构。中央设置财政部，地方省级设立财政厅，地（市）、县级设立财政局（科）。基于中华人民共和国成立后的财政机构，是以革命根据地和解放区民主政权的财政机构为基础，依据社会主义政治制度、生产关系而建立的，其财政机构名称，在中华人民共和国成立初期时有变化，省以下地（市）级先设立财粮科，1953年下半年改为财政科，1958年底撤销财政科成立财政局。随着社会主义经济建设的发展，财政组织体系的完善，财政机构成为各级政府的主要职能部门。

第一节　市级财政机构

今宿迁市财政机构，于1996年7月，区划调整成立地级宿迁市后相应组建宿迁市财政局。区划调整之前境内行政区域属淮阴地区（市）管辖，因此当时宿迁不存在地市级财政机构。但考查历史资料显示，在民主政权时期和社会主义经济建设时期，宿迁大地培育出来的财经人才，于中华人民共和国成立后陆续受组织调遣赴淮阴地区工作，有多位同志长期担任淮阴地区（市）财政机构主要领导职务。为了保持市级财政机构及人事变动延续情况，对宿迁市区划调整前后财政机构的沿革作简要概述。同时，对区划调整前今宿迁籍担任市级财政机构主要领导人作简要补述。

中华人民共和国成立后，苏北行政区下设淮阴地区专署。随之设立淮阴专署财粮科，由岳超任科长。财粮科不设科室，实行内部分工。岳超，泗阳县人，1947年2月至1948年12月，曾担任宿迁县政府财政局副局长。1949年，调淮阴专署财粮科任此职。

1953年下半年，撤销财粮科，成立淮阴专署财政科，仍由岳超担任科长。

1958年9月，财政科撤销，成立淮阴专署财政局。专署税务局和建设银行撤销，并入专署财政局，任命岳超为局长。

1962年8月，荣根焕接任淮阴专署财政局局长职务，至1966年底卸任。荣根焕，沭阳县人，曾于1948—1950年先后担任宿迁县政府财粮局副局长、局长，财务科科长，财政局局长职务。后调入淮阴专署有关部门工作，一段时间曾担任财贸办公室负责人。

1967年1月起，专署财政局先后由生产指挥组下设财贸组，由原专署财政局、人民银行、建设银行三个单位合并组成。财政、税务、金融合在一起办公，不设置科室，实行内部分工。孙锦信担任处长，负责全面工作，副处长丁传法主要负责金融工作。1968年底，成立淮阴专署革命委员会，地方财政职能由淮阴专署革命委员会生产指挥组财金处行使。1971年4月17日，淮阴专署革委会生产指挥组财金处易名为淮阴地区革命委员会生产指挥组财政处。

1972年7月14日，地委常委会研究决定恢复人民银行和建设银行。同年9月1日撤销生产指挥组财政处，设置淮阴地区革命委员会财政局。任命王振钦担任局长。王振钦，沭阳人，中华人民共和国成立后一直在淮阴专署有关经济部门和清江市（县级）担任领导工作。1958年至1961年曾担任淮阴专署财政局副局长，此后，一段时间还曾担任过淮阴地区建行行长。

1979年6月，淮阴地区革命委员会财政局更名为淮阴地区行政专署财政局，局长仍由王振钦担任，直至1983年3月退休。1983年3月，机构改革成立淮阴市，实行市带县体制，撤销原地区行政专署财政局，成立淮阴市财政局，由朱耀华任副局长主持工作。朱耀华，泗阳县人，中财院毕业后，一直在泗阳县从事经济工作，机构改革后调淮阴市财政局任此职。同年9月，调江苏省财政厅任副厅长，后曾调财政部办公厅任副主任，不久调回江苏，担任江苏省工商管理局副局长。1983年底，税务、监察两科从财政局划出，分别成立税务局和审计局。

1984年1月，任命陆学秀为淮阴市财政局局长，1991年3月退居二线。

1991年3月，徐国熙任淮阴市财政局局长。

1996年7月19日，国务院同意江苏省人民政府《关于调整淮阴市行政区划新组建地级宿迁市的请示》，决定将宿迁、泗洪、泗阳、沭阳四县（市）从淮阴市行政管辖区域中划出，设立地级宿迁市。8月12日，宿迁市委印发《关于市委常委、市筹建领导小组成员分工的通知》。市筹建领导小组下设八个办公室（时称“八大办”），其中财贸办公室负责财政、税务、审计、金融、商贸机构筹建工作，由市委常委、副市长佘义和分管。市财政局（筹）办公地址设在“八大办”，今南京鼓楼医院集团宿迁市医院对面（南黄运路西侧约百米）。10月中旬，迁至宿迁建设银行办公楼（黄运路80号）。11月6日，市政府提名房民任宿迁市财政局、地方税务局局长。

1996年9月，戴国祥任淮阴市财政局党组书记。

同年12月18日，市机构编制委员会批准成立宿迁市控制社会集团购买力办公室，正科级全民事业单位。28日，市政府批准市财政局职能配置内设机构和人员编制方案。市财政局设置办公室（与地方税务局办公室合并办公）、预算科（宿迁市控制社会集团购买力办公室、税政法制科）、基本建设科、综合科（国债办公室）、工业交通科（外经科）、商贸科、行财科（社会保障科）、农业科（农业发展基金管理办公室）、会计科、财政监察科（宿迁市税务、财务、物价大检查办公室）、农业税收管理科、人事教育科12个职能机构；行政编制35名，行政附属编制2名，领导职数为局长1名，副局长2名；科（室）设正、副科长（主任）16名。与此同时，市政府批准市国资局职能配置内设机构和人员编制方案。市国资局设置产权管理科（行政事业资源科）、评价评估科（综合科、资产评估管理科、统计评估科）；行政编制6名，行政附属编制1名，副局长2名，科长2名。由此，地级宿迁市财政局筹建工作基本就绪。

1997年2月16日，宿迁市财政局办公地址从宿迁建设银行办公楼搬迁至中山路原宿迁市（县级）府前广场税务局办公楼。26日，市机构编制委员会发文《关于批准成立宿迁市会计师事务所的通知》(6月12日，经省财政厅批准更名为宿迁公信会计师事务所)、《关于江苏省中华会计函授学校宿迁分校的通知》、《关于成立宿迁市国债办公室的通知》。8月22日，市机构编制委员会发文《关于成立宿迁市税务、财务、物价大检查办公室的通知》《关于成立宿迁市财政科研所的通知》，均为正科级全民事业单位。10月28日，批准市财政局增设社会保障财务管理科。

1998年1月24日，市机构编制委员会分别以宿编〔1998〕9号、13号文，批准市国有资产管理局增加事业编制4名，成立市注册会计师协会，核定编制3人。11月10日，批准成立宿迁市政府采购中心、宿迁市会计管理中心，正科级全民事业单位，实行“一个机构、两块牌子”。

1998年11月，宿迁市编委下发《关于成立市政府采购中心和市会计管理中心的批复》，1998年12月正式成立宿迁市会计管理中心，为正科级全民事业单位，与宿迁市政府采购中心实行“一个机构，两块牌子”，编制4人，隶属市财政局。

2002年7月，市编办和市财政局联合发文，对各县(区)会计核算中心机构的性质、级别和人员编制作出统一规定。各县(区)会计核算中心为全额拨款事业单位，副科级建制，隶属县(区)财政局。沭阳、泗阳、泗洪县、宿豫区人员编制均为30名，宿城区人员编制为15名。

2002年8月，经市编委批准，撤销宿迁市会计管理中心，成立宿迁市会计核算中心，隶属市财政局，为正科级事业单位，人员编制20名，领导职数3名，人员经费列入市财政预算。市、县(区)两级会计核算中心共核定编制155名。

1999年5月4日，成立宿迁市财政局稽查办公室，撤销宿迁市税务、财务、物价大检查办公室。7月1日，根据中国人民银行有关文件精神，宿迁市城市信用社中心社和宿迁市钟吾城市信用社划归地方政府管理，由市财政局代管。12日，宿迁公信会计师事务所与市财政局脱钩。26日，市财政大厦落成，市财政局由原税务局大楼迁入人民大道2号新建大厦办公。2000年12月6日，市计委批准宿迁国际饭店成立，先试行营业。该饭店隶属市财政局财政干部培训中心，为全民所有制企业，独立核算，自负盈亏。

2001年，撤销宿迁市财政局商贸科，将商贸科粮食企业管理、粮食政策性补贴资金拨付及粮食流通体制改革等职能并入基建科。

2002年6月25日，宿迁市财政局内设机构进行调整和更名。调整预算科，分别成立预算处(税政法制处)、国库处；将基本建设科更名为经济建设处；撤销行财科，分别成立行政政法处、教科文处；社会保障科改为社会保障处；综合科改为综合处（国债办）；工业交通科改为企业处（外经金融处，国资办）；农业科改为农业处（农发办）；会计科改为会计处；统计评估科改为统计评价处；办公室与人教科分开，成立人事教育处等。8月15日，市编委同意市财政局成立市会计核算中心，为正科级全额拨款事业单位。同时撤销会计管理中心，并将市政府采购中心机构和4名编制移交市级机关事务管理局。市财政成立政府采购处，负责政府采购监管工作。撤销市财政局农业税征收管理科，成立市财政局农业税收征收管理局。

2004年5月10日，市编委批复同意成立宿迁市契税征收管理所，6月28日，正式挂牌运作。

2006年5月15日，根据市编委《关于市财政局内设机构更名等问题的批复》，宿迁市农业税收征收管理局更名为宿迁市基层财政管理局；宿迁市财政局统计评价科更名为宿迁市财政局绩效评价科（市财政局行文为“处”）。

2008年至2020年，增设6家事业单位，分别为2008年设立市财政国库集中支付中心，2010年设立市预算编审中心，2012年设立市财政投资评审中心，2013年设市财政信息中心，2015年设立市政府与社会资本合作中心，2020年设立市产业发展基金管理中心。划转、撤销2家事业单位，分别是2010年市契税征收管理所整体划转至市地税局， 2015年撤销市产权交易中心。2家事业单位变更名称，分别为2017年市农村税费改革领导小组办公室更名为市农村综合改革领导小组办公室；2020年市注册会计师协会更名为市注册会计师管理服务中心。

2019年5月，新一轮三定方案，核定市财政局内设机构18个，分别为办公室、预算处、国库处、政府采购管理处、综合处（非税收入管理处）、税政处（政策法规处、行政审批处）、经济建设处（自然资源与生态环境处）、工贸发展处、金融处（政府和社会资本合作办公室、基金管理处）、行政政法处、教科文处、社会保障处、农业农村处、政府债务管理处、绩效管理处（资产管理处）、会计处、财政监督处、机关党委（人事教育处）。

截至2020年年底，市财政局共有下属事业单位12家，其中参照公务员法管理事业单位3家。

表 6 1996—2020 年宿迁市财政局历任领导班子一览表

机构名称	姓　名	职　务	任职时间（年、月）	备　注
宿迁市财政局（地方税务局）	房　民	局长、党组书记	1996.11—1999.7	市财政局与地方税务局“一个机构、两块牌子”。房民担任财政局局长、地方税务局局长。1999 年 7 月房民调回省财政厅工作。1999 年 2 月以后，成立地方税务局，由侍鹏担任负责人
	侍　鹏	党组成员	1996.11—1999.2	
	曹秀明	局长助理、党组成员	1996.11—1997.1	
		副局长、党组成员	1997.1—1999.2	
	刘须林	副局长、党组成员	1997.1—1999.2	
宿迁市财政局	曹秀明	副局长、党组副书记	1999.2—2000.8	1. 1999 年 7 月，曹秀明主持财政全面工作。此间，刘须林还兼任市财政局纪检组长。2003 年 1 月，任助理调研员直至退休。2001 年 4 月，徐雷调回省财政厅工作 2. 2005 年 12 月，章其波调宿豫区任常务副区长。2003 年 4 月，王云调回省财政厅工作。2008 年 2 月，武倩调沭阳县任副县长 3. 2008 年 1 月，曹秀明调宿豫区担任区委书记。薛誉华系苏州大学商学院副教授，受校党委委派到宿迁市财政局挂职一年。2012 年 7 月，卢静调市交通局任纪检组长
	刘须林	副局长、党组成员	1999.2—2003.1	
	徐　雷	副局长、党组成员	1999.2—2001.4	
	章其波	局长助理、党组成员	1999.3—2000.8	
	曹秀明	局长、党组书记	2000.8—2003.1	
	章其波	副局长、党组成员	2000.8—2005.12	
	王　云	副局长	2001.4—2003.4	
	武　倩	副局长	2002.11—2008.2	
	曹秀明	市政府副秘书长、市财政局局长、党组书记	2003.1—2008.1	
	薛誉华	副局长	2003.7—2004.7	
	何祖玉	副局长	2004.12—2015.9	
	钱　浩	局长助理	2005.2—2007.1	
	于登才	局长助理	2005.12—2008.12	
	卢　静	纪检组长、党组成员	2006.12—2012.7	
	章其波	局长、党组书记	2008.1—2015.9	
	钱　浩	副局长、党组成员	2007.1—2009.6	
	陈太东	副局长、党组成员	2008.10—2015.12	
	于登才	副局长、党组成员	2008.12—2015.8	
	史宇芳	副局长、党组成员	2009.7—2012.1	

续表 6

机构名称	姓　名	职　务	任职时间（年、月）	备　注
宿迁市财政局	任　江	市国丰公司总经理（副处）	2009.12—2014.1	4. 市国丰公司，全称为宿迁市国丰资产经营管理有限公司，国有企业。2008年，市政府委托市财政局和金融办共同筹建。任命章其波为董事长，张林为总经理，任江为副总经理。2009年12月，任江接任总经理。2014年1月根据国家规定，行政机关领导不得兼任企业领导职务。章其波不再担任董事长，由任江担任执行董事、总经理
	赵　锦	基层财务管理局局长（副处）	2010.1—2015.9	
	王冬梅	副局长	2012—2015.9	
	高　超	纪检组长、党组成员	2012.7—2018.8	
	李　勇	副局长、党组成员	2013.12—2015.9	
	叶　锋	党组书记、局长	2015.8—2019.9	
		党组书记、局长、一级调研员	2019.9—2021.9	
	张卫东	党组成员、纪检组长	2018.8—2020.7	
	杨学武	党组成员、纪检组长	2020.7—	
	王冬梅	副局长	2012.1—2019.11	
		副局长、二级调研员	2019.11—2021.6	
	李　勇	党组成员、副局长	2013.12—2019.11	
		三级调研员	2019.11—	
	赵　锦	基层管理局局长（副处）、党组成员	2015.9—2019.1	
	谢志强	副调研员	2016.10—2019.6	
		四级调研员	2019.6—2020.3	
		党组成员、副局长	2020.3—	
	何祖玉	副局长	2015.9—	
	王晓刚	副调研员	2019.4—2019.6	
		党组成员、四级调研员	2019.6—2021.9	
	于登才	党组成员、副局长	2015.8—2019.10	
	何　川	副调研员	2017.3—2019.4	

注：正、副职任职时间，以政府行文任命时间为准，排列先后顺序，连续任职时间，截至2021年年底。其间领导职务变动，在备注栏中说明。

第二节　县区乡镇财政机构

中华人民共和国成立初期，宿迁、沭阳、泗阳三县属江苏省淮阴专署管辖；泗洪县属安徽省宿县专员公署管辖，1955年3月21日，国务院批准，划归江苏省淮阴专员公署管辖。中华人民共和国成立初期，各县政府设置的财政机构名称并不完全统一，有的设置财经局，综理全县财政、金融、粮食；有的设财审科、财政（务）科统一负责全县财政工作；还有的将粮食、税务单设粮食局、税务局或财粮科、农税科等机构。其时，乡（镇）级政府尚未正式设立财政管理机构，沿袭解放区的建制，仅设财粮助理员1名。

1951年12月，根据中央人民政府关于调整机构，紧缩编制的决定，县政府财政机构进行调整，撤销、精简、合并相关机构，设置财政（粮）科。1952年初，县财政内设机构有财监股、农税股、会计股、公产股、契税股、册籍室等。财粮科编制，根据各县具体情况确定。财粮科行政编制一般都在10人左右；事业编制15人左右，比较大的县20人左右。县政府下设区公所和乡公所。区公所设财粮助理1人，副助理或会计1人，经费会计1人；乡公所设财粮助理1人。

1954—1955年，各县先后将财粮科更名为财政科，但各县财政机构名称并不统一。

1957年，撤区建乡，县级财政科与税务局、保险公司合并，改建县人民委员会财政局。内设人秘股、预算股、税收股、企业股、农业财务股、公产股、保险股等机构。同年试办乡镇财政机构。

1958年，各县乡镇改建人民公社，县政府进行机构调整。有的县将财政局更名为财供部财务科，但时隔不久便恢复原名称。是年，根据中共中央、国务院《关于改进农村财政贸易的决定》，乡级财务统一由公社财务室管理。

1961年，县级财政内设机构将税收、保险两股划出，成立税务局，保险划归人民银行管理。财政局内设人秘、预算、企业、农财、公产等股，有的县还设置人民公社财务股。1962年，增设监察股。同时，根据上级统一部署缩减编制，公社财政机构撤销，配财粮助理1人。1965年，财政监察股撤销。

1967年，有关县财政局改称财政组，统归县人民武装部生产办公室管理（即实行军管）。1968年，各县成立革命委员会（即“文化大革命”期间县最高领导组织），财政、税务合并，成立财税革命领导小组，为县革命委员会下属机构。1969年，县革委会机构调整，县革委会下设“四大组”（有的县还设九大站），财政、税务、银行等单位合并成立财贸（金）组，属“生产指挥组”领导。

1973年下半年，各县陆续撤销财贸（金）组，人民银行与财政分开办公，重新组建财政机构，恢复财政局（科）。内设人秘（政工）、预算财务、企业财务、农业财务、税务等股（有的县称“组”）。直至1975年县级财政机构设置才相对稳定。

1976年，县财政局增设基建拨款股，负责办理基本建设拨款业务，管理施工企业财务，同时办理有关单位的小技贷款和外贸贷款业务。1979年，基建拨款股划出，成立县建设银行办事处。

1980年，县财政局复设财政监察股。

1981年，撤销县革命委员会，恢复县人民政府，财政机构改称县政府财政局。是年，各县成立国库券推销委员会，同时设立国库券认购办公室，隶属财政局领导。与此同时，为促进公社各项事业发展，加强乡镇财务力量，是年，江苏省财政厅发出通知，各地（市）采取公开招考的形式，组织统一考试。按规定条件和分配的名额，以县为单位就地录用乡镇财政干部。1982年，各县乡（镇）先后都建立了财政管理所。1983年10月，中共中央、国务院发出的《关于政、社分开，建立乡政府的通知》指出：“随着乡镇府的成立，应当建立乡一级财政和相应的预决算制度，明确收入来源和开支范围。”根据这一指示，各县乡（镇）财政管理所，更名为乡镇财政所，形成乡、镇一级财政机构。

1983年底，各县财政内设的税收、监察股连同人员编制一并划出，分别成立县税务局和县审计局。1986年，县财政局重新设立财监股。与此同时，增设行政事业财务股、预算外资金管理股，后改为综合财政股。

1987年，各县组建财经干校，作为培训财政干部和会计人员的基地。同年，各县还组建中华函授学校县函授站，均隶属财政局领导。

1988年，县财政企业财务股分设为工交企业财务股、商贸企业财务股。是年，为完善乡、镇财政体制，先在部分乡、镇施行乡、镇财政金库试点。次年，各县乡、镇级金库基本建立。

1989年，各县成立控制社会集团购买力办公室，为全民事业单位，隶属县财政局领导。

1990年，全市各县先后成立国债服务部，全民事业单位，国债业务由县财政局管理。

1991年，各县先后成立会计师事务所、财政信用资金管理所，均为全民事业单位。信用资金管理所主要职能是筹集、管理和监督使用各县工农业发展基金、各类小技项目资金等。

1992年，各县先后增设国有资产管理股，成立财政综合服务部、信托投资公司等机构。国有资产管理股，1995年更名为县国有资产管理局（二级局，副科），归口财政管理，下设产权股、评估股。财政综合服务部和信托投资公司，均为企业性质，实行独立核算，自负盈亏。有的县后来改为综合经营公司和县投资公司。1997年，按照财政部《关于各级财政机关与所办的经济实体脱钩的规定》，“财政机关举办的未经人民银行批准，从事重要性金融业务公司，应一律撤销”的规定，综合经营公司与县财政脱钩，撤销县投资公司。

1996年8月，地级宿迁市成立后，设置宿城区和宿豫县，分别成立宿城区财政局和宿豫县财政局。2004年3月，区划调整撤县改区，宿豫县财政局更名为宿豫区财政局。

1998年11月，市政府批准成立宿迁市经济开发区管委会，设置财政审计局，内设财务核算等6个机构。2012年4月，财审分开，成立市直经济开发区财政局，单独明确财政体制，独立编制财政预决算，业务受市财政局指导。随着市直经济开发区规模扩大，2013年1月，宿迁经济开发区升级为国家级开发区，宿迁经济开发区财政局更名为宿迁经济技术开发区财政局。同年11月，撤销综合处、行政事业处（农业基层处），新增办公室、总部经济办公室、企业处、行政事业处、经济建设处、税政处等处室。2014年2月，撤销总部经济办公室、经济建设处、税政处，新增农业经建处、国资管理处、金融管理处。此后，于2016年5月撤销办公室，新增综合处（办公室）。2017年8月，增加债务处。截至2020年，宿迁经济技术开发区财政局内设机构共9个。

1999年，各县先后成立县政府采购中心、会计管理中心。是年，撤销税务、财务、物价大检查办公室，成立县级财政稽查大队（或办公室）。上述机构均为股级单位，由县财政负责管理。

2003年以后，宿迁市政府分别批准成立以下几个经济开发区管委会。是年9月成立湖滨新城区，名称为骆马湖示范园，当时园区未设置财政机构。2006年改为湖滨新城开发区后，成立财审局，内设三个科，2014年财审分开，由此更名为宿迁市湖滨新区财政局。2015年之后，先设立综合、预算等8个科。2006年，市政府批准成立苏宿工业园区，全称为苏州宿迁工业园区管理委员会，由苏州市与宿迁市共建的开发区，并设置成立苏宿工业园区财政局，先后设立预算处、项目资金管理处、国库处、国资监管处等机构。2010年，市政府决定成立宿迁市软件与服务外包产业园管理委员会，随之成立软件园财政局，2018年合并到湖滨新城区财政局。2011年，市政府批准成立洋河新城区，即宿迁市洋河新城管理委员会，设置成立洋河新城区财审局。财审局内设三个科和一个中心。2013年，设立财政局，内设办公室、综合科、预算科、经建科、会计核算中心、金融办6个机构。

各县区财政机构的变化，随着社会经济的发展，政府机构改革的深入，为适应预算管理的需要，县区财政内设机构进行必要的调整。自2011年之后，财政部为统一预算管理，从财政预算管理制度上取消预算外资金收支科目。由此，各县区财政将原来的预算外资金管理办公室（局）更名为非税收入办公室（服务结算中心）。2013年之后，各县区财政局还先后增设政府投资评审中心、国有资产管理中心、金融服务中心、政府债务与基金管理中心（科）、基层财政管理科（服务中心）、财政监督科（绩效评价、管理科）等。虽然机构名称在变更和增设时并不统一，但管理职能大同小异。

1949—2020 年宿迁县（市）、宿豫区财政机构历任领导成员一览表

表 7

机构名称	姓　名	职　务	任职时间（年、月）	备　注
宿迁县财务科	荣根焕	科　长	1949.1—1949.7	1948 年 7 月，宿迁全境解放，称宿迁县政府，中华人民共和国成立后称宿迁县人民政府（以下财政机构名称栏统一冠宿迁县，各县亦称 XX 县财政机构，不另注）。基于宿迁县在中华人民共和国成立以后县级机构历经多次区划调整，机构名称多变，在备注栏另外说明
	张广才	副科长	1949.1—1949.7	
宿迁县财政局	荣根焕	局　长	1949.7—1950.6	
	孙培廉	副局长	1949.7—1950.6	
	张广才	副局长	1949.7—1950.6	
宿迁县财政科	张果果	科　长	1950.6—1952.7	
	张广才	副科长	1950.6—1952.7	
宿迁县农税科	张苗苗	科　长	1950.6—1952.7	
	叶以翱	副科长	1950.6—1952.7	
	卜树勋	副科长	1950.6—1952.7	

续表 7

机构名称	姓　名	职　务	任职时间(年、月)	备　注
宿迁县财粮科	吴介夫	科　长	1952.7—1954.10	
	张广才	副科长	1952.7—1954.10	
	张少西	副科长	1952.7—1954.10	
宿迁县财政科	吴介夫	科　长	1954.10—1957.10	
	张广才	副科长	1954.10—1957.2	
	张少西	副科长	1954.10—1957.10	
	周　凯	副科长	1954.10—1957.10	
	徐海秋	副科长	1954.10—1957.10	
	沈海同	科　长	1957.5—1957.10	
宿迁县财政局	吴介夫	局　长	1957.10—1958.11	1. 1956 年县人民政府改为县人民委员会至 1967 年 4 月止。财政机构名称为宿迁县人民委员会财政局 2. 此两栏财政机构名称变化，经查阅《宿迁市志》(县级)记载："1967 年 4 月，中国人民解放军军事管制委员会取代宿迁县人民委员会。1968 年 8 月 30 日，撤销县军管会，成立宿迁县革命委员会。"因此，财政机构名称随之变化
	杨秉安	副局长	1957.10—1958.11	
	沈海同	副局长	1957.10—1959.4	
	季亚东	副局长	1959.4—1961.5	
	丁玉贞	副局长	1959.6—1961.5	
	沈海同	局　长	1959.4—1967.4	
	季亚东	副局长	1961.5—1967.4	
	丁玉贞	副局长	1961.5—1967.4	
	杨　健	副局长	1964.11—1965.12	
宿迁县革命委员会财政科	季亚东	科　长	1970.2—1976.10	
	王少云	副科长	1971.3—1976.4	
	胡庆侠	副科长	1970.2—1976.10	
	王元奎	副科长	1976.8—1976.10	
宿迁县革命委员会财政局	季亚东	局　长	1976.10—1984.4	1976 年 10 月，"文化大革命"结束，财政机构改科为局。1981 年 5 月，撤销县革委会，恢复宿迁县人民政府，财政机构改县财政局
	王元奎	副局长	1976.10—1979.4	
	胡庆侠	副局长	1976.10—1983.9	
	朱锦英	副局长	1981.12—1984.4	

续表 7

机构名称	姓　名	职　务	任职时间(年、月)	备　注
宿迁县（市）财政局	徐有才	局　长	1984.4—1991.9	1987年12月15日，国务院批准宿迁县人民政府改称宿迁市人民政府（县级），财政机构名称随之更改
	朱锦英	副局长	1984.4—1991.9	
	董必刚	副局长	1984.4—1991.9	
	张长君	副局长	1989.6—1991.9	
	陈斯宏	副局长	1987.1—1991.9	
宿迁市（县级）财政局	唐献习	局　长	1991.9—1997.2	
	马德龙	党总支书记	1988.5—1994.2	
	潘典谋	党总支书记	1994.2—1997.2	
	朱锦英	副局长	1991.9—1992.4	
	董必刚	副局长	1991.9—1994.2	
	陈斯宏	副局长	1991.9—1996.12	
	张长君	副局长	1991.9—1997.2	
	程志彬	副局长	1990.12—1997.2	
	刘虎堂	副局长	1994.9—1996.9	
宿豫县财政局	张长君	局　长	1997.2—2003.12	1996年宿迁地级市成立，原宿迁市（县级）改为宿豫县，成立县财政局
	王克宇	党总支书记	1997.10—2003.8	
	徐雨兰	副局长	1997.1—2003.12	
	杨家强	副局长	1998.4—2001.12	
	张怀礼	局长助理、副局长	1997.8—2001.12	
	张先军	局长助理、副局长	1997.8—2003.12	

续表 7

机构名称	姓　名	职　务	任职时间(年、月)	备　注
宿豫区财政局	叶　锋	局　长	2003.12—2008.2	2004年3月，区划调整撤县改区，宿豫县财政局改为宿豫区财政局
	徐雨兰	副局长	2003.12—2005.3	
	张先军	副局长	2003.12—2008.2	
	潘宏江	纪检组长、副局长	2003.6—2008.2	
	康建平	副局长	2003.12—2008.2	
	王　坤	局长助理、副局长	2005.5—2008.2	
	姚玉章	局长助理、副局长	2005.12—2008.4	
	杨　宁	基层财政局局长	2007.2—2008.2	
	力芝玲	纪检组长	2007.2—2008.2	
	张志刚	局长助理	2007.2—2008.2	
	潘宏江	局　长	2008.2—2009.8	
	王　坤	副局长	2008.2—2009.8	
	任　飞	副局长	2008.5—2009.8	
	康建平	副局长	2008.2—2008.9	
	杨　宁	副局长	2008.2—2008.12	
	张志刚	局长助理、副局长	2008.2—2009.8	
	力芝玲	纪检组长	2008.2—2009.8	
	张先军	局　长、党组书记	2009.8—2015.5	
	张志刚	副局长、党组成员	2009.8—2011.8	
	力芝玲	纪检组长	2009.8—2010.6	
	任　飞	副局长	2009.8—2009.12	
	杨　宁	副局长	2009.8—2011.8	
	周业齐	纪检组长	2010.6—2011.12	
	王辉东	副局长	2010.5—2011.12	
	张秀梅	副局长	2011.8—2011.12	
	唐宏伟	党组成员	2010.7—2011.12	
	王辉东	党组成员、副局长	2010.05—2014.08	
	张秀梅	副局长	2011.07—2013.10	

续表 7

机构名称	姓 名	职 务	任职时间（年、月）	备 注
宿豫区财政局	张 军	党组成员、区国资办副主任	2010.10—2011.8	
	周业齐	党组成员、副局长	2012.07—2021.03	
	吴建民	党组成员、副局长	2012.07—2017.10	
	赵城勇	先后任党组副书记、党组书记、局长	2014.11—2019.08	
	唐晓虎	党组成员、纪检组长	2014.11—	
	顾东明	党组成员	2014.08—2019.02	
	陆敬良	党组成员	2015.01—2016.05	
	张春雷	党组成员、副局长	2016.05—2021.03	
	戚法伟	党组成员、国资办主任、主任科员	2016.11—	
	仲 熠	党组副书记、非税收入管理局局长	2017.10—2019.01	
	唐宏伟	党组副书记、金融办主任	2017.10—2019.02	
	张 辉	党组副书记、副局长	2017.10—2019.01	
	赵 铁	党组书记、局长，国资办主任，金融办主任	2019.08—	
	郭 健	党组成员、金融办副主任	2019.02—	
	刘宏娟	党组成员、副局长	2019.05—	
	张 龙	党组成员纪检组组长	2019.05—	
	戴 浩	党组成员、非税收入服务中心主任	2019.05—	

1949—2020 年宿迁市宿城区、新城、园区财政机构历任领导成员一览表

表 8

机构名称	姓　名	职　务	任职时间（年、月）	备　注
宿城区财政局	刘虎堂	局　长	1996.12—2004.1	1996 年区划调整成立地级宿迁市后，组建宿城区，设置财政机构
	陈斯宏	副局长	1996.12—2004.1	
	张承忠	副局长	2000.5—2005.1	
	黄国勇	总支部书记	2000.5—2001.7	
	江　畅	副局长	2002.11—2004.1	
	朱振方	副局长	2000.3—2003.12	
	朱振方	局　长	2004.1—2011.1	
	王加斌	副局长	2004.1—2011.1	
	江　畅	副局长	2004.1—2016.7	
	张威亭	农税局局长	2004.1—2016.9	
	郝传江	副局长	2004.10—2011.1	
	葛军梅	副局长	2009.6—2011.1	
	王孝龙	基层财政局局长	2010.8—2011.1	
	施　勇	局　长	2011.1—2011.12	
	王加斌	副局长	2011.1—2011.12	
	郝传江	副局长	2011.1—2011.12	
	葛军梅	副局长	2011.1—2011.12	
	王孝龙	基层财政局局长	2011.1—2011.12	
	施　勇	局长，金融办主任	2011.09—2015.11	
	杨　虎	局长，金融办主任、国资办主任	2015.12—2021.1	
	曹翠兰	党组成员、主任科员	2013.08—	
	陆拥军	党组成员	2013.11—2015.6	
	孙伟生	党组成员、副局长	2013.11—	
	王加斌	党组成员、副局长	2004.01—2013.12	
	佘少微	党组成员、副局长	2017.3—	
	葛军梅	党组成员、副局长	2009.06—2016.11	
	郝传江	党组成员、副局长	2006.03—2017.06	
	牛宇龙	党组成员、纪检书记	2017.8—	
	熊化兵	党组成员、基层局局长	2017.8—	

续表 8

机构名称	姓　名	职　务	任职时间(年、月)	备　注
宿迁市经济开发区财政局	苗其彬	局　长	2003.3—2004.2	市属经济开发区及湖滨新城开发区等，按成立时间先后顺序排列
	李仁国	副局长	2003.3—2011.12	
	杨锦安	副局长	2005.8—2011.6	
	胡培培	副局长	2007.9—2011.12	
	范嘉斌	局　长	2011.9—2018.7	
	谢友亮	局　长	2018.7—	
	张新和	副局长	2013.5—	
	许朝明	副局长	2013.2—	
	李仁国	副局长	2005.6—	
	赵里前	副局长	2015.4—	
	曹　媛	副局长	2014.4—2019.12	
	徐　鑫	副局长	2016.3—2019.10	
	吴淑玲	副局长	2013—2014.1	
	胡培培	副局长	2003—2014.1	
	段淑芬	副局长	2016.5—	
	巩　振	副局长	2019.12—	
	赵翠玲	副局长	2016.5—	
宿迁市湖滨新城开发区财审局	吴　莹	局　长	2006.4—2010.8	
	牛志峰	副局长	2007.12—2011.12	
	许昌良	局　长	2010.9—2013.4	
	牛志锋	副局长	2007.12—2013.1	
		副局长（正科级）	2013.1—2013.4	
	邵书虎	副局长	2013.1—2013.4	
宿迁市湖滨新城财政局	姜　波	局　长	2013.4—2016.5	
	牛志锋	副局长、金融办主任（正科级）	2013.4—2016.5	
	邵书虎	副局长	2013.4—2015.8	
		主任科员	2015.8—2016.5	
	刘庆军	局　长	2017.4—2020.12	
	牛志锋	副局长、金融办主任（正科级）	2016.5—2017.11	
	邵书虎	主任科员	2016.5—	
	王　耀	副局长、金融办主任	2017.11—2020.6	
	王海涛	金融办副主任	2019.2—	
	徐琳琼	主任科员	2020.6—	

续表 8

机构名称	姓　名	职　务	任职时间（年、月）	备　注
苏州宿迁工业园区财政局	李洪秋	局　长	2006.12—2010.5	
	吴　颖	副局长（主持工作）	2010.6—2013.2	
	陶　洁	副局长（主持工作）	2013.2—2016.6	
	高　扬	苏州宿迁工业园区管委会副主任兼财政局局长	2016.6—2019.8	
	陈敏宏	副局长（主持工作）	2019.8—	
	张保桐	副局长	2017.1—	
	魏永红	副局长	2020.7—	
宿迁市软件与服务外包产业园财审局	严　浩	局　长	2006.12—2010.5	
	乔　铄	科　员	2010.6—2011.12	
宿迁市洋河新城财审局	李德敏	局　长	2011.8—2013.12	
	贺恒军	副局长	2011.8—2013.12	
洋河新区财政局	李德敏	局　长	2013.12—2017.2	
	贺恒军	副局长	2013.12—2017.2	
	张海军	副局长	2015.11.2017.2	
	贺恒军	局　长	2017.2—	
	张海军	副局长	2017.2—	
	周　勇	副局长（挂职）	2017.2—2020.12	
	王兴华	副局长	2019.2—	
	苏柯文	副局长	2019.2—	

1949—2020年宿迁市沭阳县财政机构历任领导成员一览表

表9

机构名称	姓 名	职 务	任职时间（年、月）	备 注
沭阳县财政（务）科	陈士佐	科 长	1949.12—1950.8	1949年底成立财政科，1950年3月改称财务科
	赵环洲	副科长	1949.12—1950.12	
	赵慧元	副科长	1950.3—1950.12	
沭阳县财粮科	李泽民	科 长	1952.5—1954.7	
	赵环洲	副科长	1952.12—1953.7	
	赵慧元	副科长	1952.12—1954.7	
	陈焕秀	副科长	1953.9—1955.8	
沭阳县财政科	张勤轩	科 长	1954.7—1954.10	1954年5月由财粮科改称财政科
	赵慧元	副科长	1954.7—1955.1	
	徐伯符	副科长	1954.7—1957.3	
	汪兆仁	副科长	1954.10—1957.3	
	秦振旭	副科长	1954.10—1957.3	
	洪 剑	副科长	1955.4—1956.7	
沭阳县财政局	范子美	局 长	1957.3—1961.7	1957年3月，县财政科与税务局合并成立县财政局。1962年，将财政局内设税务稽征股划出重建税务局
	徐伯符	副局长	1957.3—1960.5	
	王天一	副局长	1957.3—1960.3	
	秦正旭	副局长	1959.9—1961.7	
	汪兆仁	副局长	1957.3—1961.1	
	秦正旭	局 长	1961.7—1966.5	
	陶其良	副局长	1961.1—1966.10	
	马云宗	副局长	1961.1—1966.3	
沭阳县财政组	徐礼斋	副组长	1966.10—1968.7	1966年下半年开始，“文化大革命”之后，县成立军事管制委员会，财政组属军管会领导 1968年5月，撤销军管会，成立县革命委员会，实行“三结合”。沭阳县财税合并成立财税革命领导小组，由陶其良、马云宗、单顺发、马润泽、周纯法、钱汉彦、张志荣7人组成，成立财经组
	陶其良	副组长	1966.10—1968.7	
沭阳县革命委员会财经组	徐礼斋	副组长	1968.7—1969.12	
	马云宗	副组长	1968.7—1969.12	
	陶其良	副组长	1968.7—1969.12	
	苗建新	主 任	1969.12—1973.4	
	谢兆良	副主任	1969.12—1973.4	
	陶其良	副主任	1969.12—1973.4	

续表 9

机构名称	姓　名	职　务	任职时间（年、月）	备　注
沭阳县革命委员会	徐礼斋	副主任	1972.3—1973.4	1969 年 12 月，县革委会机构调整，成立财政金融服务站，由财、税、人民银行合并建立财贸组，属县生产指挥组领导 1973 年，撤销财政金融站，财政与人民银行分开办公，成立县财政局
	范子美	副主任	1972.3—1973.4	
沭阳县革命委员会财政局	苗建新	局　长	1973.4—1976.3	
	钱汉彦	副局长	1973.12—1976.12	
	徐礼斋	副局长	1973.4—1976.3	
	汤良壁	副局长	1973.10—1976.3	
	徐礼斋	局　长	1973.6—1981.3	
	汤良壁	副局长	1973.6—1981.3	
	姬玉仁	副局长	1976.11—1981.3	
	马润泽	副局长	1978.9—1981.3	
	仲维元	副局长	1978.12—1981.3	
	张玉楼	副局长	1979.9—1981.3	
沭阳县财政局	姬玉仁	局　长	1981.3—1984.4	1981 年，撤销县革命委员会，恢复县人民政府，成立县财政局
	马润泽	副局长	1981.3—1984.4	
	张玉楼	副局长	1981.3—1984.4	
	周业春	副局长	1982.1—1984.4	
	杨云田	副局长	1982.1—1984.4	
	邱守让	副局长	1982.4—1984.4	
	周守国	副局长	1982.4—1984.4	
	刘兰荣	局　长	1984.4—1992.4	
	周业春	副局长	1984.4—1992.4	
	蒋　福	副局长	1986.3—1987.4	
	杨云田	副局长	1984.4—1992.4	
	刘德生	副局长	1989.5—1993.4	
	周业春	局　长	1992.4—1994.11	
	刘家春	副局长	1993.4—1996.1	
	陈　震	副局长	1992.4—1994.11	
	房成科	副局长	1993.4—1994.11	
	马玉山	副局长	1993.4—1994.11	
	胡　军	副局长	1994.4—1994.11	

续表 9

机构名称	姓　名	职　务	任职时间（年、月）	备　注
沭阳县财政局	仲　松	副书记	1994.6—1994.11	
	陈　震	局　长	1994.11—1996.1	
	周业春	党组书记	1994.11—1995.1	
	房成科	副局长	1994.11—1996.1	
	胡　军	副局长	1994.11—1997.12	
	房成科	局　长	1996.1—2000.5	
	宋爱民	副书记	1997.3—2001.5	
	刘永根	副局长	1998.1—2000.5	
	季书文	副局长	1998.12—2000.5	
	王　京	副局长	1999.8—2000.5	
	何建国	纪检组长	1999.6—2000.5	
	张　林	局　长	2000.5—2002.12	
	刘永根	副局长	2000.5—2003.1	
	季书文	副局长	2000.5—2003.1	
	王　京	副局长	2000.5—2003.1	
	何建国	纪检组长	2000.5—2003.1	
	刘永根	局　长	2003.1—2004.12	
	季书文	副局长	2003.1—2004.8	
	王　京	副局长	2003.1—2005.1	
	陈　宏	副局长	2004.3—2005.1	
	何建国	纪检组长	2003.1—2005.1	
	潘玉兰	副书记	2004.1—2005.6	
	张　彬	局　长	2004.12—2007.11	
	蒋廷明	副局长、党组书记	2005.1—2010.5	
	王　京	副局长	2005.1—2007.11	
	陈　宏	副局长	2005.1—2007.11	
	何建国	纪检组长	2005.1—2007.12	
	徐永涛	副局长	2005.8—2007.11	
	解右铭	副局长	2006.6—2007.11	
	刘　明	局　长	2007.11—2011.1	
	刘永根	党组书记、副局长	2010.5—2011.1	
	王　京	副局长	2007.11—2011.1	
	陈　宏	副局长	2007.11—2010.5	

续表 9

机构名称	姓　名	职　务	任职时间（年、月）	备　注
沭阳县财政局	徐永涛	副局长	2007.11—2011.1	
	解右铭	副局长	2007.11—2010.5	
	葛高东	副局长	2010.5—2011.1	
	葛恒平	副局长、纪检组长	2007.2—2011.1	
	汤　政	党组成员	2009.1—2011.1	
	蒋　洁	纪检组长	2010.5—2011.1	
	刘永根	局长、党组书记	2011.1—2011.12	
	王　京	副局长	2011.1—2011.12	
	徐永涛	副局长	2011.1—2011.12	
	葛高东	副局长	2011.1—2011.12	
	葛恒平	副局长	2011.1—2011.12	
	汤　政	党组成员	2011.1—2011.12	
	蒋　洁	纪检组长	2011.1—2011.12	
	张艳阳	总经济师、党组成员	2011.7—2015.3	
	殷正光	党组成员	2011.1—2011.12	
	王秀英	党组成员	2012.5—2015.11	
		党组成员、副局长（挂职）	2018.2—2018.12	
	刘永根	党组书记	2011.1—2012.3	
		党组书记、局长	2012.3—2013.12	
	周　沛	党组书记、局长	2014.1—2017.7	
	尤红梅	党组成员、纪检组长	2015.11—2017.12	
	刘　浩	党组副书记、副局长	2011.7—2014.12	
	蒋　洁	党组成员、纪检组长	2010.4—2015.11	
	殷正光	党组成员	2011.7—2014.12	
	葛高东	党组成员、副局长	2010.—2012.12	
	葛恒平	党组成员、纪检组长	2007.3—2010.4	
		党组成员、副局长	2010.4—2012.12	
	吴连珠	党组书记	2012.3—2013.3	
		国有资产管理中心负责人	2012.3—2019.6	
		党组成员、四级调研员	2019.6—	
	汤　政	党组成员、工会主席	2008.10—	
	刘　明	党组成员	2019.5—2021.5	

续表 9

机构名称	姓　名	职　务	任职时间（年、月）	备　注
沭阳县财政局	刘晓玲	国资办党委委员	2020.1—	
	徐永涛	党组成员、副局长	2005.8—2015.11	
	张艳阳	党组成员、副局长	2015.3—2017.10	
		党组书记、局长	2017.10—	
		国资办党委书记、主任	2019.5—	
	邓建东	党组副书记、副局长	2020.1—	
	唐传标	党组成员、副局长	2015.11—2019.6	
		党组成员、二级主任科员	2019.6—	
	张晓阳	党组成员、副局长	2019.8—	
	张　江	党组成员、乡镇财政管理局局长	2015.11—2017.7	
		党组成员、副局长	2017.7—2021.7	
	范乐涛	党组成员、四级调研员，国资办党委副书记、专职副主任	2020.1—	

1949—2020 年宿迁市泗洪县财政机构历任领导成员一览表

表 10

机构名称	姓　名	职　务	任职时间（年、月）	备　注
泗洪县财审科	许润民	副科长、科长	1949.4—1951.12	1949 年 4 月 29 日，批准成立泗洪县人民政府，设财审科，配员只有 4 人。1951 年 12 月，改称财政科，1953 年 2 月 5 日，又改称财粮科，1954 年又改称财政科
泗洪县财政科	许润民	科　长	1951.12—1956.10	
	彭尔连	副科长	1952.8—1956.10	
	孙福昌	副科长	1952.11—1956.10	
	彭尔连	副科长（主持工作）	1956.10—1958.8	
	孙福昌	副科长	1956.10—1958.8	
	徐春堂	副科长	1956.12—1957.10	
泗洪县财政局	孙洪康	局　长	1958.8—1961.12	1. 1958 年 3 月，财政科与税务局合并，成立县财政局
	孙福昌	副局长	1958.8—1962.6	
	周艺化	局　长	1962.6—1962.12	2. 1961 年 12 月至 1962

续表 10

机构名称	姓　名	职　务	任职时间（年、月）	备　注
泗洪县财政局	孙福昌	副局长	1962.6—1962.12	年6月曾由孙福昌主持工作
	朱子厚	局　长	1962.12—1966.5	
	孙福昌	副局长	1962.12—1966.5	3. 自1966年5月之后，1967年实行军管，成立革命领导小组，组长徐士德，副组长王云甫
	朱楚清	副局长	1964.4—1966.5	
泗洪县（革委会）财政局	朱怀信	局　长	1966.5—1970.3	1968年撤销军管会成立革委会，财政局革命领导小组为县革委下属机构
	孙福昌	副局长	1966.5—1970.3	
	朱楚清	副局长	1966.5—1970.3	
泗洪县革委会	田　超	科　长	1970.3—1973.10	1970年3月，财政、税务合并成立财务科，属县革委会生产指挥组领导 1973年改财政科为财政局
	朱楚清	副科长	1970.3—1973.10	
泗洪县革委会财政局	田　超	局　长	1973.10—1981.6	
	朱楚清	副局长	1973.10—1981.6	
	李亭云	副局长	1973.10—1979.11	
	王延寿	副局长	1973.10—1981.9	
	许柔勤	副局长	1978.2—1982.9	
	李志华	副局长	1979.10—1981.6	
	李　超	副局长	1980.10—1981.6	
	孔宪章	副局长	1980.11—1981.6	
泗洪县财政局	孔宪章	局　长	1981.6—1983.7	1. 1981年撤销县革命委员会，恢复县人民政府，财政机构改称县政府财政局
	朱楚清	副局长	1981.6—1982.10	
	许采勤	副局长	1981.6—1981.11	
	李志华	副局长	1981.6—1984.2	
	李　超	副局长	1981.6—1983.7	
	赵明清	局　长	1983.7—1989.12	
	李　超	副局长	1983.7—1983.8	
	颜振球	副局长	1984.2—1989.12	
	李明常	副局长	1984.9—1989.12	
	翟盖民	副局长	1988.1—1989.12	
	李志华	调研员	1984.2—1992.7	
	朱德乾	调研员	1984.2—1990.1	

续表 10

机构名称	姓　名	职　务	任职时间（年、月）	备　注
泗洪县财政局	芮明生	局　长	1989.12—1997.1	
	颜振球	副局长	1989.12—1997.1	
	李明常	副局长	1989.12—1993.3	
	翟益民	副局长	1989.12—1997.1	
	董吉成	副局长	1990.8—1997.1	
	赵明清	调研员	1989.12—1993.3	
	胥家成	工会主席	1991.12—1997.3	
	鄢化众	纪检组长	1992.9—1994.3	
	吴金武	副局长、纪检组长	1994.3—1998.2	
	杨福建	副书记	1995.1—1997.1	
	颜振球	副局长、党组书记	1997.1—1997.3	
	伏继东	副局长、党组书记	1997.4—1997.12	
	戈　亮	局长、党组书记	1998.1—1998.8	
	胡德祥	局长、党组书记	1998.9—1999.9	
	朱子康	局长、党组书记	1999.9—2003.8	
	颜振球	副局长	1997.3—1999.10	
	董吉成	副局长	1997.1—1999.12	
	翟益民	副局长	1997.1—2000.3	
	杨福建	副书记	1997.1—2002.3	
	高廷柱	副局长、纪检组长	1997.9—2002.2	
	涂家勇	副局长	1999.9—2003.8	
	曹翠林	工会主席	1997.3—2000.4	
	耿开亮	县长助理、局长、党组书记	2003.8—2006.2	
	丁桂光	副局长	2001.1—2007.8	
	陈　静	副局长	2003.1—2005.8	
	高　岩	副局长	2004.4—2006.2	
	丁家将	副局长	2003.6—2006.2	
	曹翠林	纪检组长	2000.4—2003.8	
	朱建中	工会主席	2000.4—2005.10	
	周　瑞	局长助理	2006.6—2006.8	
	马　莉	党组成员、农税局长	2006.7—2006.12	
	张望平	农税局长	2003.3—2006.7	

续表 10

机构名称	姓 名	职 务	任职时间（年、月）	备 注
泗洪县财政局	戴 芸	会计中心主任	2002.6—2005.6	2. 王修武在任金融办主任期间主持财政工作
	王信田	局长、党组书记	2006.2—2012.6	
	高 岩	副局长	2006.2—2011.8	
	丁家将	副局长	2006.2—2011.12	
	陈晓婷	副局长	2010.10—2011.12	
	蒋海涛	副局长	2007.2—2011.12	
	周 瑞	副局长	2008.8—2011.12	
	黄 超	副局长	2010.10—2011.12	
	邸亚辉	副局长	2010.10—2011.12	
	江美芳	党组成员、纪检组长	2007.2—2011.12	
	马 莉	党组成员、基层局局长	2007.1—2011.12	
	王廷建	党组成员、稽查办主任	2009.9—2011.12	
	郭 亚	非税局局长	2006.7—2011.12	
	井宏岭	局长、副书记	2012.6—2014.5	
	马 勇	党组书记、局长	2014.5—2018.7	
	王修武	金融办主任	2018.7—2019.2	
		局 长	2019.2—	
	蒋海涛	党组书记	2014.5—2014.12	
	丁家将	党组成员、副局长	2005.6—2013.2	
	周 瑞	党组成员、副局长	2008.9—2014.1	
	黄 超	党组成员、副局长	2010.5—2013.1	
	朱 毅	党组成员、副局长	2012.6—2016.8	
	马 莉	党组成员、副局长	2012.6—2017.3	
	张望平	党组成员、副局长	2013.2—2018.2	
	郭 亚	党组成员、副局长	2013.2—2020.8	
	姜吾辉	党组成员、副局长	2017.3—2020.5	
	刘 波	党组成员、副局长	2019.6—	
	江美芳	党组成员	2008.2—2013.2	
	姚莉莉	党组成员	2012.6—2019.2	
	赵玉田	党组成员	2014.12—2021.2	
	徐 军	党组成员、国资办副主任	2019.5—	
	孙明松	党组成员	2020.7—	
	魏 磊	金融办副主任	2019.5—	

1949—2020 年宿迁市泗阳县财政机构历任领导成员一览表

表 11

机构名称	姓　名	职　务	任职时间（年、月）	备　注
泗阳县财务科（局）	顾　贞	副局长	1949.10—1950.6	1949 年 10 月，先设置财务科，11 月改为财务局。1950 年财务局改为财政科 1953 年 3 月改为财粮科，1954 年 11 月又改为财政科
	颜法廷	副局长	1949.10—1950.6	
泗阳县财政（粮）科	吴道生	科长（代）	1952.9—1957.10	
	顾　贞	副科长	1950.7—1953.3	
	周邦基	副科长	1952.9—1954.11	
泗阳县财政局（财供部财务科）	吴道生	局　长	1957.10—1960.7	1. 1957 年 10 月成立泗阳县人民委员会财政局 2. 1958 年 11 月，改为财供部财务科，1959 年 8 月恢复县财政局
	陈世喜	副局长	1957.10—1958.8	
	葛培忠	副局长、局长	1958.8—1961.3	
	孙培廉	局　长	1961.3—1962.6	
	葛培忠	副局长	1961.3—1962.6	
	吴道生	局　长	1962.6—1964.4	
	陈茂升	副局长	1962.6—1964.4	
泗阳县财政局	陈世喜	局　长	1964.4—1965.11	
	严登顺	局　长	1965.11—1966.6	
	陈茂生	副局长	1965.9—1966.5	
	张灯塔	副局长	1965.9—1966.5	
	陈世喜	局　长	1966.6—1968.3	
	张灯塔	副局长	1966.6—1968.3	
泗阳县革命委员会财政组（科）	张灯塔	组　长	1968.3—1970.8	1967 年 3 月，撤销泗阳县财政局，归泗阳县人民武装部生产办公室（属军管会）。1968 年 3 月，撤销军管会，成立泗阳县革命委员会，财政、税务、银行等单位合并成立财贸组，属县生产指挥组领导 1970 年改为财政科 1975 年 2 月，重建县财政局
	李蔚星	科　长	1970.9—1975.1	
	朱永祥	科　长	1972.8—1974.10	
	金　鑫	副科长	1973.2—1975.1	
泗阳县革委会财政局	李蔚星	局　长	1975.2—1981.9	
	史硕杭	副局长	1975.2—1978.11	
	陈世喜	副局长	1975.2—1976.10	
	葛培忠	副局长	1975.2—1976.10	
	徐贻谋	副局长	1975.2—1978.8	
	杨世汉	副局长	1979.4—1981.9	

续表 11

机构名称	姓　名	职　务	任职时间（年、月）	备　注
泗阳县财政局	李蔚星	局　长	1981.9—1984.2	1981 年撤销县革命委员会，恢复县人民政府，财政机构改称县人民政府财政局
	徐雅章	副局长	1981.9—1984.2	
	姚中元	副局长	1981.9—1983.9	
	杨世汉	副局长	1981.9—1983.9	
	郝增凯	副局长	1983.9—1984.2	
	薛家清	副局长	1983.9—1984.2	
	徐雅章	局　长	1984.2—1991.11	
	郝增凯	副局长	1984.2—1988.12	
	薛家涛	副局长	1984.2—1988.12	
	霍启富	副局长	1984.8—1992.1	
	刘须林	副局长	1986.3—1991.11	
	刘须林	局　长	1991.11—1997.2	
	王安业	副局长	1991.12—1997.6	
	刘友扬	副局长	1993.6—1997.2	
	张成亮	副局长	1994.11—1997.2	
	朱耀凯	局长助理	1996.1—1997.1	
	郝增凯	局长、党组书记	1997.2—2002.1	
	刘友扬	副局长	1997.2—2002.1	
	朱耀凯	副局长	1997.2—2002.1	
	张成亮	副局长	1997.2—2002.1	
	张明科	党组成员（副科级）	1998.9—2002.1	
	葛习和	局长、党组书记	2002.1—2011.12	
	刘友扬	副局长	2002.1—2011.12	
	张明科	副局长	2002.1—2011.12	
	张晓阳	副局长	2002.11—2007.12	
	董国宏	副局长	2005.7—2007.12	
	卜洪梅	副局长	2007.6—2011.12	
	胡耀军	副局长	2007.6—2011.12	
	李雪泉	副局长	2009.12—2011.12	
	朱仁邦	纪检组长	2007.2—2011.12	
	陆新启	基层财政局长（副科）	2010.7—2011.12	

续表 11

机构名称	姓　名	职　务	任职时间（年、月）	备　注
泗阳县财政局	周　娟	财政监督检查局长（副科）	2010.11—2011.12	
	郝增凯	主任科员	2002.1—2010.10	
	朱耀凯	副主任科员	2002.1—2010.10	
	张成亮	副主任科员	2002.1—2010.9	
	周　青	副主任科员	2002.1—2010.4	
	刘须伦	党组书记、局长	2011.03—2013.05	
		党组书记、局长，国资局局长	2013.05—2014.05	
	董国宏	党组副书记、副局长	2011.03—2014.05	
		党组书记、局长	2014.05—2019.02	
		党委书记、局长	2019.02—2019.05	
		党委书记、局长，国资办主任，金融办主任	2019.05—	
	朱仁邦	党组成员、纪检组长	2007.02—2013.05	
		党组成员、纪检组长，国资局副局长	2013.05—2014.01	
		党组成员、国资局副局长	2014.01—2019.05	
		党委委员、国资办副主任	2019.05—	
	卜洪梅	党组成员、副局长	2007.06—2019.02	
		党委委员、副局长	2019.02—	
	李雪泉	党组成员、副局长	2011.03—2017.12	
	宋爱忠	金融办副主任	2011.03—2012.04	
		党组成员、副局长	2012.04—2019.02	
		党委委员、副局长	2019.02—	
	陆新启	金融办副主任	2012.04—	
	郑习军	党组成员、纪检组长	2014.02—2017.09	
	徐春阳	金融办副主任，县会计核算中心主任	2014.02—2017.12	
	岁小芳	副局长	2017.12—	

续表 11

机构名称	姓　名	职　务	任职时间（年、月）	备　注
泗阳县财政局	何月光	党组成员、县政府性债务管理服务中心主任	2018.02—2019.02	
		党委委员、县政府性债务管理服务中心主任	2019.02—	
	王　凯	金融办副主任	2020.04—	
	刘志中	党委委员、副局长	2020.12—	
	胡耀军	党组成员、副局长	2014.05—2019.02	
		党委委员、副局长	2019.02—2020.09	

注：各县区财政机构历任领导成员名录资料来源，根据各县区财政报来的历史资料，参考《淮阴市财政志》（1978年以前）和《宿迁市财政年鉴》（1996年以后），整理而成。机构名称在中华人民共和国成立初期和“文化大革命”期间变化较多，均在备注栏予以说明；职务以行政职务为主，党内职务和非领导职务以各县区上报的资料录入名册；任职期间，记录到年、月，对连续任职，以机构名称变动为前提，划分时间段以示区别。

第二篇　财政收入

第一章 明清税赋收入

第一节 人丁赋

《沭阳县财政志》记述：明朝时期，沭阳县自景泰三年（1452）至天启四年（1624），户口记载最多是天顺六年（1462）17024户，最少是嘉靖元年（1522）5410户。崇祯八年（1635），征收减免人丁基数为39507丁，审丁银12402两2分。后至清顺治八年（1651），因水旱交侵，兵寇交战，杀掳逃亡等因素，较崇祯八年人丁减少24184人，仅存15323丁，缺额徭银4901两。

清顺治十一年（1654）奉旨清户，知县王国泰审增人丁1525人，共计16848丁，以崇祯八年人丁为基数，近缺逃亡人丁22659丁，按原额人丁缺徭银5847两2钱。同年，经总漕部院批复，将前项缺额徭银在地粮内摊派带征。补额又优免人丁501丁，免银500两4钱，后奉旨免人丁197丁。从上述资料看，明代赋税征收，按人丁基数征收为前提，从崇祯八年（1635）到顺治十一年（1654）这二十年时间里，征收基数未变，缺额徭银还要在地粮内摊派带征补额，不难想象，当时百姓赋税之重。

康熙八年（1669）奉旨，按实在人丁12976丁征徭银4461两7钱，又带征考试棚场银48两2钱。

康熙十二年（1673），知县张奇抱奉旨清审户口，审出新增幼丁2210丁，每丁起科数字不等，共增徭银616两6钱，减除故老残疾人丁6954丁，各科则不等，减银2575两；前两项审增抵补共减银1958两4钱，实在当差人丁8232丁，各科则不等，共征银2772两4钱入册上报。

康熙五十年（1711），核定计丁赋税人数为13313人，每丁赋税为：中上则二丁，每丁征银1两2钱，共征银2两4钱；中中则十八丁，每丁征银1两，计18两；中下则121丁，每丁征银8钱，计银96两8钱；下上则1526丁，每丁征银6钱，计银915

两6钱；下中则6369丁，每丁征银4钱，计银2547两6钱；下下则5287丁，每丁征银2钱，计银1057两4钱。合计计丁赋税人数13313人，应征银4637两8钱。另附征考试棚场银71两6钱。合计征银4709两4钱。

康熙五十一年（1712）清廷决定以康熙五十年（1711）的人丁数作为以后征收丁银的标准，以后新增人丁再不加征，叫做“盛世滋丁，永不加赋”。同时实行地丁合一，实行摊丁入亩，丁随田起。

雍正六年（1728）改为丁随田办，其逐年滋生人丁很快，乾隆四十年（1775）奉报实在男丁215965人；嘉庆九年（1804）《民数册》实在合全县人丁433873丁，内男丁227437；光绪二十五年（1899）《民数册》载，全县人丁596689丁；宣统元年（1909）报全县合计人丁650548丁。

泗洪县是1949年4月29日新建的县。清乾隆四十二年（1777）前，今泗洪区域属泗州直辖乡里；是年裁虹归泗，泗洪地区又隶属裁虹后的泗州；民国2年（1913）废除州府制后，泗洪地区又归属更名后的泗县；民主政权时期，1941年10月苏皖边区淮北行政专署，泗洪地区又分属泗南、泗宿、泗阳诸县。现仅凭《泗洪财政五十年》记录与今泗洪有关联的资料备考：

清雍正六年（1728），地丁为正赋，正赋之外，尚有各种带征，如“雀鼠耗”“火耗”，总称“耗羡”。据光绪十四年《泗虹合志》记载：泗州原额人丁三万四千二百十二丁，每丁征银三钱一分一厘一毫二丝一忽七沙，额征丁银一万六百四十三两七钱六分七毫（即预算数）。

从清顺治五年（1648）到康熙三十五年（1696），泗州外流八千三百八十丁，缺额丁于田地内带征，从顺治十四年（1657）到康熙五十年（1711），历次审增四千五百九十一丁，所欠丁银抵补外流，仍缺之银照旧从田内带征。康熙五十二年（1713）三月十八日，清廷颁诏续生人丁永不加赋。优免乡绅、贡生员本身一丁，共免三百三十二丁，实征三万九十丁，每丁征银三钱一分一厘一毫二丝一忽七沙，共征银九千三百六十一两六钱三分一厘一毫六微三纤（即实征数）。

清雍正六年（1728），奉旨丁随田办，是后丁银并入田亩摊征。自乾隆三十二年（1767）以后，泗州应征常额人丁三万九千丁，虹县应征常额人丁四千一百七十丁，至乾隆四十二年（1777）裁虹归泗，其泗虹两境人口合并，共十三万六千一百四十户，男女大小五十八万八千一百十二丁口。嘉庆、道光年间，经历盛衰，递有增减，册籍难以复实。光绪十二年（1886），合计泗虹编户六万五千八百九十三户，实在男丁十四万一千三百四十二丁，妇女十四万八千二百九十一口。

今泗阳县，光绪六年（1880），淮安府实征（白银）59198.87两。其中，桃源县

（今泗阳县，下同）2516.3两。逢闰年加银827.49两。其中，桃源县42.25两。道光九年（1829）桃源县科征地为1227549.01亩，男丁245048人，实课征银19605.165两，米3369.33石，其中附加占10%；荒租两地196416.44亩，实征租银293.22两，钱19202017文，此项收入不在《赋役全书》之内，列地方性财政收入。荒租两地均课税三项：折色银、摊丁银、遇闰月加征闰月银。

第二节　田赋

田赋，即中国历代政府以土地为对象课征的税。清代田赋征收办法，康熙、乾隆年间，为防止逃税，提出：欲清田额，法在清丈；欲清丁额，法在编审；欲求彻底查清田、丁数额，法在规定钱粮定数，以便征缴。一是实行田制。按土地所有权分为民田和官田两大类，民田是承担国家赋税的主要土地。二是实行户籍编审制。顺治五年（1648）定户口编审之法，分户籍为军、民、匠、灶四类，其中又分上、中、下三等。规定三年（后改为五）编审一次人丁，因丁口（口系指女人和不满16岁的男丁）系于户，故编审人丁。实际上就是核实户籍，查造户册。清雍正年间实行“摊丁入地”改革，进一步将丁银摊入地亩，丁银与田赋合并征收，田赋又称“地丁”或“地丁钱银”。鉴于历史跨度较长、历史上所存的资料很难搜集到系统、完整的数据。依据《淮阴市财政志》《泗洪财政五十年》《沭阳县财政志（初稿）》记载，涉及今宿迁市境内相关田赋收入，清代部分情况，摘录如下：

《淮阴市财政志》记载，清顺治元年（1644），桃源县征米麦实物赋3329.37石，白银17803.01两。

康熙二十六年（1687），桃源县本色米麦3329.37石，白银17803.01两。

雍正六年（1728）。桃源县征米麦3329.37石，白银17803.01两。

乾隆二十六年（1761），桃源县征米麦3329.37石，白银17803.01两。

道光九年（1829），桃源县米麦3329.37石，白银17803.01两。

同治十一年（1872），桃源县米麦3329.37石，白银17803.01两。

史料显示：从清顺治元年（1644）至同治十一年（1872），在这漫长的二百多年间，不论“丰”年、“欠”年或“灾”年，清王朝对桃源县田赋的征收一成不变。

《泗虹合志》记载，泗州原额田地6472顷34亩7分4厘8毫，到乾隆四十二年裁虹归泗时，泗州纳赋田地共2378顷3亩2分9厘，共征丁漕银19941两2钱8分6

厘。到乾隆四十四年（1779），豁除坍没田地18顷58亩4分6厘，计摊豁银155两8钱3分1厘。见在成熟田地2359顷44亩8分，每熟田一亩，科征折色摊丁带闰并漕项匠班等银8分3厘，共实征银19785两4钱4分9厘，再加上黄块摊丁协济银、升科麦折银、凤仓麦折银，不在丁田项下更名麦折银，共实征银21131两5钱6分6厘。

《沭阳县财政志》记述：清初，沭阳县原额田地10628顷80亩8分，共征银8262两2钱3分7厘。本色米13024石7斗5升，本色麦6858石2斗5升1合5勺，本色米222石1斗3升8合1勺。

康熙二年（1663）田赋粮则：田地6587顷42亩。每亩科征折色起存银2分6厘5毫，共征粮17516两1钱，其中含每亩编钱1文5分9厘6毫，征钱1057319文，实征银16463两3钱；每亩科征本色物料时价钱1丝4忽，共征银9两7钱；每亩科本色起运正耗漕米1升2合1勺，共征米7916石2斗（内含正兑米426石9斗，耗米128石9升，改兑米5648石2斗，征米380石7斗），征银380两7钱。每亩科本色留存月粮米2勺2抄，共征米147石8斗；每亩科本色留存月粮麦6合7勺3抄，共征麦4565石4斗。

雍正三年（1725），实存土地13495顷45亩，计征折色银27630两9钱，本色米12913石6斗，本色麦3602石1斗，折色麦3176石3斗。

乾隆三年（1738）《赋役全书》记载：沭阳县实存田地13506顷18亩，全县人丁田地杂办总共额征本色米麦24413石2斗，除荒蠲缺实征银25877两8钱，又淮仓麦改折银1212两3钱，共征银27090两3钱，遇闰加征银44两2钱，除逃溺人丁实征银22两4分，其中：

本色，江安粮道衙门漕粮正交兑正耗并漕赠月粮，除荒实征米9233石4升，麦2750石9斗。

折色，江宁布政司衙门起存地丁并归并河工俸，除荒实征银20296两1钱遇闰加征银22两3分7厘，解司起运水脚除荒实征银11两2钱，江安粮道衙门随漕船料旱脚漕增各仓米麦折除荒实征银6686两8钱，支给各衙门客役俸工祭祀杂支专项除荒实征银812两2钱，其他征银4两9分2厘【乾隆十五年（1750）奉文归并地丁征解】。

本色起运，江安粮道衙门额征正兑除荒实征145石2斗，改兑米4429石6斗；另各年升科米实征1973石9斗，加25%耗米，除荒实征米1600石9斗，漕增米实征431石6斗。留存月粮中除荒实征米167石5斗，实征2750石9斗。

折色起解，江宁布政司衙门起运地丁并各年陞科及原协驿站改归充饷共银23068两8钱，除荒实征19351两5钱，其中存在留额内编兵饷除荒实征银2203两6钱。

乾隆三年《赋役全书》考订前，原续裁扣俸工杂支民月粮并协济代解桃源县漕道薪工及凤阳仓麦折充饷等项除荒实征银3138两9钱。奉旨裁减驿站银53两7钱。道共起存地丁正银除荒蠲减并额拨漕项归并俸工杂支外，实该解司银20296两1钱。乾隆七年至二十九年，新陞充饷除荒实征银4两2钱，河工额征桩埽等项并为解司银除荒实征594两4分。起运水脚银除荒实征银111两2钱。

江安粮道衙门船料旱脚银除荒实征银49两1钱，轻银6两2钱，芦苇银实征8两6钱，增征芦折银2两9钱，漕增银实征443两2钱额拨漕项银140两5钱。

扬州仓麦折银除荒实征银41两2钱，淮大等守卫运军月粮银实征1678两9钱，淮仓麦实折改征银1211两3钱，自船料旱脚起至船匠银等共实征6686两8钱。河工旧额、车盘、浅夫、桩埽、砖灰并拨补桃源河道粮草等款除荒实征银594两4分。留存支给官役俸工等项除荒实征银812两2钱。

乾隆四十年（1775）沭阳县仍实存田地13506顷18亩，其中：有熟地5758顷34亩2分，每亩科折色起存银2分5厘4毫4丝4忽9微，共征银14952两8分5厘；每亩摊征丁银6厘3毫5丝2微，共征银3657两2钱5分8厘；每亩摊征杂办银9丝7忽8微，共征银56两3钱1分9厘；每亩科本色米1升2合3勺4抄3撮，共征米7119石1升8合3勺；每亩科本色麦3合6勺8抄3撮，共征麦3121石6升3合6勺；每亩科淮色麦折银1厘6毫2丝3忽5微，共征银934两8钱9分4厘。

沙田、屯田、下则田4284顷69亩8分，每亩科充饷银2厘7毫9丝8忽9微，共征1037两2钱2厘；每亩摊征丁银4毫7丝7忽7微，共征银177两4分4厘；每亩摊征杂办银7忽3微，共征银2两7钱2分，另每亩增加全年上下忙征银3厘6毫。

新开垦田地60顷90亩3分，极洼减地改种苇地989顷89亩6分，上两项田地1050顷85亩，每亩科充饷银2厘8毫，共征294两2钱，外加上下忙征银3厘8丝。

洼地减征共867顷64亩4分4厘，每亩科征租银6厘1毫1丝，共征银530两3钱4分；每亩科征水脚银6丝1忽，共征银5两3钱3厘；上两项全年上下忙共征银6厘7毫。

次洼地2086顷93亩6分，每亩科征起存银2分1厘3毫6丝，共征银4420两7

钱；每亩摊征丁银4厘8丝5忽1微，共征银845两1钱；每亩摊征杂办银6丝2忽9微，共征银13两1分5厘；每亩科征淮仓麦折色银1厘2毫9丝8忽，共征银268两7钱2分；每亩科征本色9合8勺8抄，共征米2046石2斗8升；每亩科征本色麦2合9勺4抄，共征麦609石6斗6升7合；另征每亩全年上下忙共征银2分9厘4毫，每亩漕米1升2合8勺。

河滩租地449顷36亩，每亩科征正耗银2分2丝，共征银932两2钱，内有耗羡银84两7钱。

牧马草场地10顷56亩，每亩科征银1分9毫6丝，共征银11两2钱7分；每亩科征水脚银1毫7忽，共征银1钱1分；全年上下忙共科征银1分2厘1毫。

全年开征钱，县内印板告示名为新淤大粮，每亩全年上下忙共征银3分6厘8毫6丝9忽3微，每亩共征漕米1升6合。

以上各项地亩除牧马草场地不计外，共实有田地13506顷18亩，共征本色米9233石9升7合7勺，本色麦2750石9升3合3勺，征折色银21088两8钱2分，淮仓麦折银1212两5钱7厘，征丁银4704两8钱，征杂办银72两4钱，增牧马草场地银11两6钱。

自嘉庆十五年（1810）至道光九年（1829），实征田地13506顷18亩9分，所征本色米、本色麦、折色银、淮仓麦折银、丁银等同乾隆四十年。

据《沭阳县志》记载：道光九年（1829）征收田亩13506顷18亩，田赋各则分述如下。

熟地5758顷34亩，每亩科折色银2分5厘4毫4丝4忽，共征银14952两1钱。（耗银加一，下同）

亩摊征丁银6厘3毫5丝，共征银3657两2钱。遇闰加征银16两1钱。

每亩摊征杂办（工匠、户匠班人员生活费）银9丝7忽，其征银56两3钱1分9厘。

每亩科本色米1升2合3勺，共征米7119石1升8合3勺。

每亩科本色麦3合6勺，共征麦2121石6升2合6勺。

每亩科淮色麦折银1厘6毫2丝3忽，计征银934两8钱。

以上各项地亩除丈增牧马地不计外，共实征本色米9233石9升，本色麦2750石9斗，折色银21088两8钱，共征淮仓麦折银1212两5钱，共征丁银4704两8钱，杂办银72两4钱，新增牧马地征银11两6钱。

上述合计共征本色米麦11984石1合，地下麦折杂办等银27090两3钱。随正加一耗羡银2709两3分。

第三节　关税

清初，为防止反清势力的发展，实行闭关政策，康熙二十三年（1684）开放关口进行贸易。据《宿迁市志》（县级）记载：1689年，清廷在宿迁县城东新开辟的中运河两岸建“宿关”，设置宿桃（源）中河道判一员主持宿关，负责巡察河务和稽征过往船只关税。后作为分支机构由淮安榷关管辖，宿关原定额钞银7600两，税契银4224两，石价银820两。

雍正十二年（1734）、十三年（1735），在增加税收的规章下，淮关征银共计212810两，加上所辖的庙湾口1829两，宿迁关3500两，户部规定以此为每年定额。

嘉庆九年（1804），淮关又核定定额121000两，宿迁关7800两。

道光十一年（1831）淮关减去21000两，仍征100000两，加上海（州）、宿（迁）两关，共计110000两，上面的淮、宿、海三关总计征的正额银，加上盈余共征银364363两。

又据《沭阳县财政志》记述：沭阳古时设关只检查而不征税。清咸丰后，关之外有厘局，厘局之外，有巡卡，星罗棋布，商人苦之。清初，有关税而无厘税，自咸丰朝南京重陷，军饷支出较多，随开征厘捐以备接济。原案定于20年即裁撤，然而有设立之时而无裁撤之期，给商旅交易造成一大障碍。沭阳厘捐设立始于总局，址在钱家集，局长沈国翰以捐忙致命未及成立而逝去。继之张竹三又设分卡，于十字桥、塘沟、章集等处。光绪初年，将十字桥分卡迁移到沭城东关，商界群起反对，经绅董调处，只捐南来进口的货物，不捐北来进口的货物，只捐大宗出口的货物，不捐小数出口的货物。几年后，厘局反对此协议，后重新协商，商家视厘捐为切肾之害。

沭阳进口货有洋布、大布、纱棉和其他洋货，出口货有油、酒、豆饼、麦、豆等杂粮，全年按进销货可征厘捐3910元。

民国4年（1915），沭阳钱家集厘局与灌云龙沟厘局合并称为龙钱厘捐总局，沭境增设官田、汤涧、贤官亭分卡。民国6年（1917），奉文裁厘认税改称龙钱事务所。此时名为裁厘，实为加利。省财政厅所发税章诸多复杂，税率又较原率加至六七倍或十余倍者不等。如豆饼原率每石银圆8厘，后增至9分6厘，增加11倍，其他也多类此，后规定沭阳捐税每年约为5000元。

第四节　盐税　漕税

《禹贡》记载，夏王朝对产盐区已开始征税，人们按规定贡纳定量食盐。春秋齐国，则对食盐实行国家专营。一般说，从周至秦，大多列为山泽之赋。秦设盐官，掌盐政，征收盐税。西汉武帝后，行专卖制，利归国家。东汉时，又恢复征税制。后世时而征税，时而专卖，视需要而定。宋代以后，实行“引票”“引岸”制度。所谓“引票”，就是商人花钱向政府买得经销食盐的专利权；所谓“引岸”或者“引界”，就是政府划定给取得“引票”的盐商经营运销食盐的地区范围。盐民同盐商分别向国家纳税：煮盐之民向政府交纳的税叫灶课，商人向政府交钱买引，凭引支盐运销。

一、盐税

历代政府对食盐的产、供、销都十分关注。食盐历来都是政府官办或“官督商办”。今宿迁境内的各县食盐的供应渠道主要是“两淮”盐场（淮北、淮南），以淮北盐场为主。两淮盐场是中国四大产盐区之一，两淮盐税在全国盐税总额中占有重要地位。宋代，淮东盐税占国库总收入的三分之一。南宋，乾道五年（1169），淮盐收入增加到二千一百九十六万余贯。据《泗阳县财政志》记录：清代后期把盐税分成正课和盐厘，淮盐出江，自江苏仪征至西楚，多处设关征税，每引完厘在15两以上。

二、漕税

漕税，又称漕粮，古代官府财政收入来源之一。中国历代封建政府漕运京师或其他地点供官、军食用的粮食，是一种实物赋税。漕粮属于田赋的一种，先征储于各州府或省的仓库，再转送京师。明清时期，漕粮的征收地区多在山东、河南、江苏、安徽、浙江、湖南、湖北地区，数额因京师驻军的多寡而有所变动。明成化八年（1472）定糟粮年征收量为400万石，以后遂成定制，至清未变。漕粮的征收，分正兑、改兑、改征、白粮等几种，另有种种附加，如鼠雀耗等。漕粮征收过程中，官吏多浮收勒折，中饱私囊。清代的漕粮为官收官兑，按亩编征，州县向民户征收之后，即运至水边交纳起运。清末漕运改由海路，官运漕粮渐少，漕粮遂改征银两。据《泗虹合志》记载：漕粮折征（即折成银币），凡米一石，折征银二两二钱，其中以一两三钱解部，以四钱留充本省军饷，以五钱留充当本省公用。如清宣统二年（1910），泗州征漕粮米575.72石，随漕杂项本色米29.80石，随漕项银1572.78两。

第五节　杂税　徭役

一、杂税

清顺治元年（1644）至光绪六年（1880），桃源县各项杂税收入是基本稳定的，每年实征白银150.79两（包括牙行税、牛驴猪税、捐充部帖税）。咸丰四年（1854），桃源开征厘金税，分行商为活厘，坐商为板厘，税率均为10%。光绪二十二年（1896），开征扣养廉、盐斤加价。当商输捐和加重烟酒税。光绪二十五年（1899），开征盐票、盐行捐、田房契税和土药捐。光绪三十三年（1907），经县知事蓝光策批准，以县城、陆城蹄角、油、酒、米、蒲包等买卖皆用九九钱文，令买者出足，卖者仍得九九，将一文钱提入学堂，为常年经费。歉年正月，县示九九改用足钱，每千提十文，七成入学堂，三成办警察。该税每年约征钱六百余千文。与此同时，开征农副产品和牲畜交易税。仿清河县，粮油、酒粮、食粮买卖每年各收钱一文，牛驴每头50文，猪每头20文。同年三月，仿清河县抽收货厘。桃源县，牛每头买卖各收50文，驴每头买卖各收40文，猪每头买卖各收20文，杂粮米麦买卖每斗各收1文，花生、蚕茧照买价收买主百分之一，土浆照卖价收卖户百分之一。宣统元年（1909）众兴金针菜抽收厘金，众兴抽买户千分之四，五乡抽卖户百分之一，该税每年约征银洋4000余元。

清代，沭阳县各项捐款征免无常。清初确定地丁常额，不再征赋。咸丰、同治年间，费用增加。田赋亦因地方遭蹂躏，征收无着，遂课征各种捐款。后由于兴办各项新政，责令地方筹款。于是杂捐渐增。

康熙八年（1669）沭阳县在田亩人丁额内征收款项有田房租、牛驴猪羊税、牙贴税、花布烟炮税。

田房租，凡买卖者每价一两纳银3分，尽收尽解。

牛驴猪羊税，凡买卖者由经纪人随时评价，每两纳税3分，尽收尽解无定额。

牙贴税，每年额征银15两。各牙行自行起解。

花布烟炮税，每价一两纳银3分之定额。

道光九年（1829）沭阳县杂税征收情况：

积谷附加税。【光绪五年（1879）知县杨风朝禀准按丁米银每两加钱百文，以备积谷之用，光绪三十三年（1907）截止】。

田房契税，议价一两纳银三分，至清末仍实行。

牛驴猪羊税，凡买卖由经纪人随时评价，每两纳银3分。

牙贴税，每年额征粮15两，由各牙行自行办理起解。

房捐。【光绪二十八年（1902）部议奏准，为抵庚子赔款，定章按照房租金抽收一成】。

烟酒门消捐。【光绪三十四年奉文。每斤酒捐钱8文，每年共捐钱2400文，由经纪人收解】。

典税。【乾隆四十一年（1776）议准江苏省每典每年税银50两，随正耗羡银均加一】。

二、徭役

沭阳县皇粮国税银米历来由官征民解，差繁累重，即解部、解司、解道，又解各衙门，名目繁多。顺治十七年（1660），革除民解徭役，直至清朝末年均无增添。革除徭役主要内容：官买官兑。沭阳田地因不产米，为了交纳本色米，每年秋粮以后各里(村)征粮到百里外高(邮)宝(应)一带买米运回。“其间盘运兑费从无算矣。知县革其弊，既实行以麦代米，又实行征粮购米，官买官兑。官收官解。按沭阳历年往例，各项钱粮都报里，由民用车送里，柜台暂储，里除各项开支外，应立即由柜头负责起运上解之。其路途艰辛险恶，民畏而逃避。知县恪遵明令，官收官解，毫不侵扰于民。官买官养，过去运输钱粮均从里、甲丁银外，派征买骡马，令民喂养，以应差役。而往来调运供给繁多，如马遇疾亡则累及一户、一甲，疲于奔命苦之难言。知县下令改骡马官买官养。从此民不受买骡养马之苦，而三差之累由之以免。”在那种社会历史背景下，虽然暂时解决了官征民运的徭役之苦，但并未解决百姓徭赋之重。实际上，清代实行的摊丁入地改革后，将丁银入摊田亩，田赋和徭役全部合一，并未减轻百姓的负担。

康熙八年（1669）沭阳徭银如下：丁地二项共征起存折色并本色办料共银

20983两1钱，另又编钱1343472文；又奉征漕银380两7钱；原协济宿迁县钟吾驿就近由本地支出的，后改解充饷归入起运银10420两7钱、部文派征搭放饷钱342两2钱。除免后，实征银10116两4钱。其中：

户部项下徭银，正银5247两9钱，水脚银42两4钱。旧改折颜料正垫银116两3钱，新改折颜料正垫银33两7钱，水脚银2钱2分。

礼部项下徭银，正粮412两9钱，水脚银4两1钱2分。

兵部项下徭银，正银3005两1钱，水脚银28两4钱。

工部项下徭银，正垫银1175两8钱，水脚门单银11两6钱，旧改折白麻等料正银18两1钱，脚价门单银9两7钱。新改折正银55两5钱，水脚银5钱5分。

解南项下徭银，充饷银271两8钱。

协济宿迁县钟吾驿应付银83两5分，留存地丁银11741两8钱（内含编银10703两6钱），编钱1038248文。

随漕项下徭银，本色二分芦席银9两3钱，漕运船料旱脚河工盘银237两4钱。

常凤淮扬各仓米折项下徭银，常、凤、淮、扬各仓米麦折银4408两6钱。常盈仓一半麦折银485两5钱；协济清河县常盈仓一半麦折银306两9钱；协济桃源县常盈亏一半麦折银28两3钱；扬州仓麦折银35两1钱；凤阳仓麦折银1111两1钱；米折银1393两5分。淮大等卫月粮麦折银698两8钱；卫士月粮米折银42两5钱，淮大等减存麦折银215两5钱，减存米折银13两1钱；代解桃源县扬州仓麦折银7两3钱；代解桃源县凤阳仓麦折银71两1钱。

河道项下徭银，清河船夫35名，每名工食银10两8钱，除荒停征外，实征银241两4钱；协济桃源县驿站代解柴草银4两9钱；额编本地兵饷银1273两7钱。

协济驿站项下徭银，协济宿迁县夫丁银会抵代解桃源县麦折银、征银63两8钱。

各衙门俸工经费项下徭银，各衙门俸工经费共银1159两1钱（七份银三份钱）。

存留解给项下徭银，主要包括：

按察司朝观银6钱，学道养廉银8两2钱，武举科场供应银1两9钱，本府樽节银9两5钱，铺修司道府厅各衙门座船银89两4钱。本府杂支银9两5钱，清江铺铺司、本县七铺铺司兵工人食银76两1钱。

丁壇祭祀银41两5钱，乡会牌坊银7两6钱，乡饮酒席3两3钱。

本县科举盘费银，席银1两3钱。协济清河县科举盘费银2两8钱，观风激赏生员银6两3钱，新举人长夫等银3两4钱，岁考、季考、花红银4两2钱，岁员盘银15两9钱，其他用银35两1钱。

另外，不在田亩人丁额内徭役征款项：户部下本色物料：甲子库腻硃16斤9两3分，铺垫银1两8钱。丁子库锡66斤3两6钱，红熟铜173斤13两，芽茶91斤6两。（旧制一市斤=16两）。工部项下：鱼线胶纳5斤3两5钱，铺垫银3钱，熟铁241斤1两。水脚门单银3两2钱，铺垫银8钱6分。班匠银72两4钱。兵部项下：牧马草场地租粮11两5钱。

第二章　民国时期税赋收入

由于历史的变迁，今宿迁境内区域与当时相比变化较大，其历史资料零散，难于系统归集。以下仅凭《宿迁市志》（县级）、《泗县志略》、《沭阳县财政志（初稿）》和《泗阳县财政志》记载的部分年份资料，分别反映当时财政收入状况。

第一节　民国宿迁县税赋收入

宿迁县民国20年（1931）财政收入：田赋忙银，正附税4.79万元，各项带征14.44万元，两项共19.23万元；田赋漕米，正税征银2.75万元，各项带征2.38万元，两项共5.13万元。以上为七成实征数。

杂税附税，拨教育经费和警察经费各0.15万元，两项共0.30万元。境内杂税甚多，多为国、省专款，皆由商民直接承办，不入县财政范围。特捐，箔类特捐0.22万元。上项由江苏教育经费管理处代征，分发到县，年如上数。杂捐，如粮厘蛋捐及学费等共0.50万元，以前皆由学校、警察局等自收自用。民国18年（1929），列入县预算。款产租息，用于教育2.35万元，归教育局收缴；用于救济工厂等2万元，由公款公产管理处收缴，两项共4.35万元。全年合计收入29.73万元。

此外，尚有学校、警察局等自收之杂捐，如布厘、粮厘、行捐、货物捐等；自治机关自收之地亩捐、户口捐、货物过境捐之类，皆自收自用，并不报缴，故不列入县预算。

民国35年（1946）财政收入，税课收入876.63万元；财产孳息收入501万元；惩罚及赔偿收入5.48万元；补助及协助收入12000万元；赊借收入1236.50万元；其他收入1950万元；临时借垫款1000万元。全年合计收入17569.61万元。

第二节　民国泗洪县税赋收入

泗洪县是1949年4月新建县，在民国期间，其该县大部地方属安徽省泗县管辖。现有资料仅凭《泗县志略》记载：

田赋税率，据民国25年（1936）《泗县志略》记载，泗县财政系泗、虹两县合并治理，故田赋分属征收。

泗属计额民田2455顷53亩5分8厘9毫。每亩原科丁漕等银8分6厘5丝3忽9微6纤1沙。按每亩科征地丁正耗平余银圆1角8分7厘，同时，每亩赔款加捐银圆3分7毫合为2角1分7厘7毫。

虹属计额民田1204顷21亩2分2毫，每亩原科丁漕等银6分3厘2毫6丝1忽2微9纤8沙。漕银等小地米1合3勺6撮2粒。按每亩科征地丁正耗平余银圆1角3分2厘9毫。同时每亩赔款加捐银1分5厘2毫，合为1角4分8厘1毫。

又额设并卫屯田104顷21亩7分8厘，每亩征银圆与泗属民田同。

以上泗虹民卫合计全年额征银圆69371元2角7分8厘。此系田赋正供，历由县府按年征收，报解省库。

民国期间，泗县享有田赋附加权，民国元年—3年（1912—1914），规定附加不超过正税10%；民国4—16年（1915—1927），因军阀混战，中央财政收支预算不敷，令各省一律加征附加，以补收入不足。根据这一规定，泗县附加名目增多，数额也相应扩大，附加额超过正税的20%。民国17年（1928），财政部规定，田赋附加不得超过正税。正附总额，不得超过现实地价1%。

民国23年（1934），泗县着手整顿田赋与附加。按照安徽省整顿田赋规程第二条规定，按亩科税，力求合理，稍有起色。但附加率仍然较高。每正税1元，附加1元5角5分，加杂捐和摊派，附加仍超过正税二倍以上。据《泗县志略》记载：民国24年（1935），泗县各项田赋附加为：自治附加，每正税1元附加1角5分（原

3角1分5厘），年收约9000元；教育附加每正税1元附加2角（原3角），年收约1.2万元；筑路基金附加，每正税1元附加1角，年收约6000元（此款省县各半，留县专充建设经费）；义教附加，每正税1元附加1角，年收约6000元；保安附加，每正税1元附加1元，年收约6万元。以上各项附加，年收共9万元。

第三节　民国沭阳县税赋收入

沭阳县民国元年（1912），田赋一承清制。唯将漕粮和淮仓麦改征银两，称为抵补金，抵补金每忙银1两折银1元5角，每米1石折银3元。地丁与租课仍然照旧，但改称国税银。

民国3年（1914）奉文规定田赋大粮田每亩收36文，麦每亩收28文，下则芦苇河滩等田每亩收15文。

民国5年（1916），大粮田每亩收银2分1厘，麦每亩收银1分6厘。

民国19年（1930），田赋征收数为6584100元。

民国20年（1931），田赋征收数为6221600元。

民国21年（1932），田赋改制，废除地丁、抵补金名称，改为上、下期田赋，即将原征地丁改称上期田赋，原征抵补金改称下期田赋。每年分上下期征收，同时改原来以银两计征为银圆计征，减少了造册时以银两折算成银圆的麻烦，该年度田赋征收数为761930元。

民国22年（1933），沭阳全县田亩1421037亩，合计地价总数54185863元，限度应征数584858元，实征636796元，超收26%。其中，田赋额征省正税68469元，省教育专税33755元。县正税307305元，其他附加237267元，包括省随口附加专款52153元，县带征附加185114元。

鉴于民国时期，田赋收取承清制，官差截串下乡收取田赋的方法也暴露了一些弊端。即粮差狼狈为奸，向人民收取粮款而不发串，款入私囊，串则以危亡逃户为名，还缴粮柜，或额外浮收，民众敢怒不敢言。其已收之款，应立即缴柜者又擅自挪用；即使县长催入，又多系粮差本人所假设，到期不付，一任拘押而无为惧。因此，官民遭受其困，而粮差独肥。

民国23年（1934）国民党沭阳县予以整顿，即截止粮串下乡；劝导粮户直接投柜完纳；粮差下乡私收田赋者，准人民捆送县政府法办； 缴纳田赋而未取得粮串者，应重新补缴；粮柜如有浮收，准粮户在县府鸣钟指控。另外，变更粮柜组织。沭阳田赋编册，原分四十四保编造，每保有柜胥一人主持。所有核算、收款、发串等手续统归此一人负责。经整顿后设核算、收款、发串三处，每处设主任1人，处员若干人，分负其职。是年沭阳县田赋额征数为102224元，其中省正税68469元，划拨带征款33755元，实际征收省正税52004元，占应征数76%，完成划拨带征35801元，占应带征数106%。

上述为田赋正额，另外加收田赋附加，即在正赋之外的加征。民国元年（1912），北洋政府在将原清朝廷各项田赋附加并入正税的基础上，又规定，给予地方政府征收田赋附加的权力。按规定附加不得超过正税的30%。但各地政府实际执行过程中远远超过这些比例。当时沭阳县规定，每地丁征银1两折合银圆1.5元，连同粮捐0.3元，共计1.8元为国税。同时，为了解决地方一些所需，开设了省和县附加税，主要有：

省县学捐，省税银每忙银1两，征省税银2角5分，每米1石征省税银1元，上解省财政厅。县税银每银1两征县税银3角，县加税银2角，每米1石征县税银1元，县加税银6角6分，用作充当学堂经费与警察费及地方各项支出。以上附加，逾期限两个月加收二十分之一。逾期四个月加收十分之一，谓之滞纳金充地方公益之用。

省亩捐，民国5年（1916）奉文，大粮田每亩收银2分1厘，麦田每亩收银1分6厘。

警备队亩捐，原名清乡经费。民国3年（1914）规定大粮田每亩征36文，一麦每亩收28文，芦苇、河滩等田亩，每亩征15文，漕米项下大粮田每亩收36文，一麦每亩征15文。民国22年（1933）随田带征公安警费152550元，民国25年（1936）带征公安警费142213元。

地方杂支，每两带收积谷捐钱100文，按户带收实业经费10文（用于举办地方实业），按户带收祭祀费用每户20文，保卫团经费大粮田每亩捐钱150文，一麦捐钱120文，芦苇河滩等田捐钱70文。

民国23年（1934），沭阳县田赋附加共有11项，包括县税、筑路亩捐、治运亩费、县教育费普通亩捐、公安费、农业改良捐、积谷捐、公安建设农林串捐、保卫团捐、保卫团不敷经费、党务费等。其税率除县税按正税每两加三角，每石（粮）加一元和公安建设农林串捐每户一分五厘外，其余各项均按田亩征收，每亩征一分六厘至一角四分不等，党务费最高值每亩2元，共征收297305元。

民国26年（1937），沭阳县正税征收额为92152元，省县附加税征收额为544644元，附加税是正税的5.9倍。

第四节 民国泗阳县税赋收入

《泗阳县财政志》记载：民国13年（1924）泗阳县附加项目为17种：如省附税、县附税、征收费、警备费、义务教育费、户籍测量费、自治费、选举费、地方费、警察费、地方公益费、漕米罚金、卫河租罚金、民田罚金、省亩捐、游击队捐、卫米罚金。该年，泗阳县计税土地面积为1574398.88亩，人丁522995口人，实征正税为52186.15元（银圆，下同），钱19769560文，附加160368.24元，钱4917448文，按2160文钱折银圆1元计算，附加超过正税近2.69倍。

民国18年（1929）5月27日，据国民政府省财政厅视察员沈定久开列的田赋收支清单中记载：泗阳县收正税13665.482元，地方附加463130.135元，附加是正税近34倍。民国22年（1933），泗阳县征收田赋正税40747元，附加367049元，附加是正税9倍以上。

民国28年（1939）11月，国民政府发行法币后，田赋改按法币征收。同年，日军占领泗阳，国民党县政府移至腰庄（今张家圩乡南三里许张腰庄）一带，国民政府税赋无法实施。民国30年（1941）6月，国民政府第三次全国财政会议制定《战期各省田赋征收实物暂行办法》，决定下半年开始，将田赋改征实物。以田赋正、附税额为依据，每元税额折征稻谷二市斗，产麦、杂粮地区，得征等价小麦及杂粮。次年度又将这个折征标准提高为每元税款折征稻谷四市斗或小麦二市斗八升。这样农民税负在原有的基础上猛增一倍左右。国民政府将田赋折币征收，改为实物征收，主要是因为通货膨胀，把法币贬值之祸转嫁给广大农民。

第五节 民国宿迁各县正税、专税收入

总之，国民期间赋税种类繁多，除国民政府规定的中央收入之外，地方附征杂捐等项目亦很多。自民国23年（1934），各县田赋正附税大致分为四种：

省正税，包括银额和米额两种。银额中有忙银、芦课每两折银圆1元2角8分；大米额每石折征银圆2元2角。

省专税，包括教育专款、水利专款、筑路专款或农行基金、治运专款。

县正税，分为银额和米额两项。银额中的忙银、芦课等每两征收银圆3角；米额每石征收银圆1元。

县专税，其名目达19种之多，诸如清乡费、警备费、自治费、积谷费、防务费、普教亩捐、公安亩捐、农业改良费、水巡队费、警察补助费、清乡分局费、清丈费、保卫团费、水利费、党部经费、区政费、实业费、预备费、串票捐等。民国24年（1935），江苏省分批废除地方杂捐，但各县执行情况不一。据《淮阴区乡土史记》记载，民国24年（1935）泗阳县、宿迁县、沭阳县的财政预算收入可看出专税情况。

江苏省泗阳县民国24年度预算书

表12　　　　单位：元（国币）

门类	科目	预算数	备考
岁入经常门	第1款　县岁入经常	223432.00	
	第1项　田赋县税	190764.00	
	第1目　田赋县税	190764.00	内包有第1期田赋县税72495元，第2期田赋县税102290元，滩租县税12000元田赋征收费3978元
	第2项　契税县税	1328.00	
	第1目　契税县税	900.00	
	第2目　契纸价	300.00	
	第3目　推收官印单收入	138.00	
	第3项　屠牙县税	3995.00	
	第1目　屠牙捐	1432.00	
	第2目　屠税捐	2563.00	
	第4项　杂捐	1140.00	
	第1目　草捐	240.00	
	第2目　99底串捐	900.00	
	第5项　地方财产收入	13963.00	
	第1目　田租	13763.00	内包有田租带征2029元又杨庄公租34元
	第2目　地租	200.00	
	第六项　地方事业收入	896.00	
	第1目　农艺收入	452.00	
	第2目　电话交换所收入	444.00	

续表 12

门类	科 目	预 算 数	备 考
岁入经常门	第 7 项 补助款收入	2426.00	
	第 1 目 箔类营业税补助款	2426.00	
	第 8 项 其他收入	8910.00	
	第 1 目 学宿费	7610.00	内包有宿费 160 元
	第 2 目 通运桥开桥费	600.00	
	第 3 目 大学生偿还贷金	700.00	
岁入临时门	第 1 款 县税入临时	35750.00	
	第 1 项 田赋县税	35507.00	
	第 1 目 田赋县税	35507.00	内包有第 1 期田赋县税 14722 元和第 2 期田赋县税 20785 元
	第 2 项 地方行政收入	243.00	
	第 1 目 违警训金	108.00	
	第 2 目 承田租滞纳金	135.00	
	税入经临合计	259182.00	

江苏省宿迁县民国 24 年度预算书

表 13　　单位：元（国币）

门类	科 目	预 算 数	备 考
岁入经常门	第 1 款 县岁入经常	313217.97	
	第 1 项 田赋县税	221761.97	
	第 1 目 田赋县税	221761.97	内包有田赋县税 218709.38 元，田赋政收费 3052.59 元
	第 2 项 契税县税	3320.00	
	第 1 目 契税县税	2160.00	县附税 560 元，地方费教育费各得 5 成建设特捐 600 元，户籍费 700 元，契税推收费 300 元
	第 2 目 契纸价	440.00	契纸教育费 240 元，契纸价公费洋 200 元
	第 3 目 契税中养捐	520.00	教育
	第 4 目 推收官印单收入	200.00	
	第 3 项 屠牙县税	2020.00	
	第 1 目 屠税捐	1220.00	教育附税 520 元，建设特捐 700 元

续表 13

门类	科 目	预 算 数	备 考
岁入经常门	第 2 目　牙税捐	800.00	教育附税 400 元，建设特捐 400 元
	第 4 项　杂捐	16822.00	
	第 1 目　车捐	420.00	即汽车捐
	第 2 目　鸡蛋捐	1360.00	教育费 1000 元，地方费 360 元
	第 3 目　丝绸捐	300.00	每锅 1 口收洋 1 元教育费
	第 4 目　粮行捐	10010.00	教育费 3000 元公安费 4808 元量棠小学 600 元商业小学 300 元地方费 1291 元
	第 5 目　客栈捐	535.00	公安费
	第 6 目　商铺捐	1467.00	公安费
	第 7 目　花生行捐	1000.00	公安费
	第 8 目　轮船认捐	540.00	公安费
	第 9 目　商会认捐	1200.00	公安费
	第 5 项　地方财产收入	45495.00	
	第 1 目　田租	35017.00	内包有教育田租 30073 元，5 捐田租金 3000 元，救济田租 1944 元
	第 2 目　地租	19.00	官车地租 19 元款产处
	第 3 目　湖租	7482.00	内包有湖租附加 4 成 5560 元训典公租 1922 元款产处
	第 4 目　房租	1258.00	内包有教育房租 406 元救济房租 852 元
	第 5 目　车租附加 4 成	1719.00	
	第 6 项　地方事业收入	14728.00	
	第 1 目　农艺收入	1172.00	
	第 2 目　工艺收入	12440.00	内包有外欠收入 440 元
	第 3 目　电话交换所收入		增列
	第 7 项　补款收入	3838.00	
	第 1 目　箔类营业税补助款	3838.00	由第 4 项改列此项教育费
	第 8 项　其他收入	5233.00	
	第 1 目　学宿费	2250.00	
	第 2 目　息金	2583.00	志青局存款利息 35 元牛痘息金 48 元在内教育息金 2500 元

续表 13

门类	科 目	预 算 数	备 考
岁入临时门	第 1 款 县税收入临时	27764.15	
	第 1 项 田赋县税	24494.15	
	第 1 目 田赋县税	24494.15	内包有第 1 期田赋县税 9792.40 元第 2 期田赋县税 14688.61 元减则田赋县税 13.14 元
	第 2 项 地方行政收入	1440.00	
	第 1 目 违警罚金	1440.00	公安费
	第 3 项 捐款	1830.00	
	第 1 目 寄附全 3 庙捐	1830.00	经常 8 项并列教育费
	岁入经临合计	340982.12	

江苏省沭阳县民国 24 年度预算书

表 14　　单位：元（国币）

门类	科 目	预 算 数
岁入经常门	第 1 款 县岁入经常	322901.00
	第 1 项 田赋县税	276599.00
	第 2 项 契税县税	4942.00
	第 1 目 契税县税	2891.00
	第 2 目 契纸及资捐	2051.00
	第 3 项 屠牙县税	1107.00
	第 1 目 屠税捐	827.00
	第 2 目 牙税捐	280.00
	第 4 项 杂捐	1390.00
	第 5 项 地方财产收入	19363.00
	第 1 目 田租地租收入	19363.00
	第 6 项 地方事业收入	8531.00
	第 1 目 农艺工艺收入	6791.00
	第 2 目 电话业务收入	1740.00
	第 7 项 补助收入	2426.00
	第 8 项 其他收入	8548.00
	第 1 目 学费和利息收入	26484.00

续表 14

门类	科 目	预 算 数
岁入临时门	第 2 款　县岁入临时	26484.00
	第 1 项　田赋县税	25816.00
	第 2 项　地方行政收入	100.00
	第 2 项　捐款	568.00
	第 3 目　大学生偿还贷金	700.00
	岁入经临门合计	349385

第三章　根据地、解放区民主政府财政收入

根据地解放区民主政府时期，在中国共产党领导下，为保障革命战争的需要，提出“发展经济、保障供给”的财政经济工作方针。采取“统一领导、分散经营”的管理办法。当时由于敌人的包围和封锁，革命根据地无法实行财政经济统一管理，各根据地在贯彻党的方针政策前提下，因地制宜制定经济管理的具体办法，各自发展本地区的公营和民营经济，独立的组织收入，自行解决经费困难，还可分别成立银行并发行货币。这一时期属战时供给型财政。财政收支不稳定，财政收入主要来源于个体农民田赋（农业税）及其非公有经济提供的工商税收收入、契税收入、公营经济收入，没收敌对阶级的俘财和战利品的收入以及公债收入等，因此，很难形成系统、完整的统计资料，只能根据收集到的资料反映部分情况。

第一节　田赋收入

1946年，苏皖边区第六行政区第三财经分处夏季粮赋征收总额计粮12546289斤。

1946年苏皖边区第六行政区第三财经分处夏季粮赋征收统计表

表15　　单位：万斤　华中币：万元

征数	合计	泗沭县	潼阳县	宿迁县	涟水县	淮阴县	东海县	灌云县	沭阳县
粮食	1446	252	212	88	450	62	40	115	227
金额	—	20907	—	25398	20538	2522	1240	3052	8700

注：单位，万斤为市斤；表内粮食和金额，原表以斤和元为单位。现改为万斤和万元，不保留小数，整数后面四舍五入。

第二节　工商税收收入

苏皖边区第六行政区专员公署对工商业征收牙税、屠宰税、盐税、产销税、货物税等。上述税种仅存1946—1948年部分收入数据可考。

1946年6—10月，苏皖边区第六行政区地方工商税收入（边币）3167228元，其中牙税3167228元，屠宰税1160883元，罚金219486.5元。

1948年，苏皖边区第六行政区工商各税收入（边币）2986736728元。其中，货物税收入1980469858元，营业税65850046元，产销税382157104元，盐税收入119078086元，屠宰税收入246666120元，牙税收入187399643元，其他工商税收入5115871元。

另外，单独说明淮海区盐税征管的情况。抗战期间，盐税不仅是筹集抗战经费的需要，食盐也是军需民用的必需品。淮海根据地食盐的生产、供给渠道主要是淮北盐场，根据地对食盐实行自由买卖，管制运销的措施。当时日本侵略者控制整个淮北盐场生产的同时，利用军事占领的水陆交通要道，大肆掠夺淮盐资源。日本人冈崎鸿弘文曾撰写的《连云港经营现状的概括及改善经营措施》一书中，承认“中支平均每月向日本输出食盐一万吨左右”（《连云港港史》）。由于战争环境恶劣、地区分割、运输工具落后，进入淮海根据地的食盐，多系众多个体商贩，驴驮担挑、肩背车推，分散短途运输。在环境平稳时期，有商人利用前后六塘河和柴米河水运，由敌占淮北产盐区贩运至淮海根据地内边境和集散地，如纪集、白皂沟、吴集、阴平、高流等集镇，经过私营盐行转卖给内地，或由安徽地区来的商人转运至当时属于安徽淮北和淮海地区的莫圩、青阳镇（今泗洪县政府驻地）等地。或由少数商人利用与盐河沿线敌伪据点里的伪军关系，从敌占区用船直接运入淮海根据地。按章纳税后，有的继续向内地长途运输。有的直接交给私营盐行买卖。私营盐行经纪人，一般收取3%的佣金，有的盐行向买卖双方收取高达5%的佣金。由于私营盐行没有周转金，无法调节供需之间的矛盾，因而常出现商人住在盐行待买待卖现象。这就给商人增加了费用开支，并造成盐价波动。这种状况很不适合根据地，因此鼓励食盐多进口、多过境、多收税，以繁荣经济，解决军需民用淡食之苦。1944年夏初，淮海区工商管理局决定对私营盐行进行改组，建立公营盐栈。先后建立盐栈的有纪集、白皂沟、吴集、阴平和里仁集等处。公营盐栈除代课买卖、收取盐价1%的手续费外，还可以赚取进出差价的利润。据有关资料记录，吴集栈（今沭阳县吴集镇），私营盐行每天成交量约300担，公营盐行建立后，每天平均成交量在400担到500担。1945年8月抗战胜利以后，苏北全境解放，与皖北解放区连成一片，盐业划归两淮盐务局统一管理。原淮海区（抗日胜利后改为苏皖边区第六行政区）所属盐业机构随之调整。为抢运盐场坨地大量存盐，充分利用水运，扩大食盐销售，在淮海解放区的灌河、盐河与前后六塘河流沿线，设立若干处食盐运输机构，包括宿迁和泗阳八集等地。征收盐税无疑是保障部队地方党政机关供给的重要来源之一。但食盐毕竟是人民生活的必需品，盐税最终是要转嫁到消费者的头上。因此，原淮海区党委制定较轻的盐税政策，并规定食盐进出口无论在淮海根据地内或运往外地销售，均一次性征税，概不重征，取缔国民党时期的一切盐税附加，减轻人民的负担。淮海区的盐税税率，调整征收10%到15%左右。1945年，华中财委《关于食盐管制运销问题的决定》规定：苏北西运食盐税率10%。为管制运销，淮海根据地在今宿迁境内的沭阳、潼阳、苏北等县沿边区各主要集镇如吴集、滥泯洪、阴平、高流等地，在内地如里仁集镇等地设立税务（工商）分局或税务所，负责征收盐税，对盐税运销进行管理。

第三节　契税收入

根据1945年3月淮北苏皖边区第一行政区制定的《征收契税暂行办法》规定：不动产产权转移均须依照本办法投契纳税方取得合法之保障。征收契税由各县县政府办理之。官契分典契与卖契两种。卖契，凡赠与（包括赘书、嗣书等）、地面权之转让贸换等契约以及敌逆产之放领、司法机关发给转移证书属之。典契，凡活卖典押等契约属之。卖契税率从价征收6%，但贸换契估价征收3%；典契税率从价征收3%。本办法报经边区政府公布后，前苏中第三、四行政区以及各县所颁布之契约章程，一律作废。这说明各根据地契税征收并不完全统一，自此作出统一规定。正如苏皖边区政府主席李一氓在1945年12月10日接受新华社华中分社记者采访时所述，边区政府是经过淮南、淮北、苏中、苏北4个地区参议长与行署主任联席会议产生的，74个县（旧志50个县），目前边区政府工作，把四个地区的政令、法令逐步地统一起来。1946年6—10月，苏皖边区第六行政区征收契税80135.3元（边币）。

第四节　罚没及追回赃款赃物收入

1948年7—12月，苏皖边区第六行政区专员公署共发生罚款收入（边币）61689002元。其中东海县6030691元，灌云县6079833元，沭阳县1701345元，淮阴县21620376元，涟水县5256545元，泗沭县11329684元，宿迁县6093708元，潼阳县2252070元，宿北县1324750元。

第五节　公债收入

1946年，苏皖边区第六行政区专员公署完成救灾公债任务，总额（边币）5506362.5元，其中泗沭县1063141.5元，宿迁县575975元，潼阳县1089846元，宿北县145000元。

第四章　新中国成立后财政收入

第一节　财政收入增长情况

1949年10月1日，中华人民共和国成立后，财政的预决算制度尚未统一。其财政收入的组成，根据苏北行政公署财政处统计表反映，当年财政收入由三部分组成，即收入现金、收入大米（主粮）、收入公草。今宿迁市境内（包括宿迁县、沭阳县、泗阳县、泗洪县），当年财政收入为460.3万元（包括主粮折算数，不含公草）。从1950年起，国民经济进入恢复时期。1951年，经济有所好转，今宿迁境内财政收入实现1018.27万元，到1972年达到2435.93万元，是1951年的2.39倍。这期间的财政收入始终在1000万~2000万元，没有大的起伏，且时间跨度经历了21年。1973年，今宿迁境内财政收入为4312.17万元，到1983年已达到8801.8万元，是1973年的2.04倍，收入总量明显增加，时间跨度缩短了11年。1984年，今宿迁境内财政收入达到10198.9万元，首次突破亿元关口。由此宿迁市财政收入进入较快增长时期，到1994年实行分税制财政体制，财政收入已经达到56134万元，是1984年的5.5倍。今宿迁境内财政收入真正走向快速增长轨道的是1996年建立地级宿迁市之后，1999年全市财政收入达到101619万元，首次突破10亿元大关。至此，宿迁市财政收入进入跨越式、超常规的发展阶段。自2005年实现财政收入258548万元之后，至2009年已经达到1302338万元，超越百亿元收入关口。2010年达到2057590万元，比2009年同期增加收入755252万元，增长57.99%，直接跨越200亿元关口。2011年，全市财政收入实现2762421万元，比2010年同期增加收入704831万元，增长34.26%。2020年，全市财政收入已经达到8956174万元，是2011年的3.24倍。由此说明，宿迁市的财政收入在稳步增长的基础上，逐步进入快速增长的轨道，进而迈向跨越式发展阶段，其结构性变化主要是农业税收和工商税收以及基金性收入变化。

第二节　财政收入主项

一、农业税

中华人民共和国成立初期，农业税是今宿迁境内财政收入的主要部分，经济恢复时期（1950—1952）农业税占财政收入的比重为69.85%。此后，由于经济的迅速发展，企业收入和工商税收入增长较快，党和国家一直高度重视农民的减负工作，对农业税采取轻税政策。农业税税率逐步降低，农业税收入占财政总收入比重越来越小。今宿迁境内由“一五”时期（1953—1957）农业税收入占财政总收入的比重46.43%下降到“三年调整时期”（1963—1965）的23.5%；“三五”和“四五”期间（1966—1975）仍保持在23.15%，可以看出这一时期其他经济基本没有大的发展。中共十一届三中全会之后，改革开放政策促进经济快速增长，到"六五"时期（1981—1985），今宿迁境内农业税占财政总收入的比重仅为7.03%；发展到"九五"时期（1996—2000）已经下降到6.83%。2004年，中央、国务院提出逐步降低农业税率，全国总体降低一个百分点，江苏省决定全省农业税税率由7%统一调整为4%。同时，在宿迁市开展免征农业税试点，全市免征农业税及其附加。是年，宿迁市农业税收入占财政总收入比重仅为6.22%。2005年12月29日，国家公布全面取消农业税，从而使中国大地上延续2000多年的"皇粮国税"——农业税，不再成为财政收入的来源。

二、企业收入

企业收入，1955年以前，宿迁境内国营企业收入很少，1951—1955年，五年间累计上缴财政的企业收入仅为9.1万元。1956年社会主义对私改造基本完成之后，国家国民经济格局发生历史性变化，公有制代替私有制成为国民经济的主体。宿迁市国营企业有所发展，但上缴财政的企业收入，1956—1957年也只有50.4万元。1958年地方大办工业，企业收入大幅度增长，当年企业收入为282.7万元。1959—1960年企业收入分别为762.8万元和770.6万元，主要是银行企业（当时属地方企业）上缴的收入。

1961—1969年，粮食企业上划为中央企业，收入划省不纳入地方财政。从1970年以后，又曾经历两次下划与上划的过程。银行企业，1962—1969年，上划为中央企业，1970—1973年，银行又下划地方，从1974年开始银行又上划为中央企业。因此，这一时期地方财政的企业收入很不稳定。1978年改革开放以后，国家通过减税让利，增加国营工交企业财力，实行利改税，采取各种不同形式的经营责任制等改革措施，有力地促进国有企业的发展。特别是1994年，与分税制改革相配套，国家建立了符合市场经济要求的新的税制，实施税利分流办法，企业收入由过去税利并重改为以税收为主的方式，因此，不再作为财政收入的重点。

三、工商税收入

自中华人民共和国成立后，宿迁境内各县这项收入一直是稳步快速增长的。工商税收收入占财政总收入比重：由"经济恢复"时期（1950—1952）的8.76%，上升到"一五"（第一个五年计划简称，以下类同）时期（1953—1957）的44.66%；"二五"和"三年调整"时期（1958—1965）上升到49.8%；"三五"和"四五"时期（1966—1975）上升到65.76%；"五五"至"八五"时期（1976—1995），剔除弥补企业亏损后，工商税收占财政总收入比重提升到87.87%。这20年是宿迁经济较快发展时期，也是中华人民共和国历史上由计划经济向社会主义市场经济转变的关键时期。“文化大革命”结束之后，国家立刻着手整顿经济秩序，恢复和发展工矿企业生产。1978年12月，中共十一届三中全会召开，从此，国家进入了以经济建设为中心，改革开放为重点新的历史时期。1992年10月，中共十四大召开，确立社会主义市场经济体制，以公有制包括全民所有制和集体所有制经济为主体，个体经济、私营经济、外资经济为补充，多种经济长期共同发展，不同经济成分可以实行多种形式的联合经营。于是，与社会主义市场经济体制相适应，财税体制进行配套改革，1994年实行分税制财政体制。这一历史性的转折，释放出经济增长的内在潜能，促进了经济飞速发展，财政收入大幅度增长。随着分税制财政体制的施行，1997年财政收入编报体系进行改革，财政总收入包括：一般预算收入（地方税收收入、非税收入）、上划中央收入和基金收入三大类，与之前的分类口径变化太大，很难划分相同口径进行比较，只有财政总收入有可比性，以及1997年之后按三大类同口径比较。宿迁市财政总收入由1976年的4975.33万元，增加到1995年的67661万元，是1976年的13.6倍。

第三节　财政预算外资金收入

中华人民共和国成立初期，是预算外资金形成时期。虽然国家实行高度集中的财政管理体制，一切预算收入全部上缴国家财政，但地方特别是县级以下还有一部分事业性的开支需要地方统筹解决。因此，1950年便出现“地方经费”的名称，即预算外资金。当时的地方经费来源主要有两项，一是农业税和工商税附加，作为农村地方收入。农业税附加以征收粮食为主，又称为公粮附加，附加率为正税的15%，与正税一并征收缴入国家粮库，内部分开核算，其统计资料只反映实物征收总数量，未按时价换算成货币资金，因此财政预算外资金统计资料不包括这部分收入。工商税附加，根据1951年政务院发布的《关于进一步整理城市财政的决定》，按原税额加征15%附加，随各项税收一并征收。这两项附加，主要用于保证乡（镇）经费、维持地方农村小教、卫生机构和其他必要的零星开支及资金的临时调剂使用。二是机关生产收入，主要用于县级机关零星开支，当时这项收入数额很小。这两项收入，不纳入国家预算管理，由县自收自支，自行管理。

1953年，经济形势好转，地方县一级财政开始编制预、决算，从预算管理体系上确立县级财政的地位。地方经费收入单独核算，附列预、决算。1954年地方经费改为地方自筹，分为乡村自筹和县级统筹。乡村自筹以乡为单位，以负担农业税总额的7%，向农民收取；县统筹以负担农业税总额的3%，向农民统筹，其中上解省1%，县留2%。1958年，财政体制进行重大改革，企业下放，扩大地方财政的自主权。地方自筹与特种资金合并统称为预算外资金。同时，新增城市公用事业附加收入和对自筹资金兴办的企业允许在预算外管理，县级预算外资金大幅度上升。时年，全市财政部门掌管的预算外资金收入为136.47万元，比1957年同期增长2.42倍。这一时期，预算外资金基本形成地方财政、行政事业单位、国有企业"三大块"分别按照规定掌管使用的格局。对财政掌管的预算外资金收入管理，全部纳入预算内核算，统收统支。1960年，由原来的预算内列账，改为单独核算，属地方机动财力。是年，宿迁境各县预算外资金收入为225.86万元。这是中华人民共和国成立后，宿迁各县财政掌管的预算外资金收入最高的一年。

1961—1965年，全国对预算外资金进行整顿，采取了纳、减、管的措施，预算外资金收入的数额有所收缩。从1962年起，预算外资金按照规定收入项目纳入预算内管理，但仍作为县级机动财力。1966—1976年，财政管理制度受到冲击，划预算内为预算外，设立预算外收入项目的现象相当普遍。宿迁境各县财政掌握的预算外资金收入由1966年的104.44万元增加到1976年的325.71万元。

1977—1992年，是全市预算外资金迅速发展时期。中共十一届三中全会之后，国家经济体制和财政体制进行了一系列改革，调整了中央和地方财权、财力的划分和国家与企业的分配关系；改革行政事业单位财务管理制度。由于改革之初，各项配套制度还不健全，有的单位乘此之机钻政策空子，不切实际地增设收费项目或提高收费标准，使预算内资金通过各种形式转移到预算外，加之生产建设事业的发展，预算外资金规模扩大，在资金积累上基本形成了预算内、外资金并驾齐驱的格局。由此，1990年中共中央、国务院发出《关于坚决制止乱收费、乱罚款和各种摊派的决定》，在全国范围内开展治理"三乱工作"。这一时期，宿迁境各县预算外资金由1977年的400.26万元，增加到1992年的25051万元，基本与当年的财政收入持平。

1993年，中央办公厅、国务院办公厅发布《关于转发财政部〈关于对行政性收费、罚没收入实行预算管理的规定〉的通知》，进一步规范了收费项目，强化了预算约束力。1996年9月，国务院发布了《关于加强预算外资金管理的决定》，将十三项数额较大的政府性基金纳入财政预算管理。随着社会主义市场经济体制的建立与发展，虽然预算外资金收入范围缩小，但征管的项目在经济发展中不断进行调整，预算外资金总收入逐年增长，但与同期财政收入比较，预算外资金收入占财政收入比重要小得多。1996年，建立地级宿迁市，是年全市财政掌管的预算外资金收入为45597.6万元，至2011年增加到234066.5万元，比1996年增长4.13倍；同期财政收入由1996年的76768万元，增加到2011年的2762421万元，增长34.98倍；预算外资金占财政收入的比例，由1996年的59.4%，下降到2011年的8.47%。中华人民共和国成立以后，国家对预算内、外资金一直采用"两套"管理方式。随着社会主义市场经济的建立与发展，为完善财政预算管理制度，健全公共财政职能，优化经济和社会发展环境，国家决定将预算外资金全部纳入预算管理。2010年6月，财政部印发《关于将按预算外资金管理的收入纳入预算管理的通知》，从2011年1月1日施行。财政部相应修订《2011年政府收支分类科目》，从制度上取消了全部预算外收支科目，终于将财政所有资金全部统一地纳入预算管理。

1949—2011宿迁市年财政预算外资金收入情况汇总表

表16 单位：万元

县区 / 年份	收入合计	市直	宿豫区	宿城区	泗阳县	泗洪县	沭阳县
1949	12.55	—	7.00	—	2.10	0.45	3.00
1950	19.22	—	11.00	—	2.60	0.62	5.00
1951	28.75	—	15.00	—	3.50	4.25	6.00
1952	49.87	—	28.00	—	4.70	5.17	12.00
1953	32.49	—	13.00	—	5.10	8.65	5.74
1954	63.16	—	14.00	—	5.60	12. 06	31.50
1955	48.01	—	21.00	—	8.40	9.48	9.13
1956	43.24	—	13.00	—	2.00	14.70	13.54
1957	39.87	—	17.00	—	8.80	7.12	6.95
1958	136.47	—	88.00	—	8.50	3.86	36.11
1959	116.03	—	5.00	—	13.20	18.77	79.06

续表 16

县区 年份	收入合计	市直	宿豫区	宿城区	泗阳县	泗洪县	沭阳县
1960	225.86	—	48.00	—	84.70	54.96	38.20
1961	116.99	—	34.70	—	32.20	14.90	35.19
1962	52.88	—	13.56	—	19.80	13.95	5.57
1963	68.55	—	10.60	—	17.30	11.95	28.70
1964	90.97	—	16.80	—	19.40	17.85	36.92
1965	93.66	—	14.20	—	26.40	17.43	35.63
1966	104.44	—	17.70	—	24.60	23.17	38.97
1967	103.45	—	15.70	—	24.30	25.74	37.71
1968	108.50	—	16.00	—	25.20	26.50	40.80
1969	146.19	—	33.00	—	31.30	28.06	53.83
1970	192.32	—	60.60	—	52.90	39.86	38.96
1971	119.85	—	38.20	—	25.60	26.99	29.06
1972	185.78	—	44.50	—	50.70	48.46	42.12
1973	203.67	—	75.10	—	58.10	64.85	5.62
1974	227.27	—	68.40	—	71.00	52.25	35.62
1975	298.01	—	89.80	—	96.00	47.21	65.00
1976	325.71	—	110.90	—	90.40	65.99	58.42
1977	400.26	—	153.00	—	95.30	84.51	67.45
1978	363.68	—	104.50	—	90.90	81.45	86.83
1979	463.13	—	154.30	—	122.10	117.43	69.30
1980	447.00	—	121.40	—	154.10	126.30	45.20
1981	605.20	—	120.30	—	308.00	139.80	37.10
1982	659.30	—	121.30	—	360.50	146.80	30.70
1983	787.90	—	147.50	—	361.60	146.70	132.10
1984	912.90	—	135.00	—	434.10	212.20	131.60
1985	357.30	—	71.00	—	42.40	79.00	164.90
1986	419.30	—	78.10	—	33.30	88.00	219.90
1987	447.10	—	58.40	—	83.90	123.30	181.50
1988	671.30	—	159.10	—	180.50	156.30	175.40

续表 16

年份＼县区	收入合计	市直	宿豫区	宿城区	泗阳县	泗洪县	沭阳县
1989	505.60	—	101.90	—	79.30	82.10	242.30
1990	1245.70	—	178.90	—	96.30	63.50	907.00
1991	2437.90	—	458.60	—	653.00	67.30	1259.00
1992	25051.00	—	6498.00	—	6895.00	5968.00	5690.00
1993	10705.00	—	2954.00	—	2981.00	2391.00	2379.00
1994	13622.00	—	3762. 00	—	3305.00	3343.00	3212.00
1995	18379.00	—	5044.00	—	3360.00	5335.00	4640.00
1996	45597.60	1516.60	12839.00	2657.00	8129.00	9184.00	11272.00
1997	48035.70	1139.70	12836.00	3459.00	8834.00	11672.00	10095.00
1998	41330.80	1237.80	9299.00	2312.00	7593.00	12424.00	8465.00
1999	37213.10	2120.10	7706.00	2602.00	7973.00	7152.00	9660.00
2000	16590.80	2701.80	1901.00	2798.00	6158.00	1092.00	1940.00
2001	23735.60	2298.60	1552.00	2881.00	7651.00	1873.00	7480.00
2002	24175. 50	4167.50	2387.00	2832.00	7943.00	2007.00	4839.00
2003	31313.90	5704.90	2648.00	3947.00	8246.00	4703.00	6065.00
2004	43773.70	7969.70	3902.00	7214.00	8166.00	3416.00	13106.00
2005	49836.70	11824.70	4906.00	6676.00	9686.00	2953.00	13791.00
2006	58357.00	20226.00	4593.00	6165.00	10183.00	7324.00	9866.00
2007	63210.00	25660.00	6591.00	5364.00	11107.00	7168.00	7320.00
2008	102887.00	10251.00	10186.00	14667.00	17004.00	16038.00	34741.00
2009	137140.00	14407.00	14196.00	21156.00	18823.00	22219.00	46339.00
2010	195781.00	24626.00	15060.00	27245.00	28502.00	29597.00	70751.00
2011	234066.50	59849.50	19969.00	23701.00	27695.00	26530.00	76322.00

注：资料来源，1991年之前，依据各县上报的资料，均按财政部门掌握的预算外资金填列。从1992年起，按年度决算报表预算外资金口径填列。

第四节 财政收入结构

1996年7月，区划调整地级宿迁市成立，与淮阴市分设。当年，全市实现财政总收入为76768万元，至2011年已经上升到2762421万元，是建市初期1996年的36倍。按照1997年财政决算新的编报体系，口径比较一致的财政收入三大类与财政总收入比较：1997年是地级宿迁市建市第一年，全市财政总收入为88991万元，其中：一般预算收入42625万元（地方税收收入37792万元，非税收入4833万元），占财政总收入比重为47.9%；上划中央收入44687万元，比重为50.2%；基金收入1679万元，比重为1.9%。全市财政总收入，2011年（不含2004年以后全部免征农业税因素）与1997年比较，增长31.04倍；如果剔除1997年财政总收入中农业税和农林特产税收入6580万元，同口径进行比较，全市财政总收入2011年比1997年增长33.52倍。在2011年的财政总收入中，一般预算收入为1209768万元（地方税收收入952770万元，非税收入256998万元），占财政总收入比重为43.97%；上划中央收入为754041万元，比重为27.3%；基金收入为798612万元，比重为28.91%。宿迁市建市15年时间，经济发展如此之快，可称得上跨越式、超常规的发展速度。不仅地方财政一般预算收入增长幅度较大，同时，上划中央收入增长幅度也很大。2011年与1997年比较：一般预算收入增加1167143万元，增长27.38倍；上划中央收入增加709354万元，增长15.87倍。

"十二五"（2011—2015）时期，全市财政收入盘子增大，收入倍增。"十二五"期末2015年，全市财政收入已达4987979万元，比"十一五"期末的2010年，收入增加2930389万元，增长142.4%。其中：一般预算收入，2015年达到2356710万元，比2010年增加1460966万元，增长163.1%；上划中央收入，2015年为959762万元，比2010年增加494527万元，增长106.3%；基金收入，2015年为1671507万元，比2010年增加974896万元，增长139.9%。

"十三五"（2015—2020）时期，全市财政收入盘子持续、快速、稳步扩大。2020年，全市财政收入已经达到8956174万元，比2015年增加3968195万元，增长79.6%。其中：一般预算收入，2020年为2211699万元，比2015年减少收入145011万元，下降6.1%；上划中央收入，2020年为1728885万元，比2015年增加769723万元，增长80.1%；基金收入，2020年为5015590万元，比2015年增加3344083万元，增长200%。这里需要说明的是，一般预算收入在用两个时点比较中下降了。但查考“十二五、十三五”时期历史数据显示，一般预算收入，2020年比2015年减收的原因，主要是同口径比较时点上的差异。2015年这一时点一般预算收入，是这一历史时段中的高点，其他年度都是稳步上升的。“十二五”与“十三五”期间，一般预算总收入分别累计比较，“十三五”一般预算累计总收入为10786240万元，比“十二五”时期增加收入1686377万元，增长18.53%。

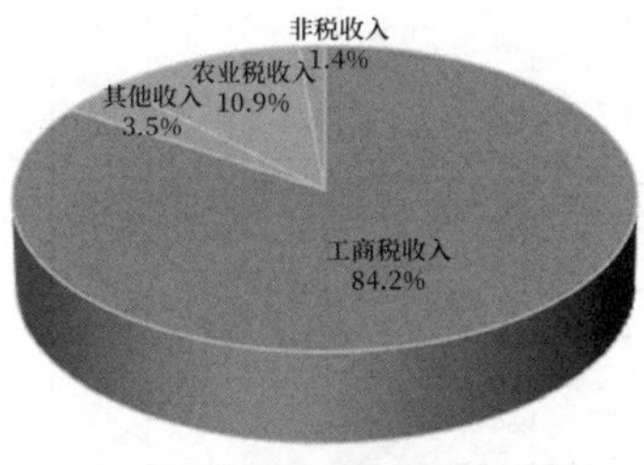

1949—1995年宿迁市财政收入结构图

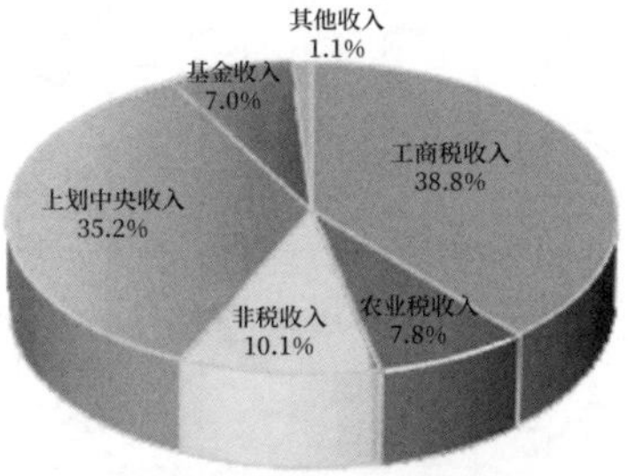

1996—2005年宿迁市财政收入结构图

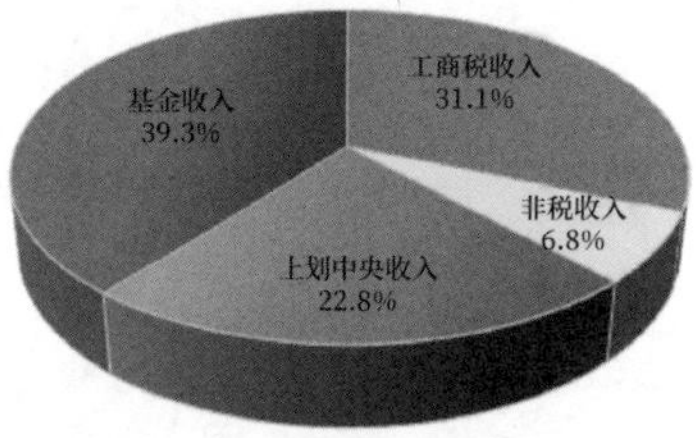

2006—2020年宿迁市财政收入结构图

宿迁市1949—2020年财政收入情况分项列表（为统一表式，统称宿迁市），包括1996年区划调整前宿迁境内各县。宿豫区表头用现名，1987年前为宿迁县，后更名为宿迁市（县级），1996年地级宿迁市成立后为宿豫县，2004年3月更名为宿豫区。

1949—2020年宿迁市财政收入统计总表[1]（一）

表17

单位：万元

地区 年份	财政收入合计	市直	宿豫区[2]	宿城区	泗阳县	泗洪县	沭阳县	市直经济开发区	湖滨新城[3]	苏宿工业园区[4]	软件园[5]	洋河新城区[6]
1949	460.30	—	59.90	—	151.00	143.40	106.00	—	—	—	—	—
1950	599.90	—	25.60	—	110.10	124.20	340.00	—	—	—	—	—
1951	1018.27	—	56.80	—	254.57	160.90	546.00	—	—	—	—	—
1952	1220.70	—	291.00	—	266.40	155.30	508.00	—	—	—	—	—
1953	1123.40	—	221.00	—	262.00	227.40	413.00	—	—	—	—	—
1954	1527.17	—	110.00	—	500.47	385.00	531.70	—	—	—	—	—
1955	1704.00	—	111.00	—	605.80	446.40	540.80	—	—	—	—	—
1956	1248.30	—	96.00	—	464.00	259.80	428.50	—	—	—	—	—
1957	1389.53	—	135.00	—	484.03	327.40	443.10	—	—	—	—	—
1958	2538.99	—	430.00	—	893.99	578.90	636.10	—	—	—	—	—
1959	3001.87	—	801.00	—	763.97	580.60	856.30	—	—	—	—	—
1960	3351.99	—	899.00	—	1035.99	556.70	860.30	—	—	—	—	—
1961	2359.30	—	550.00	—	610.00	499.20	700.10	—	—	—	—	—
1962	1826.27	—	471.00	—	453.97	369.70	531.60	—	—	—	—	—
1963	1467.56	—	316.00	—	398.96	291.60	461.00	—	—	—	—	—
1964	2542.10	—	380.00	—	1264.00	367.00	531.10	—	—	—	—	—

续表 17

地区 年份	财政收入合计	市直	宿豫区[②]	宿城区	泗阳县	泗洪县	沭阳县	市直经济开发区	湖滨新城[③]	苏宿工业园区[④]	软件园[⑤]	洋河新城区[⑥]
1965	2363.90	—	419.00	—	921.00	442.20	581.70	—	—	—	—	—
1966	2162.02	—	470.00	—	641.02	451.00	600.00	—	—	—	—	—
1967	2235.53	—	465.00	—	633.03	530.50	607.00	—	—	—	—	—
1968	2253.40	—	409.00	—	752.00	559.40	533.00	—	—	—	—	—
1969	2904.34	—	587.00	—	1137.04	535.30	645.00	—	—	—	—	—
1970	3209.86	—	706.00	—	986.06	735.80	782.00	—	—	—	—	—
1971	2298.52	—	653.00	—	890.02	452.50	303.00	—	—	—	—	—
1972	2435.93	—	706.00	—	972.13	418.80	339.00	—	—	—	—	—
1973	4312.37	—	1145.00	—	1327.97	866.40	973.00	—	—	—	—	—
1974	4522.43	—	1376.60	—	1359.03	895.80	891.00	—	—	—	—	—
1975	5170.35	—	1456.00	—	1609.95	1019.40	1085.00	—	—	—	—	—
1976	4975.33	—	1378.30	—	1547.03	1081.00	969.00	—	—	—	—	—
1977	5897.79	—	1596.00	—	1705.99	1225.80	1370.00	—	—	—	—	—
1978	6333.17	—	1679.90	—	1762.97	1286.30	1604.00	—	—	—	—	—
1979	6187.90	—	1771.30	—	2059.00	1121.60	1236.00	—	—	—	—	—

续表 17

地区 年份	财政收入合计	市直	宿豫区[②]	宿城区	泗阳县	泗洪县	沭阳县	市直经济开发区	湖滨新城[③]	苏宿工业园区[④]	软件园[⑤]	洋河新城区[⑥]
1980	5820.00	—	1816.40	—	1699.00	1229.60	1075.00	—	—	—	—	—
1981	6243.90	—	1759.00	—	2064.80	1489.50	930.60	—	—	—	—	—
1982	7685.30	—	1817.00	—	2694.30	2304.30	869.70	—	—	—	—	—
1983	8801.80	—	2205.00	—	3217.50	2348.00	1031.30	—	—	—	—	—
1984	10198.90	—	2603.00	—	3740.70	2517.80	1337.40	—	—	—	—	—
1985	13285.67	—	3240.00	—	5118.47	3276.30	1650.90	—	—	—	—	—
1986	13933.50	—	3542.00	—	5113.90	3441.20	1836.40	—	—	—	—	—
1987	15604.40	—	3857.00	—	5688.50	3954.30	2104.60	—	—	—	—	—
1988	20012.10	—	4485.00	—	7978.90	4796.10	2752.10	—	—	—	—	—
1989	16559.20	—	4036.00	—	6157.00	4183.20	2183.00	—	—	—	—	—
1990	18387.90	—	4535.00	—	6863.00	4689.30	2300.60	—	—	—	—	—
1991	20262.60	—	4860.00	—	7266.00	5571.60	2565.00	—	—	—	—	—
1992	24980.80	—	5664.00	—	8630.00	7584.80	3102.00	—	—	—	—	—
1993	41090.00	—	8501.00	—	14472.00	13757.00	4360.00	—	—	—	—	—
1994	56134.00	—	10747.00	—	19310.00	18726.00	7351.00	—	—	—	—	—

续表 17

地区 年份	财政收入合计	市直	宿豫区[2]	宿城区	泗阳县	泗洪县	沭阳县	市直经济开发区	湖滨新城[3]	苏宿工业园区[4]	软件园[5]	洋河新城区[6]
1995	67661.00	—	14657.00	—	21425.00	21568.00	10011.00	—	—	—	—	—
1996	76768.00	—	14745.00	—	24535.00	25423.00	12065.00	—	—	—	—	—
1997	88991.00	1734.00	9569.00	7914.00	26901.00	28073.00	14800.00	—	—	—	—	—
1998	98483.00	3109.00	11004.00	7544.00	28872.00	30870.00	17084.00	—	—	—	—	—
1999	101619.00	3933.00	11992.00	8018.00	27590.00	29229.00	20857.00	—	—	—	—	—
2000	112734.00	4208.00	14430.00	9640.00	29694.00	30569.00	24132.00	61.00	—	—	—	—
2001	124515.00	3993.00	18086.00	11980.00	31080.00	32044.00	27018.00	314.00	—	—	—	—
2002	143202.00	13719.00	20537.00	15668.00	33153.00	28349.00	30614.00	1162.00	—	—	—	—
2003	168666.00	13014.00	24506.00	21068.00	35317.00	33564.00	38075.00	3122.00	—	—	—	—
2004	197445.00	20594.00	27452.00	38589.00	28017.00	33238.00	42509.00	7046.00	—	—	—	—
2005	258548.00	28080.00	30052.00	57779.00	26296.00	44195.00	58069.00	14077.00	—	—	—	—
2006	380690.00	40728.00	39572.00	81439.00	39065.00	60468.00	89010.00	30408.00	—	—	—	—
2007	611667.00	56831.00	60824.00	131963.00	71818.00	84956.00	150029.00	51320.00	3570.00	356.00	—	—
2008	921364.00	62446.00	83489.00	185760.00	116743.00	143013.00	250573.00	70246.00	7535.00	1559.00	—	—
2009	1302338.00	110078.00	120291.00	249921.00	167645.00	208219.00	326554.00	95364.00	21368.00	2898.00	—	—
2010	2057590.00	361141.00	172606.00	331515.00	256404.00	315897.00	444280.00	131022.00	40214.00	4511.00	—	—
2011	2762421.00	512181.00	238524.00	349548.00	347339.00	380604.00	646475.00	160734.00	52337.00	9377.00	1609.00	63693.00

续表 17

年份＼地区	财政收入合计	市直	宿豫区[2]	宿城区	泗阳县	泗洪县	沭阳县	市直经济开发区	湖滨新城[3]	苏宿工业园区[4]	软件园[5]	洋河新城区[6]
2012	3333312	309836	312150	329861	435043	515956	801638	329426	56293	36934	10661	195514
2013	3819344	294929	320069	383568	500642	648104	1000937	374914	43973	54902	21073	176233
2014	4384954	326632	330986	423645	607066	803021	1014473	480194	68996	153510	17997	158434
2015	4987979	392274	469777	457480	756620	756959	1251993	449553	51587	202132	23685	175919
2016	5379887	413330	442617	722960	774899	756003	1313733	413177	90468	179354	38207	235139
2017	5846400	519870	646257	613689	798976	779072	1303794	415483	135019	329632	60349	244259
2018	6623344	834467	654343	567676	847130	892141	1503386	385558	175433	337175	—	426035
2019	7663049	952557	833539	701288	976075	1011569	1805267	396251	214824	267877	—	503802
2020	8956174	1887883	881443	695664	1079029	1081454	1666091	650370	228211	297310	—	488719

注：①本表数据来源1949—1979年淮阴地区三十年国民经济汇编和各县区上报资料。1979年之后依据各地财政志和市级财政年鉴的财政历年收支报表整理。

②宿豫区因区划调整，区域名称随着区划调整而变化。1987年前为宿迁县，而后更名为宿迁市（县级），直至1996年7月19日根据国务院批复同意江苏省人民政府《关于调整淮阴市行政区划新组建地级市宿迁市的请示》设立地级宿迁市，原县级宿迁市更名为宿豫县，划出部分乡镇组建宿城区；2004年3月根据区划调整宿豫县更名为宿豫区。本表统计宿豫区财政收入数字1996年包括宿城区（下同）。

③湖滨新城区，2003年9月成立，名称为骆马湖示范园，2006年改为湖滨新城开发区。

④苏宿工业园区，全称苏州宿迁工业园区管理委员会，宿迁市人民政府2006年批准成立，由苏州市与宿迁市共建的开发区。

⑤软件园，全称为软件与服务外包产业园，宿迁市人民政府2010年决定成立宿迁市软件与服务外包产业园管理委员会。2018年财政收支并入湖滨新区。

⑥洋河新城区，宿迁市人民政府2011年决定成立宿迁市洋河新城管理委员会。

1949—1996 年宿迁市财政收入分项统计表

表 18　　　　单位：万元

项目 / 年份	财政总收入	税收收入						企业收入	国有企业计划亏补	专项收入	预算调节基金	其他		
		小计	工商税	农业四税								罚没及行政收费	债务收入	其他收入
				农业税	农林特产税	耕地占用税	契税							
1949	460.30	442.90	18.40	424.50	—	—	—	—	—	—	—	—	—	17.40
1950	599.90	376.20	32.40	343.80	—	—	—	—	—	—	—	—	—	223.70
1951	1018.27	984.27	72.80	911.47	—	—	—	2.20	—	—	—	—	—	31.80
1952	1220.70	871.30	143.60	727.70	—	—	—	5.30	—	—	—	—	—	344.10
1953	1123.40	772.30	255.70	516.60	—	—	—	0.70	—	—	—	—	—	350.40
1954	1527.17	1463.77	662.60	801.17	—	—	—	0.20	—	—	—	—	—	63.20
1955	1704.00	1650.90	775.00	875.90	—	—	—	0.70	—	—	—	—	—	52.40
1956	1248.30	1190.50	721.50	469.00	—	—	—	12.20	—	—	—	—	9.70	35.90
1957	1389.53	1292.03	708.20	583.83	—	—	—	38.20	—	—	—	—	12.60	46.70
1958	2538.99	1772.59	1058.30	714.29	—	—	—	282.70	—	—	—	—	45.80	437.90
1959	3001.87	1959.97	1053.10	906.87	—	—	—	762.80	—	—	—	—	—	279.10
1960	3351.99	2175.89	1336.60	839.29	—	—	—	770.60	—	—	—	—	—	405.50
1961	2359.30	1932.00	1285.90	646.10	—	—	—	298.80	—	—	—	—	—	128.50
1962	1826.27	1730.87	1300.10	430.77	—	—	—	61.30	—	—	—	—	—	34.10
1963	1467.56	1365.46	1097.00	268.46	—	—	—	70.90	—	—	—	—	—	31.20
1964	2542.10	1722.40	1078.80	643.60	—	—	—	53.40	—	—	—	—	—	766.30

续表 18

项目 年份	财政总收入	税收收入						企业收入	国有企业计划亏补	专项收入	预算调节基金	其他		
		小计	工商税	农业四税								罚没及行政收费	债务收入	其他收入
				农业税	农林特产税	耕地占用税	契税							
1965	2363.90	1972.90	1386.80	586.10	—	—	—	105.00	—	—	—	—	—	286.00
1966	2162.02	1870.62	1149.90	720.72	—	—	—	177.20	—	—	—	—	—	114.20
1967	2235.53	2071.43	1346.30	725.13	—	—	—	107.00	—	—	—	—	—	57.10
1968	2253.40	2120.70	1393.70	727.00	—	—	—	-2.50	—	—	—	—	—	135.20
1969	2904.34	2371.34	1595.90	775.44	—	—	—	80.30	—	—	—	—	—	452.70
1970	3209.86	2593.86	1815.30	778.56	—	—	—	386.10	—	—	—	—	—	229.90
1971	2298.52	2669.32	2032.90	636.42	—	—	—	-449.50	—	—	—	—	—	78.70
1972	2435.93	3129.03	2375.80	753.23	—	—	—	-706.70	—	—	—	—	—	13.60
1973	4312.37	3381.27	2598.90	782.37	—	—	—	705.10	—	—	—	—	—	226.00
1974	4522.43	3676.13	3002.10	674.03	—	—	—	649.20	—	—	—	—	—	197.10
1975	5170.35	4091.65	3370.00	721.65	—	—	—	807.40	—	—	—	—	—	271.30
1976	4975.33	4475.83	3740.50	735.33	—	—	—	343.20	—	—	—	—	—	156.30
1977	5897.79	5016.89	4332.00	684.89	—	—	—	691.60	—	—	—	—	—	189.30
1978	6333.17	5408.47	4733.10	675.37	—	—	—	725.20	—	—	—	—	—	199.50
1979	6187.90	5423.30	5125.70	297.60	—	—	—	487.50	—	—	—	—	—	277.10
1980	5820.00	5484.00	5164.40	319.60	—	—	—	330.20	—	—	—	—	—	5.80
1981	6243.90	6150.80	5818.90	331.90	—	—	—	82.40	—	—	—	1.00	2.10	7.60
1982	7685.30	7726.80	7391.40	335.40	—	—	—	-72.60	—	—	—	9.00	4.60	17.50

续表 18

项目 年份	财政总收入	税收收入						企业收入	国有企业计划亏补	专项收入	预算调节基金	其他		
		小计	工商税	农业四税								罚没及行政收费	债务收入	其他收入
				农业税	农林特产税	耕地占用税	契税							
1983	8801.80	8893.20	8161.80	731.40	—	—	—	−141.20	—	0.20	—	—	0.70	48.90
1984	10198.90	10202.60	9384.10	818.50	—	—	—	−124.40	—	22.90	—	—	—	97.80
1985	13285.67	13748.87	12717.20	1031.67	—	—	—	−625.30	—	120.20	—	5.00	—	36.90
1986	13933.50	13911.30	13054.50	856.80	—	—	—	−229.00	—	150.10	—	11.00	—	90.10
1987	15604.40	15438.60	14466.40	971.20	—	1.00	—	−113.00	—	177.20	—	21.00	—	80.60
1988	20012.10	19488.60	18313.80	1145.80	—	29.00	—	40.30	—	189.40	—	29.00	—	264.80
1989	16559.20	19840.40	18147.50	1551.90	104.00	37.00	—	−4076.00	—	220.80	24.00	162.00	—	388.00
1990	18387.90	21588.30	20003.20	1277.10	243.70	64.30	—	−4317.00	—	367.40	49.30	139.00	—	560.90
1991	20262.60	22964.80	21464.20	1260.10	197.30	43.20	—	−3970.00	—	575.00	88.20	209.00	—	395.60
1992	24980.80	26628.40	24396.40	1706.60	348.00	136.30	41.10	−3135.40	—	691.80	101.50	95.00	—	599.5
1993	41090.00	42713.00	40558.00	1633.00	381.00	104.00	37.00	−3390.00	—	704.00	71.00	240.00	—	752.00
1994	56134.00	55257.00	50487.00	2599.00	1096.00	998.00	77.00	−2038.00	—	989.00	32.00	832.00	—	1062.00
1995	67661.00	62098.00	56100.00	2705.00	2456.00	740.00	97.00	1155.00	−7.00	1360.00	44.00	2465.00	—	546.00
1996	76768.00	69966.00	62996.00	3869.00	2442.00	511.00	148.00	2291.00	−10.00	1278.00	15.00	2464.00	—	764.00

1997—2011 年宿迁市财政收入分项统计表

表 19　　单位：万元

项目＼年份	1997	1998	1999	2000	2001	2002	2003	2004	2005	2006	2007	2008	2009	2010	2011
一、一般预算收入	42625	50260	55406	63044	75671	82034	98201	110738	137743	200504	329154	465229	630710	895744	1209768
其中：国税部门收入	—	—	—	—	—	—	—	—	17674	28392	40936	61109	78822	107662	160651
地税部门收入	—	—	—	—	—	—	—	—	65098	96705	165710	236839	324082	552876	792123
财政部门收入	—	—	—	—	—	—	—	—	54971	75407	122508	167281	227806	235206	256994
（一）税收收入	37792	42518	46747	52672	65722	67956	77329	81406	94162	143559	249871	358108	489517	690679	952770
1. 增值税	8984	9258	8519	9473	10088	9480	10709	10510	15643	24321	31694	44574	61266	78563	116381
2. 营业税	4294	6125	8858	10357	12776	17106	23828	29571	40109	58300	97888	134666	186352	240991	320289
3. 企业所得税	6309	3960	4069	5638	8073	2567	2272	4380	5599	10828	23353	37639	41980	65122	124941
4. 个人所得税	2632	4524	4932	5596	6807	3775	3209	3813	4384	5763	9123	13837	14728	22836	45726
5. 资源税	104	156	140	162	226	694	560	583	753	667	1105	2173	3312	1835	4683
6. 城市维护税	2751	2946	3386	3791	2549	5550	4440	4811	6929	10652	15102	20249	29148	39686	55873
7. 房产税	608	1086	1224	1603	1634	2034	2060	2403	3118	3731	4514	6872	8975	11447	17150
8. 印花税	97	166	156	229	288	400	464	841	1087	1478	2555	3241	4551	7214	9903
9. 城镇土地使用税	168	204	217	307	501	739	736	773	1258	2055	7879	15889	25536	24003	35545

续表 19

项目 \ 年份	1997	1998	1999	2000	2001	2002	2003	2004	2005	2006	2007	2008	2009	2010	2011
10. 土地增值税	5	0	5	42	81	376	554	1993	3327	6843	12787	15458	23833	44846	78880
11. 车船税	760	676	809	967	960	1140	749	523	565	459	646	3350	3224	3582	4753
12. 耕地占用税	954	2138	2190	1370	759	1251	2867	1192	1341	1920	3036	12469	17837	49418	25669
13. 契税	160	352	550	966	760	1948	4011	7720	10049	16542	40189	47691	68775	101136	112977
14. 固投方向调节税	939	1231	2000	1531	25	—	—	—	—	—	—	—	—	—	—
15. 屠宰税	2447	3168	3186	3860	11	—	—	—	—	—	—	—	—	—	—
16. 农业税	3832	3743	3742	3757	19134	19787	20870	12293	—	—	—	—	—	—	—
17. 农业特产税	2748	2785	2764	3023	1050	1109	—	—	—	—	—	—	—	—	—
（二）非税收入	4833	7742	8659	10372	9949	14078	20872	29332	43581	56945	79283	107121	141193	205065	256998
1. 专项收入	—	1938	2315	2168	2622	1872	2945	3469	5267	7774	10564	14632	17425	24793	34299
2. 行政事业性收费收入	38	94	154	309	282	3003	7609	12974	17861	24982	30741	44312	54513	84225	105443
3. 罚没收入	4126	4796	5344	6834	5545	7687	8856	11281	17532	19620	25139	30822	37459	51190	55175
4. 国有资本经营收入	–27	–12	–10	–10	0	0	0	0	450	60	2208	4321	2041	6397	1157
5. 国有资源（资产）有偿使用收入	—	188	0	—	—	—	0	0	0	0	1448	2644	10497	8320	18471

续表 19

项目 \ 年份	1997	1998	1999	2000	2001	2002	2003	2004	2005	2006	2007	2008	2009	2010	2011
6. 其他收入	696	738	856	1071	1500	1516	1462	1608	2471	4509	9183	10390	19258	30140	42453
二、上划中央收入	44687	47477	42348	44336	45756	47649	55160	65674	89720	129013	182760	261738	340154	465235	754041
1. 国内增值税	26951	27774	25557	28418	30263	28436	32126	36143	46931	72965	95082	133723	183799	235692	349149
2. 消费税	17736	19703	16791	15918	15493	12871	14811	17242	27813	31161	38964	50801	71291	97606	148891
3. 企业所得税	—	—	—	—	—	2567	3409	6571	8401	16241	35028	56459	62970	97682	187414
4. 个人所得税	—	—	—	—	—	3775	4814	5718	6575	8646	13686	20755	22094	34225	68587
三、基金收入	1679	746	3865	5354	3088	13519	15305	21033	31085	51173	99753	194397	331474	696611	798612
1. 政府性基金收入	—	—	—	—	—	—	—	—	—	—	58414	138872	247170	594822	647211
2. 缴库社保基金收入	—	—	—	—	—	—	—	—	—	—	41339	55525	84304	101789	151401
财政总收入	88991	98483	101619	112734	124515	143202	168666	197445	258548	380690	611667	921364	1302338	2057590	2762421
其中：国税部门收入	53670	56735	50867	53809	55844	51076	58575	66733	95465	138624	179603	253900	360248	484609	725096
地税部门收入	21115	24242	28982	34083	33931	40434	46166	59142	77027	115486	209803	305786	382810	641165	981719
财政部门收入	14206	17506	21770	24842	34740	51692	63925	71570	86056	200504	222261	361678	559280	931816	1055606

2012—2020 年宿迁市财政收入分项统计表

表 20　　单位：万元

项目＼年份	2012	2013	2014	2015	2016	2017	2018	2019	2020
一、一般预算收入	1581256	1851154	2100975	2356710	2380787	2005789	2061999	2125966	2211699
其中：国税部门收入	193792	219161	264105	283799	482888	785350	1136012	1825791	1947066
地税部门收入	1123821	1381591	1568028	1733933	1420714	797725	618747	—	—
财政部门收入	263643	250402	268842	338978	477185	422714	307240	300175	264633
（一）税收收入	1300682	1579755	1806883	1969517	1862680	1545769	1732005	1786477	1891956
1. 增值税（地方级）	135018	156564	185252	205928	403608	614027	757317	803398	776784
2. 营业税	471949	668202	769771	830559	486377	5506	4606	0	0
3. 企业所得税（地方级）	160249	171769	176620	172774	186085	285682	305551	356834	334565
4. 个人所得税（地方级）	51272	65179	66694	69874	64380	69746	80295	65438	79373
5. 资源税	10929	7367	4930	7949	13563	10949	5172	614	0
6. 城市维护税	67016	75040	88444	95616	99868	95679	116216	113860	118128
7. 房产税	31307	37037	75297	118654	145042	75495	62763	62171	64055
8. 印花税	12057	16309	17974	23506	21013	19500	19979	19522	24656
9. 城镇土地使用税	51719	49690	54122	52063	65416	62953	57214	49509	47644
10. 土地增值税	103586	123676	170316	203375	223143	162637	173124	114631	170764
11. 车船税	6668	7638	9373	11362	13161	15470	17685	18451	21129
12. 耕地占用税	65292	13863	7732	7319	6437	29174	12821	28101	9924
13. 契税	133620	187421	180358	170538	134587	98951	116467	147760	236127
14. 固投方向调节税	0	0	0	0	0	0	0	0	0

续表 20

项目＼年份	2012	2013	2014	2015	2016	2017	2018	2019	2020
15. 屠宰税	0	0	0	0	0	0	0	0	0
16. 农业税	0	0	0	0	0	0	0	0	0
17. 农业特产税	0	0	0	0	0	0	0	0	0
18. 环境保护税	0	0	0	0	0	0	2795	5960	7273
19. 其他税收收入	0	0	0	0	0	0	0	228	1534
（二）非税收入	280574	271399	294092	387193	518107	460020	329994	339489	319743
1. 专项收入	40400	46665	55402	107353	100983	89410	110254	108500	112136
2. 行政事业性收费收入	88485	87080	84275	89958	102290	99643	56439	94319	52511
3. 罚没收入	60487	61280	67087	78356	94390	56339	50085	41577	35107
4. 国有资本经营收入	5425	2870	900	0	0	0	0	0	0
5. 国有资源（资产）有偿使用收入	22271	11169	22449	53408	143178	145487	97068	73323	104771
6. 其他收入	63506	62335	63979	58118	77266	69141	16148	21770	15218
二、上划中央收入	866169	880073	933842	959762	1123291	1382263	1647959	1786497	1728885
1. 国内增值税	395638	376219	414988	437423	561132	620259	724134	763865	776782
2. 消费税	153252	148433	153880	170862	200007	228423	344660	388970	331483
3. 企业所得税	240370	257652	264931	251838	272238	434096	458721	535505	501560
4. 个人所得税	76909	97769	100043	99639	89914	99485	120444	98157	119060
三、基金收入	885887	1088117	1350137	1671507	1875809	2458348	2913386	3750586	5015590
1. 政府性基金收入	702261	864946	1144362	803331	922151	1011211	1327454	2055374	3028599

续表 20

项目＼年份	2012	2013	2014	2015	2016	2017	2018	2019	2020
2. 缴库社保基金收入	183626	223171	205775	868176	953658	1447137	1585932	1695212	1986991
财政总收入	3333312	3819344	4384954	4987979	5379887	5846400	6623344	7663049	8956174
其中：国税部门收入	830381	837713	950781	1019172	1328241	1898016	3388052	3741647	3656058
地税部门收入	1336485	1622127	1789954	1946232	1710691	1037035			
财政部门收入	1166446	1359504	1644219	2022575	2340955	2911349	3235292	3921402	5300116

注：本表根据历年财政年度决算报表统计。因历史上报表口径变化就很大，分项很难统一。从1997年起财政决算编表体系变化更大，与之前的报表口径无法统一分项，因此全市分项统计表按基本相同口径划分为（1949—1996年）和（1997—2020年）两张统计表。

1997—2011年宿迁市市直财政收入分项统计表

表 21　　单位：万元

项目＼年份	1997	1998	1999	2000	2001	2002	2003	2004	2005	2006	2007	2008	2009	2010	2011
一、一般预算收入	1734	3059	3933	4094	2809	7501	9867	15123	21060	27821	43455	43000	44148	71112	120256
其中：国税部门收入	—	—	—	—	—	—	—	—	284	1142	655	905	2129	10716	35270
地税部门收入	—	—	—	—	—	—	—	—	7593	9384	11189	15148	14377	32917	64674
财政部门收入	—	—	—	—	—	—	—	—	13183	17295	31611	26947	27642	27479	20312
（一）税收收入	1136	1708	2040	2238	2373	3680	5202	8198	12126	17132	30585	32749	29741	46486	99942
1. 增值税	—	—	—	—	250	275	—	—	284	1142	655	905	1847	10210	34625
2. 营业税	203	617	763	850	1080	1960	3221	3789	4407	5082	5430	7527	6447	6861	7284
3. 企业所得税	43	98	122	217	303	234	133	622	813	1270	1840	1968	1486	2190	33840

续表 21

项目＼年份	1997	1998	1999	2000	2001	2002	2003	2004	2005	2006	2007	2008	2009	2010	2011
4. 个人所得税	2	56	19	198	130	224	293	377	660	873	1337	2341	1886	2122	3380
5. 资源税	—	—	—	—	—	—	—	—	—	2	1	—	—	—	—
6. 城市维护税	14	250	410	380	355	353	416	550	614	902	1142	1534	2110	3802	11631
7. 房产税	1	52	40	75	159	172	283	353	482	678	733	895	1282	998	1134
8. 印花税	—	13	3	33	38	51	75	122	132	142	168	208	221	440	533
9. 城镇土地使用税	—	9	3	11	43	37	65	26	66	125	344	361	546	391	375
10. 土地增值税	—	—	—	—	—	29	110	369	415	304	190	180	2	62	5
11. 车船税	—	1	1	1	3	5	5	7	4	6	4	134	679	592	134
12. 耕地占用税	532	352	12	51	3	196	542	14	—	0	630	—	—	—	—
13. 契税	—	37	62	134	8	144	50	1949	4249	6606	18111	16696	13235	18818	7001
14. 固投方向调节税	341	218	605	288	1	—	—	—	—	—	—	—	—	—	—
15. 屠宰税	—	—	—	—	—	—	—	—	—	—	—	—	—	—	—
16. 农业税	—	—	—	—	—	—	9	20	—	—	—	—	—	—	—
17. 农业特产税	—	5	—	—	—	—	—	—	—	—	—	—	—	—	—
（二）非税收入	598	1351	1893	1856	436	3821	4665	6925	8934	10689	12870	10251	14407	24626	20314
1. 专项收入	56	96	176	200	364	216	266	451	747	1217	1549	1474	1615	3005	6118
2. 行政事业性收费收入	—	—	—	—	—	520	1202	1712	2375	2592	2853	3303	4436	12393	7763
3. 罚没收入	533	1247	1660	1410	72	2673	2661	4571	5610	6334	7926	4655	6459	6771	6156
4. 国有资本经营收入	—	—	—	—	—	—	—	—	—	—	—	—	0	2390	—

续表 21

项目 \ 年份	1997	1998	1999	2000	2001	2002	2003	2004	2005	2006	2007	2008	2009	2010	2011
5. 国有资源（资产）有偿使用收入	—	—	—	—	—	—	—	—	—	191	542	819	897	66	277
6. 其他收入	9	8	57	246	—	412	536	191	202	355	0	—	1000	1	—
二、上划中央收入	—	—	—	—	1183	1283	639	1499	3061	6642	6731	9179	13965	44147	167994
1. 国内增值税	—	—	—	—	750	825	—	—	852	3427	1966	2715	5541	30630	103875
2. 消费税	—	—	—	—	—	—	—	—	—	—	—	—	3366	7049	8289
3. 企业所得税	—	—	—	—	302	234	200	933	1220	1905	2760	2952	2229	3285	50760
4. 个人所得税	—	—	—	—	131	224	439	566	989	1310	2005	3512	2829	3183	5070
三、基金收入	—	50	—	114	1	4935	2508	3972	3959	6265	6645	10267	51965	245882	223931
1. 政府性基金收入	—	—	—	—	—	—	—	—	—	1437	1325	2115	40131	231989	205322
2. 缴库社保基金收入	—	—	—	—	—	—	—	—	—	4828	5320	8152	11834	13893	18609
财政总收入	1734	3109	3933	4208	3993	13719	13014	20594	28080	40728	56831	62446	110078	361141	512181
其中：国税部门收入	—	69	22	0	1000	1100	—	0	1136	4569	2621	3620	11459	49154	148402
地税部门收入	604	1314	1966	2053	2545	3523	5240	7714	9802	12599	15954	21612	19012	38626	119537
财政部门收入	1130	1795	1967	2155	448	9096	7774	12880	17142	23560	38256	37214	79670	273361	244243

注：市直财政收入，不含市级各开发区收入。

2012—2020 年宿迁市市直财政收入分项统计表

表 22 单位：万元

项目＼年份	2012	2013	2014	2015	2016	2017	2018	2019	2020
一、一般预算收入	91929	111964	112971	130170	138692	174382	223853	235539	184609
其中：国税部门收入	32607	13920	15730	13426	23139	46921	46560	199229	124212
地税部门收入	39245	81511	72860	62655	54547	59323	125689		
财政部门收入	20077	16533	24381	54089	61006	68138	51604	36310	60397
（一）财税收入	71851	95430	88589	76081	77685	106242	172250	189424	115893
1. 增值税	31501	12863	13512	10624	20225	43052	37807	46356	35671
2. 营业税	8242	8229	6844	7401	3638	–7	1850	—	—
3. 企业所得税	4662	31950	19357	5934	6159	14925	82238	91371	40294
4. 个人所得税	3857	3744	4302	5791	7151	8092	10564	4774	32
5. 资源税	—	—	—	0	—	—	0	0	0
6. 城市维护税	14283	11843	11912	14204	16771	18036	16181	13819	11404
7. 房产税	1445	1787	1937	4733	2673	3035	3456	3533	3386
8. 印花税	681	863	1040	1995	1320	1254	1838	1319	1383
9. 城镇土地使用税	441	469	394	2814	632	833	967	874	809
10. 土地增值税	21	118	521	542	347	1460	1069	230	100
11. 车船税	77	82	275	4321	4489	3369	14	0	0
12. 耕地占用税	—	—	—	0	918	81	83	0	0
13. 契税	6641	23482	28495	17722	13362	12112	16027	26885	22427

续表 22

项目 \ 年份	2012	2013	2014	2015	2016	2017	2018	2019	2020
14. 固投方向调节税	—	—	—	—	—	—	—	—	—
15. 屠宰税	—	—	—	—	—	—	—	—	—
16. 农业税	—	—	—	—	—	—	—	—	—
17. 农业特产税	—	—	—	—	—	—	—	—	—
环境保护税	—	—	—	—	—	—	156	200	311
其他税收收入	—	—	—	—	—	—	—	63	76
（二）非税收入	20078	16534	24382	54089	61007	68140	51603	46115	68716
1. 专项收入	7300	6781	7047	13290	14922	15548	16870	14540	12042
2. 行政事业性收费收入	4275	5594	2300	5200	10999	10200	8532	14569	7782
3. 罚没收入	8303	3950	13009	23471	24595	7004	3429	532	12610
4. 国有资本经营收入	—	—	—	0	—	—	0	—	—
5. 国有资源（资产）有偿使用收入	200	209	2026	12128	8237	20402	17062	5173	24761
6. 其他收入	—	—	—	0	2254	14986	5710	11301	11521
二、上划中央收入	115263	98912	77105	57164	106605	111192	215361	226112	142120
1. 国内增值税	92931	34785	30333	16143	56641	43045	39657	46356	35671
2. 消费税	9554	10586	11283	23433	29998	33623	36501	35539	45961
3. 企业所得税	6993	47925	29036	8901	9239	22386	123357	137057	60441
4. 个人所得税	5785	5616	6453	8687	10727	12138	15846	7160	47
三、基金收入	102644	84053	136556	204940	168033	234296	395253	490906	1561154

续表 22

项目＼年份	2012	2013	2014	2015	2016	2017	2018	2019	2020
1. 政府性基金收入	69947	40251	94410	90136	43130	38741	158540	244766	404650
2. 缴库社保基金收入	32697	43802	42146	114804	124903	195555	236713	246140	1156504
财政总收入	309836	294929	326632	392274	413330	519870	834467	952557	1887883
其中：国税部门收入	136751	60877	60673	57205	113670	129400	387610	513983	266332
地税部门收入	50365	133467	105022	76040	69620	88038			
财政部门收入	122720	100585	160937	259029	230040	302432	446857	438574	1621551

1949—1996 年宿迁市宿豫县（市）财政收入分项统计表

表 23　　　　单位：万元

项目＼年份	财政总收入[1]	税收收入						企业收入	国有企业计划亏补	专项收入	预算调节基金	其他		
		小计	工商税	农业四税								罚没及行政收费	债务收入	其他收入
				农业税[2]	农林特产税	耕地占用税	契税							
1949	59.9	59.9	—	59.9	—	—	—	—	—	—	—	—	—	—
1950	25.6	25.6	—	25.6	—	—	—	—	—	—	—	—	—	—
1951	56.8	56.8	—	56.8	—	—	—	—	—	—	—	—	—	—
1952	291.0	47.0	—	47.0	—	—	—	—	—	—	—	—	—	244.0
1953	221.0	48.1	9.0	39.1	—	—	—	—	—	—	—	—	—	172.9
1954	110.0	96.0	34.0	62.0	—	—	—	—	—	—	—	—	—	14.0

续表 23

项目 年份	财政总收入①	税收收入						企业收入	国有企业计划亏补	专项收入	预算调节基金	其他		
		小计	工商税	农业四税								罚没及行政收费	债务收入	其他收入
				农业税②	农林特产税	耕地占用税	契税							
1955	111.0	90.0	37.0	53.0	—	—	—	—	—	—	—	—	—	21.0
1956	96.0	69.0	29.0	40.0	—	—	—	9.0	—	—	—	—	—	18.0
1957	135.0	103.0	43.0	60.0	—	—	—	24.0	—	—	—	—	—	8.0
1958	430.0	296.0	212.0	84.0	—	—	—	67.0	—	—	—	—	—	67.0
1959	801.0	414.0	266.0	148.0	—	—	—	329.0	—	—	—	—	—	58.0
1960	899.0	484.0	332.0	152.0	—	—	—	400.0	—	—	—	—	—	15.0
1961	550.0	446.0	333.0	113.0	—	—	—	101.0	—	—	—	—	—	3.0
1962	471.0	428.0	341.0	87.0	—	—	—	35.0	—	—	—	—	—	8.0
1963	316.0	277.0	255.0	22.0	—	—	—	33.0	—	—	—	—	—	6.0
1964	380.0	345.0	234.0	111.0	—	—	—	33.0	—	—	—	—	—	2.0
1965	419.0	359.0	266.0	93.0	—	—	—	59.0	—	—	—	—	—	1.0
1966	470.0	368.0	249.0	119.0	—	—	—	100.0	—	—	—	—	—	2.0
1967	465.0	412.0	302.0	110.0	—	—	—	52.0	—	—	—	—	—	1.0
1968	409.0	388.0	284.0	104.0	—	—	—	19.0	—	—	—	—	—	2.0
1969	587.0	515.0	376.0	139.0	—	—	—	67.0	—	—	—	—	—	5.0
1970	706.0	566.0	432.0	134.0	—	—	—	135.0	—	—	—	—	—	5.0
1971	653.0	628.0	507.0	121.0	—	—	—	21.0	—	—	—	—	—	4.0
1972	706.0	740.0	609.0	131.0	—	—	—	-36.0	—	—	—	—	—	2.0
1973	1145.0	727.0	592.0	135.0	—	—	—	416.0	—	—	—	—	—	2.0

注：①财政收入统计口径，据《宿迁市志》（县级）记载，1952—1958 年系分成收入。从 1959 年起为全额收入。另外，1949—1953 年财政收入栏，

在本次修志宿豫区上报为空白，查阅《淮阴地区三十年国民经济部分资料汇编》亦为空白，但查阅《宿迁市志》（县级），农业税收情况统计表，实征正税——主粮，很完整，为填补空白，换算填入，其他各项收入未查寻到资料。

②农业税收填列口径（1949—1953年区上报时为空白），本表依据《宿迁市志》（县级）记载，1949—1990年农业税收情况统计表，其中1949—1953年实征正税——主粮分别为987.8万千克、498万千克、1103.5万千克、913.5万千克和758.5万千克。因表内未标明单价、金额，现依据表内1954—1956年三年加权平均计价，每公斤0.0515元，换算计税金额填列，并与周边沭阳、泗阳、泗洪三县1949—1951年三县加权平均单价对比，基本吻合。

1974—1996年宿迁市宿豫区财政收入分项统计表

表24　　单位：万元

项目 年份	财政总收入①	税收收入						企业收入	国有企业计划亏补	专项收入	预算调节基金	其他		
		小计	工商税	农业四税								罚没及行政收费	债务收入	其他收入
				农业税②	农林特产税	耕地占用税	契税							
1974	1376.6	914.0	801.0	113.0	—	—	—	460.6	—	—	—	—	—	2.0
1975	1456.0	1012.0	886.0	126.0	—	—	—	442.0	—	—	—	—	—	2.0
1976	1378.3	1118.9	992.2	126.7	—	—	—	255.7	—	—	—	—	—	3.7
1977	1596.0	1244.1	1121.8	122.3	—	—	—	350.2	—	—	—	—	—	1.7
1978	1679.9	1435.6	1312.4	123.2	—	—	—	238.7	—	—	—	—	—	5.6
1979	1771.3	1451.1	1349.1	102.0	—	—	—	319.2	—	—	—	—	—	1.0
1980	1816.4	1636.6	1529.0	107.6	—	—	—	177.4	—	—	—	—	—	2.4
1981	1759.0	1703.0	1594.0	109.0	—	—	—	55.0	—	—	—	1.0	—	—
1982	1817.0	1884.0	1775.0	109.0	—	—	—	-76.0	—	—	—	9.0	—	—

续表 24

项目 年份	财政总收入①	税收收入						企业收入	国有企业计划亏补	专项收入	预算调节基金	其他		
		小计	工商税	农业四税								罚没及行政收费	债务收入	其他收入
				农业税②	农林特产税	耕地占用税	契税							
1983	2205.0	2202.0	2065.0	137.0	—	—	—	-32.0	—	—	—	—	—	35.0
1984	2603.0	2540.0	2402.0	138.0	—	—	—	-4.0	—	—	—	—	—	67.0
1985	3240.0	3634.0	3459.0	175.0	—	—	—	-470.0	—	71.0	—	5.0	—	—
1986	3542.0	3505.0	3319.0	186.0	—	—	—	-73.0	—	96.0	—	11.0	—	3.0
1987	3857.0	3838.0	3629.0	208.0	—	1.0	—	-117.0	—	114.0	—	21.0	—	1.0
1988	4485.0	4385.0	4143.0	213.0	—	29.0	—	-44.0	—	115.0	—	29.0	—	—
1989	4036.0	4979.0	4655.0	241.0	69.0	14.0	—	-1157.0	—	103.0	—	111.0	—	—
1990	4535.0	5474.0	5116.0	231.0	108.0	19.0	—	-1152.0	—	114.0	—	99.0	—	—
1991	4860.0	5748.0	5378.0	241.0	115.0	14.0	—	-1198.0	—	145.0	—	160.0	—	5.0
1992	5664.0	6435.0	5947.0	306.0	144.0	21.0	17.0	-1050.0	—	170.0	—	95.0	—	14.0
1993	8501.0	9112.0	8640.0	296.0	142.0	20.0	14.0	-1043.0	—	148.0	—	206.0	—	78.0
1994	10747.0	10234.0	8944.0	475.0	456.0	320.0	39.0	-485.0	—	207.0	—	791.0	—	—
1995	14657.0	12214.0	10338.0	458.0	1108.0	256.0	54.0	749.0	—	298.0	—	1333.0	—	63.0
1996	14745.0	12452.0	10709.0	685.0	820.0	143.0	95.0	988.0	—	248.0	—	1057.0	—	—

1997—2011 年宿迁市宿豫区财政收入分项统计表

表 25

单位：万元

项目 \ 年份	1997	1998	1999	2000	2001	2002	2003	2004	2005	2006	2007	2008	2009	2010	2011
一、一般预算收入	6416	7517	8048	9489	11413	13448	15321	15837	17162	20851	32582	45763	66599	96598	133099
1. 国税部门收入	—	—	—	—	—	—	—	—	—	—	5369	7768	9040	18974	19925
2. 地税部门收入	—	—	—	—	—	—	—	—	—	—	16680	24775	34384	67026	95324
3. 财政部门收入	—	—	—	—	—	—	—	—	—	—	10533	13220	23175	10598	17850
（一）税收收入	5476	6439	6852	7699	10063	11269	13002	11621	11672	15375	23632	35577	52403	80948	115248
1. 增值税	1017	1092	1143	1560	1741	1670	1828	1508	2519	3395	4578	5993	7336	10021	16107
2. 营业税	710	1193	1288	1379	2092	2720	3344	3791	4565	6206	8818	12561	18002	28328	39486
3. 企业所得税	546	212	331	360	336	269	149	622	585	1055	2228	4035	3922	6605	12181
4. 个人所得税	427	575	539	550	391	436	385	526	486	685	813	1062	1278	2006	3758
5. 资源税	60	62	70	75	101	356	306	304	545	414	784	991	1120	711	2715
6. 城市维护税	214	287	313	600	478	459	460	621	800	1290	1676	2228	3400	6196	7649
7. 房产税	80	83	125	241	167	238	241	303	450	518	633	994	1080	1512	2832
8. 印花税	46	51	25	29	50	71	96	156	208	274	397	500	587	874	1418
9. 城镇土地使用税	36	33	63	65	86	63	93	146	267	441	1427	2718	5335	3319	5561
10. 土地增值税	—	—	5	—	10	43	78	246	269	432	692	1385	1296	3357	7046
11. 车船税	158	162	153	161	150	264	265	122	68	13	3	76	67	74	183

续表 25

年份 项目	1997	1998	1999	2000	2001	2002	2003	2004	2005	2006	2007	2008	2009	2010	2011
12. 耕地占用税	81	404	420	495	357	339	1044	495	643	217	613	1547	4793	5024	3555
13. 契税	44	52	50	90	52	148	341	977	267	435	970	1487	4187	12921	12757
14. 固投方向调节税	56	309	473	198	—	—	—	—	—	—	—	—	—	—	—
15. 屠宰税	581	604	536	626	—	—	—	—	—	—	—	—	—	—	—
16. 农业税	613	616	614	608	3972	4095	4372	1804	—	—	—	—	—	—	—
17. 农业特产税	807	704	704	662	80	98	—	—	—	—	—	—	—	—	—
（二）非税收入	940	1078	1196	1790	1350	2179	2319	4216	5490	5476	8950	10186	14196	15650	17851
1. 专项收入	163	223	305	301	376	347	461	495	569	796	1028	1405	1841	3148	3901
2. 行政事业性收费收入	—	—	—	—	—	214	324	1850	2712	2741	2936	2965	6174	4282	6620
3. 罚没收入	698	784	782	1215	844	957	1410	1711	1697	1824	3172	3721	4567	6869	6509
4. 国有资本经营收入	-10	6	-10	-10	—	—	—	—	450	60	1708	1687	1341	1333	475
5. 国有资源（资产）有偿使用收入	—	36	—	—	—	—	—	—	—	—	—	—	173	18	346
6. 其他收入	89	29	119	284	130	661	124	160	62	55	5	140	100	0	—
二、上划中央收入	3153	3383	3566	4764	5997	5739	6321	7496	9167	12800	18295	25625	29816	42994	72414
1. 国内增值税	3053	3275	3429	4680	5222	5010	5485	5763	7556	10186	13732	17979	22009	30063	48322
2. 消费税	100	108	137	84	48	24	34	10	4	4	3	—	7	15	184

续表 25

项目 \ 年份	1997	1998	1999	2000	2001	2002	2003	2004	2005	2006	2007	2008	2009	2010	2011
3. 企业所得税	—	—	—	—	336	269	224	933	878	1582	3341	6053	5883	9907	18271
4. 个人所得税	—	—	—	—	391	436	578	790	729	1028	1219	1593	1917	3009	5637
三、基金收入	—	104	378	177	676	1350	2864	4119	3723	5921	9947	12101	23876	33014	33011
1. 政府性基金收入	—	—	—	—	—	—	—	—	—	—	3494	3482	12542	19855	15070
2. 缴库社保基金收入	—	—	—	—	—	—	—	—	—	—	6453	8619	11334	13159	17941
财政总收入	9569	11004	11992	14430	18086	20537	24506	27452	30052	39572	60824	83489	120291	172606	238524
1. 国税部门收入	4170	4475	4709	6324	7011	6882	7456	8346	10803	14290	19499	26634	33612	46304	74158
2. 地税部门收入	2914	3571	3921	4284	4588	5446	6110	7495	9126	13233	20845	31534	12260	75892	113506
3. 财政部门收入	2485	2958	3362	3822	6487	8209	10940	11611	10123	12049	20480	25321	74419	50410	50860

2012—2020 年宿迁市宿豫区财政收入分项统计表

表 26　　单位：万元

项目＼年份	2012	2013	2014	2015	2016	2017	2018	2019	2020
一、一般预算收入	176340	189583	208213	235508	230199	188019	194578	205069	276688
1. 国税部门收入	24411	32552	31340	33924	56824	115356	107221	188595	264768
2. 地税部门收入	131166	137016	156140	181081	147107	57904	70538		
3. 财政部门收入	20763	20015	20733	20503	26268	14759	16819	16474	11920
（一）财税收入	152069	165873	183322	206850	185475	173260	177759	188595	264768
1. 增值税	18195	26702	25831	29141	48230	58999	90869	77083	106967
2. 营业税	59742	67197	72744	81517	48924	–695	43	0	—
3. 企业所得税	10815	9548	9141	7105	9116	59961	21228	46796	36051
4. 个人所得税	6953	5289	6700	6209	6416	10504	14127	11089	21665
5. 资源税	5001	336	566	324	14	2017	0	0	—
6. 城市维护税	8096	8361	9240	10167	11161	9059	14416	11817	18641
7. 房产税	3055	3656	6774	9233	10195	3693	5182	7334	8653
8. 印花税	1672	1990	2031	2013	2003	3437	3086	2602	4278
9. 城镇土地使用税	7122	6869	6674	6260	6056	5914	5596	5922	6696
10. 土地增值税	12661	19962	24780	33948	26728	9633	11139	7311	28873
11. 车船税	364	1028	1532	1332	1838	2446	2583	2722	3550
12. 耕地占用税	547	212	0	–89	368	127	0	0	0
13. 契税	17846	14723	17309	19690	14426	8165	8740	14861	28060

续表 26

项目 \ 年份	2012	2013	2014	2015	2016	2017	2018	2019	2020
14. 固投方向调节税	0	0	0	0	0	0	0	0	—
15. 屠宰税	0	0	0	0	0	0	0	0	—
16. 农业税	0	0	0	0	0	0	0	0	—
17. 农业特产税	0	0	0	0	0	0	0	0	—
环境保护税	0	0	0	0	0	0	750	986	1046
其他税收收入	0	0	0	0	0	0	0	72	288
（二）非税收入	24271	23710	24891	28658	44724	14759	16819	16474	11920
1. 专项收入	3954	4290	6226	9363	10118	7157	11175	9659	14254
2. 行政事业性收费收入	6010	9180	10608	10567	11210	3664	3353	2582	0
3. 罚没收入	4888	7114	7126	7111	22325	2098	2221	3002	-3000
4. 国有资本经营收入	5425	2870	900	0	0	0	0	0	0
5. 国有资源（资产）有偿使用收入	27	26	31	892	775	382	70	195	114
6. 其他收入	3967	230	0	725	296	1458	0	1036	552
二、上划中央收入	81280	82585	70437	65120	79042	174328	154071	172530	201653
1. 国内增值税	53756	59373	44228	41892	47646	58482	90912	77082	106967
2. 消费税	872	956	2446	3256	8099	10149	10126	8620	8112
3. 企业所得税	16223	14322	13712	10658	13673	89940	31843	70194	54077
4. 个人所得税	10429	7934	10051	9314	9624	15757	21190	16634	32497
三、基金收入	54530	47901	52336	169149	133376	283910	305694	455940	403102

续表 26

项目＼年份	2012	2013	2014	2015	2016	2017	2018	2019	2020
1. 政府性基金收入	33271	22644	32455	42793	11369	112018	105459	220876	318699
2. 缴库社保基金收入	21259	25257	19881	126356	122007	171892	200235	235064	84403
财政总收入	312150	320069	330986	469777	442617	646257	654343	833539	881443
其中：国税部门收入	88363	101653	86278	94306	126201	269678	233988	361125	466421
地税部门收入	144990	146801	167483	185819	156772	77910	97842		
财政部门收入	78797	71615	77225	189652	159644	298669	322513	472414	415022

1997—2011 年宿迁市宿城区财政收入分项统计表

表 27　　单位：万元

项目＼年份	1997	1998	1999	2000	2001	2002	2003	2004	2005	2006	2007	2008	2009	2010	2011
一、一般预算收入	4177	3746	4175	5037	5552	7698	10958	17115	23136	33152	54271	75863	106545	139223	158630
其中：国税部门收入	—	—	—	—	—	—	—	—	—	6947	10333	14505	17689	19572	13527
地税部门收入	—	—	—	—	—	—	—	—	—	20095	35171	44168	62748	95171	122938
财政部门收入	—	—	—	—	—	—	—	—	—	6110	8767	17190	26108	24480	22165
（一）税收收入	4000	3438	3764	4634	5090	6720	10101	14648	19767	27256	46349	61196	85389	111978	136464
1. 增值税	1112	1130	1214	1478	1890	2056	2109	2480	4366	6348	8678	12438	15818	15333	7541
2. 营业税	600	368	989	1006	1360	2151	4373	5944	8363	10761	17042	18914	26978	34299	47804
3. 企业所得税	1257	686	617	690	424	403	483	1132	2261	3615	9213	12489	17790	23640	21194

续表 27

项目＼年份	1997	1998	1999	2000	2001	2002	2003	2004	2005	2006	2007	2008	2009	2010	2011
4. 个人所得税	338	560	276	414	231	254	203	513	659	803	1395	2091	2545	3783	11871
5. 资源税	6	12	8	6	6	2	2	16	2	5	6	6	6	4	3
6. 城市维护税	359	189	30	46	142	263	561	1152	2053	2957	3785	5368	7196	8320	8317
7. 房产税	60	84	173	211	153	254	277	448	638	585	690	949	1199	1827	2223
8. 印花税	2	9	19	28	38	54	80	185	226	276	416	540	747	1054	1532
9. 城镇土地使用税	15	24	31	35	81	92	85	138	229	1253	995	2096	2789	3089	3431
10. 土地增值税	—	—	—	—	54	188	159	530	808	425	2958	2500	4425	6834	11717
11. 车船税	26	18	19	56	22	32	2	16	13	14	326	1282	945	1189	2148
12. 耕地占用税	49	193	183	223	187	63	196	51	59	22	57	1046	2760	7541	1698
13. 契税	25	46	41	205	240	711	1340	636	90	192	788	1477	2191	5065	16985
14. 固投方向调节税	35	12	47	113	1	—	—	—	—	—	—	—	—	—	—
15. 屠宰税	23	19	31	54	—	—	—	—	—	—	—	—	—	—	—
16. 农业税	58	54	54	45	250	193	231	1407	—	—	—	—	—	—	—
17. 农业特产税	35	34	32	24	11	4	—	—	—	—	—	—	—	—	—
（二）非税收入	177	308	411	403	462	978	857	2467	3369	5896	7922	14667	21156	27245	22166
1. 专项收入	83	120	171	183	230	311	270	601	1342	1571	2043	2938	4113	4762	4306
2. 行政事业性收费收入	—	—	—	—	—	506	494	1755	1630	2749	2669	4788	4514	2970	3020

续表 27

年份 项目	1997	1998	1999	2000	2001	2002	2003	2004	2005	2006	2007	2008	2009	2010	2011
3. 罚没收入	79	172	230	206	224	158	65	77	346	1175	2263	2099	3573	6841	2269
4. 国有资本经营收入	—	—	—	—	—	—	—	—	—	—	500	2634	700	2674	682
5. 国有资源（资产）有偿使用收入	—	6	—	—	—	—	—	—	—	—	113	93	3381	2079	3952
6. 其他收入	15	10	10	14	8	3	28	34	51	401	334	2115	4875	7919	7937
二、上划中央收入	3737	3791	3688	4449	6376	7336	7865	18254	30845	41560	65078	92850	122212	145878	132737
1. 国内增值税	3337	3391	3643	4432	5670	6168	6326	9206	13098	19043	26034	37314	47453	45999	22623
2. 消费税	400	400	45	17	52	511	509	6581	13366	15889	23131	33666	44256	58744	60517
3. 企业所得税	—	—	—	—	423	403	725	1698	3392	5423	13820	18733	26685	35460	31791
4. 个人所得税	—	—	—	—	231	254	305	769	989	1205	2093	3137	3818	5675	17806
三、基金收入	—	7	155	154	52	634	2245	3220	3798	6727	12614	17047	21164	46414	58181
1. 政府性基金收入	—	—	—	—	—	—	—	—	—	—	3181	9400	9924	32623	38602
2. 缴库社保基金收入	—	—	—	—	—	—	—	—	—	—	9433	7647	11240	13791	19579
财政总收入	7914	7544	8018	9640	11980	15668	21068	38589	57779	81439	131963	185760	249921	331515	349548
1. 国税部门收入	4849	4921	4902	5927	7612	8829	9355	19097	32458	42908	60326	86519	112206	129191	105646
2. 地税部门收入	2721	1981	2240	2659	3166	4256	6844	11711	18005	25694	50256	65004	90443	126393	163557
3. 财政部门收入	344	642	876	1054	1202	2583	4869	7781	7316	12837	21381	34237	47272	75931	80345

1997—2020 年宿迁市宿城区财政收入分项统计表

表 28　　单位：万元

项目＼年份	2012	2013	2014	2015	2016	2017	2018	2019	2020
一、一般预算收入	185373	209333	238828	243738	238245	200909	189998	200061	207467
其中：国税部门收入	15436	18223	15503	13745	34447	57594	65745	164798	184711
地税部门收入	143386	165601	195915	195410	155346	92540	91557		
财政部门收入	26551	25509	27410	34583	48452	50775	32696	35263	22756
（一）财税收入	155917	180088	207221	202479	179891	144656	157302	164798	184711
1. 增值税	7571	10548	10322	9314	32049	49890	59368	64044	65717
2. 营业税	69197	90348	105573	94979	48190	509	194	—	—
3. 企业所得税	16034	10455	8461	6190	8039	14679	14586	12248	15009
4. 个人所得税	10860	15382	13409	12287	12238	11023	12534	15189	19247
5. 资源税	1	2	2	1	—	—	—	—	—
6. 城市维护税	6564	7907	8892	8870	8387	7592	8863	9458	10169
7. 房产税	2906	3679	4891	13680	9822	12016	5340	8835	10911
8. 印花税	1581	2276	2480	2355	2375	2556	2162	2245	2664
9. 城镇土地使用税	4016	3998	4472	5260	4860	6151	5431	4711	4711
10. 土地增值税	14861	18664	25746	34509	34449	27083	32151	24362	26642
11. 车船税	2416	2441	2739	172	172	1161	3831	2276	1852
12. 耕地占用税	3579	2152	204	63	526	4391	4312	11460	162
13. 契税	16331	12236	20030	14799	18784	7605	8499	9620	26457

续表 28

项目＼年份	2012	2013	2014	2015	2016	2017	2018	2019	2020
14. 固投方向调节税	—	—	—	—	—	—	—	—	—
15. 屠宰税	—	—	—	—	—	—	—	—	—
16. 农业税	—	—	—	—	—	—	—	—	—
17. 农业特产税	—	—	—	—	—	—	—	—	—
环境保护税	—	—	—	—	—	—	31	391	745
其他税收收入	—	—	—	—	—	—	—	–41	425
（二）非税收入	29456	29245	31607	41259	58354	56253	32696	35263	22756
1. 专项收入	3284	4164	4590	11936	7226	5467	7044	6984	7550
2. 行政事业性收费收入	6579	7488	5465	9092	8029	10236	3671	3282	0
3. 罚没收入	4130	3458	3050	2585	2427	9884	5324	5750	767
4. 国有资本经营收入	—	—	—	—	—	—	—	—	—
5. 国有资源（资产）有偿使用收入	5352	3068	4696	8131	36617	26036	14095	13924	14439
6. 其他收入	10111	11067	13806	9515	4055	4630	2562	5323	0
二、上划中央收入	63213	65307	57594	51171	70565	90835	102410	106956	118525
1. 国内增值税	21241	24450	22614	21630	38201	50519	59562	64044	65716
2. 消费税	1630	2103	2174	1825	1948	1763	2168	1755	1428
3. 企业所得税	24051	15681	12692	9285	12059	22018	21879	18373	22509
4. 个人所得税	16291	23073	20114	18431	18357	16535	18801	22784	28872
三、基金收入	81275	108928	127223	162571	414150	321945	275268	394271	369672

续表 28

项目＼年份	2012	2013	2014	2015	2016	2017	2018	2019	2020
1. 政府性基金收入	61318	87204	107177	70325	294016	151660	66752	172434	310981
2. 缴库社保基金收入	19957	21724	20046	92246	120134	170285	208516	221837	58691
财政总收入	329861	383568	423645	457480	722960	613689	567676	701288	695664
其中：国税部门收入	50105	56289	48063	46485	86655	131894	149354	271754	303236
地税部门收入	169025	189108	216752	213841	173703	109075	110358		
财政部门收入	110731	138171	158830	197154	462602	372720	307964	429534	392428

1949—1996 年宿迁市泗阳县财政收入分项统计表

表 29

单位：万元

项目＼年份	财政总收入	税收收入						企业收入	国有企业计划亏补	专项收入	预算调节基金	其他		
		小计	工商税	农业四税								罚没及行政收费	债务收入	其他收入
				农业税	农林特产税	耕地占用税	契税							
1949	151	143.1	0.9	142.2	—	—	—	—	—	—	—	—	—	7.9
1950	110.1	110.1	10.4	99.7	—	—	—	—	—	—	—	—	—	—
1951	254.57	254.57	43.5	211.07	—	—	—	—	—	—	—	—	—	—
1952	266.4	266.4	84.6	181.8	—	—	—	—	—	—	—	—	—	—
1953	262	251.4	155.9	95.5	—	—	—	—	—	—	—	—	—	10.6

续表 29

项目 年份	财政总收入	税收收入						企业收入	国有企业计划亏补	专项收入	预算调节基金	其他		
		小计	工商税	农业四税								罚没及行政收费	债务收入	其他收入
				农业税	农林特产税	耕地占用税	契税							
1954	500.47	500.47	308.2	192.27	—	—	—	—	—	—	—	—	—	—
1955	605.8	605.8	368	237.8	—	—	—	—	—	—	—	—	—	—
1956	464	453	365.6	87.4	—	—	—	—	—	—	—	—	1.8	9.2
1957	484.03	449.93	343	106.93	—	—	—	—	—	—	—	—	2.1	32
1958	893.99	585.09	427.9	157.19	—	—	—	—	—	—	—	—	10.3	298.6
1959	763.97	557.27	368	189.27	—	—	—	—	—	—	—	—	—	206.7
1960	1035.99	677.39	470.3	207.09	—	—	—	—	—	—	—	—	—	358.6
1961	610	495.5	393.2	102.3	—	—	—	—	—	—	—	—	—	114.5
1962	453.97	438.87	361.6	77.27	—	—	—	—	—	—	—	—	—	15.1
1963	398.96	386.66	334.2	52.46	—	—	—	—	—	—	—	—	—	12.3
1964	1264	506.5	368.2	138.3	—	—	—	—	—	—	—	—	—	757.5
1965	921	645.9	508.8	137.1	—	—	—	—	—	—	—	—	—	275.1
1966	641.02	536.02	381.2	154.82	—	—	—	—	—	—	—	—	—	105
1967	633.03	581.33	423.1	158.23	—	—	—	—	—	—	—	—	—	51.7

续表 29

项目 年份	财政总收入	税收收入						企业收入	国有企业计划亏补	专项收入	预算调节基金	其他		
		小计	工商税	农业四税								罚没及行政收费	债务收入	其他收入
				农业税	农林特产税	耕地占用税	契税							
1968	752	628.9	465.3	163.6	—	—	—	—	—	—	—	—	—	123.1
1969	1137.04	709.04	539.5	169.54	—	—	—	—	—	—	—	—	—	428
1970	986.06	769.36	597.5	171.86	—	—	—	—	—	—	—	—	—	216.7
1971	890.02	823.42	685.5	137.92	—	—	—	—	—	—	—	—	—	66.6
1972	972.13	972.13	804.9	167.23	—	—	—	—	—	—	—	—	—	—
1973	1327.97	1113.97	949.2	164.77	—	—	—	—	—	—	—	—	—	214
1974	1359.03	1167.73	1013.4	154.33	—	—	—	—	—	—	—	—	—	191.3
1975	1609.95	1346.85	1187.7	159.15	—	—	—	—	—	—	—	—	—	263.1
1976	1547.03	1400.83	1247.5	153.33	—	—	—	—	—	—	—	—	—	146.2
1977	1705.99	1523.69	1382.3	141.39	—	—	—	—	—	—	—	—	—	182.3
1978	1762.97	1579.57	1433.1	146.47	—	—	—	—	—	—	—	—	—	183.4
1979	2059	1786.7	1722.2	64.5	—	—	—	—	—	—	—	—	—	272.3
1980	1699	1699	1630.5	68.5	—	—	—	—	—	—	—	—	—	—
1981	2064.8	2064.8	1994.9	69.9	—	—	—	—	—	—	—	—	—	—
1982	2694.3	2694.3	2624.7	69.6	—	—	—	—	—	—	—	—	—	—

续表 29

项目/年份	财政总收入	税收收入						企业收入	国有企业计划亏补	专项收入	预算调节基金	其他		
		小计	工商税	农业四税								罚没及行政收费	债务收入	其他收入
				农业税	农林特产税	耕地占用税	契税							
1983	3217.5	3217.5	3063.7	153.8	—	—	—	—	—	—	—	—	—	—
1984	3740.7	3740.7	3566.5	174.2	—	—	—	—	—	—	—	—	—	—
1985	5118.47	5118.47	4901.4	217.07	—	—	—	—	—	—	—	—	—	—
1986	5113.9	5090.1	5067.4	22.7	—	—	—	—	—	—	—	—	—	23.8
1987	5688.5	5646.1	5620.3	25.8	—	—	—	—	—	—	—	—	—	42.4
1988	7978.9	7867.3	7842.7	24.6	—	—	—	—	—	—	—	—	—	111.6
1989	6157	6384	6058	268	35	23	—	-349	—	41	—	51	—	30
1990	6863	7222	6901	238	63	20	—	-568	—	97	—	40	—	72
1991	7266	7324	7081	188	42	13	—	-329	—	147	—	49	—	75
1992	8630	8444	8004	338	59	33	10	-72	—	170	—	0	—	88
1993	14472	14524	14170	299	41	9	5	-300	—	161	—	34	—	53
1994	19310	19256	18311	526	153	255	11	-199	—	190	—	41	—	22
1995	21425	20628	19766	534	264	57	7	466	-7	234	17	87	—	—
1996	24535	22813	21780	760	234	26	13	1321	-10	263	—	88	—	60

1997—2011年宿迁市泗阳县财政收入分项统计表

表30　　　　单位：万元

项目＼年份	1997	1998	1999	2000	2001	2002	2003	2004	2005	2006	2007	2008	2009	2010	2011
一、一般预算收入	9524	10671	11201	12258	13415	16795	18447	15188	16303	25108	42074	61244	85593	125065	173330
1. 国税部门收入	—	—	—	—	—	—	—	—	—	2916	4268	6142	8509	13061	14437
2. 地税部门收入	—	—	—	—	—	—	—	—	—	10711	18116	29193	42916	82110	123010
3. 财政部门收入	—	—	—	—	—	—	—	—	—	11481	19690	25909	34168	29894	35883
（一）税收收入	8781	9455	9549	10703	11646	14088	13461	10825	11183	17766	31123	44240	66770	96563	137447
1. 增值税	3123	3306	2398	2467	2601	2098	2512	1699	1834	2725	3481	4314	6481	7345	10577
2. 营业税	784	1064	1093	1317	1671	2571	3059	3269	4621	7082	11993	19113	26813	39397	53507
3. 企业所得税	1710	806	891	1693	1429	424	409	587	287	583	1199	3025	3742	5090	7312
4. 个人所得税	388	604	653	649	312	368	350	451	484	651	973	1476	1959	2848	4359
5. 资源税	32	37	33	48	57	49	22	23	23	48	45	27	29	33	28
6. 城市维护税	872	947	1562	1263	765	2832	1202	581	520	932	1326	1859	2607	3627	4475
7. 房产税	212	461	501	525	428	456	264	206	194	293	462	626	827	1253	1575
8. 印花税	26	43	38	54	78	83	40	104	135	179	356	471	581	924	1258
9. 城镇土地使用税	34	41	44	56	127	124	96	50	54	227	741	1346	4504	2693	3390
10. 土地增值税	—	—	—	—	3	63	68	181	354	840	1710	2672	3513	8180	26521

续表 30

年份 项目	1997	1998	1999	2000	2001	2002	2003	2004	2005	2006	2007	2008	2009	2010	2011
11. 车船税	95	135	208	139	173	197	71	87	55	67	98	406	369	421	552
12. 耕地占用税	85	70	111	187	47	607	911	629	605	532	904	51	2228	2591	1016
13. 契税	37	57	86	81	87	179	463	1136	2017	3607	7835	8854	13117	22161	22877
14. 固投方向调节税	106	195	313	367	7	—	—	—	—	—	—	—	—	—	—
15. 屠宰税	237	448	465	588	10	—	—	—	—	—	—	—	—	—	—
16. 农业税	751	740	746	785	3604	3761	3994	1822	—	—	—	—	—	—	—
17. 农业特产税	289	501	407	484	247	276	—	—	—	—	—	—	—	—	—
（二）非税收入	743	1216	1652	1555	1769	2707	4986	4363	5120	7342	10951	17004	18823	28502	35883
1. 专项收入	518	421	575	548	659	340	859	592	634	927	1236	1531	1902	2669	3176
2. 行政事业性收费收入	—	24	4	9	2	992	2357	1797	2008	4018	5479	8574	7761	14047	19496
3. 罚没收入	232	625	1073	998	1108	1375	1756	1959	2453	2376	4104	4597	4700	8174	10608
4. 国有资本经营收入	-7	—	—	—	—	—	—	—	—	—	0	0	0	0	—
5. 国有资源（资产）有偿使用收入	—	146	—	—	—	—	—	—	—	—	132	102	267	51	37
6. 其他收入	—	—	—	—	—	—	14	15	25	21	0	2200	4193	3561	2566
二、上划中央收入	17377	18055	15001	14833	16382	12464	15589	10229	6667	10036	13722	19732	28047	34003	49306
1. 国内增值税	9368	9918	7193	7402	7802	6294	7535	5718	5503	8176	10443	12943	19444	22038	31731

续表 30

项目 \ 年份	1997	1998	1999	2000	2001	2002	2003	2004	2005	2006	2007	2008	2009	2010	2011
2. 消费税	8009	8137	7808	7431	6839	5378	6916	2954	7	9	20	39	51	58	68
3. 企业所得税	—	—	—	—	1429	424	613	881	431	874	1799	4537	5613	7635	10968
4. 个人所得税	—	—	—	—	312	368	525	676	726	977	1460	2213	2939	4272	6539
三、基金收入	—	146	1388	2603	1283	3894	1281	2600	3326	3921	16022	35767	54005	97336	124703
1. 政府性基金收入	—	—	—	—	—	—	—	—	—	—	12629	29946	42736	82223	101370
2. 缴库社保基金收入	—	—	—	—	—	—	—	—	—	—	3393	5821	11269	15113	23333
财政总收入	26901	28872	27590	29694	31080	33153	35317	28017	26296	39065	71818	116743	167645	256404	347339
其中：国税部门收入	20500	21361	17399	17300	17242	13776	16966	10376	7504	11196	15124	20038	31045	37369	52026
地税部门收入	4496	4781	5801	6699	6801	7953	6716	7091	7724	12467	20982	35029	50335	88351	134727
财政部门收入	1905	2730	4390	5695	7037	11424	11635	10550	11068	15402	35712	61676	86265	130684	160586

注：本表1988年以前年度财政收入数，系根据《沭阳县财政志（初稿）》记载的工商税收和农业税收数据整理。因分项收入上报时未能列全，原则上不改动县里报来的总收入数。但有部分年份县里上报的财政总收入小于工商税收和农业税收之和，适当调整总收入数；上报来的财政总收入数大于两税之和的，因无法分类，在其他收入栏轧差。

2012—2020 年宿迁市泗阳县财政收入分项统计表

表 31　　单位：万元

项目＼年份	2012	2013	2014	2015	2016	2017	2018	2019	2020
一、一般预算收入	217642	262854	300467	336780	333405	262089	254614	257503	266928
1. 国税部门收入	15461	19865	20075	19192	45574	90772	204641	208791	219221
2. 地税部门收入	162468	200909	233399	263514	208981	109343	—	—	—
3. 财政部门收入	39713	42080	46993	54074	78850	61974	49973	48712	47707
（一）财税收入	177929	220774	253474	282706	254555	200115	204641	208791	219221
1. 增值税	11581	15070	16410	16094	40884	84635	92270	99985	97587
2. 营业税	75713	115077	146406	184439	103044	184	-4	—	—
3. 企业所得税	7802	8053	8139	8705	9945	14122	22347	21852	24137
4. 个人所得税	4599	4126	4006	4954	5188	5852	6668	5480	6232
5. 资源税	2844	2305	1366	995	3401	3505	1309	—	—
6. 城市维护税	5944	8244	10141	12060	11446	8927	9908	10288	11607
7. 房产税	2228	2907	5088	4954	8441	9842	7112	7598	8494
8. 印花税	1615	2367	2723	3686	5300	2495	2471	2523	2871
9. 城镇土地使用税	3502	4199	5109	5709	8298	12181	10237	10293	10087
10. 土地增值税	33112	26604	27941	24049	35557	38511	25968	17748	20093
11. 车船税	759	946	1191	1445	1745	2019	2562	3044	3562
12. 耕地占用税	2864	—	—	267	7	19	4489	4901	4336

续表 31

项目 \ 年份	2012	2013	2014	2015	2016	2017	2018	2019	2020
13. 契税	25366	30876	24954	15349	21299	17823	18799	24406	29272
14. 固投方向调节税	—	—	—	—	—	—	—	—	—
15. 屠宰税	—	—	—	—	—	—	—	—	—
16. 农业税	—	—	—	—	—	—	—	—	—
17. 农业特产税	—	—	—	—	—	—	—	—	—
环境保护税	—	—	—	—	—	—	505	750	958
其他税收收入	—	—	—	—	—	—	—	-77	-15
（二）非税收入	39713	42080	46993	54074	78850	61974	49973	48712	47707
1. 专项收入	4545	5818	7259	13886	13605	10038	10852	11380	13884
2. 行政事业性收费收入	15998	13724	16766	23164	11795	13939	9783	19803	16260
3. 罚没收入	15427	11476	13483	11265	15426	9846	9548	10289	7532
4. 国有资本经营收入	0	0	0	0	0	0	0	0	0
5. 国有资源（资产）有偿使用收入	0	0	0	0	37974	28151	19790	7240	9953
6. 其他收入	3743	11062	9485	5759	50	0	0	0	78
二、上划中央收入	52851	59299	67691	71161	108370	123748	109917	114154	162169
1. 国内增值税	34099	40816	41353	38871	73833	84819	54477	60453	97586
2. 消费税	150	214	8120	11801	11837	8968	11917	12703	19029
3. 企业所得税	11703	12080	12209	13058	14918	21183	33521	32778	36206
4. 个人所得税	6899	6189	6009	7431	7782	8778	10002	8220	9348

续表 31

项目＼年份	2012	2013	2014	2015	2016	2017	2018	2019	2020
三、基金收入	164550	178489	238908	348679	333124	413139	482599	604418	649932
1. 政府性基金收入	137840	145607	207681	200600	168368	164274	217988	323217	433767
2. 缴库社保基金收入	26710	32882	31227	148079	164756	248865	264611	281201	216165
财政总收入	435043	500642	607066	756620	774899	798976	847130	976075	1079029
1. 国税部门收入	55530	68095	75048	74511	112946	194989	352347	362400	381376
2. 地税部门收入	175250	211985	246118	279356	249980	128874			
3. 财政部门收入	204263	220562	285900	402753	411973	475113	494783	613675	697653

1949—1996 年宿迁市泗洪县财政收入分项统计表

表 32　　单位：万元

项目＼年份	财政总收入	税收收入						企业收入	国有企业计划亏补	专项收入	预算调节基金	其他		
		小计	工商税	农业四税								罚没及行政收费	债务收入	其他收入
				农业税	农林特产税	耕地占用税	契税							
1949	143.4	133.9	17.5	116.4	—	—	—	—	—	—	—	—	—	9.5
1950	124.2	115.7	21.9	93.8	—	—	—	—	—	—	—	—	—	8.5
1951	160.9	149.4	27.4	122	—	—	—	—	—	—	—	—	—	11.5
1952	155.3	138.8	52.3	86.5	—	—	—	—	—	—	—	—	—	16.5
1953	227.4	204.1	80.2	123.9	—	—	—	—	—	—	—	—	—	23.3

续表 32

项目/年份	财政总收入	税收收入							企业收入	国有企业计划亏补	专项收入	预算调节基金	其他		
		小计	工商税	农业四税									罚没及行政收费	债务收入	其他收入
				农业税	农林特产税	耕地占用税	契税								
1954	385.0	342.9	150.9	192	—	—	—	—	—	—	—	—	—	42.1
1955	446.4	420.9	190.1	230.8	—	—	—	—	—	—	—	—	—	25.5
1956	259.8	250.7	148.7	102	—	—	—	1.3	—	—	—	—	4.1	3.7
1957	327.4	312.7	148.9	163.8	—	—	—	7.2	—	—	—	—	5.1	2.4
1958	578.9	408.4	186.4	222	—	—	—	89.1	—	—	—	—	13.8	67.6
1959	580.6	395.8	199.7	196.1	—	—	—	175.2	—	—	—	—	—	9.6
1960	556.7	404.8	268.6	136.2	—	—	—	129	—	—	—	—	—	22.9
1961	499.2	411.4	257.1	154.3	—	—	—	81.7	—	—	—	—	—	6.1
1962	369.7	354.4	250.9	103.5	—	—	—	6.1	—	—	—	—	—	9.2
1963	291.6	271.0	234.7	36.3	—	—	—	14.2	—	—	—	—	—	6.4
1964	367.0	365.5	235	130.5	—	—	—	−3.9	—	—	—	—	—	5.4
1965	442.2	417.5	309.9	107.6	—	—	—	17.3	—	—	—	—	—	7.4
1966	451.0	426.2	255.3	170.9	—	—	—	20.1	—	—	—	—	—	4.7
1967	530.5	523.1	343.2	179.9	—	—	—	4.4	—	—	—	—	—	3.0

续表 32

项目 年份	财政总收入	税收收入							企业收入	国有企业计划亏补	专项收入	预算调节基金	其他		
		小计	工商税	农业四税									罚没及行政收费	债务收入	其他收入
				农业税	农林特产税	耕地占用税	契税								
1968	559.4	541.3	362.4	178.9	—	—	—	15	—	—	—	—	—	3.1
1969	535.3	524.0	366	158	—	—	—	7.2	—	—	—	—	—	4.1
1970	735.8	630.6	437.2	193.4	—	—	—	99.7	—	—	—	—	—	5.5
1971	452.5	656.9	481.2	175.7	—	—	—	–207.7	—	—	—	—	—	3.3
1972	418.8	717.6	543.6	174.0	—	—	—	–305.1	—	—	—	—	—	6.3
1973	866.4	773.5	582.1	191.4	—	—	—	87.8	—	—	—	—	—	5.1
1974	895.8	817.2	646.5	170.7	—	—	—	76	—	—	—	—	—	2.6
1975	1019.4	876.5	703.9	172.6	—	—	—	139.7	—	—	—	—	—	3.2
1976	1081.0	979.1	787.1	192	—	—	—	98.4	—	—	—	—	—	3.5
1977	1225.8	1100.1	931.2	168.9	—	—	—	122.4	—	—	—	—	—	3.3
1978	1286.3	1111.7	965.8	145.9	—	—	—	169.7	—	—	—	—	—	4.9
1979	1121.6	1133.4	1072.3	61.1	—	—	—	–14.9	—	—	—	—	—	3.1
1980	1229.6	1172.7	1109.3	63.4	—	—	—	53.6	—	—	—	—	—	3.3
1981	1489.5	1421.9	1349.7	72.2	—	—	—	63.9	—	—	—	—	—	3.7

续表 32

项目 年份	财政总收入	税收收入						企业收入	国有企业计划亏补	专项收入	预算调节基金	其他		
		小计	工商税	农业四税								罚没及行政收费	债务收入	其他收入
				农业税	农林特产税	耕地占用税	契税							
1982	2304.3	2117.4	2042.4	75	—	—	—	178.5	—	—	—	—	—	8.4
1983	2348.0	2224.6	2048.2	176.4	—	—	—	118.2	—	0.2	—	—	—	5.0
1984	2517.8	2332.3	2139.5	192.8	—	—	—	158.3	—	22.9	—	—	—	4.3
1985	3276.3	2860.9	2614.9	246	—	—	—	378.2	—	29.9	—	—	—	7.3
1986	3441.2	3194.5	2968.4	226.1	—	—	—	193	—	39.2	—	—	—	14.5
1987	3954.3	3579.1	3319.7	259.4	—	—	—	327.8	—	34	—	—	—	13.4
1988	4796.1	4363.0	4043.3	319.7	—	—	—	351.2	—	40	—	—	—	41.9
1989	4183.2	5076.6	4702.9	373.7	—	—	—	−1076.1	—	60	24	—	—	98.7
1990	4689.3	5483.3	5114.2	271.1	72.7	25.3	—	−1132	—	156.4	49.3	—	—	132.3
1991	5571.6	6257.8	6003.2	198.1	40.3	16.2	—	−1117.5	—	210.4	88.2	—	—	132.7
1992	7584.8	7673.4	7185.4	348.6	80	52.3	7.1	−615.4	—	253.8	85.5	—	—	187.5
1993	13757.0	13977.0	13492	328	85	65	7	−738	—	294	66	—	—	158.0
1994	18726.0	18548.0	17695.0	481.0	128.0	231.0	13.0	−657.0	—	494.0	24.0	—	—	317.0
1995	21568.0	20463.0	19400.0	596.0	363.0	81.0	23.0	−42.0	—	649.0	18.0	—	—	480.0
1996	25423.0	24129	22431	831	744	100	23	—	—	634	—	—	—	660

1997—2011年宿迁市泗洪县财政收入分项统计表

表33　　　　单位：万元

项目 \ 年份	1997	1998	1999	2000	2001	2002	2003	2004	2005	2006	2007	2008	2009	2010	2011
一、一般预算收入	11498	12537	12396	13717	15083	14637	16249	15569	18853	27800	44347	67109	96634	132628	148848
其中：国税部门收入	—	—	—	—	—	—	—	—	—	3914	4782	8346	10764	13973	13938
地税部门收入	—	—	—	—	—	—	—	—	—	13342	23674	33726	50776	85006	92302
财政部门收入	—	—	—	—	—	—	—	—	—	10544	15891	25037	35094	33649	42608
（一）税收收入	9595	10648	10555	11502	12490	13219	13503	12631	13294	20792	33566	51071	74415	103031	106241
1. 增值税	2525	2418	2357	2372	1975	1535	1803	1795	2208	3752	4087	6213	8279	9157	10437
2. 营业税	617	1054	1539	1680	2715	3067	3224	4446	5929	7971	14587	20235	34374	37984	32063
3. 企业所得税	2272	1570	1682	2098	1226	887	795	659	471	595	1420	4561	3402	6825	10501
4. 个人所得税	474	600	700	710	427	405	373	450	543	774	1186	1779	1777	3552	9399
5. 资源税	5	16	12	14	38	110	72	73	73	73	73	2	10	5	46
6. 城市维护税	1012	1051	925	1051	427	991	1082	585	1440	2010	2962	3456	5892	5549	5716
7. 房产税	146	284	267	309	355	410	421	445	457	519	552	840	788	1187	1612
8. 印花税	10	39	39	44	46	95	105	105	135	212	414	460	643	1062	1161
9. 城镇土地使用税	57	69	56	96	98	188	189	124	126	206	824	1451	1397	1953	2198
10. 土地增值税	—	—	—	—	8	27	38	186	431	1073	2285	2663	4565	8205	8988
11. 车船税	158	105	111	123	147	166	103	69	70	71	66	412	414	435	696
12. 耕地占用税	44	981	219	153	50	28	141	1	—	1145	0	718	911	5901	167
13. 契税	27	77	116	150	113	180	556	838	1411	2391	5110	8281	11963	21216	23257

续表 33

项目　　年份	1997	1998	1999	2000	2001	2002	2003	2004	2005	2006	2007	2008	2009	2010	2011
14. 固投方向调节税	124	189	281	293	—	—	—	—	—	—	—	—	—	—	—
15. 屠宰税	297	455	438	509	1	—	—	—	—	—	—	—	—	—	—
16. 农业税	813	808	794	786	4389	4584	4601	2855	—	—	—	—	—	—	—
17. 农业特产税	1014	932	1019	1114	475	546	—	—	—	—	—	—	—	—	—
（二）非税收入	1903	1889	1841	2215	2593	1418	2746	2938	5559	7008	10781	16038	22219	29597	42607
1. 专项收入	731	897	853	628	624	245	648	594	887	1502	1776	2167	2842	3820	4403
2. 行政事业性收费收入	29	—	150	300	280	552	792	732	1903	2230	4334	8226	13601	17681	31108
3. 罚没收入	643	945	573	954	1075	610	939	1375	2355	3094	4441	5116	5165	7298	6466
4. 国有资本经营收入	—	—	—	—	—	—	—	—	—	—	0	0	0	0	—
5. 国有资源（资产）有偿使用收入	—	—	—	—	—	—	—	—	—	—	230	196	508	532	210
6. 其他收入	500	47	265	333	614	11	367	237	414	182	0	333	103	266	420
二、上划中央收入	16575	18156	15789	15382	15962	12556	14137	14707	22061	27559	31127	44802	55617	73904	101820
1. 国内增值税	7575	7255	7071	7116	5924	4604	5409	5679	6624	11257	12260	18639	24837	27470	31311
2. 消费税	9000	10901	8718	8266	8386	6660	6976	7365	13916	14250	14958	16653	23012	30868	40658
3. 企业所得税	—	—	—	—	1225	887	1193	989	707	892	2130	6842	5103	10238	15753
4. 个人所得税	—	—	—	—	427	405	559	674	814	1160	1779	2668	2665	5328	14098
三、基金收入	—	177	1044	1470	999	1156	3178	2962	3281	5109	9482	31102	55968	109365	129936
1. 政府性基金收入	—	—	—	—	—	—	—	—	—	—	4823	26602	46879	95690	108526
2. 缴库社保基金收入	—	—	—	—	—	—	—	—	—	—	4659	4500	9089	13675	21410

续表 33

项目＼年份	1997	1998	1999	2000	2001	2002	2003	2004	2005	2006	2007	2008	2009	2010	2011
财政总收入	28073	30870	29229	30569	32044	28349	33564	33238	44195	60468	84956	143013	208219	315897	380604
其中：国税部门收入	19100	20574	18146	17754	16285	12807	14216	14944	23090	29502	32348	44704	62341	74800	91159
地税部门收入	5172	5432	6050	6927	7140	7630	8126	8700	10854	15313	27235	42170	23614	92765	116901
财政部门收入	3801	4864	5033	5888	8619	7912	11222	9594	10251	15653	25373	56139	122264	148332	289444

2012—2020 年宿迁市泗洪县财政收入分项统计表

表 34

单位：万元

项目＼年份	2012	2013	2014	2015	2016	2017	2018	2019	2020
一、一般预算收入	197594	241758	280079	315879	317476	263386	260279	263205	273054
其中：国税部门收入	18567	19922	22252	23455	43822	73620	209596	213352	224175
地税部门收入	134018	179904	215640	243705	210437	127360	—	—	—
财政部门收入	45009	41932	42187	48719	63217	62406	50683	49853	48879
（一）财税收入	152585	199826	237892	267160	254259	200980	209596	213352	224175
1. 增值税	15518	16238	19245	20799	41225	67890	77087	98887	88901
2. 营业税	57049	94019	110786	107475	58809	311	670	—	—
3. 企业所得税	18758	19732	19419	18417	15118	21620	27715	31936	38704
4. 个人所得税	4604	6372	7292	5981	4979	6030	6993	7526	6413
5. 资源税	8	183	512	2459	5829	4368	3849	544	0

续表 34

项目 \ 年份	2012	2013	2014	2015	2016	2017	2018	2019	2020
6. 城市维护税	7683	8879	10358	10116	9704	8333	9602	10541	10750
7. 房产税	5712	4302	7405	9729	26840	18976	19708	10557	7613
8. 印花税	1433	2303	2501	4077	2061	1957	2066	2308	2928
9. 城镇土地使用税	3762	5857	6731	7692	14454	15442	15370	7921	6413
10. 土地增值税	10147	18275	19712	44421	61985	38257	26805	11600	24535
11. 车船税	1353	1225	1191	1391	1626	1872	2263	2778	3263
12. 耕地占用税	1420	60	1106	402	48	1	—	5186	507
13. 契税	25138	22381	31634	34201	11581	15923	17109	21924	32133
14. 固投方向调节税	—	—	—	—	—	—	—	—	—
15. 屠宰税	—	—	—	—	—	—	—	—	—
16. 农业税	—	—	—	—	—	—	—	—	—
17. 农业特产税	—	—	—	—	—	—	—	—	—
环境保护税	—	—	—	—	—	—	359	1539	1736
其他税收收入	—	—	—	—	—	—	—	105	279
（二）非税收入	45009	41932	42187	48719	63217	62406	50683	49853	48879
1. 专项收入	5284	6204	7088	12932	11898	9474	10466	12059	12072
2. 行政事业性收费收入	29525	22962	16431	21749	31079	36269	21988	21007	18243
3. 罚没收入	9107	11853	16063	11679	9391	9578	8048	8165	9052
4. 国有资本经营收入	0	0	0	0	0	0	0	0	0

续表 34

项目 \ 年份	2012	2013	2014	2015	2016	2017	2018	2019	2020
5. 国有资源（资产）有偿使用收入	656	913	2481	2349	10348	6360	8841	8059	9176
6. 其他收入	437	0	124	10	501	725	1340	563	336
二、上划中央收入	120558	114961	122157	124958	133564	144409	168158	202084	193334
1. 国内增值税	45378	39339	45699	52776	65802	68201	77757	98887	88901
2. 消费税	40137	36466	36391	35584	37617	34733	38339	44004	36757
3. 企业所得税	28137	29598	29129	27626	22677	32430	41573	47904	58056
4. 个人所得税	6906	9558	10938	8972	7468	9045	10489	11289	9620
三、基金收入	197804	291385	400785	316122	304963	371277	463704	546280	615066
1. 政府性基金收入	172454	263938	376254	165210	145000	147266	208606	276072	435888
2. 缴库社保基金收入	25350	27447	24531	150912	159963	224011	255098	270208	179178
财政总收入	515956	648104	803021	756959	756003	779072	892141	1011569	1081454
其中：国税部门收入	108656	101250	108853	115799	144697	185480	377320	415436	417509
地税部门收入	164490	213537	251196	276318	243126	159909			
财政部门收入	242810	333317	442972	364842	368180	433683	514821	596133	663945

1949—1996 年宿迁市沭阳县财政收入分项统计表

表 35

单位：万元

项目 年份	财政总收入	税收收入							企业收入	国有企业计划亏补	专项收入	预算调节基金	其他		
		小计	工商税	农业四税									罚没及行政收费	债务收入	其他收入
				农业税	农林特产税	耕地占用税	契税								
1949	106.00	106.00	—	106.00	—	—	—	—	—	—	—	—	—	0.00
1950	340.00	124.80	0.100	124.70	—	—	—	—	—	—	—	—	—	215.20
1951	546.00	523.50	1.90	521.60	—	—	—	2.20	—	—	—	—	—	20.30
1952	508.00	419.10	6.70	412.40	—	—	—	5.30	—	—	—	—	—	83.60
1953	413.00	268.70	10.60	258.10	—	—	—	0.70	—	—	—	—	—	143.60
1954	531.70	524.40	169.50	354.90	—	—	—	0.20	—	—	—	—	—	7.10
1955	540.80	534.20	179.90	354.30	—	—	—	0.70	—	—	—	—	—	5.90
1956	428.50	417.80	178.20	239.60	—	—	—	1.90	—	—	—	—	3.80	5.00
1957	443.10	426.40	173.30	253.10	—	—	—	7.00	—	—	—	—	5.40	4.30
1958	636.10	483.10	232.00	251.10	—	—	—	126.60	—	—	—	—	21.70	4.70
1959	856.30	592.90	219.40	373.50	—	—	—	258.60	—	—	—	—	—	4.80
1960	860.30	609.70	265.70	344.00	—	—	—	241.60	—	—	—	—	—	9.00
1961	700.10	579.10	302.60	276.50	—	—	—	116.10	—	—	—	—	—	4.90
1962	531.60	509.60	346.60	163.00	—	—	—	20.20	—	—	—	—	—	1.80
1963	461.00	430.80	273.10	157.70	—	—	—	23.70	—	—	—	—	—	6.50
1964	531.10	505.40	241.60	263.80	—	—	—	24.30	—	—	—	—	—	1.40

续表 35

项目 年份	财政总收入	税收收入						企业收入	国有企业计划亏补	专项收入	预算调节基金	其他		
		小计	工商税	农业四税								罚没及行政收费	债务收入	其他收入
				农业税	农林特产税	耕地占用税	契税							
1965	581.70	550.50	302.10	248.40	—	—	—	28.70	—	—	—	—	—	2.50
1966	600.00	540.40	264.40	276.00	—	—	—	57.10	—	—	—	—	—	2.50
1967	607.00	555.00	278.00	277.00	—	—	—	50.60	—	—	—	—	—	1.40
1968	533.00	562.50	282.00	280.50	—	—	—	-36.50	—	—	—	—	—	7.00
1969	645.00	623.30	314.40	308.90	—	—	—	6.10	—	—	—	—	—	15.60
1970	782.00	627.90	348.60	279.30	—	—	—	151.40	—	—	—	—	—	2.70
1971	303.00	561.00	359.20	201.80	—	—	—	-262.80	—	—	—	—	—	4.80
1972	339.00	699.30	418.30	281.00	—	—	—	-365.60	—	—	—	—	—	5.30
1973	973.00	766.80	475.60	291.20	—	—	—	201.30	—	—	—	—	—	4.90
1974	891.00	777.20	541.20	236.00	—	—	—	112.60	—	—	—	—	—	1.20
1975	1085.00	856.30	592.40	263.90	—	—	—	225.70	—	—	—	—	—	3.00
1976	969.00	977.00	713.70	263.30	—	—	—	-10.90	—	—	—	—	—	2.90
1977	1370.00	1149.00	896.70	252.30	—	—	—	219.00	—	—	—	—	—	2.00
1978	1604.00	1281.60	1021.80	259.80	—	—	—	316.80	—	—	—	—	—	5.60
1979	1236.00	1052.10	982.10	70.00	—	—	—	183.20	—	—	—	—	—	0.70
1980	1075.00	975.70	895.60	80.10	—	—	—	99.20	—	—	—	—	—	0.10
1981	930.60	961.10	880.30	80.80	—	—	—	-36.50	—	—	—	—	2.1	3.90

续表 35

项目 年份	财政总收入	税收收入						企业收入	国有企业计划亏补	专项收入	预算调节基金	其他		
		小计	工商税	农业四税								罚没及行政收费	债务收入	其他收入
				农业税	农林特产税	耕地占用税	契税							
1982	869.70	1031.10	949.30	81.80	—	—	—	-175.10	—	—	—	—	4.6	9.10
1983	1031.30	1249.10	984.90	264.20	—	—	—	-227.40	—	—	—	—	0.7	8.90
1984	1337.40	1589.60	1276.10	313.50	—	—	—	-278.70	—	—	—	—	—	26.50
1985	1650.90	2135.50	1741.90	393.60	—	—	—	-533.50	—	19.30	—	—	—	29.60
1986	1836.40	2121.70	1699.70	422.00	—	—	—	-349.00	—	14.90	—	—	—	48.80
1987	2104.60	2375.40	1897.40	478.00	—	—	—	-323.80	—	29.20	—	—	—	23.80
1988	2752.10	2873.30	2284.80	588.50	—	—	—	-266.90	—	34.40	—	—	—	111.30
1989	2183.00	3400.80	2731.60	669.20	—	—	—	-1493.90	—	16.80	—	—	—	259.30
1990	2300.60	3409.00	2872.00	537.00	—	—	—	-1465.00	—	—	—	—	—	356.60
1991	2565.00	3635.00	3002.00	633.00	—	—	—	-1325.50	—	72.60	—	—	—	182.90
1992	3102.00	4076.00	3260.00	714.00	65.00	30.00	7.00	-1398.00	—	98.00	16.000	—	—	310.00
1993	4360.00	5100.00	4256.00	710.00	113.00	10.00	11.00	-1309.00	—	101.00	5.00	—	—	463.00
1994	7351.00	7219.00	5537.00	1117.00	359.00	192.00	14.00	-697.00	—	98.00	8.00	—	—	723.00
1995	10011.00	8793.00	6596.00	1117.00	721.00	346.00	13.00	-18.00	—	179.00	9.00	1045	—	3.00
1996	12065.00	10572.00	8076.00	1593.00	644.00	242.00	17.00	-18.00	—	133.00	15.00	1319	—	44.00

1997—2011 年宿迁市沭阳县财政收入分项统计表

表 36　　　　单位：万元

项目 \ 年份	1997	1998	1999	2000	2001	2002	2003	2004	2005	2006	2007	2008	2009	2010	2011
一、一般预算收入	10955	12730	15653	18388	19725	21346	25847	28085	35047	50106	80019	125222	175471	262599	372827
其中：国税部门收入	—	—	—	—	—	—	—	—	—	5755	9499	15339	20707	34224	42830
地税部门收入	—	—	—	—	—	—	—	—	—	22446	40013	63210	90908	159447	226416
财政部门收入	—	—	—	—	—	—	—	—	—	21905	30507	46673	63856	68928	103581
（一）税收收入	8804	10830	13987	15836	16391	18385	20587	19942	20998	31516	57624	90481	129132	191848	269243
1. 增值税	1206	1312	1407	1596	1615	1751	1996	2388	3309	4799	6420	9694	14717	17552	25916
2. 营业税	1380	1829	3186	4079	3731	4336	6214	7122	10232	15034	26660	40417	57378	73857	111556
3. 企业所得税	482	588	426	579	293	323	258	391	584	1664	4313	7696	8111	13838	25112
4. 个人所得税	972	2129	2745	3074	1908	2076	1593	1456	1492	1850	2663	3978	4078	6430	9239
5. 资源税	1	29	17	19	24	177	158	167	110	125	193	1144	2145	1081	1890
6. 城市维护税	309	222	146	448	371	627	633	1043	1160	1831	2826	3991	5946	8251	11212
7. 房产税	108	122	118	242	372	502	528	556	657	791	996	1797	2901	3347	4855
8. 印花税	14	11	32	41	34	42	41	103	135	230	439	602	1158	2036	2590
9. 城镇土地使用税	25	28	20	42	66	232	201	254	323	354	1778	4296	6806	8220	12997
10. 土地增值税	5	—	—	44	6	23	91	348	631	1240	3076	4193	7625	14164	19791
11. 车船税	324	255	317	487	465	475	303	219	—	283	148	741	750	869	1013
12. 耕地占用税	162	138	1245	261	115	18	33	2	350	4	832	1582	2914	22195	16868
13. 契税	28	83	195	301	231	521	1013	1604	2015	3311	7280	10350	14603	20008	26204

续表 36

项目 \ 年份	1997	1998	1999	2000	2001	2002	2003	2004	2005	2006	2007	2008	2009	2010	2011
14. 固投方向调节税	278	308	281	272	16	—	—	—	—	—	—	—	—	—	—
15. 屠宰税	1310	1642	1716	2083	—	—	—	—	—	—	—	—	—	—	—
16. 农业税	1597	1525	1534	1529	6907	7097	7525	4289	—	—	—	—	—	—	—
17. 农业特产税	603	609	602	739	237	185	—	—	—	—	—	—	—	—	—
（二）非税收入	2151	1900	1666	2552	3334	2961	5260	8143	14049	18590	22395	34741	46339	70751	103584
1. 专项收入	128	181	235	307	368	411	424	669	935	1436	2328	4331	4181	5689	9064
2. 行政事业性收费收入	34	70	—	—	—	219	2440	5123	7221	10621	12287	16293	17638	32102	35987
3. 罚没收入	1915	1023	1026	2051	2218	1904	2003	1579	5054	4751	3011	10208	12415	14255	22089
4. 国有资本经营收入	–9	–18	—	—	—	—	—	—	—	—	0	0	0	0	—
5. 国有资源（资产）有偿使用收入	—	—	—	—	—	—	—	—	—	—	85	834	4199	3826	11642
6. 其他收入	83	644	405	194	748	427	393	772	839	1782	4684	3075	7906	14879	24802
二、上划中央收入	3845	4092	4304	4908	7216	7948	8999	10430	13404	20478	30384	46970	63027	83795	130002
1. 国内增值税	3618	3935	4221	4788	4846	5251	5988	7386	9927	14397	19261	29082	44151	52657	77749
2. 消费税	227	157	83	120	168	298	234	273	363	810	659	378	592	736	727
3. 企业所得税	—	—	—	—	293	323	387	587	876	2496	6469	11544	12166	20757	37668
4. 个人所得税	—	—	—	—	1909	2076	2390	2184	2238	2775	3995	5966	6118	9645	13858
三、基金收入	—	262	900	836	77	1320	3229	3994	9618	18426	39626	78381	88056	97886	143646
1. 政府性基金收入	—	—	—	—	—	—	—	—	—	—	27545	57595	58637	65728	93754

续表 36

年份 项目	1997	1998	1999	2000	2001	2002	2003	2004	2005	2006	2007	2008	2009	2010	2011
2. 缴库社保基金收入	262	900	836	77	1320	3229	3994	9618	18426	—	12081	20786	29419	32158	49892
财政总收入	14800	17084	20857	24132	27018	30614	38075	42509	58069	89010	150029	250573	326554	444280	646475
其中：国税部门收入	5051	2140	2777	6504	6629	7303	8540	10333	14448	21440	30959	47622	74435	96812	146677
地税部门收入	5208	6739	7811	11410	9488	11209	12475	14144	17939	27239	48937	77897	78244	171187	252572
财政部门收入	4541	10095	10939	6218	10901	12102	11391	18032	25682	40331	70133	125054	173875	176281	247226

2012—2020 年宿迁市沭阳县财政收入分项统计表

表 37　　　　单位：万元

年份 项目	2012	2013	2014	2015	2016	2017	2018	2019	2020
一、一般预算收入	487877	581617	640434	717488	717499	480018	470019	479011	510005
其中：国税部门收入	48701	56713	59319	67105	102660	164372	205235	356481	455675
地税部门收入	342382	437193	491306	543870	442130	178849	193922	51546	—
财政部门收入	96794	87711	89809	106513	172709	136797	70862	70984	54330
（一）财税收入	383001	482793	538451	588526	544791	324350	376402	384105	421604
1. 增值税	27836	40606	46596	54618	93171	153776	185149	204947	201069
2. 营业税	153601	235121	253703	274921	185523	734	164	—	—
3. 企业所得税	28975	21875	19076	19191	23886	26946	39028	40235	49804

续表 37

项目 \ 年份	2012	2013	2014	2015	2016	2017	2018	2019	2020
4. 个人所得税	13486	22531	23078	22782	14561	12598	14788	11252	11749
5. 资源税	3074	4541	2484	1939	3576	344	14	70	—
6. 城市维护税	12800	17372	18912	19591	20702	17315	20839	21988	22829
7. 房产税	11434	15450	41453	66214	76184	14731	9115	10159	11080
8. 印花税	3264	4126	4504	6525	5185	3913	4469	5279	5925
9. 城镇土地使用税	23222	20155	21091	14452	21173	11579	9535	9374	9133
10. 土地增值税	24207	28846	53630	50440	53184	32338	50650	35454	44136
11. 车船税	1638	1798	2247	2701	3287	4248	4948	5267	6220
12. 耕地占用税	53703	6908	2277	200	9	21204	3937	6554	4919
13. 契税	25761	63464	49400	54952	44350	24624	33110	32301	53273
14. 固投方向调节税	—	—	—	—	—	—	—	—	—
15. 屠宰税	—	—	—	—	—	—	—	—	—
16. 农业税	—	—	—	—	—	—	—	—	—
17. 农业特产税	—	—	—	—	—	—	—	—	—
环境保护税	—	—	—	—	—	—	656	1224	1467
其他税收收入	—	—	—	—	—	—	—	1	0
（二）非税收入	104876	98824	101983	128962	172708	155668	93617	94906	88401
1. 专项收入	9963	12920	13777	27478	25102	19042	22649	23867	24530
2. 行政事业性收费收入	24588	26426	30614	17990	28030	23791	8578	30136	8511

续表 37

项目＼年份	2012	2013	2014	2015	2016	2017	2018	2019	2020
3. 罚没收入	17455	22424	13726	21110	19473	16857	20567	12513	7268
4. 国有资本经营收入	—	—	—	—	—	—	—	—	—
5. 国有资源（资产）有偿使用收入	12997	4109	12477	28659	37994	52878	36734	25268	45986
6. 其他收入	39873	32945	31389	33725	62109	43100	5089	3122	2106
二、上划中央收入	145593	152474	157988	157576	203580	234796	291362	305434	313271
1. 国内增值税	80874	84534	93358	93950	131749	154510	185313	204947	201069
2. 消费税	1030	1330	1399	666	14160	20971	24931	23004	20158
3. 企业所得税	43461	32813	28614	28787	35829	40419	58935	60605	74421
4. 个人所得税	20228	33797	34617	34173	21842	18896	22183	16878	17623
三、基金收入	168168	266846	216051	376929	392654	588980	742005	1020822	842815
1. 政府性基金收入	115670	203356	160485	141150	130759	152451	321246	580060	550765
2. 缴库社保基金收入	52498	63490	55566	235779	261895	436529	420759	440762	292050
财政总收入	801638	1000937	1014473	1251993	1313733	1303794	1503386	1805267	1666091
其中：国税部门收入	161903	166736	173161	180206	252016	356156	690265	713218	759389
地税部门收入	366695	468530	523279	587193	518464	202990			
财政部门收入	273040	365671	318033	484594	543253	744648	813121	1092049	906702

2000—2011 年宿迁市市直经济开发区财政收入分项统计表

表 38

单位：万元

项目 \ 年份	2000	2001	2002	2003	2004	2005	2006	2007	2008	2009	2010	2011
一、一般预算收入	61	235	609	1512	3821	6182	15666	29496	40182	44315	47531	62332
其中：国税部门收入	—	—	—	—	—	1673	3853	5866	7559	8986	14122	14340
地税部门收入	—	—	—	—	—	3415	9869	18411	22281	20554	31280	38766
财政部门收入	—	—	—	—	—	1094	1944	5219	10342	14775	2129	9226
（一）税收收入	60	230	595	1473	3541	5122	13722	24279	36333	41096	41607	53106
1. 增值税	—	16	95	461	640	1123	2160	3643	4564	6033	7841	8174
2. 营业税	46	127	301	393	1210	1992	6164	11726	13173	11954	15012	18054
3. 企业所得税	1	27	27	45	367	598	2046	2971	3732	3167	4716	8286
4. 个人所得税	1	4	12	12	40	60	127	569	807	862	1560	2594
5. 资源税	—	—	—	—	0	—	—	—	0	0	0	—
6. 城市维护税	3	11	25	86	279	342	730	1245	1536	1496	3257	3521
7. 房产税	—	—	2	46	92	240	347	435	712	688	979	1672
8. 印花税	—	4	4	27	66	116	165	299	347	443	553	716
9. 城镇土地使用税	—	—	3	7	35	191	1701	1584	2907	2899	2644	3358
10. 土地增值税	—	—	3	10	133	421	277	1804	1763	1998	3125	3430
11. 车船税	—	—	—	—	3	5	5	1	299	0	2	27
12. 耕地占用税	—	—	1	—	—	34	—	—	6493	2256	1918	1160

续表 38

项目 \ 年份	2000	2001	2002	2003	2004	2005	2006	2007	2008	2009	2010	2011
13. 契税	5	29	65	248	580	—	—	2	—	9300	—	2114
14. 固投方向调节税	—	—	—	—	—	—	—	—	—	—	—	—
15. 屠宰税	—	—	—	—	—	—	—	—	—	—	—	—
16. 农业税	4	12	57	138	96	—	—	—	—	—	—	—
17. 农业特产税	—	—	—	—	—	—	—	—	—	—	—	—
（二）非税收入	1	5	14	39	280	1060	1944	5217	3849	3219	5924	9226
1. 专项收入	1	1	2	17	67	153	325	542	666	711	1414	1506
2. 行政事业性收费收入	—	—	—	—	5	12	31	173	163	168	255	209
3. 罚没收入	—	4	10	22	9	17	66	98	165	190	373	528
4. 国有资本经营收入	—	—	—	—	—	—	—	0	0	0	0	—
5. 国有资源（资产）有偿使用收入	—	—	—	—	—	—	—	244	328	1069	368	483
6. 其他收入	—	—	2	—	199	878	1522	4160	2527	1081	3514	6500
二、上划中央收入	0	79	323	1610	3059	4515	9938	16425	20565	24143	32937	40843
1. 国内增值税	—	49	284	1383	2391	3371	6479	10930	13692	18099	23523	24523
2. 消费税	—	—	—	142	59	157	199	185	64	—	0	—
3. 企业所得税	—	27	27	67	550	897	3069	4456	5598	4751	7074	12429
4. 个人所得税	—	3	12	18	59	90	191	854	1211	1293	2340	3891

续表 38

项目＼年份	2000	2001	2002	2003	2004	2005	2006	2007	2008	2009	2010	2011
三、基金收入	—	—	230	—	166	3380	4804	5399	9499	26906	50554	57559
1. 政府性基金收入	—	—	—	—	—	—	—	5399	9499	26906	50554	57559
2. 缴库社保基金收入	—	—	—	—	—	—	—	—	—	—	0	—
财政总收入	61	314	1162	3122	7046	14077	30408	51320	70246	95364	131022	160734
其中：国税部门收入	—	65	379	2042	3637	6026	11377	18092	22812	31515	41116	48112
地税部门收入	—	203	417	655	2287	3577	12283	22610	27593	4654	33428	45837
财政部门收入	—	46	366	425	1122	4474	6748	10618	19841	59195	56478	66785

2012—2020 年宿迁市市直经济开发区财政收入分项统计表

表 39　　　　单位：万元

项目＼年份	2012	2013	2014	2015	2016	2017	2018	2019	2020
一、一般预算收入	139245	156843	176430	206389	208933	208229	169575	168253	208002
其中：国税部门收入	23558	38245	46953	51092	83230	106308	125185	162584	201423
地税部门收入	109175	111144	120143	146145	107985	88510	39381		
财政部门收入	6512	7454	9334	9152	17718	13411	5009	5669	6579
（一）财税收入	130944	147352	164481	192422	185204	190618	164566	162583	201423
1. 增值税	14778	28376	35766	41325	73226	96522	116014	107117	81666

续表 39

项目 \ 年份	2012	2013	2014	2015	2016	2017	2018	2019	2020
2. 营业税	23163	29934	38851	51498	23439	137	405	—	—
3. 企业所得税	59425	54349	53677	57329	61131	61850	12588	15694	50879
4. 个人所得税	3199	3471	2840	2123	1852	3475	4231	3087	3483
5. 资源税	—	—	—	—	—	—	—	—	—
6. 城市维护税	3752	4679	5923	6439	5832	5545	6557	6950	7943
7. 房产税	2021	1721	2254	3498	3499	4818	4075	4258	5122
8. 印花税	869	1114	1154	1394	1255	1769	1703	1660	2822
9. 城镇土地使用税	4571	3705	4226	4377	4368	4914	5064	5088	4818
10. 土地增值税	5802	7140	11963	8849	4160	3857	7706	8149	12672
11. 车船税	61	73	72	—	2	61	235	371	368
12. 耕地占用税	2203	1340	2377	4906	1259	2860	—	0	0
13. 契税	11100	11450	5378	10684	5181	4810	5683	9597	31090
14. 固投方向调节税	—	—	—	—	—	—	—	—	—
15. 屠宰税	—	—	—	—	—	—	—	—	—
16. 农业税	—	—	—	—	—	—	—	—	—
17. 农业特产税	—	—	—	—	—	—	—	—	—
环境保护税	—	—	—	—	—	—	305	515	535
其他税收收入	—	—	—	—	—	—	—	97	25
（二）非税收入	8301	9491	11949	13967	23729	17611	5009	5670	6579

续表 39

项目 \ 年份	2012	2013	2014	2015	2016	2017	2018	2019	2020
1. 专项收入	1601	2138	2714	4934	4499	4188	4715	4970	5707
2. 行政事业性收费收入	378	513	462	265	194	288	16	207	43
3. 罚没收入	321	200	245	287	213	342	237	401	243
4. 国有资本经营收入	0	0	0	0	0	0	0	0	0
5. 国有资源（资产）有偿使用收入	1010	353	156	320	10962	8800	37	33	83
6. 其他收入	4991	6287	8372	8161	7861	3993	4	59	503
二、上划中央收入	137584	165933	182482	206848	172715	194651	141648	135290	163208
1. 国内增值税	43649	79203	97707	117668	78238	96663	116419	107117	81666
2. 消费税	0	0	0	2	2	1	1	1	0
3. 企业所得税	89136	81524	80515	85994	91697	92775	18882	23541	76318
4. 个人所得税	4799	5206	4260	3184	2778	5212	6346	4631	5224
三、基金收入	52597	52138	121282	36316	31529	12603	74335	92708	279160
1. 政府性基金收入	52597	52138	121282	36316	31529	12603	74335	92708	279160
2. 缴库社保基金收入	—	—	—	—	—	—	—	—	—
财政总收入	329426	374914	480194	449553	413177	415483	385558	396251	650370
其中：国税部门收入	79912	132255	161441	183335	177062	217678	255637	298095	364694
地税部门收入	188617	181034	185523	215935	182581	167589	50577		
财政部门收入	60897	61625	133230	50283	53534	30216	79344	98156	285676

2007—2020 年宿迁市湖滨新区财政收入分项统计表

表 40　　单位：万元

项目＼年份	2007	2008	2009	2010	2011	2012	2013	2014	2015	2016	2017	2018	2019	2020
一、一般预算收入	2590	5393	9425	18103	23557	24487	24493	28981	33133	33244	26951	63499	65333	70583
其中：国税部门收入	164	503	987	2802	3458	1019	1392	2995	3562	6493	11835	37482	50014	71419
地税部门收入	2234	3402	6229	11296	16680	20505	19562	23952	27294	26664	12736	22098		
财政部门收入	192	1488	2209	4005	3419	2963	3539	2034	2277	87	2380	3919	15319	–836
（一）财税收入	2398	5033	8617	15398	20165	21210	20954	26946	29936	31578	23616	59580	53540	66997
1. 增值税	152	452	751	867	939	797	713	1388	2127	3256	4915	33394	31399	35324
2. 营业税	1473	2046	3683	4434	7510	8170	7966	9302	0	989	4042	42	0	0
3. 企业所得税	160	109	297	2016	3175	3582	1346	3540	10562	10165	422	8024	8026	10376
4. 个人所得税	173	263	291	480	805	1244	1204	1107	5680	5572	4137	6765	3225	3633
5. 资源税	3	3	2	1	1	1	0	—	2231	743	715	0	0	0
6. 城市维护税	129	229	449	565	807	730	744	1022	1268	1348	1325	4805	4395	4852
7. 房产税	13	57	165	276	844	950	1220	2027	2175	1945	1998	1388	2322	2049
8. 印花税	37	77	150	217	471	296	398	573	431	364	498	539	430	712
9. 城镇土地使用税	186	663	1020	1417	3665	3607	2968	3416	3166	3016	3014	1727	2384	2315
10. 土地增值税	72	102	409	876	743	857	1159	2607	734	867	1911	2245	493	6341
11. 车船税	—	0	0	0	—	0	45	126	0	2	148	633	847	959
12. 耕地占用税	—	1032	1400	4249	1205	976	3191	1768	1562	3302	491	0	0	0
13. 契税	—	0	0	0	0	0	0	70	—	9	0	16	0	1

续表 40

项目＼年份	2007	2008	2009	2010	2011	2012	2013	2014	2015	2016	2017	2018	2019	2020
14. 固投方向调节税	—	0	0	0	0	0	0	0	0	0	0	—	0	0
15. 屠宰税	—	0	0	0	0	0	0	0	0	0	0	0	0	0
16. 农业税	—	0	0	0	0	0	0	0	0	0	0	0	0	0
17. 农业特产税	—	0	0	0	0	0	0	0	0	0	0	0	0	0
环境保护税	—	0	0	0	0	0	0	0	0	0	0	2	19	12
其他税收收入	—	0	0	0	0	0	0	0	0	0	0	—	0	423
（二）非税收入	192	360	808	2705	3392	3277	3539	2035	3197	1666	3335	3919	11793	3586
1. 专项收入	57	99	197	235	346	314	316	441	927	997	952	3469	3163	3510
2. 行政事业性收费收入	10	0	220	495	1045	763	622	1088	1195	282	219	203	0	0
3. 罚没收入	124	260	389	599	495	375	254	0	368	288	149	191	474	30
4. 国有资本经营收入	—	0	0	0	—	0	0	0	0	0	0	0	0	0
5. 国有资源（资产）有偿使用收入	1	1	2	1376	1506	1825	2347	506	707	99	2015	56	8156	46
6. 其他收入	—	0	0	0	0	0	0	0	0	0	0	0	0	0
二、上划中央收入	964	1916	3142	6482	8985	9592	5769	10628	17654	15733	16665	55669	48310	56339
1. 国内增值税	456	852	1311	2602	2819	2353	1944	3657	5790	5675	9381	33436	31399	35324
2. 消费税	8	1	7	136	196	0	0	0	0	0	5	50	34	0
3. 企业所得税	240	669	1388	3024	4762	5373	2019	5310	8517	8358	6207	12035	12040	15564
4. 个人所得税	260	394	436	720	1208	1866	1806	1661	3347	1700	1072	10148	4837	5451
三、基金收入	16	226	8755	15630	19795	22214	13711	29387	800	41491	91403	56265	101181	101289

续表 40

项目 \ 年份	2007	2008	2009	2010	2011	2012	2013	2014	2015	2016	2017	2018	2019	2020
1. 政府性基金收入	16	226	8755	15630	19795	22214	13711	29387	800	41491	91403	56265	101181	101289
2. 缴库社保基金收入	—	—	—	—	—	—	—	—	—	—	—	—	—	—
财政总收入	3570	7535	21322	40215	52337	56293	43973	68996	51587	90468	135019	175433	214824	228211
其中：国税部门收入	634	2034	3601	8442	10319	3705	4355	9062	11511	15699	25130	40152	95460	116582
地税部门收入	2728	3882	6758	12138	18831	27097	22369	28512	36078	31611	15150	23330		
财政部门收入	208	1619	10963	19635	23187	25491	17249	31422	3998	43158	94739	111951	119364	111629

2007—2020 年宿迁市苏宿工业园区财政收入分项统计表

表 41

单位：万元

项目 \ 年份	2007	2008	2009	2010	2011	2012	2013	2014	2015	2016	2017	2018	2019	2020
一、一般预算收入	320	1453	1980	2885	4715	18372	26239	63957	76052	84066	113525	135329	136880	124097
其中：国税部门收入	—	3	11	425	1254	5253	12009	38034	39691	54980	75324	91637	122059	117015
地税部门收入	227	900	1190	2207	3449	13093	14192	25853	35472	28126	37745	37666		
财政部门收入	93	550	779	253	12	26	38	70	889	960	456	6026	14821	7082
（一）财税收入	315	1428	1955	2820	4607	18119	25937	61783	70939	79902	106810	129303	122059	117015
1. 增值税	—	1	4	237	467	295	359	5742	5401	22472	13469	23961	28983	30135
2. 营业税	159	680	723	817	1313	6430	7503	10730	14600	5050	263	126	—	—
3. 企业所得税	9	24	63	202	802	5223	12055	32627	35188	34413	63239	71222	61355	53766

续表 41

项目＼年份	2007	2008	2009	2010	2011	2012	2013	2014	2015	2016	2017	2018	2019	2020
4. 个人所得税	14	40	53	55	93	329	552	894	1115	1193	1656	1973	1087	1551
5. 资源税	—	—	—	—	—	—	—	—	—	—	—	—	—	—
6. 城市维护税	11	48	52	119	224	530	616	4912	4324	5085	8795	7221	9367	7423
7. 房产税	—	2	45	68	177	529	733	1104	1463	1819	3137	3653	3730	3549
8. 印花税	29	36	21	54	126	255	276	466	507	523	887	1115	682	619
9. 城镇土地使用税	—	51	240	277	415	656	870	958	1187	1122	1229	1443	1443	1318
10. 土地增值税	—	—	—	44	127	827	1730	2269	4988	4703	8138	11677	8485	6363
11. 车船税	—	—	—	—	—	—	—	—	—	—	56	233	547	710
12. 耕地占用税	—	—	—	—	—	—	—	—	—	—	—	—	—	—
13. 契税	93	546	179	947	863	3045	1243	2081	2166	3522	5941	6659	6100	11258
14. 固投方向调节税	—	—	—	—	—	—	—	—	—	—	—	—	—	—
15. 屠宰税	—	—	—	—	—	—	—	—	—	—	—	—	—	—
16. 农业税	—	—	—	—	—	—	—	—	—	—	—	—	—	—
17. 农业特产税	—	—	—	—	—	—	—	—	—	—	—	—	—	—
环境保护税	—	—	—	—	—	—	—	—	—	—	—	20	280	326
其他税收收入	—	—	—	—	—	—	—	—	—	—	—	—	—	-3
（二）非税收入	5	25	25	65	108	253	302	2174	5113	4164	6715	6026	14821	7082
1. 专项收入	5	21	22	51	96	227	264	2104	4399	3655	6259	5153	6688	5302
2. 行政事业性收费收入	—	—	—	—	—	—	—	—	181	373	70	68	2621	1540
3. 罚没收入	—	1	1	10	—	—	—	—	358	33	28	94	240	70

续表 41

项目 \ 年份	2007	2008	2009	2010	2011	2012	2013	2014	2015	2016	2017	2018	2019	2020
4. 国有资本经营收入	—	—	—	—	—	—	—	—	—	—	—	—	—	—
5. 国有资源（资产）有偿使用收入	—	3	2	4	12	26	38	70	175	103	242	299	5224	170
6. 其他收入	—	—	—	—	—	—	—	—	—	—	116	412	48	—
二、上划中央收入	34	99	186	1096	2744	9206	19781	66820	70079	78650	111139	134032	122662	113112
1. 国内增值税	—	3	12	711	1402	879	870	16539	15625	25241	13742	24087	28983	30135
2. 消费税	—	—	—	—	—	—	—	—	—	—	54	152	16	—
3. 企业所得税	13	36	95	302	1203	7834	18083	48940	52782	51619	94859	106833	92032	80650
4. 个人所得税	21	60	79	83	139	493	828	1341	1672	1790	2484	2960	1631	2327
三、基金收入	2	8	732	530	1918	9356	8882	22733	56001	16638	104968	67814	8335	60101
1. 政府性基金收入	2	8	732	530	1281	4201	313	10355	56001	16638	104968	67814	8335	60101
2. 缴库社保基金收入	—	—	—	—	637	5155	8569	12378	—	—	—	—	—	—
财政总收入	356	1560	2898	4511	9377	36934	54902	153510	202132	179354	329632	337175	267877	297310
其中：国税部门收入	—	9	34	1421	3837	13569	30353	103011	106748	131012	181814	217342	244721	230127
地税部门收入	256	973	1353	2385	3515	13757	15364	25592	34270	27540	36134	45993		
财政部门收入	100	578	1511	705	2025	9608	9185	24907	61114	20802	111684	73840	23156	67183

2011—2017年宿迁市软件园财政收入分项统计表

表42

单位：万元

项目 \ 年份	2011	2012	2013	2014	2015	2016	2017
一、一般预算收入	1072	4102	5726	10523	15574	19901	27640
其中：国税部门收入	48	1633	2474	5191	7373	11808	15775
地税部门收入	1022	2464	3249	5031	8196	8476	11704
财政部门收入	2	5	3	301	5	-383	161
（一）财税收入	1046	3992	5572	10222	14593	18514	25938
1. 增值税	44	440	1631	4101	5986	9749	14113
2. 营业税	612	1656	1933	2916	3733	1284	-1
3. 企业所得税	109	1393	1223	1841	2147	2662	2570
4. 个人所得税	140	168	224	410	918	2779	6235
5. 资源税	0	0	—	0	—	0	0
6. 城市维护税	54	248	354	696	1320	1660	2104
7. 房产税	1	1	44	44	166	103	-40
8. 印花税	18	69	115	99	171	150	385
9. 城镇土地使用税	0	17	47	98	69	89	94
10. 土地增值税	68	0	1	17	75	38	79
11. 车船税	0	0	0	0	—	0	0
12. 耕地占用税	0	0	0	0	8	0	0
13. 契税	0	0	0	0	0	0	399
14. 固投方向调节税	0	0	0	0	0	0	0
15. 屠宰税	0	0	0	0	0	0	0
16. 农业税	0	0	0	0	0	0	0

续表 42

项目 \ 年份	2011	2012	2013	2014	2015	2016	2017
17. 农业特产税	0	0	0	0	0	0	0
环境保护税	0	0	0	0	0	0	0
其他税收收入	0	0	0	0	0	0	0
（二）非税收入	26	110	154	301	981	1387	1702
1. 专项收入	24	105	151	298	976	1235	1575
2. 行政事业性收费收入	0	0	0	0	—	0	0
3. 罚没收入	0	0	0	0	—	2	3
4. 国有资本经营收入	0	0	0	0	—	0	0
5. 国有资源（资产）有偿使用收入	2	5	3	3	5	12	12
6. 其他收入	0	0	0	0	0	138	112
二、上划中央收入	508	3459	3477	5173	8111	15063	27310
1. 国内增值税	134	1116	1308	1797	3513	6901	14102
2. 消费税	0	0	0	—	—	0	0
3. 企业所得税	164	2090	1833	2761	3221	3993	3856
4. 个人所得税	210	253	336	615	1377	4169	9352
三、基金收入	29	3100	11870	2301	0	3243	5399
1. 政府性基金收入	29	3100	11870	2301	0	3243	5399
2. 缴库社保基金收入	—	—	—	—	—	—	—
财政总收入	1609	10661	21073	17997	23685	38207	60349
其中：国税部门收入	182	4540	5047	8623	12869	21140	32313
地税部门收入	1370	2910	4004	6773	9835	14207	22476
财政部门收入	57	3211	12022	2602	982	2860	5560

2011—2020 年宿迁市洋河新区财政收入分项统计表

表 43

单位：万元

项目 \ 年份	2011	2012	2013	2014	2015	2016	2017	2018	2019	2020
一、一般预算收入	11102	38295	40744	40092	45999	59127	60641	100255	115112	90266
其中：国税部门收入	1598	7146	3846	6713	11234	19911	27473	42710	108342	84447
地税部门收入	7662	25919	31310	27789	26591	30915	21711	37896	—	—
财政部门收入	1842	5230	5588	5590	8174	8301	11457	19649	6770	5819
（一）财税收入	9260	33065	35156	34502	37825	50826	49184	80606	99230	76149
1. 增值税	1553	6506	3458	6339	10499	19121	26766	41398	44597	33747
2. 营业税	1100	8986	10875	11916	9996	7487	29	1116	—	—
3. 企业所得税	2429	3580	1183	1342	2006	5451	5348	6575	27321	15545
4. 个人所得税	88	1973	2284	2656	2034	2451	144	1652	2729	5368
5. 资源税	—	—	—	—	—	—	—	—	—	—
6. 城市维护税	2267	6386	6041	6436	7257	7772	8648	17824	15237	12510
7. 房产税	225	1026	1538	2320	2809	3521	3289	3734	3845	3198
8. 印花税	80	322	481	403	352	477	349	530	474	454
9. 城镇土地使用税	155	803	553	953	1077	1348	1602	1844	1499	1344
10. 土地增值税	444	1091	1177	1130	820	1125	1370	3714	799	1009
11. 车船税	—	—	—	—	—	—	90	383	599	645
12. 耕地占用税	—	—	—	—	—	—	—	—	—	0
13. 契税	919	2392	7566	1007	975	2073	1549	1825	2066	2156

续表 43

项目 \ 年份	2011	2012	2013	2014	2015	2016	2017	2018	2019	2020
14. 固投方向调节税	—	—	—	—	—	—	—	—	—	—
15. 屠宰税	—	—	—	—	—	—	—	—	—	—
16. 农业税	—	—	—	—	—	—	—	—	—	—
17. 农业特产税	—	—	—	—	—	—	—	—	—	—
环境保护税	—	—	—	—	—	—	—	11	56	137
其他税收收入	—	—	—	—	—	—	—	—	8	36
（二）非税收入	1842	5230	5588	5590	8174	8301	11457	19649	15882	14117
1. 专项收入	1360	3823	3619	3858	7232	7726	9710	17861	15190	13285
2. 行政事业性收费收入	195	369	571	541	555	299	967	247	112	132
3. 罚没收入	55	481	551	385	122	217	550	426	211	535
4. 国有资本经营收入	—	—	—	—	—	—	—	—	—	—
5. 国有资源（资产）有偿使用收入	4	173	103	3	42	57	209	84	51	43
6. 其他收入	228	384	744	803	223	2	21	1031	318	122
二、上划中央收入	46688	127570	111575	115767	129920	139404	153190	275331	352965	265154
1. 国内增值税	4660	19362	9597	17703	29565	31205	26795	42514	44597	33747
2. 消费税	38252	99879	96778	92067	94295	96346	118156	220475	263294	200038
3. 企业所得税	3645	5369	1774	2013	3009	8176	8023	9863	40981	23318
4. 个人所得税	131	2960	3426	3984	3051	3677	216	2479	4093	8051
三、基金收入	5903	29649	23914	2575	0	36608	30428	50449	35725	133299
1. 政府性基金收入	5903	29649	23914	2575	0	36608	30428	50449	35725	133299

续表 43

项目＼年份	2011	2012	2013	2014	2015	2016	2017	2018	2019	2020
2. 缴库社保基金收入	—	—	—	—	—	—	—	—	—	—
财政总收入	63693	195514	176233	158434	175919	235139	244259	426035	503802	488719
其中：国税部门收入	44578	127347	110803	116568	136197	147143	173484	355937	465455	350392
地税部门收入	11370	33289	35928	33705	31548	43087	28890			
财政部门收入	7745	34878	29502	8161	8174	44909	41885	70098	38347	138327

1949—2020 年宿迁市分时期财政收入结构分析表

表 44

单位：万元

时期＼项目	财政收入合计	工商收入		农业收入		非税收入		上划中央收入		基金收入		其他收入	
		金额	占比%	金额	占比%	金额	占比%	金额	占比%	金额	占比%	金额	占比%
1949 年	460	18	4	425	92.2	—	—	—	—	—	—	17	3.8
经济恢复时期（1950—1952）	2839	256	9	1983	69.9	—	—	—	—	—	—	600	21.1
“一五”时期（1953—1957）	6993	3175	45.4	3247	46.4	—	—	—	—	—	—	571	8.2
“二五”时期（1958—1962）	13078	8210	62.8	3537	27	—	—	—	—	—	—	1331	10.2
经济调整时期（1963—1965）	6374	3792	59.5	1498	23.5	—	—	—	—	—	—	1084	17
“三五”时期（1966—1970）	12765	8049	63.1	3727	29.2	—	—	—	—	—	—	989	7.7
“四五”时期（1971—1975）	18740	14385	76.8	3568	19	—	—	—	—	—	—	787	4.2

续表 44

项目 时期	财政收入合计	工商收入		农业收入		非税收入		上划中央收入		基金收入		其他收入	
		金额	占比%	金额	占比%	金额	占比%	金额	占比%	金额	占比%	金额	占比%
“五五”时期（1976—1980）	29214	25673	87.9	2713	9.3	—	—	—	—	—	—	828	2.8
“六五”时期（1981—1985）	46215	42592	92.2	3249	7	143	0.3	—	—	—	—	231	0.5
“七五”时期（1986—1990）	84497	75291	89.1	6282	7.4	1178	1.4	—	—	—	—	1746	2.1
“八五”时期（1991—1995）	210129	181620	86.4	16656	7.9	4657	2.2	—	—	—	—	7196	3.5
“九五”时期（1996—2000）	478595	218612	45.7	33364	7	29538	6.2	178848	37.4	11644	2.3	6589	1.4
“十五”时期（2001—2005）	892376	313332	35.1	73243	8.2	109255	12.2	303959	34.1	84030	9.4	8557	1
“十一五”时期（2006—2010）	5273649	1931734	36.6	—	—	516127	9.8	1378900	26.1	1373408	26.1	73480	1.4
“十二五”时期（2011—2015）	19288010	7609606	39.5	—	—	1490257	7.7	4393887	22.8	5794260	30	—	—
“十三五”时期（2016—2020）	34468854	8818887	25.6	—	—	1967353	5.7	7668895	22.2	16013719	46.5	—	—
合计	60832788	18255232	31.6	153492	0.3	4118508	6.8	13924489	22.9	23277061	38.2	104006	0.2

说明：本表根据宿迁市分项财政收入资料整理。由于时间跨度较长，财政收入项目增减变化，决算报表体系发生较大变化，各期统计口径很难统一。特别是实行“分税制”财政体制之后，从1997年起，财政部对财政决算编报体系进行改革，对之前的财政决算编报分类方法，进行全面调整。为体现全市分时期财政收入结构情况，采用新旧编表体系对照方法，兼顾原编报体系的内容进行分类。按1997年财政决算编报体系分为：一般预算收入（后改为公共财政预算收入）、上划中央收入和基金收入三大类。一般预算收入包括：税收收入和非税收收入两大块。但，税收收入中1997年之前反映“工商税收”全部收入，从1997年开始，按“分税制”财政体制，税收收入中的增值税只反映25%部分收入；上划中央收入中反映增值税75%，以及按现行财政体制规定上划中央的消费税、企业所得税、个人所得税属于中央财政的部分收入；基金收入包括：政府性基金收入和缴存的社保基金收入。农业税，2005年之后宿迁市全部免征。其他收入，2011年以后含在非税收入栏统计。另经济时期的划分，依据《江苏五十年》划分的时间段，进行分类整理。

第五章　农业税收

第一节　根据地、解放区民主政府农业税收

民主革命时期，中国共产党自第二次国内革命战争时期起先后创立了十几个革命根据地。随着革命根据地的创立，税收制度也建立起来。革命根据地的税收主要是农业税，尽管各地征收农业税的名称和形式不一致（有称土地税、田税），但都贯彻税收负担放在剥削者身上和贫苦农民免税的原则。1931年11月，中央执行委员会颁发《中华苏维埃共和国暂行税则》，翌年7月进行修改。规定农业税主要是农产品税，凡以生产谷、麦、棉、麻、果木为主者，征农业税。农业税的征收实行累进税率，分为11个等级，起征点为每家每人收获量达干谷4担，税率为1%。1933年9月，中央政府正式颁布《农业税暂行办法》，使农业税的征收有法可依。不久，中央财政人民委员会又制定《山林税暂行税则》，将茶叶、水果、竹麻、油桃列为山林税，实行单独征收。

全民族抗日战争时期宿迁境内分为淮北、淮海根据地，其税制是以中国共产党的抗日民族统一战线的基本政策为依据，并贯彻“合理负担”“按收入多少规定纳税多少”的原则，对农民先后开征公粮税、田赋税等。1941年皖南事变发生后，华中各根据地税收工作进入初步统一和发展阶段。农业税的征收有两类，一类是根据田亩出产量分上中下等，规定每亩应纳数额，依等征税；一类是利用简单的累进法征收。

1941年10月1日，淮北苏皖边区政府指示秋季公粮征收，有粮有钱者出粮，无粮有钱者出钱，赤贫者不出，上等户出秋季收获量12%，中等户8%，下等户5%，赤贫农者免征公粮。为避免发生流弊，统一度量衡，规定16两为1斤，每区设一个标准称；20斤为一斗，200斤为1石，就地起称。1942年为保证长期抗战之需，颁

发《淮北苏皖边区三十一年午季救国公粮公草征收条例》。按人均收获量，分一至六级征收公粮公草。一级三斗以下免征；二级三斗以上不满五斗，应征粮3%；三级五斗以上不满一石，应征公粮6%；四级一石五斗以上不满一石五斗，应征公粮8%；五级一石五斗以上不满二石五斗，应征公粮10%；六级二石五斗以上，应征公粮12%。凡应征公粮1斤应征公草1斤。地主只征粮不征草。商号公粮，按半年营利之半数，照市价折成麦粮，按上述登记征收公粮，公草免交。

1945年底，淮北苏皖边区政府将午季救国公粮公草分1~18级，实行累进税计征。按午季每户收获量，确定公粮应征率。收获不足60斤者免征。一级收获60斤以上不满100斤者，应征税2%；二级收获100斤以上不足200斤者，应征税率3%；从第三级收获200斤以上不足300斤者，应征税4%；……至第十五级收获900斤以上不满1000斤者，应征税16%；收获量级距以100斤累进，应征税率每级累进1%。第十六级收获1000斤以上不满1200斤，应征税17%；第十七级收获1200斤以上不满1500斤，应征税18%；第十八级收获1500斤以上，应征税20%。本季公粮征收1斤，公草1斤。边境游击区，未经土地复查者，征收公粮公草可根据当地具体情况，采取自愿献粮办法。原为根据地，而新被敌伪占据者，可根据上年午季负担，减税1/3或1/2，田赋免征。新解放区，可采取合理摊派或献粮办法，但须比基本区轻，征收税率最高不得超过15%。

民国31年（1942）6月7日，为坚持敌后抗战，供应抗日军队及民主政府粮食需要，人民合理负担，淮海区制定《淮海区救国公粮公草征集条例》《淮海区田赋改征粮食暂行条例》。救国公粮公草之征集，以地亩多少划分征粮等级，以收获量大小决定土地等则，公平分配，合理负担，兼顾军需民食为原则。公粮公草征集标准：一等户500亩以上，每亩全年征公粮24斤（市斤下同）；二等户250亩以上不足500亩，每亩全年征公粮20斤；三等户100亩以上不足250亩，每亩全年征公粮16斤；四等户50亩以上不足100亩，每亩全年征公粮12斤；五等户20亩以上不足50亩，每亩全年征公粮8斤；六等户5亩以上不足20亩，每亩全年征公粮4斤；5亩以下之户为贫户，免征粮草。田赋改征粮食，赋率：一等田每亩全年收获在120斤以上者，每年每亩征收小麦2斤；二等田每亩全年收获在80斤以上不足120斤，依一等田打八折征收；三等田每亩全年收获在50斤以上不足80斤，依一等田六折征收；四等田每亩全年收获20斤以上不足50斤，依一等田四折征收；五等田每亩全年收获20斤以下者，依一等田三折征收。田赋改征，以小麦为准，如改缴杂粮，以市价折算。

民国32年（1943），淮海区重定《淮海区征收公粮公草条例（草案）》。征收救国公粮登记，按收获量及土质分为十六级。其中，一级每亩全年收获量20斤及不足20斤；至十六级每亩全年收获量301斤以上。每个级距递增20斤。救国公粮征税率按照每人平均地亩数区分为十六组，每组按照田亩等级收税。每户每人平均有田一亩以下者为一组，每亩收获量在120斤以下者免征，其中每亩在120斤以上者，按等级每亩征收2斤至5斤；每户每人平均有田一亩一分至二亩者为二组，其每亩收获量均在60斤以下者免征，在60斤以上者，按照每亩等级征收2斤至10斤；平均每户每人平均有田二亩一分至三亩者为三组，其每亩收粮40斤以下者免征，在40斤以上者按照等级征收3斤至16斤；……每户每人平均有田八亩一分至十亩者为第七组，每亩按照等级征收3斤至30斤。每人每户平均有田十亩一分至十五亩者为第八组，每亩按照等级征收5斤至17斤；……每户每人平均有田八十亩一分以上者为第十六组，每亩按照等级征收12斤至95斤。每户每人平均田亩组阶距，四组至七组组阶距，每组阶距递增2亩；八组至十六组组阶距，每组距递增5亩。每人每户平均每亩征收标准，按等每亩收获量计算，四组至七组，由每亩等级征收3斤至20斤，到每亩等级征收4斤至47斤；八组至十六组；由每亩等级征收5斤至17斤，到每亩等级征收12斤至95斤。公草征收，依每户应缴公粮数加倍征收。

1948年11月27日，江淮第二行政专员公署制定《进出口货物管理线及进出口货物管理办法》。进出口货物管理线，南线从山子头（今泗洪县境内）向东到泗阳县塘圩、下营门、薛嘴、高渡、曹嘴、黄码头。北线，从黄码头起到黄圩、新袁、李口、泗阳城（城厢），沿黄河向西至宿迁。凡进口征税货物，须经第一道税所征税后领取进口证，凭进口证到分局领取出口证，方准采购土特产出口；凡免税货物进口，由经营者持国统区购货发票经第一道税所领取免税货物进口证，并将发票贴在进口证上，加盖“查讫”戳记，接受沿途税查验，再凭收购机关证明，到分局领取出口证。

1949年6月20日，苏北淮阴行政区指示，公粮田赋要贯彻阶级负担与合理负担相结合的政策，必须体现阶级上的差额，即重征地富，扶植中农，照顾贫农。

第二节 中华人民共和国农业税征收管理

1996年7月，地级宿迁市成立以后，为加强农业税征收管理，1997年宿迁市财政局印发《关于加强农税征管工作规范执法的通知》。要求严格执行农业税收政策，不准按人头、田亩平均摊派，依法按税源据实征收；文明征税，不得征收方法简单粗暴，按规范的程序办事，热情接待农民来访；严禁税费混征，不准下达税收任务，在合理排查税源的同时，坚持税收计算到户，单独征收，凭票征税，不准使用非法票据征收，统一使用省、市财政印制的税票，实行“一户一税一票制度”；不准越权减、缓、免农业税收，依法按规定程序报减，不得截留、挪用减免税款，坚持专款专用，足额发放到应享受户；不准挤占、截留和挪用税款，按税法规定及时足额入库。

随着社会主义市场经济全面、稳定发展，国民经济有了较大幅度的增长，工商税收成为财政收入的主要来源，农业税收占全部财政收入的份额越来越小。党和国家高度重视农民的减负工作，对农业税收政策进行重大调整。从2003年起，宿迁市农业税社会减免全面实行先减后征的办法。以乡镇为单位，农业税社会减免资金为农业税计征及其附加的7%。乡镇根据各村组应享受先减后征减免对象人数多少统筹安排，严禁平均分摊。农业税社会减免对象是群众公认的当年纳税确有困难和需要给予照顾的农村烈军属、革命残疾军人、残疾人、特困户和因为农村税费改革政策影响导致负担增加的纯农户、种粮大户等农业税纳税人。农业税社会减免先减后征到户方案，在农业税税源落实到户后和农业税征收前确定。夏秋两个征收期的具体减免额度，按征收比例确定。对应的每个纳税户减免税额不得超过其应征税额。农业税社会减免先减后征按规定程序办理。乡镇财政所根据民政部门提供享受农业税社会减免对象花名册和本地实际提出减免分配方案，报经乡镇政府同意后下达各村。村通过村民大会进行民主评议，将减免指标核定到农户，并张榜公布，接受群众监督。

2004年1月1日，中共中央发出一号文件，提出逐步降低农业税率，当年农业税税率总体上降低一个百分点。江苏省在贯彻执行中，决定调减农业税税率，全省农业税税率由7%统一调减为4%；无固定收入土地的农业税税率由4%调整为2.3%；农业附加按调整后农业税税率的20%计征。与此同时，江苏省委、省政府决定在宿迁市开展免征农业税试点，宿迁市人民政府成立免征农业税试点工作领导小组，在市财政局设立办公室。依据中央、省关于调减农业税税率的政策，省税改办批复：宿迁市2004年农业税税率由7%调减到4%。农业税及其附加应征额由2003年的25258万元调整为14465万元。基于宿迁市全面开展免征农业税及其附加试点工作，保留税基，免征农业税税额由政府对农户进行等额补贴，代缴入库。为减少宿迁市应免征农业税带来的财力损失，江苏省财政厅从是年起给予宿迁市免征农业税补助23592万元，其中，市经济开发区29万元，湖滨新城32万元，宿城区2538万元，宿豫区3543万元，沭阳县8532万元、泗阳县3617万元，泗洪县5301万元，并将补助金额列为基数进入财政体制。

2005年12月29日，第十届全国人大常委会第19次会议经讨论表决通过，决定《中华人民共和国农业税条例》自2006年1月1日起废止。同日，国家主席胡锦涛签署文件，宣布全面取消农业税并把这项惠农政策上升为国家法律，从而使中国大地上延续了2000多年由农民缴纳农业税的历史终结，实现农民农业税零负担，树立中国农业税赋史上新的里程碑。

第三篇　财政支出

第一章 清代、民国时期财政支出

第一节 清代财政支出概要

由于历史久远，清代以前的财政支出，无法查考系统资料。清代距今较近，虽查找到一部分地方支出数据，但不完整，只能反映局部的部分年份地方财政支出情况。

一、清代财政支出方式

清代的财政支出有“供京”“留使”“留州”三项，总体分中央和地方两部分支出。光绪三十二年（1906）改组部院各衙门，将户部改名为度支部，统管国家财政收支。国家财政为“国计”，国家的费用开支为“国用”，国家一年的财政支出为“岁出”，财政经费为“岁支”。清代的财政支出主要项目有军事支出、祭祀支出、王室支出、俸禄支出，世代沿袭，中间虽有兴修水利工程支出，但所占比例甚微。

清代地方财政支出，一是解缴朝廷（供京）含上级官府（主要是集中收取各种赋税银两和粮食实物解支）；二是留存本级官府及所属衙门、驿站等使用。大凡本级的以下官府及其所属机关的支出主要有：官、役、奉工和祭祀杂支等项目开支，包括知府、知县的俸银，门子、步快、皂隶、轿夫、伞夫、扇夫、府前铺兵、禁卒、修理刑具匠的工食银，驿站马匹费、马匹工食银，县丞、主簿、典吏、儒学教谕、训导、巡检、税课大使、河运道大使等的俸银及其所属斋夫、膳夫、门子、皂隶、弓兵等工作人员的工食粮银，以及儒学中廪生的膳食银等。

清代地方财政支出，主要是上解支出和地方留用支出。财政管理方式，采取以县为单位，支出留用制度。因此，便出现“供京”（含上级官府）、“留使”（留存本级官府所属衙门、驿站等）、“留州”（中央直隶州）三项财政支出专用名词。这是时代的局限性，受封建统治制度的束缚，加上生产条件、运输工具和科学技术的落后，国家的各种赋税收入主要通过征收白银和实物（麦米）来实现，集中起来数量很大，只能依靠地方层层解运的办法，因此在地方财政支出中出现“解支”这个特定名词。清代的财政收支是实行度支部统管制度，为减少上解和下拨的麻烦，地方的各项支出依据额定的支出数额从地方实现的财政收入中扣留下来使用，这就出现了地方财政“留使”这个专用名词。同时，出现地方上解支出数量和地方支出部分项目多年不变的现象，这就是封建统治者所采取的定例，上解数量和地方部分支出项目按固定的数额上解和控制，这是封建王朝对财政收支管理控制的一种手段。

二、清代宿迁地方财政支出情况

明清时期，泗洪县尚未建县，属泗州府，今安徽泗县。以下据《泗虹合志》《泗县志略》中清代部分年份的地方款支解情况作以记述，以备考。

清代晚期，财政经费由度支部统筹支配。当时地方政事尚简，没有地方财政机构，凡地方性的支出，多靠私人捐募和国家补助。

据《泗虹合志》记述，清光绪年间，泗州定额上解中央起运银数，丁地折色带闰银16336两2钱1分2厘。颜料项下：折征颜料除荒实征银174两2钱6厘。加漕项下：加漕等款除荒实征银1332两8钱8分7厘。协济项下：武场供应除荒实征银2钱5分7厘。扛脚项下：扛脚除荒实征104两5钱4分8厘。

泗州存留银数：存留宪书孤贫等银除荒实征195两6钱9分8厘。其祭祀丁坛银81两2钱1分9厘于泗虹归并案内裁解充饷。其中，买办宪书银2两4钱5分1厘，文武举礼银4两9钱3厘，岁贡考贡盘缠14两8钱7分，本州护堤银9两8钱5厘，祭祀丁坛银81两2钱1分9厦。又禹王河神城隍春秋祭祀银12两，孤贫口粮银67两1钱8分2厘。

驿站项下：驿站夫马工料除荒实征银192两2钱3分3厘。

经费项下：各衙门俸工除荒实征银1443两4钱1分9厘。其中，解凤颍道编奉银9两6钱3分2厘，本州俸工等银51两4钱5分3厘，儒学训导体齐门斗廪粮共银257两6钱，移解凤阳县桥兵工食银126两，本州吹手工食银28两8钱，辅兵工食银162两。从解支构成的内容看，地方上解支出和留用支出两方面，与其他各县列表内容基本吻合。

清道光九年（1829 年）桃源县解支情况表

表 45

项目			解支数							合计	
			正税银（两）			闰月银（两）			米（石）	银（两）	米（石）
			银	耗羡银	小计	银	耗羡银	小计			
上解		布政使司	7494.17	749.42	8243.59	17.78	1.78	19.56	3329.37	8263.15	3329.37
上解		江安粮道	1358.32	135.83	1494.15	—	—	—	—	1494.15	—
支出	人员经费	桃源驿	5531.52	—	5531.52	423	—	423	—	5954.52	—
支出	人员经费	古城驿	2049.6	—	2049.6	141.6	—	141.6	—	2191.2	—
支出	人员经费	知县	2116.6	—	2116.6	—	—	—	—	2116.6	—
支出	人员经费	典吏员	127.52	—	127.52	—	—	—	—	127.52	—
支出	人员经费	巡检员	145.52	—	145.52	—	—	—	—	145.52	—
支出	人员经费	教谕员	58	—	58	—	—	—	—	58	—
支出	人员经费	训导员	168.39	—	168.39	1.11	—	1.11	—	169.5	—
支出	祭祀	文昌宫	16	—	16	—	—	—	—	16	—
支出	祭祀	社稷各坛	10.95	—	10.95	—	—	—	—	10.95	—
支出	祭祀	关岳庙	16	—	16	—	—	—	—	16	—
支出	祭祀	文庙	2.57	—	2.57	0.06	—	0.06	—	2.63	—
支出	祭祀	火神庙	2.19	—	2.19	—	—		—	2.19	—
支出	祭祀	历坛	3.28	—	3.28	—	—		—	3.28	—
支出	杂项	江宁科场	1.08	—	1.08	—	—	—	—	1.08	—
支出	杂项	武举科场	0.31	—	0.31	—	—	—	—	0.31	—
支出	杂项	乡饮酒礼	5	—	5	—	—	—	—	5	—
支出	杂项	孤贫	8.31	—	8.31	0.54	—	0.54	—	8.85	—
合计			19115.33	885.25	20000.58	584.09	1.78	585.87	3329.37	20586.5	3329.37
备注			1. 人员经费中开支的各项经费，均包括从属人员； 2. 知县、巡检、典吏经费也在其内； 3. 上述数字均摘自《淮安府志（八）》； 4. 原稿中单位：银和米整数后保留 3~4 位小数，现统一四舍五入保留 2 位小数； 5. 耗羡银即正税附加								

注：上述支出项目的历年支出结果，都是随职役人数增减变动而变动，但一般变动数额不大。时桃源县即今泗阳县故名。

清同治十年（1871）各县财政解支情况表

表 46

项目 / 支出数 / 县别	额解本次总正税	上解江宁布政使司	上解江安粮道	驿站支出	各衙门官役俸	祭祀	杂支	养廉	卫所留支
	米麦（石）	粮（石）	银（两）	银（两）	银（两）	银（两）	银（两）	银（两）	银（两）
桃源县	3329	18357	1358	7580	1296	101	14	1320	—
沭阳县	9065	1959	6687	—	733	68	12	—	—
宿迁县	12959	13013	10066	7035	855	187	34	1320	—
合计	25353	33329	18111	14615	2884	356	60	2640	—

清光绪六年（1880）淮安府各县财政解支情况表

表 47

县别	清河县		山阳县		安东县		桃源县		阜宁县		盐城县	
实物	米麦（石）	银（两）	米麦（石）	银（两）	米麦（石）	银（两）	米麦（石）	银（两）	米麦（石）	银（两）	米麦（石）	银（两）
上解	150604	1498182	1243833	735382	50448	2047972	3329.37	10313.94	1884263	1856660	1687413	—
留支	28891	112858	143215	347997	—	613172	—	11968.09	56962	97740	374128	—
合计	179495	1611040	1387048	1083379	50448	2661144	3329.37	22282.03	1941225	1954400	2061541	—

表45—表47反映出来的地方财政解支情况，可以说明三个问题：一是上解支出和留用地方支出变化不大，这三张表只有桃源县有比较口径。就桃源县道光九年和光绪六年支出结构分析，解支和留用白银占财政支出的比例分别为47.4%、52.6%；46.3%、53.7%。二是实物上解数量是按定例不变的。道光九年（1829）到光绪六年（1880）这51年跨度，桃源县上解米麦同为3329.37石，这不可能是偶然的巧合。三是养廉银这项支出，是按县控制额度的固定支出。清同治十年（1871）桃源县、宿迁县同列养廉银支出1320两，至光绪六年（1880）《淮阴市财政志》在简要说明中，解释桃源县在财政总支出，包括知县巡检、典吏养廉银1320两在内。显而易见，经过九年跨度，经历两代皇帝的变迁，列支的数字是相同的，并非偶然，而是定例。

第二节 民国时期财政支出简况

一、民国初年地方财政支出结构

民国时期，一般划分为两个阶段，即北洋政府时期（1912—1926）和国民政府时期（1927—1948）。两个时期地方财政支出结构有所不同。民国初年，今宿迁境内各县所征收之忙漕银、租课银、省附税、登录营业税、田房契税、印花税、屠宰税等项收入全部按月报解江苏省财政厅，地方作为上解支出。县附税留县自支，具体支出项目有内务（含孤贫口粮、轿船夫役工食、祭祀经费）；财务（含征收费用支出，包括监收人员、裁串员、雇员、收税员等薪水，印花税发售处之巡警、检查印花税及屠宰税要员等公费、纸张笔墨油烛杂费等）；此外还有教育费、实业费、选举费、警备费、清乡游击队费、修志费、农会费等。省拨行政费支出项目有俸给银、薪津银、役食银（以上支出系固定支出）、文具银、邮电银、购置银、消耗银、修缮银、杂支银等（以上系机动支出）。费用计算单位改银两制为银圆制。据《泗阳县财政志》记载：民国元年（1912），桃源县几项大宗支出有：县署机关年支行政经费14400元（银圆，下同）；县议会支出3365.6元；参事会支出1549.6元；司法支出21888元；市乡议会支出2660元。民国3年（1914），内务部决定将县行政经费分成三等。时桃源县为二等丙级县，月支1100元，年支行政经费13200元，后核减行政经费一成，补助司法费用。当年实支行政经费10692元，由正税项下支付。

二、民国财政支出预决算

据《沭阳县财政志》记载：民国10年（1921），沭阳县始编预算。收入以经费为款，将地方各种杂捐分别列为各项经费来源，而各项支出则依据收入多寡，量入为出，收支平衡。当年沭阳县岁出总支出67525元（国币），其中，经常门岁出（包括内务、财务、教育、其他）52734元；临时门岁出（内务、财务）14791元。另外，忙漕征收费岁出4381元，主要开支范围为催征俸给、局司薪津、办公各费、吏役工食、各项杂支。

民国13年（1924），《沭阳县财政志》比较完整地记载了泗阳县当年各项支出、预决算情况。决算表包括三个部分，即预算、执行、决算。预算，包括应解国税、经常门地方款和临时门地方款三项；执行包括国税中开支数、经常门地方款中开支数和临时门地方款中开支数三项；决算，反映实际上解国税数，经常和临时门地方开支结余或透支情况。当年泗阳县财政总预算为237277.91元，其中，应上解国税支出为89928.01元，年终执行结果，在应解国税项下列支16825.2元，开支范围列有21项，主要包括县知事、助理员、雇员、杂役、茶役更夫、炉水夫、杂支、邮电、茶水、薪炭、油烛、承审员、营狱员、医士、看守所、公杂费、囚粮、书记所丁、口粮等俸薪和其他杂项支出。剔除此项开支，年终实际上解国税支出为73102.81元。经常门地方款预算为90931.81万元，在其项下开支项目有参议员、文牍、书记、仆役、杂费、议长、副议长、议员、职员、庶务、仆役工食、公务费、十市议董会、六乡议董会14项，合计支出7530元，与预算比较结余83401.81元。临时门地方款预算为56418.09元，在其项下开支项目有县联合会费，特别临时费，县警备营费，警备营临时费，县警所费，教育费，款产处理费，农场经费，水利研究费，户籍经费，户籍临时费，平面测量费，孔庙，关岳庙祭费，保卫团务费，孤贫口粮费，牛豆局、黄河桥、清洁堂、抵清洁堂银米和清洁堂造串纸，修志局经费22项，共开支68379.52元，与预算比较超支11961.43元。在临时门支出中，治安经费占临时门地方款实际支出数65.46%，用于农业方面的支出只有246元，仅占0.36%。年终决算总支出与年初支出总预算相比，结余71440.38元，当年财政收入为247543.09元，收支相抵，净结余81705.56元。

国民政府时期，地方财政支出大体可分为13类，即政权行使支出、行政支出、教育文化支出、经济建设支出、卫生支出、社会及救济支出、保安及警察支出、财务支出、公务员退休及抚恤支出、补助及协助支出、债务支出、预备费和其他支出。国民党政府建立政权后，为适应统治地位的需要，财政支出结构发生较大变化。与北洋政府时期比较，除上述财政支出科目进行分类调整之外，增加党务费支出科目。民国23年（1934）党务费项下又增加特务员调查费一目，同时增加预备费1.2两目。据宿迁县、泗阳县、沭阳县民国24年（1935）预算书反映，党务费占当年总支出预算比例：宿迁县为4.47%，泗阳县为4.95%，沭阳县为3.68%。这项费用的支出数，在预算执行过程中，往往高于预算数，据宿迁县1931年财政决算资料反映，党务费占当年财政总支出的比例为6.35%。据宿迁县、泗阳县、沭阳县民国24年（1935）预算书反映，和《泗洪财政五十年》根据《泗县志略》 记载，预备费占岁出经、临两门总支出预算的比例宿迁县为24.41%，泗阳县为15.54%，沭阳县为6.12%（只列临时门一目）。泗县（时泗洪属之）实支地方预备费20000万元，占地方全年财政总支出的比例为13.45%。这项开支数额较大，虽然名义上列为预备费，实际上是供党政机关随意动用的机动财力。

从查阅现存的地方财政史料看，民国期间国民政府财政所建立的财政收支决算编报体系还算比较完整。但这一历史时期，中国处于外侵、内乱的战争状态，情况比较复杂。这一时期的财经历史资料很难搜集到比较系统、完整、具有连贯性的数据资料。只能依据今宿迁境内地方史料已记载的部分年份财政支出情况进行辑录，以备考。

据《宿迁市志》（县级）记载，民国20年（1931），宿迁县财政支出计28.36万元。其中，教育经费5.24万元，占全年财政支出的18.48%；警务费4.60万元，占全年财政支出的16.22%；建设经费4.48万元（筑路3.20万元、运河治理1.28万元），占全年财政支出的15.80%；上解省正税余额2.93万元，占全年财政支出的10.23%；县政府经费2.90万元、县党部经费1.80万元，分别占全年财政支出的10.33%、6.35%；自治费1.69万元、救济费1.20万元、实业农业费0.88万元（实业0.23万元、农业0.65万元）、军事招待费0.66万元、监所经费0.53万元、司法经费0.51万元，分别占全年财政支出的5.96%、4.23%、3.10%、2.33%、1.87%、1.80%；其他费用0.94万元，占全年财政支出的3.31%。当年财政收入29.73万元，收支相抵尚余1.37万元作地方不敷费及临时开支之用。

三、民国地方政府预决算执行

据《淮阴区乡土史志》和《沭阳县财政志》记载，民国24年（1935），今宿迁境内的宿迁县、泗阳县、沭阳县财政支出预算，比较完整地反映当年支出预算岁出经常门和岁出临时门情况。民国时期，县级财政支出是地方编报预算由上级财政审核批准制，至于如何执行预算，地方无权实施。

民国24年(1935)宿迁县、泗阳县、沭阳县年度预算书

表48 单位：元(国币)

门类	科目编码			县别	宿迁县	泗阳县	沭阳县
	款	项	目	科目名称	预算数	预算数	预算数
岁出经常门	1			县岁出经常费	304698	214347	285735
		1		党务费	15240	12840	12840
			1	县党部经费	14400	12000	—
			2	特务员调查费	840	840	—
		2		行政费	26745	21264	33232
			1	区乡镇公所经费	26155	21000	—
			2	食粮管理委员会经费	240	264	—
			3	文征委员会经费	350	—	—
		3		公安费	55201	40314	75960
			1	公安局经费	21158	8844	—
			2	保安队经费	34043	31470	—
		4		财务费	14644	9888	11396
			1	公款公产管理处经费	1800	1500	1992
			2	田赋征收处经费	5736	7332	8300
			3	催收所经费	400	384	552
			4	契税处理经费	300	432	552
			5	地方捐款征收处经费	4200	240	—
			6	河屯租征经费	2208	—	—
		5		教育文化费	69837	76774	86315
			1	教育行政费	9992	16032	—
			2	普通教育费	10510	16400	—
			3	义务教育费	28179	29532	—
			4	社会教育费	13956	14810	—
			5	农事教育费	7200	—	—
		6		经济建设费	6096	5380	13710
			1	建设行政费	2880	1800	—
			2	电话交换所经费	1116	444	—
			3	合作指导员、农业推广所经费	840	1552	—
			4	度量衡检员经费	660	600	—
			5	测候所、无线电收音室经费	600	384	—
			6	闸桥管理处经费	—	600	—

续表 48

门类	科目编码			县别 / 科目名称	宿迁县	泗阳县	沭阳县
	款	项	目		预算数	预算数	预算数
岁出经常门		7		救济费	17214	1668	12596
			1	救济院经费	3774	1440	—
			2	民生工厂经费	13440	—	—
			3	渡船费	—	68	—
			4	孤贫口粮	—	160	—
		8		协助费	16500	5930	18316
			1	解省半数筑路亩捐	15120	3770	—
			2	解省实业费、解省汽车季捐	420	1200	—
			3	解省指导工程师薪旅费	960	960	—
		9		预备费	83221	40289	21370
			1	第 1 预备费	67343	30973	—
			2	第 2 预备费	15878	9316	—
岁出临时门	2			县岁出临时费	36284	44835	63650
		1		行政费	17253	17184	29162
			1	区乡镇公所临时费	527	422	—
			2	县行政会议经费	400	—	—
			3	清丈费	16326	16762	—
		2		保卫公安费	4784	7766	14114
			1	公安局临时费	1504	1066	—
			2	保安队临时费	3280	6700	—
		3		卫生费	—	500	—
			1	防疫费	—	500	—
		4		财务费	1420	760	905
			1	田赋征收处临时费	1420	760	—
		5		经济建设费	4913	918	9763
			1	各项建设工程费	4113	618	—
			2	农业改进造林费	300	300	—
			3	测候所设备费	500	—	—
		6		教育文化费	7090	15724	4285
			1	修建购置费	5310	7170	—
			2	总基金	1082	8554	—
			3	农业临时费	365	—	—

续表 48

门类	科目编码			县别 / 科目名称	宿迁县	泗阳县	沭阳县
	款	项	目		预算数	预算数	预算数
岁出临时门			4	农业基金	333	—	—
		7		救济费	824	1983	5421
			1	积谷费	824	1983	—
	岁出经、临合计				340982	259182	349385

泗洪县当时属安徽泗县，虽然没有列出完整的预算书，但据《泗洪财政五十年》记载，依据《泗县志略》记述，县财政不得自治，地方支出由省补助，每年只列支用款概算，由省核定按月拨给。其支出只列月支数、年支数，拟具概算由行署报省批准核拨。支出系根据地方财政、事业设施而定，另设总预备金。民国24年（1935），属县款支出总额为148647元（大洋）。其中，地方自治费支洋1588元，公安经费支洋48488元，地方建设费（包括，无线电经费、度量衡检定分所经费等）支洋4532元，地方救济费（包括委员会、养济院、感化院及民生工厂经费）3056元，地方卫生费（包括民众医院、防疫所经费）支洋3840元，地方预备费年列20000元，另有附加供于省者，筑路基金半数年额支洋3000元，保安附加年派解洋60000元。由此说明，当时地方支出预算是在省控制下实施的，县财政没有支出自主权。今宿迁境内四个县，时属江苏、安徽两省管辖，但预算支出的内容基本吻合，地方财政支出预算方法是一致的，这充分说明民国时期地方预算执行是国家统一控制下，实行高度集中的统收统支管理体制。

民国35年（1946）宿迁县财政支出计17569.61万元。其中，教育文化经费556.40万元，占全年财政支出的3.17%；建设经费1984.43万元，占全年财政支出的11.29%；救济费961.10万元，占全年财政支出的5.47%；其他各项经费支出14067.68万元，占全年财政支出的80.07%。当年财政收支平衡。

民国36年（1947），泗阳县岁支出（临时门）预决算统计表，其报表结构分普通岁出临时门和普通岁出经常门两大部分。全县当年预算支出经常、临时门岁出合计125675.3万元（法币）（下同），其中，普通岁出经常门支出合计108314.58万元；普通临时门支出合计17360.72万元，完整地记载泗阳县岁出临时门年终决算分项支出史料，决算报表分为9款，款下设项。

政权行使支出2060万元，包括县参议会开会和临时经费两项。行政经费（包括县行政经费、乡政区经费、训练所临时费、其他行政禁烟费五项）6529.45万元，教育及文化支出（包括国民教育类、社会教育类、其他教育类三项）1914万元，经济及建设支出（包括农林、交通、营建经费三项）2065.67万元，卫生支出（单列卫生事业费一项）1066.6万元，保安警察支出（统列警察及保安费）3525万元，财务支出（主要是税捐稽征处所属临时费）200万元。社会及救济费和债务支出两款只有预算分配数，分别是540万元和2100万元，但无决算支出数。这两款无支出数，在当时的政治背景下属正常现象，当时的时局，正处于国内战争紧张时期，国民政府面临崩溃的边缘，根本顾不上社会救济、百姓疾苦，更谈不上偿还国债。从上述支出结构可以看出，政权行使支出和行政费占岁出临时门决算总支出比例为49.48%，保安警察支出占20.3%。经济及建设支出占11.9%，虽然占有一定的比例，但解剖其支出项目不难发现，农林费用支出199.6万元，交通经费1360万元，营建经费506.1万元，此三项支出占岁出临时门总支出比例分别为1.15%、7.83%和2.92%。这充分说明，国民政府在当时形势下，财政支出一切围绕维持政权和战事需要，并未考虑其他。在泗阳县岁出临时门预决算统计表中，还反映了一种非正常现象，即：行政经费款下，其他行政禁烟费项，列预算50万元，这是周而正之履行行政公务应开支的费用，但年终决算未见分文支出。教育及文化支出预算2724万元，其中，国民教育列500万元，社会教育费列200万元，其他教育列2024万元。按照常理，国民教育和社会教育应是教育支出的重点，但这两项经费在列入预算时，只有其他教育费的1/3，在年终决算中这两项经费均未反映支出，教育及文化支出款下年终决算只反映其他教育费1914万元。另外，从预算执行情况看，岁出经常、临时门总计，预算数为3366012.1万元，支出数为125675.3万元，未支出数为3240336.8万元，占预算数的96.27%。预算结余如此之大，充分说明预算执行不正常的问题。

民国 36 年（1947）泗阳县岁出临时门预决算统计表

表 49　　单位：万元（法币）

款	项	项目名称	全年预算分配数	全年决算支出数	未支出分配数
1		政权行使支出	2060	2060	—
	1	县参议会开会经费	2000	2000	—
	2	县参议会开会临时费	60	60	—
2		行政经费	8342.5	6529.45	1813.05
	1	县行政经费	5626.5	4913.3	713.2
	2	乡镇区经费	800	800	—
	3	训练所临时费	1500	450.15	1049.85
	4	训练所临时费	366	366	—
	5	其他行政禁烟费	50	—	50
3		教育及文化支出	2724	1914	810
	1	国民教育费	500	—	500
	2	社会教育费	200	—	200
	3	其他教育费	2024	1914	110
4		经济及建设支出	3810	2065.67	1744.33
	1	农林经费	200	199.6	0.4
	2	交通经费	1360	1360	—
	3	营建经费	2250	506.07	1743.93
5		卫生支出	1066.6	1066.6	—
	1	卫生事业费	1066.6	1066.6	—
6		社会及救济费	740	—	740
	1	救济费	540	—	540
	2	国民义务劳动费	200	—	200
7		保安警察支出	10322	3525	6797
	1	警察及保安费	10322	3525	6797
8		财务支出	500	200	300
	1	税捐稽征处及所属临时费	200	200	—
	2	县田粮机构临时费	300	—	300
9		债务支出	2100	—	2100
	1	借款还本	2100	—	2100
普通岁出临时门合计			31665.1	17360.72	14304.38
普通岁出经常门合计			333437	108314.58	225122.42
岁出经常、临时门总合计			3366012.1	125675.3	3240336.8

第三节 根据地、解放区民主政府财政支出

根据地、解放区民主政府财政支出大体可分为两大款，即战勤经费和后勤经费。这两种支出中又区分为经常性支出和临时性支出两类。经常性支出中主要包括菜金、津贴、医药、宣教、军工弹药、特别费、办公等项目，但并不统一；临时性支出，主要用于征兵抚保等临时性开支。但这一历史时期，情况比较特殊，行政区域不完全统一，时合时分，名称变化很大。据《华中抗日根据地财政经济史料选编》（第四卷，120页）记载，1945年12月3日，苏皖边区政府决定统一华中行政机构。今宿迁境内分属第六、七行政区。苏北淮海区改称第六行政区，下辖沭阳、泗沭、宿迁、宿北、潼阳等九县；淮北路东改成苏皖边区第七行政区，下辖淮宝、泗阳、泗宿、泗南、泗县等十三个县及洪泽湖管理局。当时处于战争年代，很难保存完整的资料，现今只能根据已搜集到的苏皖边区第六行政公署1947—1948年部分月报资料，简略反映财政支出局部情况，以备考。

一、经常性经费

1947年7—12月，苏皖边区第六行政专员公署共支出1820522807元（边币），其中，菜金889054752元，津贴107890290元，待遇63993775元，医药费138905612元，拭枪32254750元，办公费96430916元，什支20892695元，宣教费67155145元，军工弹药费213677032元，特别费190267840元。

1948年8月，华中第六行政区战勤费总支出为12373531元（边币）。其中，干杂菜金806880元，民工菜金7112476元，津贴费695300元，医药费1095200元，办公费1264650元，什支185975元，出差费256050元，印刷费247700元，抚保6650元，出演49100元，埋葬费546000元，其他107550元。在本月的总支出中，泗沭县战勤支出为829640元，其中，干杂菜金53010元，民工菜金419430元，津贴36000元，办公费309650元，杂支5000元，出差6550元。

1948年8月，华中第六行政区战勤粮草支出总计粮363505斤，草261856.3斤。其中，干杂粮9286斤，草11462斤；民工粮255101.5斤，草244009.5斤；船户粮6813.5斤，草2037.5斤；马干粮837斤，草806斤；损耗粮205斤，草755斤；贴伙粮37斤；埋葬粮66400斤；其他粮2070斤；建桥草21710斤，茶站草2786.3斤。在总支出中，泗沭县战勤粮草支出17387斤，其中，干杂粮593斤，民工粮16794斤，草

21579斤。

1948年11月，苏北第六行政区经常性经费支出73277566元（边币）。其中，行政支出43303507元，政团支出26582498元，抚保支出3391561元。在总支出中按项目分，伙食29664808元，津贴28381574元，拭枪579520元，办公支出9044884元，什支4351793元，特别支出1254987元。

1948年12月份，苏北第六行政区粮草决算支出麦246890斤，秸517720.5斤，草764287.5斤。在本月经常性经费总支出中，泗沭县支出2248030元，其中，伙食费支出820000元，津贴965230元，办公费328300元，杂支134500元。

二、临时经费

1947年7—12月，苏皖第六行政区专员公署支出438560921元（边币）。

1947年7—12月苏皖第六行政区专署支出统计表

表50　　　　单位：万元（边币）

月份	7	8	9	10	11	12	合计
金额	69398922	76321388	56235368	71676740	33084145	131844358	438560921

1948年7—8月，军粮草支出合计粮295745斤，草381867斤。其中，涟水粮27758斤，草36761斤；淮阴粮40097斤，草54940斤；泗沭粮68228斤，草83275斤；东海粮24640斤，草32197斤；沭阳粮72397斤，草86350斤；潼阳粮23054斤，草32099斤；宿迁粮39571斤，草56245斤。

1948年11月，苏北第六行政区总支出（边币）161023445元。其中，医药费17738800元；慰问费5402600元；战勤费43345900元；印刷费2629620元，修建费9970500元；宣传费480500元；损失618500元；财务支出83660元；械弹792000元；特别工作8000000元；建设支出19784225元；抚保支出46373050元；赔偿支出489000元；救济费100000元；临特费5215090元。在本月的临时经费总支出中，泗沭县支出为875280元。其中，医药费634800元，慰问费219980元，临特费20500元。

1948年11月，苏北第六行政区粮草总支出为麦132353斤，秸797683.5斤，草835069斤。

上述财政支出结果及编报体系，虽然不能系统反映年度完整支出数据，但从苏皖边区第六行政专员公署已记录的有关月份报表资料分析，边区政府还是按照规定程序按月编报财政支出情况的，从1945年12月，苏皖边区政府发布的《各种款项统一收支程序》和1947年2月，苏皖边区第六行政区发布的《各种粮款暂行收支程序》相关历史文献中反映，苏皖边区财政预决算编报体系还是比较完整的。从报表的结构上看，报表分为货币支出和实物支出两大类分别编报；从财政支出内容和支出结构上分析，无论经常性收费，还是临时经费的支出，都符合当时历史背景，财政的一切支出全部围绕革命战争的需要。1947年7—12月，苏皖边区第六行政专员公署经常性费用总支出中，各项支出占总支出的比重为，菜金占48.84%、津贴占5.92%、待遇占3.52%、医药费占7.63%、军工弹药和拭枪费占13.51%、办公费占5.3%、宣教费占3.68%、特别费（主要是安葬费）占10.45%、什支费占1.15%。

第二章　中华人民共和国成立后财政支出

财政支出，以财政收入为前提，亦称“公共支出”或“政府支出”。国家为了满足实现其职能的需要，对筹集起来的财政资金进行的有计划的再分配，属于财政分配的第二阶段，表现为财政资金的安排、供应和监督使用的全过程，反映财政资金的去向和用途。国家职能决定财政支出的范围和方向。中华人民共和国成立以后，国家在预算管理方面，财政支出包括两个部分，即预算内支出和预算外支出。预算内支出占主导地位，是用来保证实现国家职能需要，有计划发展社会生产，满足人民不断增长的物质文化生活需要。预算外支出则是预算内支出的必要补充，是用来满足各地区、各部门、各单位分散性或特定性需要的机动财力。随着社会经济发展，国家改革了“计划经济”管理体制，建立社会主义市场经济。财政体制也由“统收统支”“分灶吃饭”，转变为“分税制”。根据财政预算管理的实际需要，从2011年起，财政部制定的政府预算收支分类取消了预算外收支科目，统一为预算管理。

第一节 财政预算内资金支出

中华人民共和国成立后，宿迁境的各县财政支出主要用于发展地方工业、支援农业生产和水利建设。但文教卫生事业费、行政管理费、抚恤和社会福利救济支出在相当长的时间内占有较大的比重。从“九五”时期开始，今宿迁地区财政支出结构发生明显的变化，主要得益于社会主义市场经济体制的建立，实行分税制财政体制，行政区划调整，成立地级宿迁市，促进了宿迁社会经济发展，财政支出规模迈向新的台阶。

一、财政预算内资金支出结构

从财政支出总量上对比，全市1949—2010年，财政累计支出为12224062.7万元（以下简称累计支出），其中，1949—1995年地级宿迁市成立前（以下简称建市前），财政总支出为507148.7万元，占累计支出的4.1%；1996—2011年地级宿迁市成立后（以下简称建市后），财政总支出为11716914万元，占累计支出的95.9%。从建市前、后两个不同时期财政支出总量比较，地级宿迁市成立后的16年财政支出总量，是建市前47年支出总量的231倍，剔除“九五”以后（1996—2011）增加的政府基金支出2380117万元，同口径比较，全部预算内支出为9336797万元，是建市前的184倍。

财政支出结构，建市前经济建设事业类支出为120813万元，占同时期财政总支出（以下简称同期）23.8%；社会文教科卫事业类支出为257449.2万元，占用期总支出50.8%；行政管理费类支出为87581.5万元，占同期总支出17.3%；其他支出为41305万元，占同期总支出8.1%。从支出结构上可以看出，这一时期社会文教科卫事业费类和行政管理费支出比重占68.1%，经济建设事业及其他支出所占的份额较小，显示出“吃饭型财政”的特征。

建市后，经济建设事业费类支出为3121701万元，占同期总支出26.6%；社会文教科卫事业费类支出为4154376万元，占同期总支出35.3%；行政管理费类支出为1642471万元，占同期总支出14%；其他支出418249万元，占同期总支出3.6%；政府性基金支出为2380117万元，占同期总支出20.3%。两个不同历史时期财政分类支出比较，除政府基金支出无可比口径外，经济建设事业费类、社会文教科卫事业费类，行政管理费类，其他支出在建市后的支出总量，分别是建市前支出总量的25.8倍、16.1倍 、18.8倍和10.1倍。

二、分时期财政支出情况

中华人民共和国成立初期，1949年宿迁地区当年财政支出只有259.1万元（包括宿迁、泗阳、泗洪、沭阳4县），虽然不是一个年度，统计资料不全，可比性不大，但从支出结构上看，用于社会文教科卫费和行政管理费支出242.7万元，占当年支出93.4%，经济建设事业费占6.6%。1950—1952年经济恢复时期，全市财政支出1961.4万元，平均每年支出653.8万元，其支出结构变化不大，社会文教科卫类和行政管理类费支出仍然占88.9%，经济类占6.4%，其他支出占5.5%。这一时期，财政支出统计口径是指财政拨款支付的货币资金。另外，1949—1951年除支付少量的货币资金外，财政支出主要是实物，以折合成主粮（大米或小麦）发放给职工作为生活待遇，除此之外，还有用于赈灾发放给灾区的粮食以及采取“以工代赈”的方式，主要是淮河、新沂河两大重点水利建设，发放给民工的粮食，均未列入财政支出统计范围。

第一个五年计划时期（1953—1957），（以下称“一五”“二五”……），国家经济逐步好转，宿迁地区财政支出为7505.4万元。这一时期逐步由“供给制”变为“薪金制”，不再采取实物发放的形式。社会文教科卫费和行政管理费支出6709.4万元，占89.4%，经济类支出689.1万元，占9.2%，比经济恢复时期上升2.8个百分点。

“二五”时期（1958—1962）和“经济调整”时期（1963—1965），“二五”时期全市财政支出为14283.8万元，比“一五”时期增支6778.4万元，支出增长90.3%。其中：经济建设事业费类支出4684万元，比“一五”时期同类支出增加3994.9万元，增长5.8倍；社会文教科卫事业费类支出6816.6万元，增支2032.8万元，增长42.5%；行政管理费类支出2264.1万元，增支338.5万元，增长17.6%；其他支出519.1万元，增支484.2万元，增长4.5倍。此时期由于受“大跃进”和三年自然灾害影响，除社会文教科卫费类增加救灾经费外，行政管理费类增支因素比较正常。但经济建设事业费类支出，占这一时期财政总支出的32.8%，比“一五”时期上升23.6个百分点，不仅增支的总量大，增幅也高。这一现象，主要是基本建设投资过猛。全市统计资料中宿迁、泗洪两县未单独反映这一时期基本建设投资数额，但从泗阳、沭阳两县的统计资料显示，“二五”期间，两县基本建设投资共720.3万元，是“一五”时期投资114.1万元的6.3倍，这与全市经济建设类同期增长幅度基本吻合。这一历史时期，基建投资摊子过大，战线过长，这是当时全国普遍存在的问题。于是国家从1963年至1965年进行国民经济调整，即史称“三年经济调整”时期，贯彻执行“调整、巩固、充实、提高”八字方针，大力压缩基本建设支出。“大跃进”期间盲目上马的工矿企业实施关、停、并、转的措施。财政对经济建设类支出预算科目亦进行调整，减掉商业支出、城市公用支出和其他经济建设支出，增设城市人口下放支出。三年调整时期，今宿迁地区各县累计财政总支出为9565万元，其中：经济建设类支出1559.7万元，占总支出的16.3%，比“二五”时期下降16.5个百分点，这与当时的经济形势相吻合。

“三五”和“四五”时期（1966—1975），全市财政总支出为39230.6万元，其中，经济建设事业费支出12792万元，占总支出的32.6%；社会文教科卫事业费支出19848.6万元，占总支出的50.6%；行政管理费支出4910.4万元，占总支出的12.5%；其他支出1679.6万元，占总支出的4.3%。这一时期社会文教科卫和行政管理费支出比较平稳，经济建设类增长幅度较经济恢复时期上升16个百分点，主要突出的是1969—1972年，宿迁境各县基本建设投资支出为5119.5万元，占同期财政支出18929.4万元的27%。此时期财政支出科目在“三五”时期没有变化，“四五”期间有较大变动。经济建设类增加“新产品试制费”“流动资金”“五小企业投资”“城市维护建设支出”科目；把原“地方工业支出”科目，改为“工业企业基建投资”；把原“农林水气支出”科目合并到支援农业支出科目；取消交通邮电支出、城市人口下放支出科目等。社会文教科卫费类，新增“城市人口下放安置费”“干部下放劳动锻炼经费”等科目；把“干训广播支出”“科学支出”“体育支出”“卫生支出”合并到“文化教育支出”科目；把“抚恤支出”合并到“社会福利救济支出”科目，统称为“抚恤及社会福利救济费支出”，此后这一大类统称为“社会文教科卫事业费类”。

“五五”时期（1976—1980），财政支出科目，经济建设类中的“工业企业基建投资”改为“基本建设投资”，新增“商业企业支出”“工交事业费支出”；社会文教科卫费类中取消“干部下放支出”科目。这一时期，宿迁区域财政总支出为31549.4万元，比“四五”时期增加支出7778.4万元，支出增长32.7%，其中，经济建设事业类费支出11566.7万元，增支3699.6万元，支出增长47%；社会文教科卫事业费类支出14981.6万元，增支2476.9万元，支出增长19.8%；行政管理费类支出4372万元，增支1505.1万元，支出增长52.5%；其他支出629.1万元，增加支出96.8万元。这一时期各类支出较“四五”时期增长幅度明显提升。增支因素主要是，

1977年和1979年给部分职工工资偏低的提升工资，升级面为40%，以及调整工资类别区（由三类区调整为四类区），增加职工副食品补贴等。这次工资调整虽然升级面比较窄，但这是自1956年实行工资制度改革以来，首次对部分职工工资进行调整，打破了职工工资长期未变的格局。

“六五”时期（1981—1985），全市财政支出为51588.6万元，比“五五”时期增支20039.2万元，支出增长63.5%，其中，经济建设事业费类支出14173.1万元，增支2606.4万元，支出增长22.5%；社会文教科卫事业费类支出27264.4万元，增支12282.8万元，支出增长82%；行政管理费类支出8435.5万元，增支4063.5万元，支出增长92.9%；其他支出1715.6万元，增支1086.5万元，增长172.7%。

这一个五年计划期间，财政工作主要贯彻执行中共十一届三中全会提出的改革开放和以经济建设为中心的方针、政策。财政支出围绕服务和服从于改革开放和经济建设需要，支持经济社会发展，逐步解决长期以来职工生活待遇过低的问题。这一时期财政支出增长因素主要是1982年机关、事业单位职工普遍调整工资一到两级；1985年实施工资制度改革，工资区类别由四类工资区调高到五类工资区，以及实行以职务工资为主要内容的结构工资制度，职工工资水平大幅度提高。为适应新时期财政预算管理实际工作需要，财政部对支出预算科目进行重新修订。经济建设类支出科目增设“企业挖潜改造资金”“简易建筑费”“科技三项费用”“农林水气事业费”“商业部门事业费”，“流动资金”改为“其他流动资金”；社会文教科卫事业费类，增设“城镇青年就业经费”和“其他部门事业费”科目；行政管理费类增设“公安支出”；其他支出增加“专款支出”“财政价格补贴支出”科目。

“七五”时期（1986—1990），财政支出预算科目调整不大，只是将“科学事业费”从文教科卫事业费类划出单列。这一时期是经济体制改革转型时期，自改革开放以来，宿迁境各县经济加快了发展速度，财政支出翻倍增长。“七五”期间，宿迁境各县财政支出为106182.7万元，较“六五”时期支出增长105.8%。其中：经济建设类支出20400万元，增长43.9%；社会文教科卫事业费类支出53778.9万元，增长97.2%；行政管理费类支出为20396.9万元，增长141.5%；其他支出11606.9万元，是“六五”时期同类支出的6.8倍。增支的因素，除重点支援农村生产合作组织资金和扶持乡镇企业投资以外，中央专项补助商品粮基地建设也增加了一些支出。另外，继1985年工资制度改革之后，1986年贯彻“巩固、补充、改善”的方针，决定对部分行政人员提高一级工资，同时增加了节支奖和“物价补贴”。1990

年，江苏省全面实施调整工资第二步方案，适当解决国家机关事业单位人员的工资问题，这是增加财政支出的重要因素。

“八五”时期（1991—1995），宿迁境各县财政支出为245021.6万元，比“七五”时期支出增加138838.9万元，增长130.8%。其中，经济建设事业类支出54805.9万元，增加34405.9万元，增长168.7%；文教科卫事业费类支出122141.8万元，增加68362.9万元，增长127.1%；行政管理费类支出43451.1万元，增加23054.2万元，增长113%；其他支出24622.8万元，增加13015.9万元，增长112.1%。这一时期，国家加快改革开放和现代化建设步伐，确立社会主义市场经济体制，财政实行“分税制”，各类增支因素较多。除经济建设类对工业企业增加挖潜、革新、改造资金的投入，加大农业基础设施投资，增加农田水利和水土保持经费支出，建立粮食专项发展资金，加大农业综合开发投资等项支出外，影响财政支出大幅度增长的原因，仍然是工资制度改革，提高干部职工福利待遇，是这一时期增加财政支出的主因。1993年5月，江苏省全面实施工资改革方案，行政机关由结构工资制改为职级工资制，在事业单位建立不同类型、不同行业分类工资制度，与国家行政机关的工资制度脱钩。这次改革进一步完善了国家行政机关、事业单位工资制度体系。改革面涉及所有行政机关、事业单位，干部、职工工资调整幅度很大。1993年和1994年社会文教科卫事业费类、行政管理费类（包括公检法司）构成经费支出的两大部分，即“个人部分”和“公用部分”，进行对比分析，反映单一年度增加财政支出的重点去向。

1993年度，宿迁境各县社会文教科卫事业类支出18674万元。其中，个人部分支出为15582万元，公用部分支出为3092万元；行政管理费类支出9067万元，其中，个人部分支出为4161万元，公用部分支出为4906万元。

1994年度，社会文教科卫事业费类支出25667万元，较1993年（以下称上）增支6993万元。其中，个人部分支出为23498万元，较上年增支7916万元，公用部分支出为2169万元，较上年减少支出923万元；行政管理费支出12268万元，较上年增支3201万元，其中个人部分支出为7291万元，较上年增支3130万元，公用支出为4977万元，较上年增支71万元。1994年度上述两大类财政支出合计较上年支出增加10194万元。其中：个人部分增支11046万元，公用部分减少支出852万元。1994年上述两类增加的支出去向主要是个人部分，公用部分不仅没有增加还相对减少了许多。

“九五”时期（1996—2000），区划调整地级宿迁市成立后，财政支出的重点，除保证机关事业单位正常费的需要外，以建设新宿迁为主要内容。全市财政支出为606134万元，比“八五”时期支出增加361112.4万元，支出增长147.4%，其中，经济建设事业费类支出141402万元，增加86596.1万元，支出增长158%；社会文教科卫事业费类支出295529万元，增加173387.2万元，支出增长142%；行政管理费类支出122644万元，增加79192.9万元，支出增长182.2%；其他支出38162万元，增加13539.2万元，支出增长55%；政府性基金支出8397万元，这是1998年之后新增科目，也是比较大的增支因素。除政府基金支出与“八五”期间不可比之外，区划调整成立地级宿迁市，增设市直机关、宿城区政府机构，增加机构经费和财政供养人口，至2000年末财政供养人口达到101927人，比建市前增加21820人，其中，市直机关新增5529人。此期间市直和宿城区财政支出为125905万元，占全市财政支出20.8%，其中：市本级支出为101733万元，市本级支出重大项目主要是基本建设支出35172万元，占本级财政支出34.6%。重要建设项目包括，市委、市政府办公大楼省财政拨款7600万元；市公检法司和军分区办公楼建设，省财政分别支持1000万~1500万元；财政、教育、党校办公楼建设。省市财政安排预算支出共6000万元（不包括后续安排的支出）。另外，宿豫县搬迁重建也增加基建支出4417万元。

“十五”时期（2001—2005），全市财政支出为1436234万元，比“九五”时期增加支出830100万元，增长136.9%。其中，经济建设事业费类支出为332567万元，增加191165万元，增长135.2%；社会文教科卫类支出645362万元，增加349833万元，增长118.4%；行政管理费类支出249053万元，增加126409万元，增长103.1%；其他支出107911万元，增加69749万元，增长182.8%；政府性基金支出101341万元，增加92944万元，增长11倍。政府性基金支出，反映基金预算中的上级补助支出和下级上解支出，在政府收支分类科目中称政府性基金转移支付。财政管理上常用的“基金”，仅要求其收入与支出相对应，不要求单独运营。

“十五”期间，宿迁市财政支出增长点主要有三方面，一是市直机关和宿城区财政支出比“九五”时期大幅度增长，财政支出规模已经达到376674万元，比“九五”时期增支250769万元，增长2倍。其中，市直支出为246297万元（包括新建市直经济开发区支出21381万元），比“九五”时期增支144564万元，增长134.7%。另外，基本建设支出尤为突出，在经济建设事业费类支出中，全市基本建设支出为94840万元，占该类总支出的28.3%，其中，市直基本建设支出为56675万元，占当期全市基建支出总额的59.8%。主要基建项目包括，开工建设市文体馆、博物馆、体校、府苑中学等支出。二是增加财政供养人口。“十五”与“九五”比较，2005年末全市财政供养人口为124626人，比2000年末增加22669人，按照当期财政供养人口和财政支出额加权平均计算，年人均支出25842元，“十五”期间全市因增加财政供养人员，增支234325万元。三是提高职工待遇。自“九五”末期，职工工资内容发生较大变化，已形成国家标准工资（简称国标）和地方综合补贴两大块。自国家实施职级工资制度以来，国家机关基础工资不分职级先后由每人每月90元改为110元，至2001年改为230元；公务员的级别工资进行调整，其间行政机关人员职级工资由最低50元和最高480元，2001年提高到100元和850元，2003年提高到130元和1150元。级别工资划分15个级别，分别规定每级别工资标准。事业单位分行业工资与行政机关职工待遇同步调整。从2004年1月起，宿迁市对机关、事业单位在编正式工作人员和离退休人员发放地方岗位补贴，在职人员正厅至办事员共7个级差，每人每月正厅380元，办事员160元，级差20~40元。退休人员正厅300元，办事员130元，级差20~30元。实行职级工资制度，其工资发放标准由国家制定，地方岗位补贴发放标准由省制定，这样职工工资形成了由“国标”和“省标”两大部分组成。由于工资内容的复杂性，同时此期间调整工资比较集中，为反映财政支出的增量因素，有代表性地选择全市行政政法系统（包括统计等其他部门的事业费、行政管理费、公检法司经费）“九五”和“十五”时期，“人员经费”和“公用经费”两部分支出同口径进行比较分析，说明这一时期增加财政支出重点。

全市政法系统“九五”时期财政支出总额为183269万元。其中，人员经费为83325万元，公用经费为99944万元，分别占支出总额的45.5%和54.5%；“十五”时期支出总额为344533万元，比“九五”时期增支161264万元，支出增长88%，其中人员经费支出为144537万元，增支61212万元，支出增长73.5%；公用经费支出为199996万元，增支100052万元，支出增长100.1%。可见，这一时期在人员经费大幅度增长的同时，公用经费同步增长。

“十一五”时期（2006—2010），全市财政总支出为6630469万元，比“十五”时期增支5194235万元，支出增长3.6倍。其中，经济建设事业费类支出为1801313万元，增支1468746万元，支出增长4.4倍；社会文教科卫事业费类支出为2269094

万元，增支1623732万元，支出增长2.5倍；行政管理费类支出为942686万元，增支693633万元，支出增长2.8倍；其他支出为178685万元，增支70774万元，支出增长65.6%；政府基金支出为1438691万元，增支1337350万元，支出增长13.2倍。政府性基金支出是这一时期支出增长的重点。如果剔除政府性基金支出同口径比较，全市财政支出为5191778万元，比“十五”时期增支3863455万元，支出增长2.9倍。

市直“十一五”期间财政总支出为1297020万元（含经济开发区418003万元），占全市财政总19.6%，比“十五”期间支出增加1032723万元，支出增长3.9倍。其中，经济建设事业类费支出为448495万元，增支334449万元，支出增长2.9倍；行政管理费类支出为223537万元，增支162179万元，支出增长2.6倍；社会文教科卫事业费类147480万元，增支106034万元，支出增长2.6倍；其他支出23035万元，增支4078万元，支出增长21.5%；政府基金支出454473万元，增支425983万元，支出增长15倍。

三、财政增资的主要因素

上述支出总量显示，这一时期全市财政支出大增，超过中华人民共和国成立以来宿迁市各个发展时期财政支出总量的多倍，这一历史记录是空前的，也为日后宿迁经济社会发展再上新台阶打下坚实的基础。分析这一阶段增支因素，正常增加财政供养人口和大幅度调整职工待遇是这一时期增长因素之一。截至2010年底，财政供养人员为131884人，比“十五”末增加7258人。从2006年12月起，江苏省根据国家工资制度改革实施意见，印发《关于公务员制度改革、事业单位收入分配制度改革实施中若干问题的处理意见》对职工工资进行套改。公务员的级别由原来的15级增加到27级，适当加大不同职务对应级别的交叉幅度，使低职务的公务员能晋升到较高的级别，按照国家公务级别工资标准进行套改。对正常晋升，离退休人员待遇，以及教育等事业单位工资福利问题作出政策性规定。与此同时，从2008年1月起，江苏省统一部署规范公务员津贴补贴制度改革，分为工作性津贴和生活性补贴两部分，按省定标准执行。是年，经省财政厅批准，宿迁市直机关公务员津贴和生活补贴年人均为2.87万元；2009年1月，调整为3.9万元；2010年1月，调整为4.5万元。自2007年以后地方津、补贴由暗补变为明补，称为“阳光工资”，这是一项大宗支出。依据宿迁市财政统计资料计算，“十一五”期间，仅全市行政政法系统人员工资个人部分支出为399125万元，比“十五”时期增加支出254588万元。

另一项增支因素是国家宏观经济政策发挥重要作用。深化经济体制改革，促进了宿迁经济快速发展，财政实力增强，重点加大城乡经济建设投入，进一步改善城乡居民生活条件。贯彻落实强农富民政策，建设社会主义新农村，宿迁实施新农村建设五年跨越计划，把高效农业规模化作为建设现代化农业的第一工程，在加快改善农村基础设施和加大对“三农”投资力度的同时，认真落实各项惠农政策，包括粮食直补、良种补贴、农机具补贴等各级财政均安排了专项资金。因此，这一时期全市经济建设事业费类支出增长幅度尤为突出，比上一个五年计划时期增加支出高达1468746万元。

“十二五”时期（2011—2015），全市财政支出，不仅是增量扩大，各类支出都呈现出翻倍增长的势头。“十二五”期间，全市财政累计支出为21553269万元，比“十一五”累计支出增加1492280万元，增长2.25倍。其中，经济建设事业费类支出为5914384万元，比“十一五”累计支出增加5734271万元，增长3.18倍；社会文教科卫事业费类支出为6836574万元，比“十一五”累计支出增加4567480万元，增长2.01倍；行政管理费类支出为1956789万元，比“十一五”支出增加1014103万元，增长1.08倍；其他支出为853991万元，比“十一五”支出增加675306万元，增长3.78倍；基金支出为5991531万元，比“十一五”支出增加4552840万元，增长3.16倍。

“十三五”期间（2016—2020），全市财政支出进一步扩大，全市累计财政支出为41709500万元，比“十二五”累计支出增加20156231万元，增长93.5%。其中，经济建设事业费类支出为9408646万元，比“十二五”支出增加3494262万元，增长59.1%；社会文教科卫事业费类支出为10092868万元，比“十二五”支出增加3256294万元，增长47.6%；行政管理费类支出为3079409万元，比“十二五”支出增加1122620万元，增长57.4%；其他支出为1422265万元，比“十二五”支出增加568274万元，增长66.5%；基金支出为17706312万元，比“十二五”支出增加11714781万元，增长1.96倍。“十三五”期间增支因素，除全市财政供养人口增加以及正常的调整工资增加一部分支出外，尤为突出的是基金支出。基金支出，从地级宿迁市成立之后开始起步，1996—2000年累计支出只有8397万元，占财政总支出的1.4%；“十五”时期（2001—2005），支出为101341万元，占财政总支出的7.1%；“十一五”时期（2006—2010），基金支出已经初具规模，支出为1438691万元，占财政总支出的21.7%；“十二五”时期基金支出已经达到5991531万元，占财政总支出的27.8%；“十三五”期间，基金支出为17706312万元，占财政总支出的42.4%。从基金支出结构上分析，2015年企业职工基本养老保险年末参保人数为464481人，支出金额为246751万元，2020年末参保人数增加191916人，支出金额增加4288076万元；城乡居民养老保险，2015年末参保人数为2480107人，支出金额为101305万元，2020年末参保人数增加173948人，支出金额增加73927万元；机关事业养老保险，2015年末参保人数为55700人，支出金额为123247万元，2020年末参保人数增加58313人，支出金额增加139098万元；城乡职工基本医疗保险，2015年末参保人数为421220人，支出金额为93965万元，2020年末参保人数增加42805人，支出金额增加116388万元；2017年宿迁市整合城镇居民医疗保险和新型农村合作医疗制度，建立城乡医疗保险，2020年支出金额为396637万元，比2015年增加支出184311万元；失业保险基金，年末领取失业金人数，2015年为3624人，2020年比2015年减少了509人，但支出为5096万元，比2015年增加了1665万元。

上述历史资料表明，宿迁市财政支出规模是逐步拓展起来的。支出规模的大小虽然与经济社会发展息息相关，但与行政区域管辖范围区划调整、增加机构密不可分。地级宿迁市成立后，原宿迁市（县级）改称宿豫县（后改为宿豫区），同时划出一部分乡镇成立宿城区。1999年以后，宿迁市直陆续成立五个经济开发园区（从2018年起，宿迁市软件服务园区合并到湖滨新城区），市委、市政府决定市直经济开发园区单列财政机构。由此，今宿迁市行政管辖范围为三县两区和市直四个经济开发区。虽然行政区域与区划调整前没有变化，但区划调整后财政支出规模大增。当然，区划调整增设一些机构，增加一部分政府管理成本，这是宿迁市财政支出规模扩大的一个重要方面，但真正扩大宿迁市财政支出规模的动因，是经济体制改革给宿迁市创造了良好的经济环境，推动宿迁经济快速发展，财政收入规模迅速扩大。相应财政支持地方工农生产和社会事业的发展力度加强，城乡建设的投入加大，改善城乡居民生活条件和职工生活待遇逐步提高等，是宿迁市财政支出规模逐步拓展的重要原因。

四、财政支出数据统计汇总

为反映宿迁市财政支出的历史状况，依据史料对建市前，属宿迁市管辖的沭阳、泗阳、泗洪、宿迁4县（市），分年度、分类财政支出数据，单独重新统计汇总，反映这一历史时期这一行政区域历年财政总支出整体原貌。区划调整建立省辖市之后，1996—2020年的财政支出资料，依据宿迁市财政历年财政决算资料汇编。

1949—2020年宿迁市财政支出统计总表（一）

表51 单位：万元

县区/年份	财政支出合计	市直	宿豫区	宿城区	泗阳县	泗洪县	沭阳县	市直经济开发区	湖滨新城区	苏宿工业园区	软件服务园区	洋河新城区
1949	259.7	—	—	—	50	29.7	180	—	—	—	—	—
1950	560.6	—	—	—	60.4	22.2	478	—	—	—	—	—
1951	615.3	—	—	—	51.1	55.2	509	—	—	—	—	—
1952	785.5	—	107	—	64.9	101.6	512	—	—	—	—	—
1953	1010.9	—	149	—	182.5	156.4	523	—	—	—	—	—
1954	1099.9	—	170	—	185.8	160.1	584	—	—	—	—	—
1955	1183.5	—	183	—	196	211.5	593	—	—	—	—	—
1956	2020.8	—	412	—	435.5	532.3	641	—	—	—	—	—
1957	2190.3	—	515	—	583.4	508.9	583	—	—	—	—	—
1958	3003.9	—	821	—	673.9	734	775	—	—	—	—	—
1959	3087.6	—	720	—	644.8	569.8	1153	—	—	—	—	—
1960	3587	—	697	—	670.1	823.9	1396	—	—	—	—	—
1961	2631.9	—	592	—	552.4	514.5	973	—	—	—	—	—
1962	1973.4	—	464	—	419.2	328.2	762	—	—	—	—	—
1963	2549.4	—	696	—	618.2	440.2	795	—	—	—	—	—
1964	4442.6	—	1345	—	1091	861.6	1145	—	—	—	—	—
1965	2573.5	—	669	—	616.8	509.7	778	—	—	—	—	—
1966	2859.5	—	714	—	561.1	637.4	947	—	—	—	—	—

续表 51

县区/年份	财政支出合计	市直	宿豫区	宿城区	泗阳县	泗洪县	沭阳县	市直经济开发区	湖滨新城区	苏宿工业园区	软件服务园区	洋河新城区
1967	2477.1	—	664	—	515.6	576.5	721	—	—	—	—	—
1968	2135.7	—	482	—	526.9	461.8	665	—	—	—	—	—
1969	3511.1	—	779	—	731.9	906.2	1094	—	—	—	—	—
1970	4476.2	—	924	—	930.4	1178.8	1443	—	—	—	—	—
1971	5378.9	—	1220	—	1195.2	1927.7	1036	—	—	—	—	—
1972	5562.2	—	1234	—	1497	1329.2	1502	—	—	—	—	—
1973	3865.3	—	850	—	959.8	840.5	1215	—	—	—	—	—
1974	4255.4	—	1022	—	914.4	1018	1301	—	—	—	—	—
1975	4709.2	—	1011	—	1156	1034.2	1508	—	—	—	—	—
1976	4573.1	—	1050	—	1046.5	1010.6	1466	—	—	—	—	—
1977	4905.7	—	1185	—	1125	1066.7	1529	—	—	—	—	—
1978	7230.6	—	1701	—	1464	1702.6	2363	—	—	—	—	—
1979	7197.3	—	1536	—	1709	1823.3	2129	—	—	—	—	—
1980	7642.7	—	1715	—	1779	1714.7	2434	—	—	—	—	—
1981	8101.6	—	1740	—	1918	2161.6	2282	—	—	—	—	—
1982	8218.9	—	1910	—	2007	1905.9	2396	—	—	—	—	—
1983	9819.4	—	2421	—	2188	2159.4	3051	—	—	—	—	—
1984	11773.7	—	2807	—	2889.2	2598.5	3479	—	—	—	—	—
1985	13675	—	3080	—	3718	2889	3988	—	—	—	—	—
1986	16296.4	—	3774	—	4244	3556.4	4722	—	—	—	—	—

续表 51

县区 年份	财政支出合计	市直	宿豫区	宿城区	泗阳县	泗洪县	沭阳县	市直经济开发区	湖滨新城区	苏宿工业园区	软件服务园区	洋河新城区
1987	17297	—	4214	—	4725.3	3406.7	4951	—	—	—	—	—
1988	19917.8	—	4635	—	5330	4033.8	5919	—	—	—	—	—
1989	24458	—	5824	—	6309	5156	7169	—	—	—	—	—
1990	28213.5	—	6428	—	7284	6663.5	7838	—	—	—	—	—
1991	33325.7	—	7294	—	7940	8779.7	9312	—	—	—	—	—
1992	36415.9	—	7778	—	9436	8766.9	10435	—	—	—	—	—
1993	53600	—	10474	—	14515	17153	11458	—	—	—	—	—
1994	59173	—	13148	—	16099	15200	14726	—	—	—	—	—
1995	62507	—	13767	—	14705	17640	16395	—	—	—	—	—
1996	80737	5275	18203	—	18665	19572	19022	—	—	—	—	—
1997	111256	23206	15868	5692	20276	23108	23106	—	—	—	—	—
1998	124166	21760	20479	5576	24384	24932	27035	—	—	—	—	—
1999	141125	27543	23177	5980	26337	26687	31401	—	—	—	—	—
2000	148850	23949	24836	7224	29717	27972	34983	169	—	—	—	—
2001	173287	26316	27396	8625	33327	33057	44050	516	—	—	—	—
2002	213724	32664	34290	10571	42638	38439	54186	936	—	—	—	—
2003	265433	36793	45426	15481	49650	51356	65112	1615	—	—	—	—
2004	353862	69338	47150	33247	52979	62872	83210	5066	—	—	—	—
2005	429928	77805	51869	44453	65235	67509	109809	13248	—	—	—	—
2006	545804	83695	63319	58101	87212	91732	139359	22386	—	—	—	—

续表 51

县区/年份	财政支出合计	市直	宿豫区	宿城区	泗阳县	泗洪县	沭阳县	市直经济开发区	湖滨新城区	苏宿工业园区	软件服务园区	洋河新城区
2007	834272	91397	93924	95979	133636	135217	230682	42220	10897	320	—	—
2008	1202261	116847	139417	126137	204540	215005	326931	61069	10945	1370	—	—
2009	1653653	166504	181627	174279	282832	290440	441111	74171	37945	4744	—	—
2010	2394479	420574	242718	220235	373204	409516	576296	104363	43877	3696	—	—
2011	3044077	465417	296532	299386	485590	496184	792864	118301	55158	5622	3323	25700
2012	3642127	456074	366594	352824	589566	647356	952295	129956	52452	25062	11008	58940
2013	4273587	466251	374874	421608	697204	805247	1190227	146466	52550	30900	21608	66652
2014	4898784	534609	395659	464345	807442	994703	1241337	233082	78227	82666	19584	47130
2015	5694694	649680	558239	550785	1041393	987651	1498110	157251	58168	123569	22100	47748
2016	6309193	711358	569159	770638	1088237	1027496	1674441	144176	100528	102532	27380	93248
2017	7189905	1063888	683476	791408	1219956	1082779	1673006	147183	179720	193688	35374	119427
2018	7619458	1201086	629779	654473	1319127	1274804	1880177	199855	149954	172940	—	137263
2019	9237265	1349391	866594	839631	1540121	1566758	2267562	262086	217093	146805	—	181224
2020	11353679	2100116	1181566	1008205	1766174	1834710	2221172	440457	309211	246441	—	245627

注：财政总支出口径包括一般公共预算、国有资本经营、政府性基金、社保基金。

1996—2020年宿迁市直财政支出分项统计表

表52　　单位：万元

项目 年份	财政支出合计	基本建设支出	一般公共服务	行政管理费	公检法司公共安全	教育事业支出	科技技术	文化体育传媒	社会保障就业	医疗卫生	农林水气国土事务	城乡社区事务	节能环保	工交商贸金融等事务	其他支出	国有资本经营预算支出	政府性基金	社保基金
1996	5275	510	—	3400	242	56	—	—	32	—	209	—	—	579	247	—	—	—
1997	23206	11444	—	3374	2126	482	97	302	84	281	1516	189	—	1553	1758	—	—	—
1998	21760	7256	—	2887	1277	1528	109	396	374	558	1459	335	—	2761	2812	—	—	8
1999	27543	8652	—	3816	1796	1818	110	608	2120	762	1446	1379	—	1943	3000	—	—	93
2000	23949	7310	—	3702	2243	2716	171	613	698	629	1513	517	—	1989	1771	—	—	77
2001	26316	4874	—	4147	2741	1979	473	555	1653	865	2334	2476	—	1442	2230	—	—	547
2002	32664	4714	—	5060	4047	2284	257	589	1013	945	2520	3022	—	1679	2237	—	—	4297
2003	36793	6971	—	5790	5254	2317	306	486	2106	1223	2135	2623	—	2439	2232	—	—	2911
2004	69338	17333	—	8070	6445	3115	197	650	2085	1089	12826	1231	—	3423	5597	—	—	7277
2005	77805	13566	—	8856	8454	10175	499	562	2974	989	10532	1847	—	6074	3586	—	—	9691
2006	83695	13925	—	11059	10530	4369	500	795	2001	1123	14426	3893	—	8653	6190	—	—	6231
2007	91397	—	15928	—	13069	8440	705	4570	3179	1511	18637	7091	2473	7680	76	—	—	8038
2008	116847	—	18211	—	16010	9772	810	3016	3049	1615	18631	5990	7132	11452	2031	—	—	19128

续表 52

项目 年份	财政支出合计	基本建设支出	一般公共服务	行政管理费	公检法司公共安全	教育事业支出	科技技术	文化体育传媒	社会保障就业	医疗卫生	农林水气国土事务	城乡社区事务	节能环保	工交商贸金融等事务	其他支出	国有资本经营预算支出	政府性基金	社保基金
2009	166504	—	26732	—	16537	15498	1838	1688	5891	4027	12206	8408	3874	17969	498	—	—	51338
2010	420574	—	33524	—	28839	14323	1680	2178	8250	12691	16948	9564	5998	32375	8833	—	—	245371
2011	465417	—	42602	—	24963	25645	2745	3643	10015	18751	16283	21119	3141	49781	28555	—	—	218174
2012	456074	—	68668	—	25969	51097	11163	4967	12621	38232	20380	20064	5130	33123	48052	—	83700	32908
2013	466251	—	51256	—	30118	44165	19619	16089	11765	39002	21200	32160	16244	50387	23443	—	66957	43846
2014	534609	—	44615	—	31783	50914	20908	13935	14498	39833	36540	33936	13037	51489	30946	—	110029	42146
2015	649680	—	56016	—	43467	64099	7634	27134	37125	70674	62572	29788	11605	39242	19219	—	131552	49553
2016	711358	—	45503	—	56585	61921	9711	45042	10419	58629	33134	31493	23509	51294	25361	63514	140233	55010
2017	1063888	—	66386	—	77019	71202	4574	17111	16517	90515	48300	73406	46922	45343	111257	80002	220557	94777
2018	1201086	—	72022	—	77630	72177	21378	9441	26255	80813	65476	101794	7047	75275	36254	28323	434430	92771
2019	1349391	—	92681	—	90324	97743	21019	18802	24073	85316	90526	100223	14305	100971	36457	28117	418435	130399
2020	2100116	—	99278	—	104064	110498	30658	16281	20154	110746	108911	38445	37641	167425	43341	14565	261110	936999

注：本表市直财政支出数据，不包括市经济开发区及工业园区支出数。分项统计表式，因预算科目不同时期采用不同的分类方法，变动较大，以区划调整成立地级宿迁市为界限，1949—1995年采用老表式，1996—2020年采用新表式。

1952—1995 年宿迁市宿豫区财政支出分项统计表

表 53　　单位：万元

项目 / 年份	财政支出合计	经济建设事业费类			社会文教科卫费类					行政管理费类			其他支出	国有资本经营预算支出	政府性基金	社保基金
		小计	基本建设支出	农林水气工交商支出	小计	文化教育支出	科学支出	医疗卫生支出	抚恤和社会福利救济支出	小计	行政管理费	公检法司支出				
1952	107	—	—	—	36	36	—	—	—	50	50	—	21	—	—	—
1953	149	4	—	4	87	87	—	—	—	57	57	—	1	—	—	—
1954	170	3	—	3	72	72	—	—	—	63	63	—	32	—	—	—
1955	183	21	1	20	91	53	2	10	26	68	68	—	3	—	—	—
1956	412	47	7	40	272	136	5	14	117	92	92	—	1	—	—	—
1957	515	68	3	65	342	111	5	15	211	103	103	—	2	—	—	—
1958	821	437	—	437	275	163	5	25	82	104	104	—	5	—	—	—
1959	720	244	—	244	356	181	1	28	146	94	94	—	26	—	—	—
1960	697	223	—	223	371	205	2	45	119	90	90	—	13	—	—	—
1961	592	196	—	196	296	158	1	42	95	97	97	—	3	—	—	—
1962	464	51	—	51	323	175	—	34	114	84	84	—	6	—	—	—
1963	696	140	—	140	456	179	—	35	242	90	90	—	10	—	—	—
1964	1345	289	—	289	933	213	1	39	680	94	94	—	29	—	—	—
1965	669	176	—	176	383	199	1	37	146	94	94	—	16	—	—	—
1966	714	149	—	149	461	216	1	42	202	95	95	—	9	—	—	—
1967	664	135	—	135	409	236	1	42	130	80	80	—	40	—	—	—
1968	482	74	—	74	307	207	—	35	65	84	84	—	17	—	—	—
1969	779	318	156	162	314	173	2	45	94	135	135	—	12	—	—	—
1970	924	293	167	126	311	173	—	49	89	312	312	—	8	—	—	—
1971	1220	653	353	300	387	222	—	51	114	180	180	—	—	—	—	—
1972	1234	543	316	227	493	234	1	60	198	196	196	—	2	—	—	—

续表 53

项目＼年份	财政支出合计	经济建设事业费类			社会文教科卫费类					行政管理费类			其他支出	国有资本经营预算支出	政府性基金	社保基金
		小计	基本建设支出	农林水气工交商支出	小计	文化教育支出	科学支出	医疗卫生支出	抚恤和社会福利救济支出	小计	行政管理费	公检法司支出				
1973	850	209	—	209	479	263	1	73	142	161	161	—	1	—	—	—
1974	1022	274	—	274	576	310	1	75	190	166	166	—	6	—	—	—
1975	1011	319	—	319	530	304	1	82	143	157	157	—	5	—	—	—
1976	1050	330	—	330	542	328	2	89	123	171	171	—	7	—	—	—
1977	1185	406	—	406	581	338	2	90	151	176	176	—	22	—	—	—
1978	1701	807	—	807	666	385	3	116	162	215	215	—	13	—	—	—
1979	1536	602	—	602	692	416	2	115	159	215	215	—	27	—	—	—
1980	1715	526	—	526	862	537	2	133	190	274	274	—	53	—	—	—
1981	1740	493	30	463	928	585	3	151	189	260	232	28	59	—	—	—
1982	1910	463	24	439	1087	727	6	168	186	320	280	40	40	—	—	—
1983	2421	619	3	616	1349	953	4	187	205	440	372	68	13	—	—	—
1984	2807	814	50	764	1413	962	3	236	212	555	459	96	25	—	—	—
1985	3080	735	114	621	1649	1155	6	257	231	643	533	110	53	—	—	—
1986	3774	676	45	631	1995	1361	2	329	303	972	869	103	131	—	—	—
1987	4214	910	78	832	2059	1398	9	340	312	1068	963	105	177	—	—	—
1988	4635	926	202	724	2286	1576	4	361	345	1303	1085	218	120	—	—	—
1989	5824	1352	34	1318	2643	1745	10	427	461	1634	1422	212	195	—	—	—
1990	6428	1252	38	1214	3124	2058	8	511	547	1882	1590	292	170	—	—	—
1991	7294	1647	64	1583	3698	2409	19	598	672	1439	1172	267	510	—	—	—
1992	7778	1612	59	1553	3946	2414	13	733	786	1646	1294	352	574	—	—	—
1993	10474	2428	97	2331	4985	3969	8	330	678	2101	1714	387	960	—	—	—
1994	13148	3200	98	3102	6407	4523	19	920	945	2933	2289	644	608	—	—	—
1995	13767	2496	70	2426	7408	5514	12	919	963	3146	2461	685	717	—	—	—

1996—2020年宿迁市宿豫区财政支出分项统计表

表54

单位：万元

项目 年份	财政支出合计	基本建设支出	一般公共服务	行政管理费	公检法司公共安全	教育事业支出	科技技术	文化体育传媒	社会保障就业	医疗卫生支出	农林水气国土事务	城乡社区事务	节能环保支出	工交商贸金融等事务	其他支出	国有资本经营预算支出	政府性基金	社保基金
1996	18203	162	—	3335	1083	6833	196	—	1090	1309	1116	917	—	1406	756	—	—	—
1997	15868	74	—	3040	940	5823	142	490	880	1006	1186	268	—	1065	954	—	—	—
1998	20479	1407	—	2724	1032	7120	163	589	1754	1261	1272	656	—	1380	1017	—	—	104
1999	23177	1783	—	3118	1054	8715	186	878	2113	1156	1293	595	—	1268	740	—	—	278
2000	24836	991	—	3526	1329	9596	257	806	2658	1358	1495	675	—	1138	919	—	—	88
2001	27396	968	—	3577	1396	10850	275	783	4285	1268	1912	275	—	1121	512	—	—	174
2002	34290	1764	—	4365	2009	11518	309	964	5223	1571	2329	489	—	1470	871	—	—	1408
2003	45426	2733	—	4497	1964	12173	322	1174	5309	1627	6717	984	—	2622	2400	—	—	2904
2004	47150	3122	—	5510	3328	10545	361	1294	5441	1586	4789	1739	—	3314	1782	—	—	4339
2005	51869	895	—	5220	3534	13668	491	1507	7898	1539	4281	863	—	3668	3515	—	—	4790
2006	63319	1421	—	5041	3934	15792	494	1756	9957	3031	5322	918	—	4668	3945	—	—	7040
2007	93924	—	11634	—	4521	25388	956	945	13060	3954	8534	6718	1941	5068	139	—	—	11066
2008	139417	—	17486	—	6112	32234	2534	1034	15192	7400	18361	9817	4847	8939	766	—	—	14695
2009	181627	—	18553	—	7111	45161	3100	1572	17056	8749	25228	9945	4017	13206	813	—	—	27116
2010	242718	—	20629	—	9734	58998	4559	2089	23700	6217	30686	17929	3167	23868	1549	—	—	39593
2011	296532	—	19402	—	11172	73896	5296	2480	26813	6795	47131	19529	4036	34139	1509	—	—	44334

续表 54　　单位：万元

项目 年份	财政支出合计	基本建设支出	一般公共服务	行政管理费	公检法司公共安全	教育事业支出	科技技术	文化体育传媒	社会保障就业	医疗卫生支出	农林水气国土事务	城乡社区事务	节能环保支出	工交商贸金融等事务	其他支出	国有资本经营预算支出	政府性基金	社保基金
2012	366594	—	22156	—	11170	84060	7702	5655	31926	7919	47698	19588	13545	37903	17494	0	38519	21259
2013	374874	—	22576	—	12005	84647	8558	6296	34091	8997	47648	21715	16923	37770	22036	0	26355	25257
2014	395659	—	21712	—	12824	80774	9381	7547	33697	11935	51525	20219	22980	41292	21049	0	40843	19881
2015	558239	—	28088	—	18238	92924	10602	8111	40196	16722	57820	28410	23912	44827	27365	0	47352	113672
2016	569159	—	37919	—	21041	73917	8763	3531	42471	21173	54534	38525	21094	46255	30681	0	67199	102056
2017	683476	—	45735	—	22808	53093	8069	2967	41210	25514	42829	36220	10582	70303	28129	0	157440	138577
2018	629779	—	46356	—	22991	59192	9940	3380	50406	23677	42947	36294	9596	47836	26396	0	82165	168603
2019	866594	—	61677	—	27997	70951	12039	10924	50639	22997	60554	36780	10476	68262	46306	500	193381	193111
2020	1181566	—	67333	—	21575	89337	15213	10985	93716	29733	68908	42038	20743	122846	19508	0	515162	64469

注：宿豫区因行政区划调整，机构名称几经变化。1949—1987年为宿迁县，1988—1996年8月为宿迁市(县级)，1996年8月改为宿豫县，2004年3月更名为宿豫区。财政支出分项统计表中，时年宿迁县空缺1949—1951年这三年历史资料，经考查《淮阴地区三十年国民经济汇编》《宿迁市志》(县级)《江苏五十年》历史文献，亦未发现有此三年数据，有待查考。行政管理统计口径：政府财政预算科目中一直把行政管理费列为大类进行归集统计；1949—1980年行政管理费统计口径含公检法司经费支出；从1981年起，公检法司支出从行政管理费中析出单列统计；2006年以后，行政管理费并入一般公共服务科目，与此同时设置公共安全科目，公检法司支出并入此科目。本表合并填列的数据，农林水气国土事务栏，为现行的“农林水支出”科目和自然资源海洋气象等支出科目；工交商金融等事务，为现行的“交通运输支出”科目、“资源勘探信息等支出”科目、“商业服务等支出”科目。以下各县区分项统计表统计口径与本表同，不再另注说明。

1997—2020年宿迁市宿城区财政支出分项统计表

表55 单位：万元

项目 / 年份	财政支出合计	基本建设支出	一般公共服务	行政管理费	公检法司公共安全	教育事业支出	科技技术	文化体育传媒	社会保障就业	医疗卫生支出	农林水气国土事务	城乡社区事务	节能环保支出	工交商贸金融等事务	其他支出	国有资本经营预算支出	政府性基金	社保基金
1997	5692	15	—	764	189	1983	354	211	267	421	165	536	—	609	178	—	—	—
1998	5576	48	—	795	207	1726	92	148	832	282	133	432	—	383	491	—	—	7
1999	5980	72	—	1014	273	1707	46	182	855	325	188	110	—	409	668	—	—	131
2000	7224	15	—	1408	343	1743	129	209	1103	209	194	231	—	499	963	—	—	178
2001	8625	31	—	1500	416	2420	207	201	1329	261	226	573	—	738	652	—	—	71
2002	10571	50	—	1670	416	2343	150	174	1657	211	259	539	—	839	1629	—	—	634
2003	15481	630	—	1813	735	2579	106	328	2240	358	476	487	—	1740	1718	—	—	2271
2004	33247	3200	—	3293	1506	5785	156	907	5622	1183	2287	694	—	1855	3606	—	—	3153
2005	44453	2400	—	4190	1765	9756	158	1080	9196	1735	1637	619	—	2864	5400	—	—	3653
2006	58101	3623	—	4981	2703	12205	210	1501	9724	2959	3054	1068	—	3980	5538	—	—	6555
2007	95979	—	12213	—	4112	26566	1022	585	7495	4198	8483	9365	796	7313	691	—	—	13140
2008	126137	—	13982	—	4705	24578	1054	791	9179	7337	15918	20712	2324	4104	2747	—	—	18706

续表 55

单位：万元

项目 年份	财政支出合计	基本建设支出	一般公共服务	行政管理费	公检法司公共安全	教育事业支出	科技技术	文化体育传媒	社会保障就业	医疗卫生支出	农林水气国土事务	城乡社区事务	节能环保支出	工交商贸金融等事务	其他支出	国有资本经营预算支出	政府性基金	社保基金
2009	174279	—	13735	—	5569	36929	4704	765	9859	7838	28076	23684	3680	12875	4100	—	—	22465
2010	220235	—	16156	—	6731	46313	4973	775	16265	5875	29988	29825	2412	12586	1149	—	—	47187
2011	299386	—	20166	—	7437	61935	7274	1176	23440	9387	41112	29235	653	30601	2728	—	—	64242
2012	352824	—	22011	—	8493	58305	8449	1608	33705	11296	47577	40391	5257	27630	3845	—	64300	19957
2013	421608	—	25151	—	9894	47967	7868	8762	29506	14008	69385	30854	7607	44922	12415	—	91545	21724
2014	464345	—	25485	—	10426	51196	7876	1948	29553	18347	71862	50738	6425	34715	20831	—	114897	20046
2015	550785	—	32303	—	10872	64401	8928	1720	53210	19139	73740	70725	4600	13187	36440	—	76252	85268
2016	770638	—	43071	—	13072	67783	4640	2096	52858	23362	73158	87051	8052	23735	25403	624	241627	104106
2017	791408	—	40187	—	14998	76268	8592	3037	60156	23095	60143	33191	7979	39061	29219	1483	251049	142950
2018	654473	—	42704	—	16716	80340	11472	1906	65868	23074	54136	30632	13108	16971	36982	351	63764	196449
2019	839631	—	46709	—	18001	81275	12888	5670	70716	32645	88759	33884	9279	18717	32157	740	189208	198983
2020	1008205	—	50194	—	20966	113718	14684	6432	81027	37538	88360	52668	15677	24432	50321	774	405360	46054

注：1996年8月区划调整成立宿城区，当年财政决算有关支出数据含在宿豫县内。

1949—1995 年宿迁市泗阳县财政支出分项统计表

表 56　　单位：万元

项目 年份	财政总支出	经济建设事业费类			社会文教科卫费类					行政管理费类			其他支出	国有资本经营预算支出	政府性基金	社保基金
		小计	基本建设支出	农林水气工交商支出	小计	文化教育支出	科学支出	医疗卫生支出	抚恤和社会福利救济支出	小计	行政管理费	公检法司支出				
1949	50	3	2	1	29	18	—	1	10	18	18	—	—	—	—	—
1950	60.4	4.6	3.5	1.1	38.1	25.3	—	1.3	11.5	17.5	17.5	—	0.2	—	—	—
1951	51.1	1.4	0.4	1	32.8	19.9	—	1.4	11.5	16.1	16.1	—	0.8	—	—	—
1952	64.9	6.5	3.7	2.8	43.6	30.2	—	1.6	11.8	14.8	14.8	—	—	—	—	—
1953	182.5	14.4	—	14.4	103.5	65.8	—	12.6	25.1	64.6	64.6	—	—	—	—	—
1954	185.8	12.3	—	12.3	104	70.9	—	12.4	20.7	69.5	69.5	—	—	—	—	—
1955	196	23.1	—	23.1	108.6	63.8	—	11.1	33.7	64.3	64.3	—	—	—	—	—
1956	435.5	55.7	11.3	44.4	283.2	120.5	—	16.3	146.4	95.9	95.9	—	0.7	—	—	—
1957	583.4	87	35.8	51.2	399.4	112.6	—	17.9	268.9	95.8	95.8	—	1.2	—	—	—
1958	673.9	353.5	221.4	132.1	178.7	124.8	—	22.4	30.8	137.6	137.6	—	4.1	—	—	—
1959	644.8	260.5	181.1	79.4	283.7	200.1	—	22.6	61	91.9	91.9	—	8.7	—	—	—
1960	670.1	244.7	18.6	226.1	322	218.9	—	45.3	57.8	95.9	95.9	—	7.5	—	—	—
1961	552.4	183.1	0.7	182.4	264.7	157	—	35.5	72.2	103	103	—	1.6	—	—	—
1962	419.2	35.6	8.5	27.1	293.4	160.6	—	25.1	107.7	81.5	81.5	—	8.7	—	—	—
1963	6182	99.7	1.7	98	398.3	155.5	—	27.4	215.4	92.2	92.2	—	28	—	—	—
1964	1091	125.2	4.5	120.7	837.4	176.3	—	30.6	630.5	88.7	88.7	—	39.7	—	—	—
1965	616.8	97.8	12.6	85.2	381.5	178.9	—	29	173.6	101.8	101.8	—	35.7	—	—	—

续表 56

项目 年份	财政总支出	经济建设事业费类			社会文教科卫费类					行政管理费类			其他支出	国有资本经营预算支出	政府性基金	社保基金
		小计	基本建设支出	农林水气工交商支出	小计	文化教育支出	科学支出	医疗卫生支出	抚恤和社会福利救济支出	小计	行政管理费	公检法司支出				
1966	561.1	107.7	14.5	93.2	345	186.5	0.9	33.4	124.2	86.8	86.8	—	21.6	—	—	—
1967	515.6	67	4.2	62.8	325	202.4	0.6	36	86	89.6	89.6	—	34	—	—	—
1968	526.9	143.1	21	122.1	279.4	224.9	—	—	54.5	66.9	66.9	—	37.5	—	—	—
1969	731.9	335.1	196.5	138.6	267.8	217.2	—	—	50.6	96.3	96.3	—	32.7	—	—	—
1970	930.4	541	257.6	283.4	351.7	265.6	—	31	55.1	22.7	22.7	—	15	—	—	—
1971	1195.2	626	387.9	238.1	447.8	276.1	—	—	171.7	90.4	90.4	—	31	—	—	—
1972	1497	718.2	435.6	282.6	652	302.2	—	—	349.8	116.8	116.8	—	10	—	—	—
1973	959.8	240.5	39	201.5	567.4	360.7	—	—	206.7	142.4	142.4	—	9.5	—	—	—
1974	914.4	186.1	33.5	152.6	583.7	390.5	—	—	193.2	129.5	129.5	—	15.1	—	—	—
1975	1156	287	58.4	228.6	690.9	413.3	—	—	277.6	154.3	154.3	—	23.8	—	—	—
1976	1046.5	303	53.3	249.7	571	442.6	—	—	128.4	163.9	163.9	—	8.6	—	—	—
1977	1125	351.6	92.9	258.7	595.2	438.7	—	—	156.5	169.4	169.4	—	8.8	—	—	—
1978	1464	590	112.3	477.7	650.9	480.7	—	—	170.2	187.2	187.2	—	35.9	—	—	—
1979	1709	743.2	115	628.2	707.9	542.9	—	—	165	208.6	208.6	—	49.3	—	—	—
1980	1779	600.8	115.1	485.7	882.8	693.7	—	—	189.1	253.1	253.1	—	42.3	—	—	—
1981	1918	609	102.9	506.1	975	798.4	—	—	176.6	268.6	268.6	—	65.4	—	—	—
1982	2007	500	134.3	365.7	1137	913.6	—	—	223.4	322	322	—	48	—	—	—
1983	2188	437	74.7	362.3	1304	1052.8	—	—	251.2	440.8	440.8	—	6.2	—	—	—

续表 56

项目 年份	财政总支出	经济建设事业费类			社会文教科卫费类					行政管理费类			其他支出	国有资本经营预算支出	政府性基金	社保基金
		小计	基本建设支出	农林水气工交商支出	小计	文化教育支出	科学支出	医疗卫生支出	抚恤和社会福利救济支出	小计	行政管理费	公检法司支出				
1984	2889.2	647	154.7	492.3	1621	1329	—	—	292	559.8	559.8	—	61.4	—	—	—
1985	3718	980	177.2	802.8	2064	1561.6	—	—	502.4	511.7	511.7	—	162.3	—	—	—
1986	4244	834	295.7	538.3	2373.6	1949.6	—	—	424	654.7	654.7	—	381.7	—	—	—
1987	4725.3	967	207.5	759.5	2639	2145	—	—	494	689.3	689.3	—	430	—	—	—
1988	5330	808	146.4	616.6	3064	2535.7	—	—	528.3	1009	1009	—	449	—	—	—
1989	6309	1653	83	1570	3186	2453	—	—	733	1142	1010	132	328	—	—	—
1990	7284	1908	95	1813	3678	2832	—	—	846	1318	1207	111	380	—	—	—
1991	7940	2080	104	1976	4010	3088	—	—	922	1437	1274	163	413	—	—	—
1992	9436	2790	5	2785	4366	2892	13	600	861	1781	1447	334	499	—	—	—
1993	14515	4617	28	4589	6344	4889	36	669	750	2613	2061	552	941	—	—	—
1994	16099	4224	—	7224	8626	6690	19	1062	855	3121	2539	582	128	—	—	—
1995	14705	2307	42	2265	8817	5779	27	1909	1102	3076	2390	686	505	—	—	—

资料来源：1.财政总支出，中华人民共和国成立初期参考《淮阴地区三十年国民经济部分资料汇编》；大部分资料依据泗阳县财政史料，以财政决算数字为准。2.本表行政管理费中，1970年度支出22.7万元，与相近年度支出数比较，差异突出，明显过低，系根据《泗阳县财政志》（印刷本）第189页，泗阳县“三五”时期财政支出统计表填列的数据，以备查考。3.社会文教科卫费类1991年以前部分年度分项数据有空缺，泗阳县原始资料就没有单独分开。

1996—2020 年宿迁市泗阳县财政支出分项统计表

表 57 单位：万元

项目 / 年份	财政支出合计	基本建设支出	一般公共服务	行政管理费	公检法司公共安全	教育事业支出	科技技术	文化体育传媒	社会保障就业	医疗卫生支出	农林水气国土事务	城乡社区事务	节能环保支出	工交商贸金融等事务	其他支出	国有资本经营预算支出	政府性基金	社保基金
1996	18665	11	—	3027	718	6744	225	703	1251	2330	1000	700	—	1078	878	—	—	—
1997	20276	57	—	3187	618	7697	284	619	1366	2084	1424	854	—	1251	835	—	—	—
1998	24384	83	—	4138	728	8588	271	782	1618	2161	1533	967	—	1576	1793	—	—	146
1999	26337	119	—	3232	895	8677	261	714	5033	1650	1646	814	—	908	1000	—	—	1388
2000	29717	80	—	3503	1277	9049	372	876	5912	1776	1796	832	—	737	1009	—	—	2498
2001	33327	7	—	4717	1630	9843	416	744	7496	1360	1915	937	—	840	2651	—	—	771
2002	42638	160	—	4916	2213	12630	152	900	9715	1110	1853	821	—	1340	2916	—	—	3912
2003	49650	375	—	5530	2750	12318	170	963	12980	1628	4753	850	—	1853	4185	—	—	1295
2004	52979	2201	—	5259	3148	11379	187	1097	12467	3490	5221	571	—	1764	3377	—	—	2818
2005	65235	190	—	5562	4066	14574	276	2054	16540	4066	3437	889	—	2295	4145	—	—	7141
2006	87212	2871	—	10958	4611	19843	189	2457	15021	5589	3690	2044	—	5757	9290	—	—	4892
2007	133636	—	21785	—	6076	35887	1527	881	19776	7271	8890	7056	1464	5701	1108	—	—	16214
2008	204540	—	24809	—	8417	41628	2367	1460	22483	12121	26075	5753	3937	14813	1576	—	—	39101

续表 57

项目 年份	财政支出合计	基本建设支出	一般公共服务	行政管理费	公检法司公共安全	教育事业支出	科技技术	文化体育传媒	社会保障就业	医疗卫生支出	农林水气国土事务	城乡社区事务	节能环保支出	工交商贸金融等事务	其他支出	国有资本经营预算支出	政府性基金	社保基金
2009	282832	—	28470	—	9314	62263	4510	2793	29999	14355	44734	11254	5095	11027	1276	—	—	57742
2010	373204	—	29572	—	13833	82338	5957	3239	45602	18267	31878	10746	6347	23585	3131	—	—	98709
2011	485590	—	41096	—	15020	82940	8240	3280	52037	26241	51041	26565	12705	32198	3216	—	—	131011
2012	589566	—	45046	—	13164	126194	11610	3844	57464	28593	66124	10354	18151	28890	10556	—	142866	26710
2013	697204	—	48236	—	13269	154700	12493	3319	62769	34429	81450	27853	22540	28806	14610	—	159848	32882
2014	807442	—	38450	—	13597	181310	11860	8792	69114	40094	112882	20493	20258	18082	13487	—	227796	31227
2015	1041393	—	49505	—	20648	135228	13970	11250	80050	56155	207168	42960	24429	25986	27271	—	210462	136311
2016	1088237	—	49006	—	23189	112785	15390	13337	87515	64189	178071	57173	31283	74259	20297	—	221205	140538
2017	1219956	—	55029	—	26037	128701	12333	4166	94510	70263	134448	39411	13831	49092	25232	—	348465	218438
2018	1319127	—	52583	—	24943	115333	27466	2835	93583	76833	139786	50242	21286	38491	27361	180	415696	232509
2019	1540121	—	57640	—	26773	129281	30878	19693	111097	76868	137897	53148	24130	37095	24222	200	532524	278675
2020	1766174	—	60626	—	31756	141249	31926	20301	168890	94995	160460	69571	39294	22199	36231	205	677879	210592

1949—1995 年宿迁市泗洪县财政支出分项统计表

表 58 单位：万元

项目 / 年份	财政总支出	经济建设事业费类			社会文教科卫费类					行政管理费类			其他支出	国有资本经营预算支出	政府性基金	社保基金
		小计	基本建设支出	农林水气工交商支出	小计	文化教育支出	科学支出	医疗卫生支出	抚恤和社会福利救济支出	小计	行政管理费	公检法司支出				
1949	29.7	—	—	—	—	—	—	—	—	29.7	29.7	—	—	—	—	—
1950	22.2	—	—	—	—	—	—	—	—	22.2	22.2	—	—	—	—	—
1951	55.2	—	—	—	27.8	11.4	—	0.3	16.1	26.7	26.7	—	0.7	—	—	—
1952	101.6	1	—	1	49.4	22.7	—	2.4	24.3	48.7	48.7	—	2.5	—	—	—
1953	156.4	3	—	3	98.6	57.8	—	15.7	25.1	54.8	54.8	—	—	—	—	—
1954	160.1	2.7	—	2.7	82.9	50.6	—	13.2	19.1	71.4	71.4	—	3.1	—	—	—
1955	211.5	14.4	—	14.4	124.1	68.4	—	13.1	42.6	73	73	—	—	—	—	—
1956	532.3	49.8	—	49.8	384.8	94.4	—	19.3	271.1	97	97	—	0.7	—	—	—
1957	508.9	45.7	—	45.7	359.7	91	0.5	26.5	241.7	101.3	101.3	—	2.2	—	—	—
1958	734	445.6	—	445.6	187.6	125.9	0.5	30.4	30.8	98.5	98.5	—	2.3	—	—	—
1959	569.8	241.2	—	241.2	218.1	127.5	0.4	29.9	60.3	101	101	—	9.5	—	—	—
1960	823.9	310.5	—	310.5	407.4	166.5	0.3	80.6	160	99.7	99.7	—	6.3	—	—	—
1961	514.5	183.1	—	183.1	235.1	113	0.5	41.6	80	93.3	93.3	—	3	—	—	—
1962	328.2	37.2	—	37.2	199.9	111.3	0.1	39.9	48.6	83.7	83.7	—	7.4	—	—	—
1963	440.2	50.2	—	50.2	292.6	112.3	0.2	34.9	145.2	82.6	82.6	—	14.8	—	—	—

续表 58

项目 年份	财政总支出	经济建设事业费类			社会文教科卫费类					行政管理费类			其他支出	国有资本经营预算支出	政府性基金	社保基金
		小计	基本建设支出	农林水气工交商支出	小计	文化教育支出	科学支出	医疗卫生支出	抚恤和社会福利救济支出	小计	行政管理费	公检法司支出				
1964	861.6	102.8	—	102.8	651.4	138.6	0.3	39.1	473.4	83.7	83.7	—	23.7	—	—	—
1965	509.7	98	—	98	304.6	123.8	0.4	37.2	143.2	90.2	90.2	—	16.9	—	—	—
1966	637.4	83.9	—	83.9	418.9	135.9	0.4	47.6	235	85.6	85.6	—	49	—	—	—
1967	567.5	134.3	—	134.3	327.2	158.5	0.5	45.6	122.6	80.1	80.1	—	34.9	—	—	—
1968	461.8	120.2	—	120.2	243	134.5	0.5	38.4	69.6	85.4	85.4	—	13.2	—	—	—
1969	906.2	440	300.2	139.8	265.9	137	0.6	39.5	88.8	85.1	85.1	—	115.2	—	—	—
1970	1178.8	584.6	475.3	109.3	256	116.5	0.3	55.6	83.6	83	83	—	255.2	—	—	—
1971	1927.7	599.1	408.9	190.2	1151.7	155.5	0.3	57.3	938.6	86.4	86.4	—	90.5	—	—	—
1972	1329.2	710.7	449.5	261.2	432.3	174.6	0.2	66.4	191.1	95.8	95.8	—	90.4	—	—	—
1973	840.5	241.5	—	241.5	467.3	225.2	0.5	77.6	164	114.9	114.9	—	16.8	—	—	—
1974	1018	293.6	—	293.6	560.5	268.3	0.9	91.1	200.2	134.5	134.5	—	29.4	—	—	—
1975	1034.2	278.4	14.3	264.1	575.1	262.3	0.7	96	216.1	147.9	147.9	—	32.8	—	—	—
1976	1010.6	311.4	8	303.4	527.1	279.1	2.4	108.7	136.9	153.7	153.7	—	18.4	—	—	—
1977	1066.7	319.9	—	319.9	551.6	275.5	1.6	122.5	152	161.4	161.4	—	33.8	—	—	—
1978	1702.6	859.5	—	859.5	617.6	311.9	1.8	146.9	157	214.8	214.8	—	10.7	—	—	—
1979	1823.3	842.3	—	842.3	715.8	335	0.8	139.9	240.1	226	226	—	39.2	—	—	—

续表 58

项目/年份	财政总支出	经济建设事业费类			社会文教科卫费类					行政管理费类			其他支出	国有资本经营预算支出	政府性基金	社保基金
		小计	基本建设支出	农林水气工交商支出	小计	文化教育支出	科学支出	医疗卫生支出	抚恤和社会福利救济支出	小计	行政管理费	公检法司支出				
1980	1714.7	666	44	622	777.7	401.9	1.8	166.2	207.8	235.9	235.9	—	35.1	—	—	—
1981	2161.6	897.5	31.5	866	949.4	440.5	2.8	195	311.1	253.6	253.6	—	61.1	—	—	—
1982	1905.9	707	26.6	680.4	846.4	487.2	1.4	199.5	158.3	279.4	279.4	—	73.1	—	—	—
1983	2159.4	675.2	88.3	586.9	1040.1	596.2	3.2	273	167.7	340.7	340.7	—	103.4	—	—	—
1984	2598.5	692.8	84	608.8	1309.9	827.7	5.5	260.9	215.8	459.3	459.3	—	136.5	—	—	—
1985	2889	758.6	113.9	644.7	1428.6	983.2	4.5	282.7	158.2	508.6	508.6	—	193.2	—	—	—
1986	3556.4	748.7	147.5	601.2	1643.1	947.3	4.7	360.6	330.5	634	634	—	530.6	—	—	—
1987	3406.7	552.8	63.6	489.2	1587.5	930.3	5.2	382.5	269.5	690.3	690.3	—	576.1	—	—	—
1988	4033.8	631.8	22.2	609.6	2053.4	1218	5.5	497.9	332	938.5	938.5	—	410.1	—	—	—
1989	5156	1025.2	16.1	1009.1	2209.1	1307.9	7.9	554	339.3	982.1	982.1	—	939.6	—	—	—
1990	6663.5	1171.5	30.3	1141.2	3299.2	2171.6	7	554.4	566.2	953	953	—	1239.8	—	—	—
1991	8779.7	2496.8	50	2446.8	3557	2165.7	7	572.6	811.7	1286.1	1286.1	—	1439.8	—	—	—
1992	8766.9	1771.1	195	1576.1	4214.8	2669.3	14	720.5	811	1181	1181	—	1600	—	—	—
1993	17153	3742	246	3496	5590	3632	19	1149	790	1715	1715	—	6106	—	—	—
1994	15200	2894	—	2894	7089	4839	18	1488	744	2027	2027	—	3190	—	—	—
1995	17640	3969	—	3969	8546	5732	18	1573	1223	1886	1886	—	3239	—	—	—

1996—2020 年宿迁市泗洪县财政支出分项统计表

表 59　　单位：万元

项目 / 年份	财政支出合计	基本建设支出	一般公共服务	行政管理费	公检法司公共安全	教育事业支出	科技技术	文化体育传媒	社会保障就业	医疗卫生支出	农林水气国土事务	城乡社区事务	节能环保支出	工交商贸金融等事务	其他支出	国有资本经营预算支出	政府性基金	社保基金
1996	19572	6	—	2672	823	5186	198	594	1123	1753	2306	1732	—	991	2188	—	—	—
1997	23108	32	—	3025	1294	6506	374	472	1103	2079	3335	1627	—	1343	1919	—	—	—
1998	24932	6	—	2541	1248	6708	499	733	3093	2270	2744	1717	—	1418	1955	—	—	—
1999	26687	92	—	3007	1208	6598	267	694	3985	2352	3166	1192	—	1203	1998	—	—	925
2000	27972	169	—	3023	1602	7185	250	642	4101	2009	3789	1243	—	935	1686	—	—	1338
2001	33057	1115	—	3835	1861	9166	296	765	4385	2147	3551	1217	—	1169	2551	—	—	999
2002	38439	265	—	4690	2102	14289	252	953	5723	2306	3013	1012	—	1283	1399	—	—	1152
2003	51356	560	—	5602	2501	15020	195	1255	9529	2171	6769	944	—	2046	1065	—	—	3699
2004	62872	7838	—	5289	2591	15248	152	1577	9735	3302	7665	953	—	1457	4183	—	—	2882
2005	67509	411	—	5167	3898	22480	230	2312	12138	4381	4573	1346	—	2611	4999	—	—	2963
2006	91732	235	—	8096	4749	24643	101	3288	13906	4171	6115	4331	—	3064	12934	—	—	6099
2007	135217	—	16229	—	7120	42307	1593	1576	18713	7002	16905	3163	889	7406	1343	—	—	10971
2008	215005	—	21292	—	7352	57303	2953	1906	23621	14090	28524	5064	2044	11235	2047	—	—	37574

续表 59

项目 年份	财政支出合计	基本建设支出	一般公共服务	行政管理费	公检法司公共安全	教育事业支出	科技技术	文化体育传媒	社会保障就业	医疗卫生支出	农林水气国土事务	城乡社区事务	节能环保支出	工交商贸金融等事务	其他支出	国有资本经营预算支出	政府性基金	社保基金
2009	290440	—	24638	—	10221	62427	2355	2350	30410	14489	44890	9912	6699	14063	4742	—	—	63244
2010	409516	—	25390	—	10779	84249	3566	2159	43341	19092	57034	14496	7394	23819	6162	—	—	112035
2011	496184	—	28204	—	13629	89281	5368	2773	51255	28806	79184	25858	13459	16415	3007	—	—	138945
2012	647356	—	28645	—	17794	123246	9000	2687	64299	35170	103676	8681	9082	16182	25778	—	177766	25350
2013	805247	—	32505	—	17043	124214	10252	4473	66056	40366	154923	8045	8580	12978	25065	—	273300	27447
2014	994703	—	29149	—	14214	158453	11926	4596	69096	56392	149500	17768	10601	15648	42329	—	390500	24531
2015	987651	—	29914	—	20371	176159	8444	6263	83097	62295	161734	50580	9700	29797	31243	—	168167	149887
2016	1027496	—	37503	—	22978	146523	7751	5033	82675	65457	157211	78557	4999	62954	17731	—	203624	134500
2017	1082779	—	42986	—	29813	154254	9603	6123	98119	68058	154380	50433	9907	57917	25050	—	179089	197047
2018	1274804	—	47778	—	32343	147125	11160	6404	108755	79397	188687	47932	5733	57725	16561	—	304637	220567
2019	1566758	—	52322	—	32496	155285	23809	21199	118019	78424	235525	28770	7006	115720	26935	—	407564	263684
2020	1834710	—	60845	—	34667	173343	29117	21316	134570	90684	278456	79304	14729	50485	24705	8	650319	192162

1949—1995 年宿迁市沭阳县财政支出分项统计表

表 60　　　　单位：万元

项目 / 年份	财政总支出	经济建设事业费类			社会文教科卫费类					行政管理费类			其他支出	国有资本经营预算支出	政府性基金	社保基金
		小计	基本建设支出	农林水气工交商支出	小计	文化教育支出	科学支出	医疗卫生支出	抚恤和社会福利救济支出	小计	行政管理费	公检法司支出				
1949	180	14	—	14	123	87	—	—	36	43	43	—	—	—	—	—
1950	478	26	3	23	323	232	—	—	91	114	114	—	15	—	—	—
1951	509	43	3	40	319	244	—	—	75	121	121	—	26	—	—	—
1952	512	43	2	41	309	246	—	—	63	118	118	—	42	—	—	—
1953	523	46	4	42	331	251	—	—	80	120	120	—	26	—	—	—
1954	584	41	8	33	378	227	—	—	151	155	155	—	10	—	—	—
1955	593	39	5	34	393	230	—	—	163	157	157	—	4	—	—	—
1956	641	76	47	29	383	248	—	—	135	169	169	—	13	—	—	—
1957	583	36	3	33	386	226	—	—	160	154	154	—	7	—	—	—
1958	775	265	138	127	385	281	—	—	104	124	124	—	1	—	—	—
1959	1153	270	81	189	572	417	—	—	155	184	184	—	127	—	—	—
1960	1396	323	64	259	728	541	—	—	187	223	223	—	122	—	—	—
1961	973	210	5	205	506	378	—	—	128	156	156	—	101	—	—	—
1962	762	170	2	168	414	276	—	—	138	122	122	—	56	—	—	—
1963	795	136	51	85	548	246	—	—	302	108	108	—	3	—	—	—
1964	1145	127	6	121	854	324	—	—	530	137	137	—	27	—	—	—

续表 60

项目／年份	财政总支出	经济建设事业费类			社会文教科卫费类					行政管理费类			其他支出	国有资本经营预算支出	政府性基金	社保基金
		小计	基本建设支出	农林水气工交商支出	小计	文化教育支出	科学支出	医疗卫生支出	抚恤和社会福利救济支出	小计	行政管理费	公检法司支出				
1965	778	118	12	106	463	296	—	—	167	124	124	—	73	—	—	—
1966	947	207	41	166	527	360	—	—	167	122	122	—	91	—	—	—
1967	721	134	18	116	425	281	—	—	144	106	106	—	56	—	—	—
1968	665	116	29	87	332	249	—	—	83	107	107	—	110	—	—	—
1969	1094	359	256	103	436	350	—	—	86	110	110	—	189	—	—	—
1970	1443	583	433	150	742	405	—	—	337	111	111	—	7	—	—	—
1971	1036	295	193	102	542	332	—	—	210	124	124	—	75	—	—	—
1972	1502	449	262	187	874	406	—	—	468	146	146	—	33	—	—	—
1973	1215	275	42	233	740	433	—	—	307	157	157	—	43	—	—	—
1974	1301	289	24	265	822	502	—	—	320	182	182	—	8	—	—	—
1975	1508	380	53	327	933	499	—	—	434	185	185	—	10	—	—	—
1976	1466	399	48	351	845	535	—	—	310	208	208	—	14	—	—	—
1977	1529	403	47	356	858	578	—	—	280	237	237	—	31	—	—	—
1978	2363	973	58	915	1044	680	—	—	364	245	245	—	101	—	—	—
1979	2129	756	92	664	1024	741	—	—	283	311	311	—	38	—	—	—
1980	2434	777	47	730	1270	930	—	—	340	346	346	—	41	—	—	—
1981	2282	610	26	584	1278	948	—	—	330	316	316	—	78	—	—	—

续表 60

项目/年份	财政总支出	经济建设事业费类			社会文教科卫费类					行政管理费类			其他支出	国有资本经营预算支出	政府性基金	社保基金
		小计	基本建设支出	农林水气工交商支出	小计	文化教育支出	科学支出	医疗卫生支出	抚恤和社会福利救济支出	小计	行政管理费	公检法司支出				
1982	2396	547	31	516	1359	1094	—	—	265	392	392	—	98	—	—	—
1983	3051	870	19	851	1599	1274	—	—	325	410	410	—	172	—	—	—
1984	3479	1018	74	944	1807	1413	—	—	394	556	556	—	98	—	—	—
1985	3988	1100	123	977	2120	1787	—	—	333	599	599	—	169	—	—	—
1986	4722	986	60	926	2496	1940	—	—	556	626	626	—	614	—	—	—
1987	4951	893	61	832	2481	1943	—	—	538	707	707	—	870	—	—	—
1988	5919	773	45	728	3398	2840	—	—	558	942	942	—	806	—	—	—
1989	7169	1112	54	1058	3560	2810	—	—	750	1177	1177	—	1320	—	—	—
1990	7838	1220	609	611	4004	3172	—	—	832	1075	1075	—	1539	—	—	—
1991	9312	1913	886	1027	5689	4466	—	—	1223	1240	1240	—	470	—	—	—
1992	10435	2126	33	2093	5648	3787	12	449	1400	1892	1508	384	769	—	—	—
1993	11458	2703	5	2698	5776	4360	11	418	987	2061	1649	412	918	—	—	—
1994	14726	2941	5	2936	8330	7216	12	—	1102	3164	2289	875	291	—	—	—
1995	16395	2849	13	2836	9095	7612	11	—	1472	3706	2823	883	745	—	—	—

注：资料来源，参考《江苏五十年》、《淮阴地区三十年国民经济部分资料汇编》（1949—1979年）、《沭阳县财政志》、《沭阳县历年预算内财政支出总表（1950—1989年）》等历史资料考证财政总支出。1990—1995年数据，依据《淮阴市财政统计资料汇编》填列。社会文教科卫费类分项栏目有空缺，原始资料未单独分开。

1996—2020 年宿迁市沭阳县财政支出分项统计表

表 61　　单位：万元

项目 年份	财政支出合计	基本建设支出	一般公共服务	行政管理费	公检法司公共安全	教育事业支出	科技技术	文化体育传媒	社会保障就业	医疗卫生支出	农林水气国土事务	城乡社区事务	节能环保支出	工交商贸金融等事务	其他支出	国有资本经营预算支出	政府性基金	社保基金
1996	19022	7	—	3617	1034	7744	185	445	1584	1058	1642	172	—	1111	423	—	—	—
1997	23106	—	—	3986	1252	9433	226	498	1866	1127	1472	283	—	1378	1585	—	—	—
1998	27035	91	—	4330	1606	11954	272	523	2316	851	1725	346	—	1503	1518	—	—	—
1999	31401	35	—	5221	1361	13763	310	606	2875	1248	2025	475	—	1502	1380	—	—	600
2000	34983	40	—	5713	1620	15080	381	1146	3307	1104	2596	520	—	1221	1717	—	—	538
2001	44050	17	—	6244	2063	16963	553	1501	4399	1273	4007	564	—	1343	5112	—	—	11
2002	54186	29	—	6965	2705	20396	697	1659	5622	1196	5149	695	—	1763	6133	—	—	1177
2003	65112	295	—	7809	3467	17088	781	1713	7188	4393	8134	814	—	2371	7830	—	—	3229
2004	83210	560	—	8301	4481	21274	826	1974	9261	4693	13231	1256	—	3039	8199	—	—	6115
2005	109809	8439	—	9538	6091	29947	1150	2618	12446	3620	11393	1769	—	3384	8124	—	—	11290
2006	139359	1961	—	9732	8564	36938	1535	3751	15127	7761	16058	1923	—	4287	13543	—	—	18179
2007	230682	—	21415	—	10395	67300	2569	1736	20701	10361	27559	9878	1280	7835	9568	—	—	40085
2008	326931	—	32881	—	14894	57193	4006	11075	24844	17759	43431	9229	4126	13658	16716	—	—	77119
2009	441111	—	45920	—	17429	72333	7025	8279	32771	21740	70105	17859	5851	26110	20476	—	—	95213
2010	576296	—	56062	—	18504	107717	10773	9070	53047	28141	104444	18311	6231	34217	30301	—	—	99478

续表 61

项目 年份	财政支出合计	基本建设支出	一般公共服务	行政管理费	公检法司公共安全	教育事业支出	科技技术	文化体育传媒	社会保障就业	医疗卫生支出	农林水气国土事务	城乡社区事务	节能环保支出	工交商贸金融等事务	其他支出	国有资本经营预算支出	政府性基金	社保基金
2011	792864	—	67840	—	23522	139234	16180	12452	69719	50085	141655	23864	13367	41174	42053	—	—	151719
2012	952295	—	80155	—	29179	165692	19640	13687	78917	54946	193983	24944	20177	48170	52519	—	117788	52498
2013	1190227	—	86536	—	35667	191730	23388	15789	97991	68244	247497	29195	21544	37022	49516	—	222618	63490
2014	1241337	—	70185	—	37253	213455	24578	17117	112973	92523	278330	32327	22544	41397	62181	—	180908	55566
2015	1498110	—	76279	—	38633	239657	27766	18338	139565	110886	301640	37046	24755	40365	71980	—	170276	200924
2016	1674441	—	79276	—	40960	171899	33255	23806	164521	128102	357970	62219	30824	52368	69938	—	236009	223294
2017	1673006	—	79226	—	37127	178253	29083	17964	153595	137021	243728	47436	21260	52287	58425	1738	261668	354195
2018	1880177	—	80694	—	36857	216648	28566	12850	164676	138830	248813	40272	21798	47031	60981	—	454974	327187
2019	2267562	—	86078	—	37983	220632	36424	32750	190135	142944	254517	46094	30692	51056	66611	3788	633941	433917
2020	2221172	—	87338	—	40909	232304	26728	36488	228229	147174	272221	119155	18527	42961	70956	547	585015	312620

2000—2020 年宿迁市市直经济开发区财政支出分项统计表

表 62　　　　　　　　　　　　　　　　　　　　单位：万元

项目 年份	财政支出合计	基本建设支出	一般公共服务	行政管理费	公检法司公共安全	教育事业支出	科技技术	文化体育传媒	社会保障就业	医疗卫生支出	农林水气国土事务	城乡社区事务	节能环保支出	工交商贸金融等事务	其他支出	国有资本经营预算支出	政府性基金	社保基金
2000	169	—	—	101	—	60	—	—	4	—	—	—	—	—	4	—	—	—
2001	516	100	—	199	3	156	—	—	2	—	—	—	—	—	56	—	—	—
2002	936	—	—	411	19	185	—	—	19	3	—	—	—	50	54	—	—	195
2003	1615	510	—	456	53	277	—	—	36	5	88	17	—	125	48	—	—	—
2004	5066	3329	—	672	60	361	—	2	70	5	101	10	—	189	46	—	—	221
2005	13248	5188	—	553	68	815	—	4	113	7	2	36	—	240	2871	—	—	3351
2006	22386	9350	—	1240	152	1260	—	30	213	66	118	284	—	646	4233	—	—	4794
2007	42220	—	11815	—	433	2234	25	94	335	451	246	104	159	20910	15	—	—	5399
2008	61069	—	4500	—	660	2552	22	114	333	579	409	6140	2882	32945	410	—	—	9523
2009	74171	—	1777	—	529	3522	336	11	486	517	491	13051	9574	17169	245	—	—	26463
2010	104173	—	1870	—	537	4459	282	20	1770	878	653	11320	2636	27518	127	—	—	52293

续表 62

项目 年份	财政支出合计	基本建设支出	一般公共服务	行政管理费	公检法司公共安全	教育事业支出	科技技术	文化体育传媒	社会保障就业	医疗卫生支出	农林水气国土事务	城乡社区事务	节能环保支出	工交商贸金融等事务	其他支出	国有资本经营预算支出	政府性基金	社保基金
2011	118333	—	5497	—	1271	7435	871	50	1530	707	677	16432	901	25361	47	—	—	57522
2012	129956	—	6671	—	1193	10171	3798	1562	2428	1001	1040	22878	7862	18663	59	—	52630	—
2013	146466	—	11248	—	1586	13257	5484	2160	3787	1877	7544	18126	1345	15765	11501	—	52786	—
2014	233082	—	11871	—	1993	19274	7229	83	4782	3737	11797	11108	3436	18950	17069	—	121753	—
2015	157251	—	12601	—	1420	18893	5484	373	6144	2085	4143	33414	3836	31158	1167	—	36533	—
2016	144176	—	13615	—	1215	19317	1380	241	6779	3998	4349	26734	3247	26543	5014	—	31744	—
2017	147183	—	15883	—	2504	15579	1325	460	6424	4668	2017	24189	12785	19599	8913	—	32837	—
2018	199855	—	16235	—	3289	18293	3747	85	6269	4766	1939	31098	3358	21273	5431	—	84072	—
2019	262086	—	17819	—	5426	28504	4699	3825	7360	5881	13888	29865	4448	6956	9535	—	123880	—
2020	440457	—	22620	—	5119	45246	3990	4818	8189	5554	3757	63909	10217	12783	18460	—	235795	—

2007—2020 年宿迁市湖滨新城区财政支出分项统计表

表 63　　单位：万元

项目 年份	财政支出合计	基本建设支出	一般公共服务	行政管理费	公检法司公共安全	教育事业支出	科技技术	文化体育传媒	社会保障就业	医疗卫生支出	农林水气国土事务	城乡社区事务	节能环保支出	工交商贸金融等事务	其他支出	国有资本经营预算支出	政府性基金	社保基金
2007	10897	—	1578	—	283	1215	20	—	354	182	235	6557	—	447	—	—	—	16
2008	10945	—	1060	—	493	2422	93	53	727	119	254	2159	1151	2118	57	0	239	0
2009	37898	—	1332	—	843	1967	109	150	575	318	557	18420	794	4050	28	0	8755	0
2010	43620	—	2035	—	855	2637	95	301	1095	555	604	5920	4683	8683	205	0	15952	0
2011	55158	—	1725	—	842	4313	95	24	3243	448	930	15525	3030	2618	2375	0	19990	0
2012	52452	—	2940	—	1019	9259	254	176	3703	949	3396	2453	598	2573	2858	0	22274	0
2013	52550	—	4302	—	1032	10059	148	710	5635	1656	5548	3866	1127	1388	2367	0	14712	0
2014	78227	—	2879	—	1150	9597	255	787	5272	4435	9888	520	1274	2649	6238	0	33283	0
2015	58168	—	4763	—	1333	11690	61	354	6996	3937	10511	532	1630	7906	7249	0	1206	0
2016	100528	—	5947	—	1873	16700	263	361	6949	5525	9248	1679	1366	6646	6772	0	37199	0
2017	179720	—	4644	—	1508	16970	48	304	9549	6627	8384	2627	2358	4138	11186	0	111377	0
2018	149954	—	5495	—	1691	18198	247	410	9960	7143	10931	5309	2319	17637	14046	0	56568	0
2019	217093	—	6045	—	1798	18466	1444	4011	11316	7209	24679	1495	8308	24242	15174	0	92906	0
2020	309211	—	6747	—	2145	23882	561	5090	12688	7961	34267	9959	2816	11554	29061	0	162480	0

2007—2020 年宿迁市苏宿工业园区财政支出分项统计表

表 64　　单位：万元

项目 年份	财政支出合计	基本建设支出	一般公共服务	行政管理费	公检法司公共安全	教育事业支出	科技技术	文化体育传媒	社会保障就业	医疗卫生支出	农林水气国土事务	城乡社区事务	节能环保支出	工交商贸金融等事务	其他支出	国有资本经营预算支出	政府性基金	社保基金
2007	320	—	115	—	—	—	—	—	—	—	—	141	—	64	—	—	—	—
2008	1370	—	360	—	—	—	—	—	—	—	—	900	—	110	—	—	—	—
2009	4744	—	400	—	—	—	—	—	—	—	—	3048	180	464	—	—	652	—
2010	3696	—	452	—	5	—	40	—	73	—	—	1900	—	606	90	—	530	—
2011	5622	—	657	—	33	—	85	—	94	—	—	3000	—	1253	—	—	500	—
2012	25062	—	1025	—	—	—	32	—	326	—	—	13839	205	2757	—	—	3000	3878
2013	30900	—	832	—	—	—	25	—	120	—	—	16356	—	10450	—	—	1600	1517
2014	82666	—	2997	—	—	—	4023	—	222	—	—	25792	—	28254	—	—	9000	12378
2015	123569	—	2608	—	—	—	3205	—	268	—	10	22735	—	38833	179	—	55731	—
2016	102532	—	2765	—	500	720	5106	—	362	—	10	41775	—	32157	1653	—	17484	—
2017	193688	—	1873	—	704	4492	1180	—	1094	—	164	6413	163	76631	495	—	100479	—
2018	172940	—	2404	—	648	8409	2966	—	1220	22	1028	2472	240	77565	5750	—	70216	—
2019	146805	—	2651	—	670	13781	4627	45	1287	53	4298	28092	570	68352	3327	—	19052	—
2020	246441	—	8298	—	1044	12054	4694	—	3872	90	5041	47097	1680	62021	2436	—	98114	—

2011—2020 年宿迁市洋河新区财政支出分项统计表

表 65　　　　单位：万元

项目／年份	财政支出合计	基本建设支出	一般公共服务	行政管理费	公检法司公共安全	教育事业支出	科技技术	文化体育传媒	社会保障就业	医疗卫生支出	农林水气国土事务	城乡社区事务	节能环保支出	工交商贸金融等事务	其他支出	国有资本经营预算支出	政府性基金	社保基金
2011	25700	—	2980	—	30	4643	5	10	2632	1024	366	8351	247	161	—	—	5251	—
2012	58940	—	3293	0	651	6308	17	0	4051	1243	1404	10491	1153	610	27	0	29692	—
2013	66652	—	3672	0	330	9927	110	101	5048	2563	4194	7416	1337	3766	4026	0	24162	—
2014	47130	—	4552	0	1098	10573	184	59	6716	3408	7311	3118	1745	34	2244	0	6088	—
2015	47748	—	5090	0	1160	16175	144	39	7337	3767	7541	2325	1924	371	1135	0	740	—
2016	93248	—	5598	0	956	20463	3	10	9032	4829	7507	1927	363	1692	3843	0	37025	—
2017	119427	—	5010	0	1711	19567	91	105	8998	5858	7800	1663	1025	1299	15320	0	50980	—
2018	137263	—	6743	0	2109	21654	519	129	12076	6857	12713	6244	1081	2241	14323	0	50574	—
2019	181224	—	7895	0	3529	27409	570	4078	14047	7686	15796	11737	2568	8094	40925	0	36890	—
2020	245627	—	6202	0	2962	27479	634	4684	15028	5923	18230	13014	887	3660	57894	0	89030	—

2011—2017年宿迁市软件服务园区财政支出分项统计表

表66　　单位：万元

项目 / 年份	财政支出合计	基本建设支出	一般公共服务	行政管理费	公检法司公共安全	教育事业支出	科技技术	文化体育传媒	社会保障就业	医疗卫生支出	农林水气国土事务	城乡社区事务	节能环保支出	工交商贸金融等事务	其他支出	国有资本经营预算支出	政府性基金	社保基金
2011	3323	—	—	—	—	—	—	—	—	—	—	—	—	3323	—	—	—	—
2012	11008	—	468	—	—	—	66	—	—	—	—	5776	—	1689	—	—	3009	—
2013	21608	—	895	—	—	—	4296	—	—	—	—	700	—	—	3804	—	11913	—
2014	19584	—	780	—	—	—	—	—	—	—	—	9344	150	7297	—	—	2013	—
2015	22100	—	516	—	—	386	113	119	60	—	7113	13	—	9863	908	—	3009	—
2016	27380	—	1000	—	—	—	31	—	—	—	—	10646	17	10805	1638	—	3243	—
2017	35374	—	1216	—	—	—	50	—	236	—	—	9205	—	17207	2061	—	5399	—

1949—2020 年宿迁市分时期财政支出结构分析表

表 67

单位：万元

项目/时期	财政总支出	经济建设事业费类		社会文教科卫事业费类		行政管理费		其他支出		社保基金	
		支出金额	占总支出 %	支出金额	占总支出 %	支出金额	占总支出 %	支出金额	占总支出 %	支出金额	占总支出 %
1949 年	259.7	17	6.6	152	58.5	90.7	34.9	—	—	—	—
经济恢复时期（1950—1952）	1961.4	125.5	6.4	1178.7	60.1	549	28	108.2	5.5	—	—
“一五”时期（1953—1957）	7505.4	689.1	9.2	4783.8	63.7	1925.6	25.7	106.9	1.4	—	—
“二五”时期（1958—1962）	14283.8	4684	32.8	6816.6	47.7	2264.1	15.9	519.1	3.6	—	—
经济调整时期（1963—1965）	9565.5	1559.7	16.3	6502.8	68	1186.2	12.4	316.8	3.3	—	—
“三五”时期（1966—1970）	15459.6	4924.9	31.9	7343.9	47.5	2043.5	13.2	1147.3	7.4	—	—
“四五”时期（1971—1975）	23771	7867.1	33.1	12504.7	52.6	2866.9	12.1	532.3	2.2	—	—
“五五”时期（1976—1980）	31549.4	11566.7	36.7	14981.6	47.5	4372	13.8	629.1	2	—	—
“六五”时期（1981—1985）	51588.6	14173.1	27.5	27264.4	52.8	8435.5	16.4	1715.6	3.3	—	—
“七五”时期（1986—1990）	106182.7	20400	19.2	53778.9	50.7	20396.9	19.2	11606.9	10.9	—	—
“八五”时期（1991—1995）	245021.6	54805.9	22.4	122141.8	49.9	43451.1	17.7	24622.8	10	—	—
“九五”时期（1996—2000）	606134	141402	23.3	295529	48.8	122644	20.2	38162	6.3	8397	1.4
“十五”时期（2001—2005）	1436234	332567	23.2	645362	44.9	249053	17.3	107911	7.5	101341	7.1
“十一五”时期（2006—2010）	6630469	1801313	27.2	2269094	34.2	942686	14.2	178685	2.7	1438691	21.7
“十二五”时期（2011—2015）	21553269	5914384	27.4	6836574	31.7	1956789	9.1	853991	4	5991531	27.8
“十三五”时期（2016—2020）	41709500	9408646	22.6	10092868	24.2	3079409	7.4	1422265	3.4	17706312	42.4
累计支出	72442754.7	17719125	24.5	20396876.2	28.2	6438162.5	8.9	2642319	3.6	25246272	34.8

注：本表根据宿迁市各县区历史资料整理。支出分类，中华人民共和国成立以来时间跨度较长，预算科目变动较大，根据预算管理工作实际需要，各个历史发展时期支出分类方法有所变化，为统一比较口径，对支出性质相近的科目进行合并归类。

第二节 财政预算外资金支出

一、预算外资金管理

1996年9月，国务院发布《关于加强预算外资金管理的决定》，将13项数额较大的政府性基金（收费）统一纳入财政预算管理；地方财政部门按国家规定收取的各项税费附加，纳入地方财政预算，作为地方财政固定收入。但这一时期，经济增长速度较快，政府加大对社会保障等方面的投入，预算外资金先后增加非税收入、社会保障基金等项目，收支规模更大。1996年，全市预算外资金支出为43295万元，是1992年的1.81倍。

1997年，财政部制定《预算外资金管理实施办法》之后，加强对预算外资金收支管理，集中统筹安排预算外项目资金，实行“收支两条线”制度，规范预算外资金收支行为。但形成国库与财政预算外专户两个账户。2004年7月，财政部发出《关于加强政府非税收入管理的通知》，把政府非税收入作为财政收入的重要组成部分。但社会保障基金不纳入政府非税收入管理范围。这些管理方式的改变，主要是理顺财政性资金管理关系，并非控制收支规模。经济越发展，财政收支总量越大，预算外资金也是一样。中华人民共和国成立后，国家把预算内、外资金的运行机制按照“两套”管理方式设置，从制度上保证了预算外资金的发展。尽管国家在不同的经济发展时期，对预算外资金收支项目进行调整，加强预算管理和约束力，但没有从根本上解决预算内、外资金管理上的“两张皮”的问题。使预算外资金收支与财政预算内收支基本同步发展，其收支规模越滚越大。随着经济体制改革的深入，为了完善预算管理制度，健全公共财政职能，优化经济和社会发展环境，2010年6月1日，财政部印发《关于将按预算外资金管理的收入纳入预算管理的通知》，从2011年1月1日施行。收入纳入预算管理后，收入预算级次保持不变，原上缴财政专户的收入，按预算级次分别上缴国库。支出通过一般预算或政府性资金安排，由国库单一账户集中支付。于是财政部修订《2011年政府收支分类科目》，取消全部预算外收支科目。这是财政管理体制的重大改革，从管理机制上实现了财政预算内、外资金集中统一。

二、宿迁市预算外资金支出情况

截至2011年，宿迁市财政掌管的预算外资金支出规模已经达到166198万元，是1996年建立地级宿迁市时的3.84倍。宿迁市1949—2011年财政预算外资金支出总额合计为880318.41万元。其中，市直253157.60万元，宿豫区143610.90万元，宿城区89511.00万元，泗阳县934641.42万元，泗洪县283685.34万元，沭阳县214943.20万元。

1949—2011年宿迁市财政预算外资金支出情况汇总表

表68　　　　单位：万元

县区 / 年份	支出合计	市直	宿豫区	宿城区	泗阳县	泗洪县	沭阳县
1949	7.19	—	1.50	—	1.80	1.89	2.00
1950	12.04	—	2.20	—	2.10	3.74	4.00
1951	19.53	—	3.40	—	3.20	7.43	5.50
1952	28.92	—	4.50	—	3.80	10.62	10.00
1953	18.77	—	3.90	—	4.10	5.03	5.74
1954	51.50	—	3.60	—	1.22	12.30	34.38
1955	33.32	—	7.50	—	6.10	8.03	11.69
1956	70.34	—	15.00	—	2.96	35.30	17.08
1957	33.92	—	9.00	—	7.27	9.60	8.05
1958	58.48	—	9.00	—	8.30	3.50	37.68
1959	98.74	—	5.00	—	11.90	1.10	80.74
1960	167.36	—	47.00	—	7.66	74.50	38.20
1961	91.71	—	27.00	—	17.89	6.00	40.82
1962	83.16	—	17.00	—	18.71	20.60	26.85
1963	101.02	—	12.10	—	46.38	12.30	30.24
1964	89.84	—	12.30	—	24.06	14.40	39.08
1965	91.23	—	16.60	—	17.96	18.90	37.77
1966	91.08	—	13.00	—	16.39	19.90	41.79
1967	98.44	—	13.30	—	17.54	24.60	43.00
1968	141.80	—	10.70	—	50.10	25.70	55.30
1969	154.16	—	10.90	—	44.92	17.90	80.44
1970	190.06	—	38.40	—	26.55	39.00	86.11
1971	165.46	—	55.60	—	29.64	34.30	45.92
1972	181.76	—	26.00	—	38.64	57.70	59.42
1973	293.86	—	86.10	—	52.54	63.90	91.32
1974	259.72	—	63.20	—	60.58	67.00	68.94
1975	294.64	—	81.10	—	82.24	46.10	85.20
1976	372.08	—	122.10	—	109.88	54.00	86.10

续表 68

单位：万元

县区 年份	支出合计	市直	宿豫区	宿城区	泗阳县	泗洪县	沭阳县
1977	375.66	—	100.80	—	94.63	77.50	102.73
1978	438.00	—	134.10	—	101.49	59.00	143.41
1979	380.20	—	50.70	—	116.50	81.10	131.90
1980	660.50	—	224.40	—	165.10	144.60	126.40
1981	626.60	—	106.30	—	307.60	105.90	106.80
1982	605.50	—	130.80	—	276.60	128.50	69.60
1983	736.30	—	132.80	—	275.70	163.40	164.40
1984	1181.00	—	123.50	—	577.50	294.10	185.90
1985	350.17	—	73.30	—	56.17	51.00	169.70
1986	405.40	—	59.30	—	51.20	72.00	222.90
1987	557.40	—	112.00	—	38.50	222.40	184.50
1988	596.90	—	149.40	—	57.10	204.00	186.40
1989	549.20	—	100.80	—	80.40	108.80	259.20
1990	1031.70	—	92.80	—	104.50	62.40	772.00
1991	2080.20	—	147.90	—	649.00	59.30	1224.00
1992	23909.00	—	5811.00	—	6161.00	5919.00	6018.00
1993	10591.00	—	2713.00	—	2585.00	2399.00	2894.00
1994	13737.00	—	3409.00	—	3886.00	3327.00	3115.00
1995	17275.00	—	4605.00	—	3301.00	5056.00	4313.00
1996	43329.00	947.00	12710.00	2564.00	759300	8614.00	10901.00
1997	45395.00	730.00	12162.00	3375.00	7973.00	11697.00	9458.00
1998	36145.30	980.30	7741.00	2209.00	5704.00	11379.00	8132.00
1999	2945210	2045.10	6578.00	2107.00	4564.00	7152.00	7006.00
2000	14634.50	2587.50	1800.00	2050.00	6052.00	990.00	1155.00
2001	18992.70	2059.70	'1350.00	1899.00	7418.00	1470.00	4796.00
2002	21863.90	4082.90	2179.00	2010.00	7915.00	140700	4270.00
2003	27680.70	4940.70	2443.00	3872.00	8150.00	4645.00	3630.00
2004	35697.40	4357.40	3667.00	6932.00	8162.00	3416.00	9164.00
2005	47016.00	10479.00	4894.00	6613.00	9649.00	3754.00	11627.00
2006	55537.00	18998.00	4825.00	5633.00	11073.00	5032.00	9976.00
2007	51623.00	16089.00	6149.00	4321.00	10971.00	7661.00	6432.00
2008	78923.00	34467.00	10775.00	4424.00	16686.00	7346.00	5225.00
2009	123544.00	45069.00	12408.00	14162.00	17026.00	17839.00	17040.00
2010	154480.00	51272.00	17927.00	13639.00	16891.00	16230.00	38521.00
2011	166198.00	54053.00	18359.00	13701.00	17508.00	16530.00	46047.00

注：资料来源，参见预算外资金收入情况表备注。

第四篇　财政管理

第一章　财政管理体制

第一节　民国时期财政管理体制

一、北洋政府财政管理

民国元年(1912),北洋政府为使清末极端混乱的税收走上正轨,把分散在地方的财政收入集中到中央,于1912年进行税收整顿。财政部设调查委员会,研究磋商“国家政费与地方政费”“国家税、地方税”各章则,公布国家税与地方税划分原则和税种。制定《国家地方政费标准》作为编制财政预算的依据。各省磋商结果以地方权限过狭,疆吏多不赞同,各项章则未能实行。由于阻力太大,这次整顿没有结果,财政收入大权仍在地方。

民国2年(1913),开始划分国家和地方收支范围,制定《国家税、地方税税法草案》。除关税、盐税有所增加和开征少数新税外,其结构与清末税制基本相同。当时所称地方包括省、县、乡镇在内,至于县一级的财源与权限均无具体规定,地方财政收入绝大部分集中在省一级,县级的财政收入仅靠田赋附加和杂捐杂税等。

民国3年(1914),复经修改,确定国家税14种,地方税20种。地方税有田赋附加、商税、牲畜税、粮米税、土膏税、油脂及酱油税、船税、杂物捐、店捐、房捐、戏捐、车捐、乐户捐、茶馆捐、肉捐、渔捐、屠捐、夫行捐、其他杂捐杂税。这些地方税收入绝大部分上解省,县财政仍靠一些税收附加和杂捐杂税以敷支出。同年6月,取消地方税名目,地方经费亦改由中央统筹支配,实行高度中央集权制。

民国5年(1916)8月,重分国、地税收范围,仍按民国3年(1914)6月以前核定预算案办理。

民国6年(1917),各省先后自颁省宪,倡联省自治之议。省财政独立。

民国8年(1919),北洋政府颁布县自治法,规定县自治团体之经费有财产之收入、公共营业之收入、县自治税、使用费及规费、过怠金5项。

民国12年(1923),北洋政府又公布宪法,明确规定关税、盐税、烟酒税、各项消费税和其他全国应该划一征收的税种为国家财政收入;田赋、契税和其他省税为地方财政收入。但实际结果却是,除关税外,其他税收收入均被地方政府截留殆尽,使之划分国家税和地方税的规定变为空想。在这种情况之下,北洋军阀只好沿用清代旧制,实行中央专款制度,规定印花税、烟酒牌照税、烟酒税附加税、验契税和契税附加5种税收收入为中央专款,由地方按期解缴中央,以后又陆续增加牙税、矿税为中央专款。由于地方军阀封建割据有增无减,中央政府政令不通,各省截留不解缴情况日益严重,北洋政府税收制度有名无实,各地自成系统,另搞一套,苛捐杂税不计其数,形成合法与非法"税制"并行的罕见局面。

二、民国政府税制管理

民国16年(1927)6月,国民政府颁布《划分国家收入地方收入暂行标准案》,同年7月颁布《划分国家费地方费暂行标准》,规定地方税收12种,有田赋、契税、牙税、当税、商税、船捐、房捐、屠宰税、渔业税和其他地方杂捐杂税等。这些地方税仍由省级控制征收,县财政仍然靠各种地方附加和杂捐杂税等收入。

民国17年(1928)8月,国民政府召开第一次全国财政会议,修改暂行标准案,通过《划分国家收入与地方收入标准草案》,进一步明确划分国家税收与地方税收收入范围,田赋划归省税。与此同时增设省、县附税,并着手建立分级管理又统一于中央政府的财政管理体制。这样就结束了自清末到北洋政府时期在财政收入管理等方面的混乱局面。但由于附税的增设,省附税相对固定,县附税则不断增加,有"新一政加一税"之说。

民国19年(1930),拟定《中华民国十九年试办预算章程》,附有《划分国家收入地方收入标准》及《划分国家支出地方支出标准》,次年11月经国民政府公布施行。所谓"地方"专指省级,县不在其列。县级财政收入,仍依靠各种地方附加和各种杂捐杂税等收入,正税基本上归省。

民国22年(1933),各县始制定比较正规的预算,经江苏省财政厅组织审核通过。各县上解的款目主要有田赋、省正税及专税(即教育、水利、筑路等附税改名)、契税、典当税、牙税、屠宰税等省正税部分及涉田收入、省属企事业单位收入等。由县收支的款目有田赋县税、契税县税、屠宰税和牙税县税、杂捐、地方财产收入、保安费、地方事业收入、补助款收入、其他收入、地方行政收入等。

各县党务补助费、重点学校事业费等，由江苏省财政厅按规定额逐月下拨，各县行政费，由省财政厅按规定额下拨，县分甲、乙、丙、丁4等，依次递减。泗阳、宿迁、沭阳属三等县，月领行政费1581元。

国民政府于民国18年（1929）实行关税自主后，于民国23年（1934）收回盐税主权。同年，国民政府召开第二次全国财政会议，集中力量解决令各方面头痛的苛捐杂税问题，并颁发固定税则，规定进口项目16类672目，均从价征收，税率共15级（包括免税），最低税率为5%，最高为80%。出口关税征税项目共6类270目，分别为免税、从量征收5%和从价征收5%及7.5%，战略物资禁止出口。

民国24年（1935）7月，国民政府颁布《财政收支系统法》，明确划分中央、省（市）、县（市）三级财政及中央与地方财政收入范围。中央财政收入主要由关税、盐税、统税（后改为货物税）与直接税四大税收收入体系构成。地方财政收入主要有土地税（田赋）、营业税、契税、房捐、屠宰税、营业牌照税、使用牌照税、筵席税及娱乐税等。是年12月20日，江苏省政府委员会第793次会议通过《各县编制二十五年度地方预算办法》，规定凡地方的一切收入支出，应分别编为岁入及岁出预算，并按其性质分为经常门和临时门；县地方预算，均应满收满支，不得将收支各数互相抵除。

民国26年（1937）2月，国民政府公布《财政收支系统法施行条例》规定县级税收有：土地税（纯收入总额10%归中央，15%~45%归省，余下归县）；房产税（纯收入15%~40%归省，余下归县）；营业牌照税；使用牌照税；行为取缔税；由中央分给之所得税（纯收入20%~30%归县）；由中央分给之遗产税（纯收入25%归县）；由中央分给之营业税（纯收入30%归县）。此外还有特赋收入、惩罚及赔偿收入、规费收入、代管收入、代办收入、物品售价收入、租赁使用费收入、特别费收入、利息及利润收入、公有营业及事业盈余收入、补助收入、公债收入等16项。县财政支出有政权行使支出、行政支出、立法支出、教育及文化支出、经济建设支出、卫生和医疗支出、保育及救济支出、营业投资及维持支出、财务支出、债务支出、公务人员退休和抚恤支出、损失支出、信托保管支出、其他支出等16项。

国民政府颁布的《财政收支系统法》及其施行条例，对中央与地方财政收支范围划分比较清楚，各县亦按照民国省政府规定分别编制地方预算。但并没有很好地实施，主要是国民党政府财政收支一向由各机关自行管理，财政收支管理缺少统一的管理机构。直至民国28年（1939）统治集团为加强本身财政力量，实行“公库法”，设立“公库”作为国民党政府财政收支机关，在国民中央政府设国库，地方政府分别设省库、市库和县库。规定国家岁入岁出都由公库统一收支，国库事务由中央银行代理，地方各级公库事务由该上级政府公库主管机关核准的银行代理，在未设银行的地方，指定邮政机关代理，地方编制的财政收支预算才得到实施。但到1940年，宿迁市境内的各县被日本侵略军侵占，县城和主要集镇相继沦陷，日军扶持伪政权，国民党县政府处于瘫痪状态，由于战火纷飞，世道混乱，无从谈及预算收支管理。

民国30年（1941）11月，国民政府召开第三次全国财政会议，于同年11月公布《改订财政收支系统实施纲要》，纲要规定县财政收支范围。收入有课税收入、特赋收入、惩罚及赔偿收入、规费收入、信托管理收入、财产权利收入、公有营业之盈余收入、公有事业收入、补助收入、地方性之捐献及赠与收入、财产权利之售价收入、收回资本收入、公债收入、赊借收入、其他收入。支出有政权行使支出、行政支出、立法支出、教育及文化支出、经济建设支出、卫生及医疗支出、保育及救济支出、营业投资及维持支出、保安支出、财务支出、债务支出、公务人员退休及抚恤支出、损失支出、信托管理支出、协助支出、其他支出。

民国34年（1945）抗日战争胜利后，于同年7月，国民党政府召开第四次全国财政会议，决定恢复中央、省（市）、县（市）三级财政体制，并公布《修正财政收支系统法》。自民国35年（1946）7月1日实施。据《江苏省政情述要》记载，县级财源划分为县已经分配之财源不予变更；田赋征率，遵照抗战前粮价伸算征收。县级仍得50%（民国35年县级每元应得谷七升八合；民国36年调整赋率后每元应得谷一斗四升三合）；调整营业税税率，按法定最高额3%征收，增收全部归省，用以补助贫困县。其乡镇经费划为，自本省复原（日本投降后恢复原行政区划）均列入县预算，但对乡镇资金来源与支出范围，也作了明确划分。民国36年（1947），乡镇公所经费来源为依法赋予之收入，县市分配田赋总额内指定一成作为乡镇公所经费，契税鉴征费1%。

在具体收支管理上，实行收支两条线，省虽划分税种税源，但各项收入税票均由省直接发放、收缴、稽核。县按上、中、下旬结报税票。县税捐稽征处处长，一般均由县长代理。

民国37年（1948），宿迁域内的各县全境解放，国民政府财政由此结束。

第二节　民主政权财政管理体制机制

鉴于民主政权时期情况比较复杂，区域变化较大，其财政收入情况也难统计完整，因此，补述泗洪县在根据地、解放区民主政府时期的财政相关情况。泗洪县在中华人民共和国成立前，无独立财政机构，中华人民共和国成立后新成立泗洪县，后属安徽省管辖，直至1955年划归江苏省管辖。但在民主政权时期，今泗洪境内属淮北苏皖边区行政公署领导。

1938年7月，应民国安徽省第六行政区督查专员、泗县县长、兼第六区抗敌指挥部司令盛子瑾的邀请，中共豫皖苏省委书记张爱萍受中共中央中原局书记刘少奇和新四军游击支队司令员彭雪枫的委托，以刘玉柱为随员，带领豫皖苏支队进入皖东北，与盛订立联合抗日七项协议。8月，在孙园乡张塘设立八路军、新四军驻皖东北办事处，作为联络机关，张爱萍任主任，刘玉柱任副主任。1940年2月28日，盛子瑾出走皖东北，中国共产党全面接管政权。3月，在青阳召开第一届各界代表会议，成立中共皖东北军政推进委员会，建立皖东北地区抗日民主政权，筹建淮北苏皖边区专员公署。1941年9月15日召开成立大会，刘瑞龙担任主任，刘玉柱担任副主任。专员公署所辖范围为苏皖两省的16个县境。为了加强基层领导，专署决定撤销泗县建制，分别成立泗东、泗南、泗宿、泗北、泗五灵凤5个联防办事处及半城直属区。1941年6月，将办事处撤并为县编制，成立泗南县、泗宿县，8月，以泗县八区为中心成立泗阳县，是年4月，洪泽湖管理局改为洪泽县。撤并后淮北苏皖边区专员专署管辖14个县。皖东北边区财政工作，完全是“白手起家”，盛子瑾离开时，只留下2.4万元泗县流通券和500元法币。当时几千人的部队和几千工作人员都要吃饭穿衣，军队和政府过着艰苦的生活，新四军的四总队七天没吃盐，吃的是高粱馒头，夏天穿棉衣。1940年5月，着手整理财政，决定经费以税收为主要来源，建立财政机关。边区财政收入主要是货检税，边区政府在主要交通要道建立检查网，按行政单位建立检察机关。成立安徽省进出口货物检查总局第十一货物检查总处，处长周本厚，分别在青阳、临淮头设两个分处，并在朱湖、马公店、临淮、管镇、双沟镇、郑集设立6个分派所。同时成立税检总局，局长陈醒、梁绪修、石磊，总局垂直领导分局，这就是设在泗洪县最早的财政机构。

1940年进出口货物检查总处，沿着淮河两岸至上游敌占区设立分处和分派所或小组。货检税税率分为三种，第一种是必需品，基本免税，最高征3%；第二种是一般日用品，征5%~8%；第三种是非必需品，征12%~15%。

1941年以前，淮北地区由于受敌人分割包围，只好各自为政，但没有实行统一的财政。各地区党政军的供给，主要靠分散、自筹的办法解决供给问题。当时，克服财政困难的办法，除了坚持执行毛泽东提出的军队要执行作战、群众工作、筹集粮款三大任务以外，其收入来源一是取之于敌，靠打仗缴获战利品；二是取之于民，主要靠征进出口货物税和粮赋收入（向农民征集公粮）；三是取之于己，即各机关、部队都要利用一切时间和条件，开展各种形式的生产活动，补充自己的供给；四是动员地方机关干部和部队节衣缩食，渡过难关。当时财政经济工作主要任务是实行“发展生产，改善人民生活，合理负担，保证财政收支平衡，保证军需供给，开展对敌经济斗争，巩固革命根据地”的经济工作方针。

1941年，成立淮北苏皖边区行政公署后，设财政处，县设财政科。1944年，改财政科为财政局，辖财审科、粮食科、税务科和金库。财政组织均在各级行政组织统一领导下，筹集资金、粮食，以裕军政。在财政管理上，实行统筹统支，建立正规的收支制度。省县款划分是将货检税、盐税、特税的全部及田赋、契税的50%，划归省款，主要供给主力部队与边区各机关开支；将牙税、屠宰税、烟酒税全部及田赋、契税的50%，作为县款，不能相互挪用。

革命战争年代的财政工作主要任务是做好部队的后勤供应，保证前线需要，在“先部队、后地方、先前线、后后方”的原则指导下，地方建设、后方生产，都要在服从打仗、服从前线的前提下，自己动手，丰衣足食，开源节流，量力而行，总结经验，摸索前进。财政的主要来源还要靠各根据地征粮。粮食征集和储存无法大量集中，只能分散在各个农户代为保管，给粮食征收、调拨、管理带来极大困难。因此，各级政府对财政工作极为重视，设置较为健全的财政机构，配备比较精干的财政人员，保证区乡财政工作的顺利开展。今泗洪县现有乡镇当时分属泗南、泗宿、泗阳、泗县等县，对这一时期的各项财政收入的具体情况和数据无法统计，只能根据现存的文件反映当时的征收形式。就革命根据地的公粮征收，从目前搜集的资料考证，今宿迁境内的各县时属淮海、淮北两个根据地，都是根据《华中抗日根据地财政经济政策草案》确定的政策、征收原则和标准执行的，各县之间变化不大。抗日战争初期，开始征粮，个别地方有时形成“吃大户”。1940年夏季开始征收公粮，1941年起实行累进计征办法，到1942年秋季共征六次，始终没有固定标准，农民或地主都有些偏轻或偏重现象。

征粮的原则是，有粮有钱者出粮，无粮有钱者出钱，赤贫者不出，粮多钱多者多出，粮少钱少者少出，用民主的会议决定，不许保甲长胡摊乱派，县、区、乡成立公粮动员委员会，负责征收公粮。

1941年秋，征收标准是以户为单位分等按比例征收。上等户（即有钱有地的殷实富户，包括地主、富农、商人）出收获量12%，即值百出十二；中等户（自耕户、小康之家）出收获量8%，即值百出八；下等户（比较贫苦的半自耕农）出收获量的5%，即值百出五；赤贫户（收粮极少，无力缴纳）免征公粮。

1942年秋季公粮，征收标准改为按十级征收，每人收获五斗，起征3%，不足五斗者免征；每人十石以上者，征收15%。征一斤公粮，随征二斤公草，地主不分草免征。

1943年秋，改按实际人均收获量（如佃户须扣支其缴佃租部分，地主照实收地租数计算），实行按比例分级征收。

每人收获量不满100斤者免征；

每人收获量在100斤以上不满200斤者征收3%；

每人收获量在200斤以上不满300斤者征收4%；

每人收获量在300斤以上不满400斤者征收5%；

每人收获量在400斤以上不满500斤者征收7%；

每人收获量在500斤以上不满600斤者征收9%；

每人收获量在600斤以上不满700斤者征收11%；

每人收获量在700斤以上不满800斤者征收13%；

每人收获量在800斤以上不满1000斤者征收15%；

每人收获量在1000斤以上不满1500斤者征收16%；

每人收获量在1500斤以上不满2000斤者征收17%；

每人收获量在2000斤以上者征收18%。

1945年，在土地复查的基础上，各县政府按每户核定收获量，依照每户每人平均数目，以累进办法按户征收公粮。

每人收获量不满80斤者免征；

每人收获量在80斤以上不满100斤者为第一级，征收2%；

每人收获量在100斤以上不满200斤者为第二级，征收3%；

每人收获量在200斤以上不满300斤者为第三级，征收4%；

每人收获量在300斤以上不满350斤者为第四级，征收5%；

每人收获量在350斤以上不满400斤者为第五级，征收6%；

每人收获量在400斤以上不满450斤者为第六级，征收7%；

每人收获量在450斤以上不满500斤者为第七级，征收8%；

每人收获量在500斤以上不满550斤者为第八级，征收9%；

每人收获量在550斤以上不满600斤者为第九级，征收10%；

每人收获量在600斤以上不满650斤者为第十级，征收11%；

每人收获量在650斤以上不满700斤者为第十一级，征收12%；

每人收获量在700斤以上不满750斤者为第十二级，征收13%；

每人收获量在750斤以上不满800斤者为第十三级，征收14%；

每人收获量在800斤以上不满900斤者为第十四级，征收15%；

每人收获量在900斤以上不满1000斤者为第十五级，征收16%；

每人收获量在1000斤以上不满1200斤者为第十六级，征收17%；

每人收获量在1200斤以上不满1500斤者为第十七级，征收18%；

每人收获量在1500斤以上者为第十八级，征收20%。

一切公有共有及寺庙田赋的征收标准为寺庙田产按累进规定征收；祠堂、礼堂、教堂及其他公有田产，不满一顷者，按固定收获量征10%；一顷以上不满三顷者征15%，三顷以上者征20%。

1948年，午季田赋与公粮合并征收。凡进行土改地区以农户收获量12%缴纳，每斤粮赋随征公草一斤，并按户粮赋负担数，随征5%的民兵附加粮。

对抗战军人及烈士家属与公务人员家属，实行优待政策。

抗日烈士之直系家属，一律免征；

主力部队及县独立大队指战员，其应征公粮为一至三级者免征；四至六级者各降二级征收；七至十一级者各降一级征收。

地方武装指战员的直系家属，各降一级征收。

凡因受天灾（风、旱、水、虫、雹）而致收获减少者，得由乡政府调查据实，列各呈区派员复查属实后，照下列情形免征之，收七成以上者不减；收五成以上不满七成者八折征收；收三成以上不满五成者减半征收；收三成以下者全免。

另外，凡遭国民党反动派敲诈勒索特别严重，家属遭遇杀害，而丧失主要劳动力者，或因抢去耕牛牲畜农具妨碍生产者，以户呈报区、乡，根据情节轻重，予以免征或减征。凡鳏、寡、孤、独无劳力之户，无力缴纳粮赋者，经民主讨论，酌予减免。

淮海、淮北民主政权建立以后，由于实行减租减息，取消苛捐杂税，增加工资等政策，人民生活逐渐改善。但土地纠纷、产权未定、负担不均等问题尚未解决。根据淮北苏皖边区行政公署关于土地复查的训令，1944年县、区、乡、村成立了土地复查委员会，组织查报队，清查所有土地，确定人民产权，对所有土地逐户逐丘重新清丈审查，查清了弓口四至、验证契约证照，对产权合法者，发给营业执照。契约确系丢失，经一定手续证明者，予以重立契约，以确定各人产权。处理土地纠纷之时限，滩地从原领时起，一般土地自民国元年起，时间太长、无从证明的不必过去深究。一切过去被豪强霸占的公地、私地、公滩、私滩，在土地复查中彻底清查，私滩私地归还原主，公滩公地由公家统一筹划，廉价放领给无地及地少之人承领。其契约四至不明者，重新核定四至，进行清丈。其来历不明非法取得之土地，则抽出其非法不明部分，其合法部分仍予以保证其产权，使其能安心经营，发展生产。通过土地复查、查清人口、户数、地亩、土地等级，确定其收获量，编造串册。从1945年起，各人每年公粮田地赋，根据此定收获量，按照税率交纳粮赋。

第三节　宿迁市成立后预算管理体制

一、新建宿迁市财政体制规定

1996年，经国务院批准成立地级宿迁市。根据省委第97次常委会决定和省财政厅《关于区划调整后宿迁市财政问题的通知》，明确规定新成立的宿迁市对所属县(区)按照全省统一的财政体制规定，实行分税制财政体制，在涉及税收返还、原体制上解、固定上解和补助等按1995年财政决算数予以划转。新组建市支出基数问题，省核定宿迁市新增行政编制1145人，按人均1.5万元标准补助1720万元；行政附属编制按宿迁新增加人员10%计算补助173万元；考虑新增事业人员和其他方面困难，从1997年起安排补助500万元；1998—2000年每年再增加补助500万元，并进入基数；考虑到宿迁市新组建，市建设任务较重，从1997年起给予基建和其他方面困难补助350万元，进入基数；对宿豫县增值税省分成12.5%部分，以1995年为基数，新增部分五年内全留，同时1997年起每年给予补助700万元，进入基数。

与此同时，1996年12月5日，宿迁市人民政府发出《关于原宿迁市企业事业单位权属划分和宿豫县和宿城区财政体制的决定》对原宿迁市（县级）企业、事业划分后，以1995年财政决算数为依据，分别测算宿豫县、宿城区财力。宿豫县可用财力6596万元，财政供养人口14960人；年人均财力为4409元。宿城区可用财力5443万元，财政供养人口5345人，年人均财力为10183元。宿豫县人均财力较低，宿城区人均财力相对较高。为保持县区的既得利益，使人均财力不低于区划调整前水平（5929元）。市政府通过财政体制对县、区财力适当调整。对宿豫县人均财力仍不足省定最低标准5200元的差额，由市财政集中宿城区财力483万元补足到县，此项财力进入体制；另外，市财政每年集中宿城区1791万元的财力，年终由市财政局将宿豫县人均财力再补足到5929元。原宿迁市（县级）累计赤字3573万元，由宿豫县负担，考虑到宿豫县1996年完成当年财政平衡和消化赤字有困难，省一次性补助300万元；同时，考虑到原宿迁市本级离退休人员和民政优抚对象主体由宿豫县负担，市财政增加补助宿豫县财力200万元，进入体制。

1997年，为帮助宿迁市解决发展中的困难，省财政厅发出《关于核定宿迁市政法系统等人员经费的通知》补助宿迁市新增政法人员经费1000万元，并增加行政人员经费补助90万元，进入基数；同时发出《关于给予宿迁市财政补助的通知》，增加事业人员经费补助300万元、政法系统人员经费150万元、配套资金补助1200万元、宿豫县财力补助1100万元，进入基数，1998—2000年，每年补助宿迁市武警、消防、军分区、公检法司及党校建设经费4000万元；补助宿豫县县城搬迁经费1000万元，期限三年；另外，给予宿豫县县城规划一次性补助100万元。是年12月20日，宿迁市政府分别发出《关于划分宿豫县宿城区债权债务的通知》《关于调整宿豫县、宿城区财政体制的通知》。对原宿迁市财政发生的债权390.9万元、债务2902.52万元问题，市政府按照实事求是、基本公平、县区利益兼顾的原则，根据区划调整后，企事业单位隶属关系合理划分。对于财政体制调整，除明确省对宿豫县财力补助内容之外，对宿城区每年上缴市财力调整为1582万元；市每年给予区专项补助200万元，进入基数。对宿豫县上划市级的宿迁中学、实验小学、军人疗养院、烈士陵园、城调队和宿城区上划市级的进修学校、高等职业学校、实验小学、军人疗养院、防疫站、妇幼保健所、马陵公园等单位，从1998年起，其支出基数，按以上单位1997年初预算数加上自然增人和政策性增长部分，专项上解市财政。

二、宿迁市管理的机构变动相应管理体制调整

1999年，江苏省地方税务机构上划省垂直管理。因机构变动，涉及财政单位预算经费上划问题，预算管理体制进行调整。江苏省财政厅发出《关于上划地方税务机构经费问题的通知》。以1998年地方财政安排给地方税务机构的经费为基数，统一上划，其中，增编的人员经费与公用经费上划分三年到位，即1999年上划系数为40%、2000年上划系数为70%、2001年上划系数为100%。2001年基数为1975万元，其中，市直340万元、宿豫区269万元、沭阳县412万元、泗阳县533万元、泗洪县421万元。2004年，情况有所变化，行政管理省垂直领导不变，经费由地方财政统一管理，省财政发出《关于进一步做好地方税务机构经费保障工作的通知》，地方各级财政部门根据省财政厅的委托，将同级地方税务机构部门预算纳入本级财政预算统一管理，文件规定上划的地方税务机构经费、人员经费和公用经费，每年通过专项指标下拨各地。2008年，为进一步做好地方税务机构经费保障工作，省财政厅又发出《关于将省地方税务系统上划经费基数列入省财政结算事项的通知》，将往年通过指标下达的经费改为通过年终财政结算下达，进入基数。全市共2115万元，其中，市直740万元、宿城区83万元、宿豫区179万元、沭阳县347万元、泗阳县411万元、泗洪县355万元。

是年，江苏省地方工商行政管理机构亦上划省垂直领导。涉及地方财政预算经费上划问题，省财政厅发出《关于上划地方工商机构经费的通知》，以1998年地方财政安排给地方工商机构的经费作适当调整后以828万元为基数，统一上划，其中，市直97万元、宿豫区135万元、沭阳县257万元、泗阳县148万元、泗洪县191万元，对原有地方财政负担的养老保险金、医疗保险金（公费医疗）、住房公积金从1998年8月1日起改由省财政负担。对地方工商机构上缴省财政的罚没收入，省财政返还地方财政20%。

2000年，宿城区部分行政村和学校划归市经济开发区管理，市政府决定重新确立市经济开发区财政体制，文件明确市经济开发区实行统一的分税制财政体制；开发区内的地方级收入全部留归开发区使用，其专项收入市级不参与分成；对宿城区划归开发区管理的单位，以1999年为基数办理收支划转手续；开发区辖区范围内所有税收缴入开发区金库，财政自求平衡，结余留用。

是年，经市委、市政府研究决定，将江苏省洋河集团、双沟集团公司，由原来的市县共管，以县为主的体制改为“市级直管，县里配合”的管理体制。宿迁市人民政府对泗阳县、泗洪县财政体制进行调整，主要是调整洋河集团、双沟集团地方工商税收分配办法。以1999年为基数，基数部分县级全留，增量部分市县按六四分成。

是年，地方质量技术监督机构上划省垂直管理。江苏省财政厅发出《关于上划地方质量技术监督机构经费的通知》。以1998年地方财政安排给地方质量技术监督机构的经费作适当调整后以242万元为基数，统一上划，其中，市直40万元、宿城区33万元、宿豫区33万元、沭阳县40万元、泗阳县49万元、泗洪县47万元。地方质量技术监督机构人员的养老保险金、医疗保险金（公费医疗）、住房公积金按属地原则按照当地标准由地方财政安排和管理；对质量技术监督罚没收入从2003年起，省财政返还20%。

2002年，地方药监机构上划省垂直管理。省财政厅发出《关于上划地方药监机构经费的通知》和《关于上划地方药监机构正常经费的补充通知》，以2001年地方财政安排给地方药监机构的经费作适当调整后，以292万元为基数，统一上划，其中：市直130万元、宿豫区33万元、沭阳县47万元、泗阳县45万元、泗洪县37万元。

是年，宿迁市人民政府对市骆马湖示范区的财政体制进行微调。规定市财政每年定额补助市骆马湖示范区80万元，并取消以前年度“骆马湖示范区每年划转宿豫区19万元”的规定。

2006年，为促进南北共建工业园区经济更快增长，市财政根据市委、市政府的统一部署，对苏州宿迁工业园区财政管理充分放权，苏宿工业园辖区范围内财政税收的征收、缴库及使用、管理以及会计管理权限等由苏宿工业园区财政局负责。

2012年，苏酒集团成立运营公司、泗阳来安生产基地、红酒进口及销售企业，市政府决定白酒运营公司的入库级次为市级，相关税费缴入市级金库；设立在洋河和双沟的白酒运营公司缴纳税收形成财力分别执行洋河系列产品和双沟系列产品财力分配体制；设立在泗阳来安的包装公司和生产基地相关税费缴入泗阳县金库，市直不参与分成，对于泗阳来安基地形成的企业所得税，年终根据泗阳来安生产基地形成的增值税占该基地与洋河酒厂缴纳增值税之和的比重，认定和分配洋河酒厂企业所得税给泗阳县；设立在洋河新城的红酒企业相关税费缴入洋河新城金库，形成的财力市直和洋河新城按七三分成；设立在市经济开发区的红酒企业相关税费缴入市经济开发区金库，形成的财力全部归市直所有，年终通过财政结算。

三、全省财政预算管理体制调整和税收改革

2001年，江苏省对全省财政预算管理体制进行调整。根据江苏省政府《印发关于调整分税制财政管理体制的通知》，与以前财政体制相比，主要有三点变化，一是改变收入集中政策。取消省集中增值税12.5%部分和印花税、城镇土地使用税、资源税、土地增值税、排污费、水资源费等按比例分成以及税收返还增量省集中5%的政策，原上缴省部分，以2000年为基数，实行定额上缴，同时，以2000年为基期年，之后地方财政收入（按一般预算收入剔除行政性收费、企业所得税退税、国有企业计划亏损补贴、屠宰税和耕地占用税等口径计算）比基数增长部分，省统一集中20%。二是建立财政转移支付制度。核定县（市）标准财力和标准财政供养人员数，将1999年标准人均财力低于1.1万元的县（市）列入财政转移支付范围，人均财力低于1.1万元的差额，省补助50%，根据省财政厅《关于核定调整分税制财政管理体制省对市（县）转移支付补助基数的通知》，省核定宿迁市转移支付补助基数为14500万元，其中，宿豫县3100万元，沭阳县6500万元，泗阳县3400万元，泗洪县1500万元。三是建立激励机制。对财政转移支付县（市）地方财政收入每增长1%，补助总额增长1.1%；对没有享受财政转移支付补助、标准人均财力在1.1万~1.3万元的市、县（市），按其地方财政收入当年新增上缴额给予20%的发展资金；对人均财力超过1.3万元的市、县（市），按其地方财政收入当年新增上缴额给予10%的发展资金。省财政根据宿迁市当时的实际情况，给予宿豫县、沭阳县、泗阳县、泗洪县享受1：1.1的奖励政策，给予市本级享受10%发展资金的奖励政策。对地方财政收入实行上台阶奖励政策，地市级每增收1亿元奖励30万元、县（市）级每增收4000万元奖励20万元。

2002年，省政府按照国务院有关文件精神，对所得税收入分享进行改革。省政府发出《关于所得税收入分享改革有关问题的通知》。从2002年1月1日起，宿迁市范围内的铁路运输、国家邮政、中国工商银行、中国农业银行、中国银行、中国建设银行、国家开发银行、中国农业发展银行、中国进出口银行、海洋石油天然气及跨地区经营、集中纳税的石油石化企业缴纳的企业所得税作为中央收入，上

缴中央金库；金融与保险业、烟草加工业、烟草公司及烟草品牌有限公司、省电力公司、省移动通信有限责任公司等企业的企业所得税和个人储蓄存款利息所得税，地方分成部分缴入省金库；其他企业的企业所得税和个人所得税2002年按照5∶5比例、2003年按照6∶4比例分别缴入国家金库和地方金库。为维护宿迁市2001年缴纳所得税的既得利益，省对宿迁市以2001年为基期年，按宿迁市上划中央收入减去中央下划地方收入之差额计算宿迁市所得税返还基数，2002年为7320万元，从2003年起为8791万元。

江苏省从2003年起在全省范围内将农业特产税改征农业税。改征后，地方财政收入将有一部分减收。为保障改革后基层政权组织的正常运转，省政府决定对苏中、苏北财政困难地区因调整政策造成的减收由省财政厅转移支付。由此，省财政给予宿迁市补助530万元，其中，宿豫区150万元、沭阳县30万元、泗阳县90万元、泗洪县260万元，进入体制基数；2004年，根据省政府办公会议纪要，率先在宿迁市开展免征农业税试点，2005年开始在全省推行，为减少宿迁市因免征农业税带来的财力损失，省财政从2004年起给予宿迁市免征农业税补助23592万元，其中，市经济开发区29万元、湖滨新城32万元、宿城区2538万元、宿豫区3543万元、沭阳县8532万元、泗阳县3617万元、泗洪县5301万元，进入体制补助基数。

2004年，江苏省对出口退税办法进行调整。核实宿迁市出口退税基数，超基数部分中央承担75%，宿迁市承担25%。同年，江苏省人民政府根据《国务院关于做好省级以下国土资源管理体制改革有关问题的通知》精神，印发《江苏省关于省级以下国土资源管理体制改革的实施意见》，市、县（市）国土资源主管部门领导干部实行双重管理体制，以上一级国土资源主管部门党组（党委）管理为主，地方党委协助管理。市、县（市）国土资源主管部门是同级人民政府的工作部门，其机构编制由同级人民政府管理。其人员经费、公用经费和专项资金纳入同级财政预算。

2005年，省委、省政府发出《关于加快苏北振兴的意见》和省财政厅《关于明确加快苏北振兴有关财政政策实施办法的通知》，2005—2007年，对宿迁市新增地方财政收入，以2004年为基期年，省给予宿迁市全额返还，但不再执行省对宿迁市各县给予“地方财政收入每增长1%，补助总额增长1.1%”和给予宿迁市市本级享受发展资金的政策，改为按2004年实际补助数实行定额补助。

同年，省政府进一步调整出口退税办法。对超基数部分中央分担92.5%，省分担1.5%，市县分担6%。

2008年，原确定的省对市财政体制期限已满，省委、省政府根据江苏省实际情况，制定新的一轮体制文件，发出《关于调整分税制财政管理体制的通知》。与原体制相比，主要有四个特点，一是调整省集中地方收入办法。决定以2007年为基期年，对新增增值税省集中50%，营业税不集中，城镇土地使用税、土地增值税、房产税和契税增量部分集中30%，罚没收入和企业所得税增量部分集中20%，耕地占用税按当年入库数的50%集中，其他收入省不再集中。二是提高县乡基本公共支出最低保障水平。以2007年为标准，核定各县标准财力和支出标准需求，对标准财力低于标准需求的缺口由省补助80%，江苏省补助宿迁市三县和宿豫区共9090万元，其中，宿豫区2000万元、沭阳县3090万元、泗阳县2000万元、泗洪县2000万元，进入体制基数。三是实行苏北苏中开发区以奖代扶政策。宿迁市省级以上开发区，省每年给予1000万元/市、500万元/县（每市县限一个）的平台提升奖励，但由于宿迁市苏宿工业园区享受南北挂钩共建园区奖励，市经济开发区暂不能享受此政策。四是完善省集中收入全返奖励政策。对宿迁市3个脱贫攻坚重点县新增收入省集中部分予以全额返还，对市区新增收入省级收入部分，若当年增值税增幅达到全省市县平均增幅的，给予全额返还，否则仅返还80%。同年，省对出口退税办法再次调整。根据苏财预〔2008〕47号文件，以2007年出口退税额为基数，基数内退税各方承担比例不变，超基数部分从2008年起中央分担92.5%、省分担3.75%、市县分担3.75%。

与此同时，宿迁市委、市政府在贯彻执行江苏省委、省政府新一轮财政体制调整文件中，于2008年9月25日印发《关于调整市区财政管理体制的通知》。在执行省对市财政体制的基础上，确定以下事项，一是明确收入范围。市属部门企事业单位缴纳的各项收入（建安、房地产企业除外）；金融、保险、证券等中央、省和市级企业收入，市区范围内征收的契税，市以上投资主体重大工程缴纳的税收，原体制规定属市级的各项非税收入和基金收入等都属于市直收入；洋河集团、市区和老城区的建安房地产税收等入宿城区金库。二是确定部分财力分享办法。市区范围内的契税剔除征收手续费后，市直与各区按五五分成；市区范围内的中央、省、市属企业，当年实际入库国税收入形成的地方财力以2007年为基数，超基数部分市直、宿豫区、宿城区各分成1/3；老城区和市政府新区建安、房地产税收统一入宿城区国库，从2008年开始，税收形成的地方财力市和宿城区按照三七分成；土地出让金扣除相关费用的净收益市和宿城区按照七三分成，市区基础设施配套费由市扎口收取，扣除手续费等相关费用后，老城区范围内市和宿城区按照七三分成；以2007年为基期年，市经济开发区、骆马湖外向型农业示范区新增地方财政收入省集中部分（不含增值税和企业所得税）市返还50%。

2010年，根据财政部财税文件，从2010年4月1日起，江苏省范围内的耕地占用税和契税从过去财政部门征收改为地税部门负责征收。为帮助宿迁市发展实现更大突破，省委、省政府发出《关于实现宿迁发展更大突破的若干意见》，2010—2012年，省财政每年给予宿迁市3.2亿元的更大突破专项资金。

是年，宿迁市为帮助宿豫区加快发展，决定对宿豫区辖区内的契税征管由宿豫区地方税务局负责，预算级次为宿豫区区级收入。为促进苏酒集团加快发展，2010年，市政府决定成立苏酒实业，专门负责苏酒集团产品的对外销售，其相关税费缴入市直金库，保持洋河系列产品财力分成体制不变，双沟系列产品缴纳税费形成财力以2009年为基数，超基数部分泗洪县和市直按7∶3比例进行分配。

2012年，根据财政部、国家税务局财税〔2012〕71号文件精神，江苏省自2012年10月1日开始，在交通运输业（不含铁路运输）和研发与技术服务、信息技术服务、文化创意服务、物流辅助服务、有形资产租赁服务以及鉴证咨询服务6个现代服务业开展营业税改增值税试点。交通运输业适用税率为11%，现代服务业中除有形资产租赁适用税率为17%外，其余适用税率为6%，小规模纳税人按照3%的征收率计算缴纳增值税。根据苏财预〔2012〕34号文件，试点期间营业税改征增值税后收入归属不变，改征增值税的其他财力分配参照原营业税体制执行。2012年，省委、省政府决定全面加快苏北建成小康社会，根据苏发〔2012〕8号文件，对苏北地区承担的3.75%的出口退税额度再由省财政承担1.75%（仅限苏北当地出口资源）。

为推进市经济开发区做大做强，市委、市政府决定从2012年1月1日起，市经济开发区范围内的契税收入，由原入市级库改入市经济开发区库。

四、区划调整相应体制变动

2004年，市委、市政府根据宿迁市经济社会发展需要，对全市进行区划调整，将原宿豫县、泗阳县、泗洪县13个乡镇划入宿城区，将宿城区井头乡划入宿豫区等。区划调整后各县、区继续实行全省统一的分税制财政体制，对洋河集团以

2001—2003年实际提供财力9800万元为基数，从宿城区划补给泗阳县，超基数部分宿城区和泗阳县按五五分成；各县、区划出、划入基数根据2003年度和区划调整实际情况决定。

2011年，市委、市政府对市区进行区划调整。以洋河酒厂和宿城区洋河镇为依托，并将洋河镇周边的洋北镇、南蔡乡、罗圩乡的9个行政村和泗阳县仓集镇的2个行政村划归洋河新城托管；宿城区的彩塑园区、井头乡、皂河镇划入湖滨新城；湖滨新城的化工园区划入宿豫区。区划调整后，相关县、区财政预算管理体制进行调整。调整洋河系列产品财力分配体制，洋河生产型企业税费由缴入宿城区金库改为缴入洋河新城金库，苏酒实业继续缴入市直金库；对洋河酒厂缴纳税费形成的财力，以洋河镇2010年上解宿城区财力2803万元为基数，从2011年起，由市财政、宿城区、洋河新城各负担1/3，即市财政每年补助宿城区934万元，同时从洋河新城划转财力934万元补助宿城区。继续执行宿政发〔2000〕136号文件，在泗阳县分成10448万元、宿城区分成9201万元以及省市分成的基础上，超基数部分2011—2013年省市分成35%、宿城区分成25%、洋河新城分成40%；从2014年起，超基数部分省市分成50%、洋河新城分成50%。如果达不到基数，短基数部分由市和宿城区按财力分享比例分担。对洋河酒厂附属企业形成的财力，从2011年起，每年按3880万元补助宿城区，其中，从洋河新城划转补助3000万元、市财政补助880万元。托管村财力划转，以国地税提供的涉调的11个托管村，2011年实际缴库形成的地方财力188万元为基数，支出以2010年宿城区负担的770万元为基数，收支相抵，由市财政每年划转宿城区582万元财力补助洋河新城。根据市财政局发出《关于调整宿豫区和湖滨新城托管区域调整涉及财政结算有关专项的通知》，从2011年起，五年内湖滨新城划转财力每年1800万元至宿豫区。

五、省直管县财政管理体制改革

2007年3月26日，江苏省人民政府发出《关于实行省直管县财政管理体制改革的通知》。调整财政体制关系。保持各市、县（市）分税制财政体制和政策规定范围内的合理既得利益，建立省与市、省与县直接联系的财政管理体制。宿迁市的沭阳、泗阳、泗洪三县财政由省直接管理，相关财政收支基数以2005年为基期年进行划转；实施省直管县后，取消市与县之间的现行预决算制度，建立省与市、省与县之间的财政预决算制度。各自确定收支预算，省对各市、县不再下达指令性财政收入计划。统一直接办理结算，市、县财政之间停止往来资金拨付关系，资金清算通过省财政办理。直接报送财政报表。各市、县财政预算编制、调整、执行和决算，统一按照省财政厅要求办理，直接报送省财政厅。宿迁市对涉及县财政体制相关问题进行调整。主要是市对县专项补助资金662万元，洋河集团缴纳税费形成财力固定分成泗阳县1048万元，双沟集团缴纳税费形成的财力分成泗洪县52万元，市财政通过体制进行调整。

注：宿迁市，是指1996年区划调整后的地级宿迁市，文中撰写区划调整前预算管理体制，系汇集今宿迁市境内各县区历史情况。

今宿迁市所属各县在1996年区划调整前皆属淮阴市管辖，1983年实行市管县行政管理体制，撤销淮阴地区建立淮阴市，撤销清江市，成立清河区、清浦区，把灌云县划归连云港市管辖，到1996年分设淮阴市、宿迁市，同时将灌南县划归连云港市管辖。其间，经历了两次大的行政区划调整。因财政体制的确定与行政区域关系密切，具有整体性，因此，本书在撰写时，为不割断历史充分反映历史状况，部分地方保持原淮阴地区（市）对所辖区域所确定的预算管理体制全貌。

第二章　财政预决算管理

第一节　根据地、解放区民主政府预决算管理

第二次国内革命战争时期，中国共产党领导的工农武装割据地区建立新的政权——中华苏维埃共和国。1931年11月，中央苏区召开第一次全国工农兵代表大会，原则上提出建立根据地财政政策。是年12月1日，中华苏维埃共和国制定并公布《中华苏维埃共和国暂行财政条例》规定，一切财政收支概由上一级财政机关裁决；各级财政收支均于每月25日向上一级财政机关造报预算，上级财政机关根据预算核发用款通知，下级财政机关负责人与用款单位负责人联署后领款使用；每月10日前向上一级财政机关报告上月决算并随送用款单据，以备审查，财政所用账册单据，一律适用中央财政部统一格式。这是中华苏维埃共和国第一次颁布的财政法规，明确财政预决算领报审批制度。条例对财政预决算作出对日后建立根据地预决算编审制度和划分财政收支体系奠定基础。

一、财政预决算编审制度

全国各革命根据地是逐步建立起来的，根据地的财政是随着革命根据地政权的建立而产生的。财政预决算编审制度，是在总结历史经验教训，通过不断实践，逐步完善发展起来的。现存的历史文献资料显示，宿迁境各县属华中抗日根据地领导。较早的有关财政预决算方面的规定，据《华中抗日根据地财政经济史料选编》记载，华中抗日根据地政府于1942年2月，制定《华中抗日根据地财政经济政策草案》，要求严格执行预决算制度。各财政单位应每月将其财政收支及结存详细情形报告全华中最高级财经机关一次；各机关部队在每月开始的半个月应编造预算报上级机关核准钱钞，反对借口游击环境不遵守预算制度的现象；各机关部队在每月后半月应造决算送上级审核，反对"用了就算"的马虎现象；严格执行不造预算不发钞、不送决算不报销的纪律；反对不合实际敷衍了事的外交预算；反对不切实际执行预算与随便先用后报的作风。各区都要建立统一的简明科学的会计制度；一切收支都要作有系统的登记，必须是来去分明毫厘不差，反对含混一团的马虎现象等。为此，华中办事处同时颁发《华中各抗日根据地之财政制度》，规定专员公署财经处预决算编审程序。

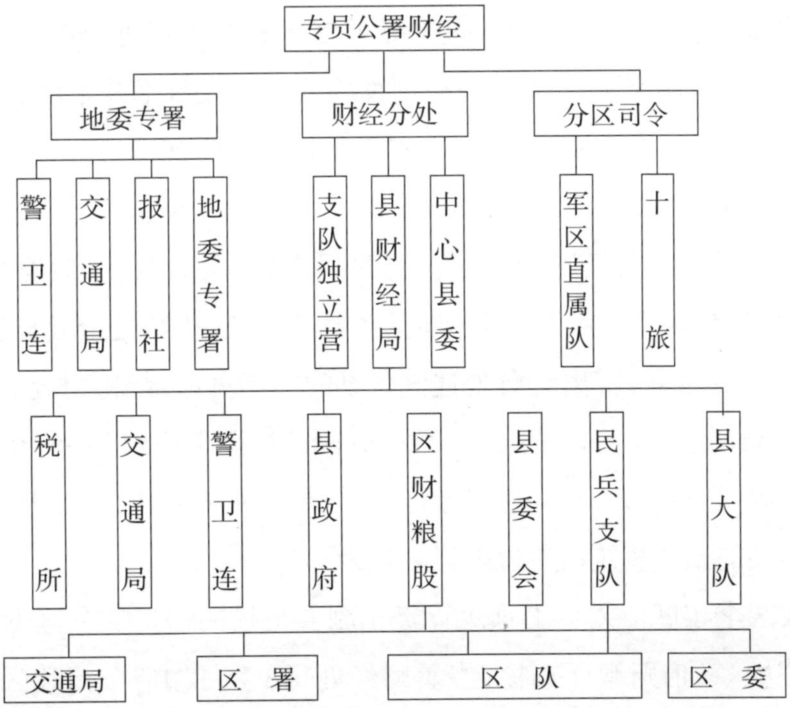

图1　专员公署财经处预决算编审程序示意图

1945年12月，苏皖边区政府发布《各种款项统一收支程序》规定，各机关部队均应按会计制度编制预决算，呈送边区政府财政厅及审计处审核；会计年度自每年一月一日始至十二月三十一日终了，其年度依民国纪元元年为名称。唯因物价币制尚未臻稳定，除按会计年度编造预决算外，每三个月填报补助预决算一份。

1946年2月，苏皖边区第六行政专员公署财粮会议决议规定，预算会计年度为公历年制，即自当年1月1日起至12月31日止，年度预算分为三种，其编制期限规定总预算，在会计年度开始前之20日；分预算，在会计年度开始前之30日；单位预算，在会计年度开始前之40日。

除年度预算外，还有季度补助预算，其编制期限规定：总预算，每季开始前15日；分预算，每季开始前25日；单位预算，每季开始前35日。

上列预算的编审均采取自最下级机关单位开始，依次进至最高机关。

1947年2月，苏皖第六行政区发布《各种粮款暂行收支程序》，规定会计年度为每年7月1日至次年6月30日，本行政区经营收支款项，各机关、部队必须依会计年度编制预决算，呈送专署财经处审核。此外，各机关、部队尚需编制分季预算和分月决算，呈送专员公署财经处或财经分管处核发与核销之。

年度预算之编造，须在会计年度开始前20日送达财经处；年度决算之编造不得迟于会计年度结束后的45日；分季预算的编造须在每季开始前15日送达财经处或财经分处；分月决算的编造，不得迟于每月结束后20日。

各机关、部队预决算的编造，统依程序为区委会、区小队、乡政府的预决算，统由区财粮股呈送县财经局；县委会、县民兵支队、县大队、县政府（包括直属机关）连同各区的预决算，统由县财经局呈送财经分处，由财经分处核发与核销之。中心县委、支队、独立营，财经分处连同各县的预算决算，统由财经分处呈送专署财经处，由财经处核发与核销之。在敌人分割的局面下，支队一级机关的预决算亦由财经分处负责审核，唯须电呈专署批准。地委、分区司令部、十旅、专员公署及其直属机关的预决算统由专署财经处核发与核销之。

全行政区全年度岁入岁出预决算经正副专员核阅后提交分区财经委员会通过，并呈送边区政府财政厅查核；专署财经处每3个月编造全行政区季收支预决算，经正副专员核阅签字后，提交分区财经委员会通过，并呈送边区政府财政厅查核。

1948年11月，苏皖边区第六行政专署规定预决算编造细则如下：

1.造报日期

经常费：预算，县对分区在前月20日前送达分区，分区以收到之日起7日内核定发出；决算，县对分区在月后15日报送，分区以收到之日起10日内核定发出。决算逾期不报者则停发隔月经费。

日用品：预算在每季开始时与第一个月经费一起造报（冬季日用品预算应在10月和经费决算一起造报；决算应在12月和经费决算一起造报）。

冬衣：预算在10月和经费预算一起造报。

夏衣：预算在1月和经费决算一起造报；决算在6月和经费决算一起造报。

装具：每半年补充一次，一般规定预算应在1月、7月和经费决算一起造报；决算应在6月、12月和经费决算一起造报。

2.编造手续及表格

预算：除正表外应附干什待遇津贴表（包括普通津贴待遇、理发卫生等）、人员附表、枪支附表、物价表、油粮草附表。

决算：除正表外，应附人员花名册、单位预算书。

二、财政收支系统的划分

1942年2月，华中抗日根据地政府制定的《华中抗日根据地财政经济政策草案》，对根据地财政收支系统划分，作出原则规定。按照当前环境，华中各根据地的财政收支系统，以各战略单位划分为财政单位，各财政单位均以自给自足为原则；华中财经委员会在一定范围内，视各单位财政收支调度其余额。

1948年，苏皖第六行政区专员公署结合本行政区的实际情况，对财政收支体系作出划分：

（一）收入系统

税收：分卡所→分局→县局→分区局

粮赋：乡→区→县→分区

金库：县金库→分区金库

财务：行政司法罚金、清资、公有事业等，县以下由各级部门报县财经局财务科，由财务科报分区财经处财务科。县以上部分报分区财经处财务科。

全地区收入由分区财经处财务科集中报专署财经处。

（二）支出系统

- 分区财经处
  - 地委秘书处——文工团总联会、报社、印刷厂
  - 专署秘书处——公安局、警卫连、银行、水利局
  - 银行——银行系统
  - 宣传部——宣传部
  - 建设局——各工厂、各县建设科
  - 文教处——县文教科及各学校
  - 民政处——县民政局、荣管局
  - 交通局——总局武交队
  - 各县财经局
  - 运粮办事处
  - 后勤司令部

- 县财经局
  - 县政府秘书室——公安、交通局工队及其他在职人员
  - 警卫连——交通局、中心局、人交站等
  - 各区财粮股
  - 运粮办事处
  - 后勤司令部——大队、支队
  - 县委会——联会、土复队及本部

- 区财粮股
  - 区署
  - 区委会——区联会
  - 交通局
  - 公安分局（或派出所、检查站等）
  - 货管分区（或分卡所）
  - 休养员
  - 育婴
  - 看妈
  - 乡政府

第二节　根据地、解放区民主政府预算收支管理

中国共产党领导的工农革命武装，于1927年冬在井冈山地区创建革命根据地。随之遭到国民党武装的军事“围剿”和封锁，致使共产党在根据地建立的红色政权的财政和武装给养一直十分困难，为了巩固政权和保障红军基本给养，根据地建立初期的财政收入一般以非常性措施为主，如打击土豪筹款，向商人派捐，突击性征粮等；在财政支出方面则采取完全的供给制，依财政状况因时因地而定；财政管理也缺乏统一的政策和制度。随着根据地的巩固和发展，苏维埃财政趋向稳定。1931年11月，中央苏区召开第一次全国工农兵代表大会之后，于同年12月1日颁布《中华苏维埃共和国暂行财政条例》，主要是统一苏区财政收支管理。此条例颁布以后，因为各级各单位的财政收、支、管没有严格分开，会计制度尚未统一，国库制度亦未建立，财政管理并没有真正统一起来。

1933年1月7日，苏区中央财政人民委员会以训令的形式颁布《中华苏维埃统一会计制度》，有针对性地提出具体要求：“收钱的、管钱的、领钱的、支配钱的四个机关分开。”各负其责，收支分开，统一会计科目，统一簿记单据与记账方法，建立国库系统。统一的财政财务会计制度自1934年1月1日开始实行，此后革命根据地财政管理逐渐步入正轨。

1934年1月，第二次全国工农兵代表大会召开，根据毛泽东的意见明确、系统地规定根据地的财政政策。其主要内容是，保证革命战争的给养与供给，保证一切革命费用的支出；财政来源，向一切封建剥削者进行没收和征发税收；从发展国民经济来增加我们的财政收入，是我们财政政策的基本方针；财政支出，应该根据节省的方针，应该使一切政府工作人员明白，贪污和浪费是极大的犯罪……节省每一个铜板为着战争和革命事业，为着我们的经济建设，是我们会计制度的原则。这一财政政策的制定，确立了共产党革命时期财政工作方针。直到中华人民共和国成立后，还把“发展经济，保障供给”作为财政工作的总方针。

第三节　会计集中核算

会计集中核算，主要是强化财政支出预算管理，配合国库集中支付，解决财政对单位预算多头管理，层层拨款的麻烦，以“精简、高效、统一”为原则，化“分

散”为“集中”，有效地节约财力，节省人力，减少浪费，从源头上预防和治理腐败，建立有利于内部制约和外部监督的有效机制。同时，根据财政部、监察部发布的《关于试行会计委派制度工作的意见》和省、市关于改革会计人员管理体制，加强会计人员管理的有关规定，宿迁市从1998年初开始酝酿会计管理改革方案，到2002年6月基本实施到位。

一、工作运行与管理方式

1998年12月，市政府印发了《宿迁市市直机关事业单位会计管理暂行办法》，从1999年1月1日起，对市委办等53个单位（市委办、统战部、宗教局、台办、工商联、台胞接待站、农工部、财政局、国资局、地税局、审计局、妇联、团市委、统计局、人事局、编办、人才中心、乡镇局、信访局、经委、煤炭办、外经委、计委、重点办、地矿局、人防办、经济信息中心、粮食局、政研室、保密局、机要局、档案局、机要服务中心、政法委、市政府办、体改委、研究室、法制局、无委会、党史办、仲裁委秘书处、驻宁办事处、驻京办事处、无线电监测站、市人大办、市政协办、纪委、监察局、组织部、老干部局、机关工委、电教中心、宣传部）的会计业务由会计中心统一管理，单位实行单据报账制；市教委等35个单位（教委、文化局、体委、农业局、农业开发局、环保局、水产局、建委、城管委、计生委、科委、科协、地震局、民政局、残联、技术监督局、卫生局、水利局、工商局、物价局、广电局、国土局、劳动局、交通局、公安局、安全局、检察院、法院、司法局、机关事务局、多管局、总工会、外事办、侨办、接待处）的会计业务由各主管部门负责，实行会计报表制。

2001年10月，根据市政府文件要求，进一步将市文化局等26个主管部门（文化局、新闻出版局、版权局、体育局、农业开发局、计生委、环保局、水产局、党校、农机局、科技局、地震局、科协、物价局、广播电视局、劳动和社会保障局、检察院、法院、司法局、接待处、外事办、旅游局、侨办、城管局、公安局、民政局）及其所属23个全额拨款单位（双拥办、社会福利中心、老龄办、收容遣送站、慈善总会、军人接待转运站、农机推广站、生产促进中心、科技信息中心、物价局宿城分局、价格信息中心、价格认证中心、劳动保险处、就业处、医保处、劳动监察支队、水产技术推广站、环境监测支队、城管局宿城分局、城管支队、看守所、交警支队、公安局户政科）纳入会计中心管理。

2002年初，市委、市政府主要领导向财政部门批示，要求在全市范围内实行市、县、乡“三级联动”，全面推行会计集中核算模式。2002年4月29日，市政府在沭阳召开全市会计集中核算工作现场会，市政府主要领导明确要求没有实行会计集中核算的地方，要立即行动，拿出方案，规范操作，强力推进，县级保证在6月底前、乡镇保证在9月底前全部实行会计集中核算，并实现“村账乡管”和乡镇行政事业单位“零账户”。市政府于2002年6月下发了《市政府办公室关于扩大市级机关事业单位会计集中核算范围的通知》，规定从2002年7月1日起，将市教育局、水务局、农业局、卫生局、交通局、国土局、建设局、规划局、总工会、林业局10个主管部门及其所属14个全额拨款事业单位（招生办公室、教研室、教育督导室、教育电教中心、职教教研室、防汛抗旱办公室、畜牧兽医站、农技服务中心、农业执法支队、水产技术推广站、卫生监督所、市医学会秘书处、规划局宿城分局、森林病虫害防治检疫站）全部纳入市会计中心管理，实行集中报账。至此，市直所有机关和全额拨款事业单位共126个单位全部纳入市会计中心管理。到2002年6月底，宿迁市四县一区会计核算中心已全部正常运行。市、县、区有867个行政事业单位实行财政报账制管理，全市111个乡镇全部实行“村账乡管” 和乡镇行政事业单位“零账户”。

会计中心本着一切从实际出发的原则，对市级机关单位的会计管理实行两种方式。一种是财政集中核算式，市直所有行政主管部门和全额拨款的事业单位全部列入市会计中心集中核算，凡实行集中核算的单位一律取消会计机构、撤销银行账户。另一种是部门集中核算式。市教育局、交通局、建设局、国土局、卫生局、水务局、人社局等主管部门分别成立系统内部的会计中心，对系统内的下属单位，暂未纳入市会计中心管理的学校及差额拨款和自收自支的事业单位实行会计集中核算。

为便于集中报账单位适时了解各自的财务收支状况，保证不因实行会计集中核算而影响单位正常工作运转，会计中心利用“电算化”管理工具，充分发挥网络资源作用，于2003年初购置了服务器、交换机等专用设备，于同年3月正式开通网上账务查询系统，为单位及时了解财务信息提供便捷的操作平台。

为了增强预算单位加强财务管理的主动性，提高财务行为的规范性，2009年3月，市财政局出台了《宿迁市市直行政事业单位财务管理工作考核评比办法》，从制度建设、会计基础、收支管理、资产管理、账户管理等五方面对市直行政事业单位进行量化考核，每年从中评选出市直行政事业单位财务管理“十佳单位”和

“十佳个人”。与此同时，为强化内部管理，不断提高会计核算中心的服务质量和工作效率，市财政局于2009年9月出台了《宿迁市会计核算中心绩效考核办法》，从制度执行、业务管理、财务检查等方面对会计核算中心内部进行考核。为完善管理、增强服务意识，2012年10月，市财政局结合以往考核结果及今后工作重点，又进一步对《宿迁市市直行政事业单位财务管理工作考核评比办法》进行了修订，着重从收入管理、支出管理、专项资金管理、往来款管理、资产管理、现金和银行存款管理、主管部门对下属单位监管七大方面对市直机关事业单位财务管理提出要求。2012年11月，会计核算中心对《宿迁市会计核算中心绩效考核办法》进行完善，新办法着重从纪律制度、业务管理、对外服务、奖惩措施四大方面对内部人员进行考核，考核结果与个人薪酬挂钩。

二、职责权限与经费管理

按照市政府文件规定，对财政集中核算的单位实行“两权不变”，即单位资金使用权和财务自主权不变；会计中心集中办理单位的会计核算与监督工作。会计中心的主要职责是：根据《中华人民共和国会计法》、《中华人民共和国预算法》和有关法规制度的规定，按照“集中管理、统一开户、分户核算”的办法，认真做好所管理部门和单位会计核算和监督工作，保证会计核算资料的真实、完整；按时向部门和单位提供会计报表；做好会计资料和电算化会计档案的整理、归档、保管工作；协助单位做好财务分析、考核等工作。单位的主要职责是，建立健全内部财务管理制度，对单位财务活动进行控制和监督；加强预算和国有资产管理，提高财政资金使用效益，防止国有资产流失等。

集中核算的资金范围包括四个部分，财政拨款（包括行政经费、事业经费以及专项经费）、省及省以上有关部门的专项拨款、预算外资金、其他收入。

为了切实加强财务管理，提高资金使用效益，会计中心主要采取以下管理措施。

（一）增加透明度，实行网上财务公开。为促进财政预算管理水平，提高财政资金使用效益，增加透明度，广泛接受社会监督，市财政会同市纪委、监察局在2004年出台《关于市级机关事业单位实行网上财务公开的通知》，规定将市直机关单位的财务收支情况包括社会普遍关注的财政预算安排情况，单位预算外收入情况以及开支的招待费、发放奖金等情况在“网上宿迁”予以公开，把账本亮给世界看。

（二）强化监督，实行收支核查制度。为充分发挥纪检监察机构的监督职能，市纪委印发了《关于加强市直纪检监察机构对部门权力运行重点环节实施监督的暂行办法》，要求对单位预算收支（包括收费）的资金运行全面实施备案制度、入账核查制度、支出审查制度、重点支出公示制度。财务支出在单位主管领导审批前，必须经纪检监察机构派驻各单位的主要负责人审查，看是否符合财务支出规定，大额资金是否经领导班子集体讨论，符合规定的，派驻各单位的纪检监察机构主要负责人签字；未经审查的，主管领导不得审批。

（三）民主理财，全面实行群众监督。为进一步规范单位财务收支行为，强化财务审核监督工作，经市财政局研究并报经市纪委审核同意，出台《关于进一步规范市直行政事业单位财务审核报账工作的通知》。规定市直各单位必须成立民主理财小组，成员主要由单位分管财务的领导人、财务处长、办公室主任、纪检监察主任、有关处室负责人及职工代表组成，负责集体审核处理单位各类支出票据，让单位职工充分享有知情权，接受群众监督。

（四）整理汇编《宿迁市行政事业单位财务开支标准实用手册》。对国家、省、市历年来出台的、目前仍在执行的财政政策和财务开支标准进行分类摘编，印发给预算单位，便于单位在执行财经纪律方面知财、懂财、理财。

三、完善制度与工作程序

为保证会计中心规范运行，市财政局印发了《关于贯彻〈宿迁市市直机关事业单位会计管理暂行办法〉有关具体问题的通知》。按照文件要求，从1999年1月起，会计中心在有关银行开设账户，接受市财政局有关科室对报账制单位的财政拨款，办理报账制单位的一切会计核算业务。各单位原有的银行账户暂时予以保留，账户资金只准支用，不准增加，确需增加的拨入市会计管理中心账户，但发生的支出仍需按月向市财政局有关科室报送会计报表，直至结余资金使用完毕为止，再予销户。实行会计集中核算后，财务管理和审批权限仍归原单位。各单位根据年度预算和分月用款计划向市财政局有关科室领拨经费的业务程序不变。单位需按年度预算，结合全年工作计划，对全年经费使用作出合理安排，编制分月用款计划报市财政局行财科、会计管理中心各一份，据以拨付经费和报销支出。

2001年9月，市财政局下发《宿迁市市级机关事业单位报账员工作规则》，要求实行报账制单位要指定一名工作人员作为单位报账员，负责向会计中心办理报账的具体业务。单位报账员主要负责将本单位上级部门及相关单位转拨的专项资金和暂存款以及其他收入按规定存入会计中心指定银行账户，负责办理向下级单位拨付资金、日常经费支出及专项支出的报销、往来款管理、固定资产增减变动、临时借款手续等。

2001年9月，市财政局下发《宿迁市市级机关事业单位集中核算会计移交办法》，要求纳入会计中心管理的单位在2001年9月25日前完成已经受理的经济业务，并在账簿最后一笔余额后加盖印章。库存现金应在结账日前交入开户行，然后将银行存款余额全部转入会计中心指定账户，向银行缴回纳入票据管理的各种空白结算凭证，撤销单位银行账户。对财产进行清查和账务清理，整理应该移交的各项会计资料，未了事项和遗留问题写出书面材料报会计中心。编制移交清册，列明应移交的账表、资料和其他有关物品。9月底前编制完成当月会计报表报会计中心。会计中心从2001年10月1日起开始对外办公，进行正常的会计核算工作。预算单位1—9月的有关会计事项需要调整的，要在市财政和审计部门清查结束后，会计中心根据清查结果进行调整。2001年9月以前的会计凭证由原单位保管，10月以后，会计凭证由会计中心保管两年后，移交报账单位保管。此外，市政府还专门召开由市直机关单位的主要领导、分管财务领导和财务负责人参加的会议，组织市监察局、审计局、财政局等部门分别就有关具体问题进行讲解，从而为会计中心规范运行打下良好基础。

会计中心的会计组织系统分为总会计和经办会计两级。总会计掌管会计中心全部资金的增减变动及结余情况，经办会计核算所管单位各项经济业务。根据单位性质和业务量大小，设立3个核算组，后增至5个核算组，分别办理服务单位的会计核算和监督业务。具体运作流程为，报账员受理本单位会计原始凭证，对原始凭证的真实性、完整性、合法性以及银行票据填写的正确性、有效性进行审核；复核经济业务金额的准确性；检查经办人、审批人的签字是否完备，是否符合本单位审批权限的规定；对审核符合规定的原始凭证，进行整理、归类、粘贴，并核清凭证张数；对整理好的原始凭证按会计中心规定的格式填制报账单。报账单要注明报销支付方式，报账员签字后，加盖预留在会计中心的报账印鉴。报账员完成以上工作后，将单位整理归类的票据送交会计中心指定核算组初审，经会计中心分管主任复审后，由核算组人员核准报销金额后办理资金结算手续。对不完整、不准确、有涂改或有错误的，交报账员退回经办人按要求予以补充、更正。对于不合法的原始凭证，会计中心不予受理。报账业务受理后，分两种形式支付，单位用备用金支付的经济业务，会计中心按规定审核后开具现金支票，由报账员在支票存根上签字后，到银行支取。属待结算经济业务，由报账员提供对方单位的开户名称、银行账号、开户行（开户名称应与出具发票的单位名称一致），会计中心直接办理转账付款手续。

四、工作成效

会计核算中心组建后，以“勤学习、善沟通、讲规范、重效能”为目标，开展创先争优活动，在实践中总结经验，不断完善管理和提高工作效力。会计集中核算工作取得明显成效。

（一）规范单位支出行为。由于报账单位所有费用均须通过会计中心对照有关规定严格审核后才能办理报销手续，在制度上形成有效的制约机制。凡未经省、市财政部门和人事部门批准的工资、福利、津贴都不得列入发放范围；对不真实、不合理和不合法的支出凭证，会计中心拒绝受理；对记载不准确、不完整的支出凭证，一律退回单位进行更正、补充。从而增强单位的自律意识，规范单位支出行为。

（二）提高会计信息质量。会计中心业务人员由从事会计业务时间较长，实践经验丰富的专业人员组成，业务素质较高。同时由于会计人员都是由财政部门协调配备，统一管理，不涉及单位利益，能从根本上保证会计信息的真实性。避免因会计人员业务水平不一，执行政策尺度不同而出现会计业务处理不规范、报表上报不及时甚至编造假账现象的发生。

（三）强化财政监督。实行会计集中核算，变资金分散管理为集中管理，多家用钱，一家管账，单位资金从拨付到使用全过程都置于“会计中心”的监督之下，财政部门财务管理的“关口”前移，有效地克服过去财政无法进行的事前监督，使各部门支出更透明、更规范，从源头上有效地遏制了腐败现象的产生。

（四）降低政府运行成本。凡纳入会计中心管理的单位一律不设会计机构和会计人员，原先从事财务工作的人员大多被安排在新的岗位，从而节减大量的人员经费。同时，由于实行工资统发，单位减员时，财政部门能及时减支，避免了单位在人员调出时不通知财政部门而出现吃“空饷”现象。

（五）提高财政资金使用效益。实行会计集中核算后，拨款环节大大减少，避免了大量财政资金滞留在预算单位账户，有利于财政调度资金增强调控能力。使财政安排的专项资金按照指定用途专款专用，避免单位截留、挤占、挪用，从而有效地提高了财政资金使用效益。

（六）得到社会广泛关注和认可。财务在网上公开后，引起社会和媒体的高度关注，《新华日报》《中国财经报》等许多国内知名媒体分别以《聚焦宿迁政府机关“阳光财务”》《账本亮给世界看》等为题争相报道宿迁市这一做法，《中国青年报》和江苏电视台还做专题采访报道。另外，会计核算中心卓有成效的工作，连续多年受到省、市相关部门表彰。2003—2009年连续两次（每三年评选一次）被市人社局、市财政局表彰为“全市财政系统先进单位”，2006—2011年连续六年被市委、市政府表彰为“政（行）风建设工作先进岗位”，2008年获得省级“青年文明号”，2009年获得市“巾帼文明岗”，2009年被市机关工委授予“共产党员先锋岗”，2011年获得省“巾帼文明岗”，2012年被市人社局、市妇联授予宿迁市“三八”红旗集体。

第三章　国库管理

第一节　根据地、解放区民主政府金库管理

1942年2月，华中抗日根据地政府，在关于财政经济政策草案中规定，各区成立总金库，各县成立分金库；各区的一切收入归金库，一切支出通过金库；金库负保管现金之责任，不举（拿）支付命令，其自身无权付出款项；金库负责监督各机关缴款事宜，如查出机关或部队有款项收入而未缴解的，它可直接前往提取，并可随时检查其现金额及现金；各机关各部队非经批准或委托，除其本身经费外，不得保留现金；坚决反对收入或缴获不报告、埋伏现金的不良倾向。

1947年2月，苏皖第六行政区在颁布各种粮款暂行收支程序中规定，金库分

总金库、分金库、县金库三级。专署规定在财经处内设总金库，在各财经分处内设分金库，在各县财经局内设县金库，以处理一切金库业务；总金库在财经处支付命令下负责现金支付之调度，除收入方面照规定办理外，支付方面总库对分库规定视领款机关所在地点及各库存款情况，根据支付书核发金库分别直接发给或签发支票向指定金库提取；分金库或金库在接到总金库或分金库之支票，应照数拨付，如存款不足，可与领款机关商定分期拨付；金库之结算、收支具体手续与报告制度由《苏皖第六行政区金库办事细则》规定。

1947年6月，苏皖边区第六行政区专员公署命令，金库管理依下列规定执行。

一、组织机构与干部配备。仍依现行总、分库之组织，惟加强与充实内部的干部配备；总库除主任外，设会计1人（兼银行会计）、出纳员2人、提款员2~4人，共计5~6人；分库除主任外，设会计2人（兼银行会计）、出纳员2人、提款员2~4人，共计6~8人。

二、业务范围。除保管现金、金银、外汇外，并保管不能变价之实物（如武器弹药），其他实物概不予以保管与代理收付；库内保存之实物一律于1947年6月25日前移交给财经分处所指定的各商店；有随时随地派员检查督促预提征收机关现金账目之义务与权利。

三、款项之保管与运输。各分库准驯良之牲口两头，以便预提转运与驮负经常必须支付之款项；为适应敌后环境，以免招致意外损失起见，各金库可根据各地区之具体情况，选择设立若干秘密存款点，由金库与存户直接建立关系；各金库之收支款项，每捆须加上封签，经点人签名盖章，表示负责；埋藏之款项除存户条据外，应编号另行入册，并绘制埋藏点之详细地图，分别收藏，以免遗失与意外之变；埋藏或留存库内之款项须包紫绿环封口加盖戳记；秘密存款的地方最好是敌我不常到之小村落附近，以免发现目标与情况恶化时取之不便；存款户经过敌顽强迫勒索拷打不暴露秘密者各分处可酌情给予奖励。

四、支拨手续。认真贯彻执行前金库办事细则所规定的支付制度；为适应目前之游击环境，在财政上紧急支付，专署对财经处每月签一定数额之支票交各财经分处主任支领暂存库内，以便支用，而免金库在支付手续上之零乱；超过前项范围者，金库主任有权拒付；实物之支付手续与现金同，惟各库接到此项支票付出实物时须折价转账。

五、报解制度。月报、旬报库存表如前办事细则之规定，但在报告库存时除分清币别外，亦须填明本身库存与暂存款之数额；征收机关按旬解款结账，其时间不得迟于次旬之5日；自1947年7月11日起，货管机关不得以白银铅角等非法货币抵解税款；行政上所缴征收田赋之白银与其他没收罚金等所解缴之白银，一律依规定价格收进；货管机关所代购、没收等实物，除子弹等作抵现金解库外，其余一律解往各分处所指定的商店或部门取得折价之现金或收据与金库结之；分库以提款证可以直接向税所提款，但预先须将分处主任与金库主任之提款印鉴送税所，以便验对而免意外。

第二节　新中国成立后国库管理

为了统一组织国家财政收支，宿迁市于1996年区划调整后设立国家金库宿迁中心支库。金库业务由中国人民银行宿迁市中心支行办理，金库主任由同级人民银行行长兼任。支金库的业务工作实行垂直领导。凡一切国家预算收入，均需由征收机关按照规定期限，全部缴纳同级金库。国家预算收入缴库制度规定：凡应缴国家的一切预算收入都要及时、足额地缴入国家金库；缴库的程序是先由缴款者填制缴款书，经审核无误后，由缴款者连同缴款书和应缴款项缴入金库；缴库的期限视金额的大小分别按日（五日、十日）或按月缴库。缴库的方法分为按计划缴库和实际缴库。预算收入的缴款计划具体体现在企业财务收支计划和税收计划的执行中。国有企业财务收支计划是国有企业上缴利润类预算收入的依据；各种税收计划是税务机关组织预算收入的依据。预算收入缴库方式的确定，应遵循几个原则，方便缴款单位或纳税人向国库缴纳，符合企业财务管理和财务核算体制，有利于预算收入的及时入库。国家政府预算收入根据不同情况可划分为就地缴库、集中缴库、自收汇缴三种缴库方式。就地缴库，由基层缴库单位或缴款人直接向当地国库或国库经收处缴纳预算收入；集中缴库，由基层缴款单位将应缴预算收入先通过银行汇解到主管部门，然后由主管部门汇总，定期集中缴入主管部门所在地金库；自收汇缴，由缴款人或缴款单位直接向基层征收机关（税务机关、海关）缴纳税款，由征收机关将所收款项汇总缴入国库。各项税收按照国家税法规定的计税价格、税率，依率计征缴入国库；其他收入按照企业计划利润数和实现利润数缴库。缴库的结算办法，分为转账结算和缴纳现金。国库收纳预算收入，一律凭国库规定的“缴款书”办理；除居民和个体户等小额税款用现金缴纳外，所有企业单位都用银行转账办法缴纳。

第三节　财政国库业务管理

1992年，中共十四大确立了社会主义市场经济体制改革目标后，1994年的分税制改革构建了市场经济体制下财政管理体制的基本框架。随着财政收入稳定迅速增长，财政公共性特征日趋明显，财政对农业农村、社会保障、公共教育、医疗卫生等事业的投入成倍增长。全国基本建立起增长稳定的财政收入体系和灵活有效的财政宏观调控体系，着力构建规范的财政支出体系。为适应社会主义市场经济要求，财政对收支管理制度进行了全方位、根本性的改革。财政收入管理，主要围绕财税体制、财政税收收入分享、税费改革和深化“收支两条线”管理为重点，以税收为主、少量收费为辅，致力于构建规范化的公共财政收入体系；财政支出管理改革，概括分为四大类，即基础性改革、技术性改革、机制性改革和机构性改革（其中，机制性改革主要包括实行部门预算、推行国库集中支付制度、推行政府采购制度）；着力构建规范化的公共财政支出体系。为推动各项改革，强化财政资金监督管理，建立财政预算编制、执行和监督相分离机制，财政部门内设机构进行调整，将原财政部门内设预算管理机构负责的财政国库业务分离出来，单独成立财政国库管理机构。

财政部于2001年7月成立了国库支付中心，建立了与新的财政国库管理制度相适应的管理机构财政国库司，省财政设置财政国库处。宿迁市财政局相应设立财政国库处，2001年12月组建，与预算处分开办公，负责财政国库业务管理工作。其基本职责是：执行国家金库管理制度和政府总预算会计制度；负责市级财政资金调度；　参与分析全市预算执行情况；研究制定预算执行有关管理和考核办法，并牵头组织实施市级预算执行管理，汇总编制市级财政总决算和全市财政总决算；统一管理市级财政的银行开户；研究和完善国库集中支付制度；统一管理市级财政性资金账户，指导市区财政性资金账户管理工作；承担国库现金管理的有关工作；负责综合性财政统计工作；参与政府性债务管理工作。宿迁市财政局国库处自组建后，总体上经历了起步、完善提高、规范服务的过程。

一、统一财政资金和账户管理，实施会计集中核算办法

2001年，宿迁市财政国库处成立后，从账户统管、资金统管入手，将全部财政性资金和资金账户统一到财政国库集中管理，初步建立财政预算编制、执行和监督相分离机制。通过扎口管理预算资金和预算外（专项）资金，使财政性资金从财政国库账户统一集中拨付，在全省率先实现财政性资金全部由财政国库统管。与此同时，面对宿迁财政基础差、底子薄的实际情况，在市、县、乡（镇）三级全面推行会计集中核算管理办法，市县财政全额拨款单位财务统一进入会计核算中心管理；乡镇一级机关事业单位采用“零账户”管理（即乡镇机关行政事业单位在银行一律不开设账户，其涉及财政收支的缴销全部由乡镇财管所统一账户管理）和“村账乡管”的办法。

（一）推行国库统管财政资金收付。为推进财政国库制度改革，增强资金调度能力，从制度上防范腐败行为的发生，宿迁市采取一系列改革措施。建立财政国库统一账户，确保财政资金封闭运行，撤并财政性资金银行账户，统一管理预算内外资金。2002年1月，宿迁市财政局将原各处室分设的64个资金账户撤并为6个综合性账户和2个专用账户，市级部门征收的预算外资金及局各处室管理的专项资金全部纳入财政国库统一账户管理；建立规范的约束机制。2002年2月27日，市财政局印发了《宿迁市财政局预算资金内部管理办法（试行）》和《宿迁市财政局预算外（专项）资金内部管理办法（试行）》，明确财政各处室在财政资金管理工作中的具体职责和资金管理的操作流程，充分体现财政资金审批与拨付相分离，促进财政国库集中支付制度向制度化、规范化方向发展，同时结合机构改革，财政各处室管理职能的变化，重新划分各业务处室分管范围，明确其职责，为实施编制部门预算奠定基础；坚持改革原则，规范预算执行，为部门（单位）提供服务。预算一经同级人代会审议通过，即具有法律效应。预算确定的事项由各预算单位执行和组织实施，财政部门主要是履行监督预算执行的职责，为部门（单位）的预算执行提供服务。宿迁市对财政资金实行统一开户、统一核算、统一调度，支出扎口管理办法。慎重处理法律与改革的关系。在财政国库集中支付改革中，坚持“三不变”原则，即预算执行主体不变，资金使用权限不变，财务管理权限不变。以法律为准绳，以财政法规为依据，规范预算执行，从管理形式上，进行调整以适应新形势下公共财政发展的要求。对于预算内、外资金，根据总预算会计制度和预算外资金会计核算办法进行收支明细核算。对于财政专项资金，控制其银

行存款的收支及余额。与此同时，2003年，市财政对非税收入收缴进行强化管理工作。逐一核定市级行政事业性收费和政府性基金的征收部门和收入项目；利用现代化管理方式，建立电子网络系统，编制收入项目和征收单位的代码；实施财政与非税收入“票款分离”与银行代收网点的微机联网，确保行政事业性收费和各项政府基金及时缴存财政账户。为增加透明度，便于社会监督，财政国库与会计核算中心开通信息管理系统，实现局内会计信息共享和部门、单位财务的网上查询，为财政国库集中支付工作打造基础平台。

（二）实施会计集中核算。会计集中核算由“分散”到“集中”改变了行政事业单位财务分设、财政支出预算层层拨付的问题。通过阶段性的运行之后，市财政对全市会计集中核算开展情况进行调研。现实情况证明，实行会计集中核算，是加强财政资金支出监管，规范预算单位支出行为，提高会计信息质量，保障行政事业单位工作正常运行，节约财力、节省人力、减少浪费，从源头上预防和治理腐败，建立有利于内部制约和外部监督的有效机制。于是，市政府决定在市、县、乡三级全面实施会计集中核算管理办法。2002年4月29日，市政府在沭阳县召开了全市会计集中核算工作现场会，总结交流了会计集中核算工作先进经验，明确实施要求。县区在6月底将县（区）直行政事业单位全部纳入会计集中核算范围；乡镇一级在9月底前对机关事业单位采取“零账户”管理，村级取消银行账户实行“村账乡管”。2002年6月20日，市政府召开扩大市级机关事业单位会计集中核算范围工作会议，并下发文件，将原实行会计委派制的农业局、水务局等10个主管部门及所属全额拨款事业单位的财务全部实行会计集中核算管理。至此，经过历时3年多的试点、扩大、推开的过程，市直所有机关和全额拨款事业单位（不含学校）实现了集中报账管理。同时，结合工作实际，对建设局、交通局等7个部门，成立部门集中核算机构，对其所属差额拨款和自收自支事业单位实行集中核算管理。在市级扩大机关事业单位会计集中核算管理范围的同时，制定了单位财务集中核算移交办法，对会计核算中心审核报账程序和机关事业单位报账员工作规则也作了修改完善。

（三）建立用款计划制度，规范财政资金使用管理。实行用款计划管理，从制度和操作程序上保证预算单位按用款计划使用财政资金。预算单位按规定原则科学合理地编制分月用款计划，经财政部门审核批复后，作为办理用款申请的依据。预算单位根据批准的部门预算和支出分类，分预算内、外资金性质按季度分月编制用款计划。为切实保障财政资金安全，严格执行预算资金和预算外（专项）资金内部管理办法，按要求完备资金拨付申请手续。预算单位用款计划从基层单位开始编制，由一级预算单位审核、汇总后，按规定时间报送财政部门相关业务处室。同时，建立资金拨付内部操作规程，科学设置岗位，形成有效的监督约束机制。财政部门相关处室审核预算单位用款计划后，转国库处，根据财政内、外资金的具体情况，对用款计划复审，国库处复审后，转国库支付中心据以办理具体支付业务，同时转业务处室批复给一级预算单位。预算单位在批复的用款计划内发生财政直接支付时，填写财政直接支付申请书（预算内、外）（以下简称支付申请书）签章后报国库支付中心。对纳入会计集中核算的预算单位，需将填写好的“支付申请书”连同直接支付的相关材料报送会计核算中心签字，再报国库支付中心。国库中心对预算单位报来的“支付申请书”审核后，开具财政直接支付凭证送代理银行。代理银行根据财政直接支付凭证通过财政账户及时将资金直接拨付到收款人或用款单位账户。并将当时实际支付的资金，按资金性质、预算科目、预算单位编制财政直接支付汇总清算单（预算内、外），并附财政直接支付凭证回执联，送国库支付中心审核、记账。同时，代理银行根据财政直接支付凭证办理支付后，及时开具财政直接支付入账通知书（预算内、外）发一级预算单位或基层预算用款单位，作为预算单位支付款项的核算凭证。与此同时，加强支付凭证管理，注重稽核与对账工作，夯实会计基础工作。2003年10月，市财政局在泗洪县组织总预算会计培训班，对县区国库总预算会计进行业务培训。

二、坚持财政国库管理制度改革，逐步实现预算执行模式的转换

计划经济制度下形成的财政资金拨付方式，资金通过预算单位各自开设的过渡性存款账户层层拨付，经过冗长的资金拨付过程，才能拨付到收款人（即商品和劳务供应者或最终用款单位）账户，财政资金使用的透明度不高，也不利于财政部门进行监督和管理。随着社会主义市场经济体制的建立和完善，原管理模式不能适应新形势下公共财政的发展要求，必须改革，实行财政国库集中支付制度，建立财政国库单一账户体系。

2006年3月，根据财政部、中国人民银行《财政国库管理制度改革试点方案》和省政府文件，宿迁市财政局会同中国人民银行宿迁中心支行印发《宿迁市财政国库管理制度改革试行方案》。改革的重点是规范财政资金缴拨程序，实行集中

收付，建立安全高效的集中收付管理信息系统。建立财政国库支付执行机构；建立财政国库单一账户体系。针对宿迁市实行“会计集中核算”的管理模式，在实施向国库集中支付转轨改革中，采取过渡性措施，即在实施国库集中支付管理制度的同时，暂予保留现有的会计集中核算模式。在保证各单位的预算资金使用权、审批权、经费开支渠道、资金性质等基本不变的基础上，建立财政国库单一账户体系。包括财政国库管理机构在中国人民银行开设国库单一账户，按收入和支出设置分类账，按预算收支科目和单位设置明细账；财政部门在商业银行开设预算外资金账户，按收入和拨付设置分类账；财政国库支付执行机构按资金使用性质在商业银行开设财政零余额账户；财政部门在商业银行为预算单位开设单位零余额账户（预算内、预算外、基建）。对纳入会计集中核算的预算单位，由会计核算中心代理集中开设一个总的零余额账户；按国务院、财政部和省人民政府规定，经财政部门批准，在政策性银行或商业银行开设特殊过渡性资金专户。上述账户和专户是国库单一账户体系的组成部分。国库单一账户、财政零余额账户、预算外资金财政账户和特设专户都不能提取现金。建立国库单一账户体系后，财政一般预算资金、基金预算资金和财政账户管理的预算外资金等，均通过国库单一账户体系统一存储和实行财政集中支付。

与此同时，规范收入收缴和支出拨付程序。按照财政国库管理制度改革要求，对所有财政资金的收入收缴流程都必须做到规范，取消各执收单位自行开设和管理的各类收入过渡账户。财政收入的收缴分为直接缴库和集中汇缴两种形式。直接缴库是由缴款单位或缴款人按照有关法律、法规规定，直接将应缴财政收入缴入国库单一账户或预算外资金专户；集中汇缴是由征收机关（有关法定单位）按照法律、法规规定，将所收的应缴收入汇总缴入国库单一账户或预算外资金财政账户。财政性资金支付方式，实行财政直接支付和财政授权支付两种。直接支付即由财政国库执行机构开具支付令、通过财政零余额账户，将财政性资金直接支付到收款人，或用款单位账户。授权支付，即预算单位根据财政部门授权和批准的资金使用额度，自行开具支付令，通过单位零余额账户将财政性资金支付到收款人账户。同时，对支出进行分类管理。具体分为人员支出、公用支出、对个人和家庭的补助支出、专项支出、转移支出（上下级财政之间结算事项的支出）。分别按直接支付和授权支付两种方式办理。对工资性支出由代理商业银行通过财政零余额账户统发工资，分户将工资拨付到个人工资卡上。

是年5月29日，市财政局召开财政改革工作动员会议，就财政国库集中收付制度改革工作对市级单位进行宣传、动员和部署。11月，市级选择文化局、中级人民法院等5个部门进行国库集中支付试点工作，开设财政零余额账户、单位零余额账户，选定国库集中支付代理银行，调试财政国库集中支付系统的网络软件，并对相关工作人员进行业务培训，从而使财政、商业银行、人民银行之间顺利联网，达到财政国库直接支付、授权支付工作和资金清算工作正常运作。

2007年10月，市委办等56个部门及其所属140个独立核算单位（含部门本级）作为第二批国库集中支付管理改革单位，市级预算单位全部纳入财政国库集中支付管理。实施集中支付的资金范围，也从预算内扩展到预算外全部财政性资金。

宿迁市在实施财政国库集中支付初期，由于传统的管理方式与现代化管理手段不相适应，在具体操作过程中，出现了一些问题。主要是预算单位业务不熟悉，还不适应现代化管理方式；代理银行缺乏沟通与衔接，相互配合不到位；财政内部分工协作还处于磨合期；财政集中支付执行机构与会计集中核算制度的重叠带来环节多、效率低等问题。针对出现的问题，宿迁市财政局制定《宿迁市财政局国库集中支付操作要点》，对各有关业务环节通过电子网络系统处理的相关审核批复，预算指标的下达，预算单位用款计划的编制、审核、汇总，年度预算执行中发生的追加、追减的调整等，分别作出时间要求和规定程序。并对支出的分类进一步细化，各类支出功能和支付方式逐项加以说明，分别明确各类支出的支付方式。为加强财政性资金监督与管理，对局各业务处室在办理财政国库集中支付业务中，按规定的业务审核要点做好做细工作。同时，为保障财政国库集中支付工作顺利实施，宿迁市财政局印发《宿迁市国库集中支付职责管理制度》。对财政国库管理机构、财政部门的相关处室、国库支付执行机构、人民银行国库部门、预算单位和代理银行分别规定岗位职责。财政国库集中支付制度改革是一项程序性、规范性很强的工作，要求每一个步骤、每一个环节都必须严格按规定的程序进行。通过对收缴、支付程序的细化，使各项程序更加规范和具可操作性。对于选择的集中支付代理银行，对其代理业务，也制定了业务考核细则，按月打分，促进其提高服务水平。与此同时，加大业务培训工作。国库集中支付改革牵涉财政、预算单位、商业银行、人民银行等方面，业务流程包含申报计划、集中支付、资金清算、核算、对账诸方面，是一项内容复杂，且具体的系统工程，必须严肃认真把握各业务环节每项业务不出现问题。加上信息化管理、计算机网络的软件技术应用要求较高，必须熟练地掌握操作程序。市财政局通过集中培训和以会代训的方法，不间断地对相应部门的业务人员进行培训，使之达到应知、应会、熟练操作的目的。宿迁市自2006年实施财政国库集中支付制度改革先行试点，逐步推开，2008年全市财政预算执行模式转换工作实施到位。

三、建立长效管理机制，规范财政账户及其财政资金调度

为加强财政账户管理，规范资金调度，建立管理长效机制，遵循归口管理、安全高效、从严规范的原则，宿迁市财政局印发了《宿迁市本级财政账户及其资金调度管理办法》。这一管理办法实际是对2006年《宿迁市财政国库改革试行方案》的补充和完善。明确市本级财政账户及其资金调度管理，由市财政局国库处具体负责。账户设置的原则，主要是方便财政部门实施监管、调度资金、组织核算；同类或相似性质资金一般不得重复设置账户。根据这一原则，结合管理实际需要，建立财政国库单一账户体系，允许设置：国库存款账户；财政集中支付账户；政府非税收入汇缴账户；社保基金账户；财政转拨账户；财政列支账户，（包括专项资金账户和粮食风险基金账户）等。财政掌管和控制的各类资金、基金，均在上述财政账户中核算或分账核算。财政账户开户银行的选择，体现公正择优，兼顾开户银行分布的均衡性，由国库处提出财政账户开户银行的方案，经分管局长审核后，报局长办公会审定，或通过政府采购选定。财政账户实行动态管理，对不符合国家、省、市相关文件规定和其他原因需撤销账户时，由国库处会同有关处室提出撤销意见，报分管领导审批后办理撤销手续。为保障市级支出预算执行需要，与下级往来，结合以前年度实际情况，测算当年国库资金往来，核定国库资金当年拨付额度。原则上每月拨付一次，由国库处提出方案报分管领导审批后办理，需大额度和急办项目需报局主要领导审批后办理。为履行职责，强化监督，国库处内部建立制约机制，实行账户管理，资金调度，会计核算相分离、相制衡，自觉接受财政监察、审计、政府监察部门的监督。

为规范市预算单位账户管理，市财政局会同人民银行宿迁市中心支行、监察局、审计局印发《宿迁市市直预算单位账户管理办法》。市直预算单位账户，是指与市财政有正常经费领拨关系的行政事业单位为办理和核算资金收付业务而在银行开立的账户。单位账户的开立、变更、撤销实行行政审批制度；单位账户的管

理遵循从严从紧、规范安全、动态监控的原则。开户银行根据中国人民银行账户管理有关规定对账户进行管理。账户的设置，结合宿迁市的实际情况，允许单位设置长期性账户仅为零余额账户，统一办理和核算单位财政集中支付业务。按照规定和需要，单位可选择设置过渡性账户，即基本账户、基建存款账户、贷款转存款账户、外币存款账户、临时存款账户、住房维修基金账户、住房公积金账户、社保基金发放账户等。随着财政国库集中支付制度改革的深化，宿迁市实行会计集中核算制度，对市直过渡性账户基本撤销。

宿迁市实施国库集中支付改革的成效。提高了财政资金使用效益，解决了过去财政资金多环节拨付和多户头存放问题，杜绝了专项资金层层截留现象；强化了财政预算执行，将支出预算总额的控制变为对每笔支出的控制，使各项支出能严格按预算执行，有效地维护预算的严肃性。提高了财政资金调控能力，预算单位暂时不需支出的财政性资金，全部集中在财政单一账户，由财政部门对资金统一调度和管理，最大限度地集中财力，发挥资金的规模优势。

随着宿迁市财政各项改革的逐步推进，国库集中支付制度的建立、行政事业单位会计集中核算中心和行政审批中心的收费中心的设立，对原有的“票款分离”办法均提出了新的要求。为此，宿迁市结合本地实际，努力探索新的预算外资金征管模式。对于纳入会计核算中心实行集中核算的单位，由于单位实行“报账制”，财务管理上这些单位已取消收款账户，由财政单一账户统一管理。因而，财政执行单位收费票据管理方式发生变化。在坚持“票款分离”的基础上，严格遵守票据管理规定和登记手续，将票据直接放到银行代收网点，限量发放到执收单位开票。一般控制在半个月使用量，单位收取的资金直接缴存财政专户。对于进入行政审批中心的单位，宿迁市财政局会同物价局在行政审批中心常年设立收费中心，由收费中心直接办理收费，既方便了执收单位的工作，又加强了收费管理工作。尽量克服预算外资金管理中的“跑、冒、滴、漏”等现象。

2000年2月，国务院发出《关于违反行政事业性收费和罚没收入收支两条线管理规定行政处罚暂行规定》。宿迁市以此为契机，展开宣传工作。并对银行收费网点与乡镇预算外资金收、支、管情况进行全方位的清理。当年，全市纳入财政专户管理的单位数为2407户，其中市直85户。全市实现预算外资金收入8.07亿元，其中市直1.5亿元；全市预算外支出7.69亿元，其中市直1.4亿元；财政专户管理面和资金缴存率达到两个100%的管理目标。

第五篇　财务管理

第一章 经济建设财务管理

第一节 基本建设资金管理

基本建设资金来源，主要有国家预算拨款、银行贷款基本建设基金和自筹资金等部分。

随着社会主义市场经济体制的建立，财政、金融体制进行改革，原建设银行代行财政监管基本建设投资的职能逐步分离出去，企业逐步建立法人投资和银行信贷风险责任，竞争性项目投资由企业自主决策，自担风险，所需贷款由商业银行自主决定，自负盈亏。基于改革开放政策的深入，经济建设投资领域发生了重大变化。投资主体由原来单一的政府投资，发展为政府、企业、个人、外商等多种投资主体。截至2011年，宿迁市规模以上固定资产投资为787.64亿元，是1997年13.75亿元的57.3倍。由于投资主体的变化，基本建设项目管理，用登记备案制代替行政审批制。

1997年，宿迁市人民政府印发《宿迁市基本建设资金管理暂行办法》。管理范围包括在宿迁市区域内，经市经济计划委批准正式立项的基本建设项目。基建资金管理要求建设项目必须编制项目建议书和可行性研究报告，报告经批复后委托设计单位进行初步设计，如初步设计总概算超投资总额10%，须重新报可行性报告；行政事业单位、国有及城镇集体企业建设项目的项目建议书、可行性研究报告、初步设计、工程预算及其他相关资料须同时报同级财政部门；对用财政资金和其他资金“拼盘”的基建项目，必须在开工前，将已到位的其他资金存入财政部门在银行开设的基建专户；单位自筹资金搞基本建设，坚持自筹资金“先存后批”的原则：建设单位后续资金必须在工程进展50%时落实到位，并及时存入财政基建专户。基建资金拨款管理：对有财政性资金投资的基建项目实行财政拨款申请制度，即单位须于每年2月底前向主管部门报送“年度基建项目财政拨款申请表”，主管部门签注审核意见后报同级财政部门和计划委员会，财政部门对各主管部门审核后的建设单位基建拨款申请，结合年度基建计划、财力状况等核定建设单位年度分季度用款计划，严格按照计划拨款；自筹基建资金的建设项目，财政部门将根据建设单位填报的“自筹基本建设拨款申请表”、市计划委下达的年度自筹投资计划等，将自筹资金拨付建设单位的“自筹基建资金存款账户”，由建设单位按规定使用；各建设单位应于每月末五日内向财政部门报送基建资金使用情况及建设情况说明；所有财政投资的基建项目，财政部门预留相当于财政投资总额的5%项目经费，待工程决算报财政部门审批后再行拨付。

1999年4月30日，宿迁市财政局转发财政部《财政基本建设支出预算管理办法》，地方各级财政基本建设支出预算包括上级政府对下级政府补助的基本建设投资，都要纳入支出预算管理。支出范围包括农业、水利、林业、铁路、通讯、电力、市政设施建设投资支出；国防、教育、科学、文化、卫生、政法等公益设施建设投资支出；经法定程序确定的其他建设投资支出。财政基本建设支出，采取按一般预算拨款、核拨资本金、基本建设银行贷款财政贴息和基本建设事业费形式分类拨款的办法。各级政府负责本级财政基本建设支出预算的安排和执行，具体组织工作由本级财政部门负责。凡由财政部门拨付的基本建设资金，必须按照基本建设支出预算确定的建设内容和项目及项目建设工程进度拨款。建设项目有其他资金来源的财政要督促其他资金按相同的比例拨付到位。

为进一步加强政府投资建设项目的管理，规范政府投资建设程序，充分发挥专业化组织的技术和管理经验，建立政府投资项目建管责任制，实现项目建设和使用的建管分离，降低投资成本，提高政府投资项目的管理效率和投资效益。根据《国务院关于投资体制改革的决定》《江苏省省级政府投资项目代建制暂行规定》，结合宿迁市的实际，2007年10月18日，宿迁市政府办公室印发《宿迁市市级政府投资建设项目代建管理暂行规定》。代建制，是指政府通过招标等方式，选择专业化的项目管理单位负责项目投资管理和施工建设管理，项目建成后交付使用单位的制度。但有关行政部门对实行代建制的建设项目审批程序不变。在本市行政区域内，总投资额100万元以上且使用市级财政性建设资金或政府融资性建设资金占总投资额30%以上或者使用市级财政性建设资金或政府融资性建设资金50万元以上的非经营性项目，应当实行代建制。市建设局负责组织实施政府投资项目代建工作，并对代建项目的工程建设活动进行监管；市财政局对代建项目的财务活动实施全过程跟踪与监督管理；市审计局对代建项目进行审计监督；市发改委和监察等行政主管部门按照各自职责配合做好相关工作。代建项目可以采用全过程代建和建设阶段代建两种方式。代建单位应当对项目的勘察、设计、监理、施工和主要材料、设备采购依法招标。在政府有关部门对代建项目进行的稽查审计和监督检查中发现项目代建单位工作人员在代建项目管理工作中玩忽职守、滥用职权构成犯罪的，依法追究刑事责任。代建项目资金管理，项目代建费由项目代建单位提出申请，财政局根据项目实施进度分期向代建单位拨付代建费。项目竣工验收前拨付额为不超过代建费总额70%；项目代建单位将项目管理和使用权移交项目使用单位一个月内，代建费拨付额为代建费总额的90%；其余代建费在代建项目竣工验收合格之日起满一年后一次性付清。2007年，宿迁市本级政府投资代建工作稳步推进，市委党校综合楼暨生活配套用房工程由市城投公司代建，为宿迁市政府工程试行代建制进行有益的探索。继而市博物馆改造、市体育运动学校、发展大道南北延伸段改造等项目也实行代建制，2008—2010年，宿迁海关国检实验楼、小轮车竞赛场地、市府新区五路建设、未成年社会实践基地、市府新区商务写字楼等多个项目实行代建制，基本实现政府投资项目在投资、建设、管理、使用各环节的分离，有效控制了工程投资。

2010年5月，为进一步加强基本建设财务管理，切实提高财政基本建设资金使用效益，市财政局和市审计局联合制定《宿迁市本级财政性资金投资基本建设项目跟踪审查与监督管理办法（试行）》，对财政性投资和以财政性投资为主的基本建设项目实施全过程跟踪审查与监督。是年，市财政局联合市审计局对市直37个政府投资工程项目概（预）算、招投标文件及拟签合同和项目竣工决算进行审核，核减投资额34551万元，核减率达22.7%。

第二节　粮食财政补贴资金管理

财政对粮食的补贴制度，始于20世纪50年代末，主要是国家为了促进工农业生产发展，稳定市场，稳定人民生活而对一些主要农副产品和部分工业品采取购销倒挂政策而引起的，后来被广泛应用。随着经济发展，政府财政补贴项目越来越多，粮食生产、经营和消费是政府财政补贴的重点。基于财政补贴政策性比较强，粮食生产、经营内容比较多，政策的时效性、连续性、相互交叉比较突出。

一、粮油加价补贴

粮油加价补贴是政府实行粮油超购加价政策所采取的一种补贴办法。20世纪60年代曾实行过，1970年后，一直成为粮食收购价格的重要组成部分。1983年以前，粮油超购加价是指国家对全民所有制、集体所有制生产单位和联产承包的农户，在完成规定交付任务或征购基数（这一部分粮食按统购价计价结算）以外超量交售的粮油所实行的一种在统购价的基础上加一定百分比（1978年以前加价幅度为30%，1979年后加价50%）计价结算的办法，简称“超基数加价法”。1984年改“超基数加价法”为“比例加价法”。对于国家定购内的小麦、稻谷、玉米三大粮食品种，从1985年起，国家规定实行总水平“倒三七”比例计价的办法，即对于农民向国家交售的粮食，一律实行30%按统购价、70%按超购加价计价结算。1991年以前，粮食加价款补贴是由中央财政负担的一项价格补贴项目。按照当时的财务制度规定，粮食加价款预算科目的核算范围包括：定购内粮食比例加价款、市价收购转平价周转粮食（简称“市转平”粮食）等。比例加价款和中央转地方外汇进口粮食每50公斤定额补贴6.4元。

粮食加价款既是粮食收购价格的重要组成部分，又是一项重要的财政补贴政策。因此，粮食加价款在财务管理方面一是实行预拨办法。每个季度初，中央财政根据各地粮食收购进度预拨一部分加价款给省级财政部门，之后由省级财政部门将此款项或直接拨给省粮食厅（局），通过粮食系统层层下拨到基层粮食企业，或通过地（市）、县财政部门拨给粮食企业。二是实行预算制度。粮食年度（当年4月1日至翌年3月31日）终了，各地要向中央财政报送粮食加价款决算报表，经中央财政审批后方才有效。三是实行粮食加价款总额包干办法。从1987年开始，中央财政对各地实行定额粮食、市转平粮食、中央转地方外汇进口粮食加价款和差价款总金额包干的办法，超支不补，节余归地方。四是粮食企业财务核算。粮食加价款不计入粮食进价成本，而作为往来款项处理。粮食企业在核算进价成本时，不论这批粮食是比例价购进的，还是以结算价或市场价购进的，一律只是以统购价核算进价成本。从1992年4月1日起，国家对粮食实行购销同价政策。从1993年起，全国基本放开粮食购销价格。由于粮食购销价格基本理顺，因此，含在价格中的粮食加价补贴应予取消。但是，粮食购销价格的理顺是以“暗补”（即通过粮食经营者给粮农的补贴）改为对城市消费者提价补偿之“明补”方式实现的。因此，粮食加价补贴首先要用来对行政、事业单位职工、大中专学生、民政救济对象及部分政策性亏损企业职工发放粮价补贴，节余下来的一部分粮食加价补贴，从1994年起变为中央帮助地方建立粮食风险基金的资金来源，由此在预算科目设置上，取消"粮食加价"科目，通过"粮食风险基金"等科目重新核算其补贴的不同内容。

二、粮食风险基金

粮食风险基金是国务院和地方政府用于平抑粮食市场价格，补贴贫困地区部分自产自食农民因生产资料提价增加农业生产成本和部分吃返销粮农民因粮食销价提高增加的开支，维持粮食流通正常秩序，强化政府宏观调控粮食经济运行的专项资金。地方粮食风险基金的资金来源，由中央财政补助和地方预算安排构成，两项资金按一定的比例配套到位。粮食风险基金由同级财政部门设专户管理，其调度使用权属同级人民政府。

1994年，江苏省人民政府办公厅印发《江苏省粮食风险基金管理实施办法》，全省开始征收粮食风险基金（从2008年9月1日起停止征收）。1999年，省政府决定，从本年粮食年度起省财政对各市实行粮食风险基金总额包干的办法。同年6月30日，宿迁市政府办转发市财政局等部门《关于宿迁市粮食风险基金补助办法》的通知。坚持粮食流通体制改革的"三项政策和一项改革"不变。三项政策即按保护价放开收购、粮食顺价销售、资金封闭运行；一项改革即粮食企业改制。将省对市粮食风险基金包干基数部分的补贴，以及对粮食销售实绩给予费用补贴、奖励，由市财政统筹掌管，并与县（区）配套补贴部分综合使用，对国有粮食购销企业重点在销售环节上给予相应补贴。粮食风险基金补助范围，适用于国有粮食购销企业。补助标准为1999年4月1日以前的库存粮，按每市斤原粮销售实绩综合补助0.07元，与此同时，县（区）财政再相应给予0.05元/斤配套补助，此项补助规定执行一年。1999年4月1日以后收购的新粮，按每斤原粮销售实绩补助0.02元。为鼓励国有粮食购销企业积极处理老库存粮食，市级财政再对1999年3月底以前库存定购粮增补0.02元/斤，按原粮销售实绩给予补贴，此项政策只限于1999年度执行。补贴资金的拨付，市财政局按季拨付，粮食年度终了进行清算。县（区）财政应负担的补贴资金必须先拨付到在农发行开设的粮食风险基金专户，保证专款专用。粮食企业应按分解的补贴数额计列应收补贴和补贴收入，全额纳入企业损益。

2000年，省财政、粮食、农发行等部门印发《关于完善省对粮食风险基金补助包干办法的通知》，宿迁市政府办印发《关于完善粮食风险基金补助办法的意见》，结合宿迁市的实际，对全市粮食风险基金补助范围和标准作适当的调整。为加强管理，市财政局制定《关于对全市粮食购销企业建立销售台账的通知》，要求粮食购销企业在县（区）财政部门建立粮食销售台账制度，财政部门按月对各购销企业销售发票逐笔审核、登记，并据以确认销售补贴。台账建立后，在加强粮食销售环节管理，正确计算、界定粮食销售补贴，促进全市粮食流通体制改革顺利进行，准确、及时拨付粮食风险基金等方面起到积极有效作用。宿迁市建立的粮食购销台账制度随后被省财政厅在全省推广。

三、种粮直接补贴

随着粮食流通体制改革的深入，国有粮食企业进行改制，国家对粮食补贴政策进行调整。从2003年开始，实行种粮直接补贴，资金来源于粮食风险基金，通过改革把原来补在流通环节的钱直接补助到农民手中。是年，江苏省决定选择宿迁的宿豫等苏北5个粮食主产区的产粮大县，对农民粮食生产直接补贴进行试点。补贴种粮的农民，补贴与粮食生产挂钩，以粮食种植面积为依据，补贴粮食生产品种，水稻、小麦、玉米，补贴标准为每亩10元。

2004年，省财政厅、省农林厅、省农村税费改革领导小组办公室联合印发《关于对农民实行粮食生产直接补贴的通知》，决定在全省范围内实施种粮直补政策。省统一按水稻种植面积每亩补贴20元。省财政从省级粮食风险基金中安排40%的资金用于粮食直补。水稻直补标准比较稳定，至2011年一直按每亩20元补贴。

四、农资综合补贴

2006年，财政部印发《关于对种粮农民柴油化肥等农业生产资料增支实行综合直补的通知》。农资综合补贴资金由中央财政预算安排，纳入粮食风险基金专户管理。农业综合补贴是在粮食直补政策基础上国家对种粮农民增加的一项补贴政策。江苏省补贴对象为省内的农民（含国有农场的种粮职工），实行谁种植、谁享受补贴的办法，承包地转包给他人的，按承包协议处理；抛荒和非农业征（占）用的耕地不予补贴。补贴标准：按核定农民实际种植水稻、小麦的面积为基础，根据农业生产资料市场价格变动因素，补贴标准适时调整，基本每年一定。2007—2011年，农资综合补贴标准每亩补贴分别为30元、48元、69元、81.5元。自2012年4月，因油价上涨，追加补贴21.9元，实际每亩补贴为103.4元。

五、粮油价差补贴

粮油价差补贴是国家实行粮油购销价格倒挂政策所采取的一种办法。所谓粮油购销价格倒挂，是指国家提高粮油收购价格时由于未对销售价格作相应变动所出现的粮油销售价格低于其收购价格的反常现象。中华人民共和国成立后，政府为了既能促进农业生产不断发展，又能稳定市场、稳定物价、稳定人民生活，在粮油收购价格提高以后，往往采取只提高收购价格，不提高销价，购销价格销售之差由政府财政给予补贴的办法。粮食购销价格第一次出现倒挂是1961年，国家提高粮食收购价格增幅达到24.6%，而对销售价未作相应变动，由此出现中华人民共和国成立以来第一次购销价格倒挂现象。1963年、1965年，先后把农村、城市粮食销价提高到与购价持平水平后，基本上解决粮食购销价格倒挂现象。之后的十几年，粮食购销价格基本持平。1979年粮食收购价格大幅度提高后，其销价又未作相应变动，再一次出现购销价格倒挂的局面，并一直持续到1991年4月。1964年以前，部分地区油脂油料已出现购销价格倒挂，为解决部分地区购销价格倒挂问题，1964年国家在购价未动的基础上提高销售价格。1971年、1979年油脂油料收购价格提高以后，销价未动，出现购销价格倒挂，国家财政对此差价给予补贴，也一直持续到1991年4月。是年5月1日，国家大幅度提高粮食统销价格并对食油实行购销同价以后，粮油价差补贴预算科目事实上自然消失。

按照1991年以前的财政体制，粮油价差补贴是地方财政预算支出的一个项目。粮油价差补贴拨补办法是按月拨付，一般是按上月平均粮油实际销售量和每50千克价差补贴额计算拨付，年终审批决算时也进行清算，多补少补均结转下年。粮食企业在财会核算上，对财政拨付的粮油价差补贴是通过“政策性补贴收入”科目核算。由于1979—1990年，国家多次提高粮油收购价格而销价未动，以及地方财政困难等原因，粮油价差挂账较多，需要妥善调解。粮油价差补贴从1992年已经取消。

六、储备粮油补贴

储备粮油补贴是指国家实行商品储备制度而产生储备费用和贷款利息

补贴。

（一）国家储备粮油费用补贴。这是由国家储备的备战备荒粮油而产生的费用补贴。分为两部分，1979年以前国家储备粮油费用补贴随财政“分灶吃饭”体制的实行，由地方财政负担费用补贴；1980年后，新增加的国家储备粮油发生的费用由中央财政给予定额补贴。中央财政拨补的新增部分费用补贴通过国家粮食主管部门层层下拨到基层粮食储备单位。

（二）超正常库存粮食费用补贴。为鼓励地方储存粮食，从1983年开始，对各地超正常库存多储备的粮食，其储存费用由中央财政定额给予每50千克2.2元补贴；从1991年起，中央财政将此定额补贴标准提高到4元。此项补贴年终清算，多补少补结转下年。从1993年4月1日起，国务院决定将平价周转库存粮食下放到地方人民政府管理，由此，中央财政取消了此项补贴。

（三）粮食预购定金贴息。为调动粮农生产积极性，完善国家对粮食的定购制度，国务院决定，从1987年起，实行定购粮食与供应平价优质化肥、柴油以及发放预购定金贷款“三挂钩”政策，给粮农以更多的经济补偿。其中预购定金贷款由农业银行通过粮食部门发放，中央财政对此给予贴息。贴息的办法由中央财政按各地定购粮食贷款的一定比例和期限以及银行同期贷款利率计算下拨给各地财政部门，由地方财政部门拨付给粮食企业。此项补贴实行总额包干，年终不清算。

（四）国家专项储备粮食费用和利息补贴。为进一步调动粮农生产粮食积极性，促进国家粮食生产持续发展，国务院决定从1990年起实行国家专项粮食储备制度。按照财务管理办法规定，国家专项储备粮食所需贷款由银行发放，贷款贴息以及储存费用由中央财政补贴(其中，贷款贴息按实结算，储存费用给予定额补贴)。此项补贴由中央财政按期拨付给各省财政部门，省级财政通过拨给省粮食主管部门再层层下拨到基层粮食储存企业。此项补贴年终清算，多补少补均结转下年度。在粮食企业财务会计核算时，以上四项补贴均作为“政策性补贴收入”处理。

七、粮食企业亏损补贴

粮食企业亏损补贴是指财政对粮食企业承担政府行为（储备粮油、低价销售以平抑粮食价格或供应特定对象）所发生的亏损而给予的补贴。1993年以前，粮食企业分商业、工业、饲料和运输四大系统。商业企业从总体上说是亏损企业，而工业、饲料和运输企业是盈利企业。其中，利改税企业实现的利润除上缴所得税、调节税外，其余作为企业留利，留给企业用于发展生产和改善奖励、福利待遇；非利改税企业实行利润留成办法，大部分利润上缴财政或用于抵补平价经营亏损。在粮食商业企业中，又分为纯平价粮油购、销、调、存经营业务和议价、附营业务，其中议价和附营业务是盈利经营，实现的利润大部分用于抵补平价经营亏损，而平价粮油购、销、调、存业务是亏本经营，在粮油购销价格倒挂的情况下，经营越多，亏损越多。其亏损核算的内容，按照1993年以前财务制度规定，主要有商品流通费、调拨经营费净支出、营业外净支出、财产损失和企业留利等项目构成。从权责发生制角度出发，当年国家财政应拨补的粮食企业亏损补贴额应等于平价粮油经营亏损实际发生额减去盈利企业上缴的所得税、调节税、利润或抵亏额以后的差额。从预算管理体制上看，粮食企业亏损补贴列地方财政收入方“粮食企业收入”类科目，主要由地方财政承担这项补贴。粮食企业亏损补贴拨补程序是由省财政部门通过地（市）、县财政部门拨给粮食企业。1993年后，随着粮食价格和经营的逐步放开，粮食企业政策性亏损经营范围越来越小，除经营国家储备粮油和承担极少部分政府行为所发生的亏损外，原则上应自负盈亏。

2004年，江苏省政府下达计划规定，“十五”期间，市级储备粮规模为2500万千克。省财政每年按0.08元/千克对储备粮保管费用进行补贴，每年补助宿迁市200万元。同年，宿迁市政府办印发《市级储备粮管理暂行办法》，决定宿迁市级储备粮轮换费用按省规定的标准执行，贷款利息按实际发生额进行补贴。2009年，市粮食、财政等部门印发《关于下达市级食用植物油储备收储计划的通知》，确定宿迁市储备油储备计划为500吨，储备品种为小包装或灌装菜籽油、大豆油。2010年，市粮食、财政等部门印发《宿迁市市级储备食油管理暂行办法》，对食用油的计划与购进、储存与轮换、动用和监督管理作出规定。确定市财政对市级储备食用植物油的保管、轮换费用按每年每吨400元补贴；银行贷款利息经财政部门审核后拨付。省财政厅、粮食局文件规定，从2011年起，省财政对市、县储备油给予每吨400元的费用补贴，储备油贷款利息等费用仍由市、县财政自行负担。

八、收购粮价外加价补贴

这一政策始于1993年，是由国家实行定购粮食与供应平价优质化肥、柴油挂钩政策演变而来的。1992年前，此项补贴称“高转平化肥、柴油价差补贴”，是指国家将一部分议价化肥、柴油按挂钩标准转平价供应给交售定购粮食的粮农而发生的议价与平价之差价支出，由国家财政给予补贴。为完善粮食定购制度，进一步调动粮农生产积极性，国务院决定，从1987年起，实施定购粮食与供应平价化肥、柴油以及发放预购定金贷款“三项政策”，给粮农更多的实惠。文件规定，每50千克贸易粮拨付优质标准化肥3千克、柴油1.5升，上调中央的合同定购粮食，每50千克贸易粮仍拨给优质化肥5千克。1989年起，国务院又决定中央和地方都适当增加挂钩化肥的数量和标准，每50千克贸易粮，大米、大豆为15千克，小麦和玉米10千克，其中，中央负担一半，各地可根据自有化肥资源情况决定。中央对各地调出定购粮的政策不变，此项政策一直执行到1992年。

1993年，国务院决定进一步改进和完善购粮“三挂钩”政策，除粮食预购定金政策基本维持不变外，对国家定购粮食的化肥、柴油由平价供应实物改为以货币方式付给，即在收购价格之外将化肥、柴油市价高于平价的差额直接拨付给农民。这一办法简称为“收购粮食价外加价”政策。其范围只限于国家定购粮品种（即小麦、大米、玉米和主产区的大豆4种）和数量。价外加价的标准是在国家定购价基础上，每收购25千克小麦、玉米拨补价外加价4.2元（其中，中央财政负担2.85元，地方财政负担1.35元）；每收购50千克大米拨补5.2元（其中，中央财政负担3.475元，地方财政负担1.725元）；每收购50千克大豆拨补5.5元（中央负担3.475元，地方负担2.025元）。收购粮食价外加价的拨补办法，中央和地方财政将补贴先拨给同级粮食部门，之后由粮食主管部门逐级拨给粮食收购企业，在收购时如数兑现给农民。1994年以后，此项政策视粮食价格购销体制改革等情况而定。1996年，粮食流通体制改革后，执行“保护价敞开收购、粮食顺价销售、资金封闭运行”三项政策，“粮食价外加价”不再执行。

九、粮食政策性财务挂账利息补贴

为切实消化粮食财务挂账，对粮食政策挂账实行利息补贴。1994年，国务院批转财政部等部门发布《关于粮食政策性财务挂账停息报告的通知》。1995年11月，财政部等有关部门又发布《关于粮食政策性挂账停息处理办法》。根据规定，对1991年粮食年度末粮食财务挂账性质进行界定，分为政策性挂账、企业自补挂账和其他挂账。政策性挂账是指粮食企业因执行各级人民政府的有关政策所发生的财务挂账。符合条件的，政策性挂账可停息，条件为当年不发生新增政策性补贴挂账；在5年内按规定的比例逐年解决已清理核算的粮食财务挂账；粮食企业政企分开、划清政策性业务与经营性业务，建立两条线运行机制。粮食政策性财务挂账信息以省人民政府清理核定后上报的1991年粮食年度末挂账数为基础，对达到上述三个条件的地区的政策性财务挂账部分，由中央财政给予全部或部分停息。停息时间不超过5年。中央财政在政府预算科目价格补贴支出类下设“粮食政策性财务挂账利息补贴”科目，同时在各级农业发展银行及其代理行设立“粮食政策性财务挂账利息补贴”存款专户，中央财政对各地的停息款补贴通过专户拨补。中央负担停息款，逐年递减20%。各地超比例超计划消化的政策性财务挂账所节省的停息款，中央财政不收回，由地方财政继续用于消化政策性财务挂账。

1996年，地级宿迁市成立后，市级财政对经核定的1991年底以前粮食政策性财务停息挂账款进行消化，计划于2000年底消化完毕，1999年10月，根据财政部和省财政厅《关于加大对1991年底粮食财务挂账消化力度》的批复意见，全市1999年以前所有粮食财务老挂账完全消化完毕。1991年后新增粮食财务挂账仍然成为历史遗留问题。

对1991年以后新增粮食财务挂账问题，1998年初，国务院已作出安排，决定由审计署立项，财政、粮食等有关部门配合组织力量清理消化国有粮食企业新增财务挂账和其他不合理占用贷款，进行全国性审计。是年3月，经国务院同意，审计署、财政部等有关部门发出《关于清理1992年4月1日至1998年5月31日期间新增粮食财务挂账问题的通知》，实施全国性审计。要求6月进点，先由各省组织力量进行横向交叉审计，宿迁市粮食新增挂账由徐州市组织各县审计力量进行对口清理，宿迁市负责连云港市对口清理。至是年10月完成清理审计后，审计署组成巡视组进行清理审核，宿迁市由审计署驻京津冀特派办负责，核定宿迁市1992年4月1日至1998年5月31日期间新增粮食财务挂账金额为5.89亿元，以此为依据，1999年10月，财政部给予批复。同年12月29日，宿迁市财政局印发《关于明确新增粮食财务挂账和其他不合理占用贷款利息负担办法的通知》。对纳入中央财政和地方政府贴息范围的新增粮食财务挂账和其他不合理占用贷款，省、市均进行分解、复核，各县（区）进一步落实分解到粮食企业，各农发行将落实的新增粮食财务挂账和其他不合理占用贷款与企业的正常经营贷款分离，层层设立“新增粮食财务挂账和其他不合理占用贷款”专户，粮食企业设立专账，单独核算消化情况。根据规定，应由省负担的新增粮食财务挂账和其他不合理占用贷款利息，

1999—2003年内分别按利息总额为10%、20%、30%、40%、50%的比例负担。兼顾宿迁市人均财力等因素，省、市县负担比例确定为省负担80%，县（区）负担20%。为照顾负担超过原消化粮食财务老挂账的县，对五年累计超过了负担消化财务老挂账数额的县，超过部分由省财政全额负担。

贴息资金的拨付。划入专户纳入贴息范围的新增粮食财务挂账和其他不合理占用贷款，由企业开户银行按专户余额对粮食企业直接停息。利息由各级财政按专户余额和同期粮食收购贷款一年期利率计算，由农业发展银行补贴。中央、省、市、县（区）财政负担的利息，分别由财政部、省财政厅、市县财政部门在每季度第二个月之前直接划拨给农发总行、分行和支行。

2004年，宿迁市财政局、粮食局和农业发展银行联合发文《关于1992—1998年5月31日粮食新增财务挂账利息负担有关问题的通知》，决定将宿迁市1992—1998年5月31日新增财务挂账从2004年起，过渡期再延长5年，过渡期内本金暂时不消化，利息由中央财政和地方财政共同负担，其中中央负担50%，地方负担50%。1992年以来新增粮食财务挂账于2011年消化完毕。

第三节　商业财政补贴资金管理

商业财政补贴，按现行预算管理分类属商业流通事务。补贴的范围主要包括棉花、食糖、肉类、化肥、农药等专项储备重要商品补贴（利息、费用、差价补贴）以及商业亏损补贴等。

一、储备棉花利息和费用补贴

从1981年开始国家实行棉花储备制度。商业部、财政部、中国人民银行下发《关于安排棉花储备问题的通知》，经国务院批准这次储备的棉花不拨付储备资金，所需资金由银行贷款解决，中央财政负担贷款利息。此后，随着棉花供大于求状况不断出现，国家多次增加棉花的储备。由于棉花经营和保管的责任在地方，棉花销售后实现的税收利润也在地方，因而储备棉花的费用由地方负担。但为照顾地方困难，中央财政曾于1986年一次性给予地方适当的费用补贴，每50千克补贴1元。按现行财务制度规定，中央财政对国家储备棉花利息补贴实行预算决算制度。每季初，由财政部根据国务院棉花主管部门提供的储备棉花数量，规定的贷款利率计算出应补额，预拨给棉花主管部门，之后层层下拨到储备棉花的棉麻企业，利息补贴季末清算，年终决算。在基层供销企业财会核算上，此款补贴作应收款项处理，储备棉花贷款利息也作往来款项处理。

二、收购棉花价外加价补贴

这一政策始于1993年，由国家实行定购棉花与供应平价优质化肥、柴油挂钩政策演变而来。1992年以前，此项补贴含在“高转平化肥、柴油价差补贴”之中，挂钩标准为，国家每定购50千克棉花，向售棉的农民供应平价化肥35千克，柴油2.5千克，均由中央财政负担价差补贴。从1993年起，国务院决定改进和完善定购棉花与供应平价化肥、柴油挂钩政策，由平价供应实物改为以货币方式付给。即在收购价格之外，将化肥、柴油市价高于平价的差价直接付给农民。这一办法简称为“收购棉花价外加价”政策。其范围只限于国家定购数量以内的棉花，不分等级、不分长度。国家每收购50千克棉花均价外补贴12元，1994年调整为14元。此项补贴由中央财政拨给棉花主管部门，然后层层下拨到收购企业，由基层收购企业在收购国家定购棉花时直接付给农民。

三、储备猪肉利息和费用补贴

1995年8月设立此项补贴。国家储备猪肉按实际买价进行成本核算，所需资金由中国农业发展银行给予贷款，实行正常利率。国家储备猪肉的银行利息和储备费用，由财政部负责审核、拨付。中央财政在预算中列专项资金予以弥补，并采取按季预拨、年终清算的方法。银行贷款利息按实际储备数量所占用的资金和贷款利息率计算。储备费用包括冷藏保管费、运杂费和商品损耗三项。储备费用实行定额管理；冷藏保管费按每吨日1.8元（其中，管理费0.1元）计算，运杂费平均按260元/吨计算；商品损耗按照运输途耗4‰，保管库耗4‰，合计8‰计算；代储企业发生的上述费用，由有关部门按季核拨。国家储备猪肉实行推陈出新机制，必须在6~8个月的期限内轮换更新一次。经批准销售的猪肉，发生的价差收入，专项上缴中央财政，补充副食品风险基金；发生的价差支出由中央财政以副食品风险基金弥补。

四、副食品风险基金

国务院和地方政府专项用于保护生猪、食糖、蔬菜等副食品生产，稳定副食品市场的宏观调控资金。为保护农民发展生猪、食糖、蔬菜（包括土豆、大白菜、萝卜、圆白菜）等副食品生产的积极性，确保副食品生产的稳定增长，加强宏观调控，稳定市场，国务院决定从1994年起建立中央和省级副食品风险基金。副食品风险基金的筹集由同级财政部门负责。副食品风险基金来源是中央财政在3年内减少下来的扶持生猪生产“议转平”饲料粮差价款；省级则为副食品价格放开后，地方财政用于副食品补贴的结余和地方财政预算安排的资金及其他资金。副食品风险基金由同级财政部门设专户管理，其调度使用权属同级人民政府，由同级财政部门具体执行。副食品风险基金列入同级财政部门预算，在预算中增设“副食品风险基金”支出科目。年初财政在编制预算时，应将当年安排的副食品风险基金列入预算，在预算执行中，副食品风险基金的拨付应摆在优先位置；当年结余的副食品风险基金可以结转到以后年度使用。

五、平抑蔬菜市价补贴

平抑蔬菜市价补贴是从商业企业亏损补贴科目分列出来的，专项反映国家财政拨给国有蔬菜公司因平抑市场菜价和调剂淡旺季供应而发生的进价差价补贴。为保证市场供应，稳定蔬菜价格，国家一直对主要蔬菜品种实行价格控制办法，由此产生的亏损财政给予补贴。1985年以前，此项补贴通过商业收入退库科目拨补给企业。1986年，为加强预算管理，国家把对蔬菜企业的亏损补贴改列价格补贴支出。此项补贴每年列入地方财政预算，由地方财政负责直接补给企业。因改列支出后，比例上解地区由此多上缴的收入（宿迁境内当时涉及泗洪、泗阳、宿迁三县），年终按财政管理体制由中央财政退还给地方财政（此项政策已于1993年取消）。

六、平抑市场肉食价差补贴

平抑市场肉食价差补贴始于1985年生猪购销价格改革。1985年，生猪购销价格名义上虽然已基本放开，但事实上并未真正放开。为平抑市场物价和保证淡季市场供应需要，各地政府仍对城市居民吃肉实行计划供应办法，并采取购销价格倒挂政策；同时，不少地方政府还实行猪肉储备办法。这些政策所产生的购销价格倒挂差价和储备猪肉费用及利息由地方财政负担，在“平抑市场肉食价差补贴”预算科目核算和反映，但对食品企业政策性亏损补贴，仍在“食品企业收入”科目核算和反映。1986年开始，“平抑市场肉食价差补贴”科目由收入退库改列支出处理，按照财政体制应由中央负担的部分，年终两级财政清算时，根据财政决算数或有关规定，单独结算，由中央财政返还给地方财政（此项政策和平抑蔬菜市价补贴已于1993年度取消)。食品企业收到财政部门拨给的“平抑市场肉食价差补贴”,应作为平抑市场价差补贴收入,增加企业利润或减少企业的亏损,参与企业的利润分配或减少分成,不得冲减商品进价成本,增加进销差价;还得冲减商品流通费和营业外支出,不得直接记入企业专用基金。

七、民用煤销售价差补贴

民用煤销售价差补贴是专项反映财政部门拨补给商业物资系统企业经营市场用煤,由于销售价格低于其进价的差额补贴。1979年5月1日,国务院决定国家统配煤价格提高,市场用煤销售价暂时不动,调价的价差,由财政给予补贴。当时规定的享受补贴的市场用煤范围包括城市和集镇的生活用煤、饮食服务业的用煤、城市和集镇的区(县)以下的生产用煤、农村生产和生活用煤。这一规定执行到1990年。为缓解财政困难,从是年4月起,国家对民用煤的补贴范围进行适当调整,除城镇居民、部分生活用煤价格补贴继续保留外,取消城市饮食服务业用煤补贴。为简化核算手续,财政对企业以吨为计算单位,实行定额补贴。民用煤差额补贴的预算管理办法是,1979—1985年通过收入退库拨补给民用煤销售企业;从1986年起,改列地方财政支出预算。改列支出后,比例上解的地方,由此多缴的收入,年终按财政管理体制由中央财政退还给地方财政。实行“分税制”财政体制后,此项结算业务自然取消。

八、职工副食品价格补贴

职工副食品价格补贴是为解决主要农副产品购销价格倒挂的局面,国家多次提高粮、油、肉、蛋、菜等商品销售价格后给城市居民或职工发放的价格补贴。1979年国家提高猪肉等副食品销售价格时,曾向职工发放每人每月5元的价格补贴。从1985年开始,主要有以下四种副食品价格补贴,亦称为“物价补贴”。

(一)城镇居民肉价补贴。1985年国家对生猪取消派购,实行有指导性的议购议销,肉价基本放开后,对城市居民给予适当补贴,中央财政和地方财政共同负担,但全国未规定统一补贴标准。江苏省规定发放标准为每人每月5元。各地规定的肉价补贴标准,除中央财政从是年1月1日起,按市镇非农业人口每人每月补助1元的标准,对各地实行包干外,其差额部分分别由地方财政负担。地方财政负担如有困难,可视本地区各企事业单位自有资金的水平,最高不得超过补贴差额的一半。企业分担的补贴款,从税后留利的福利基金和奖励基金中列支,不得用生产发展基金解决，不得进入成本（费用）和列营业外支出。事业单位分担的补贴款从业务收入中解决。

（二）职工副食品价格补贴。1988年，国家大幅度提高肉、蛋、菜和食粮等副食品零售价格后，国务院决定试行主要副食品零售价格变动按定量计算给职工适当补贴的办法。补贴标准限制为省会城市每个职工每月最高不得超过10元，其他城市适当降低一些。当时江苏省规定其他省辖市执行8元标准。补贴对象为国有企业和集体企业以及国家机关、部队和事业单位的干部职工，他们赡养的家属原则上按1987年各省的职工平均赡养人口系数，计入对职工的补贴金额中。补贴款由职工所在单位发放。补贴资金按财政体制隶属关系承担，企业职工的补贴，原则上由企业消化，承包企业不得以此为由调整承包基数，确有困难的企业，经批准后补贴款可以部分进入成本。事业单位尽可能从创收中解决一部分，不足部分由财政承担。行政机关、部队、大中专学生、城镇优抚救济对象等的补贴款，属于地方的由地方财政负担。

（三）补偿性增加职工工资。1991年5月1日，粮油统销价格提高后，国务院决定按照国家、企业、个人三者共同负担的原则，只对职工给予适当补偿，即增加职工工资。补偿对象为国家机关、企事业单位的在职职工、离退休人员、民政优抚救济对象、大中专学生、民办教师、解放军武警官兵。补偿标准为，国家机关、企事业单位在职职工，不分工资区类别的工资级差，每人每月补偿6元，国家机关、事业单位调整基础工资，企业单位调整标准工资。补偿资金的列支渠道为，国家机关、事业单位增加开支所需经费，按财政体制隶属关系，分别由中央财政和地方财政负担；国营企业增加的工资，从成本（费用）中开支，自行消化，不调整企业承包上缴基数。国家机关、事业单位列支经费的增资额，不计提工会经费；企业的增资额不计提职工福利费、工会经费和职工教育费。

（四）职工粮食价格补贴。1992年4月1日，粮食统销价格大幅度提高后，国务院决定按国家、企业、个人三者共同负担的原则，对职工发放粮价补贴。补贴标准每人每月5元，随工资发放。补贴对象和补贴资金的列支渠道与1991年5月粮食统销价格提高后给职工增加工资的列支渠道相同。

职工副食品价格补贴，实质是工资性补助，随着1985年工资制度改革，以前的职工副食品补贴，将其并入职工基本工资而取消。1993年第四季度的工资改革，将上述保留的补贴大部分并入工资，还有少部分1997年工资改革中全部列入基本工资。

九、商业企业亏损补贴

商业企业亏损补贴是财政对商业企业由于执行国家规定的价格，商品进价大于销价、进销同价，或者进销差价不足以支付合理的流通费用而发生的亏损，以及其他经国家专门批准的政策性亏损所给予的补贴。从1979年开始，国家财政对商业企业上述政策性亏损一直给予补贴。财政管理上，此项补贴，列入国家预算收入类科目，作地方财政收入退库处理。1986年以后，为加强预算管理，国家财政将肉食、蔬菜、民用煤的政策性价格差额补贴和保证市场供应的补贴分别改列“平抑市价肉食价差补贴”“平抑蔬菜价差补贴”“民用煤销售价差补贴”支出科目，不再在商业企业亏损补贴科目中退库。地方财政部门对商业企业亏损补贴由起初的总额（定额）补贴的办法逐步完善为“核定定额、超亏不补、减亏分成”的补贴办法。商业企业收到财政部门拨补的此项补贴，作为补贴收入，增加企业利润或减少企业亏损。在原有的体制下，商业企业除政策性亏损补贴外，还包括经营性亏损补贴。这是由于在过去统收统支的财政体制下，国有商业企业的盈利全部上交，所需资金由财政下拨，政策性亏损和经营性亏损均由国家财政包揽下来。改革开放后，财政对经营性亏损不再给予补贴。随着社会主义市场经济体制改革的发展，市场竞争机制的完善，商业企业经营性亏损补贴全部取消。

第四节　节能环保专项资金管理

节能环保专项资金，原政府预算收支科目称为环境费用，包括“三废”治理，即对工业生产和居民生活中排放或丢弃的废水、废气、废渣的整治和处理以及用于社会防治环境污染所支付的经费。改革开放以后，随着现代工农业生产的发展，国家把自然环境污染防治保护工作上升到可持续发展的战略高度来认识，拓宽环境保护范围，强化节能环保意义，加大财政对节能环保资金的投入，建立节能环保专项资金使用和管理制度。

按现行财务制度规定，节能环保资金是政府用于环境保护管理、环境监测与监察、污染治理、自然生态保护、能源节约利用、可再生能源和资源的综合利用等项的支出。

节能环保资金的使用和管理。地级宿迁市成立后，1997年，市委、市政府发出

《关于切实加强环境保护工作的意见》，要求对环保补助资金实行有偿使用。市、县（区）设立污染防治基金，用于重大环境建设项目和环境保护示范工程。同年10月30日，市财政、环保局印发《宿迁市污染防治基金管理办法》。基金来源：市级财政适当安排，接受社会和国外捐赠，基金有偿使用的回收资金和其他资金。基金的拨付是由市财政5月底前将当年的基金专款拨到市环保局在银行开立的“基金专户”。基金管理是由市环保局设立专户专项管理，单独建账，并负责基金项目的计划编制、项目审批和经费管理；财政、审计等部门负责监督。基金使用范围重点用于综合性、公益性强的重大环境污染项目；环境敏感地区的重点污染治理项目和环境保护示范工程；符合产业结构和产品结构调整政策、环境效益显著的重点技改项目。基金的使用实行审批制度。使用基金的单位必须具有独立法人资格，独立经济核算；项目经过可行性研究，切实可行；自筹资金占项目总投资50%以上并已落实到位。基金实行有偿使用，借款期限1~3年，按同期银行贷款利率收取资金占用费。对区域性污染治理项目，资金占用费可降低2~3个百分点。按期归还借款与占用费的单位，可退回占用费20%~30%，借款及占用费逾期未还的，加收占用费3%的罚金，并停止办理单位或县（区）下年度使用基金项目。为管好用活环保补助资金，充分发挥补助资金的作用，宿迁市财政、环保局印发《宿迁市环保补助资金有偿使用暂行办法》规定，环境保护补助资金来源于排污单位缴纳的排污费，由财政纳入预算内管理。拨款需财政部门根据环保部门申请，经审查后直接拨入环保部门在银行开设的“环保补助资金专户”。自1998年起，环境保护资金一律由拨款改为贷款，资金实行有偿使用，委托银行贷款。使用范围是重点污染源治理项目；“三废”综合利用项目；严重扰民、限期完成污染治理或搬迁的项目。具备相应条件的企业可以向环保部门申请使用资金，即按规定缴纳超标排污费；项目经过可行性论证，切实可行；自筹资金占项目总投资60%以上；具备偿还贷款能力。环保补助资金使用期限，原则上不超过一年，最长不超过两年。贷款利息一年内的为5‰，两年内的为6‰。所收利息80%用于增加环保补助资金，20%留作银行贷款手续费。建设项目完成后，贷款企业必须向环保部门提出“污染源治理项目竣工验收申请”，由环保、财政部门进行验收。

2003年宿迁市财政局等部门转发《江苏省排污资金收缴使用办法的通知》，要求排污费纳入财政预算管理，作为环保专项资金，全部用于环境污染防治；坚持“量入为出”的原则，专款专用；排污费的收缴、使用实行“收支两条线”管理。

基于过去上级有关文件规定，排污费允许一部分用于环保机构建设。宿迁市财政、环保局转发《江苏省关于环保部门实行收支两条线后经费安排实施办法》，规定最迟从2006年起，排污费不得再用于环保机构自身建设。

2005年，江苏省财政、环保部门下发《省级污染防治专项资金和省级环境保护专项资金管理办法》，要求资金使用范围主要是重点污染源防治项目，区域性、流域性污染防治等12个项目，并对专项资金的使用管理等作出具体规定。2008年，宿迁市财政、环保局结合宿迁市实际制定《宿迁市级环境保护专项资金使用管理办法》，对专项资金的使用原则、使用范围、使用方式、项目申报、审核及拨付、违规处理等作详细的规定。市级环保专项资金重点用于市区的环境保护项目，主要包括区域性、流域性污染防治，城市环境综合整治，重点污染源治理，主要污染物减排，环境监管能力建设，饮用水源地污染防治，生态环境保护和农村环境综合整治，环保科研等方面。每年年初，市环保局会同市财政局研究制定年度专项资金项目申报指南，一季度组织项目申报、评审，二季度下达专项资金补助计划。项目资金的拨付，由市财政、环保部门根据项目计划和实施进度，采取市财政直接支付方式。对重点污染源治理和农村环境综合整治等实行“以奖代补”的项目，在项目完成并验收合格后办理资金拨付手续。实行补助的项目，按项目实施进度拨付资金，项目验收前资金拨付不超过补助总额的80%，验收合格后，补助资金全部拨付到位。专项资金的监督管理，对违规使用资金的行为，责令限期整改；情节严重的或未在规定期限整改到位的，由市财政局会同市环保局取消补助计划。市环保局、市财政局定期对纳入补助计划的项目实施进度进行督查，对实施进度严重滞后的项目单位进行通报。未在项目申报的计划时间组织实施并滞后5个月以上，经检查后实施进度没有明显改观的，取消其计划指标，资金纳入下年度重新安排。

对农村环境保护和建设，主要包括水利工程建设养护、农村河道疏浚和村庄河塘整治、农桥建设、农村饮水、农村生态环境保护工程、农村改厕等专项资金管理，参见农业财务、水利事业财务有关章、节条目。

第五节 国土资源专项资金管理

中华人民共和国成立后，土地属国家和集体所有，取消土地买卖关系，直到改革开放后20世纪80年代中期国家明确土地的使用权和所有权的关系，才出现土地市场。为加强国土资源管理，国土资源管理职能从经济建设部门析出，单独成立机构，作为政府管理国土资源事业的一个部门。1990年5月19日，国务院颁布了《中华人民共和国城镇国有土地使用权出让权和转让暂行条例》，凡依照条例规定取得土地使用权的使用者，其使用权在使用年限内可以转让、出租、抵押或者用于其他经济活动，合法权益受国家保护。有关事宜由市、县人民政府土地管理部门，依国家法律、法令及其规定的权限进行办理。

土地使用权，依据《中华人民共和国宪法》和《中华人民共和国土地管理法》的规定，城市的土地属国家所有。农村和城市郊区的土地除有法律规定属于国家所有的以外，属于集体所有。因此，占用土地的单位和个人对土地只有使用权，没有所有权。转让土地使用权，是指具有土地使用权的人将附有建筑物和其他附着物的土地使用权出售给买受人。

土地管理原则，一是公有制原则，即为国家所有和集体所有。二是统一管理和规划土地原则，国家各级政府设立土地管理机构，依法统一管理土地。三是节约用地原则，在村镇建房中，凡能利用荒地的，不得占用耕地；各种建设工程也要提高土地利用率；在国家经济建设征用土地中，用多少征多少，采取经济措施按土地等级、用途，征收不同税率的土地税；对城市用地要收使用费，以便制止乱用滥占耕地现象。四是合理补偿原则，征用土地应由用地单位支付补偿费。这是政府用于解决征地者和被征地者之间合法利益的经济手段，而不是土地的买卖关系。征用土地的所有权属于国家，用地单位只有使用权。

征用土地补偿费，指国家进行建设，举办社会公共事业，需征用集体所有的土地，而对农民造成的损失给予的一种经济补偿。征用土地的有偿性体现在土地征用费上。土地征用费是建设单位为了使用土地，取得土地使用权，向被征用单位支付的各种费用的总和，主要包括土地补偿费、地上附着物补偿费和安置费三部分，由用地单位直接支付。土地补偿标准由国家统一规定。1958年前土地补偿标准是按三至五年的年产量总值补偿；1958年1月又规定补偿标准按二至四年年产量总值补偿；1982年，国务院颁布的《国家建设征用土地条例》规定，征用耕地（包括菜地）的补偿标准为该耕地年产值的3~6倍，年产值按征地前三年平均产量和国家规定的价格计算。此后随着经济形势的变化，国家对补偿标准适时进行调整。

国有土地使用权出让金，指国家以土地所有者的身份将土地使用权在一定年限内出让给土地使用者，并由土地使用者向国家支付土地出让金。这是因国土资源使用权出让而收取的专项资金。为加强管理，国务院就土地有偿出让收入管理发出通知，财政部根据通知精神，制定《国有土地使用权有偿出让收入管理暂行实施办法》。包括土地出让的全部价款；土地使用期满，土地使用者续期缴纳的续期土地出让款；原通过行政划拨获得使用权的使用者，将土地使用权有偿转让、出租、抵押、作价入股和投资，按规定补交的土地出让价款。

1995年，财政部、土地管理局印发《关于加强土地使用权出让金征收管理的通知》，土地使用权出让金收入全部上交财政管理，缴入“土地出让金财政专户”。土地出让金净收益应纳入财政预算，专项用于城市基础设施建设和土地开发。财政部门是土地出让金的主管机关，土地管理部门是土地出让金的征收机关。土地出让金支出项目有：土地开发费用，包括补偿性支出和开发性支出两部分；土地出让业务费，不超过出让金总额的2%。2002年10月9日，宿迁市财政局转发江苏省财政厅、国土资源厅《关于将土地使用权出让净收益纳入预管理的通知》，重申财政部有关规定。自2002年8月1日起，各级财政部门将财政专户中的土地出让金净收益按季缴入同级国库，缴库时填写“一般收入缴款书”，使用《2002年政府收支科目》中“国有土地使用权有偿使用权收入”科目。土地出让金滚存结余也要在8月底前缴入同级国库。土地出让金净收益纳入预算管理后，支出按照部门预算的要求统一安排。各地不得低于协议出让最低保护价出让土地，对政府通过招标拍卖或协议方式取得土地收入，必须全额纳入财政专户，做到应征不漏。2003年，宿迁市政府印发《宿迁市市区土地出让金征收管理办法》，市财政局会同市国土局对每宗土地成本审核把关，报市领导审批后，直接支付到补偿单位和项目。2001—2003年，市区共出让土地49宗，面积为2294亩，土地出让金收入5.1亿元，市财政拨付土地出让金支出4.1亿元，重点支持市区及市经济开发区北区基础设施建设、中运河改造等项目。

2005年8月2日，江苏省财政厅、国土资源厅印发《江苏省土地开发整理项目和资金管理暂行办法》的通知，此暂行办法根据《省政府办公厅转发省国土资源厅、财政厅关于将部分土地出让金用于农业土地开发的意见通知》《江苏省新增建设用地土地开发整理项目管理暂行办法》《国家投资土地开发整理项目管理暂行办法》《土地开发整理标准》及财政财务管理有关规定制定。暂行办法适用范围包括用新增建设用地土地有偿使用费和土地出让金用于农业土地开发资金省集中部分安排的项目。项目性质包括土地开发、土地整理和土地复垦。

江苏省新增建设用地有偿使用费的征收标准为16~80元/米^2，征收资金专项用于基本农田建设和保护及土地整理和耕地开发。

土地开发是指在土地利用总体规划划定的可开垦的区域内，以荒山、荒地、荒滩等未利用土地为对象，通过工程或生物措施进行整治、加工和配套建设，以达到可供利用的活动。各市、县土地出让金用于农业开发的比例为土地出让平均纯收益的15%。土地出让纯收益的标准由财政部、国土资源部确定，并适时调整。各市、县筹集的农业土地开发资金，划出20%缴省级集中（苏北五市徐、淮、盐、连、宿暂不集中），由省统一使用，其余部分由市、县分级统筹使用。农业土地开发资金专项用于土地整理和复垦、宜农未利用地开发、基本农田建设及改善农业生产条件等方面；省级资金重点用于滩涂和煤矿塌陷地开发、土地整理复垦、耕地质量建设和农田水利建设。

土地复垦是指对在生产建设过程中，因挖损、塌陷、压占等造成破坏的土地，采取整治措施，使其恢复到可供利用状态的活动。为增强征收耕地开垦费可操作性，江苏省范围内非农业建设占用耕地（包括林地、园地和在农用土地上挖建的鱼塘），在办理农用地转用审批手续时，都要先按规定缴纳耕地开垦费。之后用地单位自行复垦的，返还耕地开垦费；不能自行复垦的，耕地开垦费不予返还，由国土管理部门统一复垦。征收标准为苏南每平方米20元、苏中每平方米17元、苏北每平方米13元。

项目的申请和批准。每年由省国土资源厅、财政厅根据土地利用总体规划和年度计划，以及国家和省有关政策，提出年度项目申报要求，发布项目申报指南。县（区）国土资源和财政主管部门根据项目申报指南编制项目可行性研究方案并报市国土资源和财政主管部门审批，省财政厅根据项目申报情况下达投资计划和预算指标控制数，县级财政和国土资源主管部门根据下达的投资计划和预算指标控制数编制项目规划设计与预算，项目投资计划和预算一经确定，不得随意调整。其中项目预算的审查下达，资金的拨付、使用和监督管理等工作由财政主管部门负责，国土资源主管部门主要负责项目的立项、组织实施和验收等工作。

项目实施和资金管理。项目所在县（市、区）按照项目法人制的要求及时落实项目法人单位，项目法人单位为项目资金的核算主体，其他任何单位和个人不得以任何名义提取项目资金。项目法人单位通过工程招投标确定项目施工单位，签订实施合同，按照合同规定管理。项目法人单位应发布项目公告，接受群众和社会监督。项目法人单位要严格按照批准的项目计划和支出预算，合理安排项目资金的合理使用，不得擅自变更建设地点、规模、标准和内容，扩大支出范围，不得用于项目无关的其他支出。年终未完工项目的资金结余，可以结转下年继续使用。项目实行全成本核算。项目资金的开支范围包括：前期工作费，工程施工费，设备购置费，竣工验收费，业主管理费和不可预见费。其中前期工作费，在不超过工程施工费8%的比例内按实列支；竣工验收费，在不超过工程施工费5%的比例内按实列支；业主管理费在不超过工程施工费、前期工作费、竣工验收费三项费用合计2%的比例内按实列支。资金的拨付，项目法人单位根据项目实施进度提出用款计划并附有关凭据，经县级国土资源主管部门审核后，向同级财政申请资金。财政部门根据财政财务管理规定进行审核，及时拨付资金，保证项目实施需要。项目竣工前应预留15%左右的工程款，项目竣工验收后，待工程质量保证（保修）期满后拨付。实行政府采购和国库集中支付的项目，应当根据政府采购和国库集中支付的有关规定办理资金支付。

为保护被征地农民和农村集体经济组织的合法权益，保障被征地农民的基本生活，加强对征地补偿和基本生活保障安置工作的管理。根据《江苏省土地管理条例》《江苏省征地补偿和被征地农民基本生活保障办法》等法律法规和规章规定，2006年3月16日，宿迁市人民政府印发《宿迁市征地补偿和被征地农民基本生活保障实施细则》。实施细则所称征地补偿和被征地农民基本生活保障，是指国家将农民集体所有土地征收后，依法给予被征地农民和农村经济组织补偿，并建立被征地农民基本生活保障制度，保障被征地农民基本生活的行为。被征地农民，是指农民集体所有土地被征后，从该集体经济组织成员中产生的需要安置的人员。征地补偿和被征地农民基本生活保障由市、县区人民政府统一负责。土地行政主管部门具体负责征地补偿和征地补偿安置费用的解缴；劳动和社会保障部门具体负责被征地农民基本生活保障资金的发放管理，具体工作由该部门的农保经办机构办理；财政部门具体负责被征地农民基本生活保障资金的管理等。

征地补偿标准为宿迁市宿城区按照三类地区征地补偿标准执行；其他县、区按照四类地区征地补偿标准执行。全市各县、区耕地前三年平均产值的最低标准为：三类地区21000元/公顷（1400元/亩），四类地区18000元/公顷（1200元/亩）。征地补偿安置费用，包括土地补偿费、安置补助费、地上附着物和青苗补偿费。

土地补偿费按规定执行，即征收耕地（不分棉田和蔬菜田，下同）的，按该耕地被征收前3年平均年产值的10倍计算；征收精养鱼池（含特种养殖）的，按耕地前3年平均年产值的10倍计算；征收普通鱼池的，按耕地前3年平均年产值的6倍计算；征收其他养殖水面的，按耕地前3年平均年产值的4倍计算。征收果园或林地的，按耕地前3年平均年产值的6倍计算；征收未利用地的，按耕地前3年平均年产值的3倍计算；征收农民集体所有的非农业建设用地的，按耕地前3年平均年产值的6倍计算。居住区内部零星栽种小于0.6亩的土地视同非农业用地。

安置补助费按规定执行，即征地的安置补助费，按照需要安置的被征地农民人数计算。每一个需要安置的被征地农民的安置补助费标准为三类地区13000元、四类地区11000元。需要安置的被征地农民人数，征收耕地的，按照征收的耕地数除以征地前被征地单位人均耕地数计算；征收除耕地以外的农用地的，需要安置的被征地农民人数，按照该农用土地补偿费总和的70%除以当地人均安置补助费计算。征收未利用土地和农民集体所有的非农业建设的用地，不支付安置补助费。

青苗及地上附着物补偿费按规定执行，即青苗补偿费一般按一季的农作物的产值计算，能如期收获的不予补偿。具体补偿标准为三类地区按每亩700元标准执行，四类地区按每亩600元标准执行。可移植的苗木、花木、林木等，支付移植费（移植补偿每株1~10元不等）；不能移植的给予合理补偿（砍伐补偿4~80元不等）；具体补偿标准要看经济林木的品种、规格等情况确定。其他地上附着物补偿费：喷灌每公顷18000元；沼气池每个700~800元；征收土地时涉及庭院以外的厕所、猪牛羊舍等根据结构情况每平方米5~20元不等。迁坟单棺150元、双棺200元，拾骨100元；蔬菜大棚每平方米4~8元；花卉、果树大棚钢架结构每平方米12元。房屋等建筑物的拆迁补偿安置按市、县有关规定执行。

县、区人民政府设立被征地农民生活保障金，纳入财政专户管理，专项用于被征地农民的基本生活保障。其资金来源包括县、区人民政府从土地出让金等土地有偿使用收益中提取的部分。提取标准，按新征收土地面积计算，宿城区每亩不低于9000元，其他县区每亩不低于8000元；不低于70%的农用地的土地补偿费和全部的安置补助费；被征地农民基本生活保障资金的利息及增值收入；其他可以用于被征地农民基本生活保障的资金。基本生活保障金不足支付的，由同级财政部门负责解决。

被征地农民生活保障资金专户，由被征地农民基本生活保障个人账户和社会统筹账户组成。安置补助费和不低于70%的农用地的土地补偿费进入个人账户。实行基本生活保障的人员死亡的，其个人账户中本息余额可以依法继承。实行被征地农民基本生活保障的被征地农民的生活补助费和养老金，首先从个人账户中支付；个人账户不足以支付的，从社会统筹账户中支付。被征地农民基本生活保障标准，将被征地农民划分为四个年龄段：第一年龄段为16周岁以下人员，按照三、四类地区，分别一次性领取4000元、3000元的生活补助费；该年龄段人员领取生活补助费后，不再纳入本实施细则规定的基本生活保障。达到就业年龄后，按照城镇新成长的劳动力进行管理。第二年龄段为女性16周岁以上至45周岁以下，男性为16周岁以上至50周岁以下的人员，从实行基本生活保障的当月起（从农村集体经济组织交付土地的当月），按月领取生活补助费，期限2年，按月领取生活补助费标准为三类地区120元、四类地区100元；达到养老年龄，按月领取养老金。第三年龄段为女性45周岁以上55周岁以下，男性为50周岁以上60周岁以下的人员，从实行基本生活保障的当月起，按月领取生活补助费，补助标准：三类地区100元、四类地区80元，到达养老年龄时，按月领取养老金。第四年龄段（养老年龄）为女性55周岁以上，男性60周岁以上的人员，从农村集体经济组织交付土地的当月起，按月领取养老金，三类地区140元，四类地区120元。被征地农民基本生活保障金拨付，财政部门应按照被征地农民基本生活保障费用款计划，定期将资金划入劳动和社会保障部门在银行设立的被征地农民基本生活保障资金支出户，确保被征地农民基本生活保障金及时、足额发放。

第二章 农业事业财务

第一节 农业事业费管理

政府财政用于农、林、水、气等各方面的资金支出，既有财政预算内资金，又有银行信贷资金，还有地方财政预算外资金。基于农业事业受自然条件和农村季节性条件制约，各业都具有鲜明的特点。各业之间经济活动的内容差异较大，财务管理的方式具有多样性。农业事业收入，有生产性收入、经营性收入、服务性收入和行政性收入，收入项目渠道比较多，但收支并不平衡。财政对农业事业单位财务管理形式采取全额预算管理、差额预算管理、自收自支管理和企业化管理。

中华人民共和国成立初期，国家实行高度集中的统收统支财政管理体制。当时农业事业单位机构尚不健全，财政投入农业生产的资金也较少。从1950年开始，各县陆续成立农业机构，宿迁县于1950年6月成立农林科，负责全县农、林、牧、副、渔生产规划和指导工作，但机构人员甚少，人员经费的开支，均由地方粮食拨支。此后，宿迁县的农林科改为农林局，先后成立棉麻改进所、蚕桑指导所、林业站、畜牧兽医站、农具站、治蝗站、农科所、农技推广站、种子站、气象站、细菌肥料厂等，为此后农业事业的发展奠定基础。初始阶段的农业事业机构，基本属于政事合一性质，财务上实行“供给制”，主要是人员工资，一些正常的办公经费，实行定额包干下的领用制度。对于设备购置、修缮费，以及生产建设等各类专项经费由财政专项安排，基于当时财政状况，除特殊急需的给予专项安排之外，一般都维持现状。当时农业事业单位的工作，除正常开展规划指导工作之外，主要是协助政府做好防洪、减灾和生产自救工作。中华人民共和国成立初期宿迁境内水患灾害严重，农作物病虫灾害尤为突出，特别是蝗灾威胁农作物生长，造成大面积农作物减产，扑灭蝗灾成为当务之急，也是当时农业部门的主要工作。

1951年5月，宿迁境内洪泽湖周边地区发生大面积蝗灾，特别是泗洪、泗阳两县蝗灾更为严重。泗洪县蝗虫危害面积达6.41万公顷，密度为每平方米22.22只；泗阳县沿湖西到唐莫圩，东到黄圩，东西长79千米，南北宽2千米~4千米的土地上发生蝗蝻。针对蝗灾严重的事实，各级政府尤为重视，各县成立治蝗指挥部，办公室设在各县农林科（局）。基于当时条件所限，财力和物力都很紧张，面对突发的自然灾害，政府采取“人工为主，药剂为辅”的治蝗措施，立即组织和动员12万民工，分赴蝗区人工捕杀蝗虫。治蝗所需工具采取人工自制，所需经费采取上下结合的办法。大批的民工生活用品一部分由民工自带，主要食品粮食和做饭用的烧草等，由地方自筹解决，上级给予一部分补贴。治蝗所需农药，由上级统一安排，但数量很少。华东局农林部发给20台治蝗专用手摇喷雾器。6月16日，国家农林部派飞机前来帮助灭蝗，此为国内首次使用飞机治蝗，为便于飞机起落，在泗阳县林柴场和泗洪县的洪泽湖农场分别修建治蝗专用飞机场。

1952年夏，洪泽湖地区又发生蝗灾，面积达4.95万公顷，最高密度为每平方米106.26只，为近百年来蝗灾最严重的年份，沿湖各级政府组织11万人，投工177.7万个劳动日，采取人工捕杀和药剂相结合的方法，灭蝗面积4.93万公顷，有效控制蝗灾蔓延。1953年，将治蝗方法改为“药剂为主，人工为辅”的治蝗措施。在泗洪县成立蝗虫防治站，配备11名专业技术干部，常年从事蝗情的侦查、科研和防治技术指导工作。是年夏、秋沿湖地区再次发生蝗灾，主要以药剂喷杀为主，用药22011千克，同时动员民工2万人进行人工灭蝗，蝗情得到有效控制。这是中华人民共和国成立后，国家用于宿迁地区农业事业防灾、减灾一项较大经费开支。

1953年，县一级开始编制预算之后，农业事业经费统一纳入县级财政预算，列为经济建设项目。经费以县政府农业科（局）为事业主管部门，实行单位预算管理。事业经费计划指标，由上级主管部门和财政部门逐年专项下达，各县财政和农业主管部门在上级分配的经费支出总额内安排使用。

农业事业的发展与农业经济的发展是相辅相成的，关系到国民经济的兴衰。发展农业，一靠政策，二靠科技，三靠投入。从整体上看，20世纪50年代各级先后设立农业事业机构以后，对农业事业的投入较新中国成立初期逐年有所增加，并保持相对稳定的势态。60年代初受自然灾害影响，投入增幅缓慢。1963年11月22日，国务院农办、财办批转农业部、林业部、水产部、财政部《关于农业资金的分配、使用和管理的暂行规定（草案）》，国家直接支援农业集体经济的资金，应当根据“社队自力更生为主，国家支援为辅”的原则，分配使用。在此期间，有一部分农业事业机构进行撤并，精减了一部分人员，减少了一部分经费。宿迁县曾于1962年和1969年对农业科技人员两度下放，对农业事业的发展有一定的影响。在财务管理上，宿迁市区域内，从1964年起，对所有农业事业单位实行定员、定额、定任务的管理办法。人员经费按编委核定的人数和经费开支标准控制指标，业务费除一些必要开支外，有计划地解决一些发展农业、水利、农机等方面的关键性问题，这对加强预算管理，控制经费支出起到积极作用。

1973年5月15日，江苏省革委会财政局、农业局转发财政部、农业部《关于支援农村人民公社投资使用管理试行规定》，指出：支援农村人民公社支出，要发扬大寨精神，调动广大社员群众的社会主义积极性，依靠集体力量，解决社队的生产建设性资金。因此，国家支援农村人民公社投资分配和使用，贯彻“社队自力更生为主，国家支持为辅”的原则，少花钱，多办事，把事办好。

1979年，中共十一届三中全会之后，国家进行宏观政策调控，农业基础地位得以加强，农业投入增幅较大。农业事业机构恢复正常工作，增加人员编制，充实农业事业队伍，财政对农业科研、中等教育、干部培训、技术推广、良种繁育保护、畜牧兽医、病虫防治、林业防火、防汛岁修、水文等基本没有收入的事业单位在增加经费的同时，实行“定员定额，经费包干，结余留用，超支不补”的财务管理办法。对有收入的事业单位财务收支相抵后的差额，纳入国家预算和计划管理；支大于收的差额由财政预算拨款弥补，收大于支的差额全部上缴财政。对收入不多的事业单位，实行“定收定支，差额补助，超收留用，超支不补”的管理办法。对产品性生产、商品性经营的农业事业单位，均实行企业管理。从此，农业事业单位的财务管理走向规范化的轨道。

1980年国务院决定对气象部门管理体制分两步进行调整改革。1980年为第一步，先理顺关系，摸清家底，为调整改革做好准备工作。1982年国务院办公厅转发气象局《关于气象部门管理体制第二步调整改革的报告的通知》。从1983年起，有计划、有步骤地进行气象部门管理体制的第二步调整改革。第二步调整改革后，在全国实行自上而下的以气象部门为主的双重领导。省以下的气象部门既是上级气象部门的下属单位，又是同级政府的工作部门。地方气象部门的事业经费、基建投资以及固定资产和流动资产，从1983年起由国家气象部门管理。事业、行政经费按1982年财政决算数、基建投资计划数按1980—1982年三年平均数划转。各地进行人工降雨、防霜、防雹作业所需经费仍由地方解决。

1986年，为加强科技经费的宏观管理，国务院下发《关于科学与技术拨款管理的暂行规定》，主要改革拨款制度。对技术开发性研究，逐步推行技术合同制，争取在一定时间内达到经济自主，财政逐步减少事业费拨款。对从事公益事业的研究机构仍由财政拨给经费，实行经费包干制。对农业科学技术三项费用（新产品试制费、中间试验费和重要科学研究补助费），根据确定科研项目的级次，实行统一管理，分级负担。属于全国性的科研项目由中央财政拨款；属于地方安排的项目，所需资金由地方财政解决。是年，各地农科所划归省级管理。科研事业费，以1985年调整预算数扣除一次性拨款，加上1985年因工资改革应由财政负担的经费为基数划转。

1993年7月2日，国家颁发《中华人民共和国农业技术推广法》，逐步提高对农业技术推广的投入，各级政府在财政预算内应当保障用于农业技术推广的资金，并应当使该资金逐年增长。同时，通过财政拨款以及从农业发展资金中提取一定比例的资金，筹集农业技术推广专项资金，用于实施农业技术推广项目。农业技术的推广与应用，采取无偿和有偿两种服务形式。国家农业技术推广机构向农业劳动者推广农业技术，除另有规定外，实行无偿服务；农业技术推广机构、农业科研单位、有关学校以及科技人员，以科技转让、技术服务和技术承包等形式提供农业技术的，可以实行有偿服务，其合法收入受法律保护。进行农业技术转让、技术服务和技术承包的，当事人各方应订立合同，约定各自的权利和义务。由于服务方式的转变，农业事业费财务管理亦发生变化，必须按照法定程序，区分资金的性质，制定财务收支管理办法。

1996年，国家财政部颁发《事业单位财务规则》，事业单位统一实行“核定收支，定额或定项补助，超支不补，结余留用”的预算管理办法。此后，在预算管理形式上，取消全额预算管理、差额预算管理和自收自支预算管理的划分，全面实行统一预算管理。财务上实行“收支两条线”的管理办法。2001年12月，国务院就深化“收支两条线”改革下发了国办〔2001〕93号文件，其核心是按照公共财政管理的要求，将全部财政收支逐步纳入财政预算管理，实行“收缴分离，收支脱钩”。因此，农业事业单位合法合理组织的各项收入不再自收自缴，实行收缴分离，纳入财政预算，实行财政专户管理。2011年，财政制度进行改革，政府预算、收支分类，取消预算外收支科目，农业事业单位的收支全部纳入预算统一管理。经费支出，通过编制综合财政预算或年度财务计划，按照规定的拨款程序，由财政国库集中支付。

第二节　财政支农资金管理

财政支农资金。中华人民共和国成立以来，党和国家高度重视“三农”工作，把支持农业生产建设，改变农村面貌，关心农民的生活和保障农民的利益作为各级政府的重心工作。各级财政部门在贯彻落实党和国家对支持农业生产建设的方针、政策方面，分别在国民经济发展的不同阶段，相应出台一系列有利于农业生产发展的强农惠民政策，并利用不同的投资方式，不断扩大支农资金的规模。

计划经济时期，财政支农资金，主要支持农业集体经济发展，重点支援穷队发展农业，加强小型农田水利建设，增强农业抵御自然灾害的能力等。支持的方式，采取无偿补助的办法。20世纪70年代初，江苏省开始发展乡镇企业，特别是中共十一届三中全会之后，江苏的乡镇企业规模逐步扩大，改变了农业经济单一结构。所谓的乡镇企业是指农民群众集体所有，主要是办在农村的各类企业，包括：乡办企业、村办企业、生产队办企业、联户办企业和家庭办企业等。基于农业经济结构的变化，财政支持农业经济发展的方式进行适时改革，逐步形成无偿和有偿相结合的方式。与此同时，财政建立支农周转基金制度，由有偿（无息）扶持，定期收回，周转使用，到有偿低息投放，收取少量占用费的办法，时称财政支农周转金。

一、财政支援社队发展资金

新中国成立初期，国内经济百废待举，农业经营分散且灾害严重。虽然，财政十分困难，但国家对农业还是投放一部分支农资金，主要用于农业病虫灾害的治理和扶持农民生产自救。随着农业生产初级、高级合作社的成立，国家在支援集体经济的发展上，逐步增加支农资金的投入。主要用于推广小型农器具、手工排灌设备、病虫防治的农药等。1958年，人民公社成立后，为了扶持穷困社队发展农业生产，财政安排一部分支援农村人民公社支出，时称支援穷队投资。主要用于：扶持经济困难社队，发展集体经济，扶持穷队，因地制宜，发展多种经营，改善生产条件，提高生产能力等必须添置的小型农机具和牲畜等。

1961年，为加强支农资金管理，根据财政部《关于支援人民公社投资、分配、使用、管理的暂行规定》，支援人民公社的投资，必须贯彻“社队自力更生，国家支援为辅”的原则，保证重点，防止平均分配，各项资金要统筹兼顾，统一安排，综合平衡。主要用于维持农业简单再生产，重点解决农民的缺粮问题。资金的使用范围限于：添置耕畜、大车、排灌机械和其他生产性基本建设开支；购买化肥、农药、农业器械及其他生产费用周转投资的需要；农林特产和副业生产短期周转资金的需要；用于机耕费或排灌费等。

1963年，国家支援社队的资金与社队的自有资金，同物资供应，实行统一安排，综合平衡。坚持“确有物资、物资适用、群众欢迎”的原则。资金的使用，一律采用非现金结算的方式，由各县物资部门代供各种物资，包括化肥、农药、农药器具、排灌机械等。1964年国家将支援农村人民公社投资分为支持穷队翻身款（简称支穷款）和补助小型农田水利款两项。支穷款主要用于帮助穷队翻身，解决农民的口粮不足问题。穷队的标准是：在正常年景收获口粮不敷自给，耕畜农具严重缺乏，自己又确实无力解决的生产队。小型农田水利的投放，主要用于抗旱除涝和农田水利建设支出，但必须保证四个落实（工程项目落实，设计计划落实，工程器材落实，自筹资金落实）的前提下财政部门才能拨款。

1964年以后，支农部分资金逐步由无偿投资改为有偿无息借款或发放农业贷款。但支穷款（即支持穷队翻身款）和小型农田建设补助仍实行无偿拨款的方式。借款或贷款，主要是支持农林特产和副业生产短期周转资金的需要。

中共十一届三中全会以后，撤销了自1958年起农村实行“政社合一”的人民公社体制，恢复乡（镇）建制，农村实行了家庭联产承包为主的责任制和统分结合的双层经营体制。财政的支农资金，重点支持农田基本建设和防灾、减灾、救灾等方面的拨款，以及采取不同方式支持农村多种经营的发展。与此同时，1985年国家改革农产品统派购制度，粮、棉、油取消统购，实行合同定购和市场收购双轨制，提高农产品收购价格，从政策上支持农业生产发展。

二、财政支农周转金

1972年，江苏省试行建立财政支农周转金制度。试点初期项目单一，基金数额较小，由省财政厅安排投放，省、地（市）、县各级财政统一管理。由于这一阶段正处于“文化大革命”高潮时期，以政治统帅一切，投放的支农周转金疏于管理，加上穷困的社队多，困难也比较大，长期以来依靠财政支农资金扶持，从而在认识上产生模糊界限，把支农周转金当成无偿拨款的支农资金使用，由此产生投放的支农周转金收回难的问题。

“文化大革命”结束后，财政支农周转金进行清理整顿，完善制度、规范管理。1981年，财政部下发《关于加强财政支农周转金使用管理暂行规定》，将支援农村社队资金部分，由无偿补助改为有偿周转（无息）使用。进一步明确，财政支援农村社队发展生产的周转金，是财政支农资金的一个组成部分。扶持对象为：实行独立核算的乡镇企业；农村合作各种形式的经济联合体；国营农林牧副渔企业、事业单位；专业户和有偿还能力的贫困户。以及为发展各种开发性、商品性生产，各种产前、产中、产后的技术服务，技术推广科学研究等所需要的资金。中央、省、市（地）、县四级财政设立财政支农周转基金。支农周转基金来源，县级主要包括：

当年预算安排并且是直接用于支持农业生产而转入的资金；县财政机动财力和预算外资金安排的支援农业资金中属于定期收回、周转使用的部分；上级财政部门支持借入的周转金。财政支农周转金的投放，按照“因地制宜、择优扶持”，“自愿申请，有借有还”以及加快周转为原则，支持社队集体经济发展。

虽然对支农周转金要求有借有还，但由于种种原因，还是不能如期偿还，陈欠问题仍然很突出。为了加快周转金周转速度，发挥支农周转金的作用，充分调动乡镇级财政的积极性，依据财政部和省财政厅关于清理陈欠支农周转金问题的规定，各县对1983年底前陈欠的县级支农周转金，实行县、乡（镇）回收“五五”分成的办法。对按上级财政规定核销的支农周转金，已经收回的，实行县乡二八分成，即县留20%，乡镇留80%，作为县、乡（镇）支农周转基金。

1986年，财政部印发《财政支农周转金会计核算办法》的通知，对支农周转金会计核算作出明确规定，从而使支农周转金核算、管理更科学规范、有据可依。同年，对支农周转金实行有偿低息使用。支农周转金的发放和回收按照“统一领导，分级管理”的原则，“谁发放，谁回收”，到期收回不得减收或免收。下级财政部门向上一级财政部门申请支农周转金借款项目，必须先立项，对借款项目的技术性、可行性进行调查论证，并附可行性报告，予以审批；批准的项目，上下级财政之间签订借款合同后，办理周转金划拨手续。月占用费费率为2.1‰，合同到期后，连同借款本金一并归还。县、乡财政根据借入上级和本级支农周转金具体情况，分别发放到借款单位（户），除签定借款合同外，还必需有经济担保单位或签证单位签单，并办理公证手续据以执行。周转金偿还期限一般为1~2年，最长不超过3年。

1988年，江苏省财政厅印发《江苏省财政支农周转金占用费管理试行办法》，规定从5月1日起，对扶持国营农业企业、事业单位，农村合作组织及农户兴办经济实体，发展乡镇企业等商品性生产的财政支农周转金，合同期内收取占用费实行低费率，低于同类项银行贷款利息；逾期占用实行高费率。支农周转金占用费率，合同期内，根据支援生产项目，分别按月率计算，采用差别费率：工业生产、商品性经营为4.2‰；养殖业为3‰；种植业为2‰；新技术新机具推广为1.5‰。逾期占用（超过合同期）为8‰。收取的占用费，主要补充各级财政支农周转基金，一小部分根据实际需要用于周转金业务费开支。

1998年，中共中央、国务院对深化金融改革，整顿金融秩序工作进行统一部署。从1998年8月1日起对财政周转金进行全面整顿。1999年4月20日，宿迁市政府办公室，转发市财政局《关于宿迁市整顿财政周转金实施方案》的通知，要求从1998年8月1日起，各级财政原有的财政周转金一律只收不贷；各项周转金中除财政部规定的国家农业综合开发资金及粮食、副食品风险基金不属于整顿范围以外，其他均要按统一规定进行整顿。因此，财政支农周转金也属于整顿范围。清理整顿工作从1999年开始到2000年6月底结束。具体分两个阶段进行。第一阶段到1999年底，完成整顿主要工作任务，包括清理账目，收回到期借款等。第二阶段从2000年1月1日起，用半年时间，解决前阶段整顿工作中遗留问题，包括对老呆账和部分回收难度大的借款按有关规定进行最后处理。对1996年建立地级宿迁市前借款（从淮阴市划转部分），在收回本金的基础上，可按所收占用费15%的比例给予返还，用于各县区在回收周转金过程中发生的业务费开支，部分收回有一定难度的，可减免部分和全部资金占用费。支农周转金通过整顿之后，财政部门不再设立支农周转基金，即取消支农周转金制度。对已收回的支农周转金，全部划到财政预算部门开设的预算周转金账户，一律由财政部门统筹安排使用。对财政长期支持农业生产发展资金，在社会主义市场经济快速发展的新时期，围绕建设社会主义新农村的目标，政府在加大投入的同时，改革了投资方式，实行政府引导，市场运作，采取政策性补贴、财政贴息等方式，支持农村各项事业的发展。

第三章　财政支农政策性补贴

随着社会主义市场经济的建立与发展，国民经济进入了新的发展时期。党和国家高度重视农业、农村、农民（简称“三农”）工作。围绕构建现代化农业生产体系，建设社会主义新农村目标，改善农民生活质量，促进农业增效和农民增收，对农业经济的发展进行战略性的调整。各级财政相继出台了一系列强农惠民政策，在加大对“三农”资金投入的同时，拓宽了支农资金的渠道，有力地支持和推动农村经济社会全面发展，使广大农民享受到公共财政的阳光和改革发展的成果。政府财政在支农资金的筹集、分配、使用和管理上，坚持政府引导，市场运作。

在政策上，财政对农业生产类、农村环境建设类和农村消费类等方面，实施全方位、多环节的政策性补贴。

第一节　农村生产类政策性补贴

财政支持农业生产类政策性补贴。主要包括粮食生产直接补贴、良种补贴、农资综合补贴、农机具购置补贴、农业保险、农业防灾减灾以及构建现代农业生产体系等项资金。基于农业生产类内容广泛、项目繁多，政策出台的先后时间不一，项目补贴标准分门别类差异较大，一些项目的价格因素涉及补贴标准还需要适时调整。因此，在项目申报和资金管理上，每年省财政厅会同农业主管部门印发支农补贴项目申报指南、下达实施方案和资金指标。项目申报由市、县农业主管部门和财政部门共同负责，自下而上逐级申报。财政部门对申报项目的合理性以及预算编制的可行性负责。资金管理严格按照各任务类项目实施方案中明确的用途，规范使用补助资金。

一、粮食生产直接补贴（简称粮食直补）

粮食生产直接补贴是为促进粮食生产，保护粮食综合生产能力，维护种粮农民利益，调动农民种粮积极性和增加农民收入，财政按一定的补贴标准对种粮农民进行补贴。2004年，省财政厅、农林厅、省农村税费改革领导小组印发《关于对农民实行粮食生产直接补贴的通知》，文件规定，江苏省考虑到水稻是城乡居民主要口粮，粮食直补只补贴水稻（又称水稻直补）。坚持“谁种地补给谁”的原则。按核定到户的水稻面积，每亩补贴20元。粮食直补资金发放办法，各县财政部门应在县农村信用联社开设“粮食直补资金专户”，办理粮食直补资金的收付业务。粮食直补资金的总付工作，由乡财政所负责。总付资金前，由乡财政所对农户发放粮食补贴通知书，兑付资金时，可采取直接抵交农业税及附加的办法。同年，宿迁市享受粮食直补、良种补贴、农机具补贴三项优惠政策，省补助8147万元。其中水稻良种补贴177万亩1766万元，小麦良种补贴209万亩2100万元。

2005年5月24日，宿迁市财政局印发《宿迁市2005年对种粮农民进行直接补贴实施办法》。粮食直补政策继续实行与水稻实际种植面积挂钩。其资金管理，除洪泽湖农场、泗阳棉花原种场由省财政厅、农林厅直接补助外，全市粮食直补资金由市、县（区）财政部门管理。发放办法，县（区）财政要在农发行（或代理行）

设立直补资金专户，乡（镇）财政所在其所在地信用社开设直补资金专户，用于粮补资金的收支兑现业务。粮食直补资金全部实行现金或存单（折）发放。乡（镇）财政所采取服务大厅或者定时定点发放等形式，由农民凭身份证和个人印章到发放地点直接领取直补资金，不准村组干部统一代领、代发，更不准抵顶其他任何费用。当年全市发放粮食直补、良种补贴等资金8478万元。

2006年之后，随着补贴范围的扩大，市场价格因素等方面调整，省以上财政补贴数额逐年增加。为加强资金管理，保护农民切身利益，粮食直补等项发放办法进一步改进。宿迁市全部通过"一折通"兑付到户，即财政在指定银行为农户开设专用存折，凡政策规定补贴给农户的补贴费，由财政打入农户专用存折，采取适当方式将补贴项目和数额告知农户（以下凡涉及直接补贴农户项目均采用一折通），一般每年3月底发放到农户。2009年，全市通过"一折通"发放粮食直补、良种补贴、农机具购置补贴、农资综合补贴5.43亿元。2010年全市发放粮食直补、良种补贴4.2亿元。

二、良种补贴

为保证粮食生产安全，促进农业结构战略调整，优化农业生产布局，增加农民收入，提升农产品的竞争力，江苏省从2002年开始实施农作物良种推广补贴政策，逐步推开。补贴范围，全覆盖（指覆盖全省各县）良种补贴是：水稻、小麦、玉米、棉花、油菜；未全覆盖良种补贴是花生，2011年全省有8个县（市），包括宿迁市的泗洪县享受此项补贴政策。补贴标准，水稻、棉花每亩补贴15元；小麦、玉米、油菜、花生（大田生产）每亩补贴10元。自实行农作物良种补贴政策后，宿迁市粮食生产普遍推广良种，种植面积比较稳定。据宿迁市财政资料统计，2010年实施水稻、玉米良种补贴两项，水稻补贴面积为316.8万亩，玉米补贴面积为138.8万亩，合计455.6万亩，补贴金额为6140万元；2011年，增加小麦良种补贴，全市水稻补贴317万亩，玉米补贴面积为136.2万亩，小麦补贴面积为482.9万亩，合计936.1万亩，拨付补贴资金为10608万元。

三、农资综合补贴

农资综合补贴是国家为弥补种粮农民因柴油、化肥、农药、农膜等农资价格上涨带来的生产成本增加，而实行的一种直接补贴。农资综合补贴资金由中央财政预算安排，纳入粮食风险基金专户管理。中央财政按照因素法将补贴资金分配到各省，主要考虑各省粮食播种面积、产量、商品量及地区农资价格差异等因素，向粮食主产区倾斜。江苏省对中央下拨的补贴资金全额分配到市、县，省对市、县的分配实行“普惠制”，将经省人民政府批准的核定补贴面积、补贴金额分配到各市、县，逐级分解落实到户。补贴对象为省内种粮农民（含国有农场的种粮职工）。实行谁种植、谁享受补贴的办法。全省执行统一补贴标准，2012年农资综合补贴按核定的面积每亩补贴81.5元，因油价上涨，4月份按核定补贴面积每亩追加补贴21.9元，实际每亩补贴为103.4元。

四、农机具购置补贴

补贴对象为江苏省行政区域内从事农业生产、农产品加工为目的而购置农业机械的农牧渔民、农场（林场）职工和直接从事农机作业的农业生产经营组织（含农林场圃）。农机具购置补贴机具品种及标准，每年省、市、县通过印发文件、报纸杂志、乡村公告等形式，向农民公布农机具补贴目录，保障农民知情权。2012年，江苏省发布农机具购置补贴共12大类55个品目。农机具购置补贴政策的补贴重点是，对主要农作物生产关键环节急需的步进式插秧机、乘坐式插秧机、旋耕机、全喂入收割机、半喂入收割机、玉米收获机、拖拉机、挤奶机、动力喷雾机、背负式机动喷雾机（四冲程）、静电喷雾器、秸秆还田机等12种机具，按照农民实际需要实行普惠制。补贴资金实行定额补贴，即同一种类、同一档次农业机械实行统一的补贴标准。定额补贴按不超过市场平均价格30%测算。具体补贴额以省级农机部门确定的农机具补贴明细表为准。单机补贴额不超过5万元。100马力以上的拖拉机补贴限额不超过12万元。为支持农民购机，国务院明确规定，允许农民以拟购买的农机具作为抵押物向金融机构贷款。

五、农业保险

农业保险是农业生产者以支付小额保险费为代价，把农业生产过程中由于灾害事故造成的农业财产损失转嫁给保险人的一种制度安排。农业保险主要包括种植业保险和养殖业保险。政府对各地开展的农业保险实行保费补贴政策。中央明确规定：水稻、小麦、棉花、玉米和油菜，财政补贴不低于70%，其中，中央财政补贴35%，省级财政补贴25%，差额由市县财政补贴；对能繁母猪、奶牛保险，各级财政补贴不低于80%，其中中央财政补贴40%，省财政对苏北地区补贴30%，差额由市县财政补贴；对育肥猪保险，中央财政补贴10%，省财政对苏北地区补贴50%；江苏省确定的其他种植、养殖业有：肉鸡、养蚕、蔬菜大棚（棚内作物）、肉用仔鹅等保险，省财政补贴苏北地区50%；江苏省开办的农机具、兼用型拖拉机交强险、联合收割机三责险、运输型拖拉机交强险、驾驶员意外险，各级财政保费不低于50%，省财政对苏北地区补贴50%，差额由市县财政补贴。为推动高效设施农业保险试点，自2010年起，江苏省财政对各地开展的高效设施农业保险实施保费奖励政策，对省辖市和所属县高效设施农业保险分别进行考核和奖励。高效设施农业保险费收入与主要种植业保险费收入比例达到5%，省财政在原有保费补贴比例基础上给予10个百分点的保费奖励；达到15%，省财政给予20个百分点的保费奖励。

2013年，宿迁市农业保险险种拓展到19种，主要种植业基本实现应保尽保，高效农业险种持续扩量。全市高效农业保险签单保费达到2.06亿元，占全市农业保险费总额的58.32%。此外，各地把涉农保险作为拓展农业、农村、农民风险的主要措施，劳动力人身意外伤害险、乡村干部综合保险和农村小额家庭财产险，总保费规模已达到570万元，位居全省前列。全市农业保险工作，按照“联办共保”模式开展，政府与保险公司的风险责任承担比例为5∶5。在此基础上，宿迁市提高主要种植业保险金额，将小麦、水稻、玉米、油菜、棉花等主要种植业保险金额提高到550元/亩，费率执行4%，每亩保费22元，参保户仍按2.25元/亩缴纳保费，维护原标准不变；各级财政补贴保费，中央财政补贴35%、省级财政补贴25%、县（区）财政补贴29.77%、参保户承担保费10.23%。

六、农业防灾减灾资金

这项资金全是各级政府财政年度预算必须安排的资金，其数量从中央到地方财政分别安排。江苏省对防灾减灾资金安排的原则是，突出重点，重点支持重点灾区、重点项目、重点环节，促进灾后尽快恢复生产；明确责任，灾后重建以当地政府为主，以农民生产自救为主，财政适当支持；农民受益，灾后农业防灾减灾资金主要用于受灾农户的直接补贴、农业生产基础设施的重建等。现行的农业救灾财政政策主要有：按照国家动物防疫体系建设规划的要求，全面落实动物防疫疫苗经费，安排高致病性禽流感、牲畜口蹄疫、高致病性蓝耳病、猪瘟、猪链球菌疫苗及免疫注射劳务补助费；重大病虫害防治，主要用于专业化防治生物农药补助、植保、植检监测点补助、重大植物疫情阻截带监测、外来有害生物防除补助、蝗虫防治经费；安排救灾化肥专项资金，帮助农户抗灾救灾、恢复农业生产；安排防汛防旱等农业防灾减灾经费等。

七、构建现代农业生产体系资金

构建现代农业生产体系，是一项带有全局性的系统工程。设立这项补助资金的目的，主要是为地方搭建现代农业产业发展平台，构建现代农业产业链。江苏省财政支持现代农业生产发展项目，以打造现代农业生产体系为目标，整合资源，综合配套，依托现代农业园区（基地），从基础设施、公共平台、品种、科技、加工、流通等环节给予综合支持。市、县围绕地方现代农业发展规划的要求，围绕地方优势特色产业，在符合规划的现代农业产业园区、重点产业基地内开展项目建设。省财政扶持构建现代农业生产体系方面的主要有：

（一）农业适度规模经营资金。财政安排的资金主要用于扶持农村土地流转、促进农业适度规模经营。扶持以县为单位，对象为2011年后新生且未享受过补助的农村土地规模流转的土地流出方（入股农户）和具有一定流转规模的土地集中普遍流转的流出方（农户）。扶持的方式是，农村流转扶持资金实行以奖代补，对具有较大经营规模的土地集中流转的流出方给予一次性奖励。对当年新增土地股份合作社入股面积在300亩以上或单宗土地流转在1000亩以上的土地流出方（入股农户）一次性给予100元/亩的补助。

（二）推进农业科技进步资金。围绕全省主导产业，发展现代高效农业，支持现代农业重大技术示范推广，实施农业科技入户工程。安排农业科技自主创新资金，以解决全省农业和农村经济发展中的重大科技问题为主要任务，着力攻克一批产业关键技术、突破瓶颈制约，完善或延伸产业链条，提升产业核心竞争力。省农委和省财政厅每年对农业三新工程等印发申报指南、实施方案和资金补助指标。为加大政策扶持和资金支持力度，多渠道促进农民增收。2010年，省、市财政补助3000万元，县区财政按人均2元标准，设立劳动培训专项资金。全市培训农村贫困劳动力3.33万人；开展农业实用技术培训47.3万人。与此同时，全市累计发放扶贫小额贷款6.89亿元。2013年，仅农村教育培训工程（包括农业专业技术培训、农业职业技能培训、农业信息技能培训和农业创业培训）省补助宿迁市992.5万元。其中，宿城区132.5万元，宿豫区102.5万元，沭阳县255万元，泗阳县187.5万元，泗洪县215万元。另外100万元指标下达给江苏农民培训学院，承担宿迁市各县、区1000人的创业培训任务。

（三）农业产业化龙头企业发展资金。2002年省委、省政府决定设立农业产业化经营龙头企业发展专项资金，用于全省农业产业化经营龙头企业技术改造、发展订单农业等项目贷款贴息和科技开发项目的定额补助。发展资金由省财政安排，各市、县相应安排。是年8月29日，宿迁市财政局转发省财政厅、省发展计划委员会《关于印发〈江苏省级农业产业化经营龙头发展专项资金管理办法〉的通知》。省安排的专项资金，采取切块到市的办法，实行财政报账制管理。每年5月底前由省下达各市控制指标，各地区安排比例，苏北为50%。专项资金主要用于农业龙头企业技术改造项目贷款贴息占50%；基地建设及订单农业贷款贴息占35%；科研开发占15%。专项资金支持对象，包括全省范围内的各种经济成分和经济形式的农业产业化经营龙头企业。支持条件是，经过工商登记二年以上，上年有盈利业绩，年销售收入500万元或利润50万元以上，农副产品加工或农业经营收入占经营总收入80%以上的各类型龙头企业。此项资金扶持的项目基本每年都有新的重点，均执行省统一规定。2012年，重点扶持农业龙头企业种子、种苗的繁育及推广、技术研发、设备引进、生产加工、冷藏物流、物联网技术等环节；适当扶持农产品加工集中区生产技术培训、电子商务平台、农产品检测、包储设施等基础设施投入等。财政支持农业产业化经营项目发展资金补助办法，采取以奖代补，先建后补方式。申报条件为农业产业化龙头企业与农户建立紧密利益连结机制，发展符合优势特色产业发展方向的新兴产业，连续两年企业销售收入增幅超过10%，带动省内农户数增幅达到8%以上。省级以上龙头企业，申请项目新增投资不得低于800万元，补助标准，单体项目申请补助100万~200万元；省以下龙头企业申报项目新增投资不得低于300万元，单体项目补助标准为50万~100万元；申报农产品加工集中区、国家级农业产业化示范基地项目的，项目新增投资不得低于1000万元，单体项目可申请省级补助200万~300万元。2012年，宿迁市用于现代农业发展资金4.95亿元，其中，省以上财政支持4.6亿元。

（四）推进农村合作经济组织发展资金。农村经济合作组织，合作的形式是以家庭联产承包经营为基础，从事同类或多类农产品生产经营的农户。主要分为三种类型，一是以特色产业为纽带的农民专业合作社；二是以土地资源为纽带的土地股份合作社；三是以集体经济为纽带的社区股份合作社。实行自主经营，独立核算，自负盈亏，股份制合作组织是按股份分红。省财政安排专项资金，重点扶持"五好"农民专业合作社示范社、农民合作联合社扩大农户覆盖面，增强服务成员能力。扶持条件和补助标准为申报"五好"农民专业合作社示范社，必须经工商登记并实际运作2年以上，农民成员100人以上（渔业合作社、花卉苗木农民成员50人以上、农机合作社30人以上）；每年销售额在1000万元以上（农机合作社年作业面积3000亩以上）；拥有自主注册商标，成员标准化率达到100%；补助标准，单体项目补助20万~30万元。申报农民专业合作社联合社必须具备：工商登记并实际运作1年以上；成员合作社5个以上，成员总数400人以上；成员标准化生产率达到80%以上；服务带动本区域从事相同产业（特色产业）的农民60%以上；补助标准，单体项目补助30万~50万元。申报市、县开展辅导等培训宣传的市、县农经主管部门应具备较好的辅导培训工作基础，建立辅导员制度，并实施辅导培训计划，辅导培训单体项目补助5万~8万元。

（五）农产品质量安全建设资金。2012年重点用于：农产品检测、监测补助；扶持推广农产品标准化生产基地建设，制定统一的产地、产品编码，完善农产品记录档案，对生产中的施肥、用药、采收、销售过程如实记录；对获得"三证"的企业（单位）和个人给予奖励；对农产品质量建设工作扎实推进、效果显著的市、县，经省考核，实行以奖代补；建立农产品质量安全追溯鉴定平台、配备追溯管理相关仪器设备等。申报主体：由乡镇人民政府申报，乡镇农产品质量安全监管公共服务机构具体组织实施。补助标准为每个示范项目省财政支持额度为30万~50万元。宿迁市市级财政安排345万元。

（六）推进农村推广服务体系发展资金。2012年省财政安排的资金，主要支持粮食高产创建，农业信息工程，农作物病虫害防治，农村经营管理服务体系建设，"五有"乡镇农技推广综合服务中心建设，海洋与渔业服务体系建设，农机服务体系建设。对以政府投入为主体的农业园区（基地）、加工集中区、农产品市场体系三大载体建设中的科技推广、体系建设、检验检测、环保设施、信息网络等公共服务设施，省以上财政按不超过总投入的1/3给予奖励补贴。

（七）推进现代高效设施、外向农业发展资金。2012年省级高效设施农业项目主要扶持设施园艺基地、规模禽畜基地、休闲观光农业、外向型农业、基地建设。具体申报内容、条件、补助对象，标准是：

1.设施园艺基地。申报内容：扶持适宜地区发展的日光温室、钢架大棚、连栋大棚、避雨架棚、食用菌菇房、防虫网、喷滴灌、茶园防霜扇、重点产区（现代农业园区）完善集约化育苗及田头预处理等生产设施。申报条件：符合优势产业发展规划要求，规模集中连片，其中钢架大棚连片100亩以上，苏式日光温室和食用菌茹房连片50亩以上。农民专业合作社必须为列入政府优先扶持名录的农民专业合作社。补助对象：农户、农民专业合作组织。补助标准：单体项目可申请财政补助额度不超过该项目用于生产设施建设总投入的1/3（财政补助资金用于补助基础设施建设的部分不超过财政补助资金总额的30%）。单个农户补助规模不超过30亩。

2.规模畜禽基地。申报内容：扶持畜禽规模养殖的粪便综合利用和扩能增效，包括新（改、扩）畜禽圈舍（含建设生物发酵床）、雨污、干湿、固液分离改造，建设干粪堆积发酵场和粪尿三级沉淀池等处理设施、配套生产设施设备。申报条件：已有一定的养殖规模，取得畜禽养殖代码（新建项目除外），实行人畜分离、集中饲养、封闭管理，符合乡镇土地利用总体规划，不在法律法规规定的禁区内。同时，养殖规模和建设标准，申报项目经过新建和扩建后，总体养殖规模必须达到：生猪年出栏1万头以上、肉禽年出栏20万羽以上、蛋禽栏存10万羽以上、奶牛栏存500头以上、肉羊年出栏5000只以上、肉牛年出栏量1000头以上；多个中小养殖场（户）共同申报项目的，其中单个养殖场（户）的养殖规模必须达到：生猪年出栏不少于500头、肉禽2万只、蛋禽5000只、奶牛100头、肉羊500只、肉牛100只。建设标准：发酵床生态养殖实现粪污“零排放”；小型规模养殖场通过干湿分离、污水处理、堆粪发酸还田，实现粪污资源化利用；中型规模以上养殖场通过标准化生产改造、配套粪污综合利用设施，达到农业部畜禽标准化养殖示范场（按标准评分80分以上）或省畜牧生态健康养殖、畜禽粪便综合利用示范达标创建标准，实现标准化生产，做到粪污达标排放。补助对象：农户、规模养殖场、农民专业合作社、乡（镇）政府及省属国有农场。补助标准：每个项目省财政支持额度50万~100万元。规模养殖户、农民专业合作组织申报的项目，补助标准不超过项目总投资的1/3，农业企业申报的项目，补助标准不超过项目总投资的10%。

扶持高效外向农业资金。江苏省财政安排的专项资金，主要是扶持外向型农业基地建设。重点扶持经省农委、江苏出入境检验检疫局和海洋与渔业局认定的出口农产品示范基地（区）。一是与农产品出口企业有订单；二是产品区域特色明显，规模或潜力较大，能够集中连片（500亩以上）生产加工出口，带动农民增收作用明显；三是建有良好的食品质量安全控制体系、健全的溯源体系和高效的投入品控制体系。补助对象：农产品出口企业，与农产品出口企业建立订单生产合作关系的农民专业合作社、农民或村级集体经济组织。补助标准：出口示范基地（区）项目，单体项目补助150万~200万元；其他出口农产品基地项目，单体项目补助50万~150万元，补助标准不超过项目总投资的1/3。

2006年，宿迁市委、市政府办公室发出《关于加快发展高效外向农业实施意见》之后，市政府办于2007年1月22日，制定《关于市级财政支持高效外向农业管理办法的通知》。市级财政设立高效外向农业发展专项资金（以下简称项目资金）。项目资金主要用于市确定的十大高效外向农业产业，重点实行以奖代补和贷款贴息，充分发挥财政资金的引导作用，吸引“三资”投入高效外向农业，改善经营方式、优化产业和产品结构，提高农业的外向度和农产品的竞争力。项目资金由市财政列入当年预算，县（区）财政预算相应安排专项资金支持高效外向农业的发展。县（区）承担的项目，市与县（区）配套比例不得低于1∶2。项目资金补贴范围：重点扶持农业产业化市级以上重点龙头企业，农产品加工流通企业、农产品出口企业，农民专业合作社组织、农产品行业协会、种养大户等市场主体及农业科研主体。项目主体承担的项目必须能带动农户发展，促进农民收入显著提高。2007年，省、市两级财政安排资金6873万元，引导、扶持全市十大高效外向农业发展。2011—2015年，全市共安排各类高效现代农业补助资金20亿元，支持现代农业产业园区建设、鼓励土地规模流转集中经营，培育发展农业产业龙头企业和农民专业合作组织，提升农产品质量安全。高效农业面积全市从2011年的322.8万亩，提高至2015年的398万亩。高效渔业面积由2011年的84.9万亩提高至2015年的120万亩。

第二节　农村环境建设类补贴政策

农村环境建设，是新的发展时期党和国家提出建设社会主义新农村目标的重要工作内容之一。国家从政策上给予帮助，资金上给予大力支持，实行统一规划，分级负担，分期实施的办法。江苏省财政对农村环境建设类政策性补贴项目，主要包括：农村桥梁建设（简称“农桥建设”）、农村饮水、农村改厕、村庄建设。一事一议筹资筹劳、农村生态环境保护等工程。

一、农桥建设

其资金采取多层次、多渠道的方法筹措。从2003年起，省级财政设立农桥建设专项资金，用于农村小型公益设施农村桥梁建设。地方各级财政在采取措施增加投入的同时，鼓励农村集体组织筹资和出让桥梁冠名权等多种方式吸引民间资本等投入农桥建设。省财政支持农桥建设的原则，实行统一规则、分级负担、先急后缓、分期实施。江苏省财政安排的农桥建设补助资金，根据各地经济发展状况，农桥建设补助资金采取差别补助政策。宿迁市配比为省补80%（为全省最高），市、县财政为20%。农桥建设单项桥梁使用省补助资金不得超过20万元。农桥建设项目补助资金的使用管理；由下自上逐级申报，一年一定，由省财政下达控制指标。2007年，宿迁市按照农桥建设补助政策，统筹安排资金2866万元，修建农桥276座。2011年，省下达计划数998座，补助资金8486万元，当年全部竣工。2012年，考虑各地农桥建筑成本增加等因素，按照《江苏省省级农桥项目资金管理办法》规定，省在原分档的单桥平均定额2011年省级补助标准的基础上，将每档单桥平均定额省级补助标准提高了5000元。提档后，宿迁市的单桥平均定额省级补助标准为9万元。是年，省下达宿迁市农桥建设项目503座，补助资金4577万元，实际投资5120万元，完成537座。

二、农村饮水安全工程

2005年，国家启动农村饮水应急工程，解决部分农村饮水安全问题。国家发展和改革委员会会同水利部、卫生部等部门编制《“十一五”农村饮水安全建设规划》，确保“十一五”期间解决农村人口饮用高氟水、高砷水、苦咸水、污染水和血吸虫病区、微生物超标等水质不达标以及局部地区严重缺水问题。农村饮水项目建设资金主要由各级财政和受益群众共同负担。除省以上财政补助资金外的项目建设所需配套资金由市、县政府负责落实，并确保足额到位。项目建设资金的使用，按照《江苏省农村饮水安全项目建设资金管理办法》执行。严格按照批复建设内容和标准安排使用，专款专用，省以上资金主要用于工程建设材料费、机电设备费、施工费、安装费等，建设管理等其他费用不得在省以上补助资金中列支。工程价款结算按有关规定执行，财政部门按结算金额的5%预留工程质量保证金，待工程竣工验收完成且交付使用一年后结清。自实施农村饮水安全工程后，宿迁市按照规划，分期分步实施，投入逐年有所增加。2009年，省、市安排资金4.2亿元，主要用于农村饮水安全、防汛、来龙灌区改造等水利工程及县乡河道疏浚等。

三、农村改厕

农村改厕资金来源，坚持政府补助引导、集体和社会资助、群众自筹相结合的筹措原则。各级财政对纳入农村环境整治工程卫生改厕项目的农户按每座户厕补助总额不低于400元的标准给予补助。省财政每年5月底前下拨当年补助资金计划的70%，剩余部分年底考核后清算。市、县财政和各有关单位按省改厕实施方案和相关规定落实地方统筹资金。省财政补助农村改厕的专项资金，重点用于苏北、苏中以及苏南血防地区。市、县安排的改厕补助资金与省补助资统筹安排使用。

四、村庄建设

为促进社会主义新农村建设，改变村庄环境面貌和农村生产、生活、生态条件，2011年江苏省委、省政府发出《关于以城乡发展一体化为引领　全面提升城乡建设水平的意见》和省委、省政府办公厅《关于印发〈全省村庄环境整治行动计划〉的通知》。江苏省财政厅设立省级村庄环境整治专项引导资金。并于2011年12月31日，印发《省级村庄环境整治引导资金奖补办法》。奖补范围：主要用于对直接组织实施村庄环境整治行动计划、直接承担村庄环境整治的县（市、区）、按村庄环境整治任务量实行以奖代补的办法。专项资金的安排坚持量财施补、突出重点、兼顾一般、讲究效能的原则，体现区域经济发展水平差异，向苏北地区倾斜；引导各地推进康居乡村建设，向省级康居示范村倾斜；推动完成重点整治任务，向交通干线沿线等周边村庄及重点村庄倾斜。省级以奖代补标准为以行政村为单位，省级康居示范村，苏南地区50万元，苏中地区80万元，苏北地区110万元。交通干线等周边行政村：苏南地区15万元，苏中地区25万元，苏北地区35万元。其他行政村（农村人口较多的区）依据省财政厅有关一般性专项补助资金分配对地区分类的要求，一类地区25万元，二类地区20万元，三类地区15万元，四类地区10万元，五类地区5万元。苏南比照五类地区补助标准，苏中比照四类地区补助标准，苏北比照三类地区补助标准。各市、县（区）作为村庄环境整治行动计划实施主体，要多渠道筹资，包括各级财政现有有关专项资金，确保村庄环境整治需要。对奖补的省级引导资金，可结合地方资金，统筹安排使用于村庄环境整治，并向重点整治方面倾斜。资金拨付方法为按照省村庄环境整治推进领导小组办公室与市、县政府签订的村庄环境整治责任书规定的年度村庄环境整治任务量，规定奖补标准，计算确定当年省级引导资金奖补额度，先行下达奖补额度的80%，剩余的20%部分待考核验收合格后拨付。村庄环境整治引导资金奖补办法执行期为2011—2015年。

五、农村河道疏浚村庄河塘整治工程

这两项工程都是治理农村环境的重点项目。农村河道疏浚工程，宿迁市财政局、水务局，根据江苏省财政厅、水利厅《关于加强县乡河道疏浚项目及资金管理的意见》，于2003年5月20日，印发《宿迁市河道疏浚工程项目管理实施细则》河道疏浚工程是地方公益性工程，县乡河道疏浚工程投入，坚持以地方和群众自筹为主，国家补助为辅，鼓励社会投资兴办。工程的安排，遵照统筹规划、分期实施、相对集中、连片治理的原则，确保效益最大化。

项目管理。宿迁市制定了《县乡河道疏浚规划（2003—2007）》，用5年时间完成全部县乡河道疏浚的目标。县区财政、水务局依据经政府批准的河道疏浚规划，编制年度实施计划和项目可行性研究报告，上报市水务局、财政局审核后联文上报省水利厅、财政厅审批。

县乡河道疏浚工程实行按河道疏浚工程土方量计算综合补助额的办法。县乡河道疏浚工程补助标准，分县级河道和乡级骨干河道两个层次，同时补助标准逐年进行调整，主要是省级财政补助。2003年，省级财政补助标准为：县级河道补助0.8元/每立方米；乡级骨干河道补助0.4元/立方米。此后补助标准进行了调整。县级河道补助标准为省级财政补助1.8元/立方米；市级财政补助0.1元/立方米；县区财政补助0.22元/立方米。乡级骨干河道补助标准为：省级财政补助1.2元/立方米；市级财政补助0.05元/立方米；县区财政补助0.11元/立方米。

村庄河塘整治工程，是村庄环境整治项目之一。省财政设立专项财政补助资金，实行以奖代补的办法。奖励经费用于村庄河塘疏浚土方开挖。省财政补助标准分地区类别，一、二类地区每立方补助2.2元；三类地区每立方补助2元；四类地区每立方米补助1.5元。宿迁市享受最高类别补助。

2008年，省、市、县（区）财政投入农村水利建设资金3.1亿元，主要用于县乡河道疏浚整治、村庄河塘整治工程和农村饮水安全工程。全市完成土石方6125.4

立方米；疏浚县乡河道289条；兴建、改造小沟以上配套建筑物4988座，新建防渗漏渠道153.2千米。

六、村级公益事业建设一事一议财政奖补资金

2000年，中共中央、国务院发出《关于进一步做好农村税费改革试点工作的通知》，各地陆续进行农村税费改革。农村税费改革前，村提留、乡统筹和农村劳动积累工、义务工是村级公益事业建设的主要资金来源和劳务来源。农村税费改革取消了村提留、乡统筹和“两工”，规定村级公益事业建设所需资金、劳务，实行村民一事一议，由村民民主决策、民主管理，充分尊重农民意愿，并实行上限控制。

从2001年开始，江苏省人民政府办公厅发出《关于加强村级范围内一事一议筹资筹劳管理的意见》《关于取消统一规定的农村劳动积累工义务工并实行一事一议筹劳的通知》。2007年印发《关于贯彻实施村民一事一议筹资筹劳管理办法的通知》。一事一议筹资苏中、苏北地区每人每年不超过20元；一事一议筹劳以出劳为主，每个劳动力每年筹劳原则上控制在5个工作日左右，最高8个工作日。以资代劳工价苏北地区每个工作日不超过8元。筹资筹劳的适用范围是村内农田水利建设、道路修建、植树造林、农业综合开发有关土地治理项目和村民认为需要兴办的集体生产生活等其他公益事业项目。筹资筹劳的议事范围为建制村，筹资筹劳的对象为本村户籍在册人口或者所议事项受益人口。

负担对象为男18~55周岁、女18~50周岁的农村劳动力。现役军人、退出现役的伤残军人、在校就读学生、孕妇或者分娩未满一年的妇女不承担筹劳任务。家庭确有困难，因病、伤残或者其他原因不能承担或者不能完全承担劳务的村民可以申请减免。

一事一议财政奖补资金，是作为巩固农村税费改革成果、深化农村综合改革的一项制度创新。农村税费改革取消了农业税和农村“两工”，大幅度减轻了农民的负担，对村级公益事业建设规定通过村民一事一议筹资筹劳解决，但由于这项制度当时相关配套措施不完善，没有发挥应有的作用，工作缺乏动力，农民的积极性调动不起来，出现“事难议、议难决、决难行”的现象，从农村税费改革到一事一议财政补贴奖补试点前，村级公益事业建设投入总体上呈下滑趋势。为此，2008年中央1号文件明确提出，要求开展村级公益事业建设一事一议财政奖补试点。国务院领导批示，“先行试点、总结经验，完善政策，逐步扩大”。2009年，江

苏省全面开展一事一议财政奖补试点工作。通过一事一议财政奖补政策引导，充分调动各方面的积极性，逐步增加对农村公益事业建设的投资力度；缓解农村公益事业建设投资不足的迫切需要；确保一事一议筹资筹劳“取之于村民，用之于村内”，逐步建立“政府资助、农民参与、社会支持”的村级公益事业建设投入新机制，加快农村公益事业建设步伐，全面推进新农村建设。

一事一议财政奖补项目的建设资金来源，以村民一事一议筹资筹劳为基础，省财政根据各地村级公益事业建设需求和一事一议筹资筹劳开展情况，对县（市、区）给予补助。县（市、区）财政也要从扶持“三农”大局出发，积极调整财政支出结构，增加财政投入，支持村级公益事业建设，逐步形成一事一议财政奖补资金的稳定来源。2011年宿迁市村级公益事业建设一事一奖补项目当年建设资金投入15498万元。其中，财政奖补资金12390万元（省级10981万元，县级1409万元）；一事一议筹资筹劳资金2616万元；其他建设资金（村集体、社会捐助等）492万元。

2012年省农委、省财政厅发出《关于做好2012年村级公益事业建设一事一议财政补贴工作的通知》，省财政补助各地的一事一议财政补贴资金额度仍按上年核定数安排，实行一事一议筹资筹劳的县（市、区），苏北奖补比例为1∶1.4。是年，宿迁市奖补项目当年建设资金投入14939万元。其中，财政奖补资金12444万元（省财政11091万元，县乡财政1353万元）；一事一议筹劳资金2342万元；其他建设资金154万元。

七、农村生态环境保护工程补助资金

工程项目主要包括规模畜禽场沼气治理工程、秸秆气化集中供气工程、秸秆多种形式利用、农业可再生资源循环利用等。

（一）规模畜禽场沼气治理工程补助资金。省财政安排专项资金，扶持规模畜禽养殖场建设，符合省级建设标准的大、中型沼气工程。补助对象：农民专业合作社、规模畜禽养殖场、农业园区管委会或村委会。补助标准，省财政按不同类型沼气工程，每年给予补助如下：Ⅰ型4万元；Ⅱ-a型6万元，Ⅱ-b型12万元，Ⅱ-c型24万元；Ⅲ-a型35万元，Ⅲ-b型65万元，Ⅳ-a型95万元、Ⅳ-b型105万元、Ⅳ-c型130万元、Ⅳ-d型155万元；Ⅴ-a型180万元、Ⅴ-b型190万元。

（二）秸秆气化集中供气工程，扶持秸秆沼气集中供气工程建设补助资金。申报条件要求以村为项目单元，村庄规划整齐，居住集中，村经济基础好，建设用地落实，秸秆原料丰富，便于铺设管网。采用秸秆为原辅料制取沼气，集中供气总户数不少于100户。补助对象：村委会、农业园区管委会、秸秆利用企业。补助标准，省财政按照秸秆汽化集中供气项目、供气规模分别给予补助：供气规模300~499户的补助100万元/处；供气规模500~799户的补助140万元/处；供气规模800户以上的补助170万元/处。

（三）秸秆多种形式利用补助，主要扶持秸秆固化成型用作工业燃料，秸秆收贮中心建设，秸秆用作食用菌生产基料，秸秆用于规模化饲料加工。补助对象：农民专业合作社、秸秆利用企业。申报条件是秸秆固化成型燃料项目由企业或合作社申报，要求注册资金1000万元以上，已完成项目用地、用电等相关事项的行政审批，拥有稳定的秸秆固化成型燃料销售渠道，项目建成后年产秸秆燃料规模达1万吨以上；秸秆收贮中心项目农民合作社或企业申报，建成后年收贮秸秆5万吨以上；秸秆食用菌基料项目具有独立法人的食用菌生产企业、基料生产企业合作社申报，要求从事秸秆食用菌或秸秆基料生产2年以上，项目建成后年消耗秸秆1万吨以上；秸秆规模化饲料加工项目由具有独立法人的企业申报，从事加工生产2年以上，项目建成后产秸秆干草粗饲料1万吨以上。补助标准：根据生产（收贮）规模，单体项目省级补助50万~100万元。各级财政部门加大对秸秆综合利用的支持力度，将秸秆综合利用资金列入财政预算，对秸秆还田、气化、固化成型等资源化利用给予适当补助。省财政将秸秆还田、打捆、青贮等机具纳入农业机械购置补贴范围，并对秸秆机械化还田作业给予补贴。具体补贴办法，由省财政和农机部门根据年度稻麦秸秆机械化全量还田目标制定。总体上，秸秆综合利用机械各级财政补贴比例不高于40%。对利用秸秆发电、加工板材等综合利用秸秆的企业，税务等有关部门应根据秸秆实际利用量，按照国家有关政策规定落实税收、电价补贴等优惠政策。金融机构应当对秸秆利用项目给予信贷支持。

（四）农业可再生资源循环利用补助，主要扶持设施农业生产废弃物循环利用；扶持成片粮棉油生产基地、果园、茶园及花卉苗木种植基地内贮存利用沼液、沼渣施肥等；扶持高效大棚内深埋秸秆，利用菌种将秸秆转化为土壤肥料，提高作物品种等。申报条件和补助标准为设施农业废弃物循环利用试点项目由种植大户或合作社企业或农业园区申报。要求项目实施点成片大棚100亩以上，每亩大棚建设8立方米小型发酵池1个。按照每亩2000元进行补助，单体项目补助不超过30万元；大田循环农业试点项目由村委会或合作社或企业、农业园区申报。要求项目实施点连片500亩以上，实施点附近有池容300立方米及以上的沼气工程，具有一定的“三沼”综合利用经验，每200亩建设100立方米贮存池1个，每30亩建设20立方米利用池1个。单体项目补助40万元/处；秸秆大棚生态种植试点项目由合作社或农业园区申报，由县推广机构监督实施，要求项目实施点成片大棚300亩以上，种植年利用量3000吨以上。单体项目补助20万元/处。

第三节　农村消费类政策性补贴

2007年12月起，国务院陆续出台关于农村消费财政补贴政策。主要包括：家电下乡政策，汽车、摩托车下乡政策、农村流通网络建设财政专项补贴政策等。

一、家电下乡政策，是针对农村消费者定向生产、销售指定家电产品，由政府财政部门给予购买人一定资金补贴的农村家电推进工程

通过财政政策与生产、贸易政策的有机结合，促进家电下乡产品在农村地区的销售，提高农户主要家电产品拥有率，提升农民生活水平，为社会主义新农村建设服务。这既是国家的一项重要惠农政策，也是积极扩大内需、拉动消费的重要举措。家电下乡补贴资金，是指中央财政和省财政安排的，对农民购买补贴类家电下乡产品按照一定比例（13%）给予补贴的资金。

全国家电下乡政策分三步推开。第一步，2007年12月在山东等三省一市进行试点，国务院办公厅于2008年发出《关于搞活流通扩大消费的意见》，对彩电、冰箱、手机三大类型产品给予产品销售价格13%财政资金直补。第二步，根据国务院第36次常务会议精神，财政部、商务部、工业和信息化部印发《关于全国推广家电下乡工作的通知》。试点面扩大到14个省（市）、自治区。经国务院批准从2008年12月1日起实施，补贴产品增加了洗衣机。第三步，从2009年2月1日起，开始向全国推广。根据国务院第51次、91次常务会议决定，财政部、商务部、工业和信息化部等部委先后发出《关于加大家电下乡实施力度的通知》《关于印发家电下乡操作细则的通知》和《关于进一步加大家电下乡政策实施力度的通知》江苏省人民政府办公厅印发《江苏省家电下乡工作实施意见的通知》，全面推行家电下乡工作。江苏省实施家电下乡补贴政策，执行时间为4年，即从2009年2月1日起至2013年1月31日止。补贴对象：具有江苏省农业户口的居民，在省境

内的家电下乡指定销售网点购买家电下乡的产品的所有人员。自2010年1月1日起，国有农场、林场职工也纳入家电下乡政策实施范围。购买家电下乡产品数量，4年内每户（以户口籍为准）每类产品享受补贴数量不得超过2台（件）。江苏省家电下乡产品品种和财政补贴标准。产品品种分为十大类。财政补贴，自2010年起，国家大幅度提高了家电下乡产品的最高限价，采取比例补贴和定额补贴两种办法。

宿迁市家电下乡补贴品种和补贴标准一览表

表 69

品种	销售价格	补贴比例（%）	销售价格（元）	定额补贴（元）
彩电	3500（含）以下	13	3500—7000	每台 455
冰箱（含冰柜）	2500（含）以下	13	2500—4000	每台 325
手机	1000（含）以下	13	1000—2000	每台 130
洗衣机	2000（含）以下	13	2000—3000	每台 260
空调				
其中：壁挂式空调	2500（含）以下	13	2500—3500	每台 325
落地式空调	4000（含）以下	13	4000—6000	每台 520
电脑	3500（含）以下	13	3500—5000	每台 455
电磁炉	600（含）以下	13	600—1000	每台 78
微波炉	1000（含）以下	13	1000—1500	每台 13
热水器				
其中：太阳能热水器	4000（含）以下	13	4000—5000	每台 520
储水式电热水器	1500（含）以下	13	1500—2500	每台 195
燃气热水器	2500（含）以下	13	2500—3500	每台 325
电动自行车	待定	13	待定	补贴上限每台 260

二、汽车、摩托车下乡，根据国务院第91次常务会议精神，2010年国家进一步加大家电、汽车、摩托车下乡政策实施力度

江苏省根据财政部、国家发展和改革委员会等部委文件规定，制订印发《江苏省汽车、摩托车下乡实施方案》等文件。汽车下乡政策的实施时间为2009年3月1日至2010年底。政策依据国务院《关于印发汽车产业调整和振兴规划的通

知》,为拉动消费、促进汽车产业健康发展的一项重要举措。财政补贴资金由中央财政安排,补贴办法由财政部会同相关部门制定,资金直接补贴给生产企业,凡农户购买国家指定的汽车下乡品种,企业在销售环节直接减少财政补贴部分。摩托车下乡政策实施时间与家电下乡实施时间同步。财政补贴标准,购买摩托的农户,销售价格每辆5000元及以下的,补贴销售价格的13%,销售价格5000元以上的,定额补贴650元。财政补贴资金由中央财政和省级财政共同负担。其中:中央财政负担80%,省级财政负担20%。

自江苏省实施家电补贴政策后,宿迁市在贯彻落实家电下乡工作中,抓住家电下乡补贴政策的有利时机,政府精心策划,各部门通力协作,相互配合,广泛宣传,为普及农村家电,改善民生,提高农民生活质量,做好服务工作,并取得良好效果。从2009年2月1日至2013年1月31日,四年时间,全市农户购买家电下乡补贴产品(不含汽车下乡)1689258台(件);销售金额为42.21亿元;享受中央和省财政补贴52862.28万元(享受13%政策补贴27202.12万元,定额补贴25480.16亿元),其中,宿城区8148万元,宿豫区4206.24万元,沭阳县15477.84万元,泗阳县10563.32万元,泗洪县10469.37万元,宿迁市经济开发区3561.02亿元,宿迁市骆马湖示范园区256.49万元。

三、农村流通网络建设

主要包括:农村物流服务体系发展、万村千乡市场工程和双百市场工程。

农村物流服务体系专项资金(以下简称专项资金),是为方便工业品下乡和农产品存储、运输、销售,促进商品流通和消费,由中央财政设立专门用于支持农村物流服务体系建设项目的补助资金。专项资金重点支持“万村千乡市场工程”“双百工程”、家电、摩托车下乡产品流通网络建设和农资流通体系等建设项目。专项资金采取以奖代补、贷款贴息和财政补助等支持方式。以奖代补,主要为提高资金使用效益,对于能够制定具体量化评价标准的项目,采取以奖代补方式予以支持;贷款贴息,对于投资规模大、能够获取银行贷款的项目采取贷款贴息方式予以支持;财政补助,对于盈利性弱、公益性强、难以量化评价,不适于以奖代补方式支持的项目采取财政补助方式予以支持。专项资金主要采取因素法进行分配。财政部根据专项资金年度支持重点,按照各地相关发展指标并考虑地方财力等因素,将专项资金分配到各省级财政部门并下达资金预算指标,同时按国库支付管理的有关规定及时拨付资金。省财政厅会同同级商务、供销相关主管部门制定资金使用管理具体操作办法，提出具体项目安排意见，各地根据当地财力情况，安排资金支持物流服务体系建设，并与中央财政专项资金统筹使用。

（一）万村千乡市场工程。是指从2005年开始实施的农村现代流通网络建设工程。通过安排财政资金，以补助或贴息的方式，引导城市连锁店和超市等流通企业向农村延伸发展“农家店”，力争三年时间，构建以城区店为龙头、乡镇店为骨干、村级店为基础的农村现代流通网络，满足农民消费需求，改善农村消费环境。促进农业产业化发展。农家店建设应达标准：日用消费品农家店建设应符合商业部制定的《农家店建设与改造规范》，农资产品统一配送率达到75%以上；日用消费品统一配送率（按销售额计算）50%以上。

2009年，商务部、财政部发出《关于加快实施“万村千乡市场工程”的通知》，提出了新的目标任务：新建和改造农家店和农村商品配送中心。进一步扩大“万村千乡市场工程”覆盖面；强化农村商品配送中心的商品采购、储存、加工、统配、调运、信息等功能，增加统一配送商品品种，提高配送能力和信息化水平，降低营业成本；推进“万村千乡”网络与供销、邮政、电信等网络的结合，提高农家店综合服务功能，引导生产企业开发符合农民消费特点的产品，更好地满足农村居民的消费需求。配送中心建设应达到以下标准：符合当地商业网点规划；已经投入使用并发挥配送功能；配送中心建设面积不少于1000平方米，配送车辆不少于10辆；具有商品购进、库存、销售及门店管理的信息理论系统；已与100家以上农家店建立了商品配送业务并签订了5年以上供货合同。日用消费品配送中心品种不少于5000个，农资配送中心的农资品种不少于500个。

新增承办万村千乡市场工程条件：日用消费品经营企业注册资本东部地区300万元以上；2008年度销售额东部地区5000万元以上。农业生产资料经营企业注册资本东部地区1000万元以上；2008年农资类产品销售额2亿元以上，其中化肥或农药销售额1亿元以上。工商营业执照显示具备3年以上从业经验，具有一定配送能力。支持方式和标准：采取以奖代补方式。按照商务部、财政部文件规定，建设万村千户农家店、农村商品配送中心经验收合格的，东部地区每个农家店支持4000元；农村商品配送中心项目支持资金不得超过项目总投资的50%。

（二）双百市场工程。主要是在农产品重点销售区和生产区，支持建设和改造大型鲜活农产品批发市场，引导市场与基地农户建立紧密联系，提升市场服务水平；支持县乡农贸市场进行标准化建设和改造，完善交易设施，改造交易环境；逐步形成以批发市场为核心，农贸市场为基础，覆盖城乡的农产品流通体系，不断降低流通成本，减少农产品损耗，拓宽流通渠道，解决农产品卖难问题，促进农民增收，保证城乡居民吃上“放心菜”。

农产品批发市场承办单位应具备条件：经县级以上人民政府或其授权部门批准设立，具有法人资格，符合当地城市建设及商业网点规划；建立了农产品流通质量安全管理等相关制度，保障市场供应等。年成交额在本地区位居前列，东部地区在20亿元以上；对照《农产品批发市场管理技术规范》和实施细则综合测评，东部地区的市场信合评分应在160分以上；占地面积150亩以上。农贸市场承办单位应具备条件：经乡以上人民政府或授权部门设立，具有法人资格，符合当地城市建设及商业网点规划，组织机构、规章制度全，农产品交易额在本县位于前列；以农产品零售交易为主，农产品交易额占市场总交易额60%以上；营业场所固定，营业面积在2000平方米以上。双百市场工程的支持方式和标准：采取以奖代补方式。按照商务部、财政部《关于加快农产品流通网络建设，推进“双百市场工程”的通知》规定：建设和改造验收合格的，每个农产品批发市场原则上按200万元标准予以支持，每个农贸市场原则上按50万元的标准予以支持，但不得超过项目总投资的50%。

第四章　水利事业财务

第一节　水利事业费管理

水利事业费开支范围，按支出用途划分，主要包括防汛费、岁修费、水利设施补助费、技术推广费、勘测设计费、水文事业费、科学研究费、干部训练费、水质监测费、水土保持事业费、国营排灌站补贴、水质管理费、水资源保护费和其他水利事业费等。但随着经济社会发展，财务管理体制改革和适应财政预算管理工作的需要，水利事业费支出项目和科目名称会发生增减变动，财政部将在相关年度预算编制及执行过程中，对其支出预算科目进行适时调整。

中华人民共和国成立初期，国家经济困难，实行高度集中的统收统支财政管理体制，预算管理体系还不健全，县级尚未设立一级预算，所有预算收支统一由中央财政安排，地方实行报账制。随着国家经济好转，1953年县级成为一级预算单位后，水利经费列入县级财政预算，主要是水利事业单位的机构费。小型农田水利经费均由各地根据实际情况自行安排，省、专区财政不单独安排经费。1962年后，省级财政开始逐步安排一部分小型农田水利和水土保持费。安排的原则是“三主两辅”即小型为主，配套为辅，社、队（乡村）自办和自力更生为主，国家补助为辅。当年工程，当年施工，当年受益。

1963年7月20日，国务院批转财政部、农业部、人民银行《关于建立农业资金小组加强农业资金管理的报告》，国家直接支援农业集体经济的资金，包括拨给社队的小型农田水利的补助费、造林补助费、抗旱经费、支持穷队投资等。同年10月31日，国家计委、财政部颁发的《关于基本建设投资和各项费用划分的规定》明确，各项水利工程的维修、防汛抢险、堵口复堤、小型农田水利和水土保持等费用，由水利事业费开支。

1964年，江苏省根据国家计委、农业部、水电部、财政部、农业银行，1963年11月29日颁发的《关于小型农田水利补助费（包括水土保持费）和抗旱经费的使用管理试行规定》制定《江苏省小型农田水利补助经费使用管理试行办法》规定，小型农田水利补助费主要用于社队办的小型农田水利工程和大中型灌区、除涝治碱工程内由社队负担的配套工程。其使用范围：社队举办的农田水利工程的材料费和技工工资补助；社队举办小型农田水利工程所需劳动力，由受益社队负担，但社队因贫减产，或经费确实困难，可适当补助一部分伙食费；国家管理的灌区所需岁修和管理费用，应由所收的水费开支支付，国家不予补贴。新建灌区经省地区主管部门批准，可以补助1到2年，最多不超过3年；社队购买小型机电排灌设备，自筹价款和安装费不足的可酌情给予补助；在县以下建立的机电排灌站（中心），所需添置的简易修理、供应设备等费用，可以使用小型农田水利补助费；各地水利主管部门进行农田水利的试验研究、技术改革、经验交流、宣传奖励等费用开支；灌区、机电排灌站的技术人员、工人、管理人员以及农民水利技术员、司机手的培训费等开支。但各级水利主管部门的行政人员经费，不得使用小型农田水利补助费。同时规定小型农田水利补助费筹集和使用原则，坚持先社队，后专（区）、县财政自筹，再国家预算拨款。

水土保持费是财政对农村水土保持措施的补助费。其使用范围为社队举办水土保持措施的补助费。社队举办水土保持工程和措施所属的树种、树苗、草籽和必要的工具、材料费，自筹确有困难的，可适当给予补助；兴办水土保持事业的规划、机械设备、仪器等费用补助；进行水土保持事业的教育和培训技术人员及科学试验、技术改造费用的补助；水土保持用工，对贫困的社队，酌情补助一部分伙食费，经省编委批准的水土保持事业机构的人员费、设备购置费、业务费。

防汛、排涝、抗旱经费。属于专项费用，因旱、涝、自然灾害每年都发生，只不过轻重程度不同而已。因此，各级财政每年在预算内都安排一定数量的经费，集中掌握使用。1964年3月5日，财政部、水电部发出《关于水利事业计划、财务和物资管理暂行办法》规定：防汛排水经费和岁修经费，应分别管理、分别使用。防汛经费主要用于汛期以前的防汛准备和汛期抢险堵口所需的器材购置（包括汛期动用“号料”物资价款，委托供销部门储备的草袋价款的结算）及其运输费和保管费，以及防汛占用的房屋、青苗补偿费；常备防汛民工工资和技工工资；伤亡抚恤费、医药费、奖励费等。

岁修经费，重点用于水利部门管理的江河堤防和大中型水库、闸堤的维修、养护费用。费用开支范围包括，堤防培修、整险、处理隐患、植树种草和局部堤防改线的费用开支；建成和已支使用的大中型水库闸堤建筑物的整修，局部改善和闸门的启闭机械、机电设备的大修费用以及经常养护维修费和备品、备件为补充；植树造林、经营果园、绿化工程周围地区及其他必需的岁修养护费。

抗旱经费，是财政用于乡村抗御严重干旱和保护农、林、牧、副、渔各业生产的专项费用。抗旱经费依据暂行办法规定，贯彻“小型为主、土法为主、群众性为主、收效快为主”的原则。经费主要用于小型农田水利计划外的临时性抗旱水利工程，如疏浚引水渠道，延长小型渠道，架设简易渡槽，整修砖石井以及封江、堵河的物料补助；社队为抗旱、检修排灌机械和添置简易提水、运水工具的费用，超过负担能力的，适当给予补助，社队在抗旱期间使用的排灌机械，消耗油料、燃料、电费的数量超过正常情况过多的，可给予补助；大面积人工降雨的材料费和飞行费的补助。

1972年7月25日，江苏省防汛防旱指挥部印发《关于防汛、排涝、抗旱经费物资使用管理暂行办法》规定，凡属保护面积大、受益范围难以明确划分的流域性提防建筑物工程，国家给予适当支持，对经济困难地区，在补助上给予照顾一些，汛期增做工程任务大，动员劳动力多，施工时间长，实在负担重可给予适当支持，一般工程任务不大，在堤时间不长的可不予补助，一般堤防保护面积不大，受益比较明确，以及水库自流灌区，均由灌区或者受益的田亩合理负担解决，原则上不予补助；机电排灌的水费，原则上均应由受益社队合理负担解决，在遇到严重旱涝灾情，社队负担确实困难时，根据实际情况，全省下达的抗旱、排涝经费内和地方财力可能的情况内酌予补助；临时抗旱翻水站的抽水费，原则上由受益田亩和用水单位合理负担，有些翻水站因给水面积较大，翻水费较多，收取水费不足，国家给予适当补助。补助的范围和标准：重点支持的流域性堤防、涵闸，包括洪泽湖、骆马湖、黄墩湖……的大堤、中运河……沂河、沭河……废黄河杨庄闸以下……淮北大堤泗洪段的重点险工地段，以及这些河、湖堤防的枢纽建筑物工程。上述提防、涵闸，汛期经批准后做工程的民工和驻堤巡导基干班，每日补助四角，这部分工程确需搭盖临时工棚时，工棚费根据工程时间长短每人每期在0.5元至2元范围内补助。沿堤群众，人人有保堤抢险义务，临时抢险、抢修隐患等，均作义务工处理，国家仅开支必要的医药费、茶水费。防汛抢险物资，凡一般地方材料柴草、树枝、树棒等，应就地取材，属财政部门管理的地方公产可以记账无偿调用，属于集体和个人的，本着合理负担的精神，由沿堤公社合理分摊筹集。需要由国家支持的主要材料，木料、毛竹、铅丝、石块等，由各级防汛部门统一安排解决。抗旱、排涝，一个县以内翻水站的抽水费，应向社队收取水费，有些社队资金暂时困难，可由银行根据可能给予贷款支持，个别社队负担过重，可酌情在抗旱经费中补助。抗旱、排涝借调机电设备往返调运费用，均应计入水费成本，由受益田亩负担，如因时间紧迫，跨县调运，费用高，社队负担有困难，可酌情补助。财务、物资管理。根据全国计划会议精神，对防汛、抗旱、排涝的经费和物资必须加强管理，从紧掌握，严格控制，防止浪费，散失和变质，执行“专款专用、专材专用”的原则。经费、物资，省根据批准的工程项目或控制数字作为专项指标下达至地（市），由地（市）直接掌管和使用，对县不要再划指标层层下放。

中共十一届三中全会之后，财政加大对小农水资金投入，各级财政安排一部分小农水建设项目资金，资金来源逐步拓宽。1978年，江苏省对小农水补助费的使用与管理，贯彻“统一领导、全面规划、分期实施、互相协作、合理负担、换工还工、先后受益、大体平衡”的指导思想，统筹使用小农水补助费。1979年中央规定，“社队举办的农田水利工程，要考虑社员的负担能力，要全面规划，量力而行，合理安排，讲究实效，做到当年受益”。进一步明确小农水补助费，主要用于：社队举办的小型灌溉、排涝、治碱、蓄水工程，国家举办的大中型水利工程中属于社队负担的配套部分，吃水困难，人畜饮水工程以及深井、喷灌的设备和材料费的补助；社队举办水土保持必要工具，材料及树种、树苗等费用的补助；不能通过换工解决等价交换问题，应由受益社队付给非受益社队的适当报酬；酌情补助公社农田水利专业队购置或改装施工机械所需费用；社队经营的机电排灌工程所需添置的简易维修设备等费用以及培训费用，可酌情补助；酌情开支县以下水利部门组织群众性农田水利、水土保持的试验研究、技术改革费用以及社队农田水利建设规划、测验所需仪器费等。

从1980年开始，财政部对行政事业单位财务制度进行改革，全面推行“预算包干管理”办法。鼓励有些事业单位积极开展“以事业补事业”的活动。对水利事业工程管理单位提出，以堤养堤，以闸养闸，经费不足部分由财政补助。1981年水利系统对工程管理单位实施单位预算包干办法，分三种形式，全额包干，定额上缴，超收留用；总额包干，自负盈亏，不缴不补，自求平衡；部分包干，定额补贴，超收分成，限期自给。是年小型农田水利和水工保持费，从水利事业费款项中分离出去，另成一款；水利事业费包括防汛费、岁修费和其他水利事业费（水利设施补助费、勘测设计费、国营排灌站补贴、技术推广费、科学研究费等）。同年，江苏试行农补工程经济合同制，以公社为签订合同单位，采取落实一社签订一社，落实一批签订一批，落实一个签订一个的办法，规划不落实，效益、自筹资金（或贷款）、自筹器材、施工队伍等不落实，不得签订。

1985年12月，江苏省财政厅、水利厅发出《关于基层水利单位开展综合经营生产周转金使用办法》并规定其使用范围和政策。每年可以在农补经费中开支10%用于发展综合经营。对农补经费的使用管理包括国家补助的其他经费、地方财力、银行贷款、自筹资金等，均统筹安排，集中使用，但各项经费归口管理，分别结报。基于当时原淮阴市属经济欠发达地区，财政困难，各县财政安排的农补经费都比较少，主要依靠上级财政补助。抗旱经费包括在小型农田水利和水土保持项目内，其使用原则上：小型为主、土法为主、群众性为主、收益快为主，以上泛指一般抗旱经费，不包括省指定的翻水站所需经费。国家安排的抗旱经费主要包括抗旱工程、检修设备、添置工具、人工降雨、调运机械以及因连续长期干旱，开支超过正常年景等方面的补助。省指定集中翻水站的费用，包括井头、刘老涧、越闸三个翻水站和已于1984年撤销的杨庄和杨和滩两个临时翻水站。1984年之前翻水经费全部由省负担。从1985年开始，实行省、市、县分别负担，省负担70%，市、县负担30%，至1987年省只按70%拨款，后因属市、县负担的翻水站经费全部集中在宿迁县，由县负担也不合理。因此，省对市、县负担的30%部分给予减免、补拨，因而翻水费用后来仍由省级财政全部负担。

1987年，财政部、水利电力部颁发《水利工程管理单位财务管理办法》规定：对水利工程管理单位均实行"以收抵支、财务包干"办法，仍分为三种形式：盈余定额上交，超收留用；以收抵支，盈余不交，亏损不补；定额补贴、超亏不补，限期扭亏。全市各堤防、涵闸、灌区管理等单位，一直实行总额补助的办法。

1988年，江苏省财政厅、水利厅制定了《江苏省小型农田水利和水土保持补助费管理实施细则》（以下简称实施细则），对规范农水补助费的使用和管理发挥重要作用。为适应农村经济的改革和发展需要，加强农水补助费的使用和管理，提高资金使用效益，省财政、水利厅在总结过去经验的基础上，结合新时期农村水利建设的实际情况，于2001年对1988年制定的实施细则进行重新修订，即《江苏省农村水利和水土保持补助费管理办法》。2001年3月27日，宿迁市财政局、水利局规定，农水补助费是财政预算安排用于扶持农村兴修水利、防治水土流失、解决人畜饮水和乡镇供水水源工程、基层水利服务体系建设，小水电站技术改造等工程的专项资金。全省实行"统一计划，分级管理；重点突出，择优安排；严格审批，签订合同，分期拨款，监督使用，加强检查，竣工验收"的方法进行管理。兴修农村水利和水土保持工程所需资金，坚持农业生产经营者和农业劳动者投入为主，国家支持为辅的原则。省级补助费主要用于农村水利、水土保持的示范引导和经济欠发达地区农水建设。鼓励积极性高和实干的，实行先干后补，多干多补，不搞平均主义。对"一事一议"兴办的农水工程，经积极筹措，仍有一定困难的项目，优先扶持。一般补助不超过工程总造价的30%，经济薄弱地区可以适当多补，原则上不超过50%。与此同时，宿迁市政府办公室颁发了《宿迁市水土保持设施补偿费、水土流失防治费征收和使用管理办法》，促进了宿迁市水利建设事业的发展。

2003年，江苏省政府办公厅发出《关于我省水利工程管理体制改革工作的实施意见》。提出对农水补助专项资金的使用和管理，按照改革的精神，突出重点、奖优罚劣的原则，把水利工程考核结果作为项目安排的重要依据，对于考核不合格的，不予安排，考核结果优异者，同等条件给予优先支持。小型农田水利专项资金的申报主体，包括重点县申报和专项工程申报两个主体。重点县申报主体为县级财政和水利部门，专项工程申报主体包括农户或联户，农民用水合作组织，村、组集体，其他农民专业合作经济组织。水利工程专项资金包括小农水专项资金和水利工程维护养护专项资金。小农水专项资金是由各级财政安排的，采用"民办公助"等方式，开展小型农田水利设施建设的补助资金。资金使用的具体范围和内容上主要用于现有小型农田水利工程配套改造，适度新建小微型水源工程。

2010年2月25日，省财政厅印发《江苏省小型农田水利设施建设工程补助专项资金管理办法》规定，按照"渠道不乱、用途不变、各负其责、各记其功、形成合力"的原则，在不改变资金性质和用途的前提下积极整合涉及农田水利资金。小农水专项资金的补助比例，省财政对苏南、苏中、苏北的补助比例分别不超过投资总额的50%、60%、70%，对宿迁市补助不超过80%。项目县可以一次性从省以上资金中提取不超过1%的项目管理费。小型农田水利重点县，是指省财政厅、水利厅按照规定的条件和程序，遴选确定报财政部、水利部核查备案，列入中央财政小农水专项资金支持范围，实行集中投入、重点支持和整体推进、有规划地全面开展小型农田水利建设的县级行政区。重点县建设分批分期开展，每批重点县建设期限为三年。总体目标是，基本完成县域范围内主要小型农田水利设施建设任务，初步实现基本农田"旱能灌、涝能排"，使农业生产条件明显改善，农业综合能力明显提高，农业抗御自然灾害能力明显增强。重点县补助资金额度按照因素法进行分配，包括自然因素，经济因素和绩效因素三类。自然因素为耕地面积，经济因素为粮食总产量、商品粮产量、人均粮食产量，绩效因素为县级财政投入力度、资金整合、农民投工投农、项目和资金管理等绩效考核结果。省财政厅、水利厅根据上述因素和省以上财政小农水专项资金规模测算各重点县补助资金额度。

水利工程维修养护专项资金，是立足于工程现状，原有规模和标准不改变、不扩大，对已建工程进行日常维修养护，保证水利工程正常维修养护和安全运行而设立的专项资金。省级维修养护经费由省财政专项安排，实行财政报账制管理，各市、县财政也应相应作出安排。水利维修养护资金，主要用于承担防洪、排涝等公益性任务的河道堤防工程、控导工程、水闸工程、泵站工程、水库工程等正常维修养护。为加强水利事业经费管理，2011年3月2日，宿迁市财政局、水利局印发《小型农田水利重点县工程管理细则》规定，50万元以上的单项工程、30万元以上的主要设备必须公开招投标。

第二节 水利基本建设资金管理

水利基本建设资金，属国家基本建设投资内容之一，亦称水利重点工程建设投资。其建设资金来源，主要是中央和地方财政拨款。中华人民共和国成立后，国家实行计划经济管理体制，财政实行高度集中的“统收统支”办法，对基本建设所需的各项经费均由国家财政安排，在财政预算管理上，水利基本建设资金列“经济建设类”——水利事业项支出，实行报账制，逐级审核，按实报销。其资金管理，财政主要控制拨款环节，为此，1952年和1956年分别由中财委和国务院颁发《基本建设拨款暂行办法》和《基本建设拨款暂行条例》，从而规范了基本建设资金拨款程序，加强了基本建设资金的管理。

1958年，国务院发出《关于改进基本建设财务管理几项规定》，水利工程建设资金试行包干制度。实行预算范围内实报实销的大包干方式，按包干数编报决算，当年包干结余经费，要求上交同级财政部门或经批准用于小型农田水利建设工程。但在执行中仍然出现包而不干的现象，多为包赢不包输，工程建设项目包干经费如有透支，仍然通过财政追加预算的办法进行弥补。由于预算约束力不强，大包干办法本身也存在缺陷，并出现事业经费挤占基本建设经费等问题，这种包干办法到1961年便停止执行。

1963年10月31日，国家计委、财政部颁发的《关于基本建设投资和各项费用划分的规定》基本明确水利事业费与水利基本建设投资经费支出的界限。水利基本建设投资，主要包括大中型水库（库容1000万立方米以上）；小型水库（库容100万到1000万立方米）；灌溉（包括水库灌渠）、排涝、治碱工程受益面积在1万亩（同年12月改为3万亩）以上的干支渠的土方和建筑物。电力排灌工程，在配变压器以上的高压输电线路和变电所，国营电力排灌工程（集中排水、补给水源和受益范围跨几个公社的电力排灌站），在配变压器以下的低压输电线路、排灌站和干渠，由国家举办的农村水电站，国营机械排灌工程，水利和水力发电工程（包括移民费）均作为国家基本建设投资。同年12月16日，国务院发出《关于加强基本建设拨款监督工作的指示》大力压缩预算内基本建设，基本建设必须执行国家统一计划，执行基本建设程序，必须按照批准的设计文件施工，在国家批准的投资总额内，正确编制预算和财务计划，作为拨款监督的依据。基本建设资金与其他资金必须划清界限，分别管理，专款专用。

1972年5月31日，国务院批转国家计委、建委、财政部《关于加强基本建设管理的几项意见》，强调基本建设要加强计划管理，所有基建都要纳入计划，按照统一计划，分级管理的原则，国家预算内的投资，由国家统一安排。地方用自筹资金安排的基本建设，由地方综合平衡后，纳入省计划，报国家计委。自筹基建计划经有权机关批准后，根据基建拨款有关规定，按照“做多少工程给多少钱”的原则，进行拨款监督。

水利基本建设项目，是一个庞大而又复杂的系统工程。具有工程量大，资金投入多，时间跨度长，流域性、跨区域性工程建设项目相互交叉等特点。随着国民经济综合实力的增强，水利工程建设项目逐步增多，投资规模逐年加大。政府财政把反映水利系统用于江、河、湖、滩，水环境整治，开发利用水资源发展生产，以及改善城市生态环境等水利工程建设支出，在财政预算管理上，统称为水利工程重点建设资金。包括堤防、河道、水库、水利枢纽、涵闸、灌区、供水、蓄滞洪区等水利工程及附属设备、设施的建设、更新改造，大中型水库防险，大中型灌区改造，农村电气化和农村饮水工程建设等。对符合水利重点建设规定范围的项目，经国家或地方政府主管基建部门批准立项并实施建设的，由国家或地方财政拨款。项目的申报，经过可行性论证等相关程序，审批后列入中央或地方计划。项目的批准实施，考虑人力、物力、财力等多方面的因素，确定长期和短期目标，制定分步实施方案。工程实施环节牵涉主体工程与附属工程的有机结合，新建、续建、改建、扩建、修建等相互衔接，人力、物力的调配，资金的筹集与分配，以及工程建设要素中各项开支标准等诸方面问题，决定了水利重点工程建设项目资金管理的复杂性。

长期以来，国家对水利重点工程建设投资、按照“统一领导，分级负担”的原则，划分中央、省和市、县自筹三级。重点建设项目，按照统筹规划，合理分工，分项实施，团结治水，各负其责的精神，由哪一级批准，则由哪一级拨款。对关系到大面积防洪除涝、排灌、调水等流域性治理骨干工程则有国家投资，当地受益明显，原则上谁受益谁负担，也可以由国家和地方合作兴办，跨市的流域性或区域性防灾工程，由省财政适当安排资金给予补助。中华人民共和国成立以来，国家对宿迁境内水利重点工程建设，主要围绕根治淮河流域、沂沭泗流域洪涝灾害和整治中运河为重点，综合开发废黄河，治理水环境，促进工农业生产为目的，国家投入大批量资金。从1949年中华人民共和国成立后到1996年区划调整成立地级宿迁市前，这四十多年时间里，从中央到地方政府从未间断对宿迁境内水利工程建设投资。时年宿迁、沭阳、泗阳、泗洪四县行政隶属关系属淮阴地区（市）管辖，一些项目的申报及工程建设投资拨款和工程竣工决算等汇总工作均由省辖市负责，因投资的水利工程项目多，时间跨度长，跨区域的项目交叉建设等原因，有关资料分散，难以汇总统计。具体投资情况可参见“水利重点工程建设投资”有关章节。

水利重点工程建设资金财务管理。根据工程预算程序和财务管理办法，实行分级分项编报，逐级审核把关。资金的使用和结报，一般大型重点建设工程都规定具体开支标准和使用范围，包括土方工程结算，民工待遇，征用土地，拆迁赔偿，按规定的开支标准执行。各级政府在批准水利重点工程项目实施的同时，亦明确工程支出预算额度。财政预算管理，1994年以前，对涉及国家基本建设预决算及财务管理，地方财政基本建设的预算执行、监督，及审查工程概算、预决算、结算等工作，财政部委托中国人民建设银行代行财政一部分管理职能。基本建设投资的预算内资金，由财政划拨给建设银行，实行专户储存。建行根据工程建设施工进度分期分批拨款，按照专款专用的原则，履行财务结报手续。财务管理方式，不同时期采取不同的办法。

1986年6月，江苏省财政厅、省建设银行、水利厅联合颁发《江苏省水利基本建设投资包干试行办法》，要求水利工程建设项目，全面推行投资包干责任制。实行包质量、包工期、包造价、包安全的管理措施，由政府签订协议书的办法。加大了政府的责任，强化了监管力度，增强了预算约束力。

1988年7月，国务院批准试行“基本建设基金制”，从1989年开始施行。把基本建设投资在投资计划上分为经营性投资和非经营性投资两大部分。水利工程建设包括大江大河的治理等项目属于非经营性投资。基建非经营基金的拨款管理，全年支出不能超过核定下达的拨款限额，年终如有限额结余，应予注销。

随着经济体制改革的深入，农村实行联产承包经济责任制，过去水利工程建设项目的土方工程，完全依靠政府组织民力大兵团作战的做法，在新的发展时期基本不可能。但依靠科技进步，利用科学技术的先进性，将现代化机械设备运用到水利工程建设施工中去，不仅节省了民力，同时提高了工效，保证了工程质量和工期，降低了工程造价成本。科学技术的进步提高了劳动生产率，机械化用于水利工程施工，替代了劳动力，生产方式的变革，必然带来管理方式的变化。为适应新形势发展要求，加强水利重点工程建设项目投资管理，水利工程建设各项管理办法进行改革。特别是社会主义市场经济建立之后，政府职能的转变，财政、金融体制改革，基本建设财务管理体制发生了新的变化。原由中国人民建设银行代行财政监管基本建设投资的职能逐步分离出去，建设银行成为专业商业银行，财政部收回过去由建设银行代行财政审查、监督、预算执行等基本建设的那部分职能。水利工程建设资金由各级财政直接管理。水利工程建设项目投资管理方式，依照市场经济规则，引入竞争机制。工程批准施工所耗费的人工费、材料费、设备购置及维修费等，由建设部门定期发布市场参考价格，或以市场价格为依据制定合理定额。工程主管部门对工程质量要求和工程概算等相关内容公布后，向社会发布施工项目公告，实行公开招投标办法，并依据法定程序对施工投标单位资质等进行审查，按规定的时间进行投标、开标、评标、择优选用。与此同时，根据法定程序签订经济合同，包括工期、工程造价、工程质量、购置设备及材料要求等相关内容，然后由中标单位组织施工。工程建设资金管理，实行财政拨款申请制度，财政部门对各主管部门审核后的建设单位拨款申请，结合年度基建计划、财力状况等，核定建设单位年度分季度用款计划，严格按照计划拨款。

1999年4月30日，宿迁市财政局转发财政部《财政基本建设支出预算管理办法》，地方各级财政基本建设支出预算包括上级政府对下级政府补助的基本建设投资，本级各部门的基本建设支出，都要纳入支出预算管理。凡由财政部门拨付的基本建设资金包括农、林、水等，必须按照基本建设支出预算确定的建设内容和工程建设项目进度拨款。

2007年10月18日，宿迁市政府办公室根据《江苏省省级政府投资项目代建制暂行规定》的有关办法，结合宿迁实际印发《宿迁市市级政府投资建设项目代建管理暂行规定》。代建制，是指政府通过招投标等方式选择专业化的项目管理单位负责项目投资管理和施工建设管理，项目建成后交付使用单位的制度。但有关行政部门对实行代建制的建设项目的审批程序不变。在本市区域内，使用市级财政性建设投资资金50万元以上的非经营性项目，应当实行代建制。市建设、财政、审计局、发改委和监察等行政主管部门按照各自职责相互配合做好监管工作。为了加强基本建设财务、监管工作，2010年5月，宿迁市财政局、审计局联合发出

《宿迁市本级财政性资金投资基本建设跟踪审查与监督管理办法(试行)》,其内容主要有:项目前期内容审核,政府投资项目概(预)算编制及执行情况审计,代建单位和代建程序审核,招投标文件及拟签合同审核,设计变更和商增工程内容审核,工程建设过程中施工、设备和大宗材料采购合同执行合同情况等。工程建设项目的资金管理,实行国库集中支付制度。项目代建费由项目代建单位提出申请,财政部门根据项目实施进度分期向代建单位拨付代建费用。工程竣工决算,按照财务制度监管规定,通过审计后,施工单位连同审计报告及工程相关附件,上报同级财政和行政主管部门审核后,待工程验收合格,项目代建单位将项目管理和项目使用权移交项目使用单位,以及按照规定的程度办理结算手续。这样通过投资、建设、管理、使用各环节的分离,强化了基本建设监督管理,减少了财政拨款的中间环节,提高了工程建设的投资效果。

2011—2015年,全市财政统筹安排各类水利重点工程投资99.8亿元,比2006—2011年投资额增加20亿元。重点支持农业水利设施、重大水利基建、农村饮水安全、节水城市创建、城市税务等水利工程项目。

第五章　水利重点工程建设投资

宿迁地处淮、沂、沭、泗诸水下游,上承鲁南、皖北、豫东21万平方千米的来水经境内入海,素有“洪水走廊”之称。历史上淮河流域包括淮河水系和沂沭泗水系。淮河是一条宽阔且深、独流入海的河道。泗水是淮河最大的支流,河道宽深,都是地下排水、通航,实为一条黄金水道。老沂河、沭河同为泗水的重要支流。自北向南,在今宿迁市境入泗后,东流经淮阴清口入淮河汇流入海。

然而,岁月沧桑,河势变迁较大,皆因黄河侵泗夺淮所致。1194年,黄河在河南武阳光禄村决口,从徐州夺泗水再夺淮水入海。严重地破坏了淮河下游原有水系的格局,从此以后几百年间,宿迁这个地区非涝即旱,灾难深重。原本河清湖秀的碧水沃野,变成了千疮百孔,丘壑相连,水旱交替几乎无岁不灾的沙卤赤地。1855年,黄河在河南兰考铜瓦厢决口,黄河北徙,其主流北夺大清河至山东利津

新沂河大桥　　　（2018年3月摄）

入海。黄河在宿迁境内泛滥肆虐长达661年之久。虽然，黄河北徙，但原泗水河道及淮河入海道已经淤废成为废黄河，淮、沂、沭、泗诸水，已无排洪畅道。一旦洪水暴发，这里的百姓不是惨遭灭顶，就是流离失所。然而，由于旧中国朝政腐败，社会动荡，水利长期失修。淮沂沭泗诸水下游洪涝灾害频发的现象屡见不鲜，直至国民党统治期间也未得到有效的控制。有资料记载：1906—1949年的43年中，沂沭泗诸水下游共遭受较大的水灾15次，其中1945—1949年夏季连续五年都遭遇洪水的危害。灾区人民深受其害，时刻盼望兴修水利，能够早日根治洪患，让人民过上安居乐业的生活。然而这种梦想，在那封建官僚统治下的旧中国怎么可能实现。

中华人民共和国成立后，在中国共产党领导下，从中央到地方各级政府在宿迁境内投入了大量的资金，坚持不断开展大规模的水利工程建设与治理，取得了举世瞩目的巨大成就。本章仅就中华人民共和国成立以来，宿迁境内财政投入影响比较大的水利重点建设工程：导沂整沭、淮沭新河、治理淮河、中运河整治、城区水环境整治和南水北调等，财政投资效果记述如下。

第一节　导沂整沭工程投资

1949年夏，宿迁境内遭遇一场特大暴雨，雨量之大为四十余年仅见。沂、沭、泗诸水上游洪峰骤起，来势迅猛，导致下游湖溢河涨，洪水横流，排水不畅。宿迁废黄河以北地区一片汪洋，湖荡洼地积水深达1.2~2.2米。8月13日，沭河新安镇水位达30.33米，中运河宿迁九龙庙8月19日水位高达22.15米，比民国20年（1931）洪水位20.64米高1.51米。黄墩湖地区水漫屋倒，许多人爬到树上。骆马湖六个乡水及屋檐。洪水经中运河由张福河倒灌入洪泽湖。废黄河以北的中运河、总六塘河、南北六塘河、大涧河、总沭河、盐河、分水沙河、前沭河、官田河、港河、泊阳河等干河漫决58处，支河漫决280处之多。沭阳全境、宿迁东部、泗阳北部、灌云南部等地都被洪水淹没。受灾面积达927.5万亩，减产粮食3.1亿千克，死183人，伤567人，大牲畜死1301头，伤350头，倒塌房屋256974间，有240万灾民断炊逃荒，严重地威胁着人民生命财产的安全。

中央得悉此情，立即电告苏北区党委、苏北区行署（当时江苏省尚未成立）指出："我们党对在革命战争中作出重大贡献的苏北人民所遭受的水灾苦难，负有拯救的严重责任。现在解放了，如果不认真治水，根治水害，政权就无法巩固。应抓紧当前战争刚刚结束的有利时机，全力组织人民生产自救，以工代赈，兴修水利，以消除历史上遗留的祸患。"与此同时，中央断然作出治理沂、沭河的决定。

于是，苏北区党委及时调配苏北区行署农水处副处长熊梯云为队长兼党委书记，率领唐太初、王元颐、孙翰堂等水利专家及工作队员，于1949年8月10日，由泰兴出发赶赴灾区调查研究，因时年交通不便，于8月17日才到达淮阴。随后，由时任淮阴地委书记李广仁、专员陈亚昌及专署生产建设处副处长汤海南、水利局局长徐铁波等领导人，会同熊梯云率领的工作队，开会讨论研究治沂方案和线路问题。

8月20日，工作队在淮阴专署副专员刘锡久陪同下，沿运河北上，经杨庄、刘老涧等处查勘。26日至宿迁，召开由宿迁、新安、邳睢县县长，宿迁县直机关有关部门领导人参加的治水座谈会，充分了解宿迁周边水情。为进一步掌握第一手资料，28日查勘组一行由宿迁经五花桥至嶂山进行实地考察。沿途东西瞻望，西为骆马湖，东为唐家湖，一片汪洋，均为沂、泗洪水泛区。30日，副专员刘锡久和总工程师王元颐等到嶂山查勘司峿山和嶂山之间马陵山断麓，地面高程、洪水位及土质情况。当时钻探设备简陋，没有大钻机，只能用手工土钻探查3.5~4米，根本无法确定其地下土质情况。面对实际问题，于是在嶂山召开群众座谈会，重点了解嶂山凹陷处的浅层是否存有石头。当地干部和老农普遍反映此地浅层没有石层，并以当地一口老井未发现石层为证。由此，测量人员对一家农户祖辈开挖的一口老井进行测量，发现井底比预计河底还低3米，且未遇到石层。因此，根据井壁土质了解当地土质情况，认定嶂山凹陷处无坚硬石层，并取得凹陷处地面高程及洪水位资料。通过讨论后，一致认为解决沂沭泗洪水出路，可由嶂山切岭东排入海。

9月1日，查勘组由嶂山东行，查勘嶂山至丈八寺长32.5千米段地形，南面皆系高岭，无需筑堤，为有利的地形条件。自口头向东至龙稔可利用沭河河床。3日查勘组涉水东行由徐口至沭阳县城。4日，在沭阳县政府召开治理沂、沭、泗洪水座谈会，讨论河道线路。根据地图所标的方位，初步意见由沭阳县城北向东经官田集，穿官田河东行经周湾，穿过港河，经吴集南至丁庄附近过万公河与涵养河衔接，利用涵养河东行穿过盐河，顺岑池河，东行穿过小潮河。小潮河以东多为荒草滩地拟选近处经灌河入海。

然而，确定河道线路的走向，并非像人们头脑中想象的那么简单，仅凭一张地图就能够解决问题的。一切都必须从实际出发，既要治理洪患，又要充分考虑人民群众切身利益。9月5日，查勘人员雇船由沭阳县城出发，绕过龙王庙至后沭河，东行至官田河，因沿途积水较深，于是由预定河线东行查勘。原拟定在小潮河以东选线将沂沭泗洪水送入灌河入海。经查勘灌河沿岸多有群众居住，灌河西侧要建遥堤方能满足排洪要求。灌河西岸房屋密集，大批民房要拆迁，特别是响水镇要迁移，群众损失巨大。所以查勘组认为新沂河河线穿过小潮河后，应继续东行经过滨海草滩以东经灌河入海为宜。

9月11日，查勘组在回沭阳的途中，只见洪水茫茫，望无涯际，昔日良田均成泽国。询问当地居民，答称已有五年颗粒无收，每年靠洪水过后捕捉点小鱼小虾晒干，到外地换点粮食维持生活。可见时年沂沭泗洪水灾害之严重。查勘组回到沭阳县城后，立即研究治理洪水方案。再次召开干部、群众座谈会。与此同时，对所收集到第一手资料进行分析研究。认为当前治水要抓住主要矛盾，主攻洪水灾害，为洪涝分治创造条件。因为沂沭泗水源来自鲁南沂蒙山区，地高流急，暴雨过后，洪水汇集快，来量大，宿迁、沭阳等县，地处诸水下游，地势平坦，没有相应的排洪河道和调蓄水库。所以洪水一来，所有的排涝河道被侵占，形成洪涝合一局面，造成灾害。因此，必须开辟一条新的排洪河道，把沂沭泗洪水单独送入大海。将总六塘河、柴米河、南六塘河、古泊善后河、蔷薇河等骨干河道腾出来专供排除内涝之用。沂、沭、泗洪水哪个危害最大？通过分析，一致认为：虽然泗水流域面积大，但南四湖调蓄量大，洪水下泄慢；沭水来得快，但流域面积小；沂水流域面积大，洪水来得快，量也大。因此，应以治沂为主，从而提出“导沂整沭，沂沭合流”的治水方略。

是年10月，苏北区党委、行署召开专题会议，讨论治理沂沭泗洪水出路问题，并对专家组提出的导沂整沭方案进行可行性研究。确立“先除害，后兴利，除害先治理洪水，后治理涝灾，然后再转入发展灌溉、航运等兴利事业”的导沂整沭方针。确定按“筑堤束水漫滩”的行洪方式开挖新沂河，把洪水约束在两堤之间，以开挖南、北偏泓筑堤，施工容易，工效也高，同时可利用天然地势西高东低的倾斜度排洪入海。由此，开挖新沂河线路选定，上起陇海铁路周咀起（后在1959年，骆马湖变为常年蓄水库，新沂河的起点自此就改为嶂山闸），向南走骆马湖东侧，经坡头镇附近，沿马陵山西脚向东南至夏营折而东，穿过司峿山和嶂山之间断麓，沿嶂山镇以东岭地北坡脚，经塘方、郑庙、孙李庄等地，至口头与总沭河汇合东去，过颜集至龙埝镇总沭河折向北，因河床无法利用，新沂河向东偏南，至沭阳县城北，穿过前沭河向东，至郁道口南，官田集北，越过官田河经半边店北，横沟南向东，至周湾附近，穿过港河，经沭阳吴集至陈集附近大竹园南，向东至下庄附近穿万公河与涵养河连接处，以下利用涵养河向东穿过盐河、顺岑池河、小潮河，至大潮河入灌河出海（后改为由堆沟入灌河出海）。

导沂整沭方案确定后，即到华东局回报，陈毅司令员既风趣又严肃地说：事情是好事，过去导沂的时候，国民党导死了多少人，现在解放了，我们自己来搞，如果推倒了怎么得了，要算我们账的，你们有把握就签吧，他随即签了字。苏北区党委肖望东、万众一、贺希明、张震东四位领导在下面签了字。

华东局批准导沂整沭方案后，苏北区党委派熊梯云和唐太初前往北京汇报。董必武亲自听取了汇报，批准先拨给大米1500万千克，以工代赈搞新沂河工程。此外，还将渡江战役剩余的军粮全部调拨给苏北区党委作为救灾之用。在新沂河即将开工之时，华东局水利部林一平委员，于11月25日到新沂河尾部查勘，提出新沂河下口应改为由燕尾港入海，这对灌河排涝、河道整治、洪涝分治都有好处。导沂司令部工程部采纳这个合理建议。后来经过长期的行洪考验，证实林一平委员修改新沂河出口线路的建议是正确的。

1949年11月13日，中共苏北区党委、行署和中国人民解放军苏北军区司令部联合发出《苏北大治水运动总动员令》，要求把治水作为压倒一切的中心工作，号召党政军民“动员起来，以紧张的战斗姿态，组织一切力量，投入这一巨大运动中去”。于是迅速成立苏北导沂整沭工程司令部和政治部。司令员兼政治委员由淮阴地委书记李广仁担任，副司令员为陈亚昌、熊梯云、王通吾。秘书长沈樵风，副秘书长李本善。政治部主任高兴泰，副主任张化远和林凡。工程处处长兼总工程师王元颐，副处长汤海南。测量总队队长史迪，副总队长黄振华。供应处处长周育人，副处长王岫华。粮草供应总站站长魏国辅。卫生处处长周申晋，副处长章绍卿。相关各县成立总队部，各区成立大队部，各乡成立中队部，各级政府主要负责人担任领导。司令部和政治部由行政干部、技术人员、工人600余人组成。与此同时，为加强对导沂整沭工程的领导，便于就近指挥，苏北区党委、行署，苏北军区司令部分别电示淮阴地委、专署、军分区皆移驻沭阳协助办理。

11月25日，新沂河工程全面开工。基于中华人民共和国刚成立，资源和经费都很困难，加上洪水灾害，苏北灾民众多，缺吃少穿，完成这样一项重大水利工程建设困难是多重的。但在党中央和地方各级党委、政府领导下，苏北人民以大无畏的精神，迎难而上，先后有58万余人次奔赴导沂整沭工地，肩挑、人抬、车轮辘辘，拉开了中华人民共和国成立后，苏北大地大规模治水的序幕。

新沂河第一期施工，分为两个阶段：第一阶段从11月25日开工，淮阴专署先动员新安（后改新沂县）、沭阳、泗阳、涟水、宿迁、邳睢和淮阴7个县228694名民工破土动工，至同年12月25日收工，共完成土方911.57万立方米。第二阶段从1950年2月26日开工，增加睢宁、灌云、淮宝3县，共十个县（当时均属淮阴专署管辖）及淮阴军分区特务团官兵，计321609人参加施工，至5月20日竣工，完成土方2799.44万立方米。新沂河第一期工程两个阶段共动员550303人次（其中妇女5932人）参加施工，计完成土方3711.01万立方米，石方2.8万立方米。

刚解放的沂、沭、泗流域的人民，过去长期饱受水患之苦，党和国家在中华人民共和国刚成立就安排导沂整沭工程，赢得万民欢腾。党和国家为解决当时百姓的灾荒困难，千方百计给予救助的同时，结合导沂整沭工程的实施，采取“以工代赈和救济”相结合的办法，保证导沂整沭工程的实施。土方工程民工待遇按规定的补助标准按方给资，“凭方发粮”，每方补助杂粮2.25斤（市斤），另加照顾，保证每人每天结余一斤粮食回家度荒。对体质弱而效率低、所得少不够吃者酌情给予补助。共发放以工代赈粮食22499万斤，折人民币3600万元。沂、沭、泗流域的民众，深感党的温暖，积极投入开挖新沂河工程之中。广大民工以高度的革命热情，掀起劳动竞赛热潮，涌现出王兆山、尤庆兰（女）等大批英模人物。

王兆山出生于沭阳县章集乡曙光村一个贫苦农民家庭，新中国成立前靠扛长工谋生，新中国成立后分得18亩土地，倍感党的温暖，但家乡十年九灾的境况，又使他认识到，虽然有了土地，如果水患不除，永远不会翻身。他身材高大，肩力过人，拼命干活，挥锹挖土，两锹一筐，三锹装满一小车，“大锹”之名不胫而走，从此“王大锹”之名就替代了王兆山，传遍了整个工地。导沂司令部和政治部以“王大锹”为标兵，在工地上掀起“学大锹、赶大锹”的竞赛活动，加快了工程进度。在导沂整沭工程初步完成的庆功会上被授予特等功臣。苏北导沂整沭工程政治部，把“十县第一，淮海闻名”锦旗及一头黄牛、一辆小车和铁锹等奖品授给王大锹。1950年9月25日，出席北京全国劳模大会，被选入主席团，在主席台上毛泽东主席与他握手。与此同时，10月1日在国宴会上亲自敬毛泽东主席一杯酒，使之终生难忘这一时刻。

王兆山等劳模人物是五十多万民工的代表，他们顶严寒、冒风雪、抗疾病，不分昼夜艰苦奋斗，最先啃下了导沂整沭工程中的著名难工“嶂山切岭”工程。此切岭河陡、水急、流乱，施工中多次遭遇流沙、塌方等危重险情，为此在河床中央建有不同作用的导流坝27座，胜利完成嶂山切岭工程。另一个最大难工是小潮河打坝。新沂河沭阳县城至小潮河段长67千米，小潮河是一条自然形成的古河道，在开挖新沂河时被切断，坝筑在潮水河道上，水深流急，高低潮差大，加之当时物资、技术、设备都十分缺乏，时年打坝曾经历四次失败。第一次抢堵口门，因急于求成未能成功；第二、三次调刘老涧技工20余人来工地主持打坝亦未取得明显效果；第四次调江都归江坝技工30余人协助工作，因存余大缆太少无法进行合龙。第五次重新组织力量，并请山东河务局技工参加协助，时任华东水利部副部长钱正英莅临工地视察并提出堵口方式。苏北导沂整沭工程司令部李广仁司令员驻工地亲自指挥，抢运麻袋蒲包各万余只，石料2000余立方米，行江大缆1000丈，另调民工4000人赶浇土戗、抛石、堵口、加固堤身，至此小潮河筑坝工程在工程技术人员周密计划安排和民工日夜奋战下，于1950年4月29日胜利合龙。同年5月20日，第一期苏北导沂整沭工程全面竣工。这样浩大的工程，完全依靠人力在这么短的时间完成，在当时来说，简直是奇迹。

新沂河首期工程完工后，经过1953年、1954年、1957年三次洪水考验，新沂河3500米^3/秒的防洪标准明显偏低。1957年大水之后，骆马湖被改为防洪灌溉水库。由此，江苏省水利厅与治淮委员会会商，编制《沂、沭、泗流域规划》，提出对新沂河大堤进行加固，按行洪6000米^3/秒，堆沟水门按4.5米超高2米的要求，加固两岸薄堤段240公里；嶂山切岭按骆马湖水门22.5米下泄3500米^3/秒，23.5米下泄5000米^3/秒的标准扩建嶂切岭和新建嶂山闸控制工程蓄水调洪方案。

1958年1月，江苏省人民委员会批准新沂河大堤按行洪6000米^3/秒标准进行修建。是年春季，原淮阴地区动员6个县民工12.1万人，对新沂河大堤进行全面加高培厚，在沭阳许口以下至海口两岸244公里堤防做戗台，至1960年完工。共完成土方2142.2万立方米。依据《沂沭泗流域规划》，1959年10月，在骆马湖流入新沂河起点处，兴建嶂山节制闸。该闸为一级水工建筑物，是江苏大型水闸之一。由江苏省水利勘测设计院设计，省水利第三工程处施工。设计标准：闸上设计水位25.1米，闸下水位23.8米时，过闸流量为8000米^3/秒。钢筋混凝土结构，共36孔，每孔净宽10米，净高7.5米，总宽为429.87米，闸底板高程15.5米，闸顶高程28米，安装9台手摇电动两用绳鼓式启闭机，其每台起重能力60吨，控制4个闸门。1961年4月竣工。完成土方109万立方米，砌石6万立方米，钢筋混凝土7.33万立方米，工程总投资1429.96万元，该闸建成后，因1956年前进行的嶂山切岭工程口门浅小，与嶂山闸泄洪能力不相适应。故1960年11月，省水利厅派员配合地、县组成嶂山切岭工程处，先后动员淮阴、徐州两地七县11.6万人再次切岭。因三年自然灾害的影响，国家调整基建规模，切岭于1962年暂时停工，1963年复工，至1965年竣工。工程标准按照骆马湖水位23.5米，泄洪流量5000米^3/秒，共完成切岭土方724万立方米，上下游引河堤防土方50.6万立方米，并建涵洞三座，总投资1840万元。

1964年10月，江苏省水利厅编报《新沂河续办工程总体设计》，同年12月，由国家计委和水利电力部批准。从1965年起，至1972年续建工程用了8年时间。主要完成以下工程：培修加固两岸大堤264千米，补建南堤10.3千米，新建堤林台147千米，块石护坡123千米；处理口头至龙埝段堤基沙层渗漏险工4.4千米，集中外排渗漏水，建设机排站4座；沭阳县城以西河泓整治，以减缓流速，减轻北堤被冲刷，进行裁湾段全面扩浚。桃汛工程：新沂河沭阳县城以下，有2万公顷以上滩地，每年种植一季三麦，为保护三麦丰收，按20年一遇的桃汛标准做防洪工程，新建沭阳南、北偏泓闸各一座，拆除老闸，疏浚沭阳县城至小潮河段南偏泓；配套工程：为维持盐河正常通航，增建盐河过新沂河南、北套闸；兴建宋营、陆集、侍岭、

新沂河起点嶂山闸　　（2018年3月摄）

三里墩、口头五座排涝涵洞；新建响马林、虞姬河两座排涝站。以上工程国家投资4417万元，地方先后动员民工54万人次，完成土方3213.6万立方米，石材64万立方米，混凝土4.1万立方米。

为沟通南北交通，1967年5月，位于沭阳城区西北，动工修筑连接205国道大型公路桥梁一座，因位于新沂河上，故定名为新沂河大桥。1969年6月建成通车。桥长1269.26米，桥面行车道7米，两边人行道各0.75米。桥梁结构，下部为浆砌块石桥台，钢筋混凝土灌注桩，中间分设5个锚固墩；上部结构为39孔双面拱组成，每孔跨径30米。桥的高度，水上7米，水下10米，桥面标高11.32米。桥两端连接线公路总长2432米，接线路基8.5米。全部工程使用钢材150.6吨，水泥2592吨，木材1154.4立方米，总工程造价264万元。

1972年起，再次续建嶂山切岭工程，扩浚闸上游引河2.5千米，下游6千米，1974年基本竣工，开挖土方750万立方米，工程投资1770万元。但嶂山闸上游引河续建施工，因没有达到骆马湖水位泄洪标准，1978年再次进行续建，达到了与新沂河行洪6000米^3/秒相适应的标准，国家投资1324万元。

1974年12月，因受12号台风倒槽和冷空气影响，沂沭泗流域发生特大暴雨，新沂河沭阳段洪峰流量达6900米^3/秒，超过设计标准900米^3/秒。洪峰趋高趋大，河床障碍打乱主流，壅高水位等新的险情，地方政府组织11万人参加防汛抢险。汛后，江苏省防汛防旱指挥部下达了12项水毁修复工程。其中，复堤加固工程3

项，险工修复工程6项，桃汛处理1项，堤防绿化及沭阳县城至颜集北堤防汛路面2项。是年冬季开工，至1976年汛前竣工。完成土方369万立方米，石方1.7万立方米。与此同时，加固潮东段71千米，沭东段进行超高培厚9千米，沭盐段46千米后戗工程；绿化大堤175千米，总投资399万元。

1976年2月江苏省水利厅会地县两级水利部门对新沂河实地勘测后，提出新沂河排洪6000米^3/秒的急办工程18项。经省计委批准，于1977年冬季开工，至1983年冬陆续完工。共完成土方146万立方米，工程投资329万元。

1982年，鉴于沂沭河段水情不断扩大的情况，同年10月，江苏省水利厅根据国务院第一次治淮会议要求，扩大沂沭泗下游洪水出路，结合新沂河泄洪情况，争取泄洪7000米^3/秒的标准，编报了《新沂河除险加固工程初步设计》。1983年经水电部批准，核定工程总投资4700万元，后增加到6712万元。工程从1983年开工建设到1988年底完工。完成主要工程18项，包括加固大堤，提高3米高堤顶；补齐大堤后戗和临水石块护坡91千米；补齐南堤上起淮沭河口，下至小潮河段69千米的后戗及临水面的防浪林台；增做北堤裂缝灌浆3.8千米；扩建团结、大马庄和接长口头涵洞；改建和加固盐河南、北套闸及小潮河闸；增建沙湾段老泓内锁坝3道；护岸丁坝8道；加高老泓出口龙稔锁坝；扩建中泓及进口鱼咀块石护砌；口头到颜集大堤堤脚增建4处排渗沟2.08千米；南堤增做防渗斜墙12.2千米，以及北堤小潮河坝增做截渗工程；铺筑防汛公路120千米；结合疏浚偏泓修筑保麦子埝91千米，接长子埝上排水涵洞121座；增建南北偏泓桥111座等。工程完成土方2228万立方米，石方25万立方米，混凝土2.5万立方米。

1991年，国务院作出《关于进一步治理淮河和太湖的决定》，沂沭泗洪水东调南下工程列入重点项目。经国务院批准，国家计委于1993年10月14日，审批了沂沭河洪水东调南下工程复工报告。按20年一遇洪水标准实施，并要求新沂河按7000米^3/秒的标准行洪。为此，国家先后投入了4743.87万元，用于沂沭泗洪水东调南下工程建设。其工程项目按照分区域、分项审批，分阶段实施的要求，于1995年动工建设，至2006先后完成复堤、险工处理、护岸、涵洞兴建、拆建及堤防加固等12项重要工程。由此，新沂河建设工程进入了新的发展时期，在加强堤防设施维护、保养的同时，按照新时期提出的，美化、净化环境的要求进行常效治理。与此同时，为适应社会主义经济建设快速发展的需要，开辟新沂河南北交通要道成为国家重点投资的对象。架桥、铺路与时俱进，尤显时代特色。继1969年在沭阳城西北修筑的新沂河大桥建成通车后，由于经济不断发展，车流量和客流量大大增加，原桥面窄，已远远不适应形势发展需要。1988年，交通部批准扩建增宽，新建新沂河大桥复线桥。该桥在新沂河大桥西侧3米处，为双柱式墩台、预应力简支梁桥，全桥仍39孔，但载重标准由原来汽车13吨、挂60吨，分别提高到20吨和100吨。桥面净宽14米，于1991年12月30日建成通车。现在，新沂河大桥复线桥已为主桥，桥上有照明设备，每到夜晚，好似一条火龙。原来的新沂河大桥成为非机动车和人行桥。在新沂河大桥的西边约2000米，于1995年兴建沟通新长铁路的铁路大桥；在新沂河大桥的东边约3000米，建一座京沪高速公路大桥，这三座大桥如同彩虹镶嵌在新沂河上。随着高速铁路—动车的发展，2018年国家投资1.6亿元，在新沂河上开工建设高速铁路特大桥。此桥建成后，新沂河将四桥并跨，公路、高速公路、铁路、高速铁路沟通南北交通，凸显时代风貌，成为新沂河上独特亮丽的风景线。

开辟新沂河水利工程如今已度70个春秋，在历史的长河中只是弹指一瞬间。但70年来新沂河所发挥的作用，给苏北人民留下了难以忘却的记忆。新沂河水利工程建设是中共中央的英明决策，在苏北治水历史上，是一次大的突破，改变了几百年来沂沭泗区域长期洪涝不分、洪水横流的局面，它不但解决了苏北废黄河以北广大地区的洪灾，也解决了沂沭泗洪水对中运河的威胁。更可喜的是，还为分淮入沂创造了淮水入海的条件。如今的新沂河，历经70年来的建设，排洪标准几经提高，调洪管控条件不断完善，新沂河通过多次特大洪水考验，仍然保持着良好的服务功能。对苏北广大地区的人民生命财产安全、农业生产的发展作出了巨大的贡献。由于洪水得到基本控制，带动了排涝、灌溉等事业的发展。使宿迁地区昔日的“洪水走廊”，变为今日稻谷飘香的粮仓。全市粮食产量1949年只有34.7万吨；1979年达到129.4万吨；2019年全市粮食产量已达408.17万吨。更值得一提的是，几百年来的老灾区，一跃成为全国有名的商品粮生产基地之一。这种巨大变化，新沂河工程起到了关键性的作用。因此，苏北人民把新沂河称之为“生命线”。

第二节　淮沭新河工程投资

淮沭新河是开辟淮水北调、分淮入沂，综合利用的骨干河道。南起洪泽县洪泽湖东北角的二河闸，北流经淮安市清浦区、淮阴区和宿迁市泗阳县、沭阳县境，穿越新沂河，于沭阳县桑墟乡北穿黄泥蔷薇河，进入连云港市东海县，全长172.9公里。全河分三段：南段自二河闸至淮阴闸称二河；中段由淮阴闸至新沂河称淮沭河；下段新沂河至连云港市区西蔷薇河称沭新河。20世纪50年代中期，苏北徐、淮、盐地区，洪灾为害已被初步控制，但内涝及盐碱地制约农业生产发展。1956年底，江苏省委、省政府提出尽快改变徐、淮、盐地区面貌，拟引用淮水发展水稻，采取改制提高除涝能力的办法发展农业生产。江苏省水利厅根据省委、省政府意见，拟用盐河水来北调淮水的盐河整治工程计划任务书报送水利部。

1957年3月，时任水利部副部长钱正英亲自带领调查组实地查勘，提出：淮河流域规划及沂沭泗流域规划应结合考虑，并统筹研究发展现有工程及水利资源潜力。根据这一指示，江苏省水利厅研究除利用盐河、杨庄以下废黄河为引淮水分干渠外，新开一条淮沭新河。是年4月，江苏省水利厅报送《淮水北调分淮入沂规划设计任务书》，水利部函复同意，并由水利部报送国家计委及国家经委批准，同意按淮水北调分淮入沂方案进行设计。省水利厅迅速组织技术力量开展分淮入沂规划设计工作。是年12月，中共江苏省三届二次代表大会讨论通过《分淮入沂综合利用工程规划（草案）》，上报中央。1958年1月经过水利部批准兴办。

一、淮沭新河第一段二河工程

第一段包括兴建二河闸，闸上洪泽湖内8.43千米水下土方工程，挖河筑堤工程，二河与中运河及诸河交汇处，水下土方工程，块石护坡等工程。二河闸是淮沭新河的起点，也是淮河入海水道控制建筑物。于1957年11月先行开工，1958年8月建成。二河闸共35孔，每孔净宽10米，闸底高程8米，闸顶高程19.5米，设计最大排泄流量为9000米^3/秒。二河闸工程造价1225万元。

1958年4月，江苏省委、省政府动员淮阴、盐城、扬州、南通四地区民工11.8万人，开凿淮沭新河二河段。为清除二河上游通向洪泽湖内引河的泥沙，安徽省建设厅派一批挖泥机船前来助战，全省各地又组织一部分挖泥机船，完成水下泥沙工程155万多立方米。1959年1月底二河段工程全面竣工，完成土方工程3383.22万立方米，总投资2738万元，一次性达到河成堤成。

二河段西堤多为利用洪泽湖大堤，东堤因冬季施工，冻土上堤碾不实，越闸向北至武墩15.3千米，1978年大旱，多处发生纵向裂缝、陷塘，后堤还有大面积窨水。1980年加做后线。1993年，省水利厅批准进行灌浆处理，重点地段进行贴坡增做反滤层。共投资经费2029万元。其中，二河块石护坡先后完成石方9.27万立方米，开支经费874.1万元；二河上下游水下方工程，完成土方540万立方米，完成投资额1154.9万元。二河段的沿途建筑物，从1959年至2003年，先后建成二河东堤三个灌溉渠道闸（顺河流区、三河闸灌溉、蛇家坝灌区渠首）、高良涧越闸（10孔，每孔净宽4米）、张福河船闸、淮河入海水道进洪闸、南水北调翻水站，杨庄枢纽工程等多项大型建筑物。

二、淮沭新河第二段即淮沭河工程

第二段主要工段在宿迁市的泗阳、沭阳县境，由淮阴闸起向北至沭阳县城西侧与新沂河交汇，长66千米，全为平地开挖工程，干河工程设计土方5860万立方米，第一期工程，于1958年9月全面开工，由淮阴地区动员民工16万人施工，至1959年6月15日开挖了东西偏泓、结合筑东西防洪堤堰，共完成土方3512万立方米。后来由于淮沭河施工期间，京杭运河中运河续建工程也开工建设，土方工程任务大，动员民工多，群众负担重，出现劳力紧缺，粮食紧张的问题。同时国家已进入三年困难时期，国家采取缩短基本建设战线措施，淮沭新河中途停顿缓建，东西堤堰未做足标准，部分河道尚未挖通。为使已做工程发挥送水作用，1959年冬至1960年春只做了一部分补救工程。1963年、1966年、1969年进行续建，包括控制建筑物及附属工程等工程共完成土方7103万立方米，其中干河土方工程4850万立方米；完成石方23.9万立方米，其中：干河块石护坡15.1万立方米。国家投资6666.5万元，其中干河土方经费开支5230万元。

为了使淮沭河达到设计标准，充分发挥应有效益，1970年9月，淮阴地区水利局编报《分淮入沂、淮水北调综合利用总体设计》，经省水电局转报国家水电部。同年12月16日，水电部批复，核定总经费9510万元。对淮沭河进行大规模修整，按分洪3000米^3/秒，校核4000米^3/秒，灌溉65.33万顷农田，进行复堤和开挖东、西偏泓，处理两岸排灌问题。

是年冬，江苏省治淮指挥部批准淮沭河第一次续建工程开工。工程分为四期：第一期动员民工10万人，开挖淮阴闸下至沭阳闸上东偏泓结合复堤，于1971年春竣工，完成土方1090万立方米，投资额852万元；第二期1971年冬开工，开挖淮阴闸至总六塘河口，淮沭河西偏泓结合复堤，动员民工8万人，至春节前完成，做土方1008万立方米，投资额820万元；第三期工程，于1972年冬至1973年春开挖，淮沭河总六塘河北大孙庄至沭阳闸西偏泓，结合复堤，工段长24.4千米，完成土方809万立方米，投资额702万元；第四期于1973年冬开工，至春节前完工，开挖总六塘河至大孙庄5.8千米西偏泓，结合复堤，完成土方216万立方米，投资额205万元。工程续建期间，同时完成拆坝土方20万立方米及其他零星工程，支出经费100万元。至此，淮沭河第一次续建干河土方工程全部完成，共做土方3134万立方米，投资额累计2679万元。

淮沭河第二次续建工程。主要是淮沭河堤块石护砌工程，大堤险段加固，修复大堤雨淋沟，填平局部洼塘和高地清障等工程。第二次续建工程投资3217.3万元，完成工程土方101.58万立方米，石方37.96万立方米。块石护砌工程，从1976年开始，至1982年共分5期完成东堤块石护坡26.6千米，西堤8.6千米，共完成石方15.84万立方米，投资额353.87万元。1991年淮沭河大水之后，淮沭河块石护坡工程又经三期实施，完成东堤33.83千米、西堤24.08千米块石护坡工程，完成石方22.12万立方米，投资额为2315万元。大堤险段加固、清除等工程，共做土方101.58万立方米，投资额为462.3万元。

淮沭河自1958年9月开工之后，经过三个阶段大规模建设，截至1996年区划调整成立地级宿迁市前，共完成土方16260万立方米，石方61.9万立方米，投资总额为22072.8万元。

地级宿迁市成立后，淮沭河主要有三项建设工程，均与2003年汛期分淮入沂有关。一是2003年汛期，在分淮入沂流量达1720米^3/秒时，淮沭河东堤有2公里堤身背水坡渗水严重，多处出现裂缝塌陷。同年12月7日，江苏省水利厅发出《关于分淮入沂淮沭河东堤应急加固工程初步设计及概算的批复》，同意进行防渗加固处理，采用机械垂直铺膜方案。工程核定投资164万元，由江苏省鸿基岩土工程公司中标承建，中标价141.68万元。2003年12月开工，2004年1月竣工，机械垂直铺膜2063平方米。二是拆建新北渠首闸，亦是2003年汛期，发现闸上有裂缝、闸下洞身有孔洞问题。市防汛指挥部发出封堵新北闸的紧急通知。经上级批准，汛后实施新北闸拆建工程，工程总投资326万元，由宿迁市江淮水利集团公司中标承建，于2004年底竣工。完成土方4.73万立方米，混凝土和钢筋混凝土1288立方米，砌石及垫滤层计4886立方米。三是拆建淮泗河档洪闸工程。总六塘河入淮沭河口向上9千米处，淮泗河与总六塘河在这里相汇。为防六塘河高水位倒灌，另可伺机将淮泗河水排入六塘河，同时又能引总六塘河水、拦蓄回归水灌溉，1973年在此兴建淮泗河挡洪闸。2003年汛期，分淮入沂，总六塘河河水暴涨，该闸岸翼墙侧移，险情非常危急。汛后，报经上级批准，该闸按2级水工建筑物10

年一遇排涝标准在原址拆除重建，设计流量80.2米^3/秒。闸身为钢筋混凝土结构，全闸3孔，总净宽15米。由东台市水利建设有限公司中标承建，于2004年4月5日开工，同年9月28日竣工，由泗阳县水利局管理。工程造价为310.33万元，累计完成土方4.3万立方米，混凝土和钢筋混凝土3300立方米，石方1300立方米。

三、淮沭新河第三段——沭新河段工程

沭河是淮沭新河下段，河道南起沭阳县西北新沂河，向北经沭阳、东海、海州区境，全长75.3千米。其作用主要是解决这一区境工农业和饮用水，兼顾通航、排涝、水力发电等。1958年9月，当时徐州地区组织民工先开挖尾段马河至蔷薇河段，1959年9月完成土方56万立方米。1960—1961年开挖黄泥蔷薇河北侧吴场至马河段，后因三年困难时期停工。1970年，水电部批复淮沭新河续建工程，当时因沭阳县承担淮沭河任务比较重，无力抽出民工参加沭新河土方工程施工。江苏省政府决定，开挖沭新河沭阳县境河道工程，由徐州地区负责施工，1970年冬动员东海县民工2万人参加，于1971年6月完成。

沭新河建筑物工程。基本分布在沭阳县境内的主要有以下十项工程：新沂北渠首闸，1963年建成；古泊灌区渠首闸，1966年5月建成；沭新河进水闸，1971年5月建成；黄泥蔷薇河地下涵洞（4孔），1972年建成；沭新河南船闸、北船闸，1974年3月建成；沭新河退水闸，1975年6月建成；黄庄闸，1977年建成；桑墟水电站，1985年建成，次年并网发电；沭阳水坡，1989年11月建成。

2000年3月1日，开工拆建沂北渠首闸，同年5月底竣工，完成土方3.2万立方米，混凝土和钢筋混凝土1800立方米，石方2655立方米，工程投资336.39万元。2000年12月13日，开工加固沭新河南闸，拆除上闸首翼墙，新建上闸首按1级水工建筑物设计，采用钢筋混凝土结构，对原上下闸首维修加固，上游右岸150米大堤护坡块石灌浆，更换启闭设备和改造电气设备等。工程于2001年6月30日竣工，完成土方8.13万立方米，砌石1712立方米，混凝土及钢筋混凝土3187立方米，总投资713.3万元。

第三节 治理淮河工程投资

淮河是中国七大江河之一，源于河南桐柏山，流经河南、安徽后进入江苏宿迁市境泗洪县入洪泽湖。出湖有入江水道和入海水道，另外还有苏北灌溉总渠和

淮沭河入海和入沂出海。黄河夺淮前，淮河经古泗州城南侧(现洪泽湖)过龟山麓，折向东北至清口与泗水汇合后，东流过云梯关，独流入海，河道深宽，排水通畅。自黄河夺淮后至1855年黄河北徙，长达661年之久，淮河失去入海尾间，潴积成洪泽湖。明清两朝，虽作过一些治理，但多在“蓄清刷黄济运”而未解决入海出路。民国时期，也曾做过一些导淮工程，后因抗日战争而停止。

中华人民共和国成立后，在中央和各级政府高度重视下，淮河才得以有计划、有步骤地系统治理。1950年10月14日，政务院作出《关于治理淮河的决定》，确定“蓄泄兼筹，以达根治目的”治淮方针。首先从中央到地方建立治淮机构，是年11月6日成立“治淮委员会”(驻安徽省蚌埠市)统一领导治淮工作。同时，省、地成立治淮指挥部，县成立治淮总队部，负责治淮工程规划设计和施工。1951年春天，正当治淮工地上轰轰烈烈地施工中，中央派出慰问团到治淮工地，带来了毛泽东主席亲笔题词，“一定要把淮河修好”的锦旗和《中央治淮视察团告淮河流域同胞书》，指出：“治淮工程是一个变革历史，征服自然的伟大斗争。”毛泽东主席要求：“治淮规划要从长远利益着眼，根本地解决淮河问题。”还针对淮河上、中、下游的水利矛盾，提出“河南、皖北、苏北，三省共保，三省一起动手”这一团结治水原则。是年5月15日，《人民日报》发表了毛泽东主席“一定要把淮河修好”的题词，进一步激励淮河流域人民“根治淮河”的信心。同年，泗洪县境内修筑下草湾至老渡口堤42.5千米。

淮河干流河槽在浮山以下分为两支，一支向北往峰山镇后窑至双沟镇称窑河。一支向东至大柳巷拐向北至双沟镇称淮河。淮河与窑河在双沟合流后，蜿蜒向东南流，经铁佛、盱眙城、老子山入洪泽湖。中华人民共和国成立初期，经过水利专家们实地考察和实测资料分析计算得出结论，淮河干流自五河县城至下草湾37千米，下草湾至老子山70千米。按淮河行洪9000米^3/秒，疏浚淮河需挖土方3亿立方米，工程浩大在当时难以实现。后采用干支河分流方案，使淮北五河以下支流直接由溧河洼入洪泽湖，缩短洪水行程，降低五河的内河水位。1951年8月，水利部第二次治淮会议审查通过了五河县以下至洪泽湖，采取全线内外水分流方案。内外水分流后，淮河干流通过流量8500米^3/秒，其中6000米^3/秒由计划开挖的泊岗引河下泄，其余2500米^3/秒从潘村洼地行洪区通过。

淮河属流域性的骨干河道，水利重点工程建设涉及面较广，工程项目多、时间跨度段长。自20世纪50年代初到21世纪初，50余年时间里，宿迁市境内围绕淮河内外水分流，先后完成泊岗引河、淮河四坝、淮北大堤、洪泽湖北的挡浪堤、截水堤、洪泽湖边圈圩等水利工程建设项目。河道治理主要有怀洪新河、新汴河、新濉河、徐洪河等大中型治淮项目。

一、淮河分流工程

淮河分流工程规划，在五河县城附近的漴河口、浮山附近的潼河口、窑河进口处及淮河的泊岗、下草湾分别筑坝堵闭原河道。在五河县城附近开新浍河、新沱河汇入原淮河分汊河道的潼河，经泗洪县峰山切岭、窑河老淮河至下草湾开引河入溧河洼，使淮河北岸五河县下游浮山以上淮河左侧各支河与淮河分离，单独经溧河洼入洪泽湖。根据分流方案，为尽快排泄入淮涝水，裁弯取直浮山至下草湾原有淮河河道；开挖泊岗引河；建淮河四坝。1952年12月底全面开工，由淮委直接领导施工，1955年5月完工。全部工程投资4330万元，完成土方5480万立方米。其中：在今宿迁市境内主要有以下分项工程：

1.泊岗引河。泊岗引河是淮河内外水分流的骨干工程。西自大柳巷起，经泊岗南，平地开河，至阚台子入淮河，全长7350米。1952年12月底全面开工，由淮委直接领导施工，成立泊岗引河工程指挥部。引河施工分两期。第一期引河槽部分，安徽省成立宿县、六安、五联、定肥4个指挥所，动员民工13万人，于1953年4月完成。第二期工程为引河拓宽，浮柳段淮河切滩及筑4道拦河坝。1953年9月开工，1954年6月竣工。泊岗引河及淮河切滩工程，河底宽262米，河底高程8米，共完成土方2417.46万立方米，石方500立方米，开支经费2348.47万元。

2.淮河四坝（下草湾坝、泊岗坝、窑河坝、潼河坝）。下草湾坝。位于冯铁营西淮河故道上，西起泊岗圈堤，东接下草湾岗岭，全长1300米。坝顶高程18.5米，顶宽10米，外坡1∶3，内坡1∶5，采用复式断面，设两个平台，泊岗引河指挥部负责施工，1954年2月21日开工，同年5月8日竣工，完成土方56.1万立方米，经费125万元；1954年淮河大水、大坝沉陷，当年12月11日开工加固，1955年5月30日完工，最多时上民工2672人，完成土方6.6万立方米，追加经费14.6万元。

泊岗坝。位于大柳巷东侧淮河故道上，原设计坝长520米，因引河土堆挤压占地，实际长仅200米，设计坝顶高程19.25米，顶宽10米，外坡1∶3，内坡1∶5。复式断面，设两个平台。与下草湾坝同时施工，完成土方6.1万立方米，经费13.68万元。

窑河坝。位于潼河山东侧窑河故道上，全长800米，设计坝顶高程20米，顶宽10米，外坡1∶3，内坡1∶5。复式断面，设两个平台，与下草湾坝同时施工，完成土方9.5万立方米，经费21万元。

潼河坝。位于安徽省东卡村（与淮北大堤相接）至戚嘴村之间，全长2000米。设计坝顶高程20.50米，顶宽10米，外坡1∶3。设计两级平台，高程17.50米的平台顶宽5米，高程15.50米的平台顶宽8米。内坡1∶5至1∶8。由安徽省宿县专区治淮指挥部组织民工3万人，于1953年5月开工，1954年春完工。共完成土方71.6万立方米，经费149.9万元。四个拦河坝建成后，又多次进行维修加固，迎淮河坡面均砌块石护坡，背水坡除潼河坝外，其余3座坝均进行干砌块石护坡。

二、怀洪新河工程

原名漴潼河，20世纪50年代初规划设计。70年代初期，安徽省规划怀洪新河工程，在淮河以北开新河，上至安徽怀远县，向下扩大漴潼河。河道出口选择，江苏省泗洪县双沟切岭开引河直入溧河洼，工程名称取怀远、泗洪两县上下两字而得名。因此，怀洪新河工程包括漴潼河、窑河、双沟引河、淮河故道、下草湾引河工程，这是治理淮河工程中耗费时间最长的工程。

漴潼河工程。漴潼河西起五河县西坝口，经泗洪县猴咀西会潼河，穿越峰山切岭，东迄峰山镇入潼河，全长23.9千米。1951年冬，安徽省宿县专区治淮指挥部，动员怀远、盱眙、嘉山、五河、泗县民工9.34万人，实施漴潼河开挖工程，1952年1月20日停工，2月11日复工，民工增到10.47万人，6月初停工。同年12月14日，动员怀远、五河、泗洪（当时属安徽省管辖）民工8.74万人参加施工，于1953年3月4日竣工。全部工程完成土方共1340.4万立方米。漴潼河工程中，峰山切岭是比较难施工的地段，全部人工开挖。1951年11月26日开工，至1954年初完工。先后动员怀远、泗县、灵璧三县民工14.86万人次参加。切岭长6644米，其中高岭地段2270米；切岭段河底高程9.45米，河底宽400米；河床做成4台5坡复式断面；台面宽4~9.5米，台面高程15~23米；边坡1∶1.35~1∶1.2，切岭完成后漴潼河工程指挥部立即开展块石护坡工程，组织了3万民工和技术石工进行施工。护坡标准：干砌块石厚30厘米，铺粗砂15厘米，铺粗砾厚20厘米。护坡长度：南岸一坡1299米，二坡882米。北岸一坡1720米，二坡1294米。峰山切岭开挖之后，上游2584米，与潼河相接，下游1740米与窑河相接。共做土方431万平方米，石方4.67万立方米，植草皮5.94万平方米，浆砌排水沟500立方米。工程决算按核定的预算据实编报。国家共拨入资金665万元。

下草湾引河工程。位于泗洪县双沟镇东南5千米处。1951年9月27日开工，1952年7月13日竣工。动员民工6.82万人次，开挖引河全长4.6千米。此处地形起伏、岗岭地势较高，切岭工段施工较难。下草湾引河最大挖深27米，进口河底宽96米，河底高程8米，出口处河底高程10.6米。设计排水1630米^3/秒。共挖土方524万立方米，国家拨款350万元。

双沟引河工程。1972年10月16日，水利电力部批准安徽省规划怀洪新河工程实施方案。按照治水先下后上的原则，双沟引河及窑河河道疏浚先行施工。由安徽省宿县和滁县两地区治淮指挥部负责组织实施。双沟引河工程包括双沟切岭开挖、切岭块石护坡、引河公路桥建设、老淮河道切滩和疏浚四个单项工程，国家投资3513.35万元。

双沟切岭工程。河道设计流量为3400米^3/秒，引河长3300米，西起双沟镇淮河，东讫溧河洼。设计河底宽330米，河底高程8米，至出口处河底高程渐变为10米，边坡1∶3，在14米高程处留平台，宽4米。该工程由安徽省宿县地区治淮指挥部组织民工施工。自1973年3月开工，至1974年冬竣工，共完成土方1153.6万立方米，石方350立方米，混凝土86立方米，国家投资为2758.58万元。双沟切岭土方工程完成之后，立即进行块石护坡工程。因双沟切岭处土质属高岭土，两岸河坡护砌至洪水位以上，护坡长度为2160米，砌石5531立方米，抛石6300立方米，国家投资158.3万元。

双沟公路桥工程。因开挖双沟引河，切断徐宁公路，必须先行兴建公路桥1座。自1972年5月开工，至1973年1月建成。采用井柱双曲拱结构，13跨，每跨净宽30米，桥面总长439米，设计标准为汽-13，拖-60，双车道，桥面宽8米。耗用混凝土3413立方米，石方2704立方米，国家投资93.73万元。

老淮河切滩和疏浚工程。双沟切岭以上自峰山镇漴潼河口至双沟镇淮河，长11.3千米，河底宽485米，河底高程8米。河道水下方用挖泥机船施工。1973年5月开工，至1975年9月完成。共完成土方282.8万立方米，国家投资502.74万元。

4.怀洪新河下游泗洪县境内影响工程。影响工程项目较多，首先是挖压土地和居民房屋，挖压耕地就达925.2公顷，拆迁房屋2683间。1973年泗洪县就为切岭工程开工做好准备工作，做挖压区居民拆迁安置工作。时年，水利基本建设征用土地赔偿，一般按三年总产量国家收购价计算；青苗赔偿费，按单季产量国家收购价计算。房屋拆迁赔偿，拆迁的远近标准不同，市民的房屋高于农民的赔偿标准。当时赔偿具体标准：征用土地每公顷赔偿4200元；青苗赔偿每公顷1200元。拆迁瓦房每间赔偿120元，草房每间赔偿80元，另外每间按计划供应木材0.1立方米，毛竹1根，成品粮15公斤。树苗赔偿每株0.25元，果树每株3~10元。拆迁猪圈、厕所等，每户赔偿30元。坟墓迁移赔偿单棺3元，双棺5元。1974年3月10日，泗洪县动员民工10000人，做溧东防洪堤加固工程和溧西八圩和九圩工程，疏浚高怀新河、刘符套引河工程。溧东防洪堤加固，自三岔河起，至汴河堤止，全长24.9千米，堤顶高程做至17米，堤顶宽6米，内外坡1：3。其中三岔河至盂沟，长22.3千米，在防洪堤迎水面加做20米宽防浪林台，台面高程13.50米。从三岔河至朱台，结合开挖溧东航道，底宽15米，河底高程9米。朱台至下草湾航道由挖泥机船施工。溧西八圩和九圩堤顶高程做至17米，宽6米，内外坡1：3。1974年冬，泗洪县组织民工24291人，继续做影响工程中的洪山河、豆怀新河、高怀新河及截水沟、走廊沟、圩堤沟等工程，至1975年冬先后完成。1976—1977年，做块石护坡工程，其中溧东防洪堤在防浪林台以上护砌高程为15.50米，溧西八圩、九圩堤护砌迎水面堤坡。

影响工程还有公路改线、公路接线、通信线路接线、高压线接线、码头、广播线路、排泥区土地、渡船、机电排灌站、输电线路、变电所增容、配电工程、生产桥、涵闸等。全部影响工程，自1973年至1979年完成，历时7年时间，共完成土方408.7万立方米，砌石93583立方米。建成电力排灌站37座，装机85台（套），3532千瓦。机械排灌站1座，装机14台（套），960马力。架设35千伏输电线路17千米，10千伏输电线路67千米，安装配电变压器4825千伏安。建成生产桥涵75座。国家投资计1002.1万元，其中拆迁赔偿费411.29万元。1979年12月10日，淮委组织苏皖两省有关人员验收怀洪新河双沟段工段，并宣布怀洪新河工程停建。

5.怀洪新河第二期续建工程。于1991年批准开工建设，1994年，国务院决定全线启动怀洪新河工程。工程由三家分工实施。第一，从何巷闸至苏、皖两省界以上2.5千米处，全长92千米，这段河道、堤防及闸、桥建筑物等工程，由安徽省水利厅组织施工。第二，从两省省界以上2.5千米处至省界以下1.8千米的张套闸及窑河进口段之河道、堤防及建筑物等工程，由水利部淮河水利委员会组织实施。第三，从张套闸以下河道、堤防及配套建筑物等工程，由江苏省水利厅组织实施。

1991年11月16日，安徽省组织工澥河至香涧湖段工程。项目有符怀新河段、漴潼河段河道疏浚与筑堤工程。建筑物有：何巷闸、四方湖引河闸、胡洼闸枢纽工程、山西庄节制闸、西坝口节制闸、新马桥、李小节桥、新庄桥、澥河铁路桥等。

1994年12月10日，水利部淮河水利委员会承建的苏皖两省边界上下4.3千米河道堤防工程开工。1996—1999年，新开沱河闸、天井湖引河闸等工程也先后开工建设。

1994年4月6日，江苏省水利厅组织实施的河道堤防工程举行开工典礼，至2000年底，江苏省境内续建工程全部竣工。建设项目有峰山段、窑河段河道疏浚及堤防。影响工程：窑河桥、10千米双峰公路恢复、双沟镇防洪保安、移民安置、新建圩区、老圩区改建、机电排灌站、涵闸工程等。上述工程项目分别由江苏省治淮指挥部、淮安市怀洪新河工程指挥部、宿迁市水利局怀洪新河工程指挥部、泗洪县怀洪新河工程指挥部等单位承建，土方工程实行机械化施工。续建工程以峰山切岭工程难度最大，切岭长3025米，河底宽302米，土石方1000余万立方米，其中爆破削岩工程达240余万立方米。切岭最大挖深达30米，爬高48米，最大运距达5000米，施工异常艰巨，然而都以高标准高质量完成，并经专家级检验被评为样板工程。2000年以后怀洪新河增做工程，由宿迁市水利局怀洪新河指挥部组织实施，至2002年全部完成。

三、新汴河工程

新汴河位于安徽、江苏两省淮北平原上，自安徽泗县进入江苏泗洪县境，至溧河洼汇入洪泽湖。为解决河南、安徽两省淮河以北地区洪涝灾害，实施高低分治、洪涝分开的治水措施。这是一条人工平地开挖的大型综合利用河道，因贴近隋炀帝时开挖的古汴河，故名新汴河。1965年9月，安徽提出新汴河途径泗洪县境，经徐家港、大桑园、车门山南侧到傅圩沟口入溧河洼，排水入洪泽湖。该河全长127.1公里，泗洪境内河道属新汴河下游，西起徐家岗切岭，至大桑园建节制闸一座，取名团结闸，穿过宁徐公路，建公路桥一座，东迄溧河洼，长19.2千米。该工程由干流工程和影响工程组成。

干流工程由安徽省宿县地区新汴河工程指挥部主办，组织9个县民工28.7万人参加施工，最高潮时增加到30万人。于1966年11月开工，1970年5月竣工。建筑物工程于1971年6月竣工。共完成土方9835.9万立方米、石方19.93万立方米、混凝土6.91万立方米，国家投资11057万元。

影响工程由泗洪县承担施工。因新汴河为平地开挖新河，境内所经之处，不但挖压了大量土地，还打乱了原有排灌系统，加重了溧河两岸防洪压力。经过协商，对影响地区水系进行调整，圈圩、建站、提高防洪标准，工程量亦很大。1967年2月，成立泗洪县新汴河水利工程团，负责影响工程施工。是年3月至1971年6月，土方工程和建筑物工程全部完成。先后动员23个公社和城头林柴场民工4.29万人参加施工。共完成土方535.2万立方米，石方19968立方米，混凝土6868立方米。建电力排灌站13座，装机2520千瓦，溧东、溧西防洪堤加固42.18千米，建大型桥梁3座，生产桥涵41座等项工程，国家投入资金为680.4万元。

2003年，团结闸工程安全鉴定为三类病险水闸，故于2006—2008年进行除险加固，保留闸底板以下部分，底板以上部分全部拆除重建，总投资1700万元。重建团结闸18孔，每孔宽6米，高6.9米。闸下建翻水站一座，安装水泵电机10台(套)，1550千瓦，设计抽水10米^3/秒。闸底高程13米，控制闸上水位为18米。当闸上水位低于15米时，即可开机翻水，保持闸上通航水位不低2米。当洪泽湖水位低于11.5米时，经苏皖两省协商，保持泗洪县与淮河通航水位，团结闸翻水站应停止翻水。为了维持下游通溧东航道，沟通淮河、濉河航运，在团结闸下河槽开挖一条底宽15米，底高程10米的航道。

四、新濉河(奎濉河)工程

濉河发源于河南陈留西，至泗洪县青阳镇分两段，一股向东南，经石集、城头至临淮头入洪泽湖，为老汴河；一股继续东流经车路口、半城入洪泽湖，为濉河。濉河是一条古老的河道，古濉水河道多变，主要是黄河侵泗夺淮期间，黄河在北，淮水在南，区间淮河支流有颍、涡、濉等河流，诸河流向大致平行东南流。黄河夺淮以前，淮河至宿迁城南小河口入泗水，后逐步南移，原濉河下游河道被黄河流沙淤废，又从白洋河口入泗水。至15世纪末，原泗水、淮水河床逐渐淤高，徐州以下洋河镇以上黄河经常向南漫决，黄水常由归仁集以东、洋河镇以西洼地向南流入洪泽湖，严重危及泗州城安全。1579年，筑归仁堤，但宿迁城南小河口至洋河一带黄河不筑右堤，迫使濉水向黄河排泄。据《江苏水利全书》记载："筑归仁横堤，东起桃源县(今泗阳县)孙家港，西至宿迁市县归仁集(今泗洪县归仁镇)，横截濉黄水，使尽入黄河，毋使入淮。"自明万历年间，孟山湖以下濉河逐渐淤塞，小河口至白洋河口濉黄之水已无法入黄河，归仁堤以北，形成禅堂湖。1684年归仁堤、五堡减水堤被冲毁，濉水、黄水由安河下泄洪泽湖。1725年，黄河在宿迁西朱家海决口，归仁集附近的乌鸦岭砂姜被洪水冲聚于归仁集附近河内，形成阻水门坎，濉河主流改由谢家沟经老汴河入洪泽湖。黄河北徙之后，孟山湖已淤为平陆，濉水复向东南改道，安河成为独立水系。在孟山湖以西，老汪湖遂成为濉水滞蓄之地。孟山湖以东的下游乃成安河流域。民国4—5年（1915—1916）治理濉河，由时村开始下经浍塘沟至青阳、城头到临淮头疏浚濉汴河，谢家沟为濉河取代。另从青阳北开新河，沿沈家沟入洪泽湖。

中华人民共和国成立初期，濉河因河道淤塞，水无出路，水灾连年，国家决定对濉河中下游进行治理。1950年12月21日，宿县治淮指挥部组织民工32.6万人治理濉河中下游段。从时村至临淮头133.1千米河道全面疏浚、拓宽，河底宽50~83米，为缩短排水路线，舍去浍塘沟经新关至小韩庄的老濉河，从浍塘沟向南改道，经禅堂湖至泗县水口位镇，长43公里为新开河，南线叫新濉河，北线叫老濉河。1951年6月竣工，完成土方2345.2万立方米，国家投资732.74万元，

经过治理，虽然水道畅通，但上、中游高水位的水全部汇集下游，泗洪境内排水困难，水灾加重。据资料记载，1951—1965年，有12年泗洪境内出现超过地面的洪水；洪水滞留地面时间35~60天三次，10~30天三次，10天以下的十次。1963年5月23至6月16日，洪水滞留地面达24天，麦子和中秋作物受灾严重。然而当年7月9日至9月6日，再次出现持续高水位达60天，晚秋作物无法下种，造成全年减产，当年泗洪县全年粮食总产量只有6653万千克，比1949年还低。1965年7月12日至8月15日又出现持续高水位35天，青阳镇最高水位达16.84米，最大流量为799米^3/秒，均超过历史纪录。基于濉河流域中下游连续不断发生水灾的状况，按照苏皖两省1964年会商的意见，对濉河流域进行高低分治，分级治理，开辟新濉河规划措施，报经水利电力部批准。1966年春，水利部批准兴办濉河改道工程，工程总投资350万元。由安徽省泗县和江苏省泗洪县实施。1966年3月15日，泗洪县动员民工3万人开工兴办新濉河调尾工程。从洪庄切开濉河南堤至七里沟，按20年一遇的防洪标准设计，主河槽长度4500米，河底宽40米，河底高程10米，边坡1：1.25，西岸堤距230~330米，七里沟以下分为东西两偏泓。土方工程于同年5月31日完成，共完成土方406.5万立方米，土方工程经费119.7万元。

民工待遇，为前方给补助，后方记工分的办法。生产队对上河工的民工按同

等劳力记工分，有的地方还略为从优。工分值多少，各地差异很大，经济好的地方每天也只有三角钱左右，经济差的地方每天只有一角钱左右。除记工分之外各地还有各式各样的开支和补助，包括购买灶具、炊具、补助粮草等。民工住宿，搭建工棚的树棒和用草等，由生产队自备，工程主管部门按每间15~20元补助，住宿用品由民工自带。开挖工程劳动工具，锹、锨、筐、扁担等，由生产队从农户家集中或购买，由民工自带。工程伙食单位基本以生产大队为单位，根据民工人数分3~4个伙食单位。有的生产大队为提高前方民工完成任务的积极性，在施工期间或工程完成前组织各生产队负责人前往施工阵地进行慰问，主要购买一些猪肉等副食品改善一下民工伙食，名曰会餐。经费补助，每人每天0.45元，不单发给个人，包括在土方工程经费之中。工程经费结算，以公社临时指挥部为单位，再分解到生产大队。工程土方经费计算，一般每立方米0.22~0.45元，用于购买民工施工期间食用粮食和菜金等。粮食补助，中央工程每天每人补助0.65千克至0.8千克；地方基建和附属工程每天每人补助0.55千克至0.65千克。其他补助，每供应15千克粮食同时供应食油一两。大型土方工程，一般每人每日供应煤炭0.5千克。以上粮、油、煤补助均按计划价供应。

老濉河改道工程，于1966年冬开工，由安徽泗县动员3万民工施工，1967年春完工。国家投资177.3万元，完成土方438万立方米。新濉河完工后，老濉河也实施调尾入溧河洼工程，工程投资53万元。至此解决了濉河流域洪涝不分的排水矛盾。1975年11月和1978年9月，泗洪县动员民工67300余人，对泗洪县城下游濉河进行全线疏浚拓宽和平地开挖濉河口至洪泽湖引河，完成土方460万立方米，财政投资130.6万元，其中，国家补助49.1万元，县筹集81.5万元。

20世纪90年代初，太湖区域及淮河流域遭遇暴雨，受灾严重。国务院召开治淮治太会议，决定将奎濉河近期治理工程列为治淮19项骨干工程之一。淮委编制《奎濉河近期治理工程可行性研究报告》《奎濉河近期治理工程项目建议书》等文件，通过国家计委国际咨询公司组织审查。2001年2月27日，国家计委批复《奎濉河近期治理工程项目建议书》；2004年2月23日，国家发改委批复可行性报告；2005年10月7日，水利部批复初步设计。奎濉河近期治理工程由淮委、淮安市、徐州市规划设计院等单位承担设计，同年12月1日江苏水利厅批复初步设计。其中年度工程淮委先后于2001年8月28日、2002年12月21日批复。

奎濉河近期治理工程分三期实施。一期分2个标段，由通州市基础工程总公司、淮阴水利集团有限公司承建；二期工程分6个标段，由江苏金龙水利建设有限公司、宿迁江淮水利集团公司、山东省水利工程局、江苏省水利建设总公司等单位中标施工；三期工程分8个标段，分别由东台市水利建设有限公司、宿迁江淮水利集团公司、山东省水利疏浚工程处、兴化市水利建筑安装工程总公司、江苏中禹水利建设有限公司、江苏金龙水利建设有限公司、淮安市河海水利水电建筑安装工程公司等单位中标承建。2003年8月23日，奎濉河治理工程完成招投标工作。

奎濉河治理工程，涉及江苏、安徽两省。安徽境内由安徽相关市组织实施。江苏境内上游位于徐州市，由徐州市水利局负责组织实施；下游位于宿迁市泗洪境内，由宿迁市水利局组织实施。宿迁市成立奎濉河建设工程处。土方工程分两期组织施工，第一期治理奎濉下游，上起七里沟，下至新汴河口段，河段长6.5公里。2003年5月开工，2004年底竣工，工程总投资2720万元。第二期土方工程，上起苏皖两省交界五里戴，下至七里沟河段，长16.3千米。2005年10月开工，2006年4月竣工。河道堤防工程标准为：河底高程由10.47米，渐变为11米；河底宽100~80米；河道边坡1∶1.25；堤顶高程17.48~19.64米，内外坡均为1∶1.3；堤顶宽6米。建筑物工程于2006年5月开工，至2008年8月完工。新建、拆建、改造涵洞9座；泵站3座。累计完成土方366.1万立方米，石方1.78万立方米，混凝土和钢筋混凝土0.75万立方米，工程总投资8624万元。

五、徐洪河工程

徐洪河即徐州至洪泽湖一条河道，始见于1958年江苏省水利建设规划。徐洪河大口子以下为古安河，黄河夺淮以前为一条独立水系，源头在归仁集附近。黄河北徙之后，濉水向东南改道入洪泽湖。孟山湖以东的地区为安河流域。抗日战争时期，新四军于1942年和1943年，曾两次组织民力疏浚安河。淮北行政公署拨款53万元，开挖安河（现徐洪河下游）30千米，受益土地30.4万亩。1949年4月，泗南、泗阳、泗宿三县联合兴修安河工程，并建立安河水利委员会，领导治理安河，动员民工1.5万人，从新河头西民便河开始，疏浚至安河口，全长26千米，至同年5月，完成土方10.96万立方米。

中华人民共和国成立后，继续治理安河工程，分为四次：第一次，1951年10月至次年6月完工。由安徽宿县和江苏徐州两地区组织民力疏浚189.7千米安河干支河道，其中泗洪县承担疏浚县境内36.3千米，包括顾勒切岭共完成土方

730.15万立方米。第二次，于1956年1月开工，同年12月18日竣工，疏浚上起睢宁县南庙，下至泗洪县张渡口，全长76.3千米，共完成土方469.2万立方米，其中泗洪与宿迁县施工于大口子以下48千米一线，完成土方330.4万立方米。国家投资211.73万元。第三次，1959年12月20日开工，至次年5月30日，泗洪县先疏浚三岔河至顾勒河口20千米河段；后疏浚三岔河至刘庄机站13千米河段；因灾荒严重，仅在三岔河至金锁镇机站河心挖3米宽龙沟。共完成土方260.56万立方米，国家投资114.9万元。第四次，1965年3—5月实施，复疏浚大口子至顾勒河48千米河段，完成土方193.1万立方米，国家投资69.48万元。

1975年夏季，江苏省水利厅在宿迁县召集徐州、淮阴两地区分管水利负责人及技术人员会议，讨论徐洪河问题，未达成统一意见。主要是徐州地区提出开挖徐洪河将徐州运西地区涝水直接排入洪泽湖，并可抽引洪泽湖水灌溉徐州地区农田。淮阴地区考虑，徐洪河工程会造成水灾搬家，本来宿迁运西地区排水入安河，就排水不畅，泗洪境和宿迁南部洼地经常受灾，如徐州地区中运河以西废黄河以北地区高地涝水下压安河，必将造成安河沿岸洼地灾情加重，同时影响黄墩湖滞洪。是年8月，省治淮指挥部编报《江水北调江苏段规划报告》，提出中运河送水外，还必须增辟徐洪河，沟通淮、沂水系，作为向上送水河道之一，结合排涝、排洪、航运，原规划成子湖送水线取消。此后，国家批准徐洪河规划，贯穿濉河、安河、废黄河、黄墩湖，以排涝为主，兼灌溉，航运的河道，或为南水北调逆水线的工程。

1976年11月，江苏省水利厅批准徐洪河开挖下段工程，分为两段施工。徐州地区负责七咀至洪泽湖农场第四抽水站，长44.75千米工段施工。于同年11月18日开工，动员邳县、睢宁、铜山等县民工25万人开挖徐洪河，1977年2月完成。完成土方1983万立方米，投资970万元。淮阴地区于1977年11月，动员宿迁、泗阳、泗洪县三县民工4.2万人，开挖徐洪河最下段，上起洪泽湖农场第四抽水站，下至顾勒河口，长11.4千米，1978年2月完工，做土方544万立方米，国家投资428万元。

1977年11月，徐州地区动员民工13万人，开挖七咀至沙集段工程，完成土方1450万立方米，建沙集节制闸1座，跨河桥4座，涵洞6座。1978年冬，动员民工10万人，开挖沙集北段工程，穿过废黄河，平地开河，河底高程15米，河底宽24米，完成土方1518万立方米，建跨河桥7座，地涵1座。此后徐洪河工程暂时停办。1989年，经国家开发委批准，将徐洪河续建工程列为黄、淮、海地区开发重点项目。水利部将其列入南水北调项目，确定徐洪河干河开挖至刘集后，折向西，沿房亭河与京杭运河输水线汇合。1990—1993年，平地开挖徐洪河房亭河以南2.36千米，沙集枢纽至废黄河北闸23.1千米，废黄河切滩4.21千米。兴建沙集枢纽、废黄河北闸、房亭河刘集地下涵、单集闸站、大庙闸站等工程。徐洪河房亭河以南干河河道建成200米^3/秒、五年一遇排洪能力，二十年一遇防洪能力，5级航道标准。

第四节　中运河整治工程投资

中运河，是京杭大运河的组成部分。中运河的形成，跨越明清两朝二百多年时间，包括明代开挖的泇河南段，加之明代天启年间开挖的通济河段和清代康熙年间河臣靳辅开挖的皂河、支河、中河，合称中运河。明清两朝开挖中运河的目的，主要是漕运，为封建王朝统治阶级服务。然而，中华人民共和国成立后整治中运河，主要是为社会经济服务，促进工农业生产建设和流通事业的发展，改善生态环境，不断提高人民的生活条件。

一、明清时期开挖中运河

明永乐皇帝于1421年把首都由南京迁到北京，而当时农业经济重心在南方，造成政治中心和经济中心相距遥远，朝廷的支用、耗费，都必须取自南方，每年有400万石粮食要靠京杭运河运到北京。1500千米的京杭运河由南而北，运粮船过长江到扬州，经淮阴沿途经过多个湖泊，称为“湖槽”；从淮阴经过泗阳、宿迁这一段，船队随泗水古道被黄河侵夺，这段称为“河槽”；从徐州再北上山东境内地势高，黄河自西而东流，水势凶猛，必然与南北向的京杭运河交叉，由南而北运送漕粮的船只只能逆水而上，十分危险。

明代嘉靖以后，黄河水患多集中在徐州附近，严重影响漕运，威胁明王朝的安全，朝中有识之士多次建议开挖泇河，漕船由邳州黄河口（今睢宁县城北古邳）出黄河，经泇河过微山湖北上，避直河口以上黄河之险，特别是徐州的徐、吕二洪之险。自明隆庆三年（1569），翁大立首议开泇河，至万历三十二年（1604），开通泇河止，历时35年。由夏镇东南5千米李家口引水经韩庄湖口向东南流，再汇彭、泇、沂诸水，至骆马湖西直河口入黄河，全长130千米。这条运河开成后，漕运避开徐州南北165千米的黄河险和徐州百步洪险溜段，而且航道缩短，水源充足，漕运条件得到改善。但泇河河道狭窄，难以两只大漕船对开，运粮食船南归时，仍须经徐州北直口闸入黄河南行。明天启五年（1625）为避开古邳州、刘口、磨儿庄等处的险段，又开挖上接泇河，下至骆马湖口，全长23.5千米的通济河。明末清初，社会动荡，水利失修，河道荒废，特别是黄、淮、运河交汇在一起，水路相互交叉，形成十分复杂的局面。因运河淤塞，漕运成了大问题。1629年，因直河口淤，又开河5千米将入黄口门改在陈沟。

清顺治七年（1650），董沟口淤，遂取道骆马湖漕运。1664年，陈沟口淤废，又修董沟口入黄行运。康熙七年（1668），漕运改由出黄河经过骆马湖至窑湾接泇河维持通航。康熙十五年，黄河在砀山以东决口数处，归仁堤溃溢，清口淤为陆地，淮水全入里下河，里下河地区变为泽国，运道淤塞，难以通航，形势严重。康熙帝启用靳辅任河道总督，拉开大规模治理黄、淮 、运河的序幕。

康熙十九年（1680），因骆马湖常淤浅和董口淤塞，河道总督靳辅，开皂河20千米，南起皂河村黄河北至窑湾接泇河通漕运。次年，皂河口淤1000余丈，当时朝中议论纷纷，有大臣提出仍由骆马湖行运。靳辅力排众议，亲自督民夫疏浚皂河，黄河水位稍落，清水随由皂河口入黄河。为了避免皂河口复淤，靳辅经过实地查勘，反复斟酌，由皂河向东至张庄开一条支河，使泇河水经皂河及支河由张庄入黄河，后称张庄运口，又称支河口。这段运河的开成，缩短了黄、运合一的长度，同时为靳辅后来开挖中河打开了思路。

康熙二十五年（1686），靳辅提出开挖中河方案，沿清口以上黄河北岸，利用遥、缕二堤之间取土新开河道漕运，使黄河与运河分开。开挖中河工程浩大，河道长，需征集民夫12万人，清政府害怕集中这么多的人开河，如果造反就不得了，害怕出问题。靳辅总结佥派制度的弊端，指出有三种不利：一是工程浩大，需夫众，按户或按田亩佥派，人民逃避；二是佥派的丁夫被迫应役，不肯出力；三是连年水灾，人民无以为生，佥派的丁夫生活困苦，影响社会安定。因此，他主张改佥派制度为雇募制度。其理由是雇募则四方流民风涌云集，可以挑选青壮劳力；雇募丁夫按完成土方多少付银，多劳多得，可以提高功效；雇募可以工代赈，灾民得藉以活命，还可以多苦银两养家度荒年。于是康熙帝同意实施开挖中河方案。

靳辅在雇募劳力中，先选监理官18人，分别招募。凡愿受雇者，规定为20~40岁精壮丁夫，定要常役，不准更换，防止影响工程进度。丁夫报酬以工程量计算，每方土按工程难易付工价银六分至一钱一分，多劳多得。为少用民工，提高工效，对挖河运土工具进行改革，由人工挑抬，改用北方侉车（独轮小车），挖河筑堤运距远，车运土比肩挑运土优越得多，工效可以提高，用人就可以减少。一辆独轮小车，配民工2名，相当于3个挑夫，而一辆独轮小车工本银只有五钱，相当于12个工雇值，其使用期按一年计算可以节省360个工。因此，靳辅组织官员到河南、山东置侉车3万余辆，运到工地免费推广使用，既提高了工效，又节省了劳力，还节约了工程经费。

开挖中河于1686年开工，上起宿迁支河口，下至清河县（今淮阴区）仲家庄计180公里，于康熙二十七年（1688）正月竣工。从而结束了明代以来清口以北利用黄河通漕，受黄河直接影响的局面。从而使中运河上引骆马湖水济运，下于清河县仲家庄建石闸一座，通黄河漕运，过黄河后进入里运河，航道全部脱离黄河。与此同时，在仲家庄向东开下中河至安东县（今涟水县）平旺河，分泄中河洪水入海，这条河就是后来的盐河。中运河开通后，大大改善了漕运航道，自此不再由黄河通漕，漕船到达北京较过去提前一月有余，同时使漕船避黄河200里逆水航行之险。从此以后微山湖以下至淮阴的运河统称中运河。

中运河由明清两朝发展漕运的鼎盛时期，逐步走向衰退。咸丰三年（1853）后，由于太平天国革命军占领长江中、下游地区，运河被切断，南粮无法由运河北运。到了咸丰五年（1855），黄河在兰阳（今兰考）铜瓦厢决口，夺淄由长垣东流至张秋，穿运河注入大清河入海，黄河北徙，京杭运河南北断流。清政府经济衰退，国库空虚，根本无力对黄河、运河治理。清同治之后，又出现运费省速度快的海运，这时的运河已在漕运中失去其重要地位。到了光绪二十七年（1901），漕粮改为折色（折成现银），漕运完全废止。特别是1912年津浦铁路通车后，取代了运河运输，再加上战乱频繁，天灾人祸并发，运河趋于荒废。

二、民国期间中运河治理

1929年国民政府成立“导淮委员会”，制订导淮计划，提出导淮江海分流，治运通航。民国20年（1931）1月，挑挖泗阳至宿迁的中运河段，历时3个月。民国23年（1934）4月27日，在宿迁成立刘老涧船闸工程局。刘老涧船闸及引水工程于是年6月开工，建闸经费系利用“庚子赔款”减免部分，由导淮委员会组织工程设计和施工建设。工程由上海馥记营造厂承包，利源建筑公司承建。船闸设计采用欧美先进技术。船闸雇用民工涟水县1500人，宿迁县1000人。按原计划先开引河，因当时农忙，应雇人员不足，改为先挖闸室，同年12月，完成闸塘土方工程。次年12月开始打桩和上、下游引河开挖及两岸筑堤工程，于1936年8月船闸建成，

10月10日举行放水典礼。建闸经费93.9万元，完成引河土方26.1万立方米，筑堤土方2.1万立方米，共打基桩1600余根，杉木排桩500余根，钢板桩600余根，浇灌混凝土3700余立方米。刘老涧船闸，在当时是京杭运河上科技含量较高的船闸，因当时水利设施配套不全未及通航，后因抗日战争爆发，日本侵略军入侵，船闸遭到严重破坏，凡是木料及铁件露出水面的被盗拆殆尽。

三、中共领导下的民主政权对中运河的治理

抗日战争胜利后，1945年10月，苏皖边区政府成立，下辖8个分区，中运河沿线属六分区和七分区。边区政府组织干部深入运河沿线实地考察，研究、制定治河措施。1946年2月，钱正英在边区政府主办的《民主建设》创刊号上发表《江北运河初步调查报告》指出，"在旧政府时代，不论怎样腐败，但对运河工程还是花费了一批人力物力，给予相当之重视，全江苏河道，仅运河设局"。"就运河形势而言，中运河是鲁南、苏北最大水道，是承受泗、沂宣泄的枢纽。因此，对运河的操纵控制，就不能为地方性的建设，而必须有较全盘打算"。"中运河决堤，邳、泗、宿等县均遭淹及，六塘、盐河承水过多，则海、沭、清皆成泽国"。苏皖边区政府根据钱正英这个报告，进行了周密研究，决定建立边区水利委员会。苏皖边区政府拨款8亿元（法币），对运河堤加固维修。工程分南、中、北三段共313千米，分别成立工程处领导施工，共修复沿线堤岸247处，修筑埽工护岸21处，整修闸7处。其中北段150千米，北起邳濉县大榆树，南至淮阴双金闸的中运河，由第六行政区的宿北、宿迁、泗沭、淮阴和第七行政区的邳睢、泗宿、泗阳7个县负责施工。动员民工20余万人，完成浚河复堤工程土方690余万立方米。

1949年5月，苏北行政公署拨粮400万千克，采取"以工代赈"的方式，组织宿北、宿迁、泗沭、淮阴、淮安等县2万民工，培修运河堤防，保证当年安全度汛。

四、新中国成立后中运河整治与开发

中运河的整治工程是京杭运河治理工程的重要组成部分。中华人民共和国成立后整治运河工作基本没有间断过，有的结合治淮和兴修水利进行，有的是专项治理，列入国家项目，有的开发利用列入地方建设。中运河治理大体分为四个阶段，从局部治理到全面治理，从单一开发到综合利用，规模一次比一次大，标准一次比一次高，投资一次比一次多。

第一阶段，1950—1957年，大规模治理淮河和兴修水利的同时，结合治理运

河，从根治洪患入手，发展航运、灌溉。虽然，中华人民共和国成立初期国家经济十分困难，但仍挤出一定的人力物力、财力治理运河。仅1950年结合导沂整沭工程，加固皂河至宿迁城北中运河北堤和1952年兴建皂河节制闸、小船闸，先后动员民工15万人次，国家拨款437.76万元，这在当时是一笔数量较大的拨款，相当于时年一个县全年的财政收入。

第二阶段，1958—1981年。前期由国家专项投资建设，全面规划，专项治理，综合利用。三年困难时期，自然灾害严重，国家缩短基本建设战线，受投资所限中途停工。后期由交通、水利部门投资陆续兴建了一批配套工程。

第三阶段，从1982年开始到1996年地级宿迁市成立。国家专项安排，列出重点项目，举办京杭运河徐州至扬州段续建工程。本期工程，北起蔺家坝南至长江边，全长404千米，继续进行综合治理，全面开发。按原定通航2000吨级船舶的二级航道建设，新增北煤南调1000万吨，单项货运量达到3000万吨。建设内容：疏浚航道四段，长230多千米；新建干线上8座大型复线船闸、支线3座船闸；续建、扩建煤港3座；兴建大中型抽水站8座；扩建船厂1座；建跨运河桥3座，铺设专运铁路线1条；架设运河沿线微波通讯系统。共有30个单项工程，挖土5000万立方米，砌石100万立方米，浇灌混凝土50万立方米。该项续建工程，是中华人民共和国成立以来国内规模最大、标准最高、投资最多的一项内河建设工程，国家列为重点建设项目，总投资6亿元。其中：当时淮阴地区完成国家投资近3亿元，另外还为运河续建工程自筹1亿元。工程项目，从1984年开始动工，先后动员民工30多万人次，技工1000多人，技术员200多人；共挖土方2500多万立方米，砌石25万立方米；挖压耕地11000余亩；沿运河拓浚了三段航道（包括里下河淮安县至淮阴段，中运河淮泗段，泗阳至宿迁段）。建成6座大型船闸、1座小型船闸、1座中型节制船闸、3座跨运河公路桥和5座抽水站。在中运河的施工中，1986年1月30日，省政府与淮阴市政府签订了包括皂河船闸、京杭大运河淮河段航道疏浚等工程总全额为17210.44万元的总包干合同。通过大规模的分期治理，使中运河成为排洪、航运、排涝、灌溉、发电、调水等综合性河道。

第四阶段，从1996年区划调整，地级宿迁市成立之后，开发运河潜能，增建中运河扩大工程，结合大运河申遗项目开展中运河环境整治，把中运河防洪排涝、灌溉、调水、航运、生态、景观融为一体，充分体现人与水的和谐理念。

中运河的整治工程是一项跨区域的项目，基本围绕京杭运河的整治展开，是局部与整体的关系。投资的项目跨区域项目交叉、分割，在统一规划下，分批分期建设。同时项目内容也不相同，情况十分复杂。项目资金来源，有中央财政拨款，也有地方自筹，特别是改革开放以后，广泛吸引社会资金投资水利，通过民办公助，政府购买，委托管理等多种形式鼓励企业、个人及社会团体投资公益性或准公益水利工程项目。因此，财政投资数额并不完全反映中运河整治工程的全部资金。 同时有的资料散落，只能反映工程量，这里仅就中运河整治过程中部分重点工程财政投入资金使用效果作简要概述：

（一）堤防加固、疏浚航道。中华人民共和国成立后，对中运河的堤防和航道的整治。从1950年4月开始，结合苏北导沂整沭工程，加固皂河至宿迁城西北与马陵山脚中运河北堤，也是骆马湖南堤，长18.4千米，动员新安、宿迁、睢宁、邳睢4个县51128名民工，参加施工，至5月下旬竣工，这段中运河北堤顶高程达25米，顶宽6米。投资折人民币43.36万元，完成土方109.34万立方米。此后，1954年整修中运河左堤支口至王沟段，次年整修三里沟至中李甸段。

随着国民经济的迅速发展，运河沿线的粮食、棉花、矿产、建材及日用百货等运量不断增长，加上徐州及鲁西南地区煤储量丰富待开采外运等。1958年国家成立大运河委员会，交通部长王首道任主任委员，交通部副部长孔祥祯、水利部副部长钱正英，以及河北、山东、江苏、浙江省各一名副省长担任副主任委员。按照“统一规划，综合利用，分期建设，保证重点，依靠群众”的方针，治理京杭运河。决定将江苏徐州至扬州段的中运河及里运河为第一期工程。同年4月，江苏省成立大运河工程指挥部，沿运河各专区相应成立指挥部，县成立总队部。江苏段工程，北自徐州蔺家坝，南至长江都天庙全长404千米。

中运河上起邳县大王庙，下至淮阴杨庄，长162.5千米，这段工程施工由淮阴专区京杭运河工程指挥部负责。中运河除窑湾至曹庄段为新开河，长9千米，其余均利用老河拓宽浚深。中运河第一期工程施工，因当时淮沭河也同时开工，民工十分紧张，推迟了施工时间。1959年11月至1960年9月，淮阴专区先后两次动员9个县民工14.5万人次，全面整修中运河。先行杨庄至泗阳段施工，然后拓浚泗阳至邳县大王庙段施工，共完成土方995万立方米。其间1959年冬和1960年春，还动员泗洪县先后组织民工2.4万人次，开挖邳洪河结合加固中运河右堤（即骆马湖西堤）窑湾至皂河闸段，堤顶高程28米，顶宽8米，并开挖中运河航道窑湾至曹甸段，航道底宽60米，台宽28米，底高程16.7米，取土结合修建林台和大堤，林台高程25.5米，台宽50米，堤顶高程26.6米，顶宽8米，完成土方121万立方米。为提高施工工效，在中运河整治中，大力推广四轮车、胶轮车、轴承独轮车等运土工具37343辆，滑轮爬坡器3570套，对按时完成土方任务，起到重要作用。中运河第一期工程共完成土方1116万立方米，沿岸拆迁民房23618间，5643户，挖压土地2362.8公顷，其中挖压青苗1495公顷，迁移坟墓39076座。

1963年冬至1966年春，修建中运河右堤邳宿交界至皂河闸段块石护坡，长12.8千米，顶高25米，底高21米，完成土石方6.4万立方米。为防止船行波冲刷航道坡岸，修建皂河至七堡段右岸块石护坡，长6千米，修建三里沟至支口段左岸块石护坡，长8.2千米，顶高24米，底高20米。1969年9月至1971年春整修和兴建中运河左堤临湖西皂河闸至杨河滩闸块石护坡长18.4千米。计完成浆砌块石4.39万立方米。1971年之后，疏浚了宿迁、泗阳边界航道浅窄段1.8千米。对中运河河堤重点险段四草坝等7处工程分别加修戗台、护坡、反滤层。中运河经过阶段性的治理，宿迁段航道达到国家二级标准，堤防基本达到防洪要求。但由于中运河属于跨区域的河道，在治理中存在相互衔接的问题，期间因遇上"三年自然灾害"，国家缩短了基本建设战线，以及"文化大革命"，中运河部分治理项目受到一定影响。

中运河续建工程。1978年春，国务院作出继续整治京杭运河的决定。因京杭大运河苏北段第一期工程，未能按照设计要求施工即中途下马，加之运河逐年回淤，致使航道深度参差不齐。1981年3月，时任国务院副总理万里视察京杭运河指出：充分利用水运，继续整治和利用京杭运河分流北煤南运，减轻津浦铁路压力。同年9月，交通部向国务院报送《京杭运河续建工程计划任务书》，1982年3月13日，国家计委报国务院批准下达。江苏省组建京杭运河续建工程指挥部，1983年组织工程实施。工程计划批准后，江苏省政府于1984年3月召开运河建设工作会议，研究布置运河建设施工问题。

中运河淮泗段整治工程，由淮阴市政府包干建设，主要有两项：淮泗段疏浚工程，在第一期扩建时，设计标准为底宽45米，河底高程7.5米，水深3米。1962年缩短基建工程下马时，人工开挖水上土方400余万立方米，已基本完成，水下方137万立方米，只完成10万立方米，就中途停工。因此，这段航道弯曲，宽窄深浅不一，经过20余年排水航运后，河道有冲有淤，起伏较大，弯道半径有几处为500~600米，影响夜间航行。在淮泗段整治中，原计划不断航采用机船开挖水下方，挖至河底宽50米，达到三级航道标准，最小水深3.2米，弯曲半径为800米。根据一期工程施工资料和二期工程地质资料，河底有砂姜浅滩，施工工效低。同时考虑机船在浅窄航道内施工，碍航时间要长达几年等实际问题。因此改按二级航道一次实施。河底宽60米，河底高程6.5米，水深4米，边坡1∶1.3，弯道半径不小于800米，人工施工段增做航道块石护坡57.6千米。经省政府和交通部同意，在总包干经费内调度1000万元，作为此项整治工程经费。

淮四段泗阳船闸下游至二河口长30.1千米，设计中心线长29.8千米，正项土方451.3万立方米，杂项土方105.2万立方米。由淮阴市水利局承担设计和施工。动员8个县区计10万民工参加施工。先行打坝排水，上游在泗阳船闸和泗阳节制闸打坝，下游采取降低二河水位后，在二河及淮沭河口两侧打坝截流，1984年11月4日打坝成功，断航抽水。11月15日全面开工，12月27日全部竣工，提前完成任务。共完成土方556.5万立方米，砌石护坡15.1万立方米，沿堤拆迁民房4000多间（提前安置），完成投资2752万元。

中运河浅窄段疏浚。皂河至泗阳段，水下方工程，还有宿迁一线船闸上下游和郑楼三处，均采用挖泥机船开挖。其中宿迁一线船闸上下游疏浚长度为1.6公里，完成土方11.67万立方米，于1984年7月底完成。郑楼段，于1987年11月开工，1988年6月竣工，完成土方16.78万立方米。此外，中运河下游有二河、淮沭河、废黄河、里运河、张福河等多河交汇，分别由安徽省水利疏浚公司、江苏省运河航闸管理处疏浚队承包开挖。1988年8月底开工，同年12月底竣工。工程投资109.26万元，完成水下土方正项16.64万立方米，杂项土方8.97万立方米。皂河以上中运河浅窄段疏浚工程，包括大王庙至徐塘、新辟徐塘改线、徐塘至邳州港、新庄段、房亭河口段，计22千米，由徐州市负责包干建设。1986年2月中旬开工，1988年7月竣工。水下方施工，由上海航道局、长江航道局武汉分局、南京分局、安徽省水利机械疏浚公司、葛洲坝工程局沙石分局、江苏省盐城疏浚队、高邮疏浚队等7个单位承担施工。完成正项土方254.7万立方米，杂项土方80万立方米。

中运河上段扩大工程，是沂沭泗洪水东调南下工程的重要组成部分。中运河大王庙至二湾段是宣泄南四湖和邳苍分洪道洪水的主要通道。工程长42千米，水利部批准，这段工程规模按二十年一遇防洪，泄洪流量5500米^3/秒，排洪能力提高500米^3/秒。宿迁市组织施工邳宿交界至二湾段，长度为5.044千米，河底高程19.50米，河坡1∶3。工程于1997年5月12日开工，1998年7月17日竣工，1998年

9月23日通过工程验收。完成土方226.6万立方米，投资3604.95万元。

（二）刘老涧枢纽工程。包括筑坝、刘老涧船闸（老、新船闸）、刘老涧节制闸等工程。

刘老涧筑坝工程。刘老涧坐落在宿迁城东南22千米中运河左堤上，是历史上中运河溢洪道，平时为保持中运河水位以便通航运，建土坝拦水，遇沂、泗洪水就开坝放水进入总六塘河，东排经灌河入海，确保中运河安全。由于骆马湖水排总六塘河的沂、泗洪水已经太多，再加上刘老涧分流洪水，经常使总六塘河及南、北六塘河沿岸洪水漫溢成灾。为减轻总六塘河排洪负担，根除沿岸水灾，1950年苏北导沂整沭工程司令部决定堵闭刘老涧，并建成永久性的固定坝，此后永不开放。该项工程采取“以工代赈”的办法，动员当地民工完成。1950年5月20日开始动工，先由宿迁县陆集区组织民工1124人，完成土方9078立方米。时因当地民工另有任务调出，后由泗阳县组织民工2096人接替，完成土方25749立方米。扫尾工程，由陆集区组织民工400人，完成土方1289立方米。全部工程于是年6月18日竣工。耗用物料主要是芦柴，多达137550千克，木桩1101根。

刘老涧船闸。民国时期兴建的刘老涧船闸，通航能力低。到中华人民共和国成立后，船闸许多功能已失去使用价值。为迅速开发中运河航运，1952年9月，江苏省治淮指挥部决定动工修复刘老涧船闸。同年11月开工，1953年6月竣工。闸室清淤土方2010立方米。经上海第一“船联”4位工程师在工地检查，将残存的开关机器零部件运至上海修理和组装，“人”字形闸门及铁件由上海船厂派冷作工就地修配。凡需钢材整修或添补，均由宏泰造船厂承修。经过大修除锈油漆后，修旧如新，按时投入营运。1973年8月，皂河新船闸建成后，原有的刘老涧船闸便显得不相适应。因此1977年兴建刘老涧新船闸，在老船闸左侧，老节制闸右侧，纵向轴线与节制闸纵向轴线相距140米。上、下闸首均为钢筋混凝土反拱底板。输水主廊道和空箱边墩，长度26米。上闸首顶高程22.60米，下闸首顶高程22.10米。闸室长230米，宽20米，钢筋混凝土纵横格梁，块石护底透水式闸室底板，侧墙顶高程20.70米。钢结构弧形面板人字门，配用20吨卧缸油压启闭机4台。阀门为平板直升门，配用20吨立缸油压启闭机4台。公路桥采用24米长钢桁架直升式开启桥，配用30吨柱塞缸油压启闭机2台。该工程由省交通厅勘测设计室设计，省交通厅第三工程处负责建筑安装工程施工，由淮阴地区及宿迁县组成刘老涧船闸工程指挥部主持施工管理。1977年2月开工，1978年10月建成。完成土方212.80万立方米，混凝土与钢筋混凝土3.83万立方米，砌石3.45万立方米。工程投资1360万元。

刘老涧节制闸。位于洋北乡导淮村，为节制中运河水位，形成梯级，并控制泄洪流量。1952年11月开工兴建，1953年6月竣工。该闸为钢筋混凝土结构，共4孔，每孔净宽8米。闸底板高程12米，闸顶高程19.50米，胸墙底高程17.75米。钢结构弧形门，安装绳鼓式手摇启闭机4台，启闭能力15吨。交通桥净宽4.50米，荷载标准汽–6。设计上游水位17.53米，下游水位17.05米，泄洪流量500米^3/秒。该工程完成土方39.55万立方米，混凝土与钢筋混凝土4191立方米。工程造价106.70万元。

刘老涧新节制闸。1960年整治中运河时，刘老涧处河道裁弯取直，新河道在节制闸左侧，因节制闸设计流量仅500米^3/秒，与上游宿迁节制闸泄洪流量不相适应，1957年、1963年、1974年，沂、沭、泗大洪水时皆开挖拦河坝泄洪。洪水过后，又需及时堵闭，既浪费人力、物力，又影响泄洪效果，因此增建刘老涧新节制闸，以增加泄洪流量。新闸建在1960年新开的河道上，设计上游防洪水位20米，下游最低水位15.50米，泄洪流量400米^3/秒，闸身为混凝土结构，共5孔，每孔净宽5米。混凝土反拱底板，长15米，拱厚0.50米，拱底高程11米。中墩宽1米，预制墩壳，中间灌注混凝土。岸墙顶高程21米。上、下游均为重力式浆砌块石翼墙，顶高程分别为20米、19米。工作桥为两根简支梁，中间铺设钢丝网水泥板，桥面高程26.20米。公路桥荷载标准汽–10，钢筋混凝土梁式板结构，桥面高程21米。钢丝网水泥板闸门，门顶高程18.25米。安装2×8吨手摇、电动两用绳鼓式启闭机5台。上游护坦长30米，下游消力池长24米，深2米，池后漫长54米。该闸工程由淮阴地区水利局设计，宿迁县组成刘老涧节制闸工程处主持施工管理，淮阴地区水利工程队承担建筑安装施工。1975年11月开工，1976年6月竣工。完成土方18.10万立方米，混凝土与钢筋混凝土3314立方米，砌石6645立方米。工程投资138万元。

刘老涧复线船闸。刘老涧老船闸，在第二次中运河整治中，因该船闸规模小，不适应现代船只通行，于1984年10月拆除，在原址修建复线船闸。刘老涧复线船闸位于新船闸右侧，两船闸纵向轴线相距133米。闸室长230米，宽23米。上闸首长28米，下闸首长27.30米。上、下游主导航墙各长70米。上、下游靠船墩各15个，排列长300米。上、下闸首均为钢筋混凝土坞式结构。采用短廊道输水系统，上、下闸首均为对冲消能。公路桥荷载标准汽-10、拖-50，桥面净宽4.50米，主桥为钢结构桁架桥，跨度25米，引桥为钢筋混凝土T形梁结构，两侧各一跨，跨度15米。该工程由淮阴市水利勘测设计院设计，淮阴市水利建筑工程处承担建筑安装施工，淮阴市京杭运河续建工程指挥部主持施工管理。1985年4月开工，1987年4月由江苏省人民政府组织专家竣工验收。完成土方122.40万立方米，混凝土与钢筋混凝土3.16万立方米，砌石4.83万立方米。工程造价2274.60万元。

（三）皂河枢纽工程。主要工程包括：皂河束水坝、皂河节制闸、皂河船闸、皂河复线闸等工程。

皂河束水坝。为导沂工程重要的临时设施，位于皂河镇东南1.50千米处的中运河上。设计控制泄洪流量1360米^3/秒，其中至井头乡入总六塘河600米^3/秒，余760米^3/秒由中运河下泄。它的结构是以土坝为主，中间留50米口门，土坝上、下游坡面用柴枕块石保护，坝顶口门内用捆厢苇埽，外加关桩，口门两侧坝头接着柳石枕坝，和土坝相连，河底沉排抛石笼，以防河床冲刷。完成土方18万立方米。参加施工的各种技术人员和民工2.50万人。1950年5月2日开工，6月20日竣工。1952年皂河节制闸建成，束水坝即行废除。

皂河节制闸。为控制骆马湖向中运河排洪流量，1951—1952年兴建皂河节制闸，位置在皂河镇北刘甸村。该闸由苏北行署水利局设计，苏北导沂整沭工程司令部工程处主持施工。全闸共7孔，每孔净宽9.20米，闸身总宽71.25米，两头为空箱式钢筋混凝土岸墙，闸底高程16米，闸顶高程24米，胸墙底高程20米。闸墩与门墩分设，钢架木面板弧形门，手摇、电动两用启闭机7台，启闭能力15吨。设计上游水位23米，下游水位18.34米，排水流量500米^3/秒。完成土方63.25万立方米，混凝土和钢筋混凝土8328立方米，砌石9183立方米。工程造价209万元。

为提高骆马湖防洪能力，1972年3—12月，对皂河节制闸进行加固扩建。省属宿迁闸管理处按骆马湖洪水位25米，闸下游水位19.5米，泄洪流量1000米^3/秒的标准设计，由省水利工程总队1队施工。加固扩建工程投资48万元。

皂河船闸和皂河新船闸。皂河船闸位于皂河节制闸左侧，与皂河节制闸同时建成。船闸规模：闸室长100米，宽10米，设计门槛水深2.50米，闸门下为卧倒门，上为横拉门，年通过量180万吨，投资185万元。1974年大洪水时，因下闸首西侧翼墙外堤坝决口，船闸被冲毁，即废除。

皂河新船闸位于节制闸右侧，1971年7月开工，1973年8月竣工。船闸规模是闸室长230米，宽20米，门槛水深4米，引航道底宽50米，结构形式为采用闸首短廊道输水，对冲消能；闸首钢筋混凝土反拱底板，钢筋混凝土与浆砌石墩墙；闸室墙混凝土底板，浆砌块石重力式墙；闸室底板干砌块石，设有水反滤层。设计闸上游最高通航水位24.5米，最低通航水位20.50米，下游最低通航水位18.50米；上游防洪水位25米。上闸首高程26米，下闸首高程25米。门采用钢桁架，圆弧形钢面板人字门，绳鼓式卷扬启闭机、启闭力10吨。阀门为钢架木面板直升平板门，配置8吨螺杆启闭机。新船闸设计年通过量为2000万吨。下闸首设公路桥，荷汽–8，桥面净宽450米。工程造价795万元。

皂河复线船闸。是京杭运河徐（州）扬（州）段续建的单项工程。位于皂河新船闸右侧，两闸轴线相距160米。皂河复线船闸工程由省水利勘测设计院设计，宿迁市皂河复线船闸工程处主持施工管理，省水建公司第二工程处承担建筑安装工程施工，宿迁市民工团负责土方工程施工，宿迁市水利工程处负责河堤块石护坡施工。该工程根据地震烈度9度设防，采用钢筋混凝土坞式整体结构。上闸首顶高程27.50米，门顶高程26.70米，门槛高程15.50米；下闸首顶高程26.50米。门顶高程26米，门槛高程13.50米；闸室墙顶高程26.50米，闸室底板高程13.50米，闸室长230米，净宽23米。该工程1986年1月开工，1988年12月15日由江苏省人民政府组织专家竣工验收，随后正式通航。完成土方487万立方米，混凝土与钢筋混凝土6.90万立方米，砌石9.29万立方米，金属设备制作与安装508吨，投资4836万元。

杨河滩节制闸。为控制骆马湖向总六塘河排洪流量而建。由苏北行署水利局按上游水位23米，下游水位20.70米，排洪流量500米^3/秒设计。苏北导沂整沭工程司令部工程处主持施工。1951年11月开工，次年5月竣工。该闸为钢筋混凝土结构，3孔，每孔净宽9.20米，闸身总宽30.80米。闸顶高程24.50米，胸墙底高程20米，底板高程15.50米。钢架木面板弧形闸门，工作桥上安装绳鼓式启闭机3台，启闭力为15吨。交通桥净宽2.75米。上游护坡长30米，下游护坡长40米。完成土方66万立方米，混凝土及钢筋混凝土4934立方米，砌石7920立方米。工程造价112.80万元。为适应水情变化，曾多次进行加固扩建。1965年起，由于省水利厅决定总六塘河不再泄洪，该闸只作为骆马湖灌区的渠首。

（四）宿迁枢纽工程，亦称宿迁大控制工程。包括：宿迁节制闸、六塘河节制闸、宿迁船闸、宿迁复线船闸、井头船闸等。

宿迁节制闸。是控制骆马湖向中运河分洪的第二道建筑物，1957年7月开工，1958年6月竣工。由省水利勘测设计院设计，省水利厅主持建设，省、地、县组成宿迁闸坝工程指挥部负责施工管理。该闸为钢筋混凝土结构，共6孔，每孔净宽10米，闸身总宽69.23米，两侧为空箱岸墙。设计上游水位25.10米，下游水位18.88米，泄洪流量600米^3/秒。底板高程15米，闸顶高程28米，胸墙底高程20米。闸门为钢结构弧形门，工作桥面高程32米，安设手摇、电动两用启闭机6台，起重能力15吨，并设平衡砣。闸墩上设公路桥，净宽7米，荷载标准汽–13。上、下游翼墙均采用浆砌块石重力式墙，上游翼墙顶高程26.40米，下游翼墙顶高程21米，上游护坦长23米，下游消力池长34米，池底高程12.80米。该工程完成土方159.40万立方米，混凝土与钢筋混凝土1.32万立方米，砌石1.76万立方米。投资210.60万元。

1974年8月17日，该闸上游水位24.88米，下游水位19.87米，安全泄洪1040米^3/秒，工程各部位运行正常。以后进行局部性的加固维修：1976年加高检修工作桥从高程25.00米，升高到高程28米；1978年检修工作桥增做吊装滑道；1978年3至6月，按地震烈度9度要求，进行抗震加固，公路桥下部闸墩之间增做钢筋混凝土支撑梁，工作桥相邻两跨大梁之间用钢筋连接，公路桥、工作桥支座增做钢筋混凝土阻滑块。

六塘河节制闸。是控制骆马湖洪水向总六塘河分泄的第二道建筑物，与宿迁节制闸同时兴建、竣工。该闸为钢筋混凝土结构，共3孔，每孔净宽10米，闸身总宽34.60米。设计上游水位25.10米，下游水位19.84米，排水流量600米^3/秒。该工程完成土方35.35万立方米，混凝土与钢筋混凝土0.92万立方米，砌石1.42万立方米。工程造价136.85万元。1965年起，江苏省水利厅确定，该闸不再负担排泄骆马湖洪水，专作为骆马湖灌区的节制工程。1978年，按地震烈度9度进行抗震加固。

六塘河拥水闸。1959年夏，为了保证骆马湖区自流灌溉的水位，同时兼顾骆马湖排洪，在六塘河节制下游、二干渠进水口的右侧建拥水闸，共13孔，每孔宽3米。闸底高程15米，闸顶高程22米，设计上游水位20.50米，下游水位18.10米，排泄骆马湖洪水流量600米^3/秒。闸门为型钢端柱木质直升门，配置螺杆式手摇、电动两用启闭机，该工程完成土方6万立方米，混凝土和钢筋混凝土4128立方米，砌石5104立方米，1965年起，总六塘河不再分洪，仅为区域性排涝河道，拥水闸的作用只拥水、不排洪，成为总六塘河的新起点。

六运调度涵闸。1979年，为调节总六塘河和中运河的水位和水量，在宿迁闸上游1千米处的六运隔堤上，兴建六运调度涵洞，设计流量30米^3/秒，2孔，每孔高2.20米，宽2米。完成土方1.20万立方米，混凝土和钢筋混凝土200立方米，砌石350立方米。投资10万元。

1985年春，在调度涵洞的北侧六运隔堤上兴建六运调度闸，将总六塘河水调入中运河，设计流量30米^3/秒，1孔，宽4米，闸顶高程22.43米。交通桥面高程23米，荷载标准汽-10。工作桥面高程26米，完成土方3.22万立方米，混凝土与钢筋混凝土314立方米，砌石1040立方米。工程投资29.62万元。六运调度涵闸近期作为井头翻水站向皂河抽水站水的通道。关闭时，可保持总六塘河较高水位，以便向灌区送水。

宿迁船闸。是淮河流域第1座千吨级大型船闸，位于宿迁节制闸北侧，闸室为钢筋混凝土坞式结构。采用集中帷墙中输水系统，上游为螺旋形短涵管，下游为短廊道。闸室长210米，净宽15米，1次可通过2400吨顶推式船队。闸室两侧填土高程25.50米。闸室底板分为10块。闸门为钢结构人字门，上、下游门顶高程均为26.50米，采用10吨绳鼓式手摇、电动两用启闭机。阀门为钢结构平板直升门，设有平衡砣，采用5吨绳鼓式手摇、电动两用启闭机。公路桥设在下游闸首，荷载标准汽-13，桥面净宽7米，高程28米，桥下净空7米。上、下游进出口有引航道栈桥，采用非对称式钢筋混凝土排架，栈桥上游长55米，下游长55.80米，宽度均为1.50米。上游引航道长230米，底高程14.80米，底宽度35.00米；下游引航道长600米，底高程14.80米，底宽度45米。该工程于1957年10月开工，1958年6月建成，完成土方137.20万立方米，混凝土和钢筋混凝土2.57万立方米，砌石0.61万立方米。工程投资347.40万元。

宿迁复线船闸。位于宿迁船闸北侧，两闸轴线相距为215米。闸室长230米，宽23米，设计门槛水深5米。上闸首长29米，下闸首长28.50米。因处于地震高烈度区，按9度设防，闸室采用钢筋混凝土坞式整体结构。上闸首为13.50米，闸室和下闸首均为13米。闸顶高程28米。上、下游导航墙长度各为50米。靠船墩上游16个，下游15个，上、下游主导航和靠船墩均设在航道左侧。建筑物总长度1375.50米。闸门为钢质平板人字门，阀门为钢质平板直升门，均配用20吨液压启闭机，电器设备采用有触点程序控制。公路桥上部结构是预应力钢筋混凝土梁，两端采用减压减震支座，桥面净宽9米，两侧安全带各宽1米，荷载标准汽-20、拖-100。该工程由省交通规划设计院设计，宿迁县宿迁复线船闸工程处主持施工管理，省水建公司第二工程处承担建筑安装工程施工，1983年3月开工，1986年9月27日由江苏省人民政府组织专家竣工验收，11月25日正式通航。该工程完成土方242万立方米，混凝土和钢筋混凝土6.21万立方米，砌石3.20万立方米，总投资2805万元。

井头船闸。为开辟二干渠航道，使其和京杭运河相通，1972年兴建井头船闸，1973年竣工使用。后因京杭运河宿迁复线船闸下游靠船墩堵住出口和航道交叉，井头船闸移位重建。1987年10月28日开工，1989年7月30日竣工。闸室长120米，宽12米，上、下闸首门宽8米，设计最小航行水深2.50米，引航道底宽20米。闸首为钢筋混凝土空箱边墩，上游顶高22.50米，下游顶高21.50米。平底板结构，上门槛高程16米，下门槛高程15.50米。闸室为钢筋混凝土薄壁挡土墙，顶高22米，透水底板，高程15.50米。钢结构三角闸门，配用4吨卧式螺杆启闭机。钢结构平板直升阀门，配用8吨螺杆启闭机。上、下游翼墙为浆砌块石重力式结构。上游4个重力式靠船墩，下游8个灌柱桩承台式靠船墩。上游块石护坡长140米，下游块石护坡长320米。该工程完成土方23.54万立方米，混凝土和钢筋混凝土0.49万立方米，砌石0.21万立方米。总投资433万元，其中省京杭运河续建工程指挥部补助240万元，省交通厅补助75万元，宿迁市（县级）筹集118万元。

宿迁大控制工程完成后，骆马湖改为常年蓄水湖泊，提高了防洪能力，提供灌溉水源，为京杭运河通航补给水源，提高运河通航能力，保证了运河沿线物资运输，工程效益十分显著。

（五）泗阳船闸。位于泗阳县城东南3千米处。1959年动工，1961年建成通航。其右侧170米处为翻水站，左侧400米处为泗阳节制闸。泗阳船闸标准尺度为230×20×4（米）；设计通过量2100万吨；上游最高通航水位19米，最低17米；下游最高通航水位18.5米，最低14.5米。上下闸首均为整体混凝土坞式结构。闸室为分离重力式。闸门为钢质人字门，阀门为钢质平板门。引航道上下游各长500米，设宽船墩15个。上闸首建有双悬臂混凝土公路桥一座，长106米。徐淮公路由此通过。建闸总投资280万元。

泗阳复线船闸。位于泗阳一线船闸以北，众东干渠以南，1984年10月15日，江苏省京杭运河续建工程指挥部批准初步设计和预算。同年12月5日土方工程开工，1988年11月2日竣工验收。设计年通货量为2100万吨，设计通航水位高程：上游最高18.00米，下游最高16.50米，上游最低16.00米，下游最低10.50米。船闸上闸顶高程20.10米，下闸顶高程19.60米，上门槛11米，下门槛5.50米。工程共完成土方252.8万立方米，混凝土和钢筋混凝土5.29万立方米，砌石3.12万立方米。用钢材1920吨、木材4573立方米、水泥24125吨。工程总投资为3338.95万元。

（六）中运河增建工程。中运河是江苏省运河经济带的组成部分。沿运河地区资源丰富，土地肥沃，工农业生产较为发达。中运河与沿线经济发展互相作用，运河通畅，繁荣了沿线经济，沿运经济的发展又加大对运河的功能建设投入，促进运河更好地为经济社会服务。中运河在大规模继建工程完成之后，全线达到二级通航，使中运河在排洪、灌溉、调水、航运、发电等方面发挥了巨大作用。为了保证通航和排洪功能，改善市境交通环境，增加市境工农生产活力，提高投资环境，各级财政再次投资增建工程。

三线船闸。中运河在宿迁境内有皂河、宿迁、刘老涧、泗阳等4个梯级船闸，在续建工程中各级都建有复线船闸。随着工农业迅速发展，水运事业发展也很快，至20世纪末，各个梯级两座闸已不适应船只过闸的需要，等候过闸的船只越来越多。江苏省交通厅先后在宿迁境各个梯级兴建三线船闸。闸室长均由原来的230米增加到260米。

宿迁三线船闸。设计门槛顶高程13米，于2003年建成。

皂河三线船闸。设计门槛顶高程16.33米，上游通航水位，最高24.83米，最低长20.33米，下游通航水位，最高23.83米，最低18.33米。于2006年建成。

泗阳三线船闸。设计门槛顶高程11.83米，上游通航水位，最高17.83米，最低11.33米；下游通航水位，最高16.33米，最低10.33米。于2006年建成。

刘老涧三线船闸。设计门槛顶高程12.83米，上游通航水位，最高19.33米，最低17.83米；下游通航水位最高为18.48米，最低15.83米。于2008年建成。

市区跨中运河兴建桥梁。1996年7月，地级宿迁市成立后，为改善市区的交通环境，扩大城区规模，提高城市品位和投资环境，促进宿迁经济更好更快地发展，先后在市区跨中运河兴建和改建8座大型桥梁。

宿迁2号桥。宿迁2号桥按汽-20、挂-100标准设计，计38跨，桥长876.738米，桥面宽25米，人行道2米×1.5米。设计通航水位最高19.89米，最低17.89米，桥梁最小净空7米。1998年兴建，2000年竣工投入使用，工程造价7427.53万元。

宿迁3号桥。宿迁3号桥按汽-20、挂-100标准设计，计39跨，桥长897.2米，桥面宽23米。设计通航水位最高19.89米，最低17.89米，通航最小净空7米，2002年建成投入使用，投资10294.22万元。

引湖大桥。引湖大桥位于宿城区支河口，设计51跨，桥长1658.16米，桥面宽25米。设计通航最高水位23.89米，最低水位18.39米，最小净空7米。

发展大道运河大桥。发展大道运河大桥按汽-超20、挂-120标准设计，桥计58跨，桥长1940米，桥面宽23米。人行道2米 ×1.5米，设计通航水位最高23.83米，最低18.33米，最小通航净空7米。2006年建成，投资总额为14504.55万元。

市府东路运河大桥。市府东路运河大桥32跨，桥长984.1米，人行道宽2米 ×3米，通航水位最高19.89米，最低17.89米，最小通航净空7米。2006年建成，投资总额为10029.4万元。

项王大桥。项王大桥29跨，桥长910.78米，人行道宽2米 ×2米，设计通航水位最高19.89米，最低17.89米，最小通航净空7米。2005年竣工，工程造价8586.02万元。

开发区运河大桥。开发区运河大桥21跨，主航道中孔跨径110米，两边跨各为66米。引桥18跨，每跨20米。桥面宽20米，引桥18米，人行道2米 ×1米。通航水位最高19.89米，最低17.89米，最小通航净空7米。2005年竣工，工程造价为5097.2万元。

宿迁1号桥。即原京杭运河宿迁大桥，1974年11月开工，1976年底竣工，1977年5月6日正式使用，是当时市区唯一一座沟通运河东、西两岸交通的大桥。钢筋混凝土结构，总长度635米，由3个孔、每个孔跨径70米的双曲拱桥和两岸各8个孔、每个孔跨径20米的双曲拱引桥组成。桥面净宽10米，其中车行道8米，两侧人行道2米，核定荷载汽-15，挂-80。桥下通航净高11米，接线工程450米。财政总投资258.68万元。随着宿迁市经济发展，宿迁2号、3号桥的兴建，1号桥显得不相适应，其老化的程度已经影响交通和运输，由此，市委、市政府决定拆除重建。1号桥拆除重建工作自2010年起，至2012年竣工，总投资1.22亿元。

第五节 城区水环境整治工程投资

中华人民共和国成立前，宿迁城区无大型工业，城市人口少，人民生活水平低下，城区环境基本上受自然因素影响，污水自由流淌，垃圾随意堆放。中华人民共和国成立后，城市规模扩大，特别是1996年地级宿迁市成立之后，工业生产迅猛发展，人口迅速增加，城区人民生活水平不断提高，城市污染负荷逐年加大，如果城市污水再任其排放至河道、湖泊，造成河湖水质污染，危害极大，严重影响国计民生。为此，宿迁市委、市政府把城市防污治污、改善水环境等人民最关心的社会问题，列为政府工作重点。

一、城市污水治理

中运河在宿迁市境，由骆马湖向东南延伸，穿过市区和泗阳县城。城市的供水，沿运河周边的人民生活用水，中运河是主要水源。在建立地级宿迁市前，宿迁市境无污水处理厂，一些工业废水、城市生活垃圾污水直接排放至河道湖泊，造成城市生态环境质量下降，河、湖水质污染严重。1996年7月，地级宿迁市成立后，市委、市政府把城市污水治理工作上升到可持续发展和保障国计民生的高度来认识。制定规划，分步实施，先后在全市范围内陆续建起10座污水处理厂（站）。

（一）宿迁市城南污水处理厂。位于中运河西侧，马陵河南端，主要收集宿迁市老城区9.1平方千米的居民生活污水和工业废水。1997年8月由省计经委批准建设，设计总规模5万吨/天，总用地73亩，污水处理采用除磷脱氧的A_2O工艺。工程分两期实施，总投资7287.71万元。其中一期工程规模2.5万吨/天，于1999年底开工建设，分两步实施，2004年10月正式投入运行，完成投资额5106.42万元；二期工程于2005年12月底开工，2007年初投入运行，完成投资额2181.29万元。污水处理量达3.2万吨/天。进水COD约260毫克/升，出水COD60毫克/升以下。2008年全年累计去除COD为1617吨，BOD为637吨，SS为1479.8吨。共处理泥量19592吨，平均含水率为95.9%，折合纯干泥为1176吨，年耗电总量为305万千瓦小时，尾水原排入中运河，截污导流工程后，将尾水穿过中运河向北送新沂河东排入海。

（二）宿迁市河滨污水处理站。位于府苑小区以北，废黄河风光带以南的绿化带内，开工建设时间为1999年4月，2000年4月通过验收，2000年8月正式投入运行，累计完成建设投资585万元，占地约7亩，处理规模0.5万吨/天。主要收集微山湖路以北、环城西路以东区域内的生活污水，尾水排入废黄河。河滨污水处理站由于建设年代较长，仪器设备老化，处理效果每况愈下。市委、市政府将河滨污水处理站改造工程列为2008年为民办实事项目，并制定了详细的实施方案推进改造工程。改造投资580万元，污水处理规模达0.5万吨/天，尾水排放执行一级A标准。

（三）宿迁市河西污水处理厂。由宿迁富春紫光污水处理有限公司出资兴建，位于宿迁市经济开发区大道北侧、民便河东侧，投资约2900万元，处理工艺采用SBR活性污泥法，污泥处理采用压缩填埋方法，主要收集市经济开发区、恒力工业园区污废水。宿迁市河西污水处理厂吸引外资采用BOT方式运作，设计规模10万吨/天，分两期实施，一期工程5万吨/天，分两阶段建设，其中一期一阶段2.5万吨/天，于2007年3月建设，2008年3月完成土建部分施工，污水处理厂已通过验收并正式投入运行，尾水排放执行一级B标准。一期一阶段总占地面积为88.2亩，整个厂区划分成污水处理区、出水区、污泥处理区、生活区4个功能区。厂区北部考虑预留远景发展用地及中水回用设施和污泥处置用地，厂区绿化面积占厂区总面积的30%以上。

（四）宿迁市城东污水处理厂（宿豫区污水处理厂）。设计总规模为日处理污水3万吨，占地60亩，该项目分两期实施，总投资8767万元。一期工程日处理污水1.5万吨，于2005年5月开工建设，2007年6月试运行，是年8月正式投入运行，8月31日通过市环保局组织的竣工验收，工程总投资约5300万元。二期工程也为日处理污水1.5万吨，于2008年5月开工建设，同年12月土建工程结束，2009年1月进入设备安装及调试阶段，2009年3月试运行，4月投入正式运行，投资约1500万元，2009年5月10日通过验收；至此日处理污水3万吨全部完成，两步自动化安装也全部完成，并投入运行，设备运转正常。宿迁市城东污水处理厂由南京市市政研究院设计，一期工程由连云港华泰道路桥梁有限公司承建，二期工程由宿迁建设（集团）有限公司承建，处理工艺都采用改进型三槽式氧化沟的处理方法，整个工程包括：管网、污水收集、提升泵站、污水处理系统、中控在线监测以及厂内工程等几部分组成。管网建设148.4千米，其中城区管网73千米，开发区54千米，主管网35.13千米。2009年新增水管网8.88千米，覆盖城区近15万余人的污水收集。

（五）苏宿工业园区污水处理厂。苏宿工业园区是贯彻落实江苏省委、省政府“南北挂钩，合作共建”重大战略决策，由苏州、宿迁两市合作，在宿迁市共建的新型工业园区。苏宿工业园区污水处理厂，位于宿迁市苏宿工业园区古城路15

号，由江苏省苏宿创源污水处理有限公司投资建设。园区污水处理厂整体规划为8万吨/天。一期工程为2吨/天，由河海大学设计院综合其他工业园区水处理的经验，采用比较成熟和具有国际先进水平的水解酸化+A_2O+滤布滤池工艺流程设计。污水厂一期投资约4700万元，依托拥有先进的水质分析技术和仪器的实验室、先进的设备和在线监测仪器、全自动化控制系统的中央控制，以ISO14000管理体系为企业管理标准，并借鉴苏州新加坡工业园区各种成功的管理经验及良好的专业团队，使污水厂出水达到《城镇污水处理厂污染物排放标准》（GB 18918—2002）一级标准中的A标准。

（六）宿迁市城北污水处理厂（湖滨新城污水处理厂）。由金迪（中国）投资有限公司采用BOT式投资兴建的一座污水处理厂。其厂址位于宿迁市湖滨新城工业园区（北区），一期占地面积为35.16亩，设计总体规模为6万吨/天（其中一期2万吨/天，分二组建设，每组1万吨/天）处理后污水满足《中华人民共和国污水综合排放标准》（GB 8978—1996）排放。投资项目总额达2550万元。所处理的污水为园区内众多企业所排放的工业废水，水质情况较差，为达到较好的处理效果，确保经处理后的出水达标，项目采用的是物理处理、化学处理及生物处理综合的一体处理工艺，其主体生物处理为脱氮除磷较好的A_2O（厌氧/缺氧/好氧）工艺。一期工程已建成投产，并通过环保验收。

（七）宿迁市宿城区洋河污水处理厂。此项工程是江苏省和淮河流域“十五”重点治污项目，是南水北调工程江苏段重点治污项目之一，列入宿城区2006年为民办实事项目之一。工程位于宿城区洋河镇东圩村境内，项目总建设规模2万吨/天，总占地63亩。其中一期工程规模为1万吨/天，占地26.88亩。一期工程总投资5489万元，工程建设内容包括厂区建设及镇区16.37千米污水管网、一期厂区工程于2006年8月2日进场开工建设，工程投资1893万元。构筑物一期实施水解酸化A_2O池1座，二沉池1座、粗格栅进水泵房1座，细格栅1座。

二期工程建设为扩建，新增污水处理能力1万吨/天，概算投资1695万元。二期工程占地27.39亩，具体内容包括厂区、提升泵站和污水配套管网，其中厂区内容包括水解酸化池1座，二沉池1座以及二期污水处理设备；提升泵站工程主要负责将徐淮路以南收集的污水提升至路北主管道，装机4台（套）22千瓦，设计提升能力0.12米^3/秒。洋河污水厂二期工程已于2009年10月开工建设，建成后，污水处理能力将达到2万吨/天。配套管网完成后，污水收集率可达75%以上。

（八）泗阳县城北污水处理厂。位于泗阳县经济开发区东区，占地47亩，总投资1.89亿元，分两期建设。设计规模日处理污水5万吨，一期规模2.5万吨/天，于2006年1月开工建设，2006年12月建成，2007年8月正式运营。铺设污水管网48.1千米，总投资1.14亿元。二期工程2.5万吨/天，于2008年6月开工建设，2009年6月建成调试，同年7月通过验收，2009年8月正式运行。2008年污水处理量653.57万吨，年消减COD约800吨，尾水排放执行一级B标准。污水处理采用国际先进的德国Bio-Dopp（生物倍增工艺），该工艺与传统污水处理工艺相比，具有工艺先进、设备高效、工程投资与运行成本低、管理方便、占地面积小等特点。出水水质长期稳定达到国家排放标准。

（九）沭阳县污水处理厂。位于城东开发北区嘉兴路北，占地面积50亩。由深圳集泰环保投资有限公司以BOT方式投资的城市综合污水处理项目。总投资额10662万元，其中污水处理厂投资5132万元，配套管网计划投资5530万元，管网总长14.3千米，环绕内外沭河，采取A_2O工艺，生物处理法工艺类型，处理后排放标准为一级B，排水直接排入沂南小河，污泥处理采用浓缩脱水一体化，一期日处理量为3万吨的规模。2008年7月31日投入运营，9月底通过验收。2009年度污水处理量达959.26万吨。

（十）泗洪县污水处理厂。位于泗洪县二里坝东南侧，设计污水处理总规模为5万吨/天，工程计划分期分步实施。经省计划与经济委员会批准，先实施一期一步工程，日处理污水1.25万吨，总投资2845万元，采用“人工湿地”处理工艺，占地面积85.12亩，工程于2001年3月开工建设，2002年7月建成并投入运行。

为加快污水处理事业的快速发展，适应地方经济建设的需要，县政府决定县污水处理厂按市场化运作。2006年7月18日，深圳集泰环保投资有限公司获得该厂经营权，经营期30年，更名为泗洪县集泰污水处理有限公司。

随着地方经济的迅速崛起和社会人口的增加,污水量增大,原有的污水处理规模及处理工艺不能满足发展的需要,公司于2007年启动一期二步工程建设,占地面积12.56亩,总投资3856万元,采用改进型三沟式处理工艺,污水处理水质达一级B标准,2009年3月通过环保竣工验收正式投入运行,日处理污水量1.8万吨。

二、市区水环境整治

水环境是衡量一个城市居住、投资环境好坏的重要标志。地级宿迁市成立之初，市区水环境脏、乱、差现象十分严重。一是内部排涝河被堵，原有水系被打乱，导致雨后排水受阻，城区积水严重。二是水体质量差，废黄河水体常年发黑、发臭，许多污染物超标，水质劣于Ⅲ类水标准；中运河由于来往船只太多，待闸时间长，大量油污连同船员粪便等污染物排放在河中，漂浮物增多，致使中运河水体水质下降。三是沿河厂矿企业未经批准，擅自设置排水口门。时年由于市区无一座污水处理厂，各种废水、污水未经处理，直接排放到河中，形成废污水排放失控、无序的局面。四是有些单位不执行取水许可制度，越级取水。还有的单位未经论证分析，盲目凿井，抽取地下水，致使地下水位急剧下降，形成降落漏斗。五是河岸垃圾遍地，违章建筑众多，杂乱无章，耕种、取土等各种破坏水工程安全的案件时有发生，加剧了河床水土流失。中运河中来往船只随便抛锚靠岸，原有水工程遭到了人为破坏。针对这种状况，市委、市政府结合中运河整治，把美化、亮化、绿化、景观化融为一体，充分体现生态宿迁的理念，政府实施水环境治理工程。

（一）马陵河治理工程。马陵河是一条古老的小河道，紧贴中运河西岸边，南北走向穿过老城区。由于历史的变迁，河道变窄，有的地方只有2~3米宽，已淤为平地。1974年，当时宿迁县宿城镇动员全城集资和参加义务劳动，疏浚马陵河，配建小桥梁和砌石工程。在下游终端建电排站，安装机泵12台，排水能力为7.2米^3/秒，作为老城区的主要纳污河道。马陵河因年久失修，部分地段淤泥较深，杂草丛生，垃圾遍地，污染日益严重。

1999年春，宿迁市委、市政府在充分调查研究的基础上，下决心整治马陵河，并将其纳入2000年市政府18件实事之一，马陵河综合整治工程由市建委负责实施。此项目沿马陵河全线，北起中运河岸边，南至城南排灌站，全长4.8千米，占地24公顷。主要建设内容有块石护坡、污水干管铺设、两岸混凝土路面、人行道及绿化工程、雨水管道铺设等。总投资1654万元。与此同时，在马陵河的最上游（北端）新建马陵河冲污泵站一座，旨在改善马陵河两岸老城区的水环境。冲污泵站设计抽水能力2米^3/秒，装机2台200千瓦，投资60万元。全部工程于2000年底完工，总投资1714万元。工程完成后交宿城区水利局管理。

为根治马陵河“黑臭”问题，以及有效解决幸福南路易涝片区问题。2016年，市委、市政府成立马陵河综合整治工作指挥部，继续对马陵河进行整治。整治工作实施“四路一站一园”工程。包括西湖路、卫生路、项王路、幸福南路，城南排涝站和东关口公园。由市住建局负责的东关口公园已施工，总投资1.9亿元。其他工程，由宿城区负责实施的马陵河一路至西湖路段，以及由市水务局负责实施的马陵河城北路至一路段的市政水利设施项目等，投资1.2亿元，确保2017年底“路通、岸绿、水清”的目标。

（二）废黄河城区整治工程。废黄河穿越市区，由于长期未疏浚治理，河道杂草丛生，排水不畅，汛期两岸住户和企业单位经常进水，苦不堪言。为了解决废黄河排水问题，市政府发动宿豫和宿城区民力，先后分3期对废黄河进行整治。

第一期工程于2001年7月10日，开工兴建废黄河皂河引水闸和城南果园橡胶坝工程。解决皂河以下至宿城30千米废黄河滩地灌溉及河床补水问题。使城区河段水常清，优化市区水环境，政府投资165万元。

第二期工程于2001年11月4日全面开工，采用人力与机械化施工相结合的办法，进行河床疏浚及河堤加固，高峰时参加施工人数达10万人，投入施工各种机械达750台。至同年11月底，土方工程全面竣工，累计完成土方150万立方米。鉴于废黄河沿线均为粉质沙土，水土流失不可避免，在土方工程完成后，及时进行护坡和绿化工程，以便巩固清淤复堤工程成果。

第三期工程自2002年4月至2005年2月，上自废黄河支河口通湖大道开始，下至橡胶坝河段两岸新建硬质护坡11千米。完成土方2.5万立方米，石方5508立方米，混凝土预制块3029立方米，混凝土444立方米，完成投资550万元。在做好护坡的同时，做好两岸绿化植被工作，共植意杨11120棵，垂柳15110棵。还在树行间种草。特别是废黄河经过市中心区河段，在整治中，注重生态环境与景观建设融为一体，增做亲水平台、景观小品，建成沿河公园，为市民提供美化、亮化、绿化、景观的休闲场所，增加城市水文化亮点，提升城市品位。

（三）总六塘河城区段整治工程。总六塘河杨河滩闸至六塘河闸长5.85千米，已为城区段，这段河道因地处最上游，加上行水少，长期没有治理，淤积严重，最大淤深达1.5米，平均也有1米，加上总六塘河这段右堤，是六运共用堤、堤顶宽只有4米，无法适应骆马湖防汛抢险物资运输，同时也恶化城市水环境，影响城市品位。2002年冬，宿迁市政府决定发动宿豫、宿城两区3万人疏浚总六塘河上游段。河道设计：河底高程15.00~15.50米，河底宽15~55米，边坡1∶2.5，左堤顶高程22.50米，顶宽12米，右堤顶高程23.00米，堤顶宽9米，并铺筑柏油路面，宽7米。工程完成土方107万立方米，连同沿线配套建筑物，累计工程投资1800万元。

（四）中运河城区段综合治理工程。中运河流经宿迁市区，上起通湖大道运河大桥上游400米，下至开发区大道运河大桥下游400米，经过市区河道18.1千米。为彻底改变中运河城区两岸脏、乱、差顽症，宿迁市委、市政府作出中运河城区段综合治理决定，集中力量实施中运河综合整治工程。坚持综合整治与城市总体规划相吻合，防洪治污与经济开发相结合，景观建设与文化传统相融合的指导思路，贯穿“以人为本，以生态为源”的规划设计理念，紧扣“园林式，生态型”城市发展目标，按景观主题化、序列化要求，进行概念性规划，以人水和谐为宗旨，充分考虑水、堤、路、桥、绿、历史文化等因素，是一项集防洪、排涝、调水、通航、景观建设为一体的综合整治工程。

中运河城区段综合治理工程分四期进行，分步实施，并明确分工。宿迁闸下游左岸（东岸）由宿豫区政府组织实施。工程总体规划设计单位为北京土人景观与建筑规划设计研究院、淮安市水利勘测设计研究院。主要工程施工分52个标段进行公开招标，19家施工单位参与施工，5家监理公司参与工程建设监理工作。

宿迁闸上两岸及宿迁闸下右岸（西岸）由宿迁市水利局组织实施。工程规划由同济大学负责编制，施工图设计单位为宿迁市水务勘测设计研究院。中运河综合整治工程于2002年6月开工，至2007年5月底竣工。共计加固及新筑防洪堤14.1千米，新建挡洪墙及护岸工程36.6千米，铺设混凝土防汛抢险道路长度25.2千米、面积13万平方米，建设景观广场5处19万平方米，新建亲水平台、景观小品等30余处，沿线新建景观配套桥梁33座，新建、改建涵洞50座，新建灌溉泵站3座，排涝泵站1座，两岸绿化长度35千米，新增绿地面积150万平方米，栽植乔灌木88万余株。绿化植被工程坚持乔木灌木结合，植树种草结合，既注重绿化植被的生态效益，又讲究绿化的社会效益。中运河整治工程共计拆迁居民3810户，搬迁各类企业96家，拆迁面积达97万平方米，完成土方230万立方米，混凝土和钢筋混凝土7万立方米，石方4.2万立方米。共投资5.81亿元，其中拆迁费3.15亿元，工程建设2.66亿元。工程完成后，使宿迁城区中运河两岸面目一新，既提高城区防洪标准，又彻底改造了过去中运河城区脏、乱、差的环境。2006年，京杭运河宿迁城区段综合整治工程，被交通运输部列为全国8个内河水运示范工程之一。2008年，中运河风景区被水利部评为国家级水利风景区。

第六节 南水北调工程投资

建设南水北调工程，是党中央、国务院作出的重大战略部署。江苏省是南水北调东线工程的源头地区，宿迁作为南水北调工程的重要输水廊道，承担着较重的调水和治污工程建设。从20世纪70年代初，开始建设江水、淮水北调工程，中运河沿线宿迁境，先后建设泗阳、刘老涧、井头、皂河等大型抽水站。与此同时，随着社会经济的发展，城市功能的提升，为保障人民群众饮水安全，净化水质，控制污水排放，防治运河水污染，改善水环境，促进工农业生产发展，国家对南水北调运河沿线实施截污导流工程。

一、泗阳抽水站

是江水北调第四级抽水站，它的上三级站是淮阴站、淮安站、江都站，也是淮水北调一级抽水站。泗阳抽水站建于泗阳节制闸附近，先后建有老站、抽水发电站和泗阳二站，直接抽引二河水进入中运河，翻至泗阳闸上北送。

（一）泗阳抽水老站。位于泗阳闸下200米处，中运河右岸，1970年建临时抽水站，安装39.69千瓦（54马力）柴油机配16英寸混流泵54台（套），共计2143.26千瓦（2916马力），翻水16米^3/秒。是年冬拆除重新改建，更换机泵，安装电动机38台计1240千瓦，柴油机162台40778千瓦（548马力），翻水32米^3/秒。1972年5月，将临时站改为半永久性翻水站，临时机棚改为简易机房，安装ZOHB-40型混流泵配J0Z-91-4型55千瓦电动机80台（套），总装机容量4400千瓦，抽水40米^3/秒，并调整了管道安装方式。1973年增加同型号机组3台（套），165千瓦，总装机容量达4565千瓦。1973年12月，又增加同型号机组20台（套），计1100千瓦，总装机容量达5665千瓦，翻水量达50米^3/秒。总投资355万元。1976年对126间机房进行改建1996年完成泗阳第二抽水站时，此站被拆除。

（二）泗阳抽水发电站。位于泗阳节制闸与船闸之间，中运河河床内。其功能除向泗阳闸上翻水外，当骆马湖利用中运河分洪时，可使机组反转发电。该站安装机组为1200ZLQ-7.5型立式全调节可逆轴流泵，配TDTF500/120-16/32型立式变极可逆同步电机20台（套），总装机容量10000千瓦。设计扬程7米，设计抽水量100米^3/秒。当泗阳闸上下游水位差达4.5米时，20台机组可发电2400千瓦。另外，可根据电网需要将8420千瓦无功功率转换成有功功率。站身系直接挡水结构，进水流道采用肘形弯管、出水流道为平直管，用快速闸门断流，在快速闸门内侧设防洪闸门，当上游水位达到18米时，闭门挡洪。设计水位，上游17.5米，下游10.50米，校核水位上游19米，下游7米。发电水位，上游16.50米，下游12米。该站1977年5月开工兴建，1983年4月竣工，分两期实施，第一期工程按抽水100米^3/秒设计，安装机组为20ZLB-70型轴流泵配JO2-91-4型55千瓦电动机80台

(套),临时抽水40米^3/秒,于1980年10月完成。第二期工程于1982年4月开工,至1983年4月完成,拆除80台(套)小机组,安装20台(套)主机泵。工程竣工决算,共投资1435万元。

(三)泗阳抽水二站。按原计划泗阳翻水站规模需抽水北送160米^3/秒,而原有翻水能力只有130米^3/秒,其中,抽水发电站为翻水100米^3/秒,临时站30米^3/秒,故拆除临时站,新建第二抽水站。泗阳二站设计抽水能力为60米^3/秒,并可反向发电800千瓦。选用2.8ZLQK–7.0立式轴流泵,配TDL–325/56–40型2800千瓦同步电机2台(套),总装机容量5600千瓦,单机出水量为33米^3/秒,共66米^3/秒。设计上游水位17米,下游水位10米,校核水位上游17.50米,下游10.50米。因站址地基土壤为流沙,为减少挖填土方,站身及上下第一节翼墙采用组合蝶式沉井群基础,底板顶面高程3.03米。进水为肘形流道,出水流量为虹吸式。上下游引河距站100米处设清污机桥。站上下游及清污机桥均设拦污栅。该站1995年2月开工,1996年5月竣工。

(四)泗阳泵站。2009年12月30日,南水北调泗阳站工程在泗阳县境内大运河畔施工现场举行开工仪式。这是南水北调东线洪泽湖至骆马湖段开工建设的第三座大型泵站工程。

二、泗洪站枢纽工程

2009年11月16日,南水北调泗洪站枢纽工程开工仪式在泗洪县朱湖镇境内徐洪河畔施工现场举行。标志着南水北调东线江苏段新开辟的运西线工程进入全面实施阶段。

三、刘老涧站

位于宿豫区仰化乡刘涧村,在刘老涧新闸下游引河的南北两侧,为江水北调第五级,淮水北调第二级抽水站,先后兴建老站、新站及刘老涧抽水站。由泗阳抽水站翻淮水,经中运河送至刘老涧节制闸下,再由该站翻水至闸上,北送至宿迁闸下。

(一)刘老涧老站。1974年1—5月,建刘老涧临时翻水站,安装495型36.75千瓦(50马力)柴油机,配14英寸混流泵132台(套),共4851千瓦(6600马力)。1975年建刘老涧越闸,将临时站拆除东移。1976年11月至1977年2月,建油毡芦席机房154间,安装495型柴油机,配14英寸和16英寸混流泵153台(套)。1977

年汛后，将所有机泵全部拆除。1977年11月至1978年4月，将原有156间临时机房全部改为砖柱瓦屋面的半永久性机房，安装495型柴油机，配14英寸混流泵152台（套）。1981年10月至1982年3月，对老站进行增容改建，新建大机房16间，安装6135型88.2千瓦（120马力）柴油机，配26HB-40型水泵16台（套），计1411.2千瓦（1920马力），同时调用船机160艘、安装306台（套）抽水机，计4090千瓦（5565马力）。1982年汛后，船机全部撤离，130台（套）495型机组全部拆除。1983年汛前，将老站出水口打坝封闭，保证老站机房及机组安全。

（二）刘老涧新站。建于原临时站布置船机的U形槽南堤上，为半永久性抽水站，安装26HB-40型水泵，配6160A型99.225千瓦（135马力）柴油机100台（套），总装机容量9922.5千瓦（13500马力），设计抽水能力为100米^3/秒。机组顺河流流向直线布置。新站为1982年11月开工兴建，1983年6月建成，共完成土方19.9万立方米，混凝土方2565立方米，砌石方1.61万立方米。设计水位为：上游19.10~16.00米，下游15.50~16.00米。水泵层高程为17.80米，水泵叶轮中心安装高程为18.80米，主机层高程19.10米。工程投资749.5万元。

（三）刘老涧抽水站。原站由于小机泵设备陈旧，效率低，已不能适应当时工农业生产需要，利用世界银行加强灌溉农业贷款重建大站。此站设计抽水能力为150米^3/秒。安装3100ZLB38-4.2全调节井筒式轴流泵4台，配TL2200-40/3250型同步电机4台，总装机容量8800千瓦，水泵叶轮直径3.1米，叶轮中心安装高程13.00米。进水流道为簸箕形，净宽7米，净高3米，外设75°倾斜的拦污栅和YLQ-Ⅲ型清污机。出水流道为虹吸式，驼峰顶高程20.10米。泵房为箱框式整体结构，底板高程8.00米，电机层高程23.17米。上游设计水位19.50米，下游设计水位16.00米。1995年1月20日开工建设，1996年4月完成主体工程。

四、井头翻水站

位于宿迁闸下中运河北岸，由刘老涧抽水站补给中运河的江淮水，由井头站抽水供给来龙灌区灌溉用水。原来龙灌区用水是由骆马湖供给，因省决定骆马湖水给徐州用，将原属骆马湖灌区灌溉用水改为江淮水。井头站在冬春季节如有需要还可抽水供杨河滩临时站向骆马湖抽水。站由新一站和新二站组成，共安装26HB-40型水泵配6160型99.225千瓦（135马力）柴油机计80台（套），总装机容量7938千瓦（10800马力），设计扬程2米，抽水80米^3/秒。

（一）井头老站。始建于1974年春，在六塘河闸和宿迁节制闸下，六运小船闸两侧建临时机房104间，安装柴油机94台（套），都为36.75千瓦（50马力）配14英寸混流泵，计3454.5千瓦（4700马力），设计抽水20米^3/秒。1976年12月至1977年3月，改建临时机房104间，安装495型柴油机配14HB型水泵70台（套），另装东方红54柴油机配16HB型水泵30台（套），合计3763.2千瓦（5120马力），汛期以后，将机泵全部拆除。1977年11月至1978年3月，安装495型36.75千瓦（50马力）柴油机配14HB混流泵69台（套），东方红54柴油机配16HB型水泵30台（套），合计99台（套），3726.45千瓦（5070马力），设计抽水量为20米^3/秒。1982年因兴建宿迁复线船闸，老站全部拆除。

（二）井头新一站。为了确保拆除老站后不影响向来龙灌区送水灌溉，1981年11月，在来龙灌区三干渠闸上游建新一站机房3幢，安装26HB–40型水泵，配6160A型99.225千瓦（135马力）柴油机35台（套），计3473千瓦（4725马力），抽水能力为35米^3/秒。完成土方12.57万立方米，钢筋混凝土1895立方米，砌石5213立方米。工程总投资209.43万元。

（三）井头新二站。1982年11月建新二站，建机房4幢，安装机组26HB–40型水泵，配6160A型99.225千瓦（135千瓦）柴油机45台（套），计4465.125千瓦（6075马力），抽水能力为45米^3/秒。考虑洪水的影响，将水泵安装高程提高0.5米，叶轮中心高程达20.00米。完成土方38.2万立方米，钢筋混凝土3596立方米，砌石1.28万立方米。工程总投资435万元。

五、皂河抽水站

是江水北调第六级站，位于宿豫区皂河镇北，皂河节制闸上游，中运河与邳洪河夹滩上。此站抽皂河闸下中运河江水，通过邳洪河闸引水至翻水站，再翻水入骆马湖北送。同时，可以将黄墩湖小河涝水抽排入骆马湖。在遇大洪水退守宿迁大控制闸时，亦可抽排邳洪河及黄墩湖地区涝水入骆马湖。

皂河抽水站安装2台（套）6HL–70型立式全调节混流泵，配TL7000–80/7400型7000千瓦立式同步电动机，总装机容量14000千瓦。设计扬程6.0米，设计流量195米^3/秒。水泵叶轮直径6.0米，叶轮中心安装高程16.00米。站身结构采用半堤后式、钟形进水流道，双螺旋形蜗壳出水室，平直出水管，快速闸门断流。站房底板高程9.00米，水泵层22.50米，电机层28.86米。上游23.00米及湖面8级风浪影响，下游水位17.50米，校核水位上游26.00米，10级风浪影响，下游水位17.50米。工程设计中，考虑地震烈度为9度。皂河抽水站土方工程于1978年初动工，建筑物工程于1979年动工，其间因国家国民经济调整期间工程停缓建，至1983年2月才开始安装，1985年7月主体工程初步完成，1986年4月交付使用。该工程完成土方140万立方米，钢筋混凝土3.8万立方米。工程投资3200万元。

皂河电灌站，始建于1969年10月，当时边设计边施工，自力更生，因陋就简修建。因经费物资紧张，部分电机购于上海旧货商店，规格从55~155千瓦，共6种，22台(套)，2085千瓦。1970年3月竣工投入运行，设计抽水20米^3/秒。1978年对东端五台泵进行改造。1978年投资54万元，在原站东端进行扩建，增加26HB-30型混流泵配180千瓦电动机4台(套)。1995年，根据南水北调工程规划，刘老涧站建成向北送水，取消宿迁一级抽水，皂河闸下中运河水位较原设计水位将下降1米，扬程相应增高，现有轴流泵扬程不够，叶轮淹没深度不足，无法抽水。1995年江苏省水利厅利用世界银行贷款项目安排重建皂河电站，站址在老站出水池东侧。设计进水池水位17.8米，出水池水位27米，扬程10.92米，选用26HB-30型水泵，配180型发动机19台(套)，总装机容量为3420千瓦，设计抽水流量25米^3/秒。站房为钻孔灌注桩基础，砖混凝土结构，工程于1996年5月竣工，投资810万元。

随着农村产业结构调整，对用水提出更高要求。为了改变灌区自然老化，效益衰退现象，自1998年至2007年底，皂河灌区已实施六期改建工程，共完成土方234万立方米，石方2.55万立方米，钢筋混凝土9.21万立方米。改造工程中，共拆建、新建、改造、加固各类建筑物220座，铺砌混凝土防渗渠道114.31千米，累计完成投资7375万元，其中中央投入2950万元，省投入1615万元，市县投入2810万元。

六、南水北调截污导流工程

经国家发展和改革委员会批准，2007年9月28日，江苏省发展和改革委员会对宿迁市南水北调截污导流工程初步设计进行批复，核定工程投资为11164万元。该项目工程于2008年2月18日开工，2009年12月22日竣工。资金来源为2005年底，江苏省政府决定在全省范围内通过提高水资源费征收标准筹集南水北调工程基金。2006年初，省政府办公厅印发《江苏省南水北调工程基金筹集和使用管理办法》，省物价部门调整水资源费征收标准，按规定提高到每立方米0.2元。2007年10月24日，宿迁市政府办公室印发《关于进一步加强全市南水北调工程基金征收管理工作的通知》。文件指出："我市中运河截污导流工程即将开工，为保证工程建设顺利，要求各地必须全面完成基金筹集和上缴任务。"根据省文件精神，从2007年征收8年。原规定基金以省辖市为单位定额缴省，因实行财政省直管到县改革后，南水北调工程基金相应调整为以市、县为单位缴省，市缴省定额不变核定到县。

宿迁市南水北调截污导流工程，位于宿迁市境内的城区运河沿线及山东河沿线。由运西工业尾水收集系统及尾水输送系统两部分组成。截污干管沿中运河堤顶路西侧及运河路东侧布设，收集运西12家达标排放的工业尾水，通过泵站提升后送至城南污水处理厂北侧的总提升泵站。运西工业尾水和城南污水处理厂尾水汇集后经总提升泵站提升输送，压力管通过项王桥跨过中运河，沿金沙江路布设，过二干渠后沿山东河东滩面入新沂河东排入海。

宿迁市南水北调截污导流工程，由宿迁市水利局组建宿迁市南水北调截污导流工程建设处作为项目法人单位，负责工程的建设管理。由江苏省水利设计研究院有限公司、宿迁市建设设计研究院有限公司设计；由上海宏波工程咨询管理有限公司监理；淮安市水利勘测设计研究院有限公司勘测。工程共分11个标段，其中监理标1个，管材采购标3个，施工标7个；工程实施过程中增加泵站自动化控制标1个，共计12个标段，由盐城市市政工程有限公司、淮安市第二市政公司等单位中标承建。

工程所用钢筋混凝土管道均为重力流管，管道直径为400~1000毫米，400~600毫米为沟埋钢筋混凝土Ⅱ级管，800毫米为顶进施工预制钢套环钢筋混凝土顶管，1000毫米为城南污水处理厂至总提升泵站间沟埋钢筋混凝土Ⅱ级管。运西尾水收集系统铺设截污管道7千米，压力管道2.8千米，新建提升泵站1座；运西提升泵站为3级建筑物，混凝土结构安全级别为Ⅱ级。站设计流量为0.25米^3/秒，安装4台（3用1备）200QW300-10-15型潜污泵，总装机容量为60千瓦。尾水输送系统铺设输水管道23.3千米，新建总提升泵站1座，总提升泵站为3级建筑物，混凝土结构安全级别为Ⅱ级。设计流量为0.85米^3/秒，安装5台（4用1备）SLH300-315型离心泵，总装机容量为450千瓦。跨中运河建筑物1座。

第六章 农业综合开发资金

农业综合开发，以农业生产区为重点，加强农业基础设施建设，改善农业生产条件，提高农业综合生产能力和保护农业生态环境；推进农业和农村经济结构调整，提高农业综合效益，增加农民收入。中央和地方政府设立农业综合开发专项资金，对农业资源进行综合开发利用。其资金的筹集，坚持国家投入为导向，农民投入为主体，多层次、多渠道筹集开发资金。地方财政资金原则上按与中央财政资金1∶1的比例投入。农村集体、农民群众自筹资金和投劳折资至少应分别达到中央财政资金投入的50%。

农业综合开发资金以改造中低产田为重点，加强农田水利基本建设，建设优质、高产、稳产、节水、高效农田，增强农业抗御自然灾害的能力，提高基本农田的生产能力，实行山水田林路综合治理。

农业综合开发资金扶持范围，一是土地资源开发治理项目，包括中低产田改造、草场改良和工矿废弃地复垦，发展节水农业、生态农业，建设优质粮食基地、优质饲料作物基地等；二是多种经营项目，包括种植业、养殖业，农产品储运、保鲜、加工和批发市场建设等；三是示范项目，包括高新科技示范、科技推广综合示范、农业现代化示范等。

农业综合开发建设内容：主要包括小型水库、拦河坝、排灌站、机电井、灌排渠系（5个流量以下）、改良土壤、机耕路、农牧机械、草场围栏、畜禽棚舍、水产养殖池与设备、农田防护林、完善农业支持服务体系、农产品加工生产厂房与设备、农产品产地批发市场等。

第一节 农业综合开发基金的建立与发展

中共十一届三中全会后，国家提出治理、整顿的方针，要求在压缩社会总需求，调整投资结构中，对农业的投入不仅不能减少而且还要增加，逐步加大财政投资力度，增强农业基础地位，发展粮食生产。由此，国家在“六五”“七五”期间建立商品粮基地建设基金和黄淮海平原等农业开发基金。随着社会主义市场经济体制的建立与发展，国家对农业经济结构进行调整，实施农业综合开发策略。着力构建现代农生生产体系，加快农业适度规模经营、推进农业科技进步、发展农业产业化龙头企业和农村合作经济组织，推进现代高效设施农业发展和农技推行服务体系发展，支持农产品质量安全建设，改善农业生产条件，提高农业综合效益。国家财政积极探索支农协调配合投入机制，采取国家财政与地方财政相配套，无偿投入与有偿使用相结合，多层次、多渠道筹集资全，为农业综合开发建立比较稳定的资金来源。

发展过程及相关政策。1983年，国家建立商品粮基地发展基金，是年宿迁、沭阳、泗阳、泗洪四个县，被国家批准为商品粮基地县。资金投入当时确定三年投资每县1000万元，由中央财政与地方财政共同承担。其中：中央财政承担500万元，占50%；省级财政承担250万元，占25%；市级财政110万元，占11%；县级财政140万元，占14%。为了发展粮食生产，中共中央在《关于1986年农村工作的布署》文件中提出：设立“以工补农”专项资金。“国家从征收的乡镇企业所得税和工商税的增长部分中拿出一部分用于扶持农业。”同年，国务院办公厅转发财政部、农牧业部、水利电力部《关于加强发展粮食生产专项资金管理报告》，并对有关问题作了具体规定，“七五”期间，国家每年从乡镇农业增长的税收中拿出10亿元（由中央承担40%，地方财政承担60%），作为发展粮食生产专项资金。此项资金的使用范围：围绕发展粮食生产，兴建和整修农田水利设施，改造中低产粮田，繁育推广优良品种，推广先进技术以及防治病虫害等。资金主要用于粮食生产基地县和发展粮食生产潜力大的地区。专项资金的设立，对加快商品粮基地建设，促进粮食增产增收发挥了重要作用。从1983年，宿迁境内的四个县被国家批准为商品粮基地县至1989年，充分利用农业综合开发政策，加快粮食基地县建设，达到了粮食增产增收的目的，成效显著。据有关资料记载，宿迁、沭阳、泗阳、泗洪四个县，在这六年期间平均每年每县分别向国家增加交售商品粮2500万斤以上。

1988年，财政部建立农业发展基金，对黄淮海等重点粮食产区进行开发。时称黄淮海第一期开发项目。项目资金，实行中央财政与地方财政分级配套的办法。中央财政承担50%，省财政17.5%，市财政7.5%，县财政25%。主要用于湖泊、流域性河道除涝及丘陵水沼地治理，河渠闸坝灌溉工程、畜禽良种繁育体系建设、平原半高地治理、商品肉牛基地建设等项目的配套工程。为了确保支援农业资金有一个稳定的来源，国务院发出《关于建立农业发展基金 增加农业资全投入的通知》并规定：

从1989年起，提高国家能源交通重点建设基金的征收比例，拿出一个百分点（后改为从国家预算调节基金中提取10%）作为农业发展基金，中央和地方财政按“三七”比例分成，并按规定用途使用。1989年1月1日起，开征预算调节基金。征收范围包括：所有国营企业、事业单位、机关团体、部队和政府各部门各项预算外资金；城镇集体企业和乡村企业、个体工商户缴纳所得税后的利润。计征标准，按10%征收。分成比例，上缴中央财政50%，县财政留用50%。县留用部分，10%用于农业投入（其中上交省5%），60%用于抵顶粮食支出，30%用于平衡预算。

农林特产税收入大部分用于增加对农业的投入。1989年扩大农林特产税征收范围后，收入全部留给县乡财政，县乡分成比例为4∶6，县乡此项收入中70%用于农业。

从1989年起，乡镇企业税收，包括产品税、营业税、增值税和工商所得税，以及向农村个体工商户和农村私营企业当年征收的税额中的地方分成比上年分成增加的部分，县财政70%用于农业投入。

耕地占用税收入全部用于农业开发。从1989年起耕地占用税的分成比例由原来的中央与地方对半分成改为中央30%、地方70%，地方的分成比例调整为省20%、市（地）10%、县40%。

提取粮、油、猪技术改进费，全部用于农业技术推广。江苏省苏政发〔1988〕52号文规定，一切单位经营的议价粮油，按每500克粮提取3厘、每500克油脂提取5厘的技术改进费。从1989年起粮油技术改进费改按500克原粮提取5厘，油脂按500克提取15厘，并采取价外加价的办法收取，谁用粮油谁负担。凡属粮油系统经营的议价粮油，由粮食部门按销售数量收取，其他部门经营的议价粮油，由县乡财政负责收缴。收取的粮油技术改进费60%交省，40%留县。从发展生猪生产基金中每头提取的5角（其中省集中2角）技术改进费，由县财政负责收缴。

从1989年起，中央从世界银行贷款（以下简称世行贷款）中，划出25%左右用于农业，纳入国家计划，用于农业生产、大型水利和林业建设。

以上各项政策措施，除预算调节基金和耕地占用税的一部分，由中央安排专项用于农业开发外，其余均由地方掌管使用。分别纳入各级财政预算管理，专款专用。由此，开辟了农业发展基金稳定的渠道，也为建立农业综合开发基金奠定了基础。

随着社会主义市场经济发展，国家调整了支持农业发展的政策，进一步拓宽农业开发资金渠道。农业综合开发资金来源：包括财政资金、自筹资金以及采取投资参股、补贴、贴息等多种形式吸引的金融资本、民间资本、工商资本等其他方面筹集的资金。2005年，江苏省财政厅、国土资源厅印发《江苏省土地开发整理项目和资金管理暂行办法》规定，各市、县土地出让金用于农业综合开发比例，为土地出让金平均纯收益的15%。土地出让金纯收益标准由财政部、国土资源部确定，并适时调整。各市、县筹集的农业土地开发资金，划出20%缴省级集中（苏北五市省级暂不集中），由省统一使用。农业土地开发资金专项用于土地整理和复垦、宜农未利用地开发、基本农田建设以及改善农业生产条件等方面的土地开发。

2006年10月27日，财政部印发《关于农业综合开发"十一五"工作安排的意见》指出："十一五"期间，较大幅度增加农业综合开发投入。在加大中央财政资金投入的同时，督促地方落实配套资金，引导农民增加投入（主要是"一事一议"筹资筹劳）。与此同时，根据国家有关政策规定，江苏省开征农业重点开发建设资金。征收范围：国家、集体、个人非农业建设新征（拔）占用土地（含乡村企业、个体工商户和居民、农民建房用地）加收的开发资金。主要用于增强抗御自然灾害能力和农业发展后劲重点农业开发项目、重大农业基础设施和大中型骨干投资。征收标准：苏南2400元/亩，苏中2000元/亩，苏北1600元/亩。此项资金，除了省级特大建设工程，如高速公路、飞机场等经省政府批准允许减免外，其余一律不减免。基于农业综合开发资金来源多渠道，投资的项目越来越多，投入的资金量越来越大。为加强资金管理，提高资金使用效益，江苏省财政厅、农业资源开发局转发财政部于2010年9月4日印发《关于修改国家农业综合开发资金和项目管理办法的决定》和2011年6月21日国家农发办印发《国家农业综合开发部门项目管理办法》以及《农业综合开发资金县级报账实施办法的通知》。强调农业综合开发应创新机制、强化管理，实行与社会主义市场经济、公共财政相适应的管理机制和投资政策。农业综合开发资金的筹资，实行"国家引导、配套投入、民办公助、滚动开发"的投入机制，多层次、多渠道筹集开发资金。除中央财政专项安排农业综合开发资金外，地方各级财政要相应落实配套资金，农民筹资投劳要符合政策规定。回收的有偿资金继续使用于农业综合开发。围绕农业综合开发的主要任务和工作重点，合理确定资金投向，严格农业综合开发资金的使用、管理和监督，严格执行县级报账制度，加强组织领导，提高农业综合开发资金管理的效益与水平。

第二节 农业综合开发项目资金管理

农业综合开发项目的类型，根据专项设立的级次划分为：国家、省、市、县立项的农业综合开发项目。根据项目建设内容划分为：土地治理项目和产业化经营项目。国家立项的土地治理项目：有一般土地治理项目、高标准农田建设项目、科技推广项目、中型灌区节水配套政策项目、中央农口部门土地治理项目。省级立项的土地治理项目：有丘陵山区、黄河故道、高沙土农业综合开发项目，以及滩涂垦区配套农业综合开发项目等。为适应新时期农业发展要求，国家在不同的发展阶段，对农业综合开发项目适时提出投资重点和相关扶持政策，多渠道、多层次筹集农业综合开发项目资金。农业综合开发项目资金，除自筹资金以外，其资金来源重点包括两个方面：一是财政资金投入的项目，主要是中央财政安排的和地方政府财政配套投入的财政资金；二是利用外资项目，包括国际援建和借用世行贷款。

中央和地方政府财政投入的农业综合开发项目。“八五”（1991—1995）期间，国家和地方政府投入的项目，主要是实施第二期黄淮海开发项目。以改造中低产田为中心，以农业水利为重点，以粮棉油增产为目标。宿迁境内各县分别投资总额在5000万元（包括利用世行贷款）左右。农业开发项目资金负担比例：中央财政承担50%，省财政承担35%，市、县财政各承担7.5%。为加强农业开发资金管理，促进农业综合开发事业的发展，国家成立农业综合开发办公室，地方相应成立机构，在财政预算中安排农业综合开发事业费。并根据《国家农业综合开发资金管理办法》规定：地方各级农业综合办公室按本级财政配套资金1%提取业务活动费。

“九五”（1996—2000）期间，为使农业综合开发系统事业费有一个正常的资金渠道，严格区分农业综合开发项目资金与农业综合开发事业费的界限。1998年11月13日，财政部印发《关于在财政预算中安排农业综合开发事业费的通知》。

自1999年起，在一般预算科目“农业综合开发支出”类级科目下，增设“农业综合开发事业费”款级科目，反映中央和地方农业综合开发系统的事业费。在款级科目下设4个项级科目，“项目管理费”“干部培训费”“补助农业部门有关业务费”“其他事业费”。各级财政预算要根据当地农业综合开发事业发展的需要，合理安排本级农业综合开发事业费支出，不得将项目投资挪作事业费。同时取消（1994）财农综字2号，关于按本级财政配套资金1%提取业务活动费的规定。

“九五”期间，农业综合开发资金的管理。用于农业综合开发的财政资金，坚持有偿和无偿相结合的办法，并按《江苏省财政支农资金项目目标管理办法》，实行严格的目标管理。对有直接经济效益的项目，实行有偿使用。有偿使用的项目，由主管部门用事业费担保，无特殊情况到期不能归还的，从主管部门的事业费中扣回。无偿资金与有偿资金的投入比例依据不同项目的性质分类确定。对部分实行有偿投入的财政资金，按照1998年财政部印发的《农业综合开发财政有偿资金管理暂行规定》执行。财政有偿资金的发放原则，实行委托银行贷款的方式，按照“谁受益，谁还款”的原则落实还款责任，确保及时足额偿还。回收的财政有偿资金继续用于农业综合开发。为规范农业综合开发财政有偿资金管理，严格控制并妥善处理有偿资金延期还款和呆账问题。2000年1月12日，财政部印发《农业综合开发财政有偿资金延期还款和呆账处理暂行规定》。延期还款，是指借款人因遭受非毁灭性重大自然灾害，获得补偿后，不能按借款合同约定期限偿还，但项目仍可续建或继续发挥效益的财政有偿资金；借款人受到国家宏观经济政策调控或其他不可抗力的影响，项目达不到预期效益目标，不能按借款合同约定期限偿还的财政有偿资金。报经批准，可延期还款。时限一般不超过一年。延期到期后仍需延期的，按规定程序报批。同一项目延期还款时限，累计最长不超过3年。列入呆账处理的，主要是指，借款人依法宣告破产、死亡，进行清偿后，未能还清的财政有偿资金；借款人因遭受毁灭性的重大自然灾害或意外事故等不可抗力的影响，损失巨大且不能获得补偿，确实无力偿还的部分或全部财政有偿资金；借款人受省级以上政府批准的重点工程建设占地等因素影响，造成项目停建、生产经营终止，按国家规定赔偿后，仍无力偿还的部分财政有偿资金。

自实行农业综合开发财政资金有偿使用制度后，不能如期还款的问题比较突出。因此，财政部多次对农业综合开发财政有偿资金专门制订呆账核销和延期还款办法。2008年12月29日，江苏省财政厅转发财政部《关于印发中央财政农业综合开发有偿资金呆账核销和延期还款办法》的通知，为确保省级财政及时向中央财政提出申请，从2019年起，请各市、县财政部门会同开发部门每年11月30日前，向财政部门申请呆账核销和延期还款。

“九五”时期，宿迁市农业综合开发，列入省以上立项的项目。主要是土地治理项目、产业化经营项目、黄河故道项目、丘陵山区项目。根据规定，农业综合开发自筹资金的比例：省以上国家立项的农业综合开发土地治理项目的自筹资金（包括乡村集体自筹资金和农民筹资投劳）其比例应不低于财政资金10%；农业综合开发产业化经营财政补贴项目中，企业自筹资金比例不低于项目总投资的70%；合作社自筹资金比例不低于项目总投资的50%。“九五”期间，全市农业综合开发总投资9884.42万元（不含利用世行贷款），其中财政资金5820万元 。全市改造中低产田33.7万亩，造林2.38万亩，建立优质农产品示范基地2.3万亩。

“十五”（2001—2005）期间。为加强县级农业综合开发项目资金管理，规范县级农业综合开发行为，提高资金使用效益，确保项目工程质量。农业综合开发从2001年起，开始实施财政无偿资金县级报账制度。财政部、国家农业综合开发办制定《农业综合开发资金报账实施办法》和《县级农业综合开发规程》。宿迁市财政局以宿财农〔2002〕5号文件转发，规定实行县级报账的资金为各级财政用于国家立项的农业综合开发项目无偿资金。地方立项的农业综合开发项目资金报账可参照执行。县级财政部门负责报账资金日常核算和管理，编制农业综合开发项目工程总预算和总决算，并对报账资金管理、报账程序、报账凭证管理、监督检查等方面作出明确规定，应该说是一份很规范的文件。但在执行过程中，有个别地方没有严格实行报账制，有的存在报账程序不规范、报账手续不健全问题。于是2004年2月19日，国家农业综合开发办公室发出《关于进一步加强农业综合开发资金县级报账工作的通知》。强调要高度重视县级报账工作。此后所有农业综合开发项目县，必须实行县级报账制。农业综合开发部门项目资金，也需实行县级报账制。凡是没有实行县级报账制的，一律取消其农业综合开发项目县资格。为简化县级农业综合开发财政资金核算手续，江苏财政厅在转发财政部印发的《农业综合开发资金会计制度》，将县级财政农业开发资金专账和县级报账资金合并为县级农业综合开发资金专账；县级农业综合开发资金专账，将财政无偿资金、有偿资金全部纳入核算范围，实行农业综合开发资金统一核算、统一管理。有偿资金下达到了乡镇的，由乡镇负责核算；自筹资金原则上由建设单位（乡镇）建账核算，县级财政做好统计工作。

为提高农业综合开发资金使用效果，2002年2月11日，国务院办公厅转发财政部《关于农业综合开发若干意见的通知》指出，农业综合开发应突出重点，以农业主产区，特别是粮食生产区为开发重点；择优立项，把农业资源条件优越、开发潜力大、农民群众自愿开发、资金配套能力强的地方或项目优先纳入农业综合开发扶持范围；因地制宜，实行农林牧副渔、山水田林路综合开发。土地开发应遵循土地利用总体规划，按流域或灌区统一规划，集中投入，连片开发治理，努力提高土地出产率和水资源利用率；发展多种经营应充分发挥区域资源优势和比较优势，培育支柱产业和主导产品，重点扶持产业化"龙头"项目，提高农业产业化水平。与此同时，还必须遵循"统筹规划""科技与体制创新""开发与保护相结合"的原则，促进农业综合开发项目健康发展。

"十五"时期农业综合开发的投入政策，主要包括以下几个方面：

各级财政加大农业综合开发资金投入。"十五"及此后一段时期内，用于农业综合开发投入的财政资金增长幅度应高于"九五"水平。

采取综合因素法分配中央财政农业综合开发资金。对农业综合开发潜力大、开发效果好的地方，相应增加中央财政农业综合开发资金的投入。

明确中央财政资金与地方财政资金的投入比例。根据各省的财力状况分类确定各地财政资金配套比例。原则上财力状况好的地区多配套，财力困难的地区少配套。省级财政承担的配套资金不低于全部配套资金的70%。地方财政配套资金不落实的，要适当调减下一年度的中央财政资金投入。

保证农业综合开发的投入重点。原则上财政资金的70%用于土地治理项目，30%用于多种经营项目。根据各项目区不同的资源状况，可适当调整投入比例。

加大科技投入力度。逐步将财政资金中科技投入比例提高到10%。

合理确定财政资金无偿与有偿投入比例，以及财政有偿资金还款期限。原则上投入公益性的财政资金实行无偿使用，投入非公益性的财政资金实行有偿使用。切实加强财政有偿资金管理工作，防止形成债务风险。

多层次、多渠道筹集开发资金。通过安排贷款贴息资金，引导银行增加农业综合开发贷款投入。积极探索开放性开发、经营性开发和股份制开发方式，广泛吸引各类社会投资和外资，加大农业综合开发投入力度。

"十五"期间（2001—2005）宿迁市农业综合开发总投资43294.9万元，其中财政投资24142.3万元。全市改造中低产田6.4万亩，建立优质农产品示范基地12.1万亩。

“十一五”（2006—2010）期间。根据中共中央、国务院《关于推进社会主义新农村建设的若干意见》精神，2006年10月27日，财政部印发《关于农业综合开发“十一五”工作安排的意见》。农业综合开发扶持重点是：围绕建设社会主义新农村的目标要求，较大幅增加农业综合开发投入。加大中央财政资金投入的同时，督促地方落实配套资金，引导农民增加投入，核减以年度中央财政农业综合开发有偿资金债务。加大对粮食生产主产区省份产粮大县（市、农场）的投入力度；土地治理项目突出加强中低产田改造；加强中型灌区节水配套改造；适当兼顾生态综合治理项目建设。围绕当地主导产业，大力发展农业产业化经营，重点扶持辐射带动作用比较强的国家级、省级农业产业化龙头企业，以及农民专业合作组织。

为规范农业综合开发财务行为，提高农业综合开发财务管理水平和资金使用效益。财政部于2006年7月27日将修订后的《农业综合开发财务管理办法》印发各地贯彻执行。农业综合开发财务管理的原则。实行资金和项目管理有机结合，以资金投入控制项目规模，按项目管理资金；专人管理、专账核算、专款专用；实行财政无偿资金县级报账制。农业综合开发财政资金，由中央财政资金和地方财政资金组成，列入各级财政预算。地方财政配套资金不得用其他支出专项资金抵顶。

2008年8月21日，财政部印发《农业综合开发资金若干投入比例的通知》规定：中央财政资金用于土地治理、产业化经营项目投入比例，江苏等13个省粮食主产区，中央财政资金75%以上用于土地治理项目，25%以下用于产业化经营项目。中央财政资金与地方财政资金配套比例，江苏省为1：1。地方财政分级配套比例，省本级总体上承担80%以上，地、县级承担20%以下。中央财政资金无偿、有偿投入比例：土地治理项目100%无偿投入；产业化经营项目无偿、有偿资金的投入比例按照项目类型及项目申报、实施主体分别确定：种植业、养殖业项目以及由农民专业合作社申报并实施的产业化经营项目100%无偿投入；其他农产品加工项目和流通设施建设项目无偿、有偿投入比例调整为30：70。对有偿资金的管理，按照财政部《农业综合开发财政有偿资金管理办法》的有关规定执行。有偿资金实行逐级承借、统借统还的办法，不收取占用费。有偿资金借给用款单位时，原则上应以委托贷款的形式发放。县级财政部门对用款单位借出有偿资金时必须具备条件为有经批复的农业综合开发项目；申请用款单位必须具备还款能力，并按照国家有关规定提供具有法律效应的财产抵押或经济担保。

2009年1月10日，江苏省财政厅根据财政部财发〔2008〕59号文件精神，结合江苏省的实际情况，印发《江苏省财政厅关于农业综合开发资金地方财政配套比例的通知》，调整农业综合开发资金地方财政配套比例。中央农业综合开发资金，全省按100%配套，其中省级财政配套80%以上，市、县级财政配套20%以下。市、县级财政配套比例按苏北、苏中、苏南各县（市、区）财力水平差异实行差别政策。宿迁市的泗洪、泗阳、沭阳三县，省级财政配套95%，县级财政配套5%；宿豫、宿城两个市辖区，省级财政配套90%，市区级财政配套10%。“十一五”时期，宿迁市农业综合开发总投资109535.2万元，其中财政投资62545.5万元，是“十五”时期的2.59倍。

2011—2012年，根据2010年9月4日《财政部关于修改〈国家农业综合开发资金和项目管理办法〉的决定》和2011年6月21日国家农发办印发《国家农业综合开发部门项目管理办法》文件精神，农业综合开发项目扶持的重点：土地治理项目以中低产田改造为重点，结合优势农产品产业带建设，建设旱涝保收、稳产高产基本农田。坚持山水田林路综合治理，农业、林业、水利措施综合配套，实现经济、社会、生态效益的统一。扶持对象以农民为重点。产业化经营项目应参照国家制定的优势农产品区域布局规划，根据当地资源优势和经济发展状况，确定重点扶持的优势农产品产业。通过加强优势农产品基地建设，扶持产业化龙头，提高农业生产组织化程度和农业产业化经营水平。产业化经营项目扶持的对象：包括国家级和省级农业产业化龙头企业（含省级农发机构审定的龙头企业）以及农民专业合作组织等。

“十二五”时期农业综合开发投资政策与资金管理。农业综合开发应创新机制，强化管理，实行与社会主义市场经济、公共财政相适应的管理机制和投资政策。农业综合开发资金的筹集。实行“国家引导、配套投入、民办公助、滚动开发”的投入机制。中央财政根据财力可能，逐年增加用于农业综合开发的资金。中央与地方财政资金配套比例，江苏省仍按苏财农发〔2009〕2号文件执行。国家扶贫开发工作重点县以及乡级财政不承担资金配套任务。农业综合开发的扶持对象应有必要的投入。农业综合开发项目区农民自愿筹资投劳是土地治理项目立项的条件之一。土地治理项目的农村集体和农民筹资（含以物折资）投劳，要严格按照“农民自愿，量力而行，民主决策，数量控制”和“谁受益、谁承担”的原则进行筹集，并纳入村内“一事一议”范畴，实行专项管理。产业化经营项目的自筹资金不得低于财政投入资金。

农业综合开发可以采取补贴、贴息等多种形式吸引社会资金，增加农业综合开发投入。用于农业综合开发的中央财政资金实行补贴、贴息等方式全部无偿投入。补贴、贴息资金重点扶持国家级和省级农业生产龙头企业，包括省级农业综合开发办公室（局）审定的龙头企业，同时适当扶持正在成长上升、确能带动农民增长的较小规模龙头企业以及农民专业合作社。根据江苏省财政厅印发《关于农业综合开发产业化经营财政补助项目实行“先建后补”的通知》规定：凡属于国家农业产业化经营财政补助项目扶持范围内的均试行“先建后补”的办法。坚持按项目管理和县级财政报账制的原则，实行项目先实施后报账。具体补助标准按照国家农发办当年规定标准执行。2011年度农业龙头企业申报的项目财政补助资金不超过400万元，不低于100万元，财政补助额不超过项目总投资的30%；农民专业合作社申报的项目财政补助资金不超过200万元，不低于40万元，财政补助额不超过项目总投资的50%。财政贴息项目：贷款额度6000万元以内的利息，贴息率不高于同期中国人民银行公布的同档次人民币贷款基准利率。具体贴息办法按照2009年2月26日，江苏省财政厅转发财政部关于印发《农业综合开发中央财政贴息资金管理办法的通知》文件执行。

“十二五”前两年（2011—2012），宿迁市农业综合开发总投资60341.04万元，其中财政投入资金45719.5万元，治理土地面积42.89万亩。

第三节　农业综合开发利用外资项目

为加大农业综合开发投入力度，借鉴国际先进的农业发展理念和管理手段，国家决定，农业综合开发利用世界银行贷款实施加强灌溉农业项目，并接受国际援建项目。

一、洪泽湖开发援建项目

1987年，联合国粮食署对洪泽湖开发2633援建项目，投资2393.5万元，其中泗洪县1383.6万元，占总投资57.8%。投资成果参见〔1987〕苏渔外017号文件对洪泽湖开发援建项目竣工批复；完成固定资产2038.1万元，共建水草57951.3亩，鱼池6962.8亩，泵站7个，工副业生产点8处，加工中心2座，公路10千米，修建渔港2个，学校2110平方米，定居户1106户，医院1座。

二、利用世行贷款加强灌溉农业项目

利用世行贷款安排的灌溉农业项目，从20世纪90年代初开始，实际上前期准备工作于1989年3月开始，1991年进入实施阶段，至1996年，完成第一期项目，利用世行贷款项目资金，由财政部统一借入，当时与黄淮海开发项目统筹安排配套使用。为做好利用世行贷款财务管理工作，提高资金使用效益。财政部、农业综合开发办公室，对每一期世行贷款项目资金的筹集、使用和管理都制定相关文件，印发各地执行。

利用世界银行贷款加强灌溉农业二期项目，于1997年11月底开始实施，2000年10月进行了中期调整，2003年4月项目工程全面竣工。项目涉及宿豫、沭阳、泗阳和泗洪三县一区的57个乡镇（评估时64个乡镇，2000年区划调整并7个乡镇），项目旨在通过以中低产田改造为主要内容的农田水利基础设施建设，提高项目区农业综合生产能力。全市世行二期项目总投资为25609.8万元。其中，利用世行贷款8661.5万元，地方财政配套8515.8万元，自筹资金8339.98万元。项目区内有大运河、新沂河、淮沭河、徐洪河，以及洪泽湖和骆马湖等流域性河湖，水源条件较好。在项目实施前，灌排设施陈旧，泵站大部分是20世纪60—70年代修建，机组效率十分低下，亟须改造。通过世行二期项目实施，加强了灌排基础设施建设，修建桥涵闸等建筑物13946座，新建和改建泵站232座，新植农田防护林网3.71万亩，完成土地平整26.9万亩，改善项目区农业基本生产条件和生态环境，完善了农业服务体系，提高了农业机械化水平，实现了农业增效、农民增收、农村经济持续快速发展。

利用世界银行贷款加强灌溉农业三期项目，从2005年开始实施，于2009年4月完成建设任务。项目涉及泗阳县、泗洪县、宿豫区两县一区的23个乡镇。项目仍然以改造中低产田为主要内容，提高农业综合生产能力，增加优势农产品、无公害农产品和绿色农产品产量；通过推广农业标准化生产和加强农民组织化建设，推进农业生产现代化进程，增加农民收入；通过农业生态环境建设以及建立科学的用水、管水机制，推动项目区农业生产的可持续发展。全市世行三期项目总投资为14884.36万元，其中：利用世行贷款5039.44万元，地方财政配套5749.92万元，项目区群众自筹为4095万元。通过世行三期项目的实施，项目区综合生产能力得到了有效提高。项目实施前后比较，年新增粮食生产能力3500万千克，新增油菜生产能力70万千克，新增蔬菜生产能力2900万千克，新增其他农产品生产能力180万千克。项目区农民人均纯收入比非项目区高出500多元，有的高达千元以上。项目区农业生态环境得到明显改善，农田林网和防护林营造达到较高水平。项目区农田都建成微型林网，累计新增防护林面积20.52万亩，项目区林木覆盖率由项目实施前的15%提高到21%，树木成活率达95%以上，保存率达到90%以上，有1/3以上项目区林木覆盖率达到了25%以上。农田林网的建设，减少了水土流失，净化了空气，提高了项目区环境质量；与此同时，项目区推广无公害农业生产技术，建立了绿色食品基地，减少了农业资源污染，特别是在项目区实施病虫害统防统治，减少农药施用量效果十分明显。

三、利用全球环境基金项目（简称“GEF”项目）

“GEF”项目，主要针对全球气候变暖，积极应对气候变化对农业生产影响，提高农业抗灾减灾能力，促进农业可持续发展。2008年农业综合开发申请并实施了利用全球环境基金赠款适应气候变化农业综合开发项目。宿迁市宿豫区作为江苏省GEF项目两个试点县（区）之一，从2008年开始编制项目计划，并组织实施，于2012年完成建设任务。GEF项目投资重点是世行三期项目中未能安排的内容，主要包括沼气池建设，以及适应性农业技术、农作物品种示范和适应性理念宣传培训等，总投资共132万元。通过GEF项目的实施能使废弃的秸秆能源得到利用，防止秸秆大面积燃烧，造成大气环境污染。同时，将沼气残渣作为清洁有机肥料使用，用于增加土壤有机质含量。引导农民采用新技术、新品种，提高项目区农民通过种植技术和灌溉技术等手段应对气候变化的适应能力，提高在现有气候条件下的农业生产水平。

第六篇　会计事务

第一章　财会队伍建设

财会队伍由机关，团体，企、事业单位专门从事财务会计的工作人员组成。在社会主义经济建设中，财务人员是一支不可或缺的生力军。因此，培养财务会计专业人才是建立一支高素质财会队伍的需要，也是经济社会发展和做好财政、财会工作的客观要求。

中华人民共和国成立后，迫切需要一批懂经济、会核算的财会专业人才，建立一支财会专业队伍。基于当时的国情，财会管理机构和财务会计制度均不健全，懂得财务会计业务专业人才甚少，财务人才输送渠道不畅，很难适应新中国建设的需要。

根据《中华人民共和国中央人民政府组织法》规定，财政部设置会计制度管理机构，研究制定和审核会计制度，负责管理会计事务。地方各级财政部门相应设立会计处（科），管理会计工作。面对社会需求量较大的财会专业人才，组织培训任务落到了各级财政部门头上。为解决财会人才稀缺的问题，各级财政部门采取了各种措施，利用教育资源，举办各种类型的会计速成班，利用本部门开展业务工作之机；举办各种短期轮训班，以及采取传统的传、帮、带等办法，边干边学，使之建立起一支财会队伍。

随着社会主义经济事业的蓬勃发展，财会人才的社会需求量越来越大，对财会人员的业务素质要求越来越高。国家和地方政府陆续创建了一批财经类大、专院校和中等职业学校。1964年原淮阴地区创办淮阴地区会计学校，“文化大革命”初期被撤销，1972年恢复招生，为本地输送财会专业人才。1996年，地级宿迁市成立后，市县财政部门组建“中华函授学校”，为本市培养财会人才。加强财会人才的培养，采取专业教育与业余教育相结合的办法，鼓励财会人员自学成才。与此同时，还利用国家重大会计法规、会计制度的出台，开展各种短期培训班，使财会人员适应工作的需要。

第一节 财会专业学历教育

1996年7月，地级宿迁市成立前，今宿迁境内各县属淮阴市管辖，财会人员的培训工作由淮阴市财政局组织培训，地级宿迁市成立后由宿迁市财政局负责。

财会专业中等教育。1983年9月，江苏省淮阴财经学校经省政府批准，开设财务会计专业两个中专职工班，学制三年，面向淮阴市各县招收财税系统、工交企业和行政事业单位在职财会人员92名。1984年和1986年又分别招收了45名、50名。其间，1985年11月8日，经省财政厅同意，江苏省淮阴财经学校设立财务会计培训班，与淮阴财经学校“一个机构、两块牌子”，负责培训全市的在职财会人员，使现职财会人员逐步达到会计专业中专水平。

财会专业高等教育。1983年，淮阴市财政局与江苏省广播电视大学淮阴市分校联合举办经济管理学科财税专业教学班。同年9月，经全省成人高考，由淮阴市电大分校在全市录取72名学员，分两个班在江苏省淮阴财经学校进行三年的全日制脱产学习，毕业后回原工作岗位。1986年专门招收财政专业50名学员，学制两年，全日制脱产学习。是年7月，在省财政厅和苏州大学财经学院帮助下，淮阴市财政局在淮阴财经学校建立苏州大学企业财务会计专科函授淮阴市函授站。函授站共设两个班，同年9月，经全国成人高考全市录取学员91名，1986年7月，有78名学员取得专修科毕业证书。是年9月，经全国成人高考又录取学员51名。此后，每年都招收一部分学员参加学习。随着教育体制改革，各类大专院校，扩大了规模和招生范围，财经类专业办班比较多，从社会招收生源比较充足，财会在职函授人员逐步减少，补充财会队伍的专业人才，主要由大专院校培养，逐步减少了财政部门直接组织会计专业学历教育的任务。2003年9月宿迁市财政局与苏州大学商学院联合举办财政学研究生课程进修班，宿迁市共有42名学员参加学习，全部完成学习任务。

中华函授教育。中华函授学校，是经国家教育部批准，由财政部统一组建，面向全国的中等会计函授学校。学校实行统一领导、分级管理的办法。总校由财政部领导；省校由省财政厅领导；分校由市财政局领导；函授站由县财政局领导。1987年8月，中华函授学校淮阴市分校正式成立，依托江苏省淮阴财经学校办班。经全省中等专业学校统一招生考试，录取学员792名，于9月1日开学。是年11月27日，经淮阴市财政局批准，沭阳、宿迁、泗阳、泗洪四个县成立函授站。

1996年7月地级宿迁市成立后，宿迁市财政局成立了中华会计函授宿迁分校（以下简称市分校），下设宿豫、沭阳、泗阳、泗洪四个函授站。市分校没有直接办班，主要从事管理和协调工作。招生的教学工作主要由各县函授站负责。区划调整前在校学生未毕业的有关学籍等相关事宜由淮阴分校处理。区划调整后新招收的学生由宿迁分校处理。市分校的工作紧紧围绕财政部〔1996〕22号文件和江苏省中华会计函授学校第四次校务委员（扩大）会议精神，抓教学管理，立足基层函授站的硬件建设，把中华会计函授学校的各级办学单位建设成为会计职业教育的综合培训基地，发挥学历教育和在职培训两方面的主渠道作用。宿迁市财政局在贯彻落实中，提出具体的目标任务。各县财政局分管领导担任站务委员会主任，并兼任站长，配备常务副校长，负责日常管理工作。基地建设和师资配备，通过省财政专项拨款和各县财政统筹，全市共投入建设资金320万元，建成新教学楼及综合楼三幢，新增教学基地面积2200平方米。截至1998年底，全市四个函授站，共有教室33间，面积为5810平方米，比1996年净增加2800平方米；食宿配套设施共2260平方米，比1996年净增加700平方米；配备微机设备148台，比1996年增加85台；落实人员编制58名，实际在职88人，其中教师36人，基本达到了综合培训基地的要求。

为了完成财政部提出的“到2005年在会计人员中普及中等学历教育”的任务，1997年，全市中华会计函授招生673人，每年都超额完成省校下达的招生计划。1998年，全市中华会计函授在校学生一直稳定在750人左右，共毕业学生560人。与此同时，采取联合办班的形式，招收全日制中专班和大专学历教育班，使中华会计函授学校向多层次、多渠道办学方向发展。从1996年开始，泗阳县函授站经市教委同意，招收初中生分流的全日制中专班，至1998年累计招收118人。全市四个函授站有三个函授站与苏州大学联合举办大专证书班，1996—1998年共招收学员225人，毕业后发给大专证书。此后，宿迁市各县函授站基本上改为全日制中专班或联合办班的形式。按照财政部对各级中华会计函授学校办学方向的要求，宿迁市坚持“从严治学，质量第一”的办学方针和“学历教育与短期教学并重”的办学方向，不断扩大招生范围和办学规模。

2006年新学期，全市招收全日制中专学生145人。为促进中华会计函授学校的发展，市县财政加大对中华会计函授站的投入，增添教学软、硬件设备，不断改善教学环境，以适应新的发展时期教学和会计培训工作的需要。宿迁市各县函授站除学历教育外，充分利用函授站的设备、师资等各方面教育资源，开展对会计人员从业资格、继续教育、会计电算化、农村基层会计等的培训工作。从而使基层中华会计函授站成为既是培育财会人才的基地，又是贯彻、宣传、学习党和国家方针、政策，以及财经法规的阵地。

第二节　财会业务培训

财务会计业务培训，是财会专业教育和业余函授教育的重要补充，是及时学习和贯彻党的方针、政策及各项财务规章制度的有效手段。财务会计业务培训内容比较广泛，主要以普及学习财政、财务会计法律法规制度为重点，结合财政、财会新法规的颁布而采取的集中培训。以掌握会计基础知识为内容，对从事会计工作为取得会计资格和相应职称评定资格而进行的考前培训，同时为适应现代化会计核算管理需要，提高会计技能，而进行的电算化培训等。

法规制度培训。1997年，根据财政部制定的《会计基础工作规范》和《江苏省会计基础工作规范管理实施办法》等规定，结合宿迁市会计工作实际，是年12月9日，制定了《宿迁市会计基础工作规范化管理实施细则》。针对会计基础工作规范化，开展培训工作。培训的总体目标，通过3~5年的努力，使宿迁市独立核算的各单位会计机构，其会计基础工作符合《中华人民共和国会计法》和财政部制定的《会计基础工作规范》的要求。于是制定了总体培训规划，分步实施，并考核验收。1998年重点抓乡镇企业、私营企业和应建账的个体工商户的会计基础培训工作，要求做到依法建账；2000年底必须达到规范化；1999年全市所有地方企事业单位、国家机关、社会团体和其他经济组织的会计基础工作必须达到规范化。为此，举办短期培训班专题培训。参加培训人数先后达910人次。1998年12月，全市有104个单位通过了会计基础工作规范化考核。

1999年10月31日，第九届全国人大常委会第十二次会议通过并颁布修订后的《中华人民共和国会计法》，于2000年7月1日实施。宿迁市人民政府专门发出文件要求所有行政机关、企事业单位负责人和会计从业人员都必须参加培训。市级举办了三期，累计培训800余人。并与骆运管理处、人行宿迁中心支行、交通系统、地税局联合举办培训班四期。累计培训单位负责人和会计人员300余人，各县区也进行分批分期培训。全市有4000余人参加培训学习。

2000—2003年，财政部先后修订和发布《企业会计制度》《会计准则》等新制度。为贯彻实施新制度，市财政局举办师资培训班，市直主管部门和部分企业财会人员，全市所有执业注册会计师200人参加培训。培训结束后，各县区、各部门分别对所属单位财会人员进行分期培训，先后参加学习培训的财会人员达3420余人。

2003年7月、8月和12月，宿迁市财政局还利用省财政厅组织“会计执业道德、内部控制规范”竞赛活动，针对会计人员的不同业务特点，分行业确定培训内容，有计划、有步骤分期、分批进行培训。培训结束后，对所有参加培训人员进行现场考核，考核结果以文件形式发至单位，同时登记进入会计从业资格证书个人信息库档案，作为2004年会计从业资格证书年检的主要依据。全市统一部署，分三批进行培训，共有6700多人参加。

2005年，江苏省财政厅为纪念《中华人民共和国会计法》颁布实施20周年举办演讲比赛，在积极开展宣传《中华人民共和国会计法》的同时，宿迁市财政局与宿迁学院联合选拔、培训选手参加全省比赛并获得了良好的成绩。与此同时，以《中华人民共和国会计法》、行业会计制度、财务规则、会计准则为主要内容，市、县区分批组织会计人员继续教育培训，全市共培训会计人员17050人次。

2007年，财政部颁发的新的《企业会计准则》实施后，市财政局面向机关事业单位，会计、审计等中介机构财务负责人，以及全市具有中级以上会计专业技术职称资格的人员，举办中、高级财会人员新准则培训班。同年，财政部举办《第三届全国会计知识大赛》，分为两个赛程，第一赛程为网上答题，财政部统一命题，在规定时间，从网上直接答题，主要考核竞赛率；第二赛程，组队参加选拔赛。第一赛程网上参赛率宿迁市在全省十三个地级市中排名第六，宿迁市财政局获得了特别优秀组织奖；第二赛程宿迁赴省代表队在江苏赛区30支代表队中获得了第九名，参赛队员获得“江苏省优秀会计选手”的荣誉称号。

2008年，江苏省实行财政直管县体制，省辖市财政部门会计培训工作主要是市直，培训的重点是会计人员的继续教育，培训的方式为利用网络教学平台对市直行政、企事业单位的会计人员开展培训工作。2008—2010年共培训市直单位会计人员4566人次，参培率达90%，合格率达95%。

是年，财政部发出《关于开展农村财会人员财政支农政策培训工作的通知》，同年12月15日，江苏省财政厅在宿迁市召开农村财会人员培训教育研讨会。财政部财会教育中心韩粤处长、省财会教育中心张志良主任、省财政厅会计处吴若莹副处长出席了会议。会议决定，2009年在泗洪县开展农村财会人员教育培训试点。2010年，宿迁市全面展开培训工作，培训内容为财政支农惠农政策。两年全市培训总人次达到3941人。由于培训成效显著，2010年10月24日，财政部中华会计函授学校胡嵘主任、省财政厅函校吴若莹校长专程到宿迁市调研、观摩财政支农政策培训班工作开展情况。是年，财政部发出《关于开展乡镇财政干部培训工作的通知》，要求加强财政基层培训，加大财政支农惠农政策的宣传、贯彻和落实力度。宿迁市财政局于2011年，举办乡镇财政干部和农村财会人员参加的财政支农政策培训班，共培训1578人。通过培训使基层财政和农村财会人员系统掌握财政支农惠农的具体政策、内容，以及申报项目和发放的具体操作程序，使新时期党和国家出台的一系列强农惠民政策得到进一步贯彻落实。

会计电算化培训。会计电算化是新的发展时期科技进步的表现，是会计工作现代化的重要组成部分，也是会计事务改革的重要内容。

1996年成立地级宿迁市后，宿迁市财政局根据财政部印发的《会计电算化管理办法》《会计电算化工作规范》文件，为推动会计电算化事业的发展，1997年，考察宿迁市各地机房规模、师资力量等条件，批准设立7个会计电算化培训点，迅速开展培训工作，至1998年底全市共培训会计电算化人员2696人次，经市财政局组织统一考试，有1986人取得初级会计电算化培训合格证书。

1999—2000年，宿迁市财政局制定印发《宿迁市会计电算化管理办法》《宿迁市会计电算化知识培训管理办法（试行）》《宿迁市关于采用计算机替代手工进行会计核算的审批办法》。两年全市共有3531人次参加培训，2455人取得合格证书，推进了计算机用于会计核算工作的进程。全市有16个单位通过验收审批，采用计算机替代手工记账。

2001—2003年，在强化普及会计电算化知识培训的同时，积极推进会计工作现代化，计算机替代手工记账工作。2001年全市有3458人取得初级会计电算化合格证书。2003年底全市累计取得初级会计电算化合格证书人数达到9655人。为各单位实施会计电算化管理创造了条件。根据江苏省财政厅统一部署，从2001年3月起，建账单位实行计算机替代手工记账，不再需要报财政部门审批后，为加强会计电算化软件管理，宿迁市财政局印发《宿迁市商品化会计核算软件管理办法》，为建账单位稳妥、规范地开展计算机替代手工记账及时提供指导性意见。

2004年，会计信息系统更新，新版会计电算化软件投入使用。为做好技术保障工作，市财政局举办培训班，组织各县区会计管理部门参加培训，请省财政厅技术人员到宿指导，解决新系统运行中的问题。2004—2005年，全市共有1863人通过会计电算化计算机应用能力中级考核。随着全省财政系统“金财工程”的实施，宿迁市财政已于2008年完成建设计划。在加强专业技术队伍建设的同时，抓好对财政干部计算机信息技术的培训，帮助熟练掌握信息技术和操作技能，为财政系统省与市、市与县建成三级骨干网络做好基础工作。

第三节　会计从业资格管理

会计从业资格，是会计人员从事会计工作必须具备的业务素质条件。按照现行制度规定，取得会计从业资格，必须同时通过“财政法规和会计职业道德”“会计基础”和“会计电算化”三门考试，财政部门才能发给会计从业资格证书，亦称中华人民共和国会计证。会计证是具备一定专业知识和技能的人员从事会计工作的资格证明。未取得会计证的人员，各单位不得任用担任会计岗位工作。会计证由各级财政部门颁发和管理。

1996年，财政部印发新的《会计证管理办法》后，宿迁市财政局先后于1997年印发《会计证管理办法实施细则》，进一步加强会计人员持证管理。对取得会计证条件、会计证的申领和发放、会计证注册登记和年检等进行规范管理。根据实施细则要求，市、县财政认真核实在岗会计人员，对老会计证收回年检，换发新会计证。至1997年底完成全市年检，换发新证7425人，其中市直510人。对不符合规定免试条件的会计人员进行培训考试，考试合格后，发给中华人民共和国会计证。为满足各企事业单位对会计人才的需求，从在职职工和社会青年中选拔具有一定专业素质的人员充实会计队伍，对有志从事会计工作的非会计人员通过培训和统考，可取得预备会计证。统考科目为财务会计法规、会计基础知识、会计实务、珠算和初级会计电算化（后两门可由考生选其中一门，具有中专以上财经专业学历的非会计人员只考前两门）。1998年组织两期预备会计证培训、考试工作，由省财政厅统编辅导教材和考试大纲、统一命题、统一考试时间、集中阅卷。全市有1393人参加考试，合格1008人。非会计人员所取得的预备会计证，其证从签发日起三年内有效。有效期内，可作为各单位选用、聘任会计人员的依据。有效期满仍未从事会计工作的，其所持预备会计证自动失效。持预备会计证的人员被单位任用(或聘用)从事会计工作时,应由所在单位提出申请,在30日内到发证机关换领正式会计证,同时办理注册登记手续。会计证实行验证制度,各级财政、税务等部门具有共同负责检查和监督会计人员持证上岗的权利。会计人员应按规定时间参加继续教育培训和向发证机关办理年检。年检工作每两年进行一次。不参加继续教育培训的,列为年检不合格的条件之一。凡年检不合格的,发证机关收回会计证。

2000年修订后的《中华人民共和国会计法》实施后,财政部调整修订《会计从业资格管理办法》,要求及时组织新证的换发,会计从业资格考试,以全国会计专业技术资格考试为标准要求各项工作。在加强考前培训、组织统一考试的同时,组织各县区财政会计管理机构换发新证工作。全市参加会计从业资格考试:1999—2000年1012人,合格717人,合格率达71%;2001—2003年2474人,合格1848人,合格率达74.7%,截至2003年底,全市共换发新的会计从业证书8957人。

2005年5月10日,江苏省财政厅根据财政部《会计从业资格管理办法》,拟定《江苏省会计从业资格管理实施办法》,把会计电算化纳入会计从业资格考试科目,作为会计从业的必备条件之一。因此,各级财政部门在保证培训点软硬件配备的同时,探讨会计电算化培训、考试的新思路,采取考培结合,把会计电算化内容列入会计继续教育的正常工作,极大地提高了广大会计从业人员学习计算机技术的积极性。参加会计从业资格考试的人数逐年大幅度增加:2004年和2005年分别有651人、1167人参加;2006—2008年分别有2581人、4306人和6879人参加。

2009年,宿迁市试行会计从业资格计算机网络考试,为确保试点工作顺利进行,市财政局做好各项准备工作,并组织会计从业资格管理机构工作人员赴镇江观摩学习。对考点高标准配置软、硬件设备,为参考人员提供良好的考试环境。合理安排考务流程,实现从考试报名、现场审核、打印准考证到组织考试的全程网络一体化。考试期间,建立健全岗位责任制,监考、技术维护、服务器管理等各项工作落实到人,确保考试工作安全有序进行。2009年和2010年,参加会计从业资格考试的人数分别达到6929人和9236人。

2013年7月1日,江苏省财政厅根据财政部令第73号修订的《会计从业资格管理办法》,印发《江苏省会计从业资格管理实施办法》(以下简称实施办法)。实施办法规定:在国家机关、社会团体、公司、企业事业单位和其他组织中担任会计机构的负责人(会计主管)的人员以及从事会计工作的各类人员应当取得会计从业资格。单位不得任用（聘用）不具备会计从业资格的人员从事会计工作。会计从业资格管理实行属地原则。县级以上各级政府财政部门为本行政区域内会计从业资格的管理部门。

会计从业资格的取得。国家实行会计从业资格考试制。各级财政部门对申请参加会计从业资格考试人员的条件进行审核，符合条件的才能参加考试。考试科目为：财经法规与会计职业道德、会计基础、会计电算化（或者珠算）。考试科目实行无纸化考试，考试大纲、题库、考试合格标准和考试管理相关规定按照财政部统一规定执行。考试科目必须一次性通过。会计从业资格管理机构在考试结束后及时公布考试结果，考试通过人员在考试结果公布之日起6个月之内，携带有关证件、资料到指定的会计从业资格管理机构领取会计从业资格证书。

会计从业资格管理。持证人员每年应当参加继续教育，持证人员的继续教育采取学分制。会计从业资格实行信息化管理。会计从业管理机构建立持证人员从业档案信息系统，及时记载、更新持证人员相关信息。会计从业资格证书实行6年定期换证制度。会计从业管理机构，对下列情况实施监督检查：从事会计工作的人员持有证书情况；持证人员换发、调转、变更登记证书情况；持证人员从事会计工作和执行国家统一的会计制度情况；持证人员遵守会计职业道德情况；持证人员接受继续教育情况。持证人员以欺骗、贿赂、舞弊等不正当手段取得会计从业证书的，应按规定撤销其会计从业资格。持证人员不参加继续教育未取得规定学分的；未按规定办理调转登记和信息更新的，由会计从业资格管理机构责令其限期改正。会计从业资格管理机构及其工作人员在实施管理中滥用职权、玩忽职守、徇私舞弊的，依法追究刑事责任。此实施办法自2013年7月1日起施行。2005年5月10日发布的《江苏省会计从业资格管理实施办法》同时废止。

第四节　会计专业技术职称评定

会计专业技术职称的评定工作始于1980年，由人事部门负责牵头，会计职称的评定由财政部门负责组织实施。是年11月3日，原淮阴地区行政公署成立淮阴地区财会税务人员技术职称评定委员会。评定委员会受行署委托，行使对财会、税务人员初级职称（助理会计师、会计员）评定工作。

1981年1月7日，淮阴地区行署颁发《淮阴地区评定和授予财会税务人员技术职称的实施细则》。同年2月，地区组织工作组前往宿迁县进行会计技术职称评定试点工作。是年3月2日，国务院批转财政部、国家人事局制定的《会计干部技术职称暂行规定》，计15条，规定了会计职称的种类（会计师、助理会计师和会计员）确定或晋升会计干部技术职称的条件及其他相关事项，该规定自发布之日起施行。工作组在宿迁县有关部门的配合下，根据职称评定的范围和条件，经过对会计人员的培训、考核、考试和严格的评审程序，共评审出62名助理会计师、225名会计员职称。7月28日由宿迁县人民政府行文授予。根据宿迁县试点工作经验，全地区会计职称评定工作逐步推开。对一部分既不符合免试条件，又不具备规定学历的会计人员申报初级职称，必须参加考试测验。考试、培训工作由地区财政、人事部门统一组织。考试内容分会计原理、专业会计、政治经济学三科。试卷分助理会计师和会计员两种，其中专业会计分十三个行业分别拟定试卷。考试卷拟定后，必须报省财政厅经专业确认后实施。考试合格者方可参加评定。会计师的评定权限属省，由省统一布置，各县整理材料，先报地区评委会初审后报省评定。

1983年5月27日，财政部和国家劳动人事部印发《会计干部技术职称考核评定工作若干问题的具体规定》，共6条。对关于坚持条件、保证质量问题；关于不具备规定学历的业务骨干免予测验问题；关于不具备规定学历财会人员的测验问题；关于各级技术职称的平衡问题；关于离休、退休会计干部评定技术职称的问题；其他有关问题等分别作了具体规定。同时，根据有关政策规定，凡被评定并授予会计师职称的会计干部，其家属子女原属农村户口的，可以转为城镇户口；凡评定授予会计员以上技术职称的，原非国家干部，可转为国家正式干部。当时规定会计专业技术职称评定授予程序是，会计师经省级评定后，由地区、（市）专署或政府行文授予，报省备案；助理会计师、会计员，经地区评定后，由县（区）政府行文授予，报地区备案。

1983年3月，淮阴地区行政公署进行机构改革，成立淮阴市人民政府。同年4月11日，成立淮阴市人民政府会计技术职称评定委员会，集中精力开展会计专业技术职称评定工作。根据调查、摸底和各县上报的资料统计，全市会计干部总人数为8722人（其中：沭阳617人，宿迁767人，泗阳650人，泗洪718人）。符合评定条件的会计干部人数为5944人，其中，沭阳县472人，宿迁县484人，泗阳县435人，泗洪县462人。1983年9月之前，已评定职称人数为4452人，其中，境内各县为1373人。是年9月，根据上级有关规定，会计职称评定工作暂停。暂停之前，经省评委会评定淮阴市会计师职称人数为140人，由淮阴地区行政公署，淮阴市人民政府先后行文授予会计师职称的131人，其中：沭阳县5人，宿迁县12人，泗阳县7人，泗洪县7人。因职称评定工作暂停，已评未授的会计师人数为9人，其中：沭阳县1人，成为待批待授人员。经地区和市评委会评定的助理会计师、会计员人数为4312人，由各县（区）人民政府先后行文授予的助理会计师1109人，其中：沭阳县104人，宿迁县89人，泗阳县80人，泗洪县70人。授予会计员职称的2968人，其中，沭阳县273人，宿迁县338人，泗阳县249人，泗洪县137人。

1986年实行职称改革，同年4月10日，中央职称改革领导小组转发财政部《会计专业职务试行条例》，共五章二十六条。规定了会计专业的职务名称为高级会计师、会计师、助理会计师、会计员；各级国家机关对会计专业职务实行任命制，各事业单位对会计专业职务一般实行聘任制；会计员、助理会计师、会计师、高级会计师的任职条件；专业职务的基本职责；专业职务的设置和聘任等内容。条例适用于国家机关、事业单位，也作为企业单位的参照原则，自批准之日起施行，并由财政部行使解释权。会计职称改革后，其评定工作改由科学技术委员会负责牵头，仍然由各级财政部门负责会计专业职务的评聘工作。根据国务院〔1986〕27号文件精神，各级政府成立会计技术职称改革领导小组，高级会计职称由市评委会负责评审推荐、省评委会负责评定；中级职称（会计师）由县（区）评审推荐、地市级评委会负责评定；初级职称（助理、会计员）由各县区负责评定。1986年7月4日，根据国务院文件和省职称改革工作会议精神，对1983年因会计职称评定工作暂停遗留的待批待授会计人员职称进行确认，补发文件授予。对1983年规定授予会计师职称其家属子女是农村户口的可以转为城镇户口和授予会计员以上职称的非国家正式干部，可转为国家正式干部的两项政策取消。各相关部门停止办理相关手续。

1987年6月27日，财政部印发《关于不具备规定学历的会计人员评审、聘任（任命）会计专业职务的暂行规定》。暂行规定解决了在首次会计专业职务评聘工作中，不具备规定学历的会计人员参加会计专业职务的评审问题。对不具备规定学历的在职会计人员，必须参加相应的职级考试。考试内容为会计原理、专业会计（企业会计、预算会计）、专业实务、政治经济学四科。财政、税务人员参加统一考试的课程增加社会主义财政学、国家税收两门专业课程。相当于大专财会专业水平的考试，由省财政厅组织；相当于中专财务会计水平的考试，由市财政统一组织。考试合格发给会计专业合格证书，证书发放分两种，凡申报会计师参加统一考试成绩合格者，从事会计工作专业工龄20年以上的由财政部颁发，20年以下的由省财政厅颁发。会计专业合格证书，作为不具备规定学历的会计干部评定会计职称的必备条件之一。是年8月，经淮阴市职称改革领导小组批准，成立淮阴市会计系列职称改革领导小组，并相应成立会计系列中级职称评审委员会，各县（区）相应成立会计系列初级评审委员会。

1992年，科学技术部门不再牵头职称评审工作，仍由人事部门负责。为完善会计专业技术资格考试制度。是年3月21日，财政部、人事部联合颁布《会计专业技术资格考试暂行规定》及《会计专业技术资格考试暂行规定实施办法》（以下简称《暂行规定》《实施办法》），不再进行会计员、助理会计师、会计师的任职资格评审工作，会计人员专业技术资格实行全国统一考试制度。

2000年9月8日，财政部、人事部以文件对原《暂行规定》《实施办法》进行修订。修订后的《暂行规定》明确：通过全国统一考试，取得会计专业技术资格的会计人员，表明已具备担任相应级别会计专业技术职务的任职资格。用人单位可根据工作需要和德才兼备的原则，从获得会计专业技术资格的会计人员中择优聘任，会计专业考试工作由财政部、人事部共同负责。财政部负责拟定考试科目、考试命题，编写考试用书，组织实施考试工作，统一规划考前培训工作。人事部负责审定考试科目、考试大纲和试题，会同财政部对考试工作进行检查、监督和确定合格标准。各地考试工作，由当地财政部门、人事部门共同负责。会计专业技术资格实行全国统一考试后，除高级会计师外，不再进行相应会计专业技术职务任职资格的评审工作。会计专业技术资格分为：初级资格、中级资格和高级资格。各单位对会计专业技术职务聘任条件：取得初级资格，单位聘任助理会计师，大专毕业担任会计员职务满2年、中专满4年、不具备规定学历的满5年，不符合上述条件的，只可聘任会计员职务；取得中级资格并符合国家有关规定，可聘任会计师职务；高级资格（高级会计师）实行考试与评审相结合的评审制度。高级会计师报名参加全国统一的会计专业技术资格考试，其资格审查、评审工作由江苏省财政、人事部门负责。江苏省成立高级会计师专业技术评审委员会，其成员聘请具有会计专业较高学识水平的专家、学者和长期从事会计工作已具备高级会计师职务的基层财务人员参加。同时，建立评审委员人才库，每次评委会履行工作职责，都必须从人才库中随机抽取，以示客观、公正。高级会计师任职资格，必须经过全国统一考试合格和省会计专业技术评审委员会评审通过才能取得。

报名参加会计专业资格考试人员，应具备的基本条件是坚持原则，具有良好的职业道德；认真执行《中华人民共和国会计法》和国家统一的会计制度，以及有关财经法律、法规、规章制度，无严重违反财经纪律行为；履行岗位职责，热爱本职工作；具备会计从业资格，持有会计从业资格证书。报名参加会计专业技术初级资格考试的人员，除具备基本条件外，还必须具备教育部门认可的高中毕业以上学历。考试科目为初级会计实务、经济法基础2个科目。参加初级考试人员必须在一个考试年度内通过全部科目考试。报名参加中级资格考试的人员，还必须具备，从事会计工作：大学专科学历满5年；大学本科毕业满4年；取得双学士或研究生班毕业满2年；取得硕士学位满1年。考试科目为：中级会计实务（一）（二）、财务管理、经济法4个科目。中级资格考试以2年为一个周期，参加考试人员必须在连续的2个考试年度内通过全部科目的考试。取得会计专业技术合格证书的人员，如发现有伪造学历、会计从业资格证书和资历证明以及考试期间有违纪行为的，由会计考试管理机构吊销其会计专业技术资格，发证机关收回其会计专业技术资格证书，2年内不得再参加会计专业技术资格考试。取得会计专业技术资格的人员，应按照财政部的规定，接受相应级别会计人员的继续教育，每年接受培训（面授）的时间累计不少于24小时。

2012年，财政部、人力资源保障部全国会计专业技术资格考试领导小组办公室印发《关于2012年度会计专业技术资格无纸化考试试点工作方案的通知》，决定在北京、江苏等七个省、市开展会计专业技术资格无纸化考试（初级资格）试点，江苏省的常熟市作为试点考区之一。未参加会计资格无纸化考试试点的地区，仍采用与往年相同的纸笔考试方式。2013年，全国会计专业技术资格无纸化考试试点工作逐步扩大。江苏省财政厅、人力资源和社会保障厅根据各市申请的2013年度会计专业初级资格无纸化考试试点情况，同意包括宿迁市在内等九个市实行无纸化考试。

2013年3月29日，江苏省财政厅、人力资源和社会保障厅印发《关于2013年度全国会计专业技术资格考试的通知》。无纸化考试和纸笔考试分两个阶段进行。考试报名按规定时间，全省使用财政部统一网站即“全国会计资格评价网”进行网上报名，不再安排补报名时间。初、中级考试资格报名条件，按照会计专业技术资格考试暂行规定执行。高级资格考试报名，应符合会计专业职务试行条例规定的高级会计师职务任职资格评审条件。考生参加考试，按规定时间登陆“全国会计资格评价网”自行打印准考证。考试级别和考试科目，初级会计资格，考试科目为：经济法基础和初级会计实务两科；中级会计资格考试科目为财务管理、经济法和中级会计实务三科；高级会计师资格，考试科目为高级会计实务。参加会计专业技术高级资格考试人员，达到国家合格标准的，方可获得高级会计师资格，考试成绩合格的，该证全国范围内3年有效。

宿迁市财政局自2000年财政部、人事部修订印发《会计专业技术资格考试暂行规定》及其实施办法的通知后，为加强会计专业队伍建设，提高会计人员素质，严格执行会计专业技术资格考试制度，在组织、培训会计人员参加专业技术资格考试中取得了一些成效。

2001—2014年宿任市参加全国统一会计专业技术资格考试情况表

表70　　单位：人

年　份	初级资格		中级资格		高级资格	
	报考人数	合格人数	报考人数	合格人数	报考人数	合格人数
2001	1250	191	1244	37	—	—
2002	951	155	1197	161	—	—
2003	713	101	1159	96	—	—
2004	722	112	940	128	—	—
2005	535	92	1144	146	—	—
2006	531	100	1112	110	—	—
2007	779	127	1121	64	—	—
2008	669	84	851	86	—	—
2009	1437	295	964	64	—	—
2010	1509	160	910	69	—	—
2011	2439	277	954	62	—	—
2012	2398	567	906	98	—	—
2013	4895	755	1105	106	47	7
2014	4017	755	1115	95	56	22

注：高级会计师各县不设报名点，2012年前由省设点报名考试，此后由省辖市组织报名考试。

会计专业高级资格评审。2003年4月，江苏省专业技术人员职称工作领导小组印发《江苏省会计专业高级会计师资格条件（试行）》。2007年江苏省财政厅制定了《江苏省会计专业高级会计资格评审工作管理规划（试行）》。2011年4月25

日，江苏省财政厅根据《江苏省专业技术资格评审办法（试行）》，制定印发《江苏省会计专业高级资格评审工作实施办法（试行）》以下简称实施办法，从文到之日起施行。实施办法规定：江苏省高级会计师评审实行个人申报、单位推荐、专家评审和省职称主管部门确认相结合的办法。省财政厅受省职称主管部门委托负责高级会计师评审的组织工作。省财政厅应及时公布资格条件、申报程序、申报时间及具体要求。申请人所在单位人事（或职称）部门接到申报后，应对照资格条件对申请人提交的材料及基本情况进行初步审核，对其真实性、有效性负责。同时，将申报人及其业绩成果等情况进行公示（不少于5个工作日）。公示期满，按照本单位工作程序和要求决定是否同意推荐。各市财政和职称主管部门，对申报人资格条件和申报材料完备性进行审核，对不具备资格条件的，申请材料予以退回。对符合申报资格条件的，汇总统一填制资格评审情况一览表，连同关于报送年度高级会计师评审材料的报告和申报材料一并报送省财政厅。

2012年12月26日，江苏省专业技术人员职称（职业资格）工作领导小组，印发《江苏省会计专业高级会计师资格条件》的通知，简称《资格条件》。2003年4月印发的《江苏省会计专业高级会计师资格条件（试行）》，同时废止。

《资格条件》规定的资格标准，高级会计师，应遵纪守法，具有良好的职业道德和敬业精神；熟悉会计及相关法律法规，系统掌握财会理论和相关专业知识，具有丰富的实务工作经验和解决复杂财会问题的能力；具有一定财务理论水平和指导会计师工作的能力。

适用范围及学历、资历。江苏省范围内从事会计专业技术工作，持有效的全国高级会计师考试合格证书的在职在岗人员。申报条件，对学历、资历要求，凡申报高级会计师资格评审，必须符合下列条件之一，博士研究生学历（或博士学位），取得会计师资格后从事会计专业技术工作2年以上；硕士研究生学历（或硕士学位），从事会计专业技术工作6年以上，且取得会计师资格后从事会计专业技术工作4年以上；大学本科学历（或学士学位），从事会计专业技术工作10年以上，且取得会计师资格后从事会计专业技术工作5年以上，或从事会计专业技术工作10年以上，且取得会计师资格后从事会计专业技术工作4年以上，并担任大中型企业财务负责人2年以上；取得大学专科学历后从事会计专业技术工作15年（或取得大学专科学历累计从事会计专业技术工作20年以上，且取得会计师资格后从事会计专业技术工作5年以上。

评审工作。根据《江苏省专业技术资格评审办法(试行)》,省财政厅从会计理论界、实务界推荐产生评委候选人,报省职称工作领导小组批准后,建立江苏省高级会计师评审专家库,任期三年。评审工作开始前,在省职称主管部门的监督下,从评审专家库中随机抽取评审委员会执行委员,并办理开展评审工作的相关手续。工作分两个阶段,即评委评价和评委投票表决。其中评委评价阶段分为初审评价和复审评价两个步骤。初审评委和复审评委分别发表独立意见;投票表决阶段,由全体执行评委进行无记名投票表决,同意票超过出席会议执行委员人数三分之二以上的为通过。执行评审委员会会议结束后,省财政厅将通过的评审人员情况进行公示(时间不少于7个工作日),公示期满后,将无异议人员名单及相关材料报省职称主管部门审核确认后,省财政厅办理发放高级会计师资格证书。

第二章　财政会计专业学术团体

财政会计专业学术团体主要包括财政、会计学会、珠算和注册会计师协会。宿迁市财政、会计学会、珠算协会属群众性的社团组织,是江苏省财政、会计学会、珠算协会和宿迁市社会科学联合会的团体会员。其业务主管机关挂靠宿迁市财政局,社团登记管理机关宿迁市民政局。学会的工作,接受江苏省相关学会,宿迁市财政局、民政局的业务指导和监督管理。注册会计师协会,是由注册会计师和会计师事务所组成的社团法人。注册会计师协会实行行业管理,由中国注册会计师协会(以下简称"中注协")依法拟定注册会计师执业准则、规则,报财政部批准后实施。注册会计师地方组织为省级注册会计师协会(以下简称"省注协"),省辖市成立注册会计师协会,属省注协团体会员。省注协还履行依法受理注册申请并决定是否准予注册事项。

第一节　财政会计学会

宿迁市财政学会，由宿迁市各级财政部门及热爱财政科学理论研究的广大财政工作者自愿组成。对财政及相关理论与政策进行科学研究，并具有法人资格的专业性学术团体，是非营利性的群众组织。学会坚持实事求是、理论联系实际的学风，贯彻“百花齐放，百家争鸣”的方针，组织和推动会员研究财政科学，努力提高财政理论、政策和业务水平，为财政经济工作和社会主义现代化建设服务。

根据宿迁市财政学会章程，学会的主要业务范围是，组织、推动会员积极开展财政科学理论研究；调查研究社会主义市场经济、现代化建设和改革开放中出现的各种财政经济问题，探讨解决办法，向有关部门提出建设性意见；研究总结财政工作的历史经验，探讨其发展规律；举办各种形式的财政科学学术讨论和交流活动，推荐、奖励优秀财政学术论文；积极参与江苏省财政学会和宿迁市科学联合会举办的学术活动；加强与兄弟市、区财政学会联系和学术交流活动等。

宿迁市财政学会，经宿迁市民政局注册登记核准，于2008年8月22日召开会员代表大会，表决通过学会章程。根据学会章程规定，选举产生理事会，并设立常务理事会，聘请顾问，选举产生会长、副会长、秘书长。

顾　问：曹秀明　毛守旗

会　长：章其波

副会长：于登才　卢　静　孙长举　何祖玉　汪金普　周　浩

秘书长：李德敏

宿迁市会计学会，是宿迁市会计学界自愿结成的群众性、专业性学术团体，是非营利性的社会组织。学会挂靠宿迁市财政局，接受江苏省会计学会的业务指导，接受宿迁市财政局、民政局的监督管理。学会组织推动会员发扬理论联系实际的学风，积极开展会计学科及其相关的经济政策的研究，努力提高全市会计界的理论水平、业务水平和政策水平，为宿迁市经济的健康发展作出贡献。

学会的业务范围：积极宣传、认真贯彻执行党的路线、方针、政策，反映会计工作者的要求，维护会员的正当权益，在加强党和政府与学术界的联系方面发挥桥梁和纽带作用，促进全市会计工作者的团结、进取；制定活动规划，确定学术研究的重点课题，组织多形式、多层次、多方面的学术探讨、调查研究、决策咨询和会计学科知识的普及活动；指导和协调单位会员的工作，促进单位会员之间的交流和协作。介绍省内外、市内外的学术动态，不断拓宽信息交流的渠道和领域，开展与市内外的学术交流工作，组织优秀成果的评选活动，对优秀成果的作者给予精神和物质鼓励。

宿迁市会计学会，于2008年8月22日召开第一次会员代表大会通过学会章程。选举产生理事会，执行代表大会的决议，设立常务理事会，聘请名誉会长、顾问，选举会长、副会长、秘书长。

名誉会长：章其波

顾　　问：刘须林

会　　长：钱　皓

副 会 长：王晓武　周斯民　谢荣富

秘 书 长：许昌良

第二节　注册会计师协会

注册会计师协会，是由注册会计师和会计师事务所组成的社团法人。注册会计师的全国组织为中国注册会计师协会（以下简称"中注协"），地方组织为省级注册会计师协会（以下简称"省注协"），省辖市成立的注册会计师协会，属省注协的团体会员。注册会计师协会实行行业管理，由中注协依法拟定注册会计师执业准则、规则，报财政部批准后实施。中注协有责任指导地方省注协的工作，省注协还履行依法受理注册申请并决定是否准予注册等事项。

中国注册会计师协会成立相对较晚。20世纪90年代初期，为适应建设社会主义市场经济体制的需要，并与国际接轨，依法成立中国注册会计师协会，挂靠财政部，接受财政部业务监管。在同时期成立的还有中国注册审计师协会，挂靠国家审计署。省级相应成立这样两个地方组织。实际上这两个协会的办会宗旨、开展的业务范围基本是一致的，属于同一性质。1997年，经财政部与审计署会商，决定"两会"联合，统一为"中国注册会计师协会"，并召开联合后的中注协成立大会。省级亦按照"两会"联合的模式，相应成立省注协地方组织。

宿迁市注册会计师协会，是在区划调整成立地级宿迁市后，经市政府编制委员会批准设立的机构，为市财政局直属事业单位。1997年10月18日，宿迁市召开注册会计师成立大会。会议制定并通过了宿迁市注册会计师协会章程，明确协会的性质、宗旨、职责、吸收会员的标准和程序，以及会员的权利和义务。根据协会章程，选举产生了第一届理事会，设理事29名，聘请顾问、名誉会长，选举产生会长、副会长、秘书长。

顾　　问：佘义和

名誉会长：房　民

会　　长：毛守旗

副 会 长：刘须林　李朝阳　侍　鹏

秘 书 长：刘须林（兼）

2003年6月28日，宿迁市注协召开会员代表大会进行换届选举。根据会议议程，对市注协章程进行修订，并经会员代表大会讨论通过。会议选举产生了市注协第二届理事会，设理事39名，根据协会章程，聘请高级顾问和顾问，并选举产生了新一届会长、副会长、秘书长。

高级顾问：侍　鹏

顾　　问：毛守旗

会　　长：曹秀明

副 会 长：刘须林　陈　文　薛启书

秘 书 长：刘须林（兼）

1997年，宿迁市注册会计师协会成立之初，共有团体成员13家。其中，会计师事务所6家，审计师事务所7家。个人会员138名，注册会计师113名。其中，执业注册会计师45名，非执业注册会计师68名。2011年底，全市共有会计师事务所8家，注册会计师150名。其中，执业注册会计师55名，非执业注册会计师95名。截至2020年底，全市注册会计师事务所10家，执业注册会计师56人，非执业会员人数106人，未注册人数102人。

第三节　注册会计师制度

中国注册会计师制度，是在中共十一届三中全会之后，为适应改革开放的需要逐步建立和发展起来的。1980年12月23日，财政部印发了《关于成立会计顾问处的暂行规定》共十条，其中第二条规定了注册会计师的资格及其审批等事项；

第七、第八条规定了注册会计师承办业务的要求。这是中国实行注册会计师制度的发端。为适应经济体制改革和经济建设形势发展，进一步发挥注册会计师的作用，总结几年来工作实践和经验。1986年7月3日，国务院颁发了《中华人民共和国注册会计师条例》，共六章三十条。六章依次为总则、考试和注册、业务范围、工作规则、会计师事务所、附则。自同年10月1日起施行。这是政府行政法规对注册会计师制度的规范。

一、注册会计师资格的取得

1987年3月12日，财政部制定了《注册会计师考试考核暂行办法》规定采取考试和考核两种办法。凡具有大专或相当于大专学历，并从事三年以上的会计、审计工作，参加注册会计师考试合格后方可取得资格；担任过高级会计师、会计学教授、副教授、研究员、副研究员并有会计实践经验的人员，以及具有大专或者相当于大专学历，或者大专同等学力，从事会计工作二十年以上，确有会计业务专长的人员，申请担任注册会计师，经考核合格的人员，经国家批准注册后，称注册会计师。

1993年10月31日，第八届全国人民代表大会常务委员会第四次会议通过《中华人民共和国注册会计师法》(以下简称《注册会计师法》)，共七章四十六条，并以中华人民共和国主席令第13号公布。自1994年1月1日起施行。由此，注册会计师制度，由政府行政法规上升到国家级法律层面，具有最高的权威性。这是中国注册会计师法律制度的基本规范。

《注册会计师法》实施后，财政部先后制定发布了一系列规章和其他规范性文件。包括《会计师事务所审批和监督暂行办法》《注册会计师注册办法》《注册会计师全国统一考试办法》和《注册会计师全国统一考试违规行为处理办法》，初步形成了注册会计师管理的法律制度体系。与此同时，中注协为规范注册会计师执业行为的审计规范，1995年12月25日，正式颁布第一批《中国注册会计师独立审计准则》(以下简称《准则》)。《准则》内容主要包括《中国注册会计师独立审计准则序言》《独立审计基本准则》《独立审计具体准则》第一号至第七号，即会计报表审计、审计业务约定书、审计计划、审计抽样、审计证据、审计工作底稿、审计报告。同时颁发《独立审计实务公告》第一号等具体内容。1996年12月26日中注协颁发第二批《准则》，《独立审计具体准则》第八至十五号，和《独立审计实务公告》第二号。此后适时分批颁发，主要是《独立审计具体准则》和《独立审计实务公告》，其编号以第一批颁发的顺序号依次排到。

二、注册会计师考试

自1991年国家实行注册会计师全国统一考试制度后，注册会计师资格的取得不再采取考核的办法。《注册会计师法》明确规定，通过注册会计师全国考试可以取得注册会计师资格。注册会计师全国考试办法由财政部制定，中注协具体负责组织实施工作。考试办法由财政部适时公布并逐步规范。2009年3月23日，财政部公布的《注册会计师全国统一考试办法》对参加考试人员条件、考试组织机构和程序等作出统一规范。为做好全国统一考试工作，财政部和省财政厅分别成立注册会计师考试委员会，组织领导全国和本地区注册会计师考试工作。同时，分别在中注协和省注协设立办公室为具体办事机构。

申请参加考试条件及具体事宜。具有高等专科以上的学历，或者具有会计或相关专业中级以上技术职称的中国公民，可以申请参加注册会计师全国统一考试，每年举行一次。考试划分为专业阶段考试和综合阶段考试，只有通过专业阶段考试的全部科目后，才能参加综合阶段考试。专业阶段考试科目为：会计专业、审计专业、财务成本专业、经济法和税法五科。考生一年可以报一项或多项单科，必须在连续五年内通过。考试证书的领取，对在连续五个年度考试中取得专业阶段考试全部科目考试合格成绩的考生，财政部考委会颁发全国统一考试专业阶段考试合格证书，由考生向参加专业阶段考试最后一科考试所在地方考委会办公室领取。

注册会计师全国统一考试工作，是一项组织严密、纪律严明、程序严格、系统而又完整的工作。区划调整后，宿迁市单独设考区，宿迁市财政局在做好各项考务工作的同时，加强对考生的考前培训和法纪教育，还专门编印了《注册会计师全国统一考试宿迁考区考务手册》发给每个考生人手一份，为考生创造良好的考试环境。

1999—2000年，全市参加注册会计师全国统一考试人数为854人，单科考试报名累计2365门，只有118门合格，单科合格率为5%；有6人通过五科（以下称“全科”）考试换发了全科合格证书。2001—2003年，全市申报参考人员共2200人，单科报考累计5224门，单科合格通过350门，单科合格率达到6.7%；全科累计通过29人。2004—2005年，全市申报参考人数为1301人，报考单科3160门，单科合格190门，合格率为6%；2006—2007年，全市报名参考人数为1290人，报名单科考试共2628门，单科考试合格162门，合格率为6.2%，全科通过20人；2008—2010年，全市共有1297人参加考试，有40人通过了全科考试取得注册会计师资格。2020年，宿迁市参加注册会计师全国统一考试的人数为3106人，六科会计报考为8047科次，出考率为38.6%，有30人通过全科考试取得注册会计师任职资格。

三、注册会计师注册

为规范注册会计师注册工作，2005年1月22日，财政部令第25号公布《注册会计师注册办法》，自3月1日起施行。申请注册条件：参加注册会计师全国考试全部科目成绩合格，具备部分科目免试条件人员，除免试科目外，其他应试科目考试成绩合格，依法认定具有注册会计师资格，并从事审计工作两年以上者，可以向省注协申请注册。申请注册者应当通过所在的会计师事务所向省注协提出申请，并按规定提供相关材料。省注协收到申请人提交的材料后，对其申请材料内容进行审查，自受理注册申请后，对其申请材料内容进行审查，自受理注册申请之日起20个工作日内作出准予或者不准予注册的决定。省注协作出准予注册决定的，自决定之日起10个工作日内向注册申请人颁发财政部统一制定的注册会计师证书，并自决定准予注册决定之日起20个工作日内，将准予注册的决定和注册会计师注册备案表报送财政部、中注协备案，抄送所在地省级财政部门，同时，将准予注册人员的备案在全国性报刊或者相关网站上予以公告。

四、注册会计师业务范围，包括审计业务、会计咨询和会计服务业务

2010年根据中注协对注册会计师行业为经济社会各个领域提供服务的业务项目，进行全面梳理，编订发布的《注册会计师业务指导目录》共11类262项，基本涵盖社会经济活动的所有领域。11类业务主要包括证券、期货相关业务；金融、保险相关业务；国有企业相关业务；外商投资相关业务；非营利机构及其组织相关业务；其他鉴证业务；管理咨询业务；会计服务业务；税务服务业务；执行商定程序业务。

五、注册会计师执行规划

注册会计师执行业务应当加入会计师事务所，这是注册会计师执行业务的前

提条件。在中国不允许注册会计师以个人名义执行业务，没有加入会计师事务所的，不能执行注册会计师业务。注册会计师执行业务，应由其所在的会计师事务所统一受理，并与委托人签订委托合同。由此产生的权利义务应当由会计师事务所承担。注册会计师执行业务，可以根据需要查阅委托人的有关会计资料和文件，查看委托人的现场和设施，要求委托人提供必要的协助，但执行业务时知悉的商业秘密，应有保密义务；注册会计师与委托人有利害关系的，应当回避。执业注册会计师执行业务，必须遵循法律、行政法规和执业准则、规则，并受法律保护。注册会计师出具审计报告时，有下列行为，应予禁止：不得明知委托人对重要事项的财务会计处理与国家有关规定相抵触，而不予指明；明知委托人的财务会计处理会有直接损害报告使用人或其他利害关系人的利益，而予以隐瞒或作不实的报告；明知委托人的财务会计处理会导致报告使用人或者其他利害关系人产生重大误解，而不予指明；明知委托人的会计报表的重要事项有其他不实的内容，而不予指明。同时，在执行审计业务期间，依据法律、行政法规规定，不得买卖被审计单位的股票债券或者购买被审计单位或者个人的其他财产；索取、收受委托合同约定以外的酬金，或者利用执行业务之便，谋取其他不正当利益，不允许接受委托人催收债款；不允许他人以本人名义执行业务；同时在两个或者两个以上的会计师事务所执行业务等违反法律、行政法规行为。注册会计师违反职业禁止规则的，由省级以上人民政府财政部门予以警告，情节严重的，暂停执业或吊销注册会计师证书。

注册会计师出具报告不需任何部门审定。注册会计师执行业务，应以国家法律、法规和有关的协议合同章程为依据，恪守独立、公正、客观的原则，所出具的报告书，应对有关内容的正确性、合法性负责。在执行业务过程中，应对事实进行充分的调查并与委托单位的管理人员进行充分的讨论，所报出的判断意见，必须保持独立性，因此所出具的报告书，不需经任何部门审定。如发生伪证，应负经济和法律责任。有关部门如国家审计、税务、司法机关等有不同意见时，有权进行复审或检查。

第四节　会计师事务所

会计师事务所，经国家批准，依法独立承办注册会计师业务的事业单位。会计师事务所应当自收自支、独立核算、依法纳税。经批准成立的会计师事务所，应当按照规定向当地工商行政管理机关办理登记，领取执照，始得开业。会计师事务所不是国家机关的职能部门，也不是有关部门的附属机构。会计师事务所之间没有领导与被领导的关系，但每个会计师事务所均可跨越行政区域承办业务。

会计师事务所组织形式。会计师事务所分为合伙会计师事务所和有限责任会计师事务所两种形式。合伙会计师事务所是指有两名以上符合规定条件的合伙人以书面形式设立共同出资，共同执业，按照出资比例或者协议约定以各自的财产对事务所债务承担连带责任的会计师事务所。2006年修订后的合伙企业法规定了特殊普通合伙企业形式。会计师事务所作为以专业知识和专业技能，为客户提供有偿服务的专业服务机构，可以采取特殊普通合伙企业形式设立，并在名称中标明“特殊普通合伙”字样。

特殊普通合伙形式的事务所对债务承担，与一般普通合伙形式的事务所有所区别，在采用特殊普通合伙形式的事务所，一个合伙人或数个合伙人在执业活动中因故意或重大失误造成事务所债务的，应当承担无限责任或者无限连带责任，其他合伙人以其在事务所中的财产份额为限承担责任，合伙人执业活动中因故意或重大过失造成的事务所债务以事务所的财产对外承担责任后，该合伙人应当按照合伙协议的约定，对给事务所造成的损失承担赔偿责任。合伙人在执业活动中非因故意或者重大过失造成的事务所的其他债务，由全体合伙人承担无限连带责任。成为会计师事务所合伙人或者股东的条件：持有注册会计师证书；在会计师事务所专职执业；成为合伙人或股东前三年内没有因为执业行为受到行政处罚；取得注册会计师证书后最近连续五年在会计师事务所从事法定审计业务的经历等。

有限责任会计师事务所，是指由注册会计师发起设立，承办注册会计师业务并负有限责任的会计师事务所，它是一个独立法人，其基本特征是发起人以其出资额对会计师事务所承担责任，会计师事务所以其全部资产对其债务承担责任。申请设立有限责任会计师事务所应具备的条件：有5名以上的股东；有一定数量的专业从业人员，其中至少有5名以上注册会计师；有不少于人民币30万元的注册资本；有股东共同制定的章程；有会计师事务所名称；有固定的办公场所。

会计师事务所的审批、变更、终止。中国发展会计师事务所相对较晚。1980年12月23日，财政部发布《关于成立会计顾问处的暂行规定》。设立会计顾问处（即会计师事务所）的任务，是为了加强会计工作，推行审计制度，并适应发展中外合资经营企业的需要。此后，1986年国务院颁发的《注册会计师条例》中规定了会计师事务所的性质、成立的审批、办理业务的要求等内容。同年10月29日，财政部颁发《会计师事务所管理办法》，进一步明确对会计师事务所管理的有关规定。1993年《注册会计师法》颁布后，财政部依法对会计师事务所管理进行规范。

为规范会计师事务所的审批，加强对会计师事务所的监督，促进注册会计师事业的发展，2005年1月18日，财政部令第24号公布《会计师事务所审批和监督办法》，对会计师事务所的设立、变更、终止、监督检查等内容作出具体规定。设立会计师事务所，由拟设立会计师事务所所在地的省级财政部门批准。批准设立会计师事务所，应按规定的程序，对申请人提交的材料进行审查，并将申请材料中有关会计师事务所名称及合伙人或者股东执业资格及执业时间等情况予以公布。作出批准决定后下达批准文件颁发会计师事务所执业证书，并予以公告。批准文件中应载明：会计师事务所名称和组织形式；合伙人或股东的姓名；会计师事务所主任会计师的姓名；有限责任会计师事务所注册资本；会计师事务所的办公场所；会计师事务所的业务范围。省级财政部门下达的文件应当抄送省级注册会计师协会。

会计师事务所发生下列变更事项之一的，应当自作出决议之日起20日内向所在地的省级财政部门备案。变更会计师事务所名称、办公场所（在省级行政区划内）、主任会计师；变更合伙会计师事务所合伙人；变更有限责任会计师事务所注册资本、股东。

会计师事务所有下列情形之一的，应当终止。合伙协议或者章程规定的解散事由出现自愿解散；全体合伙人或股东会决议解散；因合并或者分立解散；依法宣告破产；依法注销、撤销或者吊销营业执照；被依法撤销或者撤回会计师事务所执业证书；法律、行政法规规定的其他终止情形。

会计师事务所违法执业应当承担的责任。会计师事务所执行审计业务时，遇到应当拒绝有关报告的情形而没有拒绝，或者没有按照执业准则、规则的规定出具报告，由财政部或者省级财政部门予以警告，没收违法所得，可以并处违法所得1倍以上5倍以下的罚款；情节严重的，并可以给予暂停其经营业务或者予以撤销的行政处罚。故意出具虚假的审计报告、验资报告，构成犯罪的，依法追究刑事责任。违反有关规定，给委托人、其他利害关系人造成损失的，应当承担赔偿责任。

宿迁市各县会计师事务所成立时间：沭阳县于1990年3月成立，泗洪县、泗阳县分别于1992年6月和11月成立，宿豫县会计师事务所于1993年10月成立。其实规模都很小，收入也很少，截至1996年底，全市会计师事务所从业人员只有40人，注册会计师21人，全市会计师事务所，1990—1996年累计业务收入只有239.51万元，支出151.36万元，结余88.15万元。宿迁市市级会计师事务所是在区划调整建立地级宿迁市以后，于1997年6月经江苏省财政厅批准成立的，机构名称为宿迁公信会计师事务所，全民事业单位（科级），挂靠宿迁市财政局。至1998年底，有注册会计师10人，注册资产评估师2人，聘请专兼职工程师10人，具备财务审计、资产评估、基本建设工程造价审计等职业资格。各县挂靠审计部门的审计师事务所比挂靠财政部门的会计师事务所成立时间要稍早一些，大部分于80年代中后期成立。1997年，全市共有会计师事务所6家，审计师事务所7家，共有执业注册会计师45名，从业人员188人，全年业务收入仅有305万元。1998年财政部、国有资产管理局在全国范围内开展注册会计师行业和资产评估机构清理整顿工作。全市会计、审计师事务所对照上级文件精神，扎实开展清理整顿工作，顺利通过省注协和省国资局组织的检查验收。

1999年，根据国务院清理整顿领导小组关于做好经济鉴证类社会中介机构清理整顿和脱钩改制工作的精神，财政部印发《关于会计师事务所脱钩改制实施意见》。为使脱钩改制工作顺利开展，江苏省人民政府进行专门部署，宿迁市人民政府成立了市会计师（审计）事务所脱钩改制工作领导小组，财政、人事、审计、工商、税务等部门共同参与，加强对事务所脱钩改制工作的组织领导，这次脱钩改制的主要内容是：事务所与挂靠单位在人员、财务、业务等方面进行脱钩，建立以注册会计师为投资主体设立的合伙或有限责任事务所，使会计师事务所真正成为自主执业、自担风险、自我约束、自我发展独立的社会中介机构。宿迁市财政局精心组织，抓好落实，由市注协组织相关人员深入实际调查研究，制定脱钩改制工作实施方案。采取边脱钩、边改制的办法，先后对全市会计师事务所进行资产清理、人员分流安置以及事务所撤销、合并、重组的审核、报批等工作。同年12月底，全市会计师（审计）事务所脱钩改制工作全面完成。经过改制，全市原有13家会计师、审计师事务所，有的因规模过小和不符合设立事务所条件，通过精简、撤并、重组后，变为7家会计师事务所，其中：合伙会计师事务所3家，有限责任会计师事务所4家。由此全市会计师事务所走向规范发展的轨道。截至2011年底，全市共有会计师事务所8家，执业注册会计师55人，从业人员395人，全年业务收入达到1788万元。2020年，全市共有10家会计师事务所，业务收入达到4060万元，是2011年的2.27倍。

第五节　珠算协会

中国珠算协会和江苏省珠算协会成立比较晚，分别于1979年10月和9月成立。省以下的珠算协会成立更晚。淮阴市珠算协会，于1985年10月6日成立。时属淮阴市管辖的宿迁、沭阳、泗阳、泗洪四个县的珠算协会，先后于1988年底成立，属淮阴市珠协团体会员，多次组队参加淮阴市组织的珠算比赛活动。宿迁县选手叶琳琳曾获得过全市加、减算法前三名的好成绩。

1996年7月，区划调整，淮阴与宿迁分设地级市。宿迁市珠算协会（以下简称珠协）于2008年8月22日成立，并召开第一次会员代表大会通过协会章程。珠协的业务主管单位为宿迁市财政局，社团登记管理机关为宿迁市民政局。珠协接受江苏省珠算协会、宿迁市财政局、民政局的业务指导和监督管理。根据珠协章程，成立理事会，聘请名誉会长，选举产生会长、副会长、秘书长。

名誉会长：章其波

会　　长：何祖玉

副 会 长：陆正华　袁　龙

秘 书 长：许昌良

宿迁市珠算协会，是由全市各县（区）和行业珠算协会、珠算科技及教育工作者、各行各业珠算爱好者自愿结成的群众性、非营利性社会团体。坚持办会的原则，充分挖掘，发扬珠算的计算、启智和教育功能，弘扬珠算国粹，繁荣全市的珠算事业。

珠协的业务范围，宣传珠算、珠算式心算（以下简称珠心算）科技知识，促进珠算、珠心算的推广普及；协助教育部门开展小学教学课程的“三算”结合教学，提高教育教学质量；开展珠算、珠心算能力鉴定，组织珠算、珠心算能力比赛和理论研究工作；推动算具研究与改革，组织新算具的推广应用；颁发各类与珠协业务有关的证书；举办其他各项与珠协业务相关的活动等。

珠算作为一门应用技术服务于经济社会各个方面，古老的算盘成为财务会计工作必需的计算工具。但随着时代的发展，科学技术的进步，会计电算化计算技术普及应用，这无疑对珠算事业的发展产生一定的影响。然而珠算的广泛适用性，对启发少年儿童的智力和教育功能，仍然得到社会普遍认可。宿迁市珠算协会围绕办会宗旨，重在弘扬和继承祖国文化遗产，推广珠算应用技术和配合教育部门开展珠心算教育活动，取得了一些成效。

2004年，宿迁市财政局会同市教育局印发《在全市实验小学发展珠心算教育实施方案》，同时召开了全市珠心算教育研讨会，研究部署珠心算教育工作。为提高珠心算教学水平，2004—2010年，先后组织全市实验小学珠心算教师，参加江苏省珠协举办的第13—19期珠算或心算师资培训班，每年一期已形成了惯例。为普及推广珠算、珠心算工作，2004年和2005年，宿迁市珠协积极组队参加了江苏省珠算协会举办的第24、第25届珠算能力比赛，以及第9、第10届珠算式心算能力比赛。其中，2005年，获得了全省第25届珠算技能比赛“技术进步”奖。2006—2007年，组队参加全省第11、12届珠心算能力比赛。与此同时，接受省珠协安排，2007年由宿迁市承办江苏省第26届珠算技术比赛。宿迁市代表队在此次比赛中获得“技术进步”奖。

2008年，宿迁市珠协，组织全市首期珠心算能力鉴定考试工作。全市78名在校儿童参加考试，有58名获得江苏省珠算式心算能力等级证书，合格率为74%。同年，江苏省珠协组织全省职业学校财会专业珠算技能大赛。宿迁市珠协与市教育局职业成人教育处共同组队参加，选手的珠算技能明显比过去提高，获“技术进步”奖；2009年，获得全省团体赛第一名，以及若干单项第一、二名；2010年，获得团体三等奖，以及多个单项奖。2013年2月26日，宿迁市财政局、教育局组织力量，对参加江苏省第三十三届珠算大赛选手进行封闭集中强化培训。在此届比赛中宿迁选手获团体及多个单项奖。2019年2月27日，江苏省珠算协会工作会议在宿迁召开。会议总结和交流了全省各地推广珠算、珠心算的经验和做法，并部署了新一年度工作任务。

第三章　财会先进表彰

第一节　财会先进集体

1959年，泗阳县财政局被江苏省财政厅评为财政红旗单位。

1980年4月，沭阳县财政局直属税务所在加强税收管理，支持工农业生产发展等各项工作中成绩显著，被江苏省人民政府授予“先进集体”称号。

同年8月，在全省企业会计工作经验交流、表彰大会上，泗洪原种厂、泗洪双沟酒厂、沭阳县针织厂、泗阳洋河酒厂被江苏省人民政府授予“企业财务会计工作先进集体”称号。

1982年，泗阳县里仁中心税务所被江苏省财政厅评为全省税务系统先进单位。

1987年3月，沭阳县服装厂、宿迁县人民医院、泗阳县洋河酒厂、泗洪县双沟酒厂被淮阴市人民政府授予“淮阴市财务会计工作先进集体”称号。

1996年8月，区划调整成立地级宿迁市后，1997—2000年，市财政局连续四年被评为行风建设先进单位。

2000年，市财政局社保科在全国“社会保障财政管理”征文活动中被财政部社保司、中国财经报社、江苏省财政厅授予组织奖。

Δ 市财政局农业税征管工作被江苏省财政厅评为一等奖。

2001年，市财政局被中共宿迁市委、宿迁市人民政府授予“年度行风建设满意单位”称号。

Δ市财政局被中共宿迁市委、宿迁市人民政府授予“年度目标管理先进集体”称号。

2002年，市财政局被江苏省社会治安综合治理委员会表彰为“江苏省刑释解教人员安置帮扶工作先进集体”。

2003年，市财政局受中共宿迁市委、宿迁市人民政府表彰，被评为“2003年度目标管理先进集体”。

2004年，市财政局受中共宿迁市委、宿迁市人民政府表彰，被评为“2004年招商引资工作先进集体”。

Δ市财政局被宿迁市社会治安综合治理委员会授予“2004年度社会治安综合治理工作先进单位”称号。

Δ市财政局受中共宿迁市委、宿迁市人民政府表彰，被评为“2004年度目标管理先进集体”。

Δ市财政局被中共宿迁市委、宿迁市人民政府授予“2004年度政风行风建设满意单位”称号。

Δ市财政局受江苏省财政厅表彰，获“2004年度全省社会保障财务报表评比三等奖”。

2005年，市财政局受江苏省委组织部、江苏省劳动和社会保障厅、江苏省民政厅、江苏省总工会表彰，被评为“党员干部与特困职工家庭结对帮扶先进集体”。

Δ市财政局被中共宿迁市委、宿迁市人民政府表彰为“2005年度目标管理先进集体”。

2006年，市财政局被宿迁市社会治安综合治理委员会办公室、宿迁市刑释解教人员安置帮扶工作领导小组表彰为“宿迁市刑释解教人员安置帮扶工作先进集体”。

Δ 市财政局被江苏省人民政府表彰为“2006年度财政收入增收表彰单位”。

Δ 市财政局被中共宿迁市委、宿迁市人民政府表彰为“2006年度目标管理先进集体”。

Δ 市财政局被中共宿迁市委、宿迁市人民政府表彰为“2006年政（行）风评议满意窗口”和“政行风建设满意单位”。

2007年，市财政局被宿迁市人民政府表彰为“尊师重教先进集体”。

Δ 市财政局被中共宿迁市委、宿迁市人民政府表彰为“2007年度政风行风建设先进岗位”。

Δ 市财政局被宿迁市人民政府表彰为“2007年度土地‘三清’工作先进单位”。

Δ 市财政局被中共宿迁市委、宿迁市人民政府表彰为“2007年度政风行风建设先进单位”。

2008年，市财政局被中共宿迁市委、宿迁市人民政府、宿迁军分区表彰为“宿迁市首创全国双拥模范城二等功单位”。

Δ 市财政局受中共宿迁市委、宿迁市人民政府表彰，获“2008年度社会治安综合治理先进单位”。

Δ 市财政局受中共宿迁市委、宿迁市人民政府表彰，获“2008年度市直目标管理先进集体”奖牌。

Δ 市财政局受中共宿迁市委、宿迁市人民政府表彰，被评为“2008年度招商引资先进集体”。

Δ 市财政局受江苏省财政厅、江苏省劳动和社会保障厅表彰，获“2008年度社会保险基金决算工作三等奖”。

2009年，市财政局被中共宿迁市委、宿迁市人民政府表彰为“2009年度信访工作先进集体”。

Δ 市财政局被江苏省人民政府表彰为“2009年度财政收入增收表彰单位”。

Δ 市财政局被中共宿迁市委、宿迁市人民政府表彰为“2009年度市直目标管理先进集体”。

Δ 市财政局受省财政厅表彰，获“2009年度全省社会保险基金决算工作三等奖”。

Δ 市财政局被中共宿迁市委、宿迁市人民政府表彰为“2009年度招商引资工作先进集体”。

Δ 市财政局被中共宿迁市委、宿迁市人民政府表彰为“2009年度政（行）风建设工作先进单位”。

2010年，市财政局被宿迁市双拥工作领导小组表彰为“拥军优属先进单位”。

Δ 市财政局被江苏省人民政府表彰为“财政收入增收表彰单位”。

Δ 市财政局被中共宿迁市委、宿迁市人民政府表彰为“2010年度重点部门和重点岗位政（行）风评议先进单位”。

Δ 市会计核算中心被中共宿迁市委、宿迁市人民政府表彰为“2010年度重点部门和重点岗位政（行）风评议先进单位”。

Δ 市财政局被中共宿迁市委、宿迁市人民政府表彰为“2010年度目标管理工作先进集体”。

Δ 市财政局被中共宿迁市委、宿迁市人民政府表彰为“2010年度招商引资工作先进集体”。

Δ 市财政局纪检组被宿迁市纪委表彰为“2010年度全市纪检监察工作绩效考核先进单位”。

Δ 江苏省中华会计函授学校宿迁分校被江苏省财政厅表彰为“2010年度财政支农政策培训工作先进单位”。

Δ 市财政局受江苏省财政厅、江苏省人力资源和社会保障厅表彰，获“2010年度社会保险基金决算二等奖”。

Δ 市财政局被宿迁市农业保险试点工作领导小组表彰为“2010年度全市农业保险试点工作先进单位”。

2011年，市财政局被宿迁市全面推进依法行政工作领导小组表彰为“市级依法行政示范点”。

Δ 市财政局纪检组受宿迁市纪委表彰获“全市纪检监察工作制度创新项目奖”。

Δ 市财政局被宿迁市社会治安综合治理委员会表彰为“全市社区矫正和刑释解教人员安置帮扶工作先进单位”。

Δ 市财政局被江苏省财政厅表彰为“2011年度财政监督工作考评信息调研工作先进单位”。

Δ 市财政局被中共宿迁市委表彰为“‘十一五’期间全市环境保护工作先进单位”。

Δ 市财政局被中共宿迁市委、宿迁市人民政府表彰为“群众满意的机关服务品牌”。

Δ 市财政局被中共宿迁市委、宿迁市人民政府表彰为“2011年度农业招商引资先进单位”。

Δ 市财政局受江苏省财政厅、江苏省人力资源和社会保障厅表彰，获“2011年度社会保险基金决算一等奖”。

Δ 市财政局被中共宿迁市委、宿迁市人民政府表彰为“2011年度政（行）风建设工作先进单位”。

Δ 市财政局被中共宿迁市委、宿迁市人民政府表彰为“2011年度市直目标管理先进集体奖”。

Δ 市财政局被中共宿迁市委、宿迁市人民政府表彰为“2011年度招商引资工作先进单位”。

2012年，市财政局被宿迁市人民政府表彰为“十一五全市残疾人工作先进单位”。

Δ 市财政局被中共宿迁市委、宿迁市人民政府、宿迁军分区表彰为“宿迁市创建全国双拥模范城二连冠三等功单位”。

Δ 市财政局被宿迁市人民政府表彰为“2012年度全市住房保障组织管理先进单位”。

Δ 市财政局被中共宿迁市委、宿迁市人民政府表彰为“2012年度人口和计划生育工作先进单位”。

Δ 市财政局被中共宿迁市委、宿迁市人民政府表彰为“党的十八大期间信访维稳工作先进集体”。

Δ 市会计核算中心被中共宿迁市委、宿迁市人民政府表彰为“群众满意的服务窗口”。

Δ 市财政局被中共宿迁市委、宿迁市人民政府表彰为“2012年度脱贫奔小康挂钩帮扶先进单位”。

Δ 市财政局被中共宿迁市委、宿迁市人民政府表彰为“2012年度政（行）风建设工作先进单位”。

Δ 市财政局被中共宿迁市委、宿迁市人民政府表彰为“2012年度市直目标管理先进集体”。

Δ 市财政局被中共宿迁市委、宿迁市人民政府表彰为“2012年度招商引资工作先进单位”。

Δ 市财政局财政预算绩效管理受到中共宿迁市委、宿迁市人民政府表彰，获“全市经济社会制度创新奖”。

Δ 市财政局被江苏省人民政府表彰为“2012年度财政收入增收表彰单位”和“2012年度财政收入质量提升表彰单位”。

Δ 市财政局受江苏省财政厅、江苏省人力资源和社会保障厅表彰，获“2012年度社会保险基金决算一等奖”。

Δ 市财政局受江苏省财政厅表彰，获“2012年度全省财政社会保障工作二等奖”。

Δ 市财政局被中共宿迁市委、宿迁市人民政府表彰为“2011—2012年度文明单位”。

宿迁市财政局：

2015年被评为全国财政信息工作先进单位；

2015—2018年被宿迁市法治委评为全市社会治安综合治理（平安建设）先进集体；

2016—2018年被评为全国财政系统信息工作先进单位；

2017年度被评为省重点考核工作先进单位；

2017年度被评为法治财政标准化管理优秀单位；

2018年度被评为全市政务公开工作先进单位；

2018年度被江苏省财政厅评为全省财政财政标准化管理先进单位；

2018年度被宿迁市人民政府评为全市高质量发展综合考核第一等次；

2019年受宿迁市人大常委会办公室表彰，获人大代表建议办理工作先进单位；

2019年受中共宿迁市委表彰，获挂村包户先进单位；

2019年受财政部表彰，获全国财政业务工作先进单位；

2019年被评为全市政务公开先进单位；

2019年度被宿迁市政法委员会评为全市综治和平安建设工作先进单位；

2019年度被中共宿迁市委办公室评为法治建设优秀单位；

2019年度受江苏省财政厅表彰，评为财政重点工作考核三等奖，获奖励资金600万元；

2019年度被江苏省财政厅评为全省财政系统信息宣传工作考评第一名；

2019年受江苏省财政厅表彰，获小微创业贷工作先进单位；

2020年受中央文明委表彰，获第六届全国文明单位。

市财政局办公室：

2016年度受市委表彰，获市级机关“三服务三促进”工作先进单位；

2016年度受宿迁市人民政府表彰，获全市政务信息工作先进单位（三等奖）。

市财政局工贸处：

2016年度受宿迁市人民政府表彰，获地产品配套销售工作先进单位；

2016年度被中共宿迁市委表彰为科技创新工作先进单位；

2017年度受江苏省财政厅表彰，获国有企业财务信息管理工作先进单位。

市财政局国库处：

2015年、2016年、2018年、2019年度先后被江苏省财政厅表彰为预算执行分析先进单位；

2016年、2018年、2019年度获部门决算先进单位；

2017年、2019年度获财政总决算先进单位。

市会计核算中心：

2012年、2013年、2014年被中共宿迁市委、宿迁市人民政府表彰为群众满意服务岗位；

2010—2015年度获全省财政系统先进集体。

市财政局金融处：

2016年度获金融管理工作先进单位。

市财政局经建处：

2011年被江苏省财政厅表彰为中央政府公共投资月报统计报送工作先进单位；

2012年、2013年被宿迁市人民政府表彰为年度全市住房保障工作先进集体；

2013年、2014年、2015年、2016年、2017年度获全市发展建筑业工作先进单位；

2014年度受宿迁市人民政府表彰，获中心城市老旧小区改造整治提升工作先进单位；

2014年、2016年度获全市城市园林绿化建设工作先进集体；

2014—2015年受江苏省城市环境综合整治工作推进小组表彰，获城市环境综合整治先进集体；

2017年受中共宿迁市委表彰，获全市废旧物资回收加工综合整治先进工作集体。

市财政局农业处：

2012年、2014年度被中共宿迁市委、宿迁市人民政府表彰为挂钩帮扶先进单位；

2015年被中共宿迁市委、宿迁市人民政府表彰为十佳挂钩帮扶先进单位；

2018—2019年度获挂村帮扶先进单位；

2019年宿迁市因河湖长制推进力度大，河湖保护明显，国务院办公厅发出《关于对2019年落实有关重大政策措施真抓实干成效明显地方予以督查激励的通报》(国办发〔2020〕9号)；

同年，宿迁市因完成高标准农田及高效节水灌溉建设任务较好，粮食安全责任制落实全面，殡葬综合改革规划建设、运营管理成效明显，宿豫区、沭阳县苏北农房改善工作绩效评价优秀，江苏省办公厅发出《关于2019年落实有关重大政策措施真抓实干成效明显地方予以督查激励的通报》(苏政办发〔2020〕40号)。

市财政局社保处：

2012年度被江苏省财政厅表彰为全省财政社保工作综合考评二等奖；

2013年度被宿迁市人民政府表彰为国家卫生城市创建先进单位；

2016年度被江苏省财政厅评为全省社会保险基金预决算工作一等奖；

2017年度市财政局被中共宿迁市委评为双拥模范城“三连冠”三等功；

2018年度市财政局被宿迁市人民政府表彰为国家卫生城市复审先进集体；

2020年被江苏省残工委评为全省助残先进集体。

市财政局预算处：

2016年度受江苏省财政厅表彰，获预决算公开工作先进地区；

2019年获江苏省财政厅财政重点工作考核三等奖；

2020年受江苏省人力资源保障厅、江苏财政厅表彰，获全省财政系统先进集体。

市注册会计师协会：

2019年度获全省行业管理服务工作三等奖；

2020年度获全省行业管理服务工作二等奖；

2020年度注册会计师考试，获江苏省财政厅《表扬信》。

市财政局行政政法处：

2016年受宿迁市妇儿工委表彰，获全市妇女儿童工作先进集体；

2016年受中共宿迁市委表彰，获打防通信网络诈骗犯罪专项行动先进集体；

2017年度受宿迁市人民政府表彰，获全市出租房安全隐患集中整治先进集体。

市财政局税政处：

2016年度被宿迁市综合治税办表彰，获社会综合治税工作先进单位。

市财政局政府采购处：

2016年受江苏省财政厅表彰，获政府采购信息统计工作二等奖。

第二节　财会先进个人

1960年，泗阳县财政局石坚、范东波出席全国财贸部门“双革”表演大会。石坚被江苏省财政厅授予“双革”先锋；范东波被授予“双革”先进工作者。

1980年4月，在江苏省先进集体、劳动模范、先进生产（工作）者授奖大会上，泗阳县财政局里仁中心税务所所长吴必被授予“江苏省劳动模范”称号；宿迁县财政局朱锦英被授予“江苏省先进工作者”称号。

1986年8月，在全省企业财务会计工作经验交流、表彰会议上，泗阳县洋河酒厂董绪军被江苏省人民政府授予“江苏省企业财务会计工作者先进个人”称号。

1987年4月，在江苏省财政系统先进集体、先进个人表彰大会上，泗洪县财政局预算股长徐帜、泗阳县郑楼财政所副所长孙以顺被授予“先进工作者”称号。

1996年，杜爱民被财政部中华会计函授学校表彰为“优秀教育工作者”。

Δ 朱书平被江苏省人民政府授予“劳动模范”称号。

1998年，杜爱民被江苏省教育委员会表彰为“江苏省优秀成人教育教师”。

Δ 朱书平获江苏省财政厅“1998度全省农业税收决算工作二等奖”。

1999年，张邦群被江苏省财政厅表彰为优秀信息员。

2000年，朱书平获江苏省财政厅“2000年度全省农业税收决算工作二等奖”。

2001年，杜爱民被财政部中华会计函授学校表彰为“优秀教育工作者”

Δ 陈孝连被江苏省财政厅表彰为全省重点优抚安置对象和优抚安置事业单位普查工作先进个人。

Δ 谢志强被中共宿迁市委、宿迁市人民政府授予二等功。

Δ 谢志强被江苏省教育厅表彰为改造义务教育阶段薄弱学校先进个人。

2002年，朱书平被中共宿迁市委、宿迁市人民政府评为“2002年度挂村扶贫工作先进工作者”。

2003年，赵卫东撰写的论文《实行粮食购销市场化的思考》被江苏省财政厅表彰为“江苏省第八次优秀财政科研成果评选三等奖”。

Δ 朱书平被中共宿迁市委、宿迁市人民政府评为“2003年度挂村扶贫工作先进工作者”。

Δ 朱杰被江苏省财政厅评为2003年度优秀信息员。

Δ 朱杰被江苏省财政厅评为2003年度财政宣传工作先进个人。

2004年，张邦群被中共宿迁市委、宿迁市人民政府表彰为挂村帮扶工作先进个人。

Δ 刘晓霞被江苏省城镇妇女“巾帼建功”活动领导小组表彰为“江苏省‘巾帼建功’先进工作者”。

Δ 朱杰被江苏省财政厅评为2004年度财政宣传工作先进个人。

Δ 朱杰被财政部评为2004年度全国财政系统优秀信息员。

Δ 朱杰被江苏省财政厅评为2004年度优秀信息员。

2005年，张邦群被中共宿迁市委、宿迁市人民政府表彰为挂村帮扶工作先进个人。

Δ 朱杰被财政部评为2005年度全国财政系统优秀信息员。

Δ 朱杰被江苏省财政厅评为2005年度优秀信息员。

Δ 朱杰被江苏省财政厅评为2005年度财政宣传工作先进个人。

Δ 赵锦被财政部表彰为全国财政信息工作先进组织者。

Δ 黄海波被宿迁市农村公路纪检监察巡查领导小组表彰为“2005年度宿迁市农村公路建设项目纪检监察巡查工作先进个人”。

2006年，袁轲被江苏省经贸委、江苏省建设厅表彰为“十五”期间江苏省发展散装水泥工作先进个人。

Δ 陈孝连被江苏省财政厅表彰为全省农村有线电视进村入户先进个人。

Δ 黄海波被江苏省淮委表彰为“淮河流域‘十五’水污染防治工作先进个人”。

Δ 周会被宿迁市人民政府表彰为二等功。

Δ 黄海波被宿迁市农村公路纪检监察巡查领导小组表彰为“2006年度宿迁市农村公路建设项目纪检监察巡查工作先进个人”。

Δ朱杰被财政部评为2006年度全国财政系统优秀信息员。

Δ朱书平被江苏省财政厅评为“2006年度全省财政监督检查先进个人”。

Δ毛莉莉被江苏财政厅表彰为“2006年度税源调查工作先进个人”。

2007年，谢志强被中共宿迁市委表彰为市民族团结进步模范个人。

Δ赵锦被财政部表彰为全国财政信息工作先进组织者。

Δ朱杰被财政部评为2007年度全国财政系统优秀信息员。

Δ陈孝连受宿迁市人民政府表彰，获2007年度宿迁市科技进步二等奖。

2008年，章其波被国家统计局授予第二次全国农业普查先进个人称号。

Δ章其波获江苏省总工会支持工会财会工作优秀领导干部称号。

Δ刘永被中共宿迁市委、宿迁市人民政府表彰为先进扶贫工作队员。

Δ周会被江苏省统计局表彰为第二次全国农业普查省级先进个人。

Δ周会被江苏省志愿者协会表彰为江苏大学生志愿服务苏北计划先进工作者。

Δ张玮被中共宿迁市委、宿迁市人民政府表彰为“防范和处理邪教工作先进个人三等功”。

Δ陈孝连被江苏省财政厅表彰为全省乡镇文化站建设先进个人。

Δ王华被江苏省农林厅、江苏财政厅等表彰为“致福工程”先进工作者。

Δ赵卫东被宿迁市人民政府表彰为“京杭实业有限公司财产清算工作先进个人”。

Δ赵卫东被江苏省财政厅表彰为“全省行政事业单位资产清查工作先进个人”。

Δ赵锦被中共宿迁市委、宿迁市人民政府表彰为“2008年度全市招商引资项目优秀帮办”。

Δ徐东被江苏省财政厅表彰为“2008年度信息工作先进个人”。

Δ徐东被财政部表彰为“2008年度信息工作先进个人”。

Δ朱书平被江苏省财政厅评为“2008年度全省财政监督检查先进个人”。

Δ毛莉莉被财政部表彰为“2008年度税源调查工作先进个人”。

2009年，章其波被中共宿迁市委、宿迁市人民政府表彰为“招商引资先进个人”。

Δ李勇被中共宿迁市委、宿迁市人民政府表彰为“招商引资优秀帮办”。

Δ王华被中共宿迁市委、宿迁市人民政府表彰为“新农村建设先进个人”。

Δ朱书平被财政部驻江苏省财政监察专员办事处评为“全省2009年度一般增值税退税审核工作先进个人”。

Δ毛莉莉被江苏财政厅表彰为“2009年度税源调查工作先进个人”。

Δ徐东被江苏省财政厅表彰为“2009年度信息工作先进个人”。

2010年，张邦群获江苏省财政厅乡镇财政决算报表一等奖。

Δ杜爱民被江苏省对口支援四川省绵竹市地震灾后恢复重建指挥部党委表彰为“优秀援建干部”。

Δ朱书平被江苏省财政厅评为“全省会计信息质量检查先进工作者”。

Δ朱书平被江苏省财政厅评为“2010年度全省财政监督检查先进个人”。

Δ刘永被江苏省财政厅评为全省珠算协会系统先进个人。

Δ解红霞被宿迁市人民政府表彰为尊师重教先进个人。

Δ周会被江苏省信访工作领导小组表彰为国庆60周年信访稳定工作先进个人。

Δ徐东被财政部表彰为“信息工作先进个人”。

Δ徐东被江苏省财政厅表彰为“信息工作先进个人”。

Δ袁轲被中共宿迁市委、宿迁市人民政府表彰为“2010年度全市招商引资先进个人”。

Δ朱书平被财政部驻江苏省财政监察专员办事处评为“全省2010年度一般增值税退税审核工作先进个人”。

Δ刘敏、陆裕梅被宿迁市人民政府残疾人工作委员会表彰为“2010年度市区残疾人就业保障金征缴工作先进个人”。

Δ张玮被中共宿迁市委、宿迁市人民政府表彰为“2010年度全市信访工作先进工作者”。

Δ陆海峰被宿迁市预防职务犯罪工作领导小组表彰为“2010年度全市预防职务犯罪工作先进个人”。

Δ 周会被宿迁市农业保险试点工作领导小组表彰为“2010年度全市农业保险试点工作先进个人”。

Δ 毛莉莉被江苏省财政厅表彰为“2010年度重点产品国际竞争力调查工作先进个人”。

Δ 毛莉莉被江苏省财政厅表彰为“2006—2010年全省财政法制宣传教育先进个人”。

2011年，李勇被江苏省人民政府授予“江苏省先进工作者”称号。

Δ 李勇被中共宿迁市委、宿迁市人民政府表彰为“招商引资先进个人”。

Δ 袁轲被江苏省人社厅、江苏省财政厅表彰为“全省财政系统先进工作者”。

Δ 潘华平被中共宿迁市委、宿迁市人民政府表彰为“十一五”环境保护工作先进个人。

Δ 解红霞在宿迁市第七届江苏省园艺博览会筹办工作中被中共宿迁市委、宿迁市人民政府记三等功。

Δ 刘敏被江苏省人民政府残疾人工作委员会表彰为创建“全国白内障无障碍省”先进个人。

Δ 徐东被财政部表彰为“信息工作先进个人”。

Δ 徐东被江苏省财政厅表彰为“信息工作先进个人”。

Δ 朱书平被江苏省财政厅评为“2011年度全省财政监督检查先进个人”。

Δ 毛莉莉被江苏省财政厅表彰为“2011年度重点产品国际竞争力调查工作先进个人”。

2012年，章其波获宿迁市人民政府三等功。

Δ 黄海波被中共宿迁市委、宿迁市人民政府表彰为“2006—2010年社会治安管理先进个人”，中共宿迁市委、宿迁市人民政府记二等功。

Δ 张邦群被江苏省财政厅表彰为税源调查工作先进个人。

Δ 周会被宿迁市人民政府表彰为农业保险先进个人。

Δ 张飞被江苏省治理“小金库”工作领导小组表彰为先进个人。

Δ 周会被宿迁市人民政府表彰为质量兴市活动先进个人。

Δ 袁轲被中共宿迁市委、宿迁市人民政府、宿迁军分区表彰为“创建全国双拥模范城先进个人”，记二等功。

Δ 潘华平被宿迁市小城镇建设工作领导小组表彰为2012年度全市小城镇建设工作先进个人。

Δ 朱山勤被中共宿迁市委办公室表彰为“2012年度全市党委信息工作先进个人”。

Δ 周会被江苏省人民政府残疾人工作委员会表彰为江苏省残疾人就业服务先进工作者。

Δ 解红霞被宿迁市人民政府表彰为2012年度全市住房保障工作先进个人。

Δ 孙艺桐被中共宿迁市委、宿迁市人民政府表彰为2012年度全市农业农村工作先进个人。

Δ 王华被中共宿迁市委、宿迁市人民政府表彰为“全市维护稳定工作先进个人”。

Δ 徐东被中共宿迁市委、宿迁市人民政府表彰为2011—2012年度宿迁市群众性精神文明建设“先进工作者”。

2012年解红霞被宿迁市人民政府表彰为全市住房保障工作先进个人。

2012年、2014年艾欢欢获得全市村庄整治工作先进个人。2012年张邦群被江苏省财政厅表彰为全省企业所得税税源调查工作先进个人。

2012年陆裕梅被中共宿迁市委、宿迁市人民政府表彰为创建国家卫生城市先进个人。

2012年张飞受宿迁市人民政府表彰，获国家卫生城市复审迎检工作先进个人。

2012年张飞受江苏省治理小金库办公室表彰,获全省“小金库”专项治理工作先进个人。

2013年黄海波获2011—2012年度全省预防青少年违法犯罪工作先进个人。

2013年解红霞被宿迁市人民政府表彰为中心城市燃气设施建设先进个人。

2013年解红霞被江苏省城市环境综合整治工作推进小组表彰为全省城市环境综合整治先进个人。

2013年、2014年潘华平获宿迁市人民政府表彰为中心城市老旧小区改造整治提升工作先进个人。

2013年陈太东被江苏省城市环境综合整治工作推进小组表彰为全省村庄环境整治工作先进个人。

2013年沈伟锐被宿迁市人民政府表彰为创建江苏省节水型城市工作先进个人。

2013年陈婳被江苏省财政厅表彰为全省企业所得税税源调查工作先进个人。

2013年王磹受江苏省人民政府妇女儿童工作委员会表彰为全省妇女儿童工作先进个人。

2014年王华被中共宿迁市委、宿迁市人民政府表彰为平安宿迁法治宿迁先进个人。

2014年解红霞被宿迁市人民政府表彰为全市城市园林绿化建设工作先进个人。

2014年王祥被宿迁市人民政府表彰为全市城市园林绿化建设工作先进个人。

2014—2015年孙艺桐被中共宿迁市委、宿迁市人民政府表彰为扶贫开发工作先进个人。

2015年仇新影被江苏省财政厅表彰为重点企业所得税税源调查先进个人。

2015年刘永被中共宿迁市委、宿迁市人民政府表彰为扶贫开发先进个人。

2015年、2016年张邦群被宿迁市人民政府表彰为金融工作先进个人。

2016年潘华平被江苏省城市环境综合整治工作推进小组表彰为2014—2015年度全省城市环境综合整治先进个人。

2016年、2018年度付金方获得市信用体系建设先进个人。

2016年房硕栋被江苏省财政厅表彰为预决算公开先进个人。

2016年王华被中共宿迁市委、宿迁市人民政府表彰为全市政法信访稳定工作先进个人。

2016年袁春被宿迁市人民政府表彰为国资工作先进个人。

2016年陈湘龙被中共宿迁市委、宿迁市人民政府表彰为全国文明城市创建工作先进个人(二等功)。

2016年艾欢欢被宿迁市人民政府表彰为全市城市园林绿化建设工作先进个人。

2016年杨淳受宿迁市大气污染防治指挥部表彰，获得大气污染防治工作先进个人。

2016年朱乙涵被评为全市扶贫开发工作先进个人（优秀帮扶工作队员）。

2016年邱峰被评为全市扶贫开发工作先进个人（扶贫先进工作者）。

2017年黄海波被中共宿迁市委、宿迁市人民政府表彰为全国文明城市创建工作先进个人。

2017年葛瀛受宿迁市信息化领导小组表彰，获信息化推进工作先进个人；

2017年胡敏被评为全省国有企业财务信息管理工作先进个人。

2017年胡敏被江苏省财政厅表彰为企业财务管理先进个人。

2017年王飞受中共宿迁市委表彰，获市创建全国双拥模范城“三连冠”嘉奖（二等功）。

2017年王晓刚受中共宿迁市委表彰，获全国文明城市创建工作先进个人（二等功）。

2017年袁轲受宿迁市人民政府表彰，获全市党的十九大安保维稳工作先进个人。

2017年周游获得市级打防通信网络诈骗犯罪专项行动三等功。

2018年毛克智被宿迁市扶贫办表彰为十佳书记。

2019年毛克智被表彰为宿迁市“挂村包户先进个人”。

2019年褚美玲被共青团宿迁市委表彰为“新长征突击手”。

2019年褚美玲被中共宿迁市委市级机关工委评为“青年岗位标兵”。

2019年、2020年方秋棠被宿迁市人民政府办公室表彰为政务公开先进个人。

2020年王辉东受中共江苏省委、江苏省人民政府表彰，获江苏省先进工作者。

2020年苗帅受江苏省人力资源与社会保障厅、江苏省财政厅表彰，获全省财政系统先进工作者；

注：财会先进集体和先进个人表彰，以地市级党委、政府（或相当职级的部门）以上的单位颁发的奖章、奖牌、奖状为准；区划调整前，根据《淮阴市财政志》摘录，基于时间跨度较长，历史资料统计不完整，特别是对财会战线的表彰，资料分散难以收集。区划调整后主要记录市直财政系统先进集体和先进个人。资料来源由市财政局各处室提供，提供的资料中，有的因要素不清而舍去。排列顺序，不分职级，以获奖时间先后为序。有两个年度以上获得同类型的奖项，集中为一个条目。

后 记

按照宿迁市地方志编纂委员会的统一部署，宿迁新修地方志上溯远古、下限至2011年的要求，宿迁市财政局于2010年9月，着手准备编写《宿迁市志·财政篇》文稿。2012年7月完成初稿交市志办审核通过。是年8月23日，市财政局召开《宿迁市财政志》编纂工作推进会，明确编修《宿迁市财政志》下限截至2011年底，于是进一步搜集资料，开始编修工作。初稿于2016年底基本完成。2021年4月，市财政局要求把下限改至2020年，由此开始续编工作。在市财政局历届领导关心和支持下，《宿迁市财政志》历经6个寒暑，数易其稿，完成编修工作，经专家评审通过市级验收。

宿迁虽然历史悠久，但作为地级市则从1996年7月区划调整后成立的。由此确立了地级宿迁市的地位，各项工作以新宿迁市为起点，承担着历史的重任。然而，《宿迁市财政志》是宿迁市有史以来第一部财政专志，编志工作如果单纯以区划调整新宿迁市为起点记述，对历史的连续性和区域的完整性，尤显不足，同时也不符合宿迁市地方志编委统一部署的上限要求。但区划调整前，宿迁市无地级财政机构，其财政的基础资料均分散于各县区财政部门，这又成为编志工作的一道难题。于是，市财政局组织动员全市各县区财政部门，对中华人民共和国成立后至宿迁市区划调整前（1949—1996年）这一时段，47年财政收支状况及机构、体制等变化情况进行逐项梳理、汇总，从而形成新宿迁市管辖范围内前后衔接的整体概貌。

在编修《宿迁市财政志》工作中，通联工作主要由市财政局办公室负责。资料来源由市财政局相关处室提供区划调整后现行财政制度汇编及财政年鉴等部分资料，前期工作主要放在搜集原始资料上。于是集中精力查阅市内外大量的档案和历史文献资料，本着对历史高度负责的精神进行核实、考证、取舍和整理，在此基础上认真编纂。按照横分门类、纵写历史的要求，记述宿迁市财政史实。初稿的打印工作先后由邵莹洁、左田园、刘永、方秋棠、祖广振、张晨等负责。初稿形成后，征求市财政局有关领导及相关处室负责人的意见，增加和削减志稿部分内容。编审过程得到市政府有关领导和相关部门及人士的关心和支持，特别是市志办的具体指导，组织11位专家对《宿迁市财政志》文稿进行评审，专家们从不同角度提出许多宝贵意见，对志稿的修改帮助很大，在此表示衷心感谢！

由于本志上限和下限时间跨度较长，中华人民共和国成立前的财政事务因史料有限，只能尽量向前追溯，记述内容比较简略、松散。中华人民共和国成立后，尤其是1996年区划调整地级宿迁市成立，资料比较丰富，因此紧贴财政收支管理内在职能，记述较为详细。基于编者水平所限，难免出现疏漏、差错等问题，敬请参阅本志的同志批评指正。

编 者

2022年8月